POURQUOI TANT DE HAINE ?

Briac Trébert

POURQUOI TANT DE HAINE ?

Enquête sur l'évolution de la coparentalité en France

Préface de
Boris Cyrulnik

Éditions OUEST-FRANCE

Préface

En quelques décennies, tout est à repenser. La notion de famille est très différente selon les époques et les cultures. Dans la Rome ancienne, le mot « famille » désignait tous les habitants d'une même maison, y compris les esclaves. Aujourd'hui sur la planète, on recense 5 000 formes de familles, toutes traditionnelles. Et en France, aujourd'hui, il est difficile de dire ce qui fait une famille. La famille freudienne du *Mitteleuropa* du XIXe siècle est devenue très rare. Et pourtant, si l'on veut vivre ensemble, affectivement, sexuellement et s'occuper des enfants, il faudra bien passer une entente.

Même la notion de couple est récente et variable selon les cultures. À l'époque de Sapiens, il y a 300 000 ans, les êtres humains vivaient en bande de trente à quarante personnes dont l'espérance de vie ne dépassait pas 30 ans. Il y avait beaucoup d'accouplements et, quand un enfant arrivait, le groupe entier s'en occupait : c'est la collectivité qui prenait la fonction de père, comme on le voit encore aujourd'hui dans certaines cultures africaines.

En 1804, le Code Napoléon a donné aux pères le titre de chef de famille sauf que le chef n'était jamais dans sa famille ; il faisait la guerre ou travaillait 15 heures par jour à l'époque de la révolution industrielle. Les femmes qui s'occupaient de tout, n'avaient aucun droit, ce qui n'est plus pensable depuis 1970.

Mais ces dernières années, les notions de familles, de couples, de maternité, de relations sexuelles, de nouveaux métiers, de procréation assistée et de mariage sont en plein remaniement.

Les progrès techniques, la contraception, l'I.V.G., les transports et les nouveaux droits des femmes transforment le contrat affectif et sexuel des couples. Dans notre culture où l'épanouissement de la personne est devenu une valeur prioritaire, le couple devient une entrave et les enfants prennent la signification d'un désir et d'un poids dans l'existence. Il résulte de ces progrès techniques et moraux des situations de plus en plus difficiles à gérer : chaque année, 400 000 enfants doivent surmonter l'épreuve de la séparation parentale. Comment faire pour respecter la personnalité des parents qui ne veulent plus vivre ensemble et le développement des enfants qui sont à une époque de leur vie où la stabilité est un fortifiant sécurisant ? Bien sûr, il n'est pas rare que la séparation d'un couple conflictuel apaise les enfants, mais l'épreuve est grande pour eux. Avant la séparation, chaque jour était un stress mais après, ils sont contraints à un remaniement affectif et un changement de condition d'existence. De plus, le village a disparu. Quand un enfant était malheureux chez lui, il trouvait une compensation au patronage, dans une autre famille et dans un travail précoce. Aujourd'hui, les parents sont plus âgés, très occupés par leur métier, et un enfant non entouré trouve souvent une insertion sociale dans une bande sans adulte où la violence redevient une valeur socialisante.

Il faudra donc trouver de nouvelles lois pour résoudre les problèmes posés par ces nouvelles conditions familiales. Les juristes sont débordés et les lois ont du mal à s'appliquer à des cas très particuliers. Les femmes font de plus en plus de dépressions périnatales et de burn-out quand elles veulent tout faire. Quant à la définition du mot « père », elle est de plus en plus floue. Dans certaines cultures, l'homme qui a fait l'enfant est considéré comme l'amant et non pas le père. C'est le frère de la mère, celui que nous appelons l'oncle maternel qui est désigné pour s'occuper de l'enfant, le protéger et s'y attacher. Il y a même des cultures où tous les hommes du côté du père sont appelés « papa » et sont responsables de l'enfant et interdits de sexualité. Nous pensions, à la commission des « 1 000 premiers jours », que si le congé de paternité était augmenté, les femmes soutenues et entourées feraient moins de dépression. Le congé paternité a été augmenté, il est passé à 28 jours et les premières évaluations de cette réforme révèlent que les plus grands bénéficiaires sont les pères qui découvrent le bonheur de s'attacher à un petit !

La résidence alternée apporte un apaisement aux mères qui travaillent, aux pères qui peuvent garder des liens avec leurs enfants et aux enfants sécurisés qui parfois considèrent qu'ils ont deux maisons depuis la séparation de leurs parents. Bien sûr, tous les problèmes douloureux ne disparaissent pas et l'existence de SOS Papa révèle que beaucoup d'hommes ne parviennent plus à prendre leur place.

L'enquête de Briac Trébert dresse un catalogue de ces difficultés, dans un style très clair, en envisageant les problèmes psychologiques, affectifs et juridiques de cette nouvelle condition des familles.

Les données chiffrées et cliniques sont dans ce livre. À nous de les utiliser pour affronter l'épreuve et éviter la haine.

Boris Cyrulnik

À quoi ressemble la famille d'aujourd'hui ?

C'est un miroir des transformations sociales. En France, environ huit millions de couples résident avec au moins un enfant mineur à leur domicile. Et la manière de « faire famille » a changé. Radicalement. Les unions conjugales sont devenues plus précaires. Le schéma classique père + mère + enfant correspond de moins en moins à la réalité.

Ce changement s'est effectué au fil des années sous l'effet de l'évolution des comportements (augmentation des unions libres, des naissances hors mariage, etc.), des mentalités et du droit (réformes du divorce, Pacs, mariage pour tous, etc.). Ont fait leur apparition au fil des années : l'aide médicale à la procréation, l'homoparentalité, la mère porteuse, les dons de gamètes… Ce qui s'apparentait aux « normes » a volé en éclats. Et cette sortie d'une « référence traditionnelle » est toujours en cours.

Le respect de la vie privée figure parmi les droits fondamentaux des citoyens, il est reconnu dans la Déclaration universelle des droits de l'homme et dans la Convention européenne des droits de l'homme. Le Code civil français l'énonce depuis le 17 juillet 1970 dans son article 9.

Chaque femme, chaque homme, a non seulement le droit de choisir son partenaire et de décider de la forme (maritale ou non) que prendra leur union, mais elle ou il peut aussi choisir quand et comment mettre un terme à cette relation et la manière de « refaire » famille ou « fabriquer » la famille, diront des sociologues interrogés dans cet ouvrage. Chacun et chacune ont aussi le droit de saisir le juge pour demander la résidence de leur enfant à leur domicile lors d'une séparation ou de décider d'entreprendre une médiation familiale pour trouver un accord à l'amiable.

Comment accompagner ces nouvelles formes de parentalité alors qu'en toile de fond l'asymétrie de genre dans le couple hétérosexuel est, elle, toujours bien réelle ? Car, d'après les sondages et enquêtes au sein des foyers, ce sont toujours les femmes qui demeurent, dans la majorité, les plus investies dans le travail domestique et parental dans le couple.

Comment tendre vers l'égalité entre les hommes et les femmes, alors que le droit français a plutôt opté pour un système de justice redistributive, destiné à compenser les inégalités économiques issues de cette division sexuée du travail au sein de la famille ?

Quand ce point d'égalité dans les sphères respectives du travail et de la vie familiale sera-t-il trouvé ? Et comment y arriver ?

Quels sont les chiffres derrière ces mots ? Comment s'approcher au plus près de la réalité des familles d'aujourd'hui d'après les statistiques disponibles ? Durant son court mandat au gouvernement (entre le 26 juillet 2020 et le 20 mai 2022), l'ex-secrétaire d'État chargé de l'enfance et des familles, Adrien Taquet, avait demandé un rapport sur les familles d'aujourd'hui au HCFEA[1], le Haut Conseil de la famille, de l'enfance et de l'âge. Il a été livré à l'automne 2021, avant la prise en compte des nouvelles séparations « générées » par les contraintes de confinement liées à la pandémie de Covid-19. Celles-ci, au regard de l'encombrement des juridictions, ne figurent pas encore dans les statistiques.

Les demandes de résidence principale, ou de mise en place de résidence alternée ou de simple mise en place de droit de visite et d'hébergement, qui sont souvent urgentes, car soumises à la vie des parents et aussi des enfants, sont bien souvent traitées des mois plus tard par les juges. « Les délais pour avoir accès au juge sont indécents, nous vivons le plus grand burn-out de l'histoire de la justice familiale », résumait

1. Placé auprès du Premier ministre, le HCFEA est chargé de rendre des avis et de formuler des recommandations sur les objectifs prioritaires des politiques de la famille, de l'enfance, des personnes âgées et des personnes retraitées, et de la prévention et de l'accompagnement de la perte d'autonomie.

à l'automne 2022 Me Élodie Mulon, avocate au barreau de Paris et présidente du Centre d'arbitrage des litiges familiaux (CALIF[2]).

Dans de nombreux cas, cette crise sanitaire a pourtant servi de « catalyseur » à de nouvelles ruptures qui étaient peut-être déjà prévues, surtout si des routines séparées avaient servi à masquer les problèmes, estiment les associations et avocats interrogés dans cet ouvrage.

Les séparations ont augmenté pour toutes les formes d'unions (mariage, Pacs et union libre). Depuis le début des années 2010, 425 000 séparations ont lieu en moyenne chaque année et environ 380 000 enfants mineurs sont confrontés à la rupture de l'union des adultes qui en ont la charge indique le HCFEA.

Quatre millions d'enfants ont des parents séparés

Le nombre d'enfants dont les parents sont séparés a fortement augmenté en France ces dernières décennies, c'est un fait. Selon l'Insee, l'Institut national de la statistique et des études économiques, quatre millions d'enfants mineurs avaient des parents séparés en 2020 et 11,5 % étaient en résidence alternée (10,6 % en 2018). Les autres enfants de parents séparés résidaient donc, en 2020, d'après ces données,

2. Dans la *Gazette du Palais*, mardi 18 octobre 2022. Le CALIF est une association regroupant des avocats, notaires et universitaires exerçant ou ayant exercé en droit de la famille et du patrimoine afin de proposer aux justiciables un service d'arbitrage et de médiation.

majoritairement ou exclusivement chez un seul de leurs parents, le plus souvent leur mère (86 %). Après la séparation, « l'inégalité parentale » est donc bien réelle. Dire que la vie familiale des enfants a connu de profondes transformations au cours des dernières décennies est une banalité, mais il est important d'en donner l'ampleur.

La société, elle, reste marquée par sa culture patriarcale et par des postures moralistes, avec, en fond, une certaine idéalisation de la maternité. Le débat autour de la loi sur le mariage pour tous a été à ce titre emblématique.

En France, la famille est une affaire d'État et faire des enfants, une évidence ancrée dans les mentalités. En 2015, l'État consacrait l'équivalent de 3,7 % du PIB aux politiques familiales, contre 2,8 % en moyenne dans l'Union européenne et 2,4 % dans l'OCDE, l'Organisation de coopération et de développement économiques, selon un rapport de la Cour des comptes de 2017. Ce choix de société a engendré un modèle social protecteur, mais a aussi, en parallèle, « fragilisé » au fil des années des femmes ne souhaitant pas devenir mères et sans doute des pères voulant s'impliquer davantage dans l'éducation de leurs enfants.

On citera le livre *Mal de mères*, paru à l'automne 2021 (éditions JC Lattès), dans lequel la journaliste et réalisatrice Stéphanie Thomas est partie à la rencontre de dix femmes qui expriment leur regret de la maternité. Parmi ces femmes, certaines considèrent la maternité comme un frein à leur épanouissement personnel. « Vous avez des enfants ? », « C'est pour quand ? », « Tu n'as pas peur de finir seule ? ». En France, le présupposé social et culturel, voire structuraliste aurait écrit Lévi-Strauss, est très tenace. Enfanter serait l'essence même de la vie des femmes et la justification de leur existence.

Les gouvernements successifs, eux, ces vingt dernières années, ont souvent regardé passer le train sans vraiment prendre en compte cette évolution rapide de la société, droit dans les chiffres, même s'ils ne reflètent qu'une partie de la réalité.

Aujourd'hui, les enfants peuvent avoir simultanément ou successivement dans leur vie plusieurs adultes exerçant ou ayant exercé à leur égard des fonctions parentales. Si 86 % des enfants vivent avec leur mère après la séparation, il y a donc 86 % de beaux-pères potentiels, par exemple…

« La fête des gens qu'on aime »

Face à ces évolutions, des écoles célèbrent désormais la diversité des familles, lors des fêtes des mères ou des pères, préférant « la fête des gens qu'on aime ».

« Ils veulent tout nous retirer, même la fête des mères : ne nous laissons pas faire[3] ! », réagissait sur cette thématique, au

3. « Ils veulent tout nous retirer, même la fête des mères : ne nous laissons pas faire ! Les 12 et 19 juin, votez RN pour défendre nos traditions ! » : le message de Marine Le Pen sur Twitter, le 27 mai 2022.

printemps 2022, Marine Le Pen. Il n'existe pourtant évidemment aucune consigne officielle de la part du ministère de l'Éducation nationale sur ce sujet, simplement des discussions, entre parents, enseignants et enfants, pour ne laisser personne de côté.

À travers ces démarches, des professionnels de l'enfance souhaitent, parfois, ne pas exclure des enfants de familles homoparentales, homosexuelles, des orphelins, ou encore ceux qui ne connaissent pas ou ne voient pas ou peu l'un des deux parents. Faire du lien, en résumé. Et ne pas discriminer.

Il est aussi évident qu'aujourd'hui encore de nombreux couples, qui n'en sont plus, restent ensemble pour de simples raisons économiques, au premier rang desquelles les femmes qui peuvent se retrouver en difficulté pour sortir d'une cohabitation forcée, voire violente.

Combien y a-t-il de naissances en France ? À quel âge les femmes accouchent-elles ?

Le nombre de naissances est en baisse. En 2022, 723 000 bébés sont nés en France, soit 19 000 de moins qu'en 2021. Le plus faible nombre depuis 1946.

L'âge moyen des femmes à l'accouchement augmente. Il est passé, selon l'Insee, de 26,5 ans en 1977 à 31 ans en 2022. Un recul en partie lié à la généralisation des études supérieures pour les jeunes femmes au cours des quarante dernières années, analyse le Haut Conseil de la famille, de l'enfance et de l'âge. Si de plus en plus de femmes retardent l'arrivée de leur premier enfant, la tendance est claire : les femmes diplômées de l'enseignement supérieur ont leur premier enfant plus tard que les moins diplômées.

Selon une enquête publiée à l'automne 2022, coordonnée par l'Inserm (Institut national de la santé et de la recherche médicale et Santé publique France), la part des femmes âgées de 35 à 39 ans au moment de l'accouchement, et celle ayant 40 ans et plus, est en augmentation depuis 2016 (respectivement de 19,1 % en 2021 contre 17,2 % en 2016, et 5,4 % en 2021 contre 3,9 %). Une tendance qui inquiète car on sait que les risques pour la mère et l'enfant augmentent de manière sensible avec l'âge des femmes.

Combien y a-t-il de naissances hors mariage ?

Mariez-vous d'abord ! Les Français sont depuis plusieurs années les Européens qui se moquent le plus de ce vieil adage, d'après les statistiques d'Eurostat[4]. La France dépasse même de près de 20 points la moyenne européenne qui est inférieure à 43 %.

4. Eurostat est une direction générale de la Commission européenne chargée de l'information statistique à l'échelle communautaire.

Depuis le début des années 1980, la proportion des enfants nés hors mariage ne cesse d'augmenter en France. Jusqu'à la fin des années 1960, plus de huit couples sur dix s'étaient mariés avant le début de la cohabitation et les naissances hors mariage restaient rares. Se marier avant d'accoucher n'est plus la norme aujourd'hui. De 6,8 % en 1970, la part des naissances hors mariage dépassait les 62 % en 2021, rapporte l'INED.

En 2022, 244 000 mariages ont été célébrés en France (estimation réalisée fin novembre 2022), dont 237 000 entre personnes de sexe différent et 7 000 entre personnes de même sexe. Un nombre plus élevé qui s'explique en partie par un rattrapage des unions reportées pendant la pandémie de Covid-19.

À quel âge les hommes ont-ils des enfants ?

L'âge moyen des pères à la naissance de leurs enfants est encore plus élevé que celui des mères, de trois ans environ[5]. L'écart d'âge moyen à la maternité et à la paternité est resté stable depuis 1946. En moyenne dans les couples de sexe différent, les hommes sont plus âgés que leur compagne. Même s'il tend à se réduire, l'écart reste supérieur à deux ans, et est plus élevé au sein des couples mariés que pacsés.

5. « L'évolution démographique récente de la France et ses tendances depuis soixante-dix ans » de l'INED.

Les pères reconnaissent-ils davantage leur enfant ?

Il y a vingt ans, Ségolène Royal affirmait que 20 000 enfants naissaient chaque année sans être reconnus par leur père, estimant à l'époque que « ce nombre devrait diminuer grâce à l'information précoce des pères par le carnet de paternité qui leur sera adressé pendant la grossesse de la mère[6] ». « Quoi de plus fondamental, dans une société démocratique et solidaire, que le respect du droit de chaque enfant à vivre dans une famille et à recevoir une éducation qui lui permette de trouver sa place dans le monde ? C'est aux pouvoirs publics qu'il revient de garantir ces droits, qui vont bien au-delà de la seule distribution de prestations ou d'allocations », avait de son côté lancé Lionel Jospin, alors Premier ministre[7]. Ce « carnet de paternité » a aujourd'hui disparu des radars.

Et, depuis, la probabilité d'être en situation de monoparentalité dès la première année de l'enfant s'est fortement accrue sur la période 2004-2018, d'après les données du Haut Conseil de la famille, de l'enfance et de l'âge.

Combien y a-t-il de familles monoparentales ?

C'est exponentiel. Le nombre de familles monoparentales (avec enfant de moins de 18 ans) a connu une progression de 98 % entre 1990 et 2018, période sur laquelle l'ensemble des

6. Discours du jeudi 14 juin 2001 à l'Assemblée nationale sur la réforme de l'autorité parentale et la responsabilité partagée du père et de la mère

7. Un discours prononcé lors de la conférence de la famille à Paris le 11 juin 2001.

familles avec enfants de moins de 18 ans a pourtant peu augmenté (+ 4 %), relève le HCFEA. On comptait plus de deux millions de familles monoparentales avec au moins un enfant mineur en 2022 en France. C'est près d'un million de familles monoparentales (et près de 1,5 million d'enfants en famille monoparentale...) supplémentaires depuis 1990.

Le nombre de familles monoparentales explose... et la pauvreté de ces dernières aussi[8]. Le taux de pauvreté des enfants (de moins de 18 ans) est considérablement plus élevé en famille monoparentale (40,5 %) que dans les autres configurations familiales (20,7 % pour l'ensemble des enfants mineurs), note l'Insee. Ce taux plus élevé par rapport aux autres types de familles s'explique en partie par le fait qu'au sein des familles monoparentales, l'adulte est nettement plus souvent sans emploi ou dans la catégorie socioprofessionnelle des employés (profils plus exposés à la pauvreté) que dans l'ensemble de la population, analyse le HCFEA, qui relève que le niveau de vie moyen des mères isolées est inférieur de 20 % à celui des pères isolés.

Les pères sont plus souvent propriétaires du logement : la moitié, contre un quart des enfants en famille monoparentale avec leur mère. Ils sont aussi nettement plus souvent en

8. Le seuil de pauvreté, selon l'Insee, est fixé à 60 % du niveau de vie médian de la population. Il correspondait en 2020 à un revenu disponible de 1 100 euros environ par mois pour une personne vivant seule et de 2 300 euros pour un couple avec deux enfants âgés de moins de 14 ans.

emploi que les mères dans la même situation familiale (81 % contre 67 %, en 2020), selon ces mêmes données.

Ce lien entre pauvreté et monoparentalité a été étudié par le sociologue Julien Damon. Celui-ci... répète à l'envi depuis quelques années que l'État, plutôt que « d'accompagner la fin des unions » devrait « chercher à la prévenir » et « favoriser les remises en couple ». « Concrètement, la politique familiale devrait soutenir le conseil conjugal », estime-t-il[9]. Cet enseignant à Sciences Po, ancien directeur des études à la Caisse nationale des allocations familiales, qui fait hurler les cercles féministes et les réseaux sociaux avec cette idée, va jusqu'à imaginer que des chèques soient distribués pour utiliser des sites de rencontres et que la CAF, la Caisse d'allocations familiales, soutienne « des bars ou des agences matrimoniales ». L'idée mise en avant étant que « si la monoparentalité est un sujet douloureux à compenser, la recomposition peut être un thème heureux à encourager ».

Les familles monoparentales, un phénomène urbain

Les familles monoparentales, c'est en majorité un phénomène des villes. Elles sont davantage représentées dans les centres urbains. Une localisation qui peut s'expliquer « par la présence plus importante de logements sociaux et par la plus petite taille de ces familles », estime le HCFEA.

9. « Contre la monoparentalité : la biparentalité », article des *Échos* du 2 juin 2022.

Régulièrement, des voix s'élèvent pour dénoncer ces critères d'accès au logement social qui « féminisent » l'habitat social où vivent toujours plus de femmes seules avec leurs enfants[10].

Après les séparations, les pères devraient pouvoir avoir accès plus facilement à des logements à prix modérés leur permettant de recevoir leurs enfants à proximité, au même titre que les mères, avancent des associations familiales. Octroyer un logement social au parent qui a la résidence tandis que l'autre doit se contenter d'un studio sans chambre d'enfant favoriserait la désimplication des pères.

Les départements où les enfants vivent plus souvent en famille monoparentale sont ultramarins : la Martinique, la Guadeloupe (plus de 50 % des enfants), la Guyane (49 %), suivies de La Réunion. En métropole, cette proportion varie du simple au double. Les départements avec le plus de familles monoparentales sont situés dans le Sud : Pyrénées-Orientales (28 % des enfants), Ariège, Aude, Bouches-du-Rhône et Haute-Corse (26 % ou plus). À l'autre bout de l'échelle, la Lozère et la Vendée sont les départements où le pourcentage d'enfants vivant en famille monoparentale est le plus faible (14 %).

10. Les familles monoparentales sont surreprésentées dans le parc HLM par rapport à l'ensemble de la population selon les données de l'Union sociale pour l'habitat.

Les pères payent-ils la pension alimentaire ?

Qui dit séparation en présence d'enfant, mineur ou majeur, dit – le plus souvent – pension alimentaire. Le Code civil dispose que les parents doivent participer à l'entretien et à l'éducation de leurs enfants « à proportion de leurs ressources ». *Quid* de l'inégalité de ces ressources ? D'après les dernières données de l'Insee[11], le revenu salarial des femmes reste inférieur en moyenne de 22 % à celui des hommes (c'était 28 % il y a vingt ans). Un peu moins d'un tiers de cet écart s'explique par des différences de durée de travail.

Quels que soient l'âge de l'enfant et ses modalités de résidence (principale chez l'un des parents ou en alternance), le juge aux affaires familiales (JAF) peut fixer une pension alimentaire à la charge de l'un ou l'autre des parents. Le plus souvent à la charge de celui qui n'a pas l'enfant en résidence principale (donc généralement le père) ou qui a une situation financière plus favorable en cas de résidence alternée. En 2022, près d'un million de parents étaient censés percevoir une pension alimentaire, mais un certain nombre n'étaient pas versées (ou de manière occasionnelle) par le parent débiteur : environ 30 %, selon le ministère de la Justice[12].

---

11. Femmes et hommes, l'égalité en question. Édition 2022 de l'Insee.

12. Communiqué de presse d'Éric Dupond-Moretti, garde des Sceaux, Olivier Véran, ministre des Solidarités et de la Santé, Élisabeth Moreno, ministre déléguée auprès du Premier ministre chargée de l'Égalité entre les femmes et les hommes, de la Diversité et de l'Égalité des chances et Adrien Taquet, secrétaire d'État chargé de l'Enfance et des Familles, annoncent la systématisation du versement par l'intermédiaire de l'agence de recouvrement et d'intermédiation des pensions alimentaires (ARIPA) des pensions alimentaires fixées par les décisions judiciaires de divorce prononcées à compter du 1er mars 2022. Depuis le 1er janvier 2023, toutes les pensions alimentaires prévues dans un titre exécutoire, même sans décision de divorce sont concernées.

Cette proportion de « non-versement » est logiquement d'autant plus faible que les ressources du parent « non gardien » sont élevées d'après les données de la Direction de la recherche, des études, de l'évaluation et des statistiques (DRESS) : de 50 % au voisinage de 1 200 euros par mois, elle diminue pour se stabiliser autour de 10 % au-delà de 2 300 euros. Elle dépend également de la différence entre les ressources des ex-conjoints : lorsque, l'année précédant la rupture, les revenus du parent ayant la résidence dépassent ceux de l'autre parent, le taux de « non-versement » atteint 37 %, contre 21 % dans la situation inverse, note la DRESS.

Lorsqu'ils déclarent une pension, toujours d'après les données de la DRESS, les parents « non gardiens » renseignent un montant mensuel moyen de 190 euros par enfant. La pension moyenne diminue avec le nombre d'enfants concernés : elle s'établit à 208 euros pour un enfant, à 186 euros par enfant pour les fratries de deux enfants et à 147 euros pour celles de trois enfants ou plus. Elle croît avec les ressources du parent « non gardien » ainsi qu'avec l'âge des enfants.

L'allocation de soutien familial revalorisée de 50 % en 2022

En novembre 2022, le gouvernement a revalorisé de 50 % le montant de l'allocation de soutien familial (ASF), « la pension alimentaire minimale », versée au parent qui élève seul un ou plusieurs enfants sans pension alimentaire. Elle est passée de 122,93 euros à 184,41 euros par mois et par enfant lorsqu'il est élevé par un seul parent. Cette somme correspond au montant minimum versé par la CAF, soit pour compléter les petites pensions, soit en cas de non-paiement par le parent débiteur. Durant la campagne présidentielle, l'Institut Montaigne avait évalué le coût de cette mesure à 900 millions d'euros par an, sur la base d'une dépense de 1,8 milliard en 2020 pour plus de 800 000 bénéficiaires.

Ne pas payer la pension alimentaire due peut conduire à une condamnation pour abandon de famille, sauf si la personne parvient à prouver être dans une impossibilité absolue de verser la contribution à l'entretien et à l'éducation de ses enfants.

Les mères de familles monoparentales sont-elles plus souvent au chômage ?

Les mères isolées sont désormais un peu moins actives que celles en couple (77 % contre 80 % en 2019), relève le HCFA. Leur situation vis-à-vis de l'activité s'est inversée ces dernières années. Auparavant, les mères de famille monoparentale étaient plus souvent présentes sur le marché du travail que les mères vivant en couple. En 1990, le taux d'activité des mères isolées était supérieur de 17 points à celui des mères en couple (84 % contre 67 %), selon les données de la DRESS. Des chiffres qui révèlent aussi le fait que le monde du travail fonctionne encore sur un modèle masculin – en couple avec une femme qui s'occupe de la famille. Car le quotidien des mamans solo qui travaillent relève parfois du parcours du combattant. Horaires, charge mentale… Dans des univers compétitifs, où la charge de travail est élevée, quand il n'y pas de conjoint pour prendre le relais, ni de grands-parents disponibles, les horaires nécessitent souvent de devoir payer pour… garder les enfants. Des difficultés qui poussent des mamans solos à cesser leur activité professionnelle.

Combien de couples de même sexe avec des enfants ?

L'Insee évaluait en 2018 à un peu plus de 30 000 le nombre d'enfants vivant dans une famille homoparentale. Étant donné qu'elles ne se basent pas sur les seuls couples de même sexe partageant un logement que le ou les enfants occupent avec eux la majeure partie du temps, les associations de parents homosexuels affichent dès lors des chiffres nettement plus élevés : l'APGL (Association des parents gays et lesbiens) estime le nombre de familles homoparentales à plusieurs centaines de milliers et l'ADFH (Association des familles homoparentales) déclare environ 250 000 enfants vivant au sein de familles homoparentales.

Si toutes les sources s'accordent sur le fait que les familles homoparentales sont très majoritairement féminines, l'accès à la parentalité étant plus simple pour les femmes que pour les hommes homosexuels, les chiffres diffèrent là aussi suivant les enquêtes et doivent être pris avec beaucoup de précaution.

Ces estimations divergentes soulignent, outre les difficultés du recensement des couples homosexuels et des familles homoparentales, la pluralité des modes d'entrée dans l'homoparentalité, que ne peuvent pas saisir les configurations familiales distinguées par l'Insee à partir du recensement. Les familles homoparentales sont en effet diverses et sont aussi bien des couples vivant avec leurs seuls enfants, des familles recomposées que des familles monoparentales. Même s'il n'en reste pas moins qu'aujourd'hui, la décision de faire un enfant n'a pas les mêmes répercussions pour les deux conjoints sur leur carrière professionnelle dans un couple hétérosexuel. Le coût financier et temporel de l'arrivée d'un enfant est essentiellement supporté par les femmes : outre la fatigue et les contraintes d'une grossesse, en devenant mères les femmes voient leur revenu salarial diminuer en moyenne de 25 % cinq ans après la naissance, selon une étude de l'Insee publiée fin 2019. Des pertes qui grimpent à 40 % pour les bas salaires. Dans le même temps, les hommes ne sont pas impactés. Les mieux rémunérés d'entre eux augmentent même leur activité.

Il y a vingt ans, Ségolène Royal voulait « revaloriser le rôle des pères »

Les participants qui étaient dans les coulisses, interrogés pour cet ouvrage, se souviennent encore de ces « débats très houleux, sans fin ». Le 4 mars 2002, la ministre déléguée à la famille, à l'enfance et aux personnes handicapées, Ségolène Royal, faisait voter une loi permettant aux magistrats, en cas de séparation d'un couple, marié ou non, de pouvoir fixer la résidence alternée des enfants chez chacun des deux parents.

Jusqu'alors, en cas de séparation, il n'existait qu'un mode de « garde » légal : l'un des deux parents (la mère, presque toujours) obtenait « la résidence habituelle » de l'enfant, l'autre (le père) « un droit de visite et d'hébergement », généralement fixé à un week-end sur deux et à la moitié des vacances.

Vingt ans après ? Le bilan statistique montre une avancée vers « l'égalité parentale », mais peu marquée. Et les questions soulevées à l'époque sont les mêmes, presque au mot près.

Les associations féministes et de lutte contre les violences conjugales pointaient les risques que cela ferait peser sur certaines femmes. Elles redoutaient que le texte soit perçu comme un moyen pour certains hommes de renforcer l'emprise qu'ils continueraient d'avoir sur leur ex-conjointe par enfants interposés. En 2017, le Haut Conseil à l'égalité entre les hommes et les femmes[13] avait d'ailleurs sur ce point toujours la même position.

Et estimait aussi, quinze ans après la loi Royal, que le principe de résidence alternée des enfants lors des séparations parentales ne prenait pas en compte « les besoins fondamentaux des enfants », tout particulièrement lorsqu'ils sont en bas âge. Il affirmait que « la plupart des spécialistes de l'enfance conviennent aujourd'hui que ce mode d'organisation de la vie de l'enfant, tout particulièrement lorsqu'il a moins de sept ans, est contraire à son besoin de sécurité et à la nécessité d'assurer la présence stable de sa figure d'attachement principale, le plus souvent sa mère. »

13. L'instance consultative placée auprès du Premier ministre s'exprimait alors que des députés MoDem avaient déposé une proposition de loi à l'Assemblée nationale le 17 octobre 2017. Cette dernière prévoyait un article unique qui rendrait systématique la résidence alternée des enfants, sauf si « une raison sérieuse » l'en empêche, sans que le texte ne la définisse.

S'est ajoutée à ces problématiques, au fil des années, celle d'une justice familiale, avec des délais déraisonnables et des décisions parfois disparates, qui s'est avérée n'être plus adaptée, constatent de nombreux professionnels.

Dans son discours, le 14 juin 2001 à l'Assemblée nationale, Ségolène Royal se voulait pourtant très claire. Il faut « bannir de notre vocabulaire un concept qui ne devrait déjà plus avoir cours puisqu'en matière d'autorité parentale il n'est pas de droit sans devoir : il faut bannir de notre vocabulaire cette notion absurde de "droit de visite et d'hébergement". Que peut signifier aujourd'hui pour un père le droit de "visiter" son enfant ? Comment expliquer à tel autre père qu'il ne s'agit pas d'une prérogative discrétionnaire, que son enfant l'attend ce troisième samedi du mois et qu'une désertion sera vécue par celui-ci comme un abandon ? »

« Que cela devienne une égalité plus réelle »

« Soutenir dans la vie de tous les jours l'exercice concret de la parentalité en veillant à ce que le père prenne toute la place, de droit et de devoir, qui lui revient, à ce que le droit de tout enfant à être éduqué par ses deux parents, y compris après leur séparation, soit mieux garanti et à ce que l'égalité formelle entre père et mère devienne une égalité plus réelle : telle est l'inspiration de la politique familiale que je conduis », affirmait Ségolène Royal, constatant bien, déjà, à l'époque, que les séparations ne constituaaient « plus une réalité marginale de la vie familiale ». Les chiffres de ces dernières années lui ont donné raison.

« Dans trop de familles séparées, la réalité est encore malheureusement éloignée des affirmations de principe du droit : les pratiques évoluent rapidement, dit-on, mais nombre d'enfants de parents séparés ne voient plus leur père ou très épisodiquement », martelait-elle. Il faut « en finir avec des formules standards, qui, pour n'avoir jamais figuré dans la loi, figeaient de manière sûre l'inégalité des rôles, réservant aux pères le fameux "week-end sur deux", laissant à la mère la charge lourde de toute la semaine, notamment pour éduquer les adolescents. »

Ségolène Royal voulait en parallèle « soulager l'institution judiciaire, dont tous les magistrats soulignent à juste titre l'encombrement par un certain nombre de procédures inutiles, afin que ses professionnels puissent se concentrer sur les contentieux où dire le droit est une nécessité incontournable ». Elle recommandait alors « de définir les conditions de développement d'une médiation de qualité en direction de tous les publics et sur tout le territoire, de déterminer les moyens à mettre en œuvre pour ce faire », afin « d'assurer l'enchaînement paisible des générations ». Les problématiques étaient toutes posées.

Vingt ans plus tard, ce « droit de visite et d'hébergement » existe toujours et crée autant de conflits et de ruptures de liens, et l'institution judiciaire est submergée, sans doute plus que jamais.

Mais ce sujet, au cœur de la vie des Français, a été évité par les gouvernements successifs.

En annonçant ces mesures avec la visée de « revaloriser le rôle des pères », mais ne pas le faire « contre les femmes », Ségolène Royal avait ouvert une porte. Vingt ans ont passé, mais la « guerre » des sexes quand les enfants sont en jeu en est toujours quasiment au même point. Et ce mode de résidence, qui ne ferait que flatter les tendances égoïstes des parents, qui auraient tendance à considérer leurs enfants comme des objets que l'on peut déplacer sans cesse d'un foyer à l'autre, selon ses détracteurs, est toujours autant décrié.

Le fruit de textes successifs

Cette évolution du droit de la famille était pourtant portée il y a vingt ans par une impulsion internationale en faveur des droits de l'enfant et de l'égalité entre les parents en matière d'autorité parentale.

En France, cette égalité est le fruit de textes successifs et ce, depuis la loi du 4 juin 1970 qui a remplacé la notion de « puissance paternelle » par celle d'autorité parentale exercée en commun par le père et la mère. La loi du 4 mars 2002 relative à l'autorité parentale en donnait ainsi une nouvelle définition en y intégrant la notion d'intérêt de l'enfant. Quelle que soit la situation des parents, ils doivent continuer à exercer cette autorité ensemble, et ce, dans l'intérêt de leur enfant.

Comment garder le lien avec ses enfants et les préserver, les accompagner au mieux vers leur vie d'adulte, après une séparation ? Comment des parents, en souffrance, peuvent-ils poursuivre leur mission parentale et prendre ensemble des décisions pour leurs enfants, décisions qui vont en grande partie dessiner leur avenir ? Le discours de Ségolène Royal était simple, basique.

« Le principal facteur de troubles à long terme (chez les enfants) n'est pas la séparation elle-même mais la discorde familiale, la mésentente parentale », répètent depuis des années les pédopsychiatres qui voient des enfants défiler dans leur cabinet.

Aujourd'hui, des avocats se positionnent, des associations de médiation familiale tirent la sonnette d'alarme et des idées se dessinent, mais le sentiment de *statu quo* prédomine. Dans une société qui a (trop) longtemps privilégié les hommes par rapport aux femmes dans les rapports socioprofessionnels, il n'y a pas lieu de s'étonner que la résidence soit accordée principalement aux mères : il s'agit simplement de l'envers de la « domination masculine », diront certains. Mais est-ce un argument suffisant ?

Les gouvernements bottent en touche

Le sujet de la résidence alternée a fait l'objet de très nombreuses questions écrites au gouvernement, de la part de sénateurs ou députés.

Agnès Canayer, sénatrice (Les Républicains) demandait en juillet 2021 « de bien vouloir avancer sur cette question sociétale majeure », estimant « que la volonté du législateur de

2002 n'a pas été respectée ». Elle demandait « une modification de la loi » pour conduire les juges à accorder plus souvent une résidence alternée.

Dans une autre question, en juillet 2021, la sénatrice (UDI) Élisabeth Doineau s'inquiétait d'une justice « sexiste » dont « le réflexe est d'attribuer, en cas de conflit, la garde des enfants aux mères, en considérant l'attachement maternel comme prioritaire ».

Entre 2012 et 2021, de multiples propositions de loi ont aussi été déposées. Elles n'ont jamais été au bout. Citons celle du 12 octobre 2021, portée par Frédérique Dumas, députée des Hauts-de-Seine, élue sous l'étiquette En Marche, mais signée par vingt-cinq autres députés de tous bords politiques, « visant à instaurer le principe de présomption de résidence alternée pour les enfants de parents séparés ». Et celle du 16 décembre 2021, « relative aux droits de l'enfant à entretenir régulièrement des relations personnelles avec ses parents en cas de séparation ». Cette dernière était portée par soixante-dix sénateurs centristes ou Les Républicains. Faut-il vraiment légiférer ? Ou faut-il tout simplement relire le discours de Ségolène Royal ?

La modification de l'article 373-2-9 du Code civil afin de faire expressément de la résidence alternée une modalité de résidence privilégiée de l'enfant, en s'inspirant du Code civil belge, modifié en ce sens en 2006, est-elle nécessaire ? Des propositions, vingt ans après la « loi Royal » vont dans cette direction et conduiraient, si elles étaient adoptées, à un renversement de la charge de la preuve, en ce sens qu'il appartiendrait au parent qui refuse la résidence alternée de prouver que ce mode de résidence de l'enfant est contraire à l'intérêt de celui-ci.

Interrogé en 2021, le garde des Sceaux, Éric Dupond-Moretti, ancien avocat, avait botté en touche et fait savoir qu'il ne jugeait « pas nécessaire de légiférer » sur cette question.

Le congé paternité

Le débat sur le congé paternité est assez symbolique de ce très lent mouvement. Il a été instauré en 2002, au moment de cette « loi Royal », sous le gouvernement Jospin.

Les pères ne bénéficiaient jusqu'alors (depuis 1946) que de trois jours de congé à la naissance de leur enfant. Alors que le congé maternité fut instauré dès 1909, les jeunes pères français ont donc dû attendre près d'un siècle pour pouvoir bénéficier de ce repos indemnisé.

Il y a vingt ans, ils avaient donc obtenu onze jours de plus. Depuis 2021, la durée du congé paternité a doublé, passant à vingt-huit jours (dont sept jours obligatoires), permettant à la France, un temps en pointe sur le sujet, de combler désormais (un peu) son retard par rapport aux meilleurs élèves européens.

Pourtant, les rapports se sont succédé ces dernières années. Celui sur les « mille premiers jours de l'enfant », présidé par le neuropsychiatre Boris Cyrulnik, qui recommandait neuf semaines de congé paternité « second parent », celui de l'Inspection générale des affaires sociales (IGAS) préconisant un congé paternité de six semaines, obligatoire et entièrement rémunéré quand l'Unicef, Fonds des Nations unies pour l'enfance, prônait un congé parental payé d'au moins six mois pour les deux parents. « Il faut du temps, de la disponibilité et de la proximité physique et émotionnelle de la part des parents pour qu'ils construisent avec leur bébé une relation harmonieuse », répète Boris Cyrulnik.

Entre-temps, de petites entreprises françaises ont pris les devants et mis en place elles-mêmes des congés de parentalité pour leurs employés, parfois de dix semaines afin de réduire les discriminations liées à la parentalité dans les entreprises et l'assignation des femmes au travail domestique.

49 semaines en Norvège, 16 semaines en Espagne

La Norvège est le premier pays au monde à avoir instauré (le 1er avril 1993) ce congé en faveur du partage des tâches parentales. Les jeunes parents de ce pays scandinave ont aujourd'hui la possibilité de se répartir 49 semaines de congé, tout en continuant à percevoir l'intégralité de leurs salaires. La Suède accorde un congé parental de 480 jours, indemnisé à 80 %, que les parents peuvent se répartir « de manière équitable ». En Finlande, les deux parents peuvent désormais prendre 160 jours de congé et en transférer 63 à leur partenaire s'ils le souhaitent.

Dans un souci d'équité entre les parents, et de coresponsabilité vis-à-vis de l'éducation des enfants, plus près de nous, en Espagne, les pères bénéficient depuis 2021 de 16 semaines de congé exceptionnel pour la naissance d'un enfant, un droit d'une durée équivalente à celui accordé aux mères.

Pourquoi la France n'a pas été plus loin sur ce sujet ? Bruno Le Maire, ministre de l'Économie, a répondu très pragmatiquement à cette question, lors d'un forum du magazine *Elle* à l'automne 2021 : « Je suis très pour, sur le principe, mais cette obligation de congé parental ça nous coûte une fortune, on est dans l'ordre du demi-milliard d'euros. Sur le principe, je n'ai aucune absolument aucune difficulté, mais trouvez-moi un demi-milliard d'euros puis on le fera très volontiers. » Emmanuel Macron avait tenu le même raisonnement dans l'hémicycle du Parlement européen, quelques mois auparavant.

Pas étonnant quand on sait qu'à l'Assemblée nationale rien n'était encore prévu en 2022 pour les grossesses des députées. Les députés étant soumis à un régime particulier, il n'y a pas de reconnaissance d'un congé maternité – ou paternité – et les parlementaires ne sont pas remplacés par leur suppléant pour ce cas de figure.

Et au-delà de cet aspect financier (et politique), il s'avère que les pères ne se sont pas réellement emparés de ce progrès social. « La prise du congé paternité demeure stable depuis vingt ans : près d'un jeune père sur trois n'y recourt toujours pas », relevait en mars 2022 une publication du Centre d'études et de recherches sur les qualifications (Céreq[14]). En

14. Le Centre d'études et de recherches sur les qualifications est un établissement public sous tutelle du ministère de l'Éducation nationale et de la Jeunesse et du ministère du Travail, du Plein-emploi et de l'Insertion. C'est un pôle d'études et de recherche au service des professionnels, des décideurs, des partenaires sociaux et plus largement de tous les acteurs de la formation, du travail et de l'emploi.

gros, ceux qui pourraient le prendre mais ne le prennent pas et ceux qui craignent de perdre leur emploi ou d'affronter leur patron. Des obstacles professionnels, mais aussi culturels.

L'étude du Céreq chiffre le phénomène : alors que près de 90 % des jeunes pères salariés en CDI recourent au moins partiellement au congé de paternité, seuls 65 % des CDD et 33 % des indépendants l'utilisent. Plus on a d'ancienneté dans une entreprise, plus (généralement) on en profite.

Autre donnée : la prise de ces 28 jours est « plus faible chez les bas revenus… mais aussi chez les très hauts revenus », note l'étude. Le recours est au plus bas (67 %) pour les 20 % des pères les plus modestes, atteint un pic (98 %) pour ceux dont le revenu est compris entre 2 500 et 2 900 euros, et 73 % pour… les 10 % les mieux rémunérés.

Le congé « couche-culotte »

« Redonner aux pères les moyens de leur rôle est une politique féministe », assénait Ségolène Royal il y a vingt ans. Si cette volonté a pu se heurter en partie à des mouvements féministes, elle s'est surtout échouée sur un réel manque de volonté politique.

Dans un édito en une de *Ouest-France*, signé Bernard Le Solleu, le mardi 12 juin 2001, au sujet de ce congé paternité naissant, on lisait ceci : « Après la parité en politique, voici donc la nouvelle parité familiale, en tout cas un premier pas. Les deux parités, évidemment, devraient être indissociables. Les femmes ne veulent plus être enfermées dans le rôle conventionnel de la mère de famille. Elles travaillent pour la plupart. Elles souhaitent être reconnues dans toutes les dimensions de leur vie sociale. Cela passe nécessairement par une redistribution des tâches au sein de la famille. Quant à la figure du père « gagne-pain », elle s'efface aujourd'hui au profit d'une véritable coparentalité. Les nouveaux pères aspirent à une forme d'autorité mieux partagée, moins dirigiste, mais plus présente. Les machistes évoquent déjà le congé « couche-culotte ». Toutes les entreprises ne joueront pas le jeu. Le Medef s'est d'ailleurs empressé de critiquer la mesure… » C'était mal vu par les patrons, par certains pères, cela coûtait trop cher. Cette rhétorique a-t-elle changé en vingt ans ? Le paradigme est inchangé ou presque. Si l'organisation patronale était montée au créneau en 2002, le même discours a encore été entendu lors des discussions autour du doublement de ce congé paternité vingt ans plus tard. Imposer sept jours obligatoires ? Un danger, avaient alerté des élus de la République, car cela pourrait « mettre en difficulté les petites et moyennes entreprises, qui, à certaines périodes de l'année, ne peuvent se passer de leurs salariés pendant sept jours ».

Pourtant, lorsque l'on interroge aujourd'hui les pères, la majorité disent vouloir être différents de leur propre père, plus proches et plus présents pour leurs enfants.

À travers l'Observatoire des Familles, l'Union nationale des associations familiales (l'UNAF), avait interrogé en 2016 près de onze mille pères de tous les milieux sociaux, dans quarante-huit départements. Ils témoignaient du sentiment que leur rôle était dévalorisé par les médias, la justice familiale et également les acteurs de la petite enfance, de l'éducation et du secteur médical, sanitaire et social, pour qui l'interlocuteur « naturel » reste la mère.

Depuis vingt ans, « on demande aux hommes de changer, tout en les regardant à travers les prismes des représentations d'une autre époque », résumait Nicole Prieur, philosophe et thérapeute familiale (revue *Réalités familiales*, 2018).

***La dépression* post-partum**

Ce, alors qu'arrivent au fil des années d'autres données sur la place publique, notamment celui de la dépression *post-partum*, qui demeure toujours un tabou.

« Dans tous les pays du monde, le taux de dépression maternelle postnatale varie entre 10 et 15 %, avec un pic de fréquence à deux-quatre mois et un autre à six mois. La dépression peut également survenir pendant la grossesse (20 % des grossesses). Les pères/deuxièmes parents ne sont pas épargnés, mais la littérature sur les dépressions paternelles périnatales est malheureusement moins riche. Ainsi, on peut estimer qu'en France plus de cent mille femmes sont en grande détresse lors de l'année qui suit la naissance de leur enfant, et seulement la moitié d'entre elles trouve à qui s'adresser », peut-on notamment lire dans le rapport sur « les mille premiers jours de l'enfant » remis au gouvernement à l'automne 2020.

Si cette dépression *post-partum* (DPP) chez les mères commence (enfin) à être documentée, cette même pathologie chez les pères fait l'objet de très peu d'études. Ce serait pourtant une problématique réelle, d'après l'Institut national de la santé et de la recherche médicale, dans une étude pilotée par la chercheuse Maria Melchior et publiée en janvier 2023. Les chercheurs y montrent les effets positifs du congé de paternité sur la santé mentale des pères. Ce congé contribuerait à une relation affective plus forte avec l'enfant dès les premières semaines après la naissance et ce congé rémunéré permettrait aussi une reconnaissance sociale de ce nouveau rôle de père. Une présence du père qui favoriserait aussi souvent l'ambiance familiale, en réduisant certaines tensions liées au nouveau rythme ou au manque de sommeil, relève l'étude, même si le fait que le père s'arrête ne semble pas réduire le risque de dépression chez la mère, peut-être parce que la durée de ce congé est justement trop courte, avancent les chercheurs à partir des données de plus de 10 000 couples hétérosexuels. Une directive européenne « sur l'équilibre entre vie professionnelle et vie privée » est entrée en vigueur le 1er août 2022 et vise à instaurer un congé de paternité pour les pères/seconds parents d'au moins dix jours rémunérés et renforce le droit à quatre mois de congé parental rémunérés, dont deux mois ne sont pas transférables d'un parent à l'autre.

Au rayon des (très) lentes évolutions, dans un contexte d'étranglement de l'hôpital public cette fois, une journaliste et autrice, Renée Greusard, a documenté l'accueil réservé aux coparents dans des maternités, alors que leur compagne venait tout juste d'accoucher. « Peut-être qu'un jour on considérera dès la naissance que les enfants sont (le plus souvent) le fruit de deux personnes, pas juste de la mère. Peut-être même qu'un jour, on ira accoucher à la "parentalité" », écrivait-elle, un brin ironique, au printemps 2022, dans l'hebdomadaire *L'Obs*. Elle relevait, effarée, que dans certaines maternités, en 2022, des coparents n'étaient toujours pas admis.

Rappelant la césarienne, l'épisiotomie (incision du périnée censée faciliter l'expulsion du bébé), « on pourrait donc imaginer qu'il ou elle, avec son corps vaillant qui n'a pas accouché, s'occupe du bébé, le berce, le nourrisse et donc reste dormir la nuit », écrivait-elle. Eh bien non, pas toujours. Toujours pas. Cette impossibilité d'accueil la nuit du deuxième parent dans les maternités relève d'une « forme de maltraitance complètement banalisée », estime-t-elle.

Sur les réseaux sociaux, la journaliste, également autrice d'*Enceinte, tout est possible* et de *Choisir d'être mère* (éd. JC Lattès) a récolté de très nombreux témoignages attestant de cette injustice, dont les premières victimes sont bien évidemment là encore les mères. Elle-même raconte que lorsqu'elle a accouché de son fils, le personnel de la maternité avait conseillé au papa « de rentrer se reposer pour être bien en forme avec l'arrivée du bébé ». « Donc toi, tu viens de sortir un enfant de ton corps (c'est un effort comparable à un marathon), tu as eu une épisiotomie, tu galères avec des hémorroïdes mais qui doit se reposer ? Le papa. Et donc qui se tape le bébé qui pleure toute la nuit de la java ? Les personnes qui ont accouché », s'emportait Renée Greusard.

Le vrai du faux de la résidence alternée

Il serait trop simple (et dans la majorité des cas erroné) de dire que c'est la justice qui ampute la moitié de leur famille à des centaines de milliers d'enfants en France.

Ségolène Royal le disait il y a vingt ans, les liens avec l'enfant pour le parent à qui est accordé un « droit de visite et d'hébergement » de quatre jours par mois et la moitié des vacances, s'en trouvent souvent distendus, parfois avec de lourdes conséquences. Pourtant, le droit de vivre, d'être éduqué et aimé par ses deux parents en maintenant les liens parentaux, y compris après une séparation, est inscrit à l'article 9 de la Convention internationale des droits de l'enfant (CIDE).

La France n'est pas en avance dans le domaine de « l'égalité parentale », par rapport à la Belgique, la Norvège, le Danemark ou encore la Suède, qui connaissent des taux de résidences alternées parfois proches de 50 %. Il est sans doute grand temps que ce mode de résidence – sans qu'il soit forcément égalitaire et que des parents s'arc-boutent sur une logique arithmétique – ne fasse plus l'objet d'un contentieux si dévastateur. Que les enfants maintiennent un lien avec leurs deux parents sans que lui ne subisse les tensions et pressions que supposent la séparation. De nombreux observateurs en sont convaincus : la « loi Royal » a été bien imaginée, mais pas réalisée.

Dans sa chanson si touchante (et réaliste), « Semaine A, semaine B », le chanteur français Ben Mazué évoque avec une infinie douceur « la violence » de laisser ses enfants une semaine à l'autre parent. Il y met de la poésie, avec brio. Une douce mélodie en si grande dissonance avec les dossiers consultés pour ce livre, des dizaines de jugements rendus en 2021 et 2022, qui s'apparentent à des jeux de massacre.

Face à un nombre de séparations croissant, à des interprétations de « la théorie de l'attachement », aux délais (et au manque de moyens) de la justice, à une révolution féministe qui permet enfin à la société de prendre conscience de l'ampleur des violences sexistes et sexuelles, le sujet est toujours hautement inflammable.

Ce que disent les statistiques, vingt ans après la « loi Royal » ? La part des enfants en résidence alternée parmi les enfants ayant des parents séparés varie avec l'âge. La résidence alternée ne concerne en 2020 que 2,5 % des enfants d'un an dont les parents sont séparés[15].

15. En 2020, 12 % des enfants dont les parents sont séparés vivent en résidence alternée. Étude de l'Insee, publiée le 3 mars 2021.

Les très jeunes enfants sont en effet le plus souvent confiés à la mère par les juges aux affaires familiales. L'alternance survient (ou pas) plus tard, dans un contexte de liens parfois « abîmés » avec le parent « non gardien ».

La proportion d'enfants en résidence alternée croît néanmoins régulièrement avec l'âge jusqu'à la fin de l'école primaire, puis décroît ensuite à partir de l'entrée au collège puis au lycée.

Des caractéristiques socio-économiques plus favorables

Autre élément, les parents d'enfants en résidence alternée ont des caractéristiques socio-économiques plus favorables que l'ensemble des parents, y compris ceux qui vivent en couple avec leurs seuls enfants. Ils sont plus diplômés, sont plus souvent en emploi et appartiennent à des catégories sociales plus favorisées, et ont donc des revenus supérieurs. Il n'est pas facile de savoir si ce choix de la résidence alternée est lié à certaines valeurs, pratiques, préférences plus fréquentes parmi les personnes à haut niveau de diplôme ou si ce sont leurs revenus plus élevés qui leur permettent de faire ce choix, reconnaît le HCFEA sachant que la résidence alternée nécessite des moyens financiers importants. Il faut notamment, ce qui n'est pas une mince affaire, trouver deux logements de taille convenable à proximité. Et aussi, donc, parfois, assumer des procédures judiciaires lourdes financièrement et psychologiquement.

En moyenne, le niveau de vie des enfants alternants est supérieur de 9 % par rapport à l'ensemble des enfants français. Leur taux de pauvreté est divisé par deux par rapport à l'ensemble des enfants : 11 % contre 22 %. Et ces écarts sont particulièrement marqués par rapport aux familles monoparentales. Le niveau de vie des « alternants » est en effet supérieur de 37 % en moyenne à celui de l'ensemble de ces enfants, rapporte l'Insee.

Combien d'enfants sont concernés par la résidence alternée ?

En France, 480 000 enfants mineurs (environ un enfant sur dix dont les parents sont séparés, donc) vivaient en résidence alternée en 2020 et passaient la moitié du temps chez chaque parent, d'après les dernières statistiques de l'Insee. 52 % des familles avec des enfants « alternants » n'ont qu'un seul enfant alternant et 40 % en ont deux.

Quels âges ont les enfants ?

En moyenne, les enfants alternants sont âgés de 10 ou 11 ans, toujours d'après l'Insee. Le recours à la résidence alternée progresse régulièrement avec l'âge des bambins. La résidence alternée est particulièrement rare chez les plus jeunes : seuls 4,2 % des enfants de moins de 4 ans ayant des parents séparés étaient alternants en 2020, ce alors que les séparations avec des enfants en bas âge sont de plus en plus nombreuses.

Les pères se remettent-ils plus vite en couple ?

Dans chacun des domiciles parentaux, les enfants en résidence alternée vivent soit en famille monoparentale soit, si leur parent a un (nouveau) conjoint (leur beau-parent donc), en famille recomposée. Au domicile maternel, 73 % des enfants en résidence alternée vivaient dans une famille monoparentale en 2020 et donc 27 % dans une famille recomposée, d'après l'Insee, et les déclarations connues. Au domicile paternel, les enfants alternants vivent (un peu) plus souvent en famille recomposée (29 %). Ils vivent ainsi (un peu) plus fréquemment en famille recomposée que les autres enfants ayant des parents séparés (24 %).

Les mères de famille monoparentale vivent elles dans cette configuration depuis plus longtemps que les pères, d'après les statistiques : en moyenne, les mères sont dans cette situation depuis 5,6 ans contre 4,2 ans pour les pères isolés. 60 % des mères isolées sont dans cette situation depuis plus de trois ans contre 47 % des pères isolés. Cet écart s'explique en partie parce qu'une mère de famille monoparentale sur six l'est devenue en ayant un enfant sans être en couple, situation rare pour les pères, et que cette situation est génératrice d'une durée moyenne d'ancienneté dans la monoparentalité particulièrement élevée, estime le HCFA. Cela s'explique également par le fait qu'après une séparation, les hommes reforment plus vite une nouvelle union que les femmes. Cinq ans après une séparation ayant eu lieu entre 25 et 50 ans, 57 % des hommes ont reformé une nouvelle union contre 46 % des femmes ; quinze ans après, c'est le cas de 75 % des hommes contre 64 % des femmes.

Les enfants « alternants » s'en sortent-ils mieux dans leurs études ?

La réponse est oui, mais aussi parce que les parents d'enfants en résidence alternée sont davantage diplômés (et que malheureusement, en France, le niveau d'études dépend toujours trop du milieu parental dans lequel évoluent les enfants). Les enquêtes montrent que les parents d'enfants en résidence alternée sont davantage diplômés y compris d'ailleurs par rapport aux parents issus des familles « traditionnelles » eux-mêmes en moyenne plus diplômés que ceux des familles monoparentales et recomposées, a analysé l'Insee. Ainsi, 49 % des pères d'enfants alternants sont diplômés du supérieur, contre 42 % des pères vivant dans une famille « traditionnelle ». De même, 58 % des mères d'enfants alternants sont diplômées du supérieur, contre 52 % de celles vivant dans une famille « traditionnelle ». L'Insee relève un fort écart avec les autres parents de familles monoparentales ou recomposées sans enfant alternant : seuls 33 % des mères et 29 % des pères de ces familles sont diplômés du supérieur.

Plusieurs études scientifiques internationales démontrent depuis quelques années les bienfaits pour l'enfant de la résidence alternée estimant qu'il serait (si le conflit est dépassé) « moins exposé à des risques de problèmes psychologiques ou à une dégradation de ses indicateurs de bien-être, de confiance en soi ou d'estime de soi[16] ». Des enquêtes qui tendraient à mettre en évidence que lorsque l'on cherche à maximiser l'intérêt de l'enfant, il conviendrait de favoriser le partage des responsabilités parentales entre le père et la mère, y compris en termes de nombre de nuitées et y compris pour les jeunes enfants. Mais ces études continuent d'être décriées.

Les mères des enfants « alternants » sont-elles plus « en emploi » ?

Les mères d'enfants en résidence alternée sont nettement plus souvent en emploi (89 %) que celles vivant dans une famille « traditionnelle » (77 %) selon l'Insee et une étude de l'INED, publiée en octobre 2022[17]. « Cela s'explique en partie par leurs caractéristiques : en moyenne, elles sont plus diplômées et leurs enfants sont plus âgés et moins nombreux », résume l'Insee. Cependant, même à caractéristiques identiques (âge, diplôme, nombre d'enfants, localisation, etc.), ces mères sont davantage en emploi que les autres. Les pères d'enfants alternants, eux, ont un taux d'emploi similaire à celui des pères vivant dans une famille « traditionnelle »

16. D'après la publication « Attachment and Human Development » du 11 janvier 2021 dans la revue officielle de la *Society for Emotion and Attachment Studies* et un article de *consensus* cosigné par soixante-dix spécialistes de l'attachement.

17. À partir d'un très grand échantillon de mères (60 700) âgées de 20 à 55 ans qui ont divorcé ou rompu un Pacs, deux directrices de recherche à l'INED ont mis en évidence que celles dont les enfants sont en résidence alternée après un divorce ou une rupture de Pacs sont plus susceptibles de travailler que celles qui ont la garde principale de leurs enfants.

(92 % contre 90 %). Les taux d'emploi des parents de familles monoparentales ou recomposées sans enfant alternant (67 % pour les mères, 79 % pour les pères) sont nettement inférieurs à ceux des parents d'enfants alternants. Les parents d'enfants alternants sont moins souvent au chômage (8 % des mères, 5 % des pères) que les autres parents de familles monoparentales ou recomposées (respectivement 18 % et 11 %), indique l'Insee.

Quelles sont les ressources financières des parents des enfants « alternants » ?

Les parents « alternants » sont bien moins souvent locataires d'un logement social que les autres parents de familles monoparentales ou recomposées (13 % contre 33 %). Ils sont aussi plus fréquemment propriétaires de leur logement (53 % contre 34 %). Les pères d'enfants alternants sont néanmoins plus souvent propriétaires de leur domicile que les mères (61 % contre 46 %), relève l'Insee. Ils ont également des logements plus grands : 44 % disposent d'au moins 100 m^2, contre 33 % des mères, pour un nombre d'habitants comparable. Ce qui peut révéler (encore) une inégalité… dans l'égalité.

La résidence alternée est une pratique particulièrement marquée socialement : « Elle est surreprésentée parmi les ex-couples à dominante cadre et intermédiaire, et plus précisément lorsque le père est cadre (30 %) et lorsque la mère est cadre ou appartient aux professions intermédiaires (27 %).

Elle est aussi plus répandue lorsque les parents sont en emploi que lorsqu'ils sont inactifs ou au chômage, et tend à être plus fréquente à mesure que le revenu des deux parents s'élève », pointe l'enquête de la sociologue Émilie Biland-Curinier sur la base de « quatre mille affaires familiales[18] ». Et elle est aussi nettement plus fréquemment fixée lorsque les parents sont Français ou nés en France.

La résidence alternée est-elle équitable sur le territoire national ?

La résidence alternée est plus développée dans l'ouest de la France ainsi que dans une large partie du Sud, notamment en Auvergne-Rhône-Alpes. Le plus souvent, il s'agit de zones périurbaines, où le niveau de vie des enfants et le taux d'activité des mères sont élevés. La résidence alternée est plus fréquente en Bretagne, en Auvergne-Rhône-Alpes et dans le Sud-Ouest. Elle est à l'inverse peu répandue dans les Dom, en Île-de-France, dans le Nord-Pas-de-Calais et en Corse. Ces différences territoriales s'expliquent en partie par le niveau de tension sur le marché du logement, notamment pour l'Île-de-France. Logiquement, là où le marché est tendu, il est plus difficile pour chacun des deux parents (ou pour celui qui quitte le logement familial) de retrouver un logement d'une taille suffisante à proximité pour lui

18. Dans un rapport de 2020 intitulé « Justice et inégalités au prisme des sciences sociales ».

permettre d'accueillir les enfants dans de bonnes conditions. Mais des études suggèrent qu'un effet local peut aussi exister : lorsque la résidence alternée est répandue dans une région, les parents peuvent avoir plus fréquemment des exemples dans leur entourage et cette solution peut être plus souvent évoquée par leurs interlocuteurs au moment de la séparation.

Les pères obtiennent-ils la résidence alternée quand ils la demandent ?

C'est (généralement) vrai. Les études démontrent que si les pères la demandent, ils l'obtiennent, dans la grande majorité des cas, mais elles démontrent aussi que les hommes se tiennent « bien plus souvent en retrait des procédures » (la requête est deux fois plus souvent déposée par une femme que par un homme), documente la sociologue Émilie Biland-Curinier soit en ne prenant pas d'avocat, soit en ne se constituant pas partie à l'affaire, soit en ne se présentant même pas à l'audience !

En France, environ 30 % des pères séparés ayant un revenu inférieur au salaire minimum ne verraient jamais leur(s) enfant(s), contre 8 % de ceux qui gagnent 3 000 euros[19].

19. Quand la séparation des parents s'accompagne d'une rupture du lien entre le père et l'enfant : publication de l'INED en 2013.

Dans ce débat de chiffres dans les procédures, difficiles à obtenir précisément (malgré de nombreuses sollicitations auprès du ministère de la Justice pour cet ouvrag), il faut sans doute surtout s'interroger sur ce pourcentage non négligeable de pères qui ne se présentent même pas à l'audience. Depuis plusieurs années, le gouvernement ne communique plus de statistiques précises concernant la répartition de la résidence des enfants en cas de désaccord devant la justice. Le dernier rapport date de novembre 2013. On y lisait ceci : en cas de désaccord entre les parents, le juge prononce dans 63% des situations une résidence chez la mère, dans 24% des situations une résidence chez le père, dans 12% des situations une résidence alternée et très marginalement une résidence chez un tiers. La question est de savoir si « qui ne dit mot consent » et si lorsqu'un père ne s'exprime pas, laissant la résidence à la mère, qui en a fait la demande, il peut être considéré comme satisfait de ce scénario ? Et noter qu'il est difficile de dire si c'est l'existence d'un désaccord sur la résidence qui est le déclencheur du recours à l'avocat ou si, à l'inverse, la présence d'avocat contribue à façonner des demandes discordantes entre les conjoints… Ce qui semble clair, c'est qu'en cas d'accord entre les conjoints, les juges tendent à homologuer massivement les conventions proposées, et ce, peu importe l'âge de l'enfant.

La résidence alternée est ainsi plus fréquente parmi les divorces par consentement mutuel que dans les autres types de procédures. « La résidence chez la mère est aussi plus fréquente quand le père n'est pas représenté par un avocat. Elle est quasi toujours fixée chez la mère lorsque le père est absent à l'audience, mais, par contre, il n'est pas rare qu'elle soit fixée chez la mère si elle-même est absente à l'audience », note Émilie Biland-Curinier dans son étude.

Pour un père, il vaut mieux éviter le procès, cela semble assez vrai. Ou en tout cas, bien se défendre. Et en avoir les moyens.

Dans les rares cas où la mère ne formule pas de demande explicite, il est possible que ce soit tout de même chez elle que soit fixée la résidence.

Amboise Debussy (un pseudo), juriste, et auteur du livre *Un parricide ordinaire* (éditions NCB) a lui publié, sur *Village de la justice*, une étude basée « sur 220 décisions de justice » concernant la résidence des enfants, « dans une période de cinq semaines, dans le même tribunal de grande instance de province ». Lorsque la décision fixe la résidence chez la mère, les motifs tiennent en environ 100 mots. Lorsque la décision fixe la résidence chez le père, les motifs tiennent, en moyenne, en 205 mots, conclut-il. Il tend à démontrer de manière factuelle « la réalité du prisme culturel », à travers ce travail. En clair : lorsque la décision fixe la résidence de l'enfant chez le père plutôt que chez la mère, elle est deux à trois fois plus motivée.

Si la résidence alternée est plus fréquente parmi les procédures consensuelles, elle reste très rare dans les procédures où une enquête sociale est ordonnée. Elle est associée à un investissement des deux parents dans la procédure, généralement, et donc plus particulièrement du père. La résidence alternée est donc aussi nettement plus fréquente lorsque le père est représenté par un avocat, mais seulement si cet avocat n'est pas pris en charge par l'aide juridictionnelle, analyse l'enquête d'Émilie Biland-Curinier.

Quid des pensions alimentaires lors des résidences alternées ?

Il y aurait environ 25 % de pensions alimentaires versées lors des résidences alternées contre 80 % quand la résidence principale est fixée chez la mère.

Émilie Biland-Curinier avance la somme de 178 euros versée par le père en moyenne à Paris en résidence alternée. En province, les montants sont largement inférieurs et bien souvent nuls. La sociologue relève dans son enquête une vraie spécificité parisienne concernant la fixation de pension en cas de résidence alternée, avec une fréquence bien plus élevée qu'ailleurs avec des montants moyens considérablement plus élevés qu'ailleurs.

Les pensions alimentaires prennent, dans la majorité des cas, la forme d'un transfert de revenu du père vers la mère. C'est aussi le cas lors des résidences alternées. « L'analyse des requêtes des justiciables montre que les mères, quand elles sont représentées par un avocat, ont tendance à demander des montants plus élevés de pension alimentaire. On ne trouve pas d'effet similaire pour les pères », note aussi la sociologue.

En France, depuis vingt ans, lorsque le montant de la pension alimentaire doit être révisé ou annulé, il faut régulièrement retourner devant le juge. Replonger dans les critiques, au sein d'une enceinte judiciaire qui reste anxiogène. Et attendre des mois. Depuis plus de dix ans, au Québec, par exemple, des greffiers « spéciaux » se chargent de cette problématique financière, non des moindres lors d'une séparation. Des services administratifs de rajustement des pensions se mettent en place, dans de nombreux pays, montrant que « l'officialisation des arrangements parentaux n'est plus le monopole des juges », met en avant la sociologue.

Le sort des enfants, une affaire de femmes pour les femmes ?

La féminisation des professions « liées à la séparation » fait régulièrement débat au sein de l'opinion publique où les groupes représentant les pères voient une justice rendue par les femmes et pour les femmes. Mais ce constat ne pourrait, selon les études et enquêtes disponibles, démontrer que les femmes jugeraient différemment des hommes.

Les avocats ? D'après les chiffres du ministère de la Justice, les avocats sont 70 073, soit une augmentation de 35 % en dix ans. 56,8 % des avocats sont des avocates (50,5 % en 2009), profession encore plus féminisée dans les affaires familiales. Comparée aux autres professions judiciaires et juridiques réglementées, la profession d'avocat est la seule qui compte une majorité de femmes, dit le ministère de la Justice.

Les JAF sont pour les trois quarts des cas des femmes (il s'agit d'une des fonctions parmi les plus féminisées de la magistrature). On y ajoutera (car on parle d'enfants) que le ministère de l'Éducation nationale est féminisé à plus de 70 %, notamment pour les enseignants dans le primaire.

« Mais on peut évidemment se demander ce qui fait que les hommes, structurellement, tendent à éviter ces métiers », note Émilie Biland-Curinier.

La résidence alternée est plus fréquente à l'ouest qu'à l'est du pays

Par Benoît Hachet. Il est sociologue, professeur agrégé à l'École des hautes études en sciences sociales (EHESS), auteur d'une thèse sur l'expérience temporelle de la résidence alternée par les parents (2018) et d'un livre : *Une semaine sur deux. Comment les parents séparés se réinventent* (2021), aux éditions Les Arènes.

Entre 2011 et 2018, j'ai mené une recherche sur la manière dont les parents séparés vivaient l'alternance résidentielle de leurs enfants quand elle était organisée de façon paritaire. Ce travail a débouché sur la soutenance d'une thèse de doctorat en sociologie à l'École des hautes études en sciences sociales, « La résidence alternée : une sociologie de l'expérience temporelle des parents. »

J'en ai tiré un livre dans lequel je lie mon expérience de père alternant durant seize ans à la manière dont j'ai mené mon enquête sociologique, en donnant à voir les principaux résultats (Hachet, 2021).

Depuis le début des années 2000, donc, j'ai suivi de près l'actualité de la résidence alternée. J'ai écouté, lu et interrogé les juristes, les juges et les avocats, les psychologues, psychanalystes et pédopsychiatres, les médiateurs familiaux, les associations de défense des droits des pères et de défense des femmes, autant que je me suis plongé dans la littérature sociologique et démographique *ad hoc*. J'ai mené des entretiens approfondis avec quarante-deux parents alternants, autant de pères que de mères, et fait passer, avec un chercheur de la CNAF (Caisse nationale des allocations familiales), un questionnaire d'une centaine de questions auprès des allocataires de la CAF ayant des enfants en résidence alternée, qui a permis de recueillir et de traiter 5 103 réponses.

Je n'ai pas cherché à savoir si la résidence alternée était « bien pour les enfants », selon la problématique psychologique la plus courante, ni si elle était la meilleure option pour les pères ou pour les mères, mais j'ai voulu comprendre la façon dont les parents alternants vivaient cette expérience.

Les rôles de genre attendus après le divorce

« Mais, qui va garder les enfants ? » Cette petite phrase, prononcée dans l'entourage de Ségolène Royal au moment de sa candidature à la présidence de la République, alors qu'elle était séparée de François Hollande, en dit long sur les rôles de genre attendus après le divorce. L'écho de cette remarque a dû être particulièrement fort aux oreilles de celle qui avait porté la loi sur la résidence en alternance, en mars 2002, juste à la fin du gouvernement Jospin. Pour savoir qui garde les enfants ou, plus exactement en droit français, où est fixée leur résidence, il faut comprendre les principes qui président aux décisions des juges aux affaires familiales, et parvenir à appréhender les situations de fait mises en place par les parents.

Avant 1975, les enfants étaient confiés par la justice à celui ou celle qui avait obtenu le divorce. L'esprit du texte consistait à éliminer le parent coupable d'avoir fait échouer le mariage, en préservant la famille, amputée de sa mauvaise branche. Le droit était alors soutenu par la psychanalyse (Freud, Goldstein, Solnit, 1973), dans la défense de l'institution familiale. Dans les décisions des juges, néanmoins, comme dans les faits, les enfants restaient le plus souvent avec leur mère, plus encore s'ils étaient en bas âge. Au tournant des années 1990, les parents divorcés et séparés obtiennent l'autorité parentale conjointe, mais le juge est encore contraint de fixer la résidence des enfants chez l'un ou l'autre des parents. Ce hiatus, déjà contourné par certains juges et parents, tombe en 2002, quand la loi sur la coparentalité reconnaît la possibilité pour la justice d'établir la résidence des enfants en alternance entre les deux domiciles parentaux, chez l'un et l'autre des parents. Cette possibilité n'est pas propre à la France mais s'inscrit dans un grand mouvement international, la plupart des pays européens adoptant des lois comparables dans ces années-là.

Où donc est fixée la résidence des enfants aujourd'hui après un divorce ou une séparation de leurs parents ? Pour répondre à cette question, nous disposons de deux sources : les statistiques de la justice ou les situations de fait. L'analyse des décisions de juges comporte des limites : elle est aveugle aux séparations qui s'organisent en dehors des tribunaux et ne considère que les décisions au moment du jugement, sans que l'on sache dans quelle mesure elles sont appliquées dans la durée. De plus, depuis 2017, et la possibilité offerte aux parents d'acter leur séparation chez un notaire, les statistiques sont moins consolidées et les publications sur ce sujet se sont taries. Les dernières données disponibles de la Chancellerie datent d'il y a dix ans, mais sont encore largement citées. En 2012, donc, 17 % des décisions des juges pour les divorces ou séparations avec enfants étaient des résidences alternées, 71 % des résidences principales chez la mère et 12 % des résidences principales chez le père (Guillonneau, Moreau, 2013). Dans l'immense majorité des cas, les parents étaient d'accord sur la résidence des enfants.

Difficile de savoir si la résidence alternée a vraiment baissé depuis dix ans en France

Le nombre de situations de fait peut être évalué par les statisticiens de l'Insee à partir des déclarations fiscales, puisque les enfants en résidence alternée y sont déclarés : leur nombre a doublé entre 2010 et 2016 pour représenter 400 000 enfants, ou 2,7 % de l'ensemble des enfants mineurs (Algava, Penant, Yankan, 2019). Selon les dernières données disponibles du recensement, 12 % des enfants dont les parents sont séparés vivent en résidence alternée (Bloch, 2020), ce qui représente 480 000 enfants ou 3,4 % des enfants mineurs, contre 3 % en 2018. Tirons trois conclusions de la comparaison de ces données.

1. La grande majorité des enfants de parents séparés vivent avec un seul de leur parent de façon principale ou exclusive, très majoritairement avec leur mère.

2. La comparaison des sources de la justice et de celle de l'Insee peut porter à croire que la résidence alternée a baissé depuis dix ans en France, mais les sources ne sont pas comparables.

3. Les statistiques nationales de l'Insee établissent que si elle est largement minoritaire, la résidence alternée se développe ces dernières années.

Quelles sont les caractéristiques de celles et ceux qui partagent le temps de résidence de leurs enfants ? Au début des années 2000, on lisait sous la plume de certains sociologues que la loi sur la résidence alternée était une loi pour une élite ou une loi pour le XIe arrondissement – associé aux bourgeois bohèmes. Sous cette appréciation, on pouvait entendre que matériellement il fallait avoir les moyens de la mettre en œuvre et que, pratiquement, il fallait réussir à suffisamment bien s'entendre entre ex pour que cette organisation fonctionne, ce qui n'est pas à la portée de tout le monde.

Effectivement, 57 % des parents d'enfants en résidence alternée en emploi sont cadres ou professions intermédiaires, ce qui est une proportion plus importante que dans les « familles traditionnelles » (Bloch, 2020) ; cependant, de façon complémentaire, cela signifie aussi que 43 % des parents alternants appartiennent à des catégories plus populaires. Aussi il est exagéré de dire que la pratique de l'alternance est réservée aux seules catégories sociales supérieures ; si elle y est plus développée, elle ne couvre pas l'ensemble des situations. La résidence alternée est aussi moins fréquente en Île-de-France et dans les centres-villes qu'en périphérie des villes moyennes, comme elle est plus présente à l'ouest qu'à l'est du pays (Algava, Penant, Yankan, 2019). Aujourd'hui, elle est même plus développée en milieu rural qu'en milieu urbain (Virot, 2021). En conclusion, il faut se garder de caricaturer la résidence alternée : ce n'est pas une pratique de classes aisées de centre-ville.

On entend souvent aussi, auprès de ses plus ardents promoteurs, que la France est en retard par rapport aux pays du nord de l'Europe, en particulier la Belgique ou la Suède dans lesquels les niveaux d'alternance représentent entre 30 % et 40 % des séparations avec enfants – ce qui reste, remarquons-le en passant, minoritaire. Mais jamais ne sont cités nos voisins de l'est, Allemagne, Suisse et Italie, dans lesquels elle est confidentielle. La France occupe ainsi en Europe, une position intermédiaire. Une partie de l'explication tient dans la différence entre les lois, plus ou moins favorables, mais bien plus sûrement dans l'ancrage des habitudes et des rôles entre les hommes et les femmes. La résidence alternée est en effet d'autant plus développée dans un pays que les différents indicateurs d'égalité de genre sont élevés (taux d'emploi, niveau de revenus, durée du congé paternel, partage des tâches domestiques...), et, sur ce point, la France occupe aussi une position intermédiaire (Falquer, 2020). En simplifiant, on pourrait soutenir que la résidence alternée progresse en même temps que les hommes demandent des temps partiels pour s'occuper des enfants, prennent des congés paternels de façon massive et que parallèlement les postes et les salaires des femmes s'établissent au même niveau que ceux de leurs collègues masculins.

Comment partager le temps en deux ?

Les parents ordinaires qui se séparent cherchent à savoir, de façon très pratique, comment ils vont s'organiser.

Il existe très peu d'enquêtes en France qui se sont intéressées aux pratiques et aux expériences vécues des alternants. Les sociologues se concentrent plutôt sur les rapports sociaux de classe et de genre qui s'expriment dans les tribunaux, les démographes travaillent sur de grandes bases de données anonymisées et les psychologues développent des batteries d'indicateurs pour mesurer le bien-être comparé des enfants selon leur situation familiale.

Dans mon travail, je me suis demandé ce que disaient les pères et les mères des motifs de leur choix de l'alternance, comment ils faisaient pour partager le temps en deux et comment ils vivaient la succession des périodes avec et sans leurs enfants.

Quand on demande aux parents alternants comment ils ont décidé de mettre en place cette organisation pour leurs enfants, aussi bien en entretien en face-à-face que par questionnaire, 7 sur 10 répondent que le choix s'est fait d'un commun accord, avec ou sans passage par la justice ; 1 sur 6 indique que la résidence alternée leur a été imposée par un juge – très majoritairement des mères qui n'en voulaient pas – ; et 1 sur 6 répond que la décision a été influencée par des tiers (demande des enfants, proposition du juge ou décision en médiation familiale). Pour ceux qui répondent s'être accordés à l'amiable, les discours récurrents sont ceux de l'évidence partagée. C'était évident, au dire des deux parents, parce que les pères étaient impliqués au même titre que les mères dans la prise en charge des enfants et qu'il n'y avait donc pas de raison de changer après la séparation. Les hommes qui ne s'occupaient pas des enfants sont très peu nombreux dans cette catégorie ; le plus souvent, ils ne demandent pas l'alternance, s'accordant de façon évidente avec la mère pour qu'ils résident chez elle.

Comment partager le temps en deux ? Au début, toutes et tous tâtonnent. J'ai rencontré des parents qui avaient essayé deux jours / deux jours mais qui n'avaient pas tenu longtemps, parce que cela rendait les prévisions compliquées et parce qu'ils n'avaient jamais ou quasiment jamais de week-end entier sans enfants. Une petite minorité pratique des alternances infra-hebdomadaires, dans lesquelles les enfants changent de domicile plusieurs fois par semaine. Or, si on veut que les enfants passent autant de temps chez l'un que chez l'autre, tout en alternant les week-ends, c'est compliqué. On ne peut pas partager sept jours en deux. Après quelques essais infructueux, la plupart trouvent la solution de l'équation qui se pense sur deux semaines, en 14 jours. Cette solution c'est le 2/2/5/5, lundi et mardi chez l'un, mercredi et jeudi chez l'autre, puis vendredi, samedi, dimanche, lundi, mardi chez le premier, et mercredi, jeudi, vendredi, samedi, dimanche chez le second.

« La semaine paire au père et la semaine impaire à la mère »

Comme l'alternance hebdomadaire, une semaine sur deux, est la solution la plus facile à penser pour partager de manière égale le temps quotidien des enfants, elle est choisie par près de 9 alternants sur 10. « La semaine paire au père et la semaine impaire à la mère », comme il est écrit dans les trames préremplies utilisées par les juges aux affaires familiales, sans autre raison que celle de l'homophonie. Les conséquences sont que les pères alternants sont plus susceptibles d'être libres d'enfants quand les mères alternantes sont avec les leurs ; ils ont peu de chance de se rencontrer…

Il y a les alternances du vendredi, les plus nombreuses, qui commencent par un week-end, et celles du lundi qui débutent par la vérification des devoirs. Dans les deux cas, il est possible pour les parents de ne pas se croiser, et les transitions se font par l'école. Il y a aussi les transitions du dimanche soir, comme dans les cas les plus répandus de résidence principale chez la mère. Le *Sunday blues* s'ajoute alors à la perspective du départ des enfants. Le vendredi, le lundi et le dimanche représentent 95 % des jours de transition dans les alternances hebdomadaires ; ils sont donc situés à la frontière du week-end, les parents s'adaptant au rythme social de la semaine, qui est la temporalité dominante organisant notre vie quotidienne.

Les alternants sont très attentifs à ce que le partage du temps soit égal. Ils tiennent des comptes temporels. Quand ils s'entendent suffisamment bien avec leur ex-conjoint, ils peuvent négocier un week-end libre alors qu'ils devaient avoir les enfants, mais il faudra le rendre. Quand ils ne font pas un mois / un mois sur décision de la justice, ils organisent les vacances d'été autour d'un grand calendrier, dans lequel il s'agit de poser des jours de congé en miroir, et voir s'il n'est pas plus simple de récupérer les enfants sur leur lieu de vacances avec l'autre parent plutôt qu'à leur domicile ordinaire. Casse-tête somme toute assez simple à résoudre jusqu'à ce qu'arrivent de nouvelles compagnes et de nouveaux compagnons, avec lesquels il faudra aussi négocier, si ce n'est aussi avec les ex des nouveaux, pour savoir si on pourra aller à la mer avec les enfants la troisième semaine de juillet. Effets dominos garantis.

« Les parents alternants sont nombreux à penser qu'ils ont une double vie »

Comment les parents vivent-ils la différence des temps ? Pendant une semaine, donc, les alternants vivent avec leurs enfants et pendant une semaine ils vivent sans eux. Durant les semaines avec leurs enfants, ils apprennent à devenir parents sans l'autre parent, en inventant des manières de faire qui n'étaient pas celle du temps où ils étaient en couple. Certains, (enfin !) ne font plus de camping, quand d'autres peuvent (enfin !) aller planter leur tente avec leurs enfants près d'un lac de montagne. Comme ils ne voient leurs enfants que la moitié de leur vie, les temps que les parents passent avec eux sont rares, souvent denses – en tout cas quand les enfants sont petits et en début de séparation. Quand ils n'ont pas leurs enfants, les parents découvrent ou redécouvrent de nouveaux temps pour eux, qui étaient inaccessibles au moment de leur vie familiale antérieure. Après qu'ils se sont habitués à l'absence des enfants, ils investissent ces espaces de liberté de nouvelles activités qui sont très variables selon les situations : travail, reprise d'étude, activités de loisir, nouvelles rencontres, etc. Les enfants, pourtant, ne sont jamais très loin… ils vont revenir à la fin de la semaine, et il faudra de nouveau remplir le frigo, faire tourner le lave-linge et le lave-vaisselle, faire les devoirs, les amener chez le dentiste… quoi que cette dernière activité soit plus souvent située durant la semaine maternelle. La résidence alternée, si elle fait bouger les lignes, ne bouleverse pas de fond en comble l'ordre du genre.

Les parents alternants sont nombreux à penser qu'ils ont une double vie, qu'ils déroulent de manière diachronique d'une semaine sur l'autre. Elles se disent mères et femmes, ils se disent pères et hommes, jouant selon le moment de l'une ou de l'autre de leurs identités. Pour rendre compte de la manière dont les parents vivent la succession des périodes, je suis passé par la musique, pour savoir comment les parents faisaient résonner ensemble les deux temps de leur alternance. J'ai distingué trois catégories : les consonants, qui vivent bien les deux périodes, les dissonants, qui ont du mal quand ils n'ont pas leurs enfants, et les assonants, qui vivent mal les deux périodes. En m'inspirant des annotations italiennes qui donnent l'esprit d'une interprétation musicale, j'ai encore distingué huit catégories d'alternants, allant des *legato quieto*, qui parviennent à lier de façon heureuse les deux moments de leur alternance, et des *staccato quieto*, qui vivent bien chacune des périodes mais sont heurtés par chaque transition, jusqu'aux *staccato doloroso*, qui vivent douloureusement les deux temps, et trouvent les transitions difficiles, en passant par les *legato malinconico*, qui vivent bien les temps avec enfants, difficilement les temps sans eux, mais passent bien les transitions. Le paysage des alternances est donc pluriel, même si les *quieto*, ceux qui vivent bien les deux temps de l'alternance, représentent les deux tiers de la population étudiée.

Bibliographie

Algava E., Penant S., Yankan L., 2019, « En 2016, 400 000 enfants alternent entre les deux domiciles de leurs parents séparés », Insee Première, n° 1728.

Bloch K., 2021, « En 2020, 12 % des enfants dont les parents sont séparés vivent en résidence alternée », Insee Première, n° 1841.

Flaquer L, 2021. "Shared parenting after separation and divorce in Europe in the context of the second demographic transition", in Castren A.M., Cesnuityte V., Crespi I. *et al.* (dir.), *The Palgrave Handbook of Family Sociology in Europe*, Palgrave Macmillan, p. 377-398.

Freud A., Goldstein J., Solnit A. J., 1980 [1973], *Dans l'intérêt de l'enfant ? Vers un nouveau statut de l'enfance*, Paris, Les Éditions ESF.

Guillonneau M., Moreau C., 2013, « La résidence des enfants de parents séparés. De la demande des parents à la décision du juge. Exploitation des décisions définitives rendues par les juges aux affaires familiales au cours de la période comprise entre le 4 juin et le 15 juin 2012 », Rapport du ministère de la Justice, direction des Affaires civiles et du Sceau.

Hachet B., 2021, *Une semaine sur deux. Comment les parents séparés se réinventent*, Paris, Les Arènes.

Virot P., 2021, « Grandir dans un territoire rural : quelles différences de conditions de vie par rapport aux espaces urbains ? », Études & Résultats, n° 1189.

Aller à l'encontre des idées établies n'est pas chose facile

Par Christine Castelain-Meunier. Elle est sociologue au *Centre national de la recherche scientifique* (CNRS), à l'École des hautes études en sciences sociales (l'EHESS) et spécialiste des questions du masculin, du féminin, de la famille, de l'enfant, de la communication et de l'environnement. Elle intervient dans de nombreuses conférences. Elle est membre du laboratoire de l'égalité. Elle a contribué à l'allongement du congé de paternité en 2002, puis en 2021. Elle est l'autrice de nombreux ouvrages (Notamment : *L'instinct paternel. Plaidoyer en faveur des nouveaux pères*, Larousse, 2019 ; *Les hommes aussi viennent de Vénus. Forts et sensibles. Les nouveaux visages de la virilité*, Larousse, 2020 ; *Et si on réinventait l'éducation des garçons ? Petit manuel pour dépasser les stéréotypes et élever des garçons libres et heureux*, Nathan, 2020 et *Devenir écoféministe. 15 actions au secours de la planète*, avec Francis Meunier, De Boeck, 2022).

La sortie du patriarcat s'accompagne du passage de la paternité institutionnelle à la paternité relationnelle impliquée. Avec notamment l'avancée vers l'égalité des droits civiques et sociaux des femmes, les transformations des institutions et des lois dans ce sens, le passage de la puissance paternelle à l'autorité parentale, en 1970-1972 et avec le principe de coparentalité, en 1993.

La place du père passe désormais par les interactions entre la femme et l'homme concernant la répartition des rôles entre eux, plus que par la référence à des places très institutionnalisées comme autrefois.

Mais : père absent, père violent, père punitif, père abstrait, père désincarné, père pédophile… les qualificatifs négatifs ne manquent pas pour désigner le père dans l'histoire, la littérature, au cinéma, dans l'actualité… Et pourtant, les pères n'ont jamais été aussi investis dans leur paternité qu'aujourd'hui. Ils racontent qu'il fallait « oser » s'y mettre. Parfois même au prix de réflexions désagréables de la part des femmes. Même en 1968, au travail, les collègues de Jean ont du mal à supporter qu'il parte en milieu d'après-midi pour récupérer sa gamine. Comme s'il n'assumait pas d'un point de vue professionnel et sous-entendant que c'est à la femme de s'organiser… puisqu'elles-mêmes, qui sont ses collègues, le font bien…

Dans la résidence, en 1978, lorsque Louis promène le petit dernier en landau, la semaine, aux jours et heures où il devrait être au travail… des bruits courent qu'il exploite sa femme, que c'est elle qui fait bouillir la marmite, que c'est un fainéant…

En 1978, toujours, quand Jean va chercher la petite à la crèche, on lui demande de dire à sa femme que la petite a bien pris son sirop… Il a un rôle d'intermédiaire. Il n'est pas reconnu comme un éducateur à part entière.

Quand Manuel promène son petit garçon de 6 mois, au parc, des femmes le complimentent : c'est sympa de le faire à la place de votre femme, quand elle travaille… C'est encore l'époque où plus l'enfant est petit, plus l'homme est pressenti comme un anachronisme. La société et la mère de l'enfant, lui renvoient qu'il ne sait pas y faire, qu'il est gauche, maladroit. Tout se passe comme si le symbole de la force physique, des biceps, des abdominaux, des poils, associés à la virilité, étaient incompatibles avec la vulnérabilité du tout-petit, avec la croyance largement répandue que s'il prend le nourrisson dans ses bras, il va le briser, le faire tomber par terre.

Allez à l'encontre des idées établies n'est pas chose facile, alors même que commence à se divulguer l'idée que les liens entre le père et le tout-petit, sont précieux et qu'il y va de l'intérêt de l'enfant. Évelyne raconte, des sanglots dans la voix, les efforts qu'elle a dû faire pour laisser sa fille âgée de 6 mois dormir la nuit, chez son ex, dont elle venait de se séparer. Mais elle avait réalisé à quel point il était important pour l'éducation de sa fille de maintenir le lien entre son père et elle.

Mais ce sont aussi des situations surprenantes, par rapport à des situations imprévues… avec ce sentiment qu'elles vous « tombent dessus ». Tel le cas d'Anatole, rattrapé par une ancienne histoire amoureuse. Il avait eu une liaison passagère qui s'était rapidement interrompue. Seize années plus tard, une femme se rappelle à son bon souvenir et lui réclame une pension rétroactive, sur les seize années durant lesquelles il n'a pas subvenu aux besoins de son enfant. La femme voulait élever l'enfant seule. Alors même qu'il ignorait totalement qu'il était père d'un enfant en Allemagne. Le tribunal a tranché en faveur de la mère et de l'enfant, que depuis, il voit régulièrement et a reconnu. Il rembourse encore aujourd'hui les seize années de pension. La mère ne souhaitait pas partager durant les seize années, la responsabilité parentale.

À l'inverse, des femmes qui sont parties de chez elles, en laissant l'enfant petit au père, subissent le sarcasme et les commentaires désobligeants à leur encontre, de la part des autres femmes. Le renforcement de l'impératif de la bonne mère et la pression qui en découle, ont fini par les inciter à ne plus en parler…

C'est la capacité à construire et à maintenir le lien qui va garantir l'exercice de la paternité.

Ces situations rendent compte des *a priori*, des stéréotypes, qui entourent et qui ont entouré la paternité, la maternité, la parentalité, de clichés, d'injonctions, de représentations, auxquels il a pu être difficile d'échapper et auxquels il est encore difficile d'échapper…

Des pères écrivent et décrivent leur quotidien aujourd'hui. Ils rendent compte de leur vécu, de leur sensibilité, de leurs émotions… C'est tout à fait nouveau. Cette démarche, qui a pu être l'apanage des poètes, des écrivains, on pense notamment à Victor Hugo, favorise l'expression de leur subjectivité.

Thierry Chaume, par exemple, s'y emploie dans le journal qu'il a tenu depuis l'annonce de la grossesse de sa compagne. Un moment bien particulier où, écrit-il, sa vie « vient de basculer[20] ». C'est ainsi que l'on découvre presque pas à pas comme pour de nombreux jeunes pères aujourd'hui, qui ont choisi de l'être, la nouvelle aventure des papas, avec la découverte de l'haptonomie qui accompagne « la construction de la relation à l'enfant », en guidant avec la main, le corps de l'enfant qui est dans le ventre de la mère. Un ressenti bien particulier tout en rondeur et en lents déplacements. C'est aussi les visites avec la femme chez la ou le gynécologue. Les séances de préparation à l'accouchement. Les échographies (trois sont obligatoires pour la maman) auxquelles l'homme peut assister. Occasion pour découvrir avec beaucoup d'émotion, en direct les battements du cœur du fœtus, de l'enfant en formation… C'est bien sûr, l'accouchement auquel assistent aujourd'hui une large majorité de pères et les premiers soins au nouveau-né, le bain… Et ce « sentiment de paternité qui se développe en s'occupant de l'enfant au quotidien ».

20. Thierry Chaume, *Le Journal d'un papa nouvelle génération. Les nouveaux pères. Les jeunes papas*, Format Kindle, 113 p., 2015.

Ainsi, l'attention portée au quotidien, au développement du bébé qui est dans le ventre de la mère, ou lors de contrôles médicaux, ou encore à la maman lors de l'accouchement, puis au nourrisson, dont il s'agit de comprendre les besoins et les attentes, impacte la sensibilité et l'émotion masculine.

Aujourd'hui, les futurs parents tentent de se réapproprier une dimension naturelle, une part naturelle du vivant, en créant un lien direct avec l'enfant et entre eux. Dans un contexte qui s'inscrit dans une nouvelle conception du masculin, plus poreuse à la valorisation du sensible et de l'émotion. Comme si l'empire de la rationalité et du sensible n'était plus aussi antinomique et opposé qu'auparavant, au sein de la culture masculine, qui s'était développée avec la domination du sensible par la rationalité « froide ». Les femmes ayant tendance à être appréhendées du côté de la nature, les hommes du côté de « la culture ». Aux femmes était dévolu l'affectif, le sensible, les soins, l'empathie ; aux hommes, la raison, l'intellect, la culture, l'indifférence affective, l'agressivité conquérante, la violence...

Désormais, les conditions sont posées pour générer, favoriser, « l'acquiescement à la vie », « l'amour du vivant », « du tout », pour reprendre des expressions utilisées par Lou Andréa Salomé[21], romancière, psychanalyste allemande d'origine russe et qui peuvent s'appliquer aujourd'hui à des hommes,

21. Lou Andréa Salomé, *Eros*, Paris, Minuit, 1984.

grâce à leur implication dans l'univers de la naissance et de la petite enfance.

Mais les obstacles qui appauvrissent le lien paternel sont pléthores, alors même que désormais, c'est la capacité à construire et à maintenir le lien qui va garantir l'exercice de la paternité, dans un contexte d'instabilité conjugale.

Une réalité complexe, judiciaire, financière et psychologique

Et la paternité peut alors dépendre de la témérité à vouloir maintenir le lien. C'est le cas de René, quitté par sa femme, professeure, qui a déménagé avec ses deux enfants en bas âge, à 700 kilomètres de leur ancien domicile. Le père des enfants exerçant le métier d'éducateur disposait alors de peu de moyens financiers. Il a trouvé la parade pour continuer à voir régulièrement ses enfants. Il s'est procuré une caravane qu'il a installée sur le parking du HLM où vivaient désormais ses enfants. Une solution qui présente un double intérêt : c'est un logement mobile et fixe pour lui et ses enfants les week-ends de garde et les périodes de vacances, et c'est un point fixe dans lequel les enfants peuvent garder leurs affaires et comme ils ont la clé, ils y ont accès pour récupérer les objets oubliés lorsque leur père est reparti dans le Nord.

Des témoignages de pères qui innovent pour trouver des solutions, ne manquent pas. C'est le cas, entre autres, du documentaire très émouvant, réalisé par une amie canadienne

Johane Bergeron, « Papa est là[22] ». Il raconte la longue traversée ponctuée d'obstacles et d'espoir de quatre hommes à la suite de l'enlèvement parental de leurs enfants. Le documentaire est porté par l'histoire de Thomas, photographe et père qui se voit subitement privé de son fils Diego, disparu au Mexique. Pour l'aider à comprendre ce qui lui arrive, il entreprend le projet de photographier Pierre, Ricardo et Tony, des pères qui vivent la même situation et qui se confient dans l'intimité de son studio. Leur souffrance est la même, mais leur parcours et leur manière de transiger avec la douleur de la perte, différents. Malgré la complexité du sujet, Johane Bergeron a voulu faire découvrir un univers empreint de dignité, de tendresse masculine, de résilience et de camaraderie. « Préoccupés par le bien-être et la sécurité de leurs enfants, ils parlent de leur réalité complexe – judiciaire, financière et psychologique – qui se transforme rapidement et bouleverse leur quotidien. »

Ces témoignages sont d'autant plus précieux que ces situations sont mal connues. Alors qu'on a tendance à incriminer le père, en l'accusant de désintérêt à l'égard de ses enfants. Or c'est dommage, car nombreux sont les pères qui, à la suite de séparations conjugales, n'ont pas l'opportunité de voir leurs enfants. Ces ruptures de lien qui les figent dans l'image très négative du père démissionnaire, créent des effets boule de

22. *Papa est là*, film réalisé par Johane Bergeron, produit par les Productions Catbird, en collaboration avec Enfant-Retour Québec et TV, sorti en DVD, en novembre 2018.

neige qui conduisent à des ruptures quasi définitives de lien. Alors même que c'est la qualité de l'interaction qui va garantir la pérennité du lien, de l'amour paternel, ce que la médiation familiale s'applique à préserver et à entretenir.

Lorsqu'il s'agit de déterminer quelles sont les chances d'un garçon de réussir au lycée, le philosophe américain Michael Gurian[23], spécialiste de la famille, pose simplement la question : « Y a-t-il dans sa vie un homme qui puisse lui servir de modèle ? » Car ce qui importe, dans les différents types de familles qui se multiplient aujourd'hui, c'est de contribuer à l'éducation, de ne pas s'y soustraire d'une façon ou d'une autre.

Les grands-pères ou les oncles peuvent apporter une aide en tant que figure paternelle : des hommes plus âgés qui donnent l'exemple au jeune en matière de maîtrise de soi et d'habitudes de travail, qui rappellent au garçon, en le pressant par exemple pour être à l'heure, en surveillant ses notes, que l'école joue un rôle essentiel pour réussir dans la vie… Les garçons ont toujours appris de leurs aînés – y compris au lycée en assumant des responsabilités qui aujourd'hui, remarque Michael Gurian, sont surtout prises par les filles. Et il faut rappeler ici, comme l'explique Tony Anatrella[24], que les jeunes ont

23. Michael Gurian, spécialiste de la famille, *Nos garçons : mieux les comprendre pour mieux les aimer*, Albin Michel, 2011.

24. Tony Anatrella, *Entre adultes et adolescents*, Paris, Le Cerf, 1995 ; *Interminables adolescences*, Paris, Le Cerf, 1999.

besoin de matériaux psychiques pour se construire et s'affirmer. Les adultes sont dans ce sens une référence, et ils doivent s'accepter comme telle afin de leur servir d'appui dans leur développement. Pour leur permettre d'apprendre à contrôler leurs désirs, à sublimer les aspects archaïques de la vie pulsionnelle et à savoir approcher la réalité. Par exemple avec la pornographie, le garçon va s'imaginer que tout est malléable, que la fille est malléable comme dans les scènes pornographiques, jusqu'à se découvrir impuissant face à l'existence et face à la jeune fille qu'il aime. Il aura peur de lui faire mal. S'il y a un manque d'étayage, parce que le jeune n'a pas pu s'appuyer sur des adultes solides, qui ont le sens de l'importance de leur témoignage, pour faire la preuve de leur apprentissage intellectuel, relationnel et d'insertion dans le réel, il arrivera fragilisé à l'adolescence. Le processus de maturation sera plus long, la personnalité plus impulsive, la résistance aux frustrations internes, externes, moins développée. Il éprouvera des difficultés de concentration, des troubles sexuels. Il sera plus exposé au suicide, au recours à la violence, à des conduites addictives (tabac, alcool, drogue), conduites à risques, dépression. Les parents garantissent l'inscription de l'enfant dans l'ordre des générations et de la société.

« L'idée que le monopole injustifié de l'instinct, par le féminin, vole en éclat »

Les situations se diversifient avec la multiplicité des modèles familiaux qui transforme la réalité quotidienne et le vécu de la paternité. Le changement des mœurs et les avancées technologiques poussent à sortir du débat nature/culture, ainsi que des conceptions traditionnelles qui ont défini la filiation, afin de mieux valoriser le lien parental qu'il s'agisse du lien biologique et/ou social, qui permet à l'enfant et aux parents quels qu'ils soient, de trouver leur place et le sens de la vie leur permettant d'envisager sereinement d'exercer leurs responsabilités parentales.

Et c'est aussi la question du partage des responsabilités parentales dans un contexte moins inégalitaire qui débouche sur un nouveau volet, une nouvelle étape à franchir. Avaliser l'idée de l'existence d'un instinct paternel accompagne, dans ce sens, un changement de cap, un déplacement de la conception de l'instinct parental. Avec l'idée que le monopole injustifié de l'instinct, par le féminin, vole en éclat avec la sortie du patriarcat avec ce que nous appelons l'humanisation du masculin. Et il s'agit bien de développer, d'envisager et de mettre en place, un certain nombre d'initiatives respectueuses de la diversité des situations, loin des injustices et des discriminations...

Que faire donc pour mieux accompagner la place réelle, actuelle du père ? Car celle-ci a été appréhendée dans l'histoire et la culture, de façon biaisée par la culture patriarcale et par la place faite à la mère dans un contexte de domination masculine. Comment faire pour ne pas en faire payer le prix à chacun (homme, femme, enfant) aujourd'hui et demain ? Des exemples témoignent du désarroi de certains pères, de la maladresse d'autres, mais aussi des comportements innovants des pères, de leur volonté d'assumer le moins mal possible une paternité faite de présence et d'implication.

Favoriser la prise de conscience dans ce sens constitue un objectif important. Afin de développer des propositions d'actions adaptées.

Qu'il s'agisse de la valorisation de la coconstruction entre le père et l'enfant à travers les interactions émotionnelles, sensitives, sensorielles, auditives, verbales, langagières issues des liens directs entre eux. Il importe alors de prendre conscience des fonctions écran qui ont été mises en place par un idéal de virilité et son expression présente aussi dans la psychanalyse, qui a éloigné le père de l'univers de la naissance et de la petite enfance. Cet éloignement s'est fait au profit d'une hiérarchie de l'attachement, attribuant le monopole à la mère. La reconnaissance de l'indépendance de la place du père par rapport à la mère prend d'autant plus de sens que la multiplicité des modèles familiaux, impose de reconsidérer la place du père.

Mais aussi, comprendre la réorganisation de l'image de soi à laquelle l'homme est confronté au moment de la grossesse de la femme, dans le sens d'un ébranlement psychique, émotionnel, est important et pas seulement pour la mère. Dans la dynamique de réidentification qui accompagne la grossesse et le devenir père, comme le mentionne Caroline Boiteau[25]. Mais

25. Caroline Boiteau a soutenu une thèse de doctorat en psychologie : « Devenir père. De la grossesse aux premiers échanges avec le nouveau-né », thèse Paris V, 2018. https://www.theses.fr/2018USPCB112

c'est aussi accepter le fait que les compétences de l'homme incluent de nouvelles représentations et des compétences qui avaient tendance à être niées ou minimisées au profit de celles de la mère, qui étaient, pour reprendre l'expression de Caroline Boiteau, « intouchables ». Accepter l'idée : que les parents sont cohérents et différents, que l'autorité peut être exercée par un homme et une femme, et qu'elle peut être déléguée par la société à un homme ou une femme, permet de sortir de clivages de rôles instaurés dans un contexte de société qui, au nom du père viril et de sa toute-puissance, empêche de prendre en compte la complexité de la réalité actuelle qui se doit d'intégrer la flexibilité et la variabilité des fonctions éducatives et parentales. Car l'idéal de la virilité qui ne cadre plus avec les évolutions de la société et les transformations engendrées par le mouvement des femmes, inhibe l'instinct paternel. Et l'héritage de pères qui se réfèrent à la culture du passé contribue à inhiber l'instinct paternel. Alors même que la forte implication dans le projet parental et éducatif adaptée aux transformations de la société, quel que soit le type de famille, renforce l'instinct paternel.

« La société tarde à entériner ces changements, à les reconnaître, pour mieux les accompagner »

Pourquoi les pères séparés rencontrent-ils encore tant d'obstacles pour exercer leur paternité ? Alors même que les pères n'ont jamais été aussi présents, aussi actifs. Le changement est patent. Mais quels sont les obstacles réels, supposés, involontaires, voire inconscients ? Alors que la paternité relationnelle impliquée a succédé à la paternité institutionnelle, qui sacralisait le père symbolique, absent, seul chef de famille, responsable économique et juridique. Les témoignages que nous recueillons depuis plus de trente-cinq années, confirment la bascule de la société avec cette sortie du patriarcat, marquée par des pères présents qui s'impliquent dans l'univers familial, éducatif, domestique et qui intègrent l'égalité des droits civiques et sociaux entre les femmes et les hommes.

Mais la société tarde à entériner ces changements, à les reconnaître, pour mieux les accompagner. D'autant que les inégalités perdurent entre les femmes et les hommes dans de nombreux domaines, ainsi que les comportements toxiques masculins. Mais pourquoi des freins existent-ils encore dans le cas de séparations conjugales qui devraient déboucher dans la plupart des cas, sur le partage des responsabilités parentales, la résidence alternée ?

Nombreux encore sont les obstacles qui se dressent en travers de la route en faveur de l'équité parentale. La symbolique traditionnelle de la virilité n'y est pas étrangère. D'autant que le passage de la virilité toxique à la virilité positive est retardé par la lourdeur des institutions, des représentations. Celles qui sont fondées sur la défense des privilèges masculins, de l'idéal viril dominateur, du style de vie qui exalte le recours à la violence au nom de la supériorité masculine, d'une manière de vivre, de penser, conçue sur des stéréotypes de genre.

Pourquoi existe-t-il un tel retard dans la reconnaissance de la nouvelle place du père ? Nous avons eu la chance d'être sollicitée par Ségolène Royal, alors ministre déléguée aux Affaires familiales, pour intervenir sur la paternité lors de la Conférence annuelle de la famille en 2000. Nous avons pu alors faire état d'un manque de reconnaissance dans les mentalités, les institutions, des changements de la paternité et proposer de créer un livret de paternité et d'allonger le congé de paternité. Ce que Ségolène Royal est parvenue à faire avec courage et détermination, en allongeant le congé de paternité de onze jours en 2002 (onze jours, plus trois jours de congé rémunérés par l'employeur). La société française étant alors très peu réactive à la question des pères. En effet, ce n'est qu'en 2021 que nous avons à nouveau été sollicitée pour le congé de paternité, qui est passé le 1er Juillet 2021, à vingt-cinq jours calendaires, plus trois jours de congé de naissance. Là où dans les pays scandinaves la durée est beaucoup plus longue, ainsi que dans quelques pays européens. Pourquoi existe-t-il un tel retard en France sur la question des pères ? Et pourquoi, qui plus est, en cas de séparation conjugale, le recours systématique à la médiation et le respect de la coparentalité est-il si laborieux ?

Sachant que l'impératif de la bonne mère est de plus en plus présent et que l'émancipation des femmes tarde à se confirmer. Comme en témoignent les retards à l'égalité salariale, au partage des responsabilités économiques et politiques non genrées, l'existence de #MeToo, les féminicides...

Pourquoi existe-t-il encore tant d'obstacles en faveur de la médiation, du cheminement nécessaire à la négociation parentale, favorable au partage des rôles respectueux de l'équilibre éducatif si important pour l'enfant ?

« Pourtant, et c'est curieux au regard du mouvement des femmes des années 1970, l'impératif de la bonne mère s'est renforcé »

La société industrielle a exalté l'instinct maternel, au détriment de l'instinct paternel. Pourtant, depuis, le rôle du père n'a jamais autant bougé que dans cette période charnière que nous vivons, marquée par la sortie balbutiante du patriarcat. Et la société postindustrielle tarde à accompagner le virage initié par l'avènement d'une nouvelle paternité et des nouveaux modèles familiaux. Alors même que la reconnaissance de l'implication paternelle dans l'éducation, constitue une alternative indispensable à l'égalité femme/homme, aux transformations du masculin. D'autant que les neurosciences et les sciences cognitives attirent de plus en plus l'attention sur la richesse des liens possibles, entre les hommes et les bébés.

Et les avancées dans le domaine de la procréation, ainsi que la libéralisation des mœurs ne conduisent-elles pas finalement à sortir du débat nature/culture et à préférer le terme instinct parental à celui d'instinct paternel ou maternel ? Car somme toute ce qui compte c'est la qualité de l'éducation et l'amour que l'on parvient à donner aux enfants (quels que soient la situation parentale et le sexe des parents).

On sort d'un univers de croyances dans lequel le père est perçu comme incarnation d'un dieu sur terre, de l'empereur ou du roi dans la famille, pour aller vers un être responsable éducatif en interaction directe avec l'enfant. Avec la conception d'un lien parental qui intègre les changements de mœurs, juridiques, culturels… d'autant plus passionnant qu'on sort du patriarcat rural, du patriarcat industriel et de la domination masculine… Si tant est qu'on parvienne à mieux accompagner ce passage, à en reconnaître les difficultés et lever les obstacles qui empêchent l'amour paternel de se développer.

Arrêtons donc de tergiverser sur la crise de la paternité. Reconnaissons enfin que nous sommes en train de changer de société. Que c'est bénéfique à chacun, à chacune, si le rôle du père se transforme, et plus généralement la parentalité, dans une société sur le point de développer plus encore les technologies de la reproduction. Pourtant, et c'est curieux au regard du mouvement des femmes des années 1970, l'impératif de la bonne mère s'est renforcé, (alors même que la femme a conquis de nouveaux droits), tant l'angoisse éducative et la pression de l'excellence caractérisent notre époque.

La complexité éducative tente d'être jugulée par de nouvelles manières d'être parent, et aussi d'être une femme, un homme, ainsi que de concevoir sa paternité et de se répartir les responsabilités éducatives autrement, entre l'homme et la femme, ou plus généralement entre les humains. Nouvelle pointe d'un iceberg que l'on entrevoit désormais, alors même que les remous souterrains, avant-coureurs, étaient tangibles, il y a longtemps déjà, mais trop souvent méconnus. En effet, alors que je travaille depuis 1988[26] sur la question du masculin, j'ai été impressionnée par les transformations historiques de la paternité.

Du père romain, au père du Moyen Âge, à celui de l'époque industrielle, jusqu'à nos jours : la fonction paternelle, le rôle du père ont connu des bouleversements d'autant plus importants que le masculin, le féminin ont vécu des transformations fondamentales qui n'ont cependant pas toujours échappé à des interprétations erronées ou biaisées.

Sans parler du Néolithique, période sur laquelle il est toujours passionnant de se pencher, tant elle éclaire de sens et bouscule les représentations et les stéréotypes de notre époque.

Mais tout ceci converge aussi vers des doutes, des interrogations, ainsi que vers de nouvelles certitudes sur les manières d'être père, d'être un bon père. À l'inverse du mauvais père. Notamment au regard de l'autorité, de la bonne éducation, des méthodes et des limites à poser pour y parvenir.

Et l'on se demande aussi si les fameux « nouveaux pères », « papa poule », « père kangourou », etc., ne constituent pas un épiphénomène, une sorte de gadget éphémère qui manque totalement de consistance, comme s'il s'agissait d'un phénomène de mode.

---

26. Date de sortie de mon premier ouvrage sur les hommes : *Les Hommes aujourd'hui : virilité et identité*, Paris, Belfond-Acropole, 1988.

Alors que la réponse est claire, contrairement à ce que pourrait laisser penser des appellations caricaturales, attendrissantes, un brin ridicules... Non, il ne s'agit pas d'un phénomène de mode.

Et c'est faux de croire que c'est plus simple d'être un père aujourd'hui. Dans les rapports aux enfants, à la femme, à la société... Comme si par exemple, derrière tout ça, l'enjeu n'était pas tout simplement très mesquin, consistant à plaire à ses gamins, à ne pas déplaire à leur mère... En somme : à rechercher la facilité et la satisfaction de l'*ego* ? Or, c'est clair. À entendre les hommes, les pères, les éducateurs... il s'agirait même de scénarios inverses.

Car être un père impliqué n'est pas si facile. Il s'agit même d'un parcours semé d'embûches. En effet, il existe de nombreux obstacles pour y parvenir. Les freins sont nombreux. Tant les conceptions antérieures de la virilité, de la filiation, du masculin, du féminin, des différences entre les hommes et les femmes, des besoins économiques, éducatifs, s'opposaient et s'opposent encore aux conceptions de la paternité contemporaine.

Les mentalités, les stéréotypes, les représentations, les symboles, le fonctionnement des institutions, du marché du travail, de la conception des besoins, des lois, des normes, des appellations demeurent en porte-à-faux... Et plus généralement aussi, la philosophie, la psychologie... ne sont pas toujours dépourvues de contradictions au regard de la réalité actuelle. Les transformations des mœurs, des lois, de la société, les nouvelles pratiques et aspirations des pères, les nouvelles formes de solidarité entre eux, y compris en réseaux, l'apport des neurosciences, des nouvelles pédagogies, des découvertes sur le cerveau, l'éthique sur le vivant et les sciences du vivant… poussent de plus en plus, à avaliser l'instinct humain de vie, l'amour paternel. Et à reconnaître que finalement la paternité contemporaine est un oxymore[27] des plus surprenants, qui nécessite d'autant plus d'être prise en considération qu'elle engage des changements de comportements et d'interactions, de la part de tous… et de la société, dans cette sortie balbutiante du patriarcat. Ce qui nous a poussé à faire une dizaine de propositions dans *L'instinct paternel. Plaidoyer en faveur des nouveaux pères*[28]. Mais la reconnaissance des nouveaux contours de la paternité n'est pas aisée, avec les stéréotypes genrés, les représentations traditionnelles des rôles et les inégalités femmes/hommes qui perdurent. Alors même que le masculin est en changement, car *Les hommes aussi viennent de Vénus*[29]. D'autant que, comme nous l'écrivions en 2012[30], les problèmes climatiques nécessitent pour être résolus, des

27. Un oxymore est une figure de style qui consiste à allier deux mots de sens contradictoires. Vient du grec *oxous*, « aigu », « fin », « spirituel » et de *moros*, « niais », « stupide ».
28. *L'Instinct paternel, Plaidoyer en faveur des nouveaux pères*, Larousse, 2019.
29. Christine Castelain-Meunier, *Les hommes aussi viennent de Vénus. Forts et sensibles. Les nouveaux visages de la virilité*, Larousse, 2020.
30. Christine Castelain-Meunier, "*Men and women: What new challenges?*" in Future perspectives for intervention, policy and research on men and masculinities. An international forum, co-edited by Gilles Tremblay and François Olivier Bernard, Men's Studies Press, LLC, Harriman, Tennessee, 2012.

modifications profondes, y compris dans les rapports femme/homme. Des transformations qui nous ont poussé à écrire *Devenir écoféministe. 15 actions au secours de la planète*[31]. Car elles se doivent d'intégrer entre autres, le nouveau rôle des pères, avec le partage de la charge mentale et de la charge morale, pour parvenir à : l'égalité des droits ; au partage des responsabilités parentales, y compris lors des séparations ; et à la diffusion d'une éducation écoféministe inclusive pour la sauvegarde de la planète. Ce qui nous a conduit aussi à proposer : *Et si on réinventait l'éducation des garçons ?* [32]

---

31. Avec Francis Meunier, *Devenir écoféministe. 15 actions au secours de la planète*, De Boeck, 2022.
32. Christine Castelain-Meunier, *Et si on réinventait l'éducation des garçons ? Petit manuel pour dépasser les stéréotypes et élever des garçons libres et heureux*, Nathan, 2020.

Un sentiment de surplace

Le manque de littérature grand public, en France, sur ce moment crucial et pourtant devenu si commun qu'est la séparation avec des enfants, est assourdissant, même s'il est bien entendu impossible de donner le mode d'emploi d'une séparation réussie.

Le sujet de la séparation était (encore) à l'ordre du jour du Congrès des notaires de France, en cet automne 2022. « Les époux vivent sans se soucier des biens, des revenus, de leur sort, et décident, par un silence implicite, de régler les comptes après leur vie commune », résumaient les professionnels, demandant à modifier un article du Code civil afin de rendre obligatoire une information juridique (gratuite) prénuptiale dans l'année précédant le mariage.

Même observation concernant la prestation compensatoire. « Les constats, déjà relevés en 2014 lors du Congrès des notaires de France sont aujourd'hui les mêmes et nous sommes bien embarrassés devant le concitoyen qui s'interroge sur le montant de la prestation qu'il peut espérer obtenir ou au contraire qu'il risque d'avoir à verser. Que lui répondre ? Que cela dépend du tribunal, que cela dépend du juge, voire de l'avocat qu'il va choisir ? Qu'est-ce qui peut paraître plus difficile à accepter pour les parties ? » s'interrogent les notaires, pointant « un aléa juridique et économique pas acceptable dans une société moderne où on doit privilégier la sécurité juridique, l'équité et la paix des familles ».

L'aléa, un mot qui revient en boucle aussi et surtout lorsqu'il est question de la (très) complexe notion « d'égalité parentale ». Interroger la CAF, la Caisse d'allocations familiales, pour demander le partage des versements de l'aide personnalisée au logement (APL) ou encore du RSA en cas de résidence alternée relève toujours du parcours du combattant. Idem pour la Sécu, qui opte toujours pour le système du parent principal et du parent secondaire sur la carte Vitale, sauf à multiplier les courriers. Unicité de l'allocataire aussi jusqu'à présent pour le partage du complément de libre choix du mode de garde (CMG), même si cela devrait (enfin) changer. L'argument de la complexité pour les caisses d'allocations familiales (deux fois plus de dossiers…) est difficilement recevable surtout lorsque l'on sait que la pension alimentaire, l'argent donc, est un sujet sur lequel les désaccords sont plus nombreux et sur lequel le juge a plus souvent à trancher.

Il y a une loi, pourtant. Vingt années se sont écoulées, et demeure un sentiment de surplace.

C'est noir ou blanc

Dans les rayons des librairies, pour tenter d'y voir clair, vous avez le choix : *Le Livre noir de la garde alternée* (chez Dunod en 2006) qui continue d'être une « référence » et a planté le décor, ou *Le Livre blanc de la résidence alternée* (chez Érès, en 2014).

Dans le premier, signé par Jacqueline Phélip, « une sage-femme, épouse de médecin et mère de quatre enfants », la préface est paraphée par le pédopsychiatre Maurice Berger (qui enseignait toujours vingt ans après la « loi Royal » à l'École nationale de la magistrature). Elle est sans appel. Le spécialiste y pointe « l'état de souffrance extrême que présentent certains enfants qui vivent en résidence alternée ».

Avant 2002, le juge n'avait pas la faculté de fixer la résidence de l'enfant en alternance chez ses parents. Malgré la loi, votée quatre ans plus tôt, le médecin présupposait dans cet ouvrage que « de nombreux individus parvenus à l'âge adulte présenteraient des troubles liés à ce mode de garde pendant leur enfance », et que l'avenir devrait d'ailleurs lui donner raison : « Il est probable que, dans une vingtaine d'années, des psychiatres et psychologues écriront de belles publications à ce propos », assenait-il.

Vingt ans plus tard, peut-on estimer que sa prédiction manquait de nuance ? Sans doute.

Le second ouvrage – à l'initiative de Chantal Zaouche-Gaudron et Gérard Neyrand, respectivement professeure de psychologie de l'enfant et sociologue – repose, lui, sur une autre façon « de penser la complexité » de cette « résidence alternée » et non « garde alternée ».

Un terme qui montre aussi que l'évolution doit sans doute passer par les mots. On n'utilise plus (normalement) « garde », mais « résidence » de l'enfant, en France. « Normalement », car ce n'est pas le cas dans la pratique, ni bien souvent à l'école, dans les médias, (ni sur les sites internet des gouvernements successifs). Ce changement s'explique par le fait que le législateur a souhaité promouvoir une égalité entre père et mère, éliminant ainsi l'idée qu'un des parents aurait plus de pouvoir que l'autre sur l'enfant.

Aujourd'hui, normalement, la notion de garde renvoie à l'idée de prise en charge ponctuelle, par des personnes extérieures à la famille : le *baby-sitting* en résumé. Depuis le 1er mars 2021, au Canada, qui a adopté une nouvelle loi sur le divorce, c'est d'ailleurs l'expression « temps parental » qui est utilisée pour parler de la relation d'un parent séparé avec son enfant.

La marque « maternelle »

Changer la terminologie pour démontrer qu'il n'y a pas de « gagnant » ou de « perdant » et diminuer les tensions serait sans doute un premier pas, symbolique, relèvent de nombreux spécialistes.

La question du nom de l'école qui accueille les enfants dès leur plus jeune âge et qui porte cette marque « maternelle » est aussi entrée dans le débat. Et en est sorti.

L'idée de changer ce titre au profit d'« école première », « petite école » ou encore « première école » a été évoquée, mais cela a depuis été enterré. Il y a quinze ans, Philippe Meirieu, spécialiste des sciences de l'éducation et de la pédagogie, considérait l'expression « école maternelle » comme « obsolète ».

Sandrine Mazetier, alors députée PS de la 8e circonscription de Paris et vice-présidente de l'Assemblée nationale, a interrogé le gouvernement sur cette question en 2012, estimant que cette « dénomination institutionnelle qui figure dans le Code de l'éducation » laissait entendre que « l'univers de la petite enfance serait l'apanage des femmes », donnant « l'idée d'une école dont la fonction serait limitée à une garderie ». « L'urgence, pour le gouvernement, n'est pas de renommer cette école », avait répondu celui-ci sèchement, neuf mois plus tard. « Ce changement de nom, je le demandais car, selon moi, cela véhicule des stéréotypes, préjudiciables aux élèves, à la communauté éducative et à la société », explique aujourd'hui Sandrine Mazetier. Et elle se souvient surtout que cette question lui avait valu « un torrent d'insultes » et un « déchaînement de critiques de la part d'hommes, essentiellement, estimant que je devais avoir honte d'être une femme ».

Chantal Zaouche-Gaudron et Gérard Neyrand, avouent eux aussi « avoir essuyé des critiques très violentes », suite à la publication de leur ouvrage prônant en substance l'égalité parentale en cas de séparation. Ils y mettaient en avant « le bénéfice psychique du maintien du lien ».

« Les parents trouvent une plus grande disponibilité pour leurs enfants quand ils résident chez eux et la possibilité de prendre soin d'eux-mêmes lorsque les enfants résident chez l'autre parent », écrivaient-ils. « Prendre soin d'eux » ? S'ils ne passent pas leur temps à se faire des procès, à tenter de digérer les accusations et les critiques, ou à culpabiliser à l'idée que ce temps partagé puisse saborder le futur de leur enfant qu'ils veulent chérir.

Ce *Livre blanc de la résidence alternée*, donnait, de manière condensée, en quatre-vingts pages, la parole à des professionnels et chercheurs de champs disciplinaires différents, et regardait aussi et surtout la difficile acceptation « des repères sexués et générationnels antérieurs ». En jeu : « Un certain nombre de montages sociaux qui fournissaient autrefois le cadre de référence anthropologique des rapports familiaux, organisant autour du mariage la secondarité de la femme, l'illégitimité de la séparation, la spécialisation maternelle dans le rapport aux enfants et la dénonciation de toute remise en cause d'un tel modèle matrimonial et éducatif… » En résumé, la société ne serait pas prête.

Un débat « extrêmement violent »

En introduisant un colloque sur la résidence alternée en 2013, Sylvain Missonnier, psychologue, psychanalyste et professeur de psychologie clinique à l'université Paris-Descartes, soulignait que le débat français demeurait « extrêmement violent », se souvient Benoît Hachet qui a mené une enquête au long cours sur le profil et le vécu de ces parents qui accueillent leurs enfants une semaine sur deux.

Le Livre noir de la garde alternée est un ouvrage à charge contre ce mode d'organisation qui s'appuie en grande partie sur la description de cas cliniques d'enfants de l'alternance présentant des symptômes de mal-être. Les propos sont recueillis par l'association L'Enfant d'abord ou par des médecins ou psychologues – lesquels par définition ne voient que les enfants qui vont mal. « Mais, dans ces deux livres, la résidence alternée est un objet particulièrement passionnel, qui met aux prises des professionnels engagés qui cherchent à éclairer le débat et à informer le politique sur les orientations qu'il est préférable de privilégier dans les cas de séparation conjugale », résume le sociologue. Et, face à ces polémiques, le politique a surtout pris le parti de ne plus prendre parti.

Quand les couples se séparent, en France, c'est régulièrement une broyeuse à sentiments qui se met en marche. Et quand il y a un ou des enfants, la digestion de la fin du couple conjugal s'effectue trop fréquemment au détriment du tandem parental. En cause (notamment) : le manque de sérénité et de discussions raisonnées, de prises de recul, d'une politique publique cohérente et l'embrasement des esprits de la part de quelques tiers et/ou d'avocats, mais aussi en raison d'idéologies sur la place de chacun. Et d'une justice submergée, en manque cruel de moyens.

« La séparation en présence d'enfants est un vrai sujet sur lequel il faudra se pencher », admet Adrien Taquet sans pour autant prendre part davantage au débat. « La séparation conjugale, et la résidence des enfants, c'est un thème avec de très nombreuses chausse-trappes, ce pourquoi personne ne s'y colle », résume l'ex-secrétaire d'État en charge de l'Enfance et des familles auprès du ministère des Solidarités et de la Santé, de 2020 à 2022. Ce quadra – qui a annoncé se retirer de la vie politique au printemps dernier pour… se consacrer à ses proches et « à sa propre famille » – met cependant en avant l'intitulé de son poste : « l'enfance » puis « les familles ». En résumé, l'enfant au centre, ce qui est, « selon lui », la seule porte d'entrée pour avancer enfin sur ce sujet des bouleversements des familles et de « l'égalité parentale ».

Le cas de Ségolène Royal, qui a porté la loi au centre de cet ouvrage, est encore plus emblématique. Elle n'a pas souhaité donner suite à nos sollicitations, « après réflexion ». Non pas qu'elle n'assume pas cette loi « dont elle est fière », nous dit un de ses proches, mais qu'elle n'a visiblement aucun intérêt à la porter aujourd'hui. Elle prendrait des « coups » inutiles. Idem pour Sandrine Rousseau. Sollicitée, la figure de la lutte contre les violences faites aux femmes, a préféré ne pas donner suite, après quelques échanges expliquant que le sujet de « l'égalité parentale » est « compliqué », citant « un tollé » lorsqu'il avait été porté il y a quelques années par son parti Europe Écologie-Les Verts.

La théorie de l'attachement

Alors même que la coparentalité trouve sa pleine expression juridique (et sociale) depuis vingt ans, la résidence alternée ne fait toujours pas l'unanimité, loin de là. Chez les juges, parfois, mais aussi et surtout dans les foyers. Si des parents ne demandent pas un temps parental équilibré (une très grande majorité de pères ne font pas cette démarche), est-ce culturel, par résignation en cas d'opposition de l'autre parent ? Par peur d'un long combat judiciaire ? Pour ne pas s'enquiquiner de tâches quotidiennes qu'ils n'ont jamais accomplies ? Pourquoi « se battre » quand « les statistiques » sont si peu favorables ? Mais comment en arriver à abandonner l'idée de garder un lien avec son propre enfant au seul motif que la société ne serait pas prête ?

La question du bas âge et de « la théorie de l'attachement » – à l'heure où les séparations d'avec des enfants encore en couches-culottes sont de plus en plus nombreuses, d'après les juges interrogés dans cet ouvrage –, se heurte, toujours, elle, à des écrits contradictoires (de magistrats), épluchés pour ce livre.

On citera cet arrêt de la cour d'appel de Besançon (Doubs) du 24 février 2022 concernant un couple d'une quarantaine d'années. Ils ont en commun, en 2022, un enfant d'à peine 5 ans, qui est (déjà) au cœur d'une troisième décision de justice. La séparation des parents avait eu lieu alors que le bébé avait quelques mois. En raison de l'éloignement des deux domiciles, la résidence de l'enfant avait été fixée initialement au domicile de la mère. Le père s'est ensuite rapproché, s'est organisé. Et il a obtenu un jugement, alors que l'enfant avait moins de 4 ans, lui accordant la résidence alternée selon un rythme hebdomadaire. Mais la maman a fait appel, estimant que l'alternance rendrait la petite fille « triste et repliée sur elle-même », alors qu'elle était « épanouie » jusqu'à présent chez elle.

Le juge lui, campe sur l'esprit de la loi. Et admet : « Il ne peut être exclu que la fillette, tiraillée entre deux pôles affectifs entre lesquels elle se refuse d'opérer un choix, manifeste son désarroi par des postures diverses allant de la tristesse jusqu'à la révolte et l'indocilité. » Mais, poursuit-il : « La mésentente parentale lorsqu'elle place l'enfant en situation d'otage, dans un contexte de rivalité propice à l'exacerbation des tensions, peut-être génératrice de ce qu'il est convenu d'appeler un conflit de loyauté qui ne se résorbe pas pour autant lorsqu'il est mis un terme à l'alternance des lieux de vie. »

La maman met évidemment en avant, dans ses conclusions, le bas âge de l'enfant qui serait, selon elle, incompatible avec le principe même d'une résidence alternée. Là encore, le magistrat botte en touche. « La thèse selon laquelle l'alternance domiciliaire serait dommageable pour un enfant de moins de 6 ans a été soutenue par une école de pensée qui a conceptualisé et prôné la théorie de l'attachement, laquelle est fondée sur l'idée que l'enfant ne peut être séparé de sa mère durant les premières années de son existence. Mais l'absolutisme de cette opinion a été battu en brèche par ceux-là mêmes qui l'avaient énoncée », argue-t-il (le magistrat, président de cette chambre du Doubs, est un homme), citant un article paru dans la revue *Attachment and Human Development* du 11 janvier 2021 dans lequel soixante-dix psychiatres signataires ont conclu leur analyse en affirmant qu'aucune priorité ne devait être accordée à l'un des parents, à défaut de quoi pourraient être compromis le développement et le maintien des autres relations d'attachement de l'enfant.

Les « conditions minimales »

En cas de séparation parentale, il y a une tendance à considérer que l'intérêt de l'enfant commande de privilégier un temps de présence aussi équilibré que possible auprès des deux parents. Le critère de l'âge de l'enfant est souvent apprécié de manière subjective par les magistrats qui peuvent tout autant écrire que la résidence alternée ne doit pas être mise en place avant les 3 ans de l'enfant, voire parfois ses 5 ou 7 ans. Exemples de phrases tirées d'arrêts de cour d'appel en France, dans cette période où le magistrat de Besançon prenait sa plume : « Les enfants sont très jeunes pour être âgés de 4 et 2 ans et leur besoin de maternage est encore très important. » « C'est un tout petit enfant qui a encore besoin de maternage et d'une figure parentale repère. » « Il est incontestable qu'elle a encore besoin de maternage, de tisser un lien suffisant avec sa mère. » (...)

Le jeune enfant a avant tout besoin de parents apaisés qui l'entoureront l'un comme l'autre pour qu'il puisse grandir en toute sécurité affective. Dans le cas de l'arrêt de Besançon, le magistrat estime ainsi que « les conditions minimales » de l'instauration de la résidence alternée (« proximité géographique des deux domiciles, absence de réticence manifeste de l'enfant, apaisement du conflit parental », cite-t-il) doivent se placer « sous le substrat de l'intérêt supérieur de l'enfant, qui constitue le pôle magnétique autour duquel s'ordonnent les modalités d'organisation de son cadre de vie ». Mais le conflit, là, est bien présent. Et trois décisions de justice ne contribueront sans doute pas à l'apaiser.

Un esprit raisonnable n'irait pas en justice devant ces décisions aléatoires. Mais pour autant, les procédures s'entassent depuis vingt ans.

Le juge supporte la lourde tâche d'apprécier *in concreto* l'intérêt de chaque enfant. Il statue à partir d'études connues en pédopsychiatrie, notamment sur les théories de l'attachement. Toute la difficulté est qu'en la matière, le *consensus* scientifique n'est pas vraiment établi. Mais si l'âge de l'enfant peut faire partie des éléments à prendre en compte, c'est surtout le contexte qui est important (culture, répartition des rôles parentaux au sein de la famille, histoire des relations de l'enfant avec chacun de ses parents, présence de ces conflits parentaux ou bien entendu de violences…). Dès lors, il appartient au juge de se déterminer en se gardant d'un usage « dogmatique » de ces théories. Ce n'est clairement pas toujours le cas.

C'est la même problématique pour la médiation. Quand est-ce qu'elle est possible, quand est-ce qu'elle ne l'est pas ? Les courants de pensée sont toujours aussi différents, comme nous le verrons plus loin.

Les aléas judiciaires

Ceux qui se penchent sur les décisions des affaires familiales documentent régulièrement ce qu'ils appellent « l'aléa judiciaire ». En résumé, même si le droit prévoit des lois qui édictent des règles précises, le juge, en les interprétant, peut rendre des décisions différentes pour des situations apparemment identiques. Quand il s'agit du sort d'un enfant, même si cet « aléa » est minime, il peut évidemment s'avérer terrible, d'autant plus que, lorsqu'une décision est prononcée, il est bien difficile de la changer rapidement au regard de l'encombrement de la justice.

Bruno Lehnisch, juriste, publie régulièrement sur Dalloz, site spécialisé dans le droit et l'actualité juridique, des commentaires sur des arrêts rendus. Il s'est par exemple prononcé sur la question des éloignements géographiques ou des décisions de résidences alternées fluctuantes d'un tribunal à l'autre ou d'un juge à l'autre.

Deux arrêts rendus, à un mois d'intervalle, en 2021, par la troisième chambre civile de la cour d'appel de Bordeaux « identiquement composée », ont ainsi été comparés. Il s'agissait de se prononcer sur la résidence des enfants lorsque l'un des parents projette de déménager. Quel est le projet professionnel du parent qui s'éloigne : s'agit-il d'une mutation, d'un départ volontaire ? Démontre-t-il avoir mis tout en œuvre pour trouver un emploi proche de son domicile ou pas ? Le parent justifie-t-il de racines familiales dans son nouveau lieu de vie ?

Le nouveau domicile sera-t-il adapté à l'enfant, proche d'un établissement scolaire ? Le parent a-t-il eu des enfants avec un nouveau conjoint ? D'une manière générale, quel sera le cadre de vie pour l'enfant ? Le parent qui s'éloigne respecte-t-il le droit de l'autre parent à entretenir des relations personnelles et régulières avec l'enfant ainsi que la prise de décision relevant de l'autorité parentale conjointe ? L'enfant a-t-il, en fonction de son âge et de sa capacité de discernement, exprimé son désir de « suivre » le parent qui déménage ? Pour quelles raisons ?

Le juriste démontre que deux réponses différentes ont été apportées : dans le premier arrêt, la résidence des enfants a été fixée au domicile du père qui n'a pas déménagé. Dans le second, la résidence a été transférée au nouveau domicile de la mère qui s'est éloignée du père. Dans les deux cas, pour les mêmes raisons précitées.

Dans le premier cas, la maman voulait rejoindre un nouveau compagnon, ce qui a motivé son envie de déménager. Logique du juge : « Le maintien de la résidence des enfants chez leur mère aurait pour conséquence de modifier leur mode de vie dans une ville inconnue, avec la présence d'un nouveau compagnon de leur mère, dont il n'est rien dit sur la qualité du lien qui a pu s'établir avec lui, alors qu'ils peuvent trouver auprès de leur père la stabilité familiale et sociale à laquelle ils ont droit pour s'épanouir. »

Dans le second dossier, il y a un second enfant, ses habitudes sont « dans une organisation de vie où sa résidence est au foyer maternel », à cela s'ajoute « l'arrivée d'une petite sœur avec son nouveau compagnon, dont il serait préjudiciable pour la fratrie qu'elle en soit séparée », et la présence de la famille maternelle dans cette nouvelle région. La parole de l'enfant a aussi été entendue par l'enquêtrice sociale désignée par le juge aux affaires familiales. Âgée de 13 ans, la jeune fille a pu dire qu'elle souhaitait rester vivre de manière habituelle chez sa mère, « car telle a été toujours l'organisation de sa vie depuis la séparation de ses parents quand elle n'avait alors que 3 ans ». Ne pas tenir compte de ce dernier argument réduirait à néant le principe légal posé par l'article 388-1 du Code civil qui veut que dans tout litige qui le concerne, l'enfant a le droit d'exprimer ses sentiments. Le père reprochera à la mère d'éloigner un peu plus son enfant. Mais là encore, « l'intérêt supérieur de l'enfant » pouvait logiquement être mis en avant dans ce scénario. « L'éloignement géographique volontaire », régulièrement mis en avant par des pères, reste marginal et, dans tous les cas, la jurisprudence semble claire. La volonté de limiter les relations de l'enfant avec l'autre parent est régulièrement sanctionnée. Et l'article 372-2 du Code civil respecté : « Tout changement de résidence de l'un des parents, dès lors qu'il modifie les modalités d'exercice de l'autorité parentale, doit faire l'objet d'une information préalable et en temps utile de l'autre parent. En cas de désaccord, le parent le plus diligent saisit le juge aux affaires familiales qui statue selon ce qu'exige l'intérêt de l'enfant. »

Le juge veille à la stabilité des repères de l'enfant : il s'agit en effet de ne pas imposer à l'enfant une rupture trop brutale de ses conditions de vie (école, loisirs, environnement familier et affectif...). En effet, en application de l'article 373-2-11 du Code civil : « Lorsqu'il se prononce sur les modalités d'exercice de l'autorité parentale, le juge prend notamment en considération [...] la pratique que les parents avaient précédemment suivie. » Et le juge doit permettre à l'enfant de vivre avec le parent le plus à même de lui offrir le meilleur cadre de vie et d'éducation.

L'intérêt de l'enfant et ses contours flous dans la résidence alternée

En ce qui concerne le principe même de résidence alternée, « l'aléa judiciaire » semble plus prégnant. Bruno Lehnisch a rédigé une étude sur ce sujet en 2021, en collaboration avec Caroline Siffrein-Blanc, maître de conférences à l'université Aix-Marseille. Il a documenté un « *a priori* défavorable » de certains juges face à la résidence alternée. « Si l'intérêt de l'enfant est au cœur de la motivation des juges, conformément à l'article 373-2-6, alinéa 1er, du Code civil, on relève de fortes disparités dans les approches de ceux-ci en matière de résidence alternée », expliquent les deux auteurs qui ont interrogé de nombreux juges aux affaires familiales. Selon cette enquête, l'intérêt de l'enfant, entendu comme « ce que réclame le bien de l'enfant », se déroberait « dans des contours flous » et les motifs de refus de la résidence alternée paraissent « variables » selon les juridictions. Sur des affaires quasi similaires, les décisions sont parfois différentes. Il arrive que le juge parte avec un *a priori* défavorable à la résidence alternée, et « le demandeur de la résidence alternée doit alors déployer plus d'arguments que son opposant pour faire pencher la balance de son côté ».

La « plupart » des magistrats semblent assez réticents à accorder la résidence alternée quand la mère s'y oppose, ce qui renvoie évidemment à un conflit qui peut être vite instrumentalisée par des avocats peu enclins à un débat apaisé. *Idem* concernant l'âge des enfants, c'est parfois un non catégorique quand les enfants ont moins de 3 ans, mais pas toujours. Concernant le fameux « éloignement géographique », quand le domicile d'un parent est à plus de trente minutes de l'école, les magistrats peuvent être amenés à refuser aussi la résidence alternée. Il semble également y avoir un certain *consensus* sur cette distance.

Ces enquêtes, à petite échelle, concernant une justice de masse, mettent en avant au-delà des résultats à prendre avec précaution, la difficulté de saisir « la réalité » de la justice aux affaires familiales. À travers ses interviews de magistrats, et face à cet aléa, même minime, mais si incompréhensible pour des parents, Bruno Lehnisch en est arrivé à cette double explication. « Tout d'abord, la Cour de cassation ne fait pas œuvre unificatrice, en ce sens qu'elle laisse l'intérêt de l'enfant à l'appréciation souveraine des juges du fond » et « en second lieu le travail du juge aux affaires familiales est d'une redoutable complexité : d'une part, il doit statuer dans une matière située au carrefour de trois disciplines – le droit, la psychologie et la sociologie –, d'autre part, il ne peut pas s'appuyer sur des études de pédopsychiatres qui font autorité. C'est pourquoi le juge exerce nécessairement sa mission avec une part de subjectivité qui résulte de sa sensibilité, qui est, elle-même, souvent le fruit de sa propre histoire. »

Le sort de vies familiales scellées en quelques minutes dans un bureau

Dans *L'Instinct paternel* (sorti en 2019 chez Larousse), la sociologue au CNRS, Christine Castelain-Meunier, ne pouvait être plus pragmatique et logique dans son avant-propos : « Finalement, ce qui compte, c'est la qualité de l'éducation et l'amour que l'on parvient à donner aux enfants (quels que soient la situation parentale et le sexe des parents). »

Comment concevoir qu'un parent qui peut et veut s'occuper de son enfant et lui offrir de l'amour peut en être empêché ou être obligé d'aller en justice pour cela ? C'est pourtant toujours une réalité, vingt ans après la loi Royal.

Vouloir écrire sur cette thématique, c'est plonger dans des jugements qui scellent le sort de vies familiales en quelques minutes. Une audience devant le JAF dure rarement plus de 20 minutes. Des décisions sont prises sans avoir vu ou entendu l'enfant parfois. Même si, rappelons-le, l'enfant peut être entendu lors de la séparation ou du divorce de ses parents, car cette séparation a une incidence sur ses conditions de vie.

L'enfant peut, par exemple, s'il est « capable de discernement » (c'est-à-dire peut exprimer un avis réfléchi grâce à sa maturité et son degré de compréhension), émettre le souhait de vivre chez son père, chez sa mère, de vivre en alternance chez ses parents, de ne pas être séparé de ses frères et sœurs. Mais quel que soit son âge, l'enfant ne décidera pas. Il donnera son avis.

Il faut tenir compte de l'avis de l'enfant sans le mettre dans une position totalement inconfortable et, bien entendu, tout faire pour éviter le : « Tu préfères ton papa ou ta maman ? » Il convient de ne pas oublier que son opinion peut être utilisée contre l'autre parent. Que la parole et les émotions de l'enfant peuvent faire pression contre l'autre parent aussi… Vouloir écrire sur cette thématique, c'est prendre le risque d'être catalogué(e) de néo-féministe qui accuserait le genre masculin tout entier ou de masculiniste pour qui le monde est désormais dominé par les femmes et pour qui la justice met en place une discrimination anti-pères.

Et c'est aussi s'entendre dire que la résidence alternée, c'est tout à fait contraire aux intérêts des enfants, à travers une phrase massue : « Un enfant, ça ne se coupe pas en deux. »

Depuis Ségolène Royal, les politiques sont très frileux à s'engager sur ce sujet qui déchaîne les passions et à légiférer plus précisément, car « il y a trop de coups à prendre, et pas assez de voix à gagner », comme le résume « en *off* » une députée Renaissance. Et ce, malgré des avancées considérables dans d'autres pays.

Beaucoup d'hommes et de femmes ont du mal à assumer leur fonction parentale car « l'objet même de la coparentalité n'est pas l'égalité des parents, mais l'évolution positive de leur enfant, sans qu'il présente ensuite des troubles », explique une magistrate. À travers cette explication, on retrouve la notion d'hyperparentalité – cette tendance de parents très exigeants vis-à-vis d'eux-mêmes, qui ont décidé de mettre au monde non pas un enfant, mais un enfant heureux et destiné à le demeurer jusqu'à la fin de leur vie – et qui fait aussi que la résidence alternée se heurte à beaucoup d'écueils. On les appelle les hyperparents, les superparents, les parents-hélicoptères ou encore les parents-drones et leur volonté est souvent de préserver leur enfant de toute émotion négative, quitte à cultiver un besoin permanent de tout contrôler dans leur vie.

Cet hyperparent qui n'hésite pas à intervenir auprès de l'école, auprès d'autres parents voire d'autres enfants. Au nom de l'amour qu'il porte à son enfant et parce qu'il veut trop bien faire. Tout parent peut se laisser gagner par ce risque. Vouloir écrire sur cette thématique, c'est prendre le risque de se retrouver dans la catégorie de la femme pratiquant l'aliénation parentale (un syndrome ultracontroversé, souvent invoqué pour discréditer les mères, accusées d'instrumentaliser leurs enfants qu'elles tentent de protéger de leur père violent), d'être un/une pervers(e) narcissique, un/une manipulateur/trice, un/une calculateur/trice, un(e) vénal(e). Un mauvais père, une mauvaise mère.

Les habitudes dans les foyers ont peu changé

Dans le même temps, les habitudes dans les foyers ont (très) peu changé, à en croire les sondages. En 2022, l'IFOP a pu établir que les mères sont celles qui se lèvent le plus souvent la nuit pour s'occuper d'un bébé qui pleure (voire sont les seules à sortir du lit pour 44 % d'entre elles), et que les pères, eux, feraient plus souvent semblant de dormir quand leur petit hurle. Les études, démontrant cette inégalité parentale et révélant que les femmes sont (souvent de très loin) les plus concernées par la charge mentale liée aux jeunes enfants se multiplient.

Le Haut Conseil à l'égalité entre les femmes et les hommes de son côté montre que si les jeunes ont une conscience plus aiguë des inégalités de genre que leurs aînés, nombre d'entre eux continuent malgré tout à les subir et à les reproduire. Ce sont en très grande majorité les mères qui aménagent leurs horaires pour récupérer l'enfant après l'école ou la garderie, quittent le travail soudainement lorsqu'il est malade. *Idem* pour l'organisation des départs en vacances ou même la charge des animaux domestiques.

En lançant l'idée de créer un « délit » de non-partage des tâches ménagères au sein du couple, l'écologiste Sandrine Rousseau s'était attiré un torrent de critiques. L'IFOP avait, là encore, fait une enquête, « auprès d'un échantillon national représentatif de 1 992 personnes ». Résultat : une femme sur deux se disait favorable à l'instauration de ce délit qui permettrait de sanctionner le conjoint qui ne prend pas sa part. Il faut dire qu'une telle proposition mettait le doigt « sur un sujet de fond », résumait François Kraus, directeur du pôle genre, sexualités et santé sexuelle de l'IFOP.

La majorité des Françaises (57 %) déclaraient au printemps dernier toujours en faire « plus » que leur conjoint, contre 37 % qui disent en faire « à peu près autant » et seulement 8 % qui se prévalent d'en faire « moins » que lui.

Symptomatique de la persistance d'un « privilège de genre » de moins en moins accepté à l'ère « post-#MeToo », l'absence d'équité dans la division sexuelle du travail domestique suscite aujourd'hui un niveau d'opprobre social tel que le principe même que la justice puisse s'immiscer dans la sphère privée des Français(es) « fait son chemin dans l'opinion », analysait François Kraus.

Le débat s'est structuré de façon binaire

« Du côté féministe, alors que dans les années 1970 et 1980, les femmes militaient pour un partage des tâches éducatives, dont la résidence alternée était un moyen en cas de séparation conjugale, le ton a changé dans les années 2000. Des réactions très fortes se sont exprimées au moment de la loi de 2002, dans certains milieux universitaires féministes, qui considéraient que la résidence alternée était le faux nez d'un renouveau du patriarcat, donnant aux hommes le pouvoir de continuer à harceler et contrôler leurs ex-compagnes par-delà la séparation », analyse Benoît Hachet.

Dans les années 2010, le débat s'est structuré de façon binaire, face à plusieurs propositions de loi promouvant la résidence alternée par défaut ou envisageant une double domiciliation des enfants après la séparation. En mai 2014, contre la proposition de loi de double domiciliation présenté par le groupe socialiste au Sénat, le collectif Droit des femmes, large regroupement d'associations féministes, appelait à manifester contre ce qui est perçu comme une volonté d'imposition de la résidence alternée pour toutes. Les arguments sont les suivants : les femmes en résidence alternée bénéficient beaucoup moins de pension alimentaire parce que les frais sont partagés, ce qui les appauvrit ; c'est une manière pour les hommes de ne pas payer de pension et de réduire leurs impôts en bénéficiant de parts supplémentaires ; elle permet aux maris violents de rester à proximité du domicile de leur ex-conjointe avec les dangers qui y sont liés.

À l'automne 2017, face à la proposition du député MoDem Philippe Latombe de modifier la loi de 2002 pour favoriser la résidence alternée à partir de 2019, les réactions féministes se sont encore amplifiées, et, quelques semaines après l'affaire Wenstein, la résidence alternée a plus encore été associée à la violence conjugale, lue comme un moyen mis à la disposition des hommes violents pour qu'ils puissent continuer leurs forfaits.

Les rares femmes qui ont signé des tribunes en faveur de la résidence alternée, dont deux ex-ministres, ont eu droit à des procès en masculinisme.

De façon assez paradoxale, les positions exprimées pour ou contre la résidence alternée rapprochent les féministes les plus critiques des pédopsychiatres les plus traditionalistes, quand les psychologues du développement et les médiateurs familiaux se retrouvent proches des associations de pères les plus réactionnaires, note Benoît Hachet. Quelle est la limite à poser dans la dénonciation des comportements masculins ?

« En interne, les membres de l'association parlent de la loi SOS Papa à propos de 2002, et quand ils reçoivent de nouveaux membres, ils leur enjoignent de demander la résidence alternée et rien d'autre. Tout est centré sur la préparation du passage au tribunal, avec l'appui d'avocats maison. Ils précisent aussi aux pères qui viennent les voir que si c'est pour obtenir "un week-end sur deux et la moitié des vacances", ils peuvent passer leur chemin, puisque n'importe quel tribunal le leur accordera. La question revient, aujourd'hui comme hier. Si l'on rajoute, au cours du temps, les prises de position de l'association SOS Papa contre l'I.V.G., contre le mariage pour tous, contre la PMA pour toutes et ses accointances avec les milieux religieux traditionnels sinon traditionalistes, on comprend l'effet repoussoir qu'a pu avoir SOS Papa sur les groupes féministes. Il existe pourtant des associations de pères qui sont très critiques vis-à-vis de SOS Papa, et qui soutiennent des perspectives idéologiques et revendicatives bien différentes », souligne le sociologue Benoît Hachet.

Prôner une égalité sur un système inégalitaire

La loi du 11 juillet 1975 a permis au couple de mieux assumer son histoire en consacrant le divorce par consentement mutuel. La loi du 26 mai 2004 a prévu que le divorce pouvait être obtenu à la suite d'une séparation de fait de deux ans, sans qu'un conjoint puisse s'y opposer. La procédure a été encore simplifiée par la loi du 18 novembre 2016, qui permet de prononcer le divorce par consentement mutuel chez un notaire, sans passage devant le juge aux affaires familiales. Cette déjudiciarisation suppose, de façon erronée, que les séparations des couples se font dans une société neutre où la parité hommes-femmes est déjà acquise. Pourtant, de cette égalité hommes-femmes supposée, il n'en est rien ou presque dans la sphère privée alertent de nombreuses femmes, avec force. Et prôner une égalité sur un système inégalitaire devient alors une mission impossible. C'est ce qu'explique notamment Titiou Lecoq dans son livre Le couple et l'argent, pourquoi les hommes sont plus riches que les femmes, aux éditions l'Iconoclaste. « C'est surtout la séparation qui rend visible une inégalité qui existait du temps du couple. Mais comme on pensait en tant que couple, en tant qu'unité, on ne la voyait pas », explique-t-elle, estimant notamment qu'il faudrait que « dans le couple, celui des deux qui gagne le moins essaye de rembourser au maximum les dépenses qui font du patrimoine pour se faire une sécurité financière ». « Dans le monde du travail, il y a une espèce de prime aux pères de famille par rapport aux hommes célibataires sans enfants. Et à l'inverse, les mères, elles, connaissent une perte de salaire », met-elle en avant.

Dans leur bureau, les juges aux affaires familiales voient défiler des pères dépossédés de leurs enfants et de leurs droits, même s'ils ont préalablement été investis dans l'éducation de leur progéniture, mais aussi des mères abandonnées, seules avec leur enfant après une séparation où le père a littéralement disparu, ne demandant pas à voir ses enfants et ne subvenant pas aux besoins fondamentaux, économiques, éducatifs de sa famille.

D'un côté, l'essor de l'activité professionnelle féminine, de l'autre, l'augmentation des divorces et séparations. Au milieu, pourtant, les mêmes pourcentages à peu de chose près quand il s'agit d'attribuer la résidence. Au final, des millions d'enfants privés de quotidien avec un de leur parent. Et des mères qui confient leur progéniture à des tiers, plutôt qu'à leur père (si celui-ci n'a pas disparu de la circulation).

Toujours ces mêmes histoires de puzzles. Et de pièces qui éclatent. Le « moi », le « toi ». Le « mien ». Le toit aussi. Et le « sans ». Des coparentalités qui doivent se reconstruire sur un tas de ruines après des échanges de lettres d'huissier. Enquêter sur ce sujet, c'est recevoir de la haine, de la détresse et de la désillusion. De la haine de l'autre et du système judiciaire. S'il est rare de se qualifier de mauvais parent, il est commun d'accuser son voisin d'être un mauvais parent. Démissionnaire ou autoritaire. Ou pire. Et notamment son coparent. Enquêter sur ce sujet, c'est s'entendre dire que la France est un pays très conservateur, que les juges sont des humains et peuvent évidemment faire des erreurs, que la médiation n'est pas entrée dans les mœurs… Et que la seule solution, c'est d'espérer « tomber sur le bon juge ».

S'adapter aux besoins de l'enfant, c'est prendre le temps

Enquêter sur ce sujet du quotidien, c'est entendre souvent les mêmes histoires. Des enfants dont l'identité est changée, des soins médicaux décidés par un seul parent, des enfants qui deviennent des propriétés, des accusations sans fondement ; des avocats qui parfois attisent le conflit sans penser à l'impact de leurs méthodes inadaptées. Des parents centrés sur leurs besoins, envies et confort. Des sentiments de peur. Peur de perdre le lien ou ne jamais pouvoir le renouer. Comme un enfant face à un adulte autoritaire, des parents vivent dans la peur d'être rejetés, d'avoir mal, d'être humiliés, de ne plus être aimés, de ne pas être à la hauteur, d'être abandonnés… Comme dans l'éducation, l'autorité bienveillante est sans doute celle qui demande le plus d'efforts aux parents dans un premier temps, qui doivent réfléchir aux valeurs qu'ils souhaitent transmettre, les traduire en règles simples. S'adapter aux besoins de l'enfant, c'est prendre le temps. Prendre le temps de bâtir une autorité parentale cohérente. Dans l'éducation positive, on considère qu'il est primordial d'écouter l'enfant, de se mettre à sa hauteur. Et si on se mettait enfin à la hauteur des parents ? En les accompagnant ? On oublie souvent que l'éducation ne sert pas juste à faire une « belle » enfance mais à préparer à la vie future. « En l'aidant à développer ses compétences, ses forces et sa confiance, les parents l'aideront à planifier son avenir », répètent les psychologues. Le système tel qu'il est en France semble tout faire pour ajouter à l'échec conjugal l'échec parental. Sans penser à l'impact sur les enfants d'aujourd'hui et sur les adultes qu'ils deviendront.

Imiter ceux qui l'entourent constituerait pourtant l'une des activités préférées des enfants d'après les recherches menées à la suite de la découverte des « neurones miroirs » par le Pr Giacomo Rizzolatti dans un laboratoire de neurophysiologie de Parme. « Il est certain qu'un cerveau seul, même sain, ne fonctionne pas. Il lui faut au moins un autre cerveau pour se développer », résume Boris Cyrulnik. C'est grâce à ce mimétisme qu'il apprend et grandit. Un mimétisme indispensable et qui interpelle devant les statistiques et ces centaines de milliers d'enfants ne disposant d'un seul et unique modèle d'identification pour se construire qu'est la monoparentalité.

Des juges répètent les règles aux parents

« L'objectif de la résidence alternée, codifiée à l'article 373-2-9 du Code civil, est de renforcer l'exercice de la coparentalité, selon lequel il est de l'intérêt de l'enfant d'être élevé par ses deux parents. Pour que ce mode de vie puisse trouver à s'appliquer, les parents doivent dépasser le conflit qui les occupe. En effet, la résidence alternée exige, plus que toute autre modalité d'accueil, que les parents se considèrent exclusivement comme le père et la mère de leur enfant. » C'est beau et fluide comme la mélodie d'une berceuse s'échappant d'une boîte à musique sur un lit de bébé. La citation est tirée d'une ordonnance « banale » de non-conciliation d'un tribunal de région parisienne. En 2021. Des dizaines de milliers de fois, chaque année, des juges répètent les règles aux parents.

Prenons l'exemple d'un « dossier » dans lequel le petit garçon avait 4 mois lors de la séparation effective de ses parents. Le père débute sa quarantaine, la mère sa trentaine. Le deuil conjugal n'est visiblement pas fait. Rien n'est digéré. Les rêves d'un foyer familial sont en flammes. La sulfateuse est de sortie. Les avocats pyromanes attisent la haine, tête haute. Mères et pères sollicitent chacun la fixation de la résidence de l'enfant à leur domicile. La stratégie est militaire. La maman a convoqué le papa au tribunal, par huissier : « Vous êtes tenu de vous présenter personnellement à cette audience, seul ou assisté d'un avocat, soit de vous faire représenter. Si vous ne le faites pas, vous vous exposez à ce qu'une décision soit rendue contre vous sur les seuls éléments fournis par votre adversaire. » Le mot combat n'est pas prononcé, mais celui d'adversaire, oui.

Le fils de Madame serait en danger avec Monsieur. Monsieur doit lui laisser l'enfant et payer « au titre de la contribution à l'entretien et l'éducation » du bout de chou. Garde pleine contre garde pleine. Kramer contre Kramer. Madame évoque le fameux lien d'attachement mère-enfant. Selon lui, Madame, qui refuse toute coparentalité, est « défaillante » dans la prise en charge du petit, notamment en le confrontant à l'alcoolisme et à la violence de son grand-père maternel. Les tirs sont nourris des deux côtés. Lui prouve que c'est lui qui assure les soins de l'enfant, elle aussi.

La juge tranchera finalement après de longs mois. De longs mois supplémentaires d'insultes et de stress de parents, de nuits blanches. Avec, au milieu, un être humain en début de vie. Dans ce cas, la justice a mis la balle au centre. Ni blanc, ni noir. « Fixer la résidence habituelle de l'enfant chez l'un ou l'autre des parents présente le risque d'écarter durablement l'enfant de l'autre parent. » Une semaine avec maman, une semaine avec papa, devrait « permettre la construction d'un lien véritable avec l'enfant » et pourra « le préserver du conflit opposant ses parents », a analysé la juge. C'est écrit, c'est acté. Deux fois. Car il y a eu appel, pour prolonger la guerre. Le père est soulagé. Ce n'était pas gagné en raison « du bas âge de l'enfant » et du fameux instinct maternel. Il estime avoir « gagné », elle estime avoir « perdu ». La juge, elle, doit passer au dossier suivant. Elle ordonnera une médiation, la mère ne s'y est pas rendue. L'apaisement mettra des années. Ou pas.

La pile des détestations des parents ne désemplit jamais. La justice familiale est embourbée dans le conflit. Pour profiter du rire des enfants, des parents jugent des parents. Sans cesse. Avec violence. Des avocats ont leur technique et phrases clés : « Il est manifeste que la résidence en alternance avec deux domiciles différents n'est pas, dans l'intérêt de l'enfant [...]. De surcroît, les méthodes éducatives des deux parents sont radicalement opposées au sein des deux domiciles [...]. À différentes reprises, l'enfant (N. D. A. : tout juste en âge de parler) a indiqué à sa mère que les périodes sans la voir étaient trop longues et qu'elle lui manquait terriblement… » Les parents cauchemarderont sur les attestations fournies par les proches de ce qu'était leur couple (« C'est un mauvais homme, un mauvais père, une mauvaise femme, une mauvaise mère… »), sur les peurs affrontées tout au long de la procédure et sur ces quelques minutes cruciales dans le bureau d'une juge.

Selon la juge, dans ce dossier, Madame a produit « plusieurs attestations d'amies qui ne font manifestement que reprendre les propos qui leur ont été tenus par Madame et ne relatent pas des faits qu'elles ont personnellement constatés ». Le père n'est pas mieux. La juge appuie : « Il est manifeste à la lecture des messages échangés par les parents que leur conflit est toujours prégnant, la responsabilité de cette situation ne saurait être imputée à l'un plus qu'à l'autre des parents. Manifestement, chacun des père et mère est incapable de dépasser ses rancœurs envers l'autre pour préserver l'enfant. Les demandes de transfert de la résidence habituelle formées par les deux parents sont particulièrement révélatrices du caractère conflictuel de leurs relations dont l'enfant n'est plus le sujet mais l'objet. Tant la mère que le père sont aujourd'hui incapables de dépasser leur conflit pour se centrer sur l'intérêt de l'enfant. » C'est clair, net, précis. Pourtant, la juge restera les pieds sur terre estimant, après enquête, « que les deux parents bénéficient de compétences parentales certaines et sont investis dans la vie de l'enfant ». La balle est donc dans le camp des parents. Mais avec quels dégâts ? L'existence de la médiation est connue des avocats. Il existe des formations, y compris gratuites, pour la comprendre, pour apprendre. Les barreaux la mettent en avant. En consultant début 2022 la plate-forme « Modes amiables de règlement des différends » créée, fin 2019, par le barreau de Paris, et l'onglet « Médiateur », on ne trouvait que 217 avocats-médiateurs répertoriés... sur plus de 30 000 avocats inscrits au barreau de Paris en 2020, c'est-à-dire 0,7 %.

Comment mesurer le conflit et son impact, outre observer les chiffres ? Comment se dire que le conflit peut être généré par un père ou une mère, ou des membres de l'une des deux (ou des deux) familles (ou plus, si familles recomposées), ou/et des avocats ? Comment ne pas rentrer dans le conflit, en tant que parent, en faisant néanmoins respecter ses droits de parent ?

Une avocate en droit de la famille, qui défend quotidiennement des pères et mères assignés par l'autre réclamant la résidence de l'enfant à titre principal, résume ainsi : « Les motivations sont diverses mais convergent souvent vers un manque de confiance (plus ou moins justifié) envers l'autre. » Il faut donc « se battre » pour rétablir la réalité des faits, estime-t-elle. Le combat, ce mot revient en boucle. Le combat autour de l'amour des enfants. C'est « un marathon, une longue bagarre », résume une bâtonnière d'un barreau de province. Avec, en toile de fond, régulièrement, le parent principal et le secondaire, le protecteur et l'agresseur.

Et ce « manque de confiance », dans le cadre des séparations, se double désormais d'une foi bien abîmée dans les institutions. Les délais des procédures, la multiplicité des intervenants (avec parfois des avis différents ou des jugements moraux ou genrés), des décisions de justice prises parfois sans explications, rendues par écrit, perçues parfois comme un « voilà, c'est tranché, bon courage, débrouillez-vous pour la suite… », et des expertises parfois incompréhensibles, avec des mots de « sachants ».

Grands-parents, beaux-parents et assos dans l'entre-deux

Plonger dans ce « système », c'est « tomber de l'armoire », résume Françoise Leprince, présidente du collectif « Mamies papis chagrin » qui évoque « les milliers d'euros donnés à trois avocats » pour que son fils parvienne à garder un lien régulier avec son enfant lors de sa séparation. « C'est parfois avoir la sensation, en assistant à ces conflits, que les hommes sont tous immatures, violents, violeurs ou pédophiles », soupire de son côté Marie-Luce Lovane, qui a fondé le « Club des Marâtres », ces femmes « victimes du poids de la tradition » qui participent à l'éducation des enfants de leur conjoint « et qui se résument à ces vilaines sorcières de Blanche-Neige ou Cendrillon… »

« Je ne veux pas d'ennuis, juste voir mon petit-enfant »

Si les chiffres d'affaires de certains « conseils » peuvent profiter des histoires d'amour qui finissent mal, de nombreuses victimes collatérales de ces conflits parentaux restent sur le carreau. Françoise Leprince a, elle, décidé de s'engager pour ces grands-parents « punis » et empêchés de voir leurs petits-enfants, qu'ils ont pourtant parfois contribué à élever quand les deux parents travaillaient. « Les qualités parentales de mon fils étaient reconnues, mais la maman voulait la résidence, donc tous les moyens étaient bons », soupire-t-elle, dénonçant les « représentations passéistes » de certains juges. Elle raconte l'angoisse de son fils, « l'enfer » de cette période. Comme si c'était hier. Et ses phrases, entendues depuis, lors de ses permanences téléphoniques : « Je ne veux pas d'ennuis, juste voir mon petit-enfant. Je ne veux pas que mon fils ou ma fille passe sa vie en procès alors qu'il/elle n'a rien fait. Imaginez, s'il tombe sur un juge qui n'est pas favorable à la résidence alternée, ça sera un désastre pour lui, pour sa vie. »

Comment un enfant peut-il continuer à voir ses aïeux lorsqu'il ne voit un de ses parents qu'un week-end sur deux, soit quatre jours par mois ? Depuis des années, Françoise Leprince écoute des aînés « en détresse » et tente de faire bouger les lignes, aux côtés d'une vingtaine d'associations, essentiellement de pères. Certaines sont plus radicales que d'autres, notamment la problématique SOS Papa, ce qui s'avère être contre-productif dans le débat et l'apaisement recherché, mais toutes sont désespérées par ce sentiment d'immobilisme de la société et du politique.

Des hommes qui ont « perdu »

J'aime mes 2 parents, Père enfant mère, le Parti des enfants du monde, Droits du parent et de l'enfant, Égalité parentale, le Mouvement pour la condition paternelle... À leur tête, pour la très grande majorité néanmoins, des hommes qui ont « perdu ». Toujours les mêmes mots, l'impression de « pisser dans un violon », « de devoir prouver que c'est dans l'intérêt de mon enfant qu'il voit son père, et l'obligation de dépenser des fortunes en frais d'avocat pour cela », résume l'un d'eux, citant ceux qui abandonnent, détruits moralement, mais aussi financièrement.

Tous évoquent le sentiment d'indifférence sociale et politique de ces situations et listent les actions menées depuis des années : les rencontres avec les députés, les sénateurs, les papas montés sur des grues pour faire entendre leur souffrance, les marches à travers la France pour diffuser leur SOS, les nombreuses propositions de lois déposées sans jamais aboutir, les centaines de questions à l'Assemblée nationale et au Sénat... Les mêmes termes « d'exclusion parentale », d'« éloignement volontaire », de « dénonciations », « d'aliénations », etc., reviennent en boucle. D'une justice qui condamnerait sans preuves objectives, prendrait parti pour l'un ou l'autre et broierait ainsi le parent « non-gardien ». Un des deux parents, ainsi que sa famille, exclus « sans aucun état d'âme ».

Ces associations dénoncent cette règle du « parent principal » et du « parent secondaire ». Elles réclament, en vain, de vraies solutions. Ne serait-ce qu'un changement de vocabulaire qui serait moins « guerrier » car il n'est pas question, là, d'adversaires devant un juge, mais de futurs partenaires éducatifs. Au centre de la problématique : le manque d'aides structurées pour aider les parents à apaiser les tensions, permettre aux enfants de grandir et de se construire dans un contexte égalitaire.

Pour éviter ces naufrages – « l'inertie », « l'incompréhension de la justice », « l'absence d'empathie », mais aussi « sa lenteur absolue » – de nombreuses idées émergent depuis des années « pour changer ce schéma ». Mais c'est souvent le même refrain qui revient. Celui du noir ou blanc, et de l'inutilité de la médiation familiale, telle qu'elle fonctionne.

Des magistrats le reconnaissent d'ailleurs, pointant « la culture très française de l'affrontement, du combat de coqs ». Il serait bien entendu simple de rejeter sur la justice – qui criait dans la rue en décembre dernier son propre sentiment « d'injustice », lors d'une grève inédite – les raisons du dysfonctionnement de cette coparentalité. « Le seul fléau, ce n'est ni la loi ni le juge, c'est le conflit des parents et la culture française », résume, pragmatique, une magistrate.

La séparation, avec son cortège de blessures, de rancœurs et de haine. Et des enfants qui sont ainsi utilisés par les parents comme objet de compétition, d'appropriation, soit pour faire payer à l'autre l'échec du couple, soit comme moyen de réparer ses propres blessures narcissiques. Chacun veut gagner l'enfant parce qu'il a perdu son couple… Alors que le fameux « intérêt supérieur de l'enfant » est « simple », explique-t-elle :

c'est être élevé par des parents qui s'entendent, c'est-à-dire s'écoutent, se comprennent et s'accordent.

Le rôle des beaux-parents...

Certaines mères disent toujours « mon enfant m'appartient, je refuse la résidence alternée car il est exclu qu'une autre femme (la compagne du père) en profite autant que moi », se désolent-elles. Dans de nombreux pays Européens, les beaux-parents peuvent participer à l'exercice de l'autorité parentale. Ils bénéficient de droits et de devoirs légaux vis-à-vis de l'enfant dont ils s'occupent quotidiennement. Ce n'est pas le cas en France.

Ce statut de beau-parent, parfois difficile à gérer, dont on ne cerne pas toujours les limites, a été abordé au cinéma dans *Les Enfants des autres*, un film de Rebecca Zlotowski, avec Virginie Efira, en cette année 2022, et a été fortement commenté et médiatisé. Preuve que la parenté, notion de plus en plus délicate à appréhender, a besoin d'éclairages et que la sphère de l'intime où se concentre désormais une grande partie des problèmes sociaux, fascine.

Comment aimer un enfant qui ne sera jamais vraiment le sien ? Comment trouver sa place dans cette nouvelle famille ? Quels liens perdureront en cas de rupture ? Comment réagir en cas de conflit entre les ex ?

Être beau-parent, accepter et apprendre à aimer un (ou plusieurs) enfant(s) issu(s) d'un (ou plusieurs) amour(s) passé(s), parfois encore douloureux ou dans un environnement conflictuel, la « mission » n'est pas simple. Il y a une jalousie à dépasser et un conflit à surmonter.

Et il faut aussi accepter d'avoir plus de devoirs que de droits. « Sans famille, c'est la souffrance du manque mais avec la famille c'est la souffrance de la contrainte », résume Boris Cyrulnik.

Dans une famille recomposée, le beau-parent n'a pas à devenir un parent « en plus ». Et sa place est délicate : il s'agit de considérer « les enfants de l'autre », sans attendre de retour d'affection de leur part. Il est simplement un adulte qui partage la vie d'un enfant qui n'est pas le sien. En revanche, avec le temps, le beau-parent peut tout à fait construire une relation affective avec l'enfant (qui n'a pas eu le choix de la relation) et y trouver une place. Ou pas.

Faut-il aller plus loin et donner au beau-parent des droits spécifiques, qui ne seraient pas attribués à d'autres tiers ? Voire créer un statut du beau-parent ? Cette question a été abordée de nombreuses fois, mais jamais tranchée en France.

Depuis la loi de 2002 relative à l'autorité parentale, plusieurs rapports proposant des pistes d'amélioration de la place du beau-parent ont été publiés et des projets de loi ont été présentés. Mais ils ont été abandonnés. Dès 2006, un rapport du défenseur des enfants préconisait la mise en place d'un statut juridique pour le beau-parent. Les propositions de modifications de la législation n'ont pas abouti afin de préserver la fonction parentale. La création d'un « mandat d'éducation quotidienne » a aussi été avancée. Ce projet a été voté par l'Assemblée nationale le 27 juin 2014. Le Sénat en a fait une première lecture mais ne l'a pas adopté.

Là encore, ce *statu quo* démontre le degré de complexité de ces situations. Assouplir les conditions dans lesquelles des parents peuvent partager leur autorité parentale avec un beau-parent pour les actes usuels de la vie quotidienne de l'enfant n'est pas aisé. Donc l'État a pris le parti ne pas décider. Au cœur du problème, le risque que la place reconnue au beau-parent se fasse au détriment du parent « non gardien », alors que « la loi Royal » cherchait justement il y a vingt ans à privilégier la préservation des liens de l'enfant avec ses deux parents biologiques et l'exercice en commun de l'autorité parentale par ceux-ci, au nom du fameux principe de la coparentalité.

Le beau-parent peut être amené à assurer des tâches domestiques, des soins aux enfants, voire certaines tâches éducatives. Il peut lui arriver de conduire l'enfant à l'école ou aller le chercher, de l'accompagner chez le médecin, de participer à des activités de loisirs avec lui. Il contribue ainsi à une partie du « travail parental ». Par ailleurs, dans la mesure où les ressources des conjoints sont mises en commun, le beau-parent joue aussi un rôle de pourvoyeur de ressources en participant à la prise en charge du coût de l'enfant. Enfin, au fil des années de vie commune, des liens affectifs forts peuvent se tisser entre beau-parent et bel-enfant. Le rôle singulier du beau-parent n'est cependant pas reconnu par le droit civil.

Mais ses droits ont néanmoins évolué. Il peut désormais se voir déléguer une partie de l'autorité parentale et, en cas de séparation, il a le droit de continuer à voir l'enfant si c'est dans l'intérêt de ce dernier. Et, quand le parent et le beau-parent sont mariés ou pacsés, le droit fiscal considère l'enfant comme à la charge des deux pour le calcul de l'impôt sur le revenu. Parent, beau-parent et enfant font partie du même foyer fiscal. D'après le droit social, l'enfant peut ainsi être couvert par l'assurance maladie de son beau-parent ; les allocations familiales peuvent être versées au beau-parent si c'est lui qui est allocataire CAF et qui est considéré comme ayant la charge de l'enfant. Un dispositif permet au beau-parent de recevoir des parents une autorisation ponctuelle pour accomplir un acte usuel de l'autorité parentale, sans qu'aucun des deux parents ne perde ses prérogatives. Cependant le consentement exprès de ces derniers reste nécessaire pour ces actes importants. Et encore, faudrait-il clairement définir ce qu'est un acte usuel ou non usuel, nous le verrons plus loin. Une question qui commence tout juste à être abordée.

En cas de séparation d'avec son conjoint, le beau-parent qui a éduqué l'enfant et tissé des liens avec lui peut néanmoins demander à bénéficier d'un droit de visite voire d'hébergement. Mais l'ex-beau-parent doit, pour faire valoir son droit à maintenir des liens, saisir le juge aux affaires familiales dans une procédure qui reste complexe. Et le droit d'hébergement est très très rarement accordé. Le passage de la beau-parentalité à la parenté est possible par l'adoption de l'enfant de conjoint. Il est cependant difficile pour un enfant mineur, et la plupart des adoptions d'enfants de conjoint ont lieu une fois l'adopté devenu majeur, note le HCFEA. Une adoption possible seulement si l'enfant n'a qu'une seule filiation ou si l'autre parent s'est vu retirer son autorité parentale, ce qui est très peu fréquent aussi. La perte de l'autorité parentale peut être prononcée par un juge lorsque le ou les parents ont été condamnés pour un délit grave ou un crime commis sur leur enfant, ou l'autre parent, ou s'ils mettent manifestement en danger la sécurité, la santé ou la moralité de l'enfant.

En pratique, l'adoption simple n'est quasiment jamais prononcée lorsque l'enfant est mineur et que l'autre parent est vivant, parce qu'elle suppose le consentement de l'autre parent que le conjoint, qui perdrait alors ses droits d'autorité parentale (article 365, alinéa 1er du Code civil). Par ailleurs, l'enfant doit renoncer à son nom de famille au profit de celui de l'adoptant ou, au mieux, l'adjoindre à son nom actuel, ce qui peut être un obstacle important. L'adoption simple de l'enfant majeur du conjoint est en réalité souvent utilisée pour permettre au beau-parent de transmettre son patrimoine à son bel-enfant. En effet, sans adoption, le bel-enfant est considéré comme un tiers et la transmission de patrimoine est taxée à 60 %. Après adoption, il devient un héritier en ligne directe (article 368 du Code civil). Cependant, les abattements prévus en cas de succession en ligne directe ne s'appliquent à la transmission de patrimoine du beau-parent adoptant au bel-enfant adopté que si ce dernier est issu d'un premier mariage du conjoint de l'adoptant (article 786 du Code général des impôts).

L'adaptation, la souplesse, le dialogue, le partage d'expériences, le respect de la place de chacun et les projets seront déterminants pour développer un épanouissement dans le couple et la famille recomposée. Mais maintenir un lien parental suffisant avec l'autre parent quand cela est possible, afin que l'enfant puisse conserver un sentiment de sécurité, une certaine continuité d'existence et se sentir bien dans ses deux familles, tant du côté de la mère que du père est aussi déterminant.

« Alors que les séparations parentales concernent un nombre croissant de familles, ces nouvelles “coparentalités” doivent pourtant nous faire penser l'éducation d'un enfant en d'autres termes que celui d'appartenance biologique à ses géniteurs », analyse la psychologue et psychanalyste Catherine Audibert dans son livre *Le Complexe de la marâtre* (collection « Petite Bibliothèque Payot »). Selon elle, d'ailleurs, c'est même « parfois » cette incapacité à « partager » l'enfant avec le conjoint qui a pu mener au divorce.

La médiation familiale navigue à vue

« Le conflit initial est très souvent aggravé par la procédure, par les pièces et attestations produites au dossier, par les paroles prononcées à l'audience, parfois par les conclusions et les plaidoiries des avocats, voire par le comportement du juge lui-même à l'audience. Le conflit se cristallise alors et la décision du juge, qu'elle soit bien réfléchie ou non, bien pensée ou non, bien motivée ou non, même si elle permet de donner un cadre, fige la situation conflictuelle entre les parents et paralyse toute évolution, notamment par rapport à l'enfant », estime-t-il. Son expérience l'a amené à penser que les audiences dans les bureaux des juges aux affaires familiales pouvaient « créer du conflit, voire l'amplifier ». Ces mots sont ceux de Marc Juston, juge aux affaires familiales durant de nombreuses années en France. Ex-président du tribunal de grande instance de Tarascon (Bouches-du-Rhône), il s'alarme, depuis des années, du fait que « la séparation conjugale, en

France, puisse se transformer en séparation parentale à cause notamment du fonctionnement de la justice ».

À Dinant, en Belgique, c'est devenu le cœur du travail d'une juge de la famille et de la jeunesse, Marie-France Carlier, qui applique le modèle du « *consensus* parental », et ce, avec l'approbation de son ministère. Il lui arrive, par exemple, lorsqu'elle voit des parents se présenter, aux côtés de leurs avocats, en mode « guerrier », sans se regarder, sans se dire un mot, de les renvoyer dans la salle des pas perdus pour reprendre un dialogue. Ils doivent revenir vers elle, avec un début de « projet parental ».

Me Barbara Régent, avocate à Paris, cofondatrice de l'association des Avocats de la paix, a de son côté proposé au ministère de la Justice, en octobre 2022, que des « ateliers de coparentalité » deviennent l'un des outils à disposition du juge aux affaires familiales dans un vaste projet de réforme du droit de la famille. « Lorsque l'on est plongé dans son histoire de couple, dans les affres de la séparation, il n'est pas simple d'avoir le recul nécessaire pour comprendre que ses actions ou décisions, pour ne pas faciliter la vie à l'autre, peuvent avoir des impacts très négatifs sur les enfants. L'échange d'expériences d'un collectif permettrait une prise de conscience, notamment lorsqu'il est encadré par des professionnels neutres et expérimentés », argumente-t-elle.

La médiation familiale sera-t-elle, un jour, « une évidence » dans le judiciaire ? De nombreuses voix portent ce chemin, estimant que seul le maintien d'un minimum de dialogue et de coconstruction peut éviter les ruptures de liens. Mais le chemin s'annonce encore long.

Et ce, malgré le fait que de très nombreux observateurs répètent qu'un procès dans « une guerre » pour la résidence d'un enfant puisse se révéler être une catastrophe psychologique. Les juges devraient-ils enfin se spécialiser uniquement dans les dossiers les plus complexes, comme au Québec notamment, où les audiences (beaucoup moins nombreuses) peuvent durer plusieurs heures, voire jours ?

Quand la médiation est possible, ne pas en parler, ne pas la conseiller, ne pas soi-même s'informer, se former, est-ce bien conforme au serment de l'avocat ? Me Barbara Régent pointe les méthodes de travail de certains de ses confrères et consœurs, héritées des XIXe et XXe siècles et notamment des écoles de formation des barreaux qui ont produit de la sorte des générations d'avocats, inculquant l'idée qu'un avocat est avant tout agressif, introduit des procédures, défend son client bec et ongles sans voir les répercussions.

Nombreux sont les avocats qui ne savent pas faire autrement et qui ont aussi peur de voir leur cabinet s'écrouler s'ils le font. « Quand vous avez été élevé comme un chien de chasse ou un pitbull, que vous avez l'habitude d'aboyer, difficile de se transformer en colombe », résume l'un d'eux.

Ils sont pourtant quelques-uns désormais à tenter de faire changer les mentalités, sans pour autant, bien entendu, imaginer qu'une médiation peut à tous les coups éviter une audience judiciaire.

En toile de fond de ce débat : une réalité économique. Les frais d'une médiation sont bien moins élevés que ceux qu'implique une procédure judiciaire. On comprend aisément que cabinets d'avocats et associations de médiateurs (subventionnées par la CAF) puissent se regarder parfois en chiens de faïence et que la « coparentalité » s'avère délicate.

Le coût d'un entretien de médiation familiale varie en fonction des revenus des parents. En général, une personne ayant 1 900 euros de revenu mensuel réglera 20 euros par séance. Pour une procédure avec un avocat dans le but de fixer la résidence d'un enfant, compter un SMIC, au strict minimum. Faut-il être juriste pour bien comprendre les enjeux lors d'une séparation ? *Quid* de l'aspect psychologique ? L'un peut-il aller sans l'autre ? Le débat tourne en rond depuis vingt ans. La médiation serait-elle en résumé une sous-justice ?

La « culture » des justiciables français, convaincus pour beaucoup que seule l'institution judiciaire, pourtant décriée (et débordée), peut apporter une réponse, a du mal à évoluer. Mais l'actualité, c'est que la justice craque et que la problématique devient criante.

« Pour avoir un jugement de résidence alternée, ça prend environ un an. Pour un enfant de 4 ans, un an, c'est 25 % de sa vie », résume un père de famille. De nombreuses situations de résidences d'enfants se retrouvent ainsi figées, et il est souvent difficile de les remettre en cause en appel. Ces délais « figent le contentieux, on se retrouve à plaider des dossiers alors que des mineurs sont parfois devenus majeurs, que des clients ont perdu leur travail, que d'autres ont déménagé et les magistrats statuent ainsi sur des dossiers devenus obsolètes… », constate une avocate spécialisée dans le droit de la famille depuis de nombreuses années. Pour chaque plaideur, c'est souvent « le dossier » de sa vie. Son ou ses enfants. Pour le juge, un élément de plus dans les statistiques qu'il doit tenir.

Une machine à inégalités

La justice peut se parer ainsi en une « machine » à inégalités. Sans compter que les classes les plus défavorisées peuvent moins compter sur des avocats que le reste de la population. C'est ce que documente notamment l'enquête de la sociologue, Émilie Biland-Curinier[33]. Les audiences semblent être plus expéditives pour ceux ne disposant pas d'avocats.

33. Elle a coordonné une longue étude intitulée « Justice et inégalités au prisme des sciences sociales ». Financée par le ministère de la Justice, *via* sa mission de recherche Droit et Justice, l'étude, publiée en 2021, se base sur l'analyse d'un échantillon de 4 000 dossiers judiciaires de séparation conjugale dans sept tribunaux judiciaires et deux cours d'appel, mais aussi sur l'observation du fonctionnement et des échanges dans plusieurs cabinets d'avocats, « ces lieux incontournables du règlement des séparations conjugales en France », écrit-elle.

« 13 minutes lorsqu'il n'y a aucun avocat, 17 minutes lorsqu'il y en a un et 27 minutes lorsque deux conseils sont présents », indique-t-elle, à travers un calcul à prendre avec précaution, « sur 189 observations d'audiences hors divorce ».

Aux termes de la loi, les juges français ont un rôle de conciliation avant tout, « mais en raison de la pression du temps et du chiffre, cette dimension de leur rôle est très réduite en pratique », commente-t-elle.

La nécessité de communiquer, un minimum, est pourtant cruciale. Mohamed El Khatib a réalisé en ce sens en mai 2022 un documentaire très éclairant et très regardé sur France 2, intitulé « La dispute ». Il est allé à la rencontre de dizaines d'enfants témoins de ruptures plus ou moins abruptes. Et les bambins n'y vont pas par quatre chemins : « Une bonne fois pour toutes, pourquoi vous êtes séparés ? », « Est-ce que c'est dur de divorcer ? », « Pourquoi tu es parti ? », « Est-ce que vous avez envie de vous remettre ensemble ? » Il montre, dans l'écoute des enfants et non dans le jugement des parents, comment ces derniers en parlent. Beaucoup. Et semble démontrer que cacher la vérité aux enfants pour « les laisser en dehors de ça », peut s'avérer être une fausse bonne idée. Il montre aussi… l'absence des pères qui ont été « beaucoup plus difficiles à faire parler dans ce documentaire ».

La séparation conjugale, en présence d'enfants, nécessiterait une volonté d'approche pluridisciplinaire et des moyens. La rupture, si banale aujourd'hui, même en présence d'enfants, n'a pas de parcours de « soins ».

La loi « Royal » est bien faite, bien dite, mais n'a été que peu accompagnée durant vingt ans. Le législateur a été clair. Mais depuis, rien ou presque en dehors des habituelles polémiques.

C'est une réalité, celui ou celle qui subit la rupture est frappé par la douleur, perd ses repères. Celui ou celle à l'origine de la rupture culpabilise. Oui, il y a de la colère, des émotions, de la tristesse. Oui, le deuil et son processus – le déni, la colère, le marchandage, la dépression, l'acceptation – ne sont pas pris en compte, et parfois déshumanisés par des stratégies d'avocats. Et, oui, il y a une vie à réorganiser dans ce contexte. Y ajouter un aléa judiciaire, même minime, et des procédures, des accusations, dans le bureau d'un juge, peut ajouter à ce contexte une peur de ne plus voir ses enfants.

Un apaisement progressif de la communication

Les défenseurs de la médiation familiale répètent que seul un apaisement progressif de la communication rendra acceptables les changements. D'autres diront que seule la justice doit trancher. Doit passer. L'idée est de « maintenir le lien », martèle de son côté la juge belge Marie-France Carlier et que l'enfant ne soit pas désinvesti par celui qui n'a pas la résidence.

Que l'enfant (ou l'adolescent) se développe sans rejeter l'image maternelle ou l'image paternelle, c'est la base de la démarche belge. Éviter que le *clash* soit la seule ligne de conduite et que des milliers d'enfants voient leur relation avec un de leurs parents – le plus souvent le père – distendue, voire rompue.

Mais en plein désarroi, il arrive souvent que des parents, épuisés par le conflit, se retrouvent dans une situation où ils ne maîtrisent plus leurs propres mots. Laissant ainsi se mettre en place la seule « logique » de « gagner » l'enfant, en étant des parents adversaires.

Dans l'analyse au long cours d'Émilie Biland-Curinier qui met en avant « la prégnance des inégalités de classe et de genre à toutes les étapes du traitement juridique et judiciaire des séparations conjugales. Pas nécessairement de leur fait, mais du système, institutionnalisé. La réalité est davantage celui de statuer, au plus vite, peu importe la méthode. La sociologue y décrit « le joli paquet-cadeau » que les avocats cherchent à faire au juge. Faire une jolie histoire, bien tranchée pour la justice. À lui de s'en dépatouiller.

On y lit notamment le raisonnement d'un conseil, qui, « face à l'incompréhension d'une cliente très intimidée par le droit », lui conseille simplement « de s'en remettre à elle, sans tout comprendre ». Bien entendu, ce n'est pas l'avocat qui gérera, ensuite, la coparentalité.

« Selon leur position dans les rapports sociaux de classe, de race et de sexe mais aussi selon leur lieu de résidence, les justiciables n'ont pas affaire aux mêmes professionnels du droit et ne bénéficient pas de la même attention avant d'arriver au tribunal », pointe la sociologue. Face à des « procédures judiciaires complexes, voire hermétiques », des parents (le plus souvent des pères) peuvent être dissuadés de présenter des demandes « lorsque leur capital culturel est limité ».

La séparation est pour une grande partie de la population l'occasion de rencontrer un avocat pour la première fois – et peut-être la seule – de leur vie. Il faudra le trouver, le payer et lui faire confiance dans un fort contexte de méfiance et de peurs. « Souvent, hommes et femmes des classes populaires peuvent se sentir démunis face à des procédures qui leur semblent obscures et percevoir leur conseil comme leur dernière planche de salut [...]. Face à une clientèle peu familière au droit, des avocats peuvent opter pour une stratégie directive, quitte à complètement transformer les demandes initiales de leurs clients au moment de les traduire en termes juridiques », analyse Émilie Biland-Curinier.

Est alors pointé ce risque, humain, « qu'en raison de leur intervention sur la vie privée, les avocates et avocats sont en position de faire valoir leurs propres schémas moraux et de tenter de les imposer à leur clientèle », écrit la sociologue. « Pour moi, un enfant de moins de 6 ans ne peut pas vivre en résidence alternée, il doit être avec sa mère, c'est non négociable dans l'intérêt de l'enfant », expliquera ainsi une avocate. Peu importent les capacités ou l'envie du père et l'esprit de la « loi Royal ». L'histoire d'un avocat « spécialiste de la défense des pères », interrogé pour ce livre, est aussi emblématique du malaise. Ce spécialiste de la judiciarisation, a, dans son couple, lors de sa séparation, « surtout tout fait pour éviter d'aller en justice », expliquera-t-il en fin d'entretien.

« Un père est aussi important qu'une mère, je me suis toujours occupé des enfants alors je veux une résidence alternée. » « Un enfant a d'abord besoin de sa mère, j'ai été élevée comme cela et c'est comme cela que je ferai avec mes enfants. » Ces phrases ont été entendues des milliers de fois dans les tribunaux français. Pères et mères, qui s'accrochent à des valeurs, critiquent des décisions judiciaires, en redemandent d'autres, regrettant de n'avoir eu que quelques instants dans le bureau d'un juge aux affaires familiales, que leur avocat n'ait pas été plus agressif, pugnace contre leur ex. Et poursuivant le combat, parfois pendant des années, se ruinant parfois en frais d'avocat, se détruisant et détruisant la vie de leurs enfants, plongeant des familles dans le désarroi. Face à ce qu'ils estiment être une injustice.

Un processus volontaire

La médiation est une façon de concilier efficacité et apaisement dans la gestion du conflit, répètent ses promoteurs. Elle vise à ne pas étendre le conflit dans la sphère familiale, amicale et professionnelle aussi. « En purgeant le passé, en travaillant sur la souffrance, et en posant les bases des lendemains plus sereins, pour le couple, comme pour leurs enfants », résume une médiatrice familiale depuis des années.

Car si l'enfant est au cœur de la préoccupation des parents, il peut aussi devenir l'instrument du conflit. Et c'est ce que ces médiateurs tentent d'éviter, cet écartèlement. Le médiateur peut aider à la communication entre les parents, mais aussi avec l'enfant afin qu'il se détache des positions parentales et soit rassuré.

En premier lieu, lors des séparations, la médiation aide les couples à comprendre, analyser, expliquer, accepter, etc., puis les accompagne pour réorganiser leurs vies. L'opposé d'une démarche judiciaire, brutale et très rapide (concernant la durée de l'audience).

Une étape pragmatique qui n'est pas la plus simple mais pas la moins utile, loin de là dans la mesure où l'enjeu est de continuer à préserver l'intérêt (supérieur) des enfants. Car la séparation implique (aussi) la séparation des comptes bancaires (parfois bien fragiles), des biens communs et la prise en charge du coût de l'enfant. L'argent est évidemment au cœur de cette seconde approche. Il s'agit de compter. Tout. Les biens et les reproches de la vie commune aussi, si la première étape n'est pas encore digérée.

C'est évidemment souvent à ce moment que « la société patriarcale » se révèle. C'est ce que rappelle la sociologue Émilie Biland-Curinier, mettant en avant « cette structure profondément genrée de la division du travail au sein des couples de sexe différent ». « Quand l'un des deux reste à la maison, c'est presque toujours, encore aujourd'hui, la femme », souligne-t-elle. Et cette référence traditionnelle, ces codes culturels, poussent bien souvent à agir en justice – particulièrement pour ces femmes qui n'ont pas de revenu du travail et pour qui les conséquences financières des séparations peuvent être dramatiques. Faut-il vraiment « défaire famille » dans le bureau d'un juge pour espérer « refaire famille ». La professeure de sociologie à Sciences Po, qui travaille autour de cette thématique depuis des années, explique que cette valorisation « du choix » reste « rhétorique » et estime surtout que « les arrangements post-ruptures dépendent de ceux qui existaient durant la vie commune ». « Ce paradigme du choix est porteur d'inégalités de genre : alors que l'implication des pères séparés demeure très variable, de l'absence prolongée à la prise en charge quotidienne, le désengagement parental des femmes est rarement une option acceptable, y compris aux yeux des juristes », met-elle en avant, constatant dans ses études une évidence, une prégnance de « la figure de l'homme pourvoyeur » et des « mères élevant seules leurs enfants, les destinataires prioritaires des politiques sociales ».

Mais cette médiation a besoin des deux parents, en même temps, pas forcément au même stade, pour se réaliser, et c'est toute la difficulté.

C'est un processus volontaire : personne ne peut forcer quelqu'un à aller en médiation. Même en cas « d'injonction de médiation » ordonnée par un juge aux affaires familiales. Dans ce cas, « l'injonction » judiciaire est en réalité dans la pratique une convocation des parents « à une réunion d'information sur la médiation ». Après avoir expliqué aux « parties » le principe, le but et les modalités de cette mesure en vue de recueillir par écrit leur consentement ou le refus de celle-ci, le médiateur informe le juge. Si au moins l'un des parents a refusé le principe de la médiation, le médiateur a terminé son travail. Fin de l'histoire ? Reste à inventer une coparentalité, sans aucune volonté des parents d'aller dans ce sens et sans faire appel au médiateur.

Faut-il alors rendre obligatoire la médiation ? Obliger des parents fâchés à se parler ? L'article 7 de la loi du 18 novembre 2016 de modernisation de la justice au XXIe siècle a instauré, à titre expérimental, une tentative de médiation familiale « obligatoire » à peine d'irrecevabilité de la demande faite au juge : la TMFPO (Tentative de médiation familiale préalable obligatoire). Un moyen de déjudiciariser une partie des affaires familiales pour désengorger les tribunaux et recentrer les juges sur leur « cœur » de métier.

L'expérience a été mise en place au sein de onze juridictions françaises, mais dans la pratique, c'est « globalement un échec », à en croire les différents acteurs, « notamment car les avocats ont eu le sentiment de ne pas être associés à la démarche », résume une médiatrice d'une importante association, « et que le mot obligatoire n'est pas passé ».

Cette TMFPO n'a pas pour le moment débouché sur la déjudiciarisation attendue. « Si l'obligation de tentative de médiation permet à des ex-conjoints volontaires et/ou au niveau socioculturel plutôt élevé de régler leur différend sans recourir au juge, dans les autres cas, son obligation est plutôt vue, au mieux, comme inutile et, au pire, comme une perte de temps et une expérience individuelle violente », résume Valérie Boussard, professeure de sociologie à l'université Paris-Nanterre, dans une étude réalisée pour le compte du ministère de la Justice.

« La TMFPO constitue ainsi une déjudiciarisation paradoxale : elle augmente les délais de règlement des litiges pour la plupart des justiciables, sans les avoir nécessairement aidés à se mettre d'accord ou à augmenter leur sentiment de justice », analyse-t-elle.

Comment la France va-t-elle enfin franchir le cap ? La loi pour la confiance dans l'institution judiciaire, promulguée fin décembre 2021, donne de l'espoir. Elle a acté (enfin) la création d'un Conseil national de la médiation qui pourrait faire avancer aussi la coparentalité. Celui-ci, placé auprès du ministre de la Justice, pourrait ces prochaines années encadrer les professionnels et le processus. Ce conseil national, dont on ignore encore la composition, devra « proposer aux pouvoirs publics toutes mesures propres à améliorer la médiation familiale ». Les mots, début janvier 2013, de l'avocat pénaliste et aujourd'hui ministre de la Justice, vont aussi dans ce sens.

L'impossible hiérarchisation des violences conjugales

Au menu des réunions de ce futur conseil, à n'en pas douter, figurera essentiellement la question des violences conjugales qui a pris une ampleur considérable dans le débat public. Les mouvements féministes poussent aux effets symboliques et dissuasifs de l'intervention pénale et dénoncent que malgré l'accroissement des plaintes, trop peu d'hommes sont poursuivis (et que les sentences prononcées sont trop clémentes). Le tout, dans un système judiciaire au bord du burn-out.

Pour les mouvements de défense des droits des femmes, la médiation en matière de violence familiale serait à la fois une façon de nier la gravité de ce problème social mais aussi de disqualifier les femmes. Car ce « combat » doit se livrer en justice et sur la place publique. Et c'est sur ce point que la justice doit mettre les moyens. Car le processus de médiation familiale exige l'arrêt des contentieux judiciaires, ce qui pour la victime peut ainsi en parallèle supposer l'empêchement du dépôt d'une plainte éventuelle.

Sur cette question, les chiffres sont connus, répétés. Selon la dernière enquête nationale périnatale de l'Inserm et Santé Publique France portant sur 13 631 naissances auprès de 13 404 femmes, en 2021, 6 % des femmes qui venaient d'accoucher ont déclaré avoir subi des violences psychologiques, soit pendant la grossesse, soit depuis la naissance, soit les deux. L'auteur des violences psychologiques était le partenaire pour 25,3 % des femmes ayant déclaré des violences psychologiques. L'auteur des violences physiques était le partenaire pour 34,5 % de ces mamans.

D'après l'enquête « Cadre de vie et sécurité » (CVS), en moyenne chaque année sur la période 2011 à 2018, on estime à 295 000 le nombre de victimes de violences conjugales (violences physiques et/ou sexuelles par leur conjoint ou ex-conjoint) en France métropolitaine, dont 213 000 femmes.

L'adoption des mesures dans le cadre du Grenelle contre les violences conjugales en novembre 2019, et la libération de la parole de l'après-#MeToo, a mis en exergue une problématique déjà présente depuis des années. Mais comment la médiation peut-elle accueillir les violences et les conflits en général ? Des études sociologiques sont en cours sur les notions de « bas et haut » conflit sans savoir encore bien si elles aboutiront un jour et si cela est bien possible en réalité de « hiérarchiser ou graduer les violences ». Une question qui s'avère inaudible.

En attendant, pour l'heure, sur ce sujet aussi, ça craque. L'UNAF, l'Union nationale des associations familiales, « plaide auprès des pouvoirs publics pour que les dispositifs de soutien de la parentalité accompagnant parents et enfants dans les séparations puissent retrouver une politique publique lisible », écrivait l'association au printemps 2022, dans un court communiqué qu'elle a refusé de commenter.

L'UNAF se disait alors confrontée « à de nouvelles difficultés qui émergent de manière très sensible », depuis l'adoption des mesures dans le cadre du Grenelle contre les violences conjugales.

La médiation familiale est-elle un processus compatible avec des situations de violences conjugales, la réponse est non, en théorie là encore.

« À l'effet de faciliter la recherche par les parents d'un exercice consensuel de l'autorité parentale, le juge peut leur proposer une mesure de médiation, sauf si des violences sont alléguées par l'un des parents sur l'autre parent ou sur l'enfant, ou sauf emprise manifeste de l'un des parents sur l'autre parent » : c'est la loi en vigueur depuis le 1er août 2020. Deux articles du Code civil ont été modifiés en ce sens. Dans la pratique, et dans les dossiers que nous avons consultés, ce n'est pas toujours appliqué.

Après des plaintes pour violences classées sans suite ou des dépôts de mains courantes, des juges proposent toujours des médiations. Et sur ce point, les associations de médiation interrogées se retrouvent en porte-à-faux et n'ont pas toutes la même vision. Si la médiation ne saurait être appliquée à toutes les situations, doit-elle être conçue comme un des maillons d'une politique globale de prévention et de lutte contre les violences conjugales ? Aujourd'hui, malgré la loi d'août 2020, la réserve absolue qui interdirait le recours à la médiation familiale dans toutes les situations de violences alléguées n'a pas fait son chemin. Et l'instrumentalisation de l'argument des violences conjugales, qui autorise à ne pas présenter l'enfant à l'ex-conjoint, pourtant présumé innocent, pendant toute la durée de l'enquête, c'est-à-dire parfois plusieurs mois, voire un an, est réel.

La notion de contrôle coercitif

L'exercice de l'autorité parentale après la séparation peut devenir le moyen de perpétuer la violence et l'emprise sur son ex-conjoint et sur les enfants. En appelant les violences dénoncées par l'un des parents « conflit familial », les magistrats prennent le risque d'appliquer des mesures inadaptées voire destructrices pour l'enfant, « par exemple de demander une médiation, une résidence alternée, de condamner le parent protecteur pour non-représentation d'enfant et même de manière punitive de retirer l'enfant au « parent protecteur » pour le placer chez le parent agresseur », martèle par exemple l'association Protéger l'enfant.

« Parler de « coparentalité » dans le cadre de violences intrafamiliales est une énorme bévue, il ne peut pas y avoir de coparentalité dans un contexte de violences. Il y a un agresseur et une ou des victimes, en dissymétrie totale, en incapacité de projet commun », résume une maman, qui a porté plainte contre le père de ses enfants, lors de sa séparation. La plainte a été classée sans suite. Mais l'impasse demeure.

Docteur en sociologie et enseignant au Laboratoire d'études et de recherche en sociologie (LABERS) à l'université de Bretagne occidentale, à Brest, Pierre-Guillaume Prigent, a tenté de documenter ce phénomène en soutenant une thèse fin 2021, s'intitulant « Les stratégies des pères violents en contexte de séparation parentale : contrôle coercitif, complicité institutionnelle et résistance des femmes ». Le « contrôle coercitif, c'est une autre façon de nommer la violence conjugale », explique Gwénola Sueur. Titulaire d'un Master 2 en sciences humaines et sociales, elle a cofondé le Réseau international des mères en lutte avec Pierre-Guillaume Prigent. Ce collectif se donne comme objectif de vulgariser les recherches sur les violences de genre, en particulier après la séparation, et de décrypter « la rhétorique masculiniste ». Elle est désormais doctorante en sociologie à l'université de Bretagne Occidentale.

À partir d'entretiens réalisés avec des femmes qui se sont séparées d'un ex-conjoint violent avec qui elles ont eu des enfants, Pierre-Guillaume Prigent a analysé la stratégie adoptée par les agresseurs et la réponse des institutions à la violence.Gwénola Sueur et lui réalisent une enquête multi-méthodes sur les usages sociaux de la théorie de l'aliénation parentale. Ils ont réalisé des entretiens avec une vingtaine de femmes accusées d'aliénation parentale, dans l'objectif d'étudier le contexte de cette accusation. Ils ont également analysé la jurisprudence, la presse et les discours des promoteurs et des critiques de la notion.

Autre débat hautement inflammable, le « syndrome d'aliénation parentale » qui accrédite l'idée que dans la plupart des cas de séparations conjugales conflictuelles, le parent avec qui vit l'enfant, c'est-à-dire la mère le plus souvent, « lave le cerveau » de l'enfant pour que celui-ci refuse de voir son autre parent. En d'autres termes, cette théorie est employée dans le but de démontrer que l'enfant est manipulé par l'un des parents, contre l'autre parent.

Aujourd'hui, le syndrome d'aliénation parentale, pourtant décrié, est lui aussi toujours utilisé dans des décisions de justice. Des associations féministes ou de protection de l'enfance ont saisi le Conseil national de l'ordre des médecins et le parquet général de la cour d'appel de Versailles pour notamment questionner le travail de l'expert psychiatre judiciaire Paul Bensussan (également expert psychiatre agréé par la Cour de cassation), qu'elles accusent de « systématiquement » contester la parole de l'enfant dans le cadre d'affaires de violences intrafamiliales et d'inceste.

Après la séparation du couple, l'agresseur peut prolonger les violences par l'intermédiaire des enfants. Il s'agit là du « contrôle coercitif », comment le définissez-vous ?

Gwénola Sueur et Pierre-Guillaume Prigent. Cette notion a été élaborée par le mouvement féministe dès les années 1970, en identifiant que les violences que les hommes infligent aux femmes dans leur vie personnelle ont des similitudes avec d'autres formes de violation de droits humains comme la torture. Cette conceptualisation sociologique des comportements des agresseurs conjugaux souligne que l'agresseur inflige à sa victime un ensemble de tactiques de contrôle et de coercition. Il va l'isoler, la contrôler, l'intimider et exercer de la violence contre elle. Les femmes qui nous livrent leur récit décrivent la mise en place d'une limitation progressive de leur liberté : elles sont assignées à des tâches ou un rôle dégradant, considérées comme des objets, privées de leurs ressources et de leur humanité, accablées et rendues responsables de la situation par l'agresseur.

Après la séparation, ce type de contrôle peut continuer à s'exercer dans la mesure où, lorsque la victime a eu des enfants avec son agresseur, elle doit partager avec lui l'autorité parentale conjointe. On attend d'elle qu'elle respecte les « droits du père » qui fut et est toujours l'homme qui l'a soumise à ces diverses contraintes. Si elle dénonce les violences, elle contrevient au principe de coparentalité qui est en réalité idéalisée et associée à la meilleure façon possible d'éduquer un enfant. Par l'intermédiaire de cette culture du contact l'agresseur peut imposer ses choix éducatifs, superviser le quotidien de la mère et des enfants, tout en passant pour le parent le plus apte à respecter l'autre parent.

Comment déterminer si une médiation familiale est possible en cas de plaintes ou mains courantes d'un parent contre l'autre ? Quelles sont les solutions pour assurer la sécurité et le bien-être des victimes de violences conjugales en cas de séparations avec des enfants ?

La loi du 4 mars 2002 relative à l'autorité parentale conjointe nécessiterait des amendements point par point. Les mères qui désirent obtenir la sécurité et la justice pour elles-mêmes et leurs enfants par le biais du tribunal de la famille par exemple peuvent être confrontées à l'utilisation abusive des procédures judiciaires ou de la médiation familiale par leur ex-partenaire pour maintenir le contrôle coercitif. Or une analyse de chaque article de la loi du 4 mars 2002 à l'aune de nos analyses du mécanisme des violences conjugales post-séparation nous montre la possibilité d'une instrumentalisation par les agresseurs conjugaux. On pointe une perméabilité des travailleurs socio-judiciaires aux stéréotypes de genre et surtout à leurs représentations de ce que devrait être une victime de violences conjugales. Notre défi est de faire comprendre la dangerosité des agresseurs conjugaux sans les associer à une déviance ce qui écarterait la majorité des hommes violents. Un autre défi est le temps : à supposer que la justice civile et pénale mette en sécurité une survivante, pendant combien de mois pourra-t-elle vivre libre et en sécurité ? Nos entretiens et nos retours sur le terrain nous montrent qu'après une condamnation à plusieurs mois de prison avec sursis des magistrats demandent à rétablir les liens entre les enfants et le père violent en présumant que c'est dans leur intérêt. Mais quel est alors le meilleur intérêt de l'enfant ?

Les concepts d'« aliénation parentale » et de « syndrome d'aliénation parentale » reviennent régulièrement dans ce débat. Que savons-nous exactement de ces concepts ? Qu'en fait la justice ?

En France, l'aliénation parentale apparaît explicitement à la fin des années 1990, dans un contexte de dévoilement de violences contre les enfants, notamment sexuelles. Des psychologues et des pères divorcés accusés d'inceste diffusent la croyance selon laquelle les accusations de violences sexuelles, notamment dans le cadre de séparations parentales, seraient majoritairement fausses. Cette diffusion devance ainsi la première enquête nationale sur les violences envers les femmes (ENVEFF), réalisée en 2000, et les plans gouvernementaux de lutte contre les violences. Sous l'impulsion de psychiatres, de psychologues, d'associations de défense des intérêts des pères divorcés, de structures promouvant la notion, de la défenseure des droits, la pseudo-théorie est enseignée auprès de milliers de travailleurs socio-judiciaires. Notre première analyse de la jurisprudence à partir d'un échantillon de cent arrêts de la cour d'appel nous indique que ce sont les mères qui sont accusées d'aliénation parentale dans trois quarts des situations. L'analyse de l'ensemble des jurisprudences indique une chute spectaculaire des allégations à partir de 2013, nous avons posé comme hypothèse que les allégations changent de forme, ce que nous montrent nos vingt entretiens qualitatifs. Les trois quarts de ces mères accusées d'aliénation parentale le sont de façon implicite. On dit d'elles qu'elles sont manipulatrices, qu'elles souhaitent couper le lien entre le père et l'enfant de façon injustifiée, etc. Ce qui est particulièrement inquiétant, c'est que les institutions n'ont pas été capables d'identifier que ces femmes étaient en réalité victimes de violences conjugales. La note Intranet disponible sur le site du ministère de la Justice depuis 2018 informe les magistrats du caractère controversé de ce syndrome, mais n'en interdit pas l'usage. Elle invite d'autre part à identifier le parent trop fusionnel. Or, dans notre étude, nous avons déterminé que quelle que soit la manière dont les femmes sont accusées, explicitement avec « aliénante » ou implicitement avec « fusionnelle », « manipulatrice », la conséquence en sera la même pour elles : l'occultation de la violence qu'elles et leurs enfants subissent, l'absence de considération pour leur sécurité et leur liberté, le maintien ou élargissement des droits du père voire un transfert de résidence chez lui pour un tiers de nos enquêtées.

Des mères affirment se retrouver dans des situations de résidence alternée et devoir remettre leur enfant à des pères prédateurs au risque de se retrouver en prison pour non-présentation de l'enfant… Est-ce une situation que vous avez documentée dans vos recherches ?

Avant d'évoquer le délit de non-présentation, il faut garder à l'esprit les stratégies discursives et législatives du mouvement des pères divorcés à l'œuvre depuis le début des années 1970. Après avoir dénoncé le divorce, ce mouvement développe des discours autour de la nécessité du père auprès des enfants, quels que soient les comportements de ce dernier. Leurs deux principales revendications sont la priorisation de la résidence en alternance et la reconnaissance de la pseudo-théorie de l'aliénation parentale. Dans nos entretiens auprès d'une vingtaine de mères séparées accusées de cette notion, et dans les entretiens de Pierre-Guillaume, l'ex-conjoint violent instrumentalise les procédures judiciaires tant au civil qu'au pénal. Il peut ainsi porter plainte abusivement pour non-présentation d'enfant ou faire en sorte que la mère ne présente pas l'enfant après avoir délibérément tenu des propos inquiétants ou exercé des gestes à la limite de ce que la justice pourrait considérer comme une agression. La mère ne pouvant montrer *a posteriori* le risque pour l'enfant au moment où elle l'a mis en sécurité, il est ensuite aisé d'obtenir une condamnation pour non-présentation. Dans nos *corpus* d'enquêtés le transfert de résidence de l'enfant est susceptible d'être provoqué par plusieurs facteurs : la validation par un travailleur socio-judiciaire de l'aliénation parentale, une plainte pour non-présentation de l'enfant et des plaintes pour violences conjugales ou violences sur l'enfant classées sans suite. Le dogme de la coparentalité, présenté comme la « normalité », associé à la menace d'être accusée d'aliéner les enfants est un formidable outil de contrôle social des femmes après la séparation.

Les « délais déraisonnables »

Un autre « mouvement » émerge en France depuis quelques années, celui des procédures pour « dépassements du délai raisonnable ». Elles commencent à fleurir, logiquement, face au manque de moyens de la justice mis en exergue à longueur de tribunes de magistrats « sous l'eau ». Ces procédures pourraient néanmoins bien profiter, à terme, au développement de la médiation familiale et forcer le destin des règlements non-contentieux. Cette « matière » qu'est la famille est par sa nature et ses enjeux, si « humaine » et « chargée d'émotion », qu'elle appelle évidemment une décision rapide. Ce qui est rarement le cas.

Sur la question du dysfonctionnement du service public de la justice et de cette « crise des délais », l'État est pour le moment surtout condamné à travers des décisions anormalement longues des conseils des prud'hommes. Mais quand cela concerne des enfants qui grandissent, du manque, parfois de la distance lors de déménagements d'un parent, d'un conflit qui se cristallise, d'un conflit de loyauté, le préjudice inhérent à ce temps si précieux est ô combien important pour les parents, comme pour les enfants et le reste de la famille.

L'histoire d'un ex-couple, initialement domicilié en région parisienne, dont nous avons consulté le (long) parcours judiciaire, peut illustrer cette tendance à la judiciarisation des problèmes… dans le domaine familial.

En 2012, un juge aux affaires familiales homologue un accord entre les parents au sujet de leur enfant après leur séparation. Celui-ci fixe la résidence habituelle chez la mère, accordant au père un droit de visite et d'hébergement et établissant la pension alimentaire à verser par le père à 500 euros par mois. Deux ans plus tard, l'enfant a grandi, le père saisit le juge pour demander à transférer la résidence de l'enfant à son domicile cette fois. Nous ne rentrerons pas dans son argumentaire. Sa demande est néanmoins rejetée. Il fera appel. L'affaire sera plaidée en 2015 devant la cour d'appel de Paris, mise en délibéré en 2016. Comme si cela ne suffisait pas, le délibéré sera reporté à plusieurs reprises, sur plusieurs mois. Un classique. Finalement, la décision est toujours la même, la cour maintient la résidence habituelle de l'enfant chez la mère, et ce, en dépit du déménagement de cette dernière dans le sud de la France, et réduit (pour l'anecdote) de 500 à 300 euros le montant de la contribution alimentaire.

Entre 2012 et 2016, donc, le parent « secondaire », le père, n'a que peu vu son enfant. Il en souffre, et d'autant plus que la justice, qui a traîné, lui a donné l'espoir que cela puisse changer.

En 2018, ce père, spécialiste du droit, décide d'assigner l'agent judiciaire de l'État devant le tribunal de grande instance – aujourd'hui tribunal judiciaire – de Paris, estimant la responsabilité de l'État engagée pour « déni de justice » à raison « du délai excessif du délibéré de la cour ».

Épuisé par les procédures et ses conséquences, cet homme, se disant « dégoûté » par « la justice familiale », n'a pas souhaité s'exprimer davantage. Néanmoins, il a obtenu gain de cause, sur cette partie financière de son dossier qui lui importait bien peu. En saisissant la justice, il a démontré que la justice avait effectivement été défaillante. Et ce n'est pas le seul.

Le père a agi non seulement en son nom personnel mais aussi en sa qualité de représentant légal, d'une part, de son fils, d'autre part, de ses deux enfants issus d'une première union. En outre, se sont jointes à l'assignation sa nouvelle compagne, belle-mère de l'enfant, ainsi que la grand-mère de ce dernier. En décembre 2018, la justice lui donnera raison. Il ne verra pas davantage son fils, mais obtiendra de l'argent et un jugement, condamnant l'État. Il devra recevoir la somme d'environ 11 000 euros de dommages et intérêts. Dans un premier temps, la belle-mère et la grand-mère n'obtiendront rien. Néanmoins, car elle n'est parfois pas à une incohérence près, la justice décidera de « judiciariser » encore cette affaire de... délais déraisonnables de la justice et de stress engendré. Et ce, en prenant son temps.

Début 2019, l'agent judiciaire de l'État, jugeant excessive cette condamnation, interjettera donc appel. Conséquence, plus de deux ans (d'attente) plus tard (tout de même), en juin 2021, la cour non seulement confirmera la condamnation de l'État à verser environ 11 000 euros de dommages et intérêts à ce père, mais condamnera aussi à dédommager cette fois celle qui partage sa vie et ses mauvaises nuits.

Au titre du préjudice subi, la belle-mère obtiendra 1 500 euros, car, selon la justice, à cause de la justice, cette femme « a nécessairement été impactée par le stress et l'angoisse » éprouvés par ce père dans l'attente de la décision sur l'avenir de son fils, « d'autant qu'ayant la charge de l'organisation du quotidien familial, elle était aussi fondée à connaître plus rapidement la nécessité ou non d'aménager ce quotidien » pour l'arrivée (ou non) de l'enfant dans le foyer.

Si le fonctionnement défectueux du service public de la justice est ainsi démontré, il est évident qu'il faut là encore pouvoir se permettre ce genre de démarches. Mais ces procédures rappellent, à travers les mots de la justice, qu'un procès est nécessairement source d'une inquiétude pour le justiciable. Dans cette affaire, pour ce parent : « un sentiment d'incertitude et d'anxiété anormalement prolongé », subi dans l'attente de voir sa situation appréciée.

Autre source de reproches dans ce domaine, l'article 700 du Code de procédure civile qui ne semble pas avoir le droit de cité dans les affaires familiales et pousserait ainsi à la « consommation » de procédures et donc de stress. Pour faire simple, cet article dit que « le perdant » est condamné à contribuer aux frais d'avocat du « gagnant », et ce dans des proportions choisies par le juge. Si cette demande d'article 700 est classique, les juges aux affaires familiales ne l'accordent que très rarement, notamment pour « pacifier » les rapports entre les futurs coparents. Bien souvent, les juges ne souhaitent ainsi pas donner raison à un parent plutôt qu'un autre dans ce champ si empli de ressentiments et dans lequel « chaque parent défend SA vision de l'intérêt de l'enfant et où chaque vision est respectable », résume un avocat. Ce qui peut évidemment « pousser à la consommation » de la justice.

« Le pouvoir oublie d'apporter aux citoyens la paix sociale »

Par Barbara Régent, avocate en droit de la famille, cofondatrice de l'association les Avocats de la paix®. Elle a proposé à la chancellerie, en octobre 2022, aux côtés de la députée (Renaissance) de la 3e circonscription de Paris, Caroline Yadan-Pesah, des pistes de réflexion pour faire évoluer le système judiciaire familial « d'une culture du contentieux à une culture de l'amiable ».

Les MARD « Modes alternatifs de règlement des différends », c'est quoi ?

Ce sont des méthodes aidant les parties, en situation de conflit, à rétablir une communication pour trouver un accord. La médiation, qui en fait partie, est un espace de parole privilégié pour comprendre et apaiser le conflit, instaurer une confiance mutuelle et, dès lors, trouver des solutions non contentieuses concrètes. Elle est définie à l'article 21 de la loi du 8 février 1995 comme tout processus structuré, quelle qu'en soit la dénomination, par lequel deux ou plusieurs parties tentent de parvenir à un accord en vue de la résolution amiable de leurs différends, avec l'aide d'un tiers, le médiateur, choisi par elles ou désigné, avec leur accord, par le juge saisi du litige.

Après vingt-cinq ans d'existence légale, pourquoi n'est-elle pas devenue la première méthode de règlement des litiges familiaux qui font tant de dégâts pour les parents, les enfants, les beaux-parents, les grands-parents... ?

La crise sanitaire, qui a exacerbé les tensions et soulevé de nouvelles questions, si elle n'a pas été un accélérateur de développement des modes amiables, a mis en lumière la nécessité de trouver d'autres modes de résolution des différends que le « tout contentieux » au regard de l'engorgement des tribunaux.

Pourquoi ces outils fiables, réfléchis, moins onéreux qu'une procédure judiciaire, plus respectueux des relations humaines et commerciales ne sont-ils pas, en France, contrairement à d'autres pays du monde, les principaux moyens de régler un litige ? Pourquoi les avocats français semblent-ils réticents à développer les MARD alors que leur code de déontologie leur recommande d'examiner, avec leurs clients, la possibilité de résoudre leurs différends[34] ?

34. Article 6-1 du Règlement intérieur national des avocats, dit RIN.

Comment pourrait-on favoriser leur essor en France ?

Aujourd'hui, le Canada, le Québec ou le Japon parviennent à ce que 80 % environ des litiges trouvent une solution pacifiée. En Europe, l'Allemagne, l'Italie et la Belgique sont à la pointe sur ce sujet. Le garde des Sceaux, M. Éric Dupont-Moretti, s'est notamment inspiré de ces modèles pour lancer sa politique de l'amiable[35].

Selon un sondage réalisé par le CSA Research en septembre 2021 pour le Sénat, 53 % des Français disent ne pas faire confiance à la justice et 67 % la considèrent trop lente, injuste et inefficace. Si cette enquête concerne tous les contentieux, la justice familiale est directement impactée.

Dans une tribune du Figaro, du 3 septembre 2021, signée par des parlementaires et le pédopsychiatre Boris Cyrulnik, les rédacteurs déplorent : « Ces décisions, prises par des juges seuls dans le huis clos de leur bureau, après sept mois d'attente et une audience de 18 minutes seulement en moyenne… [qui] scellent souvent définitivement le destin de milliers d'enfants sans suffisamment de préoccupations des conséquences désastreuses qui en résultent. »

La « tribune des 3 000[36] », signées par les magistrats et les personnels des greffes, démontre la difficulté à exercer des

35. Annonce du 5 janvier 2023.

36. *Le Monde*, tribune du 23 novembre 2021.

fonctions judiciaires avec peu de moyens, d'outils adaptés et la souffrance que cela occasionne.

Quand il s'agit de justice familiale, de s'occuper d'êtres humains avec des problèmes pratiques quotidiens, d'enfants pris dans les méandres de combats destructeurs, peut-on, en toute conscience, continuer à accepter une forme de maltraitance générale d'un système qui peut broyer ?

Pendant trop longtemps, le pouvoir a oublié, pour des raisons de chiffres, l'objectif supérieur de la justice : apporter aux citoyens la paix sociale.

Pour cela, il faut lui donner les moyens d'agir, de protéger, d'aider les justiciables à sortir des situations douloureuses qu'ils traversent. Or, les outils informatiques sont obsolètes, le nombre de juges et le personnel administratif trop peu nombreux[37], alors que dans le même temps, les divorces et les séparations explosent.

Pourquoi en est-on arrivé là ?

En raison de plus de trente ans de négligences institutionnelles, d'un manque d'argent chronique, de considération humaine qui amènent les robes noires et les robes rouges à se rejoindre dans la rue, de drames humains qui se succèdent au sein des chambres de la famille. Désormais, il semble y avoir enfin une volonté d'écoute. Des mesures sont annoncées pour

37. Le garde des Sceaux, Éric Dupont-Moretti vient d'annoncer la création de 1500 postes de magistrats, une augmentation des promotions à l'École nationale de la magistrature, une augmentation du budget de la justice de 7,5 milliards d'euros d'ici 2027.

parvenir à un changement de culture. Les professionnels et citoyens en ont besoin.

Jusqu'à présent, il a été distillé, au gré des gouvernements, quelques réformettes à peine publiées qu'elles étaient déjà modifiées conduisant à une inflation législative ingérable, à un manque de confiance des citoyens dans l'institution judiciaire. La refondation du système de la justice familiale dans son entier est nécessaire et elle doit prendre en compte l'enfance, l'adolescence, les violences conjugales... On ne peut continuer à parler de « justice familiale » sans une prise en charge générale de la question avec une vision à la fois globale et particulière.

C'est grâce à un système où les différents magistrats – juge aux affaires familiales, juge des enfants, parquet – pourront travailler en proximité que les enfants et les adultes pourront être mieux protégés, pris en charge, accompagnés dans le cadre des conflits familiaux.

Le dialogue parental doit être favorisé pour que, malgré la rupture du couple, l'enfant puisse grandir dans la sécurité affective et psychologique[38].

En attendant, les modes amiables peuvent être le pas de côté constituant une partie de la solution aujourd'hui pour la plupart des familles.

38. Il faut bien sûr écarter les dossiers de violence qui sont des cas à part et ne peuvent être traités de la même manière.

Ce sondage du CSA apporte des informations intéressantes, dont on peut penser, là encore, qu'elles concernent également le contentieux familial : 90 % des sondés disent être d'accord pour favoriser le recours à la médiation et à la conciliation en matière civile et 86 % sont intéressés pour recourir à la médiation ou à la conciliation plutôt que de saisir les tribunaux.

Un problème structurel : des délais de jugement interminables

La Commission européenne pour l'efficacité de la justice (CEPEJ) a publié en 2020 un rapport comparant les budgets judiciaires en Europe. Dans les pays dont le PIB par habitant est compris entre 20 000 et 40 000 euros (ce qui est le cas de la France), la moyenne s'établit à 84,13 euros par habitant. Or, notre pays ne dépense que 69,51 euros par habitant, alors que l'Allemagne est à plus de 130 euros par habitant.

Concernant le nombre de juges, on dénombre en France seulement 10,9 juges pour 100 000 habitants contre 13,3 en Belgique et 24,5 en Allemagne.

Le rapporteur spécial du projet de loi de finances 2022[39] à l'Assemblée nationale, s'agissant de la justice, note que « les services judiciaires demeurent confrontés à un problème structurel d'allongement des délais de jugement ». Il évoque le délaissement de la justice civile, alors qu'il s'agit de celle du quotidien

39. Projet de loi de finances no 4482 pour 2022.

impactant la vie des citoyens. Cet allongement des délais de traitement est particulièrement important pour les affaires familiales.

La France est régulièrement condamnée à indemniser les victimes du retard judiciaire (parent, enfants, mais aussi beau-parent).

Pour un justiciable, opter pour la résolution amiable est un moyen de contourner les retards démesurés et de résoudre plus rapidement son problème de droit.

Pourtant, le nombre d'affaires envoyées en médiation en France ne représente qu'entre 0,1 % et 1 % de la totalité des affaires civiles.

Une tentative d'instauration de la médiation familiale préalable obligatoire en matière familiale (TMFPO) a été mise en place dans onze juridictions, à titre expérimental, par la loi n° 2016-1547 du 18 novembre 2016[40] dite de « modernisation de la justice du XXIe siècle ».

Or, le système est un semi-échec en ce sens qu'il a plutôt été présenté comme un moyen de désengorger les tribunaux plutôt que comme une chance pour les parents de renouer le dialogue parental et de trouver des solutions gagnant-gagnant.

Aujourd'hui, seules 10 % des TMFPO ont abouti à un accord[41].

---

40. Voir *AJ Dalloz*, décembre 2021, 678 ; arrêt de la cour d'appel de Paris du 29 juin 2021, n° 19/01507. Article 7.

41. *Dalloz Actualité* du 8 février 2021, « L'échec relatif de la médiation familiale obligatoire », par Pierre Januel.

Son caractère obligatoire la fait percevoir comme un frein inutile à l'accès au tribunal et, paradoxalement, elle augmente les délais de règlement des litiges, sans que les justiciables aient le sentiment d'avoir été aidés à se mettre d'accord. Elle a été prorogée jusqu'au 31 décembre 2023.

On peut se poser la question de l'utilité du caractère obligatoire de la médiation préalable à toute procédure. Imposer ce processus avant l'accès au juge n'est-ce pas contre-productif, notamment dans la perception de la méthode que peuvent en avoir les justiciables et ce d'autant plus qu'elle n'est pas suffisamment connue du public ni expliquée ?

Il existe de multiples causes à cette forme de « désamour » de la médiation de la part des justiciables et des professionnels. Elles tiennent majoritairement à sa connaissance insuffisante et à une crainte de la part des différents acteurs.

Jusqu'à présent, des mois d'attente pour une simple homologation judiciaire[42]

Les études de l'Union européenne[43] montrent que parmi les pays de l'Union, la France se situe dans le dernier tiers des pays incitant ses citoyens à recourir aux MARD.

Notre pays manquait, jusqu'alors, d'une véritable politique publique, d'un circuit procédural adapté, d'évaluations,

42. Les accords issus de la nouvelle audience de règlement amiable annoncée par le ministre de la Justice le 5 janvier devraient désormais être homologués dans le mois du dépôt.
43. Cf. *Justice Scoreboard* 2019, Commission européenne.

y compris dans les outils budgétaires, et d'une communication nationale. Ces mesures viennent d'être annoncées par le ministre de la Justice dans le cadre de la mise en place de la politique de l'amiable. Il va désormais falloir être attentifs à leur mise en place.

Les principaux aspects régissant par exemple la médiation sont présents dans le Code de procédure civile[44] depuis vingt-cinq ans. Mais, sur le terrain, leur mise en œuvre relève encore d'expérimentations. La plupart du temps, la politique de l'amiable, au sein des tribunaux et des cours d'appel, est le fait de quelques magistrats et fonctionnaires de greffe qui disposent de peu de moyens pour nourrir une œuvre ambitieuse. Lorsqu'ils quittent leur juridiction, ce qu'ils ont mis en place disparaît souvent avec eux.

Il n'existe pas de circulaire d'application des modes amiables éditée par le ministère de la Justice permettant d'avoir une pratique identique sur tout le territoire dans toutes les juridictions.

Le groupe de travail de la cour d'appel de Paris dans son rapport du mois de mars 2021[45] considère que « le recours aux médiateurs et aux conciliateurs n'est pas sécurisé parce qu'il n'est pas structuré de façon pérenne et permanente dans les juridictions ».

---

44. Les modes amiables seront prochainement regroupés dans un même chapitre du Code de procédure civile.

45. Cour d'appel de Paris - Le Mans Université - Rapport du groupe de travail - La promotion et l'encadrement des modes amiables de règlement des différends, mars 2021.

Selon les juridictions, et, très souvent, selon le ou les magistrats qui s'intéressent à cette question[46], la méthode consistent à envoyer un courrier aux parties afin de proposer la médiation. Mais la sélection d'affaires dans lesquelles la médiation est proposée s'opère selon des critères qui ne sont pas prédéfinis. Ils devront l'être dans le cadre du fonctionnement de l'audience de règlement amiable qui a été dénoncée par le ministre de la Justice le 5 janvier 2023. Celle-ci, en cas d'accord, permettra aux justiciables de bénéficier d'un circuit procédural court dédiés à l'homologation des accords.

Il est très difficile d'évaluer l'impact de la médiation sur le règlement amiable des dossiers judiciaires puisqu'il n'existe pas encore d'outil statistique national unifié[47], ni d'indicateurs de performance des juridictions ou de modes de calcul des budgets qui leur sont alloués.

Les outils statistiques existants ne sont donc que des outils « manuels », incomplets et inadaptés, qui répertorient le nombre de médiations ou de conciliations ordonnées par les juges.

Cette absence d'évaluation démontre que si les pouvoirs publics ont été volontaristes en consacrant, dans les textes législatifs et réglementaires, la médiation, ils n'ont pas encore fourni les outils concrets permettant d'évaluer son impact et

46. On doit ici saluer le travail remarquable du GEMME (Groupement européen des magistrats pour la médiation) pour promouvoir la médiation en France.
47. Le ministre de la Justice a indiqué le 5 janvier 2023 qu'ils allaient être mis en place.

de la promouvoir. La politique de l'amiable qui vient d'être annoncée devrait permettre de résoudre une partie du hiatus entre le droit à la médiation et l'accès à l'information du public.

Le budget de la justice civile, qui est celle du quotidien, est bien plus faible que celui de la justice pénale et les campagnes de sensibilisation sont très peu nombreuses alors que les conflits familiaux dégradent les rapports humains et basculent, parfois, vers des condamnations pénales.

Le premier relais d'information est donc l'avocat. Quel rôle doit-il jouer lorsqu'il est saisi alors que l'on sait à quel point les conflits familiaux peuvent être destructeurs pour les enfants et les parents[48] ? Comment peut-il apaiser les tensions ?

Les avocats peuvent facilement se former aux modes amiables, y compris par le biais de formations gratuites dispensées au sein des Barreaux.

Mais, ils demeurent majoritairement réticents à s'en emparer et à les promouvoir auprès de leurs clients. Il n'existe pas de chiffres permettant de savoir combien sont formés chaque année[49], même s'ils semblent être de plus en plus nombreux.

L'obligation d'information sur les modes amiables des règlements des litiges est pourtant inscrite dans le RIN (Règlement

48. Voir le rapport 2021 du défenseur des droits sur la santé mentale des enfants et leur droit au bien-être.

49. Sur les plus de 70 000 avocats inscrits en France.

intérieur national de la profession d'avocat) à l'article 6-1[50]. Alors, pourquoi ce désintérêt ?

Leur crainte est, sans doute, prioritairement pécuniaire. Elle s'explique par une méconnaissance profonde de ces processus et de leurs conséquences. Les avocats pensent, à tort, qu'orienter leurs clients vers les modes amiables reviendrait à saborder leur chiffre d'affaires. Ils perdraient de la facturation en rédigeant moins d'actes, les dossiers se résoudraient plus vite et, par conséquent, ces méthodes seraient moins rémunératrices. Il y a également la crainte de paraître « faibles » à l'égard de leurs clients qui peuvent préférer un mode de résolution plus agressif et alors décider de changer d'avocat.

En 2021, les Français ne sont que 65 % à faire confiance aux avocats[51], lesquels arrivent largement derrière... les médiateurs et les conciliateurs de justice (71 %) et juste devant les commissaires de justice[52] (64 %). S'il faut redonner confiance en la justice, ce sondage nous démontre qu'il appartient aux avocats de redonner tout autant confiance au justiciable dans leur profession. Expliquer les avantages des modes amiables (et les inconvénients des « modes plus agressifs »), les conseiller, les pratiquer, notamment en matière familiale, ne serait-ce pas un moyen d'y parvenir ? Outre l'éthique, c'est avant tout une question d'humanité, mais aussi financière (les modes

50. Cf. page 6.
51. Sondage CSA - Rapport des Français à la justice, de septembre 2021.
52. Ex-huissiers de justice.

amiables coûtent moins cher aux justiciables tout en apportant plus de clients et de renommée à l'avocat qui les utilise), sociale (l'apaisement des relations familiales a un impact sur les dépenses de santé, sur la précarité, sur la délinquance...). C'est donc l'intérêt de tous que de choisir cette voie.

Les avocats prescripteurs de MARD gagnent-ils moins bien leur vie ? Il n'existe pas de données chiffrées permettant de comparer l'activité des « Avocats de la paix® » et ceux pratiquant essentiellement le contentieux. Mais rien n'est moins sûr car le travail de résolution amiable correspond à du temps « facturable » tout autant que peuvent l'être des diligences contentieuses. Dans une procédure contentieuse, une partie (voire les deux) est toujours plus ou moins perdante. Il est donc moins facile de présenter et de recouvrer une facture.

En outre, la réputation d'un cabinet d'avocats est basée sur son efficacité. Les MARD permettent de bâtir des accords durables, de renouer le dialogue entre les parties, de calmer le jeu. Si chacun est satisfait de la solution choisie, c'est la réputation des deux cabinets d'avocats qui en récoltera les fruits.

La crainte de perdre du chiffre d'affaires semble donc infondée, et ce frein du développement des modes amiable par les avocats plus en lien avec une mauvaise connaissance des processus et la nécessité de remettre en question sa façon de travailler.

On peut encore souligner, pour les convaincre, que les avocats gagneraient en qualité de vie professionnelle à pratiquer les modes amiables. Aujourd'hui, ils sont nombreux à abandonner la robe en raison des conditions de travail. Cultiver les

MARD, c'est s'offrir un exercice professionnel moins stressant, (moins de délais impératifs, de rapports tendus avec les confrères ou les magistrats), plus d'efficacité (car les dossiers sont moins lourds à gérer), plus de satisfaction professionnelle et de client (on ne perd jamais), et plus de temps pour soi[53].

Mais, dresser le constat de ce qui dysfonctionne est insuffisant. On doit réfléchir à des solutions concrètes pour mieux faire. Ainsi, on peut développer les modes amiables en les rendant plus accessibles, en bâtissant une offre de justice dans le cadre d'une véritable politique publique[54], en lançant des campagnes de communication massives auprès du public, en renforçant les outils de compréhension sur les sites des juridictions, dans les Point-justice… On pourrait par exemple créer un logo national unique (pour la médiation mais aussi pour les modes amiables en général), facilement reconnaissable et cliquable sur le site des Point-justice et de chaque juridiction permettant une meilleure identification pour le public.

Se pose aussi la question de la formation des personnes-ressources dans les Point-justice. Il est indispensable que les avocats ou le personnel, qui assurent des permanences d'information dans ces centres, soient eux-mêmes sensibilisés et donc formés.

53. « Quelques chiffres sur les avocats… », article du *Village de la justice* mis à jour le 30 septembre 2021.

54. Il semble que le lancement de la politique de l'amiable par le ministre de la Justice aille dans ce sens.

L'information et la formation aux MARD doivent devenir partie intégrante de la culture des professionnels de justice.

Le rôle des avocats en tant que prescripteurs de médiation par exemple est fondamental puisque ce sont eux les interlocuteurs « premiers et privilégiés » des personnes en conflit.

Cela induit de mettre en place une formation initiale et continue pour les avocats mais aussi pour les magistrats, formation qui doit porter sur la méthodologie de la prescription, sur le contenu des MARD et le rôle de chacun. Pour que les modes amiables se développent, il faut pouvoir parler le même langage en matière familiale, ce qui n'est pas le cas actuellement.

L'enseignement des modes amiables doit faire partie intégrante de l'enseignement à l'école et à l'université pour que la culture de la paix irrigue notre société dès le plus jeune âge.

Travailler sur une offre de justice nécessite de donner aux modes amiables et à la médiation une place plus importante pour résoudre les différends.

La peur des justiciables est de ne pas savoir ce que la justice leur coûte quand ils y ont affaire.

Le coût de la médiation et de son accompagnement par exemple peut être un frein à son développement, notamment s'il apparaît trop nébuleux.

Il serait alors possible de proposer que la médiation y compris conventionnelle puisse, pour les plus modestes, être financée par l'aide juridictionnelle.

Aujourd'hui, seul est prévu le financement de la demande par l'avocat au juge d'homologation de l'accord issu de ce mode amiable. La seule exception concerne le dispositif expérimental de la tentative de médiation familiale obligatoire (TMFPO) pour laquelle une rémunération par l'aide juridictionnelle de l'avocat et du médiateur est planifiée.

Or, c'est insuffisant. La prise en charge par l'aide juridictionnelle de l'accompagnement de l'avocat doit se faire si l'on veut que la médiation se développe[55] et que l'avocat en devienne un prescripteur efficace. À défaut, la profession n'y adhérera pas suffisamment, notamment au regard des chiffres d'affaires des cabinets réalisés selon les territoires. En effet, il y a des régions de France où l'aide juridictionnelle représente une grande part du résultat financier des cabinets. Une rétribution convenable, par un montant d'aide juridictionnelle adapté est également souhaitable pour que les avocats soient plus motivés à convaincre, mais aussi que le travail du médiateur soit plus reconnu. Les personnes éligibles à l'aide juridictionnelles doivent avoir accès à tous les modes amiables.

Les constats qui sont faits sur l'état de la justice civile familiale en France sont de plus en plus alarmants. Elle n'est plus en capacité aujourd'hui de répondre aux demandes légitimes des citoyens dans des délais raisonnables. Les familles, et plus

55. Les annonces du 5 janvier 2023 évoquent un développement de l'aide juridictionnelle vers les modes amiables. Les conditions seront précisées dans le courant de l'année.

encore les enfants, en payent le prix fort[56]. Le temps mis à statuer exacerbe les tensions.

Les citoyens, qui la financent par le biais de l'impôt, sont en droit d'avoir accès à une justice familiale de qualité, à leur écoute et en capacité de les protéger. Les professionnels qui la rendent ou y contribuent doivent aussi avoir les moyens d'y travailler sereinement.

Nous savons que la plupart des parents qui saisissent la justice ne sont pas en quête d'un combat mais tout simplement de solutions à un problème qu'ils ne peuvent résoudre seuls.

Les modes amiables invitent à avoir une autre vision d'une situation à résoudre, du rôle de chacun comme intervenant que l'on soit parent, juge, avocat, médiateur.

L'avocat en droit de la famille ne doit jamais être un pyromane. Il doit éteindre l'incendie de la haine qui se propage et ne fait que des victimes (les enfants, les deux parents, l'entourage familial et amical, le nouveau conjoint). En offrant à ses clients une solution personnalisée adaptée à la situation familiale, il respecte son serment, l'éthique de sa profession et prend pleinement part à la pacification sociale. Il participe à l'œuvre de justice pour laquelle il a choisi d'exercer ce métier, dans ce domaine particulièrement humain. L'association des Avocats de la paix®[57] entend

56. Voir le rapport de 2021 du défenseur des enfants sur l'impact des séparations conflictuelles sur la santé mentale des enfants et leur droit au bien-être.
57. Cofondée en 2022 par Barbara Régent, Marie-Laure Bouze, avocates au barreau de Paris, et Jean-Philippe Mariani, avocat au barreau des Hauts-de-Seine.

y contribuer en essayant de changer la vision du rôle de l'avocat, notamment en droit de la famille.

Les bouleversements sociétaux, moraux et professionnels permettent désormais aux deux parents de dégager chacun du temps pour s'engager, sur les plans éducatif et affectif, auprès de l'enfant.

Aujourd'hui, avoir uniquement un « temps privilégié » avec son enfant n'est pas suffisant. Chacun des parents doit pouvoir avoir la faculté, la chance de l'éduquer, de l'entourer et de participer à son développement moral, intellectuel et affectif.

Lorsque les conditions sont réunies (proximité géographique, âge des enfants, disponibilité suffisante de chaque parent…), il est possible de mettre en place, par exemple, une résidence alternée, y compris inégalitaire, selon un rythme qui sera adapté à chaque famille, tous les fonctionnements sont imaginables à partir du moment où l'enfant et les parents adhèrent à ce schéma qui leur convient. Rien ne doit par ailleurs être figé et, dans la perspective de cet équilibre du temps parental, il est aussi possible de prévoir une progressivité, de faire l'essai d'un modèle, puis de l'adapter. L'idéal est qu'enfants et parents soient bien dans le modèle de recomposition familiale qu'ils auront choisi et c'est à cela qu'ils devront travailler avec leurs avocats.

Une réelle coparentalité peut pacifier certains conflits comme le souligne la jurisprudence. Grâce à l'intervention d'un avocat formé aux MARD, les parents peuvent retrouver des moyens de communication apaisée dans l'intérêt supérieur de l'enfant, mais aussi chacun sa place dans la vie quotidienne de cet enfant pour lequel ils avaient eu, lors de leurs souhaits de bâtir une famille, des volontés éducatives communes. Les modes amiables sont toujours à tenter et à proposer avant toute procédure judiciaire (sauf dossiers de violence ou question de droit particulière) car un accord choisi est toujours préférable à un jugement subi.

En déposant les armes au profit du dialogue, les modes amiables permettent à tous les acteurs familiaux de vivre plus sereinement. Nous avons, tous ensemble cette possibilité de passer d'une culture du contentieux à une culture de l'amiable.

Le flou entre les actes usuels et non usuels

Cette loi de 2002 relative à l'autorité parentale a consacré le principe de la coparentalité entre parents séparés. Conséquence, loin d'être toujours évidente et régulièrement source de conflits et de procédures, toute décision prise concernant l'enfant suppose l'accord de l'un et de l'autre. Il est convenu que l'accord est tacite s'agissant des « actes usuels » de l'autorité parentale. Problème épineux, il n'existe pas de « liste » de ces « actes usuels » (opposés aux actes « non usuels » pour lequel l'accord exprès des deux parents est requis).

Tout est laissé à l'appréciation du juge en cas de litige. Et ils sont nombreux. Récemment, l'exemple de la vaccination contre le Covid-19 est ainsi resté dans un vaste flou juridique. Le législateur a préféré ne pas trancher sur la question de savoir si la vaccination des mineurs requérait l'accord des deux parents.

Les juges (administratifs et judiciaires) se sont longtemps appuyés sur le seul critère de l'importance des conséquences de la décision pour l'avenir de l'enfant, rappelle le Haut Conseil de la famille, de l'enfance et de l'âge (HCFEA).

Les actes usuels sont des décisions relatives à la vie quotidienne de l'enfant qui s'inscrivent « dans la continuité du passé et n'engagent pas son avenir ». Au contraire, un choix inhabituel ou important dans la vie de l'enfant doit s'analyser comme un acte non usuel requérant l'accord exprès des deux parents.

L'appréciation sur la qualification de l'acte usuel a récemment évolué « en s'écartant du seul critère de l'importance de l'acte pour l'avenir de l'enfant, et en privilégiant une approche *in concreto* prenant en compte, eu égard à l'acte, l'ensemble des circonstances », commente le HCFEA. Un acte de même nature peut donc, selon les circonstances, être tantôt qualifié d'acte usuel, tantôt d'acte non usuel de l'autorité parentale. Ce pourquoi toute nomenclature des actes est exclue. Et c'est donc la porte ouverte aux conflits.

Malgré cela, un guide pratique « pour une coparentalité réussie », rédigé par l'association Enfance et partage à l'initiative de l'UNAF (Union nationale des associations familiales) et titré « Couple séparé, parents associés » a été validé par le gouvernement début 2022. Dans ce fascicule, très peu relayé[58], il a été décidé de dresser une liste (même si rien n'est donc défini dans le Code civil).

58. Ce guide est en téléchargement libre sur le site d'Enfance et partage : « Guide pratique pour une coparentalité réussie ».

Derrière cette idée d'écrire des « règles », noir sur blanc, les mots du docteur Daniel Marcelli, pédopsychiatre, cité dans le document : « Le principal facteur de troubles à long terme (chez les enfants) n'est pas la séparation elle-même mais la discorde familiale, la mésentente parentale. » Même si bien des parents souhaitent être coparents, ils ne savent comment faire et la méconnaissance des droits de chacun peut être source de conflit.

Cette liste, « validée par le secrétariat d'État chargé de l'Enfance et des Familles », nous indique-t-on – ce, vingt ans après la « loi Royal » – existe néanmoins, avec des réserves de nouvelles jurisprudences, mais il semblait important, dans l'esprit de cet ouvrage, de la partager.

• Un acte usuel : c'est un acte habituel peu important de la vie courante d'un enfant. L'accord de l'autre parent est donc présumé. Ainsi, il n'est pas nécessaire d'en rapporter la preuve.

• Un acte non usuel : c'est un acte qui traduit un choix non habituel, qui revêt une certaine gravité, une rupture avec le passé de l'enfant, qui engage son avenir ou touche ses droits fondamentaux. L'accord des deux parents est donc nécessaire, contrairement à l'acte usuel qui n'exige que l'accord exprès d'un seul parent, en l'absence d'opposition claire de l'autre parent.

La scolarité

Il est important de préciser que les enseignants doivent respecter une stricte neutralité face aux difficultés liées à la séparation des parents. Ce qui signifie que les établissements scolaires doivent faire un travail d'information auprès des deux parents, rappelle le gouvernement. Ainsi pour les actes usuels, les établissements scolaires n'auront pas à vérifier si l'autre parent est informé ou d'accord, cela relève de la responsabilité de chaque parent.

Pour les actes non usuels : l'établissement scolaire doit recueillir la décision des deux parents.

• L'inscription scolaire

Acte usuel : inscription et radiation. L'inscription ou la réinscription de l'enfant dans un même établissement scolaire ou dans un établissement similaire, peut être faite sans l'accord de l'autre parent. L'adresse de l'autre parent devra être systématiquement demandée. Sa radiation constitue un acte usuel faisant présumer l'accord des parents. Donc un certificat de radiation peut être délivré à la demande d'un parent. Mais si un des parents exprime son désaccord pour la radiation, l'établissement scolaire ne pourra pas fournir le certificat. L'autre parent devra saisir le juge aux affaires familiales.

Acte non usuel : l'inscription d'un enfant, précédemment scolarisé dans un établissement public, dans une école privée (et éventuellement religieuse) est un acte non usuel, exigeant la sollicitation expresse et l'accord de l'autre parent.

• Orientation et vie scolaire

Acte usuel : les justifications d'absences scolaires, ponctuelles et brèves sont des actes usuels qui n'ont pas à être portés à la connaissance de l'autre parent par l'administration ; les décisions relatives à la vie scolaire de l'enfant (sorties, inscription à la cantine, aide aux devoirs…) peuvent être prises par un seul des deux parents ; pour les voyages scolaires, seule l'autorisation d'un parent est nécessaire ; par contre l'information doit être donnée par l'établissement scolaire aux deux parents. Actes non usuels : les décisions prises en matière d'orientation scolaire, dès lors qu'elles impliquent une modification dans la trajectoire scolaire de l'enfant comme le redoublement, le « saut » d'une classe, la réorientation vers une voie spécialisée, sont considérées comme des actes non usuels.

Les bulletins scolaires ? Ils doivent être adressés obligatoirement aux deux parents afin de respecter le principe de l'autorité parentale conjointe. Ainsi, si vous êtes séparé et avez un droit de visite et d'hébergement, vous êtes en droit d'exiger l'envoi des bulletins à votre domicile.

L'éducation religieuse

Ce sont des actes non usuels nécessitant l'accord des deux parents.

• La circoncision, d'un point de vue juridique, présente une particularité : si elle résulte d'un acte médical nécessaire pour l'enfant, il s'agit d'un acte usuel nécessitant l'accord de l'un des parents, dès lors que l'autre ne s'y oppose pas expressément. En revanche, s'il s'agit d'une circoncision rituelle, il s'agit d'un acte non usuel requérant l'accord des deux parents.

• Le baptême, ne peut avoir lieu sans le consentement des deux parents. Si un parent souhaite faire baptiser son enfant et que l'autre parent s'y oppose, il peut alors solliciter l'autorisation du juge aux affaires familiales qui statuera en fonction de l'intérêt de l'enfant.

• La communion, l'inscription au catéchisme ou la conversion à une religion requiert également l'accord des deux parents. Quant aux pratiques liées à la religion choisie (ramadan, shabbat, interdiction alimentaire…), le consentement des deux parents est nécessaire.

La santé

Actes usuels : les actes médicaux courants et bénins (vaccination obligatoire, infection bénigne, soins dentaires de routine, traitement des maladies infantiles ordinaires, suivi du traitement d'orthodontie).

Actes non usuels : les actes médicaux plus importants (opération chirurgicale, traitement médical lourd, mise en place du traitement d'orthodontie, vaccins non obligatoires, vaccin contre le cancer du col de l'utérus).

• En cas de désaccord des parents : si l'acte n'est pas urgent, le juge aux affaires familiales est compétent pour éventuellement autoriser l'un des parents à prendre seul la décision ; si l'acte présente un caractère d'urgence, le médecin peut agir avec l'accord d'un seul parent.

• En cas de refus des deux parents : pour un acte qui n'est pas urgent, aucune intervention ne peut être envisagée sur l'enfant ; si un tel refus risque de compromettre la santé ou l'intégrité corporelle de l'enfant, le médecin peut saisir le procureur.

Le cas particulier de l'I.V.G. : En principe, l'autorisation de pratiquer une interruption volontaire de grossesse est délivrée par l'un des deux titulaires de l'autorité parentale. Cependant, si la mineure souhaite garder le secret de cette intervention, l'I.V.G. pourra être pratiquée sans le consentement des titulaires de l'autorité parentale, mais à la condition que la mineure soit accompagnée par une personne majeure de son choix.

Les soins psychologiques

S'agissant des soins psychologiques, il convient d'opérer la même distinction. Acte usuel : la simple consultation avec un psychologue ne correspond en rien à un acte grave engageant l'avenir de l'enfant : il s'agit donc d'un acte usuel. Aussi, le parent est présumé agir avec l'accord de l'autre parent. De plus, un psychologue doit pouvoir recevoir un mineur seul qui le demande sans autorisation préalable de ses parents. Il incombera au professionnel d'envisager avec le mineur les possibilités de prendre contact avec ses parents.

Acte non usuel : la mise en place d'un suivi thérapeutique sur la durée nécessite l'accord des deux parents, que ce soit au sein d'un service hospitalier, d'un centre médico-psycho-pédagogique (CMPP) ou chez un psychologue libéral.

La carte d'identité et le passeport

• Un parent séparé qui a la résidence habituelle de l'enfant détient les documents administratifs de ce dernier (carte nationale d'identité, passeport, carnet de santé). Il est par conséquent tenu de les remettre à l'autre parent à chaque fois que celui-ci récupère l'enfant au titre de son droit de visite et d'hébergement.

• Passeport personnel de l'enfant et autorisation de sortie du territoire. Le mineur qui voyage seul à l'étranger sans être accompagné doit être muni d'une autorisation de quitter le territoire pour passer la frontière. Cela concerne tous les mineurs résidant en France, quelle que soit leur nationalité. L'établissement d'un passeport implique les deux parents.

Qu'est-ce que l'autorité parentale ?

Il ne faut pas confondre « la résidence de l'enfant » et l'« autorité parentale » : même si vous vous séparez du père/de la mère de l'enfant, vous avez tous les deux « à égalité » l'autorité parentale ; simplement l'un de vous se voit confier la résidence principale de l'enfant, et l'autre parent un droit de visite et d'hébergement. Il ne s'agit là que de l'organisation du temps de l'enfant passé avec l'un de vous deux, vous continuez à prendre ensemble les décisions le concernant.

Les droits et les devoirs que vous avez à l'égard de votre enfant mineur peuvent vous être retirés. C'est le cas, par exemple, si vous êtes condamnés pour crime ou délit, si vous mettez votre enfant en danger ou si vous vous en désintéressez.

Selon le Code civil, « l'autorité parentale est un ensemble de droits et de devoirs ayant pour finalité l'intérêt de l'enfant » (article 371-1 du Code civil). L'autorité parentale doit être exercée pour l'enfant et dans le respect de ses besoins fondamentaux. Les parents ont des obligations envers leurs enfants. S'ils ne respectent pas ces obligations, ils pourront être sanctionnés.

• Obligation alimentaire : l'obligation alimentaire naît de la filiation et ne cesse pas à la majorité de l'enfant, ce qui signifie qu'un enfant peut demander à ses parents de l'aider alors qu'il est majeur et parti du domicile au moins durant ses études. Rappelons que cette obligation alimentaire imposée par la loi (article 205 du Code civil) ne concerne pas seulement la nourriture. Les « aliments », au sens juridique du terme, recouvrent en fait les besoins fondamentaux : nourriture mais aussi habillement, soins, logement, etc. La pension peut être versée en espèces ou en nature (hébergement, etc.).

• Obligation scolaire : l'instruction est un droit pour les enfants et donc une obligation pour les parents. Cette obligation concerne les enfants entre 3 et 16 ans. Cette instruction peut être donnée dans différents établissements publics ou privés, ou par les familles. Le non-respect de cette obligation constitue un délit qui peut être sanctionné.

• Obligation de soins : cette obligation impose aux parents de faire vacciner leurs enfants selon un calendrier fixé par le Code de la santé publique.

Épilogue

Le travail de Marie-France Carlier, juge de la famille à Dinant, en Belgique, a été mis en avant par *Der Spiegel*, l'un des plus influents hebdomadaires d'information d'Allemagne, qui a décrit cette femme comme l'une des personnalités qui « ont fait 2022 ». Une femme déterminée à promouvoir et favoriser les règlements alternatifs au contentieux familial. Elle montre, depuis quelques années, qu'un autre chemin, plus apaisé, est possible. Marie-France Carlier n'admet pas « que les parents se déchirent ». Elle pratique le consensus parental en tentant de fédérer les avocats afin qu'ils travaillent dans la même direction, main dans la main. En France, alors que la justice familiale est en crise, notamment les délais qui alarment les professionnels du droit témoignant dans cet ouvrage, l'heure est sans doute au changement de paradigme, à « un nouveau contrat social entre les générations et les sexes », comme l'imagine le neuropsychiatre Boris Cyrulnik. À ce que « tout individu qui reconnaît un enfant comme le sien s'engage à assurer le lien de parentalité, quels que soient les aléas du couple, et à respecter ce même lien chez l'autre parent », résume la sociologue Irène Théry.

Vingt ans après la « loi Royal », l'heure est venue (enfin) de faire évoluer le système judiciaire familial français vers une culture de l'amiable alors que le nombre de séparations, lui, explose, notamment avec des enfants en bas âge, et que de plus en plus d'enfants se retrouvent piégés dans des conflits de loyauté parfois dévastateurs pour leur santé mentale. Pris entre les désirs conflictuels des parents, l'enfant peut être contraint, consciemment ou pas, de choisir l'un contre l'autre, surtout lorsque la colère et le rejet réciproques se sont installés entre les parents de façon durable.

Le garde des Sceaux, Éric Dupond-Moretti, avocat pénaliste pendant plus de trente-cinq ans, à la réputation « d'ogre des prétoires », a annoncé, début janvier 2023, le lancement de cette « véritable politique de l'amiable ». Des mots, pour l'instant. Et un chantier immense. Sa vocation d'avocat, Éric Dupond-Moretti l'avait d'ailleurs puisée dans ses origines familiales. « Mon grand-père, un immigré italien, a été retrouvé, probablement assassiné, sur une voie ferrée, et mon oncle n'a jamais réussi à porter plainte », expliquait-il à *Ouest-France* en 2018, souhaitant alors un développement de la « culture du doute ». Face à une « justice trop lente, trop complexe », affirme-t-il clairement aujourd'hui, le garde des Sceaux ambitionne, pour les affaires familiales – « alors que 60 % des décisions rendues par nos tribunaux sont des décisions civiles », rappelle-t-il – que le justiciable « puisse se réapproprier son procès et mieux comprendre la procédure qui s'y applique ». Une autre justice pour éviter les injustices. Un véritable « changement de logiciel », admet-il, qui consiste à favoriser une justice participative, « parce que le justiciable qui a participé à la décision qui le concerne aura le sentiment d'avoir été mieux entendu ». Inspirée notamment de la pratique québécoise, ou celle de Marie-France Carlier, en Belgique, cette nouvelle procédure permet au juge d'aider les parties, avec leurs avocats, à trouver un accord. « Au Québec, le taux de succès de ces procédures de règlement amiable est de 72 %. Les juges et les avocats que j'ai rencontrés là-bas m'ont dit la satisfaction qui était la leur de contribuer à pacifier, en dehors des salles d'audiences, les rapports entre leurs concitoyens. Cela ne signifie pas que tous ont été conquis d'avance, cela signifie que la culture de l'amiable a fini par s'incarner dans leur pratique professionnelle et qu'ils en tirent aujourd'hui une grande satisfaction », a mis en avant Éric Dupond-Moretti dans son discours, vingt ans après la loi Royal. Il lui faudra maintenant convaincre les avocats, nombreux, qui ne sont pas dans cette culture, démontrer que l'amiable n'est pas une justice au rabais, un gadget procédural, un outil de gestion des flux dans une justice débordée en manque de moyens humains, mais un moyen justement de résoudre les litiges dans un pays où la culture de l'affrontement l'emporte encore trop souvent sur la culture du compromis.

Reste à mettre en œuvre (en combien d'années encore ?) tous les dispositifs juridiques et matériels pour rendre effective cette politique qui s'inspire de pratiques existant à l'étranger parfois depuis des années. En France, la promotion de l'amiable n'est pas nouvelle, mais son succès est plus que mesuré. Donner aux parents le sentiment de participer à la décision qui les concerne, concernant leurs enfants, changerait tout et démontrerait, sans doute, que les procès peuvent souvent être inadaptés et traumatiques quand il s'agit du sort d'enfants lors des séparations. Le chemin s'annonce encore long tant la médiation est toujours considérée comme une régression. Il faudra que les parents « jouent le jeu de l'amiable » et que tous les acteurs, avocats, magistrats, personnels des greffes, médiateurs, conciliateurs... soient formés en ce sens, dans une même direction d'apaisement, de « coparentalité ». Un chantier immense.

S'entrouvrent aussi en parallèle et de façon plus globale des débats sur la nécessité de réorganiser la justice pour faire face aux violences intrafamiliales et créer, enfin, comme le réclament des magistrats, des juges spécialisés dans chaque tribunal. Des débats autour de l'application de l'article 700 du Code de procédure civile permettant au juge de condamner la partie perdante à verser à l'autre une indemnité destinée à couvrir l'ensemble des frais de la procédure, si les procédures qui auraient pu être évitées avec la médiation s'enchaînent. Une culture de l'amiable ne peut prospérer « que si la carotte s'accompagne d'un bâton », résume une avocate.

La pacification familiale, loin de la destruction que peut engendrer un procès est faisable. Mais elle n'écarte pas, bien évidemment, le danger pour les femmes victimes de violences qui se retrouveraient ainsi face à leur agresseur en dehors d'une enceinte protectrice.« Dans au moins 80 % des affaires familiales, un règlement amiable est possible », se persuadent quelques avocats, « car c'est si souvent plus simple de faire la guerre que la paix », estiment-ils.

Cette démarche, enclenchée, permettrait de ramener les familles à des questions fondamentales : c'est quoi le sens d'être parent ? Pourquoi j'ai voulu un enfant ? C'est quoi mon projet pour cet enfant ? Ces questions parfois totalement oubliées à l'heure de la « guerre de la résidence au moment de la séparation », sont désormais posées par quelques avocats pour qui le mot « adversaire » est sorti du vocabulaire. « Quels sont vos objectifs dans le cadre de la saisine de mon cabinet », « Quelle est votre perception du rôle d'un parent », « Quelle est pour vous la définition d'une famille », « Quelles émotions vous animent dans le cadre de cette séparation »... Être avocat, ce n'est pas attiser les conflits, c'est les éteindre, pense cette catégorie de conseils qui proposent désormais ces questionnaires, « pour penser à l'avenir et rebâtir ». Face à la rupture du lien parent/enfant et souvent celle de toute une famille, les modes amiables peuvent permettre d'éviter ce désastre d'être amputé d'une partie de son histoire, martèlent-ils, bien conscients, aussi, que les prétoires, quand il s'agit d'enfant, ne peuvent continuer à être des espaces d'affrontements, des arènes, mais davantage des lieux où s'engage un dialogue autour de la recherche d'une solution raisonnable. Sont aussi envisagées des mesures complémentaires telles que des ateliers de coparentalité qui pourraient être proposées par le juge avec le concours des avocats pour rebâtir une coparentalité et un dialogue nécessaire à la construction et à l'équilibre de l'enfant.

Comment retrouver la paix et la sérénité pour soi et les siens après une séparation ? Comment faire pour que les problèmes des adultes aient le minimum d'impact sur les enfants ? Comment restaurer un climat de confiance et de dialogue ? Comment parvenir à ne pas vivre dans le conflit au sein de sa propre famille ?

Les propositions de loi s'enchaînent concernant la résidence alternée, sans écho. Portée cette fois par le député (Renaissance) Rémy Rebeyrotte, la dernière, fin 2022 visait « à permettre à l'enfant de maintenir des liens équilibrés avec ses deux parents en cas de séparation s'il y a désaccord sur le mode de résidence ». Le postulat de ce texte ? « La résidence de l'enfant après une séparation est encore octroyée dans une large majorité à l'un des deux parents exclusivement », à l'heure où l'égalité parentale (et salariale) devrait avoir déjà sonné. Le modèle de coparentalité dans l'intérêt supérieur de l'enfant commanderait l'établissement d'une présomption légale de résidence alternée, estime le député, qui signe cette (énième) proposition de loi avec d'autres élus. « Cette présomption présente deux bénéfices : la détermination de la charge de la preuve et la réduction des contentieux », estiment-ils. Cette proposition de loi n'aboutira pas mais tient cependant (encore une fois) « à mettre l'accent sur la responsabilisation des parents ». Est cité un arrêt de la cour d'appel de Paris dans lequel le juge indique qu'il appartient aux parents « séparément mais aussi en concertation, de faire en sorte que cette résidence alternée ne fasse pas émerger de nouveaux problèmes au détriment des enfants [...] Ils doivent rechercher, d'un commun accord, le ou les établissements scolaires les plus appropriés au regard de leurs adresses respectives mais également de leurs contraintes horaires de travail ; chacun doit être très attentif au respect des droits de l'autre parent, mais aussi à ne pas détériorer l'image de l'autre parent. » Une proposition de loi rappelant (encore une fois) l'intérêt supérieur de l'enfant : qu'il puisse entretenir des liens forts, réguliers et équilibrés avec ses deux parents afin qu'il reçoive également de chacun d'eux les soins, l'éducation, l'instruction et l'assistance morale.

Ces ruptures de liens, « sont notre responsabilité collective : les avocats lorsqu'ils participent à attiser le conflit plutôt que de conseiller l'apaisement, les magistrats, qui, faute de temps et d'outils, ne peuvent plus écouter et concilier comme ils le voudraient, les parents qui demeurent dans leurs rancœurs conjugales plutôt que penser parentalité, les politiques qui ont abandonné la justice depuis trente ans », résume l'avocate parisienne Me Barbara Régent qui prend la plume dans ce livre contre les avocats « pyromanes ». C'est l'immense défi de la justice familiale ces prochaines années que de chercher à trouver des moyens d'installer un esprit plus collaboratif autour de l'intérêt de l'enfant et sortir du « tout conflictuel ».

Parmi les pistes évoquées, la signature par les couples d'un contrat pour définir les obligations de chacun pendant la vie commune et prévoir, par exemple, ce qu'il adviendra des biens et des enfants en cas de séparation, alors que le nombre de mariages célébrés en 2020 était « le plus faible depuis la fin de la Seconde Guerre mondiale », selon l'Insee. Ce contrat de vie commune leur permettrait de définir eux-mêmes les droits qu'ils veulent se donner, du moment qu'ils ne contreviennent pas à la loi.

Un contrat pour s'entendre sur le partage des responsabilités et les contributions de chacun pendant la vie commune, les biens et les dettes que chacun possède au début de la vie commune, la façon de partager les biens communs en cas de rupture, les modalités de remboursement des dettes en cas de séparation, le versement d'une somme d'argent, comme une pension alimentaire, à l'un des conjoints en cas de séparation et les modalités de révision de l'entente en cas de changements dans la situation d'un conjoint après la séparation.

L'idée à travers les nombreux « aléas » soulevés dans cet ouvrage, serait que les enfants et les parents adhèrent pleinement au schéma de vie qu'ils auront bâti tous ensemble, plutôt que de voir imposer par un tiers (un juge) une formule rigide, qui, bien souvent, ne conviendra à personne. La mise en place d'un contrat parental dès l'union d'un couple pour déterminer un accord sur la résidence des enfants en cas de séparation est évoquée depuis des années. Mais n'a jamais abouti.

Cela permettrait pourtant sans doute que l'enfant soit à la seule place qui doit être la sienne : non un arbitre, un enjeu, un faire-valoir, un otage, une arme… mais juste un enfant qui demande à être aimé par ses deux parents, à pouvoir les voir, à entretenir des relations équilibrées avec l'un comme avec l'autre.

« La résilience, c'est l'art de naviguer dans les torrents », un « tricotage » qui se poursuit tout au long de la vie, écrit Boris Cyrulnik. Les ruptures amoureuses, en présence d'enfant, sont de ces épreuves, pour les enfants et les parents, qui nécessitent du temps et du « travail ». Celui du deuil qui se déroule en étapes, connues et normales, où peuvent se succéder ou se superposer : le déni, la colère, la négociation, la dépression. Mais malgré ces bouleversements, chacun doit pouvoir « rester » parent, c'est-à-dire être présent pour l'enfant sans faire peser sur lui les difficultés personnelles liées à la séparation. Comment faire ou, surtout comment ne pas mal faire ? Le parent doit pouvoir accompagner l'enfant durant cette période de changement, et non l'inverse.

Dans certaines situations, chaque parent craint d'être dépossédé de ses droits, de ne plus voir ses enfants ou d'être discrédité auprès d'eux. Et c'est souvent la peur de disparaître de la vie de ses enfants qui amène chaque parent à agresser l'autre. Et peut conduire à briser des liens.

La résidence alternée, ce sont des enfants qui naviguent entre des îles parentales aux frontières plus ou moins nettes, en fonction des limites que chaque parent souhaite dresser avec l'île de son ex-partenaire. Certains foyers prennent la forme d'une île « forteresse », le parent souhaitant dresser une frontière imperméable avec l'île de son ex-partenaire. Les deux lieux de résidence apparaissent alors comme mutuellement exclusifs : l'enfant ne peut pas se rendre au domicile de l'autre parent en dehors du calendrier fixé, le parent ne souhaite pas entretenir de contacts virtuels pendant les jours d'absence de l'enfant, et limite au maximum les transferts d'objets et effets personnels d'un lieu de résidence à l'autre ou impose à l'enfant de les ramener systématiquement au domicile du parent auquel ils appartiennent.

À l'autre extrême, certains parents dessinent une île ouverte, laissant l'enfant libre d'aller et de venir quand il le désire, lui offrant la possibilité de communiquer avec eux pendant les jours d'absence et d'emporter avec lui ce qu'il souhaite. Des configurations intermédiaires existent entre ces deux pôles, avec des limites plus ou moins ouvertes à la négociation.

« Prises ensemble, les pratiques déployées par les enfants constituent une palette diversifiée de manières de gérer l'alternance », expliquent Bérengère Nobels et Laura Merla, auteurs de *Deux maisons, un chez soi* (éditions Academia).

Des récits qui témoignent de la grande capacité d'adaptation des enfants, et qui soulignent l'importance de décaler le regard des adultes vers les enfants pour saisir ce qui se joue pour ceux-là mêmes qui vivent la mobilité au quotidien.

Parfois, l'intensité des sentiments négatifs met en difficulté l'adulte dans son rôle de parent. Dans ce cas, il est important de pouvoir trouver de l'aide auprès de professionnels si la situation est trop difficile à gérer. En somme, des avocats, mais aussi des lieux de paroles. De l'humanité.

Toute séparation parentale, même si elle se « passe » bien, est source de souffrance pour l'enfant. C'est une épreuve qui vient, en plus de voir le couple parental se séparer, bouleverser ses habitudes de vie et ses repères. L'enfant, quel que soit son âge, aura aussi à s'adapter à cette situation et à trouver sa place dans cette nouvelle configuration. Il est important que les parents soient à l'écoute de l'enfant et lui laissent la possibilité de s'exprimer sur ce qu'il vit, car aucune séparation n'est un évènement anodin.

Il est important de rappeler à l'enfant son histoire et que la séparation ne remet pas en question l'amour que chacun de ses parents lui porte. Il est essentiel de lui dire que la séparation est la meilleure solution trouvée à la suite des désaccords entre ses parents. Qu'il n'est en rien responsable de cette décision qui concerne seulement les adultes entre eux. Effectivement, l'enfant peut craindre d'être à l'origine de la séparation ou de ne pas avoir réussi à l'empêcher et d'en ressentir une culpabilité. Il est primordial : d'entendre et de respecter ses sentiments, ses inquiétudes et ses questionnements ; d'aider l'enfant à bien se repérer dans son emploi du temps et à anticiper ; qu'il ait un espace à lui et des objets connus dans chacun de ses lieux de vie. Dans un contexte conflictuel, un parent peut aussi dénigrer l'autre parent auprès de l'enfant. Ce discours négatif porte atteinte à l'identité de l'enfant car il se perçoit comme étant constitué d'une partie de sa mère et d'une partie de son père, rappellent les professionnels de l'enfance.

L'enfant peut également servir de messager entre les deux parents et être le récepteur de l'agressivité adressée à l'autre parent. Ces situations peuvent avoir des répercussions dramatiques pour lui car ses besoins d'enfant ne sont plus au centre des préoccupations parentales. Il est à noter, répètent les médiateurs notamment, que le conflit entre les parents est quasiment toujours lié au conflit dans le couple conjugal et non parental. Il est donc primordial sans doute pour les ex-conjoints de solder leurs problèmes conjugaux afin que ces derniers ne se reportent pas sur le terrain de la résidence et de l'éducation des enfants.

Vingt ans après la loi Royal, il est sans doute temps de mettre en place des dispositifs concrets, ou les renforcer, pour faire réfléchir les parents sur l'importance, pour leurs enfants, de maintenir les liens d'attachement avec les personnes qui comptent pour eux et leur apprendre à communiquer malgré la rupture, pour le bien-être de leurs enfants.

Table des matières

Inhalt

Vorwort

Als ich vor fast einem Jahr vom Linde Verlag eingeladen wurde, einen „Scheidungs-Ratgeber für Frauen“ zu verfassen, war ich sehr erfreut über die Gelegenheit, mich mit dem, was mich täglich beschäftigt, auch einmal systematisch befassen zu können.

Natürlich war es nicht leicht, sich neben der täglichen Berufsarbeit auf das Schreiben eines Buches zu konzentrieren, was dazu führte, dass das Verfassen meines Manuskriptes wesentlich länger gedauert hat als geplant.

Dennoch: Jenseits der Notwendigkeit des Arbeitstags umfassend darzustellen, was man in den letzten 30 Jahren gelernt, erlebt, gelesen hat, bereitet Vergnügen, und ich habe dieses Buch gerne geschrieben.

Dass es nun, da es fertig ist, dennoch kein heiteres Buch geworden ist, liegt also nicht an mir oder meiner Gemütsverfassung während des Schreibens. Die zusammenfassende Darstellung des Familienrechts aus weiblicher Sicht hat eben ergeben, dass die gesellschaftlichen Benachteiligungen von Frauen sich im Bereich des Scheidungsrechtes wiederholen.

Frauen leisten nach wie vor den weitaus größeren Teil der Versorgungsarbeit und der Betreuung von Kindern. Dies geht meist zu Lasten ihrer eigenen Berufstätigkeit, was sich auf die Höhe ihres Einkommens und ihrer Pension negativ auswirkt.

Ein Ausgleich dieser Benachteiligung lässt sich bei der Scheidung kaum erreichen: Unterhalt nach einer Scheidung gibt es nur für die schuldlos geschiedene Frau, die weniger als zwei Drittel des Einkommens ihres Mannes verdient – der Unterhaltsanspruch der Geschiedenen hat also besonderes Wohlverhalten während der Ehe, einen gewonnenen Scheidungsprozess, relativ gutes (beständiges) Einkommen des Mannes und relative Armut der Frau zur Voraussetzung. Ohne Unterhalt gibt es aber auch keine Witwenpension für eine geschiedene Frau.

Dass die Frauen diese Nachteile vor allem deshalb erleiden, weil sie sich bei aufrechter Ehe mehr als ihre Männer den Kindern gewidmet haben, ist kein Grund, ihnen nach der Scheidung die weitere Erziehung der Kinder uneingeschränkt anzuvertrauen: Die Aufrechterhaltung der gemeinsamen Obsorge beider Elternteile nach der Scheidung, die es Männern erleichtern soll, sich trotz Scheidung für ihre Kinder verantwortlich zu fühlen, hat die Entscheidungsbefugnis geschiedener Mütter wesentlich eingeschränkt.

Frauen leben auch nach der Scheidung zumeist mit ihren Kindern im gemeinsamen Haushalt. Sie organisieren den Alltag, kaufen ein, kochen, putzen, kontrollieren Hausaufgaben und sorgen dafür, dass ihre Berufstätigkeit das Wohlbefinden der Kinder nicht beeinträchtigt. Die staatliche Familienbeihilfe kommt jedoch seit einem Jahr, zumindest dort, wo die Väter gut verdienen, diesen zugute, um sie steuerlich zu entlasten.
Warum gerade ein „Scheidungs-Ratgeber für Frauen" Not tut, liegt auf der Hand: Frauen dürfen keine Fehler machen, weder während der Ehe noch im Zuge der Scheidung.
Sie brauchen daher Informationen über ihre Rechte, die Möglichkeiten ihrer Durchsetzung, über das, was sie tun, und das, was sie lieber lassen sollten. Dieses Buch soll ihnen dabei helfen, Fehler zu vermeiden.

Dr. Helene Klaar

Scheidung – Weg aus der Krise?

Was man bedenken sollte, bevor man sich scheiden lässt

Wenn der Ehemann, der regelmäßig angeordnete Überstunden und dadurch bedingte Erschöpfungszustände behauptet, in Wahrheit – vielleicht schon seit längerer Zeit – eine Freundin hat; wenn die Ehefrau nach Heranwachsen der Kinder einen Fortbildungskurs absolviert, einen anspruchsvolleren Job findet, mit ihrem Mann aber darüber nicht reden kann, weil dieser, wie eh und je, ab 17 Uhr nachmittags vor dem Fernseher lümmelt und sich beklagt, dass die Frau um diese Zeit neuerdings noch nichts gekocht hat; wenn die Frau vor einem Besuch seiner Eltern oder seines Chefs gerade den Tisch deckt, gleichzeitig ein Soufflé im Rohr beobachtet, und er sich weigert, das brüllende Baby zu wickeln, mit der Begründung, er wolle noch schnell den Wirtschaftsteil der Zeitung fertig lesen; wenn der Mann auf den Verlust seines Jobs auch noch nach Monaten nur mit Rückzug und Resignation reagiert und sein Erscheinungsbild so vernachlässigt, dass jedes Vorstellungsgespräch sinnlos wird; wenn er im Übermaß Alkohol konsumiert oder andere Drogen nimmt, mit allen die Persönlichkeit zerstörenden Folgen einer solchen Sucht; oder wenn es gar zur Anwendung oder Androhung physischer oder psychischer Gewalt kommt: dann wächst in den betroffenen Frauen der Entschluss: „Ich lasse mich scheiden".
Was ist nun dieser Akt, von dem sich Frauen die Lösung aller ihrer mit der Ehe verbundenen Probleme erwarten, wirklich? Scheidung ist – neben den seltenen Fällen der Nichtigerklärung und der Aufhebung – die häufigste Form der rechtlichen Auflösung des Ehevertrages.

Die Ehe – ein Vertrag

Das Allgemeine bürgerliche Gesetzbuch (ABGB) besagt: „Die Familienverhältnisse werden durch den Ehevertrag gegründet. In dem Ehevertrage erklären zwei Personen verschiedenen Geschlechtes gesetzmäßig ihren Willen, in unzertrennlicher Gemeinschaft zu leben, Kinder zu zeugen, sie zu erziehen, und sich gegenseitigen Beistand zu leisten."[1]

---

1 Interessierte Leserinnen finden die Gesetzestexte im Wortlaut im Anschluss an das jeweilige Kapitel.

heit. Sie wirkt sich im Gesetz auch darin aus, dass ein Ehegatte grundsätzlich verpflichtet ist, im Erwerb des anderen mitzuwirken, soweit ihm dies zumutbar, nach den Lebensverhältnissen der Eheleute üblich und nichts anderes vereinbart ist. Diese Bestimmung ist natürlich vor allem für Angehörige freier Berufe und sonstiger selbstständiger Erwerbstätigkeit gedacht. In der Landwirtschaft, in einem Geschäft, bei einem Arzt ist es nach wie vor üblich, dass die Ehefrau im Betrieb des Mannes mitwirkt. Wenn sie selbst nicht berufstätig ist, wird ihr diese Mitwirkung wohl auch zumutbar sein. Sollte sie das nicht wünschen, müsste sie dies mit ihrem Mann ausdrücklich vereinbaren, wobei man schon aus Gründen der Beweisbarkeit eine solche Vereinbarung entweder vor Zeugen, besser noch schriftlich, abschließen sollte; besondere Formvorschriften für eine derartige Vereinbarung bestehen aber nicht.

Für diese Mitwirkung kann eine „angemessene Abgeltung“ verlangt werden, wobei dieser Anspruch auch bei aufrechter Ehe und rückwirkend für die letzten sechs Jahre bei Gericht geltend gemacht werden kann.

Tipp

Diese Abgeltung durch das Gericht fällt allerdings eher bescheiden aus. Sie wird, unabhängig von der erbrachten Leistung, nur zuerkannt, wenn der Betrieb Gewinne macht, bereits „gewährte Unterhaltsleistungen“ sind anzurechnen; zudem wird betriebliches Vermögen nach einer Scheidung nicht geteilt (siehe Seite 176 f.). Es ist deshalb für Frauen ratsam, im Fall einer Mitwirkung im Betrieb des Ehemannes entweder auf Beteiligung in Form eines Gesellschaftsvertrages zu bestehen oder aber auf Begründung eines Dienstvertrages mit leistungsgerechtem Gehalt.

Familienname

Eine weitere gesetzliche Folge der Eheschließung ist die Führung des gleichen Familiennamens, wobei sowohl der Name des Mannes als auch der der Frau gemeinsamer Familienname werden kann. Die Ehegatten können allerdings auch vereinbaren, dass jeder von ihnen seinen bisherigen Familiennamen weiterführen möchte, wobei anzugeben ist, welchen der beiden Namen eheliche Kinder tragen sollen. Überdies besteht für Eheleute, die den Namen des/der anderen annehmen, die Möglichkeit, den bisherigen Familiennamen, unter Setzung eines Bindestriches zwischen den beiden Namen, voran- oder nachzustellen. Über die Einhaltung der Bestimmungen des Namensführungsrechtes wacht das Standesamt.

Andere Verpflichtungen

Über die Einhaltung der sonstigen aus dem Ehevertrag entstehenden Verpflichtungen wacht hingegen nur der andere Ehegatte. Während finanzielle Vereinbarungen (z. B. auch solche über das Tragen von Lebenshaltungskosten) verbindlich und klagbar sind, stellen Verletzungen von gesetzlichen Bestimmungen oder Vereinbarungen betreffend den persönlichen Lebensbereich der Ehegatten nur einen Scheidungsgrund dar. Die Sanktion für gesetz- oder vereinbarungswidriges Verhalten des anderen Ehegatten kann also nur in der Scheidung der Ehe bestehen.
Aufmerksamen Leserinnen wird aufgefallen sein, dass im vorstehenden Abschnitt, der die gesetzlichen Bestimmungen über die Ehe und die damit verbundenen Rechte und Pflichten wiedergegeben hat, von „Liebe" oder „Zuneigung" nicht ein einziges Mal die Rede war.
Tatsächlich sind Liebe und Zuneigung nicht gesetzliche Voraussetzung des Ehevertrages, auch wenn sie zweifellos die Führung der „umfassenden Lebensgemeinschaft" erleichtern und in aller Regel tatsächlich die Grundlage der Eheschließung sind.
Dennoch muss in einem Scheidungsratgeber darauf hingewiesen werden, dass das Abhandenkommen von Liebe und Zuneigung (falls diese je vorhanden waren) keinen ausreichenden Scheidungsgrund darstellt, da es sich hiebei nicht um eine Grundlage oder einen „essentiellen Bestandteil" des Ehevertrages handelt.

Die Auflösung

Ein Vertrag, der nach der gesetzlichen Definition vor allem zum Beistand, zur anständigen Begegnung, zur Treue, zum gemeinsamen Wohnen, zur umfassenden Lebensgemeinschaft und zur Zeugung und Erziehung von Kindern verpflichtet, kann nur aufgelöst werden, wenn gegen eine dieser Pflichten verstoßen wurde.
Dies ist insbesondere für Frauen wichtig zu wissen, da Frauen leicht auf der Gefühlsebene anzusprechen sind und sich von einem treulosen Ehemann, seinem wortgewandten Anwalt oder einem desillusionierten Familienrichter leicht überzeugen lassen, dass es sinnlos sei, an der Ehe festzuhalten, wo doch dem Mann die Liebe zu ihr abhanden gekommen sei (oder gar ihr die Liebe zu ihm, aus welchen Gründen auch immer). Sie willigen vorschnell in eine Scheidung ein, auch wenn ihnen dies Nachteile bringt.

Die Scheidung ist aber nicht einfach die Befreiung von dem Übel einer sinnentleerten oder gar belastenden Gemeinschaft mit einer nicht mehr geliebten Person, die Scheidung ist auch und vor allem die Auflösung des Ehevertrages mit weit reichenden persönlichen, rechtlichen und wirtschaftlichen Konsequenzen.

Es gibt in unserer Rechtsordnung keinen anderen Vertrag, durch den die beteiligten Parteien eine so enge Bindung eingehen wie durch den Ehevertrag: Eheleute leben, wie es ja das Gesetz auch vorsieht, zusammen, das heißt, einer, wenn nicht beide von ihnen, hat auf seine frühere Wohnmöglichkeit verzichtet, Ehegatten, in der Regel die Ehefrauen, stimmen ihre Berufstätigkeit auf die Bedürfnisse der Familie ab (sowohl was das Ausmaß der Berufstätigkeit anlangt, die Art der Tätigkeit – möglichst wenig Überstunden und Dienstreisen – als auch die Wahl eines Arbeitsplatzes möglichst in der Nähe der Kinder). Ehegatten sind in der Regel durch gemeinsame Kinder, die beide Elternteile lieben und an deren Wohlergehen beide Elternteile Interesse haben, verbunden. Zudem haben sie weitgehend denselben Freundeskreis, die gleichen Freizeitgewohnheiten, sie gehen tanzen oder Bridge spielen oder in die Oper, sie verbringen ihren Urlaub an denselben Orten usw.

Die Auflösung einer derartigen „umfassenden Lebensgemeinschaft“ ist daher wesentlich schwieriger als die Auflösung eines Dienstvertrages oder die Kündigung eines Mietvertrages.

Während aber der Verlust des Arbeitsplatzes oder der Wohnung als dramatisches Ereignis im Leben eines Menschen respektiert wird, wird die Scheidung, die in der Regel eine völlige Neuordnung des bisherigen Lebens der Geschiedenen mit sich bringt, in ihrer Bedeutung und ihren Auswirkungen oft bagatellisiert.

Zwangsläufige Folgen einer Scheidung

- Es muss eine Regelung über die Obsorge bzw. den hauptsächlichen Aufenthalt minderjähriger Kinder getroffen werden.
- Der Anspruch auf Unterhalt (also die Aufwendungen für den Lebensbedarf) nach der Scheidung ist verschieden vom Unterhaltsanspruch bei aufrechter Ehe: Da die Scheidung auch das Ende der ehelichen Beistandspflicht mit sich bringt, ist ein Expartner nur dann zur Unterhaltsleistung verpflichtet, wenn die Scheidung aus seinem (zumindest überwiegenden) Verschulden erfolgte, und überdies dem/der Berechtigten der Erwerb eigenen Einkommens nicht zumutbar ist.

- Die Scheidung führt dazu, dass das in der Ehe erworbene Vermögen geteilt werden muss. Das bedeutet in der Regel, dass jeder der Eheleute auf Teile des in der Ehe erworbenen Vermögens, die bisher von beiden genutzt wurden, verzichten muss.
- Die Scheidung hat sozialversicherungsrechtliche Folgen, vor allem betreffend die Mitversicherung in der Krankenversicherung und den Anspruch auf Hinterbliebenenpension.
- Durch die Scheidung erlischt das gesetzliche Ehegattenerbrecht.
- Scheidungen sind in der Regel mit psychischer Belastung, erheblichem Zeitaufwand und nicht unerheblichen Kosten verbunden.
- Trotz der Scheidung ist der andere Partner danach nicht aus der Welt: Durch gemeinsame Kinder, aber auch durch gemeinsame Hobbys oder von beiden bevorzugte Urlaubsorte kommt es auch nach der Scheidung immer wieder zu mehr oder weniger unliebsamen Begegnungen.

Hält man sich die vielfältigen Folgen vor Augen, leuchtet es ein, dass die Frage nach einer Scheidung sich niemals auf das „Ob" beschränken darf, sondern stets auch auf das „Wie" zu richten ist. Und die Frage, ob man sich überhaupt scheiden lassen soll, ist auch immer unter dem Aspekt zu betrachten, ob es nicht weniger einschneidende Maßnahmen gibt, um den gewünschten Erfolg zu erzielen.

Zwar ist bei den zu Anfang genannten Beispielen der Scheidungswunsch der jeweils betroffenen Frau berechtigt und – falls das Verhalten des Ehemannes keine einmalige Entgleisung und überdies beweisbar ist – auch gerichtlich durchsetzbar. Dennoch stellt sich etwa im Fall des „Couchpotatoes" und des Zeitungslesers die Frage, ob nicht eine Ehetherapie noch helfen könnte, den Mann zu partnerschaftlichem Verhalten zu bewegen, im Falle des Langzeitarbeitslosen könnte noch der Erfolg eines „Jobcoaching" abgewartet werden; im Fall des treulosen Ehemannes besteht vielleicht die Hoffnung, dass er von sich aus ausziehen wird, was der Frau zumindest die Aussicht auf die „privilegierte" Scheidung nach § 55 Ehegesetz (siehe Seite 37 ff.) eröffnet.

Leistet der Mann für die Frau und/oder die Kinder zu wenig Unterhalt, so kann man durch einen Unterhaltsantrag für die Kinder oder eine Unterhaltsklage für die Frau auch bei aufrechter Ehe wirksam Abhilfe schaffen. Selbst im Fall des alkoholabhängigen Ehemannes ist zu prüfen, ob nicht die Möglichkeit einer Trennung ohne Scheidung besteht, um allenfalls als Frau nach langen Leidensjahren wenigstens den Anspruch auf eine Hinterbliebenenpension zu behalten. Auch gewalttätige Ehemänner können durch einstweilige Verfügung schon vor einer Scheidung aus der Wohnung expediert werden.

Die Scheidung sollte deshalb immer der letzte Ausweg sein, die Lösung, die man anstreben muss, wenn alle anderen Möglichkeiten versagt haben. Positiver ist der Aspekt einer Scheidung natürlich zu beurteilen, wenn die Frau einen anderen Partner gefunden hat, mit dem sie lieber zusammenleben möchte als mit dem bisherigen Ehemann. Auch bei einer solchen Entscheidung sind aber Irrtümer möglich, sodass auch hier zu vorsichtigem Abwägen zu raten ist.
Zu warnen ist vor zeitgeistigen Ratgebern, welche die „schmerzlose Scheidung" verheißen: Eine Scheidung ist immer Ausdruck des Scheiterns eines der wichtigsten Lebensprojekte, des Versuches, eine dauerhafte Partnerschaft zu begründen. Sie ist daher zwangsläufig verbunden mit Enttäuschung, Kränkung und Wut, mit Schuldzuweisungen und Ängsten (all dies beiderseits durchaus berechtigt), mit dem Kampf um die Durchsetzung existenzieller Interessen, mit finanziellen Verlusten und dem Zwang zu massiven Änderungen des bisherigen Lebens.
Wenn Sie in dieser belastenden Phase Ihres Lebens nicht darauf achten, Ihre Interessen zu wahren, können Sie durchaus in die Lage kommen, dass es Ihnen nach der Scheidung schlechter geht als vorher, weil die ungünstige Regelung der Scheidungsfolgen den Vorteil der Beendigung einer nicht mehr harmonischen Lebensgemeinschaft überwiegt.
Auch und gerade für die Scheidung gilt: Wie man sich bettet, so liegt man – meist für den Rest seines Lebens.

Gesetzestexte

Allgemeines bürgerliches Gesetzbuch (ABGB)

§ 44. Die Familien-Verhältnisse werden durch den Ehevertrag gegründet. In dem Ehevertrage erklären zwei Personen verschiedenen Geschlechtes gesetzmäßig ihren Willen, in unzertrennlicher Gemeinschaft zu leben, Kinder zu zeugen, sie zu erziehen, und sich gegenseitig Beistand zu leisten.
§ 90. (1) Die Ehegatten sind einander zur umfassenden ehelichen Lebensgemeinschaft, besonders zum gemeinsamen Wohnen, sowie zur Treue, zur anständigen Begegnung und zum Beistand verpflichtet.
(2) Im Erwerb des anderen hat ein Ehegatte mitzuwirken, soweit ihm dies zumutbar, es nach den Lebensverhältnissen der Ehegatten üblich und nicht anderes vereinbart ist.
§ 91. (1) Die Ehegatten sollen ihre eheliche Lebensgemeinschaft, besonders die Haushaltsführung, die Erwerbstätigkeit, die Leistung des Beistandes und die Obsorge, unter Rücksichtnahme aufeinander und auf das Wohl der Kinder mit dem Ziel voller Ausgewogenheit ihrer Beiträge einvernehmlich gestalten.

(2) Von einer einvernehmlichen Gestaltung kann ein Ehegatte abgehen, wenn dem nicht ein wichtiges Anliegen des anderen oder der Kinder entgegensteht oder, auch wenn ein solches Anliegen vorliegt, persönliche Gründe des Ehegatten, besonders sein Wunsch nach Aufnahme einer Erwerbstätigkeit, als gewichtiger anzusehen sind. In diesen Fällen haben sich die Ehegatten um ein Einvernehmen über die Neugestaltung der ehelichen Lebensgemeinschaft zu bemühen.

§ 92. (1) Verlangt ein Ehegatte aus gerechtfertigten Gründen die Verlegung der gemeinsamen Wohnung, so hat der andere diesem Verlangen zu entsprechen, es sei denn, er habe gerechtfertigte Gründe von zumindest gleichem Gewicht, nicht mitzuziehen.

(2) Ungeachtet des Abs. 1, kann ein Ehegatte vorübergehend gesondert Wohnung nehmen, solange ihm ein Zusammenleben mit dem anderen Ehegatten, besonders wegen körperlicher Bedrohung, unzumutbar oder dies aus wichtigen persönlichen Gründen gerechtfertigt ist.

(3) In den Fällen der Abs. 1 und 2 kann jeder der Ehegatten vor oder auch nach der Verlegung der Wohnung oder der gesonderten Wohnungnahme die Entscheidung des Gerichtes beantragen. Das Gericht hat im Verfahren außer Streitsachen festzustellen, ob das Verlangen auf Verlegung der gemeinsamen Wohnung oder die Weigerung mitzuziehen oder die gesonderte Wohnungnahme durch einen Ehegatten rechtmäßig war oder ist. Es hat bei der Entscheidung auf die gesamten Umstände der Familie, besonders auf das Wohl der Kinder, Bedacht zu nehmen.

§ 93. (1) Die Ehegatten führen den gleichen Familiennamen. Dieser ist der Familienname eines der Ehegatten, den die Verlobten vor oder bei der Eheschließung in öffentlicher oder öffentlich beglaubigter Urkunde als gemeinsamen Familiennamen bestimmt haben. Mangels einer solchen Bestimmung wird der Familienname des Mannes gemeinsamer Familienname.

(2) Derjenige Verlobte, der nach Abs. 1 als Ehegatte den Familiennamen des anderen als gemeinsamen Familiennamen zu führen hat, kann dem Standesbeamten gegenüber vor oder bei der Eheschließung in öffentlicher oder öffentlich beglaubigter Urkunde erklären, bei der Führung des gemeinsamen Familiennamens diesem seinen bisherigen Familiennamen unter Setzung eines Bindestrichs zwischen den beiden Namen voran- oder nachzustellen. Dieser Ehegatte ist zur Führung des Doppelnamens verpflichtet. Eine andere Person kann ihren Namen nur vom gemeinsamen Familiennamen ableiten.

(3) Derjenige Verlobte, der nach Abs. 1 mangels einer Bestimmung den Familiennamen des anderen Ehegatten als gemeinsamen Familiennamen zu führen hätte, kann dem Standesbeamten gegenüber vor oder bei der Eheschließung in öffentlicher oder öffentlich beglaubigter Urkunde erklären, seinen bisherigen Familiennamen weiterzuführen; auf Grund einer solchen Erklärung führt jeder Ehegatte seinen bisherigen Familiennamen weiter. In diesem Fall haben die Verlobten den Familiennamen der aus der Ehe stammenden Kinder zu bestimmen (§ 139 Abs. 2).

§ 93a. Eine Person, deren Ehe aufgelöst ist, kann dem Standesbeamten gegenüber in öffentlicher oder öffentlich beglaubigter Urkunde erklären, einen früheren

werden und die Aufrechterhaltung von aus welchem Grunde immer zerrütteten Ehen erscheint nicht sinnvoll. Deshalb gibt es – unter etwas erschwerten Voraussetzungen – auch die Möglichkeit, gegen einen an der Ehezerrüttung schuldlosen, zur Scheidung nicht bereiten Ehepartner die Scheidung durchzusetzen.
Vor allem aber gibt es seit 1978 die Möglichkeit der „einvernehmlichen Scheidung", bei der die Ursachen der Zerrüttung gar nicht und die formellen Voraussetzungen nur durch Befragung der Parteien geprüft werden, sofern die Eheleute sich über den Umstand der Scheidung sowie die Scheidungsfolgen einig sind. Rund 90 Prozent aller Scheidungswilligen machen mittlerweile von dieser Möglichkeit Gebrauch.
Das österreichische Scheidungsrecht bietet also, entsprechend der Vielfalt möglicher Ursachen der Zerrüttung einer Ehe, eine breite Palette an Möglichkeiten für deren Auflösung.

Scheidung aus Verschulden

Eheverfehlungen

In seiner bis Ende 1999 geltenden Fassung kannte das Ehegesetz (EheG) zwei so genannte „absolute Scheidungsgründe", nämlich Ehebruch und Verweigerung der Fortpflanzung. Wer dem Ehepartner diese Verfehlungen nachweisen konnte, dessen Ehe wurde, egal, wie er sich selbst verhielt, geschieden. Alle sonstigen denkbaren Scheidungsgründe wurden im § 49 EheG unter „andere Eheverfehlungen" behandelt, wobei allerdings eine Gegenüberstellung des Verhaltens der beklagten Partei mit dem Verhalten der klagenden Partei vorgesehen ist.
Da die Verweigerung der Fortpflanzung seit Jahrzehnten als Scheidungsgrund keine Rolle mehr gespielt hat und es auch nicht mehr als zeitgemäß empfunden wurde, den Ehebruch für eine schwerere Verfehlung zu halten als z. B. die Misshandlung, wurden durch das Eherechts-Änderungsgesetz (EheRÄG) ab 1. 1. 2000 die absoluten Scheidungsgründe des Ehebruchs und der Verweigerung der Fortpflanzung aus dem Gesetz eliminiert und der § 49 EheG zur alleinigen Grundlage der Scheidung wegen Verschuldens ausgestaltet.

Seitensprung

Offenbar unter dem Eindruck der nicht immer richtigen Berichterstattung über diese Modifikation des Gesetzes ist bei vielen Menschen der Eindruck entstanden, Ehebruch wäre nunmehr kein Scheidungsgrund mehr. Viele Frauen lassen sich dies von ihren untreuen Ehemännern einreden und erdulden weiterhin eine Ehe, in der ihre Würde und ihr Selbstwertgefühl ständig verletzt werden. Umgekehrt unterschätzen Frauen, die eine Außenbeziehung aufgenommen haben, in welch schlechte rechtliche Position sie sich damit gebracht haben.
Ehebruch ist nämlich nach wie vor eine schwer wiegende Eheverfehlung, die zur Scheidung führt, wenn dadurch zur Zerrüttung der Ehe beigetragen wurde.

In seiner geltenden Fassung besagt § 49 EheG, dass ein Ehegatte die Scheidung einreichen kann, wenn der andere durch eine schwere Eheverfehlung, aber auch durch „ehrloses oder unsittliches Verhalten“ die Ehe *schuldhaft* so tief zerrüttet hat, dass deren Wiederherstellung nicht erwartet werden kann.
Nach ständiger Rechtsprechung gilt als schwere Eheverfehlung ein Verhalten, das auch „bei einem mit rechter Ehegesinnung ausgestatteten und dementsprechend nachsichtigen Partner eine völlige Entfremdung herbeiführen und ihm die Fortsetzung der Ehe unerträglich machen würde“. Die Verfehlung muss schuldhaft, also vorsätzlich oder zumindest fahrlässig gesetzt werden.
Ein jahrelang nicht kritisiertes alltägliches Verhalten des anderen kann diesem jedoch nicht als schwere Eheverfehlung vorgeworfen werden.
Andererseits darf man aber vom anderen Ehepartner erwarten, dass er sich um ein positives Verhalten bemüht und schädliche Neigungen unterdrückt. Auch wenn also z. B. die Neigung des Partners zum Alkohol schon vorher bekannt war, ist der später in der Ehe an den Tag gelegte übertriebene Alkoholkonsum des Mannes eine schwere Eheverfehlung.

Die Zerrüttung der Ehe

Unter „unheilbarer Ehezerrüttung“ versteht die Rechtsprechung, dass die „geistige, seelische und körperliche Gemeinschaft zwischen den Ehegatten und damit die Grundlage der Ehe objektiv und wenigstens bei einem Ehegatten auch subjektiv zu bestehen aufgehört hat“.
Ob, wann und wodurch die objektive und die subjektive Zerrüttung der Ehe eingetreten ist, muss im Scheidungsprozess das Gericht feststellen.

Zum Begriff der „Eheverfehlung" verdeutlicht der Gesetzgeber weiters: „Eine schwere Eheverfehlung liegt insbesondere vor, wenn ein Ehegatte die Ehe gebrochen oder dem anderen körperliche Gewalt oder schweres seelisches Leid zugefügt hat." Ehebruch, Misshandlung und schwere Kränkungen bzw. Psychoterror werden also beispielhaft als besonders schwere Eheverfehlungen hervorgehoben.

Daneben gibt es allerdings noch eine Vielzahl anderer Verhaltensweisen, die nach ständiger Rechtsprechung als schwere Eheverfehlung gelten, insbesondere alle Vorstöße gegen die Verpflichtungen des § 90 ABGB (umfassende eheliche Lebensgemeinschaft, gemeinsames Wohnen, Treue, anständige Begegnung, Beistand).

So ist die beharrliche, grundlose Verweigerung des Geschlechtsverkehrs eine Eheverfehlung, nicht aber die bloß gelegentliche und insbesondere nicht die begründete Verweigerung – egal, ob der Grund der Weigerung im eigenen schlechten Befinden, in einem vorangegangenen Streit, im begründeten Verdacht der Treulosigkeit des Partners oder in seinem ungepflegten oder aus anderen Gründen abstoßenden Zustand liegt. Aber auch eine „übermäßige geschlechtliche Inanspruchnahme des anderen Ehegatten" kann eine schwere Eheverfehlung darstellen.

Das grundlose Aussperren des anderen aus dem Schlafzimmer ist ebenso ehewidrig wie der grundlose Auszug aus demselben.

Nicht nur der (schwer zu beweisende) Ehebruch ist eine schwere Verfehlung gegen die Pflicht zur Treue, sondern auch jeder fortgesetzte Umgang mit Personen des anderen Geschlechts gegen den erkennbaren Willen des anderen Ehegatten, der *objektiv* (also nicht nur in den Augen einer besonders eifersüchtigen Ehefrau) den Schein ehewidriger Beziehungen erweckt: z. B. der oftmalige Besuch einer Arbeitskollegin in deren Wohnung, die Nächtigungen bei einer Jugendfreundin, während die Ehefrau auf Kur ist, oder die Übernachtung einer Sportkameradin in der Ehewohnung während des Urlaubes der Ehefrau etc. Dies gilt übrigens auch für gleichgeschlechtliche Beziehungen.

Grundlose Eifersucht

Auch die „unbegründete Eifersucht" ist ein Scheidungsgrund, da ungerechtfertigtes Misstrauen gegen den Partner die Grundlagen der Ehe zerstören kann. Bevor Sie also Ihrem Ehemann in einem Scheidungsverfahren Verletzung der ehelichen Treue vorwerfen, sollten Sie sich bemühen, geeignete Beweise zu sammeln.

Der Auszug aus der Ehewohnung und die Ablehnung der Wiederaufnahme der ehelichen Gemeinschaft sowie die Verweigerung des Zutritts zur Ehewohnung verletzen die Pflicht zum gemeinsamen Wohnen. Sie gelten nur dann nicht mehr als „schwere Eheverfehlung“, wenn sie – insbesondere wegen besonders schwerer Eheverfehlungen des anderen, die ein weiteres Zusammenleben unzumutbar machen – gerechtfertigt sind (siehe auch „Gewalt in der Familie und Schutz davor“, Seite 53 ff.).
Selbstverständlich ist jede Unterhaltsverletzung eine schwere Eheverfehlung, aber auch die „Äußerung übertriebener finanzieller Forderungen auf eine Art und Weise, dass daraus Streit entsteht“.
Grobe Vernachlässigung des Haushalts wird Frauen zwar immer wieder vorgeworfen, herumliegendes Kinderspielzeug, bis zum Abend in der Küche gestapeltes ungewaschenes Geschirr oder ein fehlender Knopf am Tennishemd des Ehemannes werden aber auch bei nicht berufstätigen und somit allein zur Haushaltsführung verpflichteten Frauen nicht als Eheverfehlungen gewertet. Man kann erfahrungsgemäß davon ausgehen, dass dort, wo der Haushalt wirklich vernachlässigt wird, ein psychischer Defekt der Hausfrau (z. B. ein depressives Zustandsbild) als Ursache anzusehen ist und es sich somit nicht um eine Eheverfehlung handelt, weil die Vernachlässigung nicht „schuldhaft“ geschieht.
Sind beide Ehepartner berufstätig, ist der Ehemann – nach Maßgabe seiner und ihrer beruflichen Belastung – ohnedies mitverantwortlich für den Zustand der Küche, den Abbau des Berges der ungebügelten Wäsche und das Putzen von Klo und Bad.

Anpacken im Haushalt

Die Verletzung der Pflicht zur gemeinsamen Haushaltsführung ist eine schwere Eheverfehlung und in der Praxis häufiger als die immer wieder ins Treffen geführte „Vernachlässigung des Haushalts durch die Frau“ – ein Vorwurf, von dem sich auch berufstätige, selbstbewusste Frauen so einschüchtern lassen, dass sie sich bemüßigt fühlen, Fotos ihres penibel aufgeräumten Wohnzimmers im (selbst gebastelten) Advent- und/oder Osterschmuck vorzuweisen.

Auch die Verletzung von Pflichten gegenüber gemeinsamen Kindern ist eine Eheverfehlung.
Schließlich kann jede Verletzung des Einvernehmlichkeitsgrundsatzes in einer wichtigen Frage (z. B. ein ohne Einverständnis des Mannes vorgenommener Schwangerschaftsabbruch, aber auch eine nicht abgesprochene große

Investition, wie der Kauf eines Sportwagens oder eines Häuschens auf dem Lande aus ehelichen Mitteln) als Scheidungsgrund geltend gemacht werden. Dazu kommen andere Verletzungen des Vertrauensverhältnisses, wie etwa das Verschweigen des Einkommens, die Verweigerung der Rechenschaft über die Verwendung ehelicher Ersparnisse, aber auch das Ausplaudern intimer Vorgänge des Ehelebens gegenüber Dritten oder die Schädigung beruflicher Interessen des Partners.

Die schwere Eheverfehlung der „Verletzung der Pflicht zur anständigen Begegnung" erfolgt nicht nur durch Misshandlungen (oder der Drohung damit), Beschimpfungen und übermäßigen Alkoholgenuss, sondern auch durch beharrliches Schweigen, Verbringen der gesamten oder des größeren Teils der Freizeit ohne den anderen Partner, berufliches Engagement, das zur Vernachlässigung der Familie führt, Ausgrenzung des Partners aus dem Familienleben, liebloses und feindseliges Verhalten. Auch grundlose Beschuldigungen (Eifersucht!) oder das Unterbinden des Kontaktes mit nahen Angehörigen des anderen verletzt die Pflicht zur anständigen Begegnung. Und sogar der Umstand, dass eine Frau ihren (schnarchenden) Ehemann regelmäßig vier- bis fünfmal pro Nacht aufgeweckt hat, wurde bereits als grob ehewidriges Verhalten gewertet.

Besonders verpönt sind die „Verbreitungen diffamierender Äußerungen", insbesondere solcher, die dem beruflichen Fortkommen schaden. Will eine Frau wissen, ob der Mann tatsächlich samstags immer Überstunden macht oder nicht doch mit seiner Sekretärin joggen geht, sollte sie dies nicht ausgerechnet durch einen Anruf bei seinem Vorgesetzten zu klären versuchen. Ebenso gilt die Erstattung von Anzeigen gegen den anderen „aus feindlicher Einstellung" als Eheverfehlung. Eine Anzeige zur Wahrung schutzwürdiger Interessen, etwa wenn die Ehefrau in der Ehekrise die Polizei vom verbotenen Waffenbesitz des sich in düsteren Drohungen ergehenden Mannes informiert, ist hingegen selbstverständlich keine Verfehlung.

Tipp

An der Ehewidrigkeit einer Anzeige ändert es übrigens auch nichts, wenn sie gerechtfertigt ist. Eine Anzeige an das Finanzamt, dass der Mann nicht versteuertes Einkommen bezogen hat, eine Anzeige an die Krankenkasse, dass er nicht gemeldete Dienstnehmer beschäftigt hat, sind so schwere Eheverfehlungen, dass sie sogar zum Verlust des Unterhaltsanspruches führen können, auch wenn sich der Vorwurf als wahr erweist.

Wenn Sie sich allerdings im Unterhaltsprozess nicht mit dem aus der Steuererklärung ergebenden Einkommen Ihres Mannes zufrieden geben wollen, sondern behaupten, er hätte über die in seiner Buchhaltung angeführten Aufträge hinaus Wohnungen ausgemalt oder Spiralen eingesetzt, die täglich beschäftigte Bedienerin putze in Wahrheit die Wohnung seiner Freundin, welche auch den betrieblich angeschafften Mercedes fahre, so handeln Sie nicht ehewidrig, auch wenn aufgrund Ihrer Behauptungen, wenn sie sich als wahr erweisen, das Gericht von Amts wegen eine Anzeige an das Finanzamt gegen den Mann erstattet.
Auch wenn Sie also bei Ihrem Mann beschäftigt, aber vielleicht nicht zur Sozialversicherung gemeldet sind und Ihre Ansprüche mit einer Klage an das Arbeitsgericht geltend machen, wahren Sie nur Ihre schutzwürdigen Interessen und handeln nicht ehewidrig. Vorsichtshalber sollten Sie den Anspruch jedoch vor Klagseinbringung brieflich einmahnen.

Nach dem Wortlaut des Gesetzes berechtigt auch „ehrloses oder unsittliches Verhalten" des anderen zur Scheidung. Darunter versteht man ein Verhalten, das zwar nicht gegen eheliche Pflichten verstößt, auch nicht unbedingt gegen den Ehepartner gerichtet sein muss, aber in Verstößen gegen rechtliche oder sittliche Normen besteht, die eine Fortsetzung der Ehe für den anderen Partner unerträglich machen, vor allem schwere Straftaten gegen Dritte.

Reaktionshandlungen

Schließlich sagt § 49 Ehegesetz auch: „Wer selbst eine Verfehlung begangen hat, kann die Scheidung nicht begehren, wenn nach der Art seiner Verfehlung, insbesondere wegen des Zusammenhanges der Verfehlung des anderen Ehegatten mit seinem eigenen Verschulden sein Scheidungsbegehren bei richtiger Würdigung des Wesens der Ehe sittlich nicht gerechtfertigt ist."
Das bedeutet, dass das Gesamtverhalten beider Ehepartner betrachtet wird: Besteht ein Zusammenhang zwischen der Verfehlung des Beklagten und dem Verhalten des Klägers oder wiegen die Verfehlungen des Klägers unverhältnismäßig schwerer als die der beklagten Partei (auch ohne Zusammenhang der beiderseitigen Eheverfehlungen), so ist das Scheidungsbegehren „sittlich nicht gerechtfertigt" und die Klage abzuweisen.
Das heißt, dass weder überzogene Reaktionshandlungen noch nicht in unmittelbarem Zusammenhang mit Verfehlungen des anderen Partners stehende, geringgradige Eheverfehlungen zwangsläufig zur Scheidung führen müssen.
So wurde es einer Frau nicht als Eheverfehlung angelastet, dass sie, die Grund zur Annahme einer außerehelichen Beziehung des Mannes hatte,

gegen Datenschutzbestimmungen verstoßen hat, um sich diesbezüglich Gewissheit zu verschaffen. Ohne ein begründetes Misstrauen der Frau sind allerdings solche Verstöße, wie auch das Öffnen oder Unterschlagen von Postsendungen, ein Scheidungsgrund.
Hingegen wurde es in einem anderen Fall als „weit über jede verständliche und zu tolerierende Reaktion hinausgehende Handlung" gewertet, dass eine eifersüchtige Ehefrau durch das Schreiben einer Karte an den Arbeitgeber des Mannes seine Ehre, durch das Zufügen von Verletzungen seine körperliche Unversehrtheit und durch die Schenkung des Liegenschaftsvermögens an den Sohn sein Vermögen massiv beeinträchtigt hat.

Beispiel

Entschuldbar ist die Reaktionshandlung auch dann nicht, wenn sie längere Zeit hindurch fortgesetzt wird. Verweigert etwa die Ehefrau nach einem besonders heftigen schweren Streit dem Mann unmittelbar darauf den Zutritt zur Wohnung, so mag dies eine entschuldbare Reaktionshandlung sein. Lässt sie ihn, ohne dass die Voraussetzungen für seine Wegweisung aus der Wohnung (siehe Seite 53 ff.) gegeben wären, am nächsten Tag noch immer nicht herein, setzt sie eine Eheverfehlung.

Auch eine Vielzahl an sich nicht schwerer Eheverfehlungen kann in ihrer Gesamtheit die Zerrüttung der Ehe verursachen.
Ist die Ehe jedoch einmal zerrüttet, so sind spätere Eheverfehlungen nur mehr von untergeordneter Bedeutung, sie werden im Scheidungsverfahren nur mehr herangezogen, wenn sie zur weiteren Zerrüttung beigetragen und eine Versöhnung unmöglich gemacht haben, allenfalls auch, wenn in dem Verhalten eine „grobe Missachtung der Person des anderen Ehegatten zum Ausdruck kommt".
Grundsätzlich verlieren aber selbst schwere Eheverfehlungen nach vollständiger Zerrüttung der Ehe ihre sonstige Bedeutung. Ist also z. B. eine Ehe zerrüttet, weil der Ehemann schon vor geraumer Zeit die häusliche Gemeinschaft aufgegeben hat, um mit einer anderen Frau zu leben, und nimmt zu einem Zeitpunkt, zu dem mit seiner Rückkehr nicht mehr gerechnet werden kann, die Ehefrau ihrerseits eine Beziehung zu einem anderen Mann auf, so ist ihr Ehebruch keine schwer wiegende Eheverfehlung mehr.
Der Grundsatz, dass nach Eintritt der Zerrüttung gesetzte Eheverfehlungen nicht mehr als solche gelten, kann im Übrigen nicht von dem Ehepartner, der die Verfehlungen begangen hat, einer Scheidungsklage entgegengesetzt werden: Der untreue Ehemann kann sich etwa nicht darauf berufen, dass

er durch sein tyrannisches Verhalten gegenüber seiner Frau und den Kindern die Ehe ohnedies schon seit Jahren vollständig zerrüttet hätte: Es ist Sache des verletzten Ehegatten, zu entscheiden, welche von mehreren Verfehlungen er als ehezerstörend empfindet und zum Anlass für eine Scheidungsklage nimmt.

Verzeihung des Verhaltens

Gemäß § 56 Ehegesetz besteht das Recht auf Scheidung wegen Verschuldens nicht, wenn sich aus dem Verhalten des verletzten Ehegatten ergibt, dass er die Verfehlung des anderen verziehen oder nicht als ehezerstörend empfunden hat.
Dass er verziehen hat, kann allerdings nur dann angenommen werden, wenn der gekränkte Ehegatte durch sein Gesamtverhalten zum Ausdruck bringt, dass er das Fehlverhalten des Partners nicht (mehr) als solches betrachtet und vorbehaltlos bereit ist, die Ehe fortzusetzen. Voraussetzung dafür ist freilich, dass der Verzeihende die Verfehlung in ihrem ganzen Umfang kennt. Wenn der verletzte Ehegatte das Verhalten des anderen bloß erträgt oder mit einer Scheidungsklage nur noch etwas zuwarten will, stellt dies keine Verzeihung dar. Wird die Verzeihung an Bedingungen geknüpft (z. B. an die Beendigung jeden Kontaktes des Mannes zu seiner Freundin), so liegt eine Verzeihung erst vor, wenn diese Bedingung erfüllt ist. Wurde eine Eheverfehlung verziehen, so kann das nicht mehr widerrufen werden.
Auch der Verzicht auf das Scheidungsrecht hinsichtlich bestimmter, bereits gesetzter Scheidungsgründe ist wirksam, nicht aber ein Verzicht auf den Scheidungsanspruch überhaupt oder auf sich allenfalls in der Zukunft ergebende Scheidungsgründe, da ja nicht wirklich gesagt werden kann, wie sich eine erst in der Zukunft gesetzte Eheverfehlung auf das eheliche Verhältnis auswirken wird.

Fristen

Das Recht auf Scheidung wegen Verschuldens erlischt gemäß Ehegesetz, wenn der verletzte Ehegatte nicht binnen sechs Monaten nach Kenntnis des Scheidungsgrundes die Klage erhebt.
Ein fortgesetztes ehewidriges Verhalten ist allerdings als einheitlicher Scheidungsgrund anzusehen, für den Beginn der Frist ist die letzte ehewidrige Handlung maßgeblich. Zieht also der Ehemann aus, so beginnt die Frist für die Scheidungsklage der verlassenen Ehefrau nicht mit dem Tag

seines Auszuges, sondern erst mit seiner allfälligen Rückkehr in die Ehewohnung. Auch wenn der Ehemann eine Freundin hat, beginnt die sechsmonatige Frist für die Ehefrau nicht dann zu laufen, wenn sie von der ehewidrigen Beziehung erfährt, sondern erst, wenn diese allenfalls endet: Die sechsmonatige Frist läuft erst ab der letzten gesetzten Verfehlung.
Die Frist ist, wie die Juristen sagen, „gehemmt“, solange die häusliche Gemeinschaft der Eheleute aufgehoben ist. Wenn allerdings der Schuldige den anderen auffordert, die Gemeinschaft wieder aufzunehmen oder die Scheidungsklage einzubringen, läuft die Frist weiter.
Unabhängig davon, wann der verletzte Ehegatte von einer Verfehlung des anderen Kenntnis erhält, ist die Scheidung nicht mehr zulässig, wenn seit dem Eintritt des Scheidungsgrundes zehn Jahre verstrichen sind. Hat also z. B. der Ehemann ein gemeinsames Kind sexuell missbraucht, dieses erzählt der Mutter davon aber erst zehn Jahre später, so kann die Frau wegen dieser Verfehlung nicht mehr auf Scheidung klagen.
Sowohl verziehene wie auch verfristete Eheverfehlungen können allerdings zur Unterstützung eines Scheidungsbegehrens herangezogen werden, das sich auf einen nicht verziehenen und nicht verfristeten Scheidungstatbestand gründet. Die Scheidung ist also möglich und kann durch die Berufung auf länger zurückliegende, seinerzeit nicht bekannte oder nicht geltend gemachte Verfehlungen unterstützt werden, wenn wenigstens eine relevante Eheverfehlung in den letzten sechs Monaten vor Einbringung der Klage gesetzt wurde.

Tipp

Ein noch nicht verfristeter Scheidungsgrund muss nicht schon in der Klage geltend gemacht, sondern kann auch erst im Laufe des Verfahrens herangezogen werden. Es ist daher möglich, eine Scheidungsklage zunächst dezent zu formulieren, dem Beklagten z. B. nur „Verbringen der Freizeit außer Haus“ vorzuwerfen, und nur dann, wenn der andere sich der Scheidung widersetzt, die Gründe zu benennen, deren Erörterung vor Gericht peinsam sein könnte. Zum Beispiel: „Er hat am Faschingsonntag mit seinem 16-jährigen Lehrmädchen geschlechtlich verkehrt.“

Verschulden oder nicht?

Ergibt das Verfahren kein Verschulden der oder des Beklagten an der Zerrüttung der Ehe (oder erachtet das Gericht die Ehe nicht als zerrüttet), so wird die Klage abgewiesen. Hat die oder der Beklagte in den letzten sechs

Monaten vor Klagseinbringung auch nur eine schwere, nicht verziehene Eheverfehlung gesetzt, so wird die Ehe wohl geschieden, über Antrag des Beklagten kann das Gericht aber auch die „Mitschuld" des Klägers aussprechen.

Tipp

Ein solcher „Mitschuldantrag" muss daher von der beklagten Partei aus Vorsichtsgründen im Scheidungsverfahren erster Instanz immer gestellt werden, auch wenn man primär eine Abweisung der Klage erreichen möchte: Findet das Gericht nämlich an der scheidungsunwilligen beklagten Partei auch nur einen nicht verziehenen und nicht verfristeten Scheidungsgrund, würde die Ehe mangels „Mitschuldantrag" aus ihrem Alleinverschulden geschieden.

Ist der beklagte Ehepartner von seiner Unschuld überzeugt, aber an einer Klagsabweisung (die ja das Weiterbestehen der Ehe zur Folge hätte) nicht interessiert, so kann er eine so genannte „Widerklage" einbringen, die auch im Falle der Abweisung der ursprünglichen Scheidungsklage zu einer Scheidung, und zwar aus Alleinverschulden des Klägers, führen könnte.
Befindet das Gericht allerdings, dass beide Teile ein Verschulden trifft, „so sind beide für schuldig zu erklären. Ist das Verschulden des einen Ehegatten erheblich schwerer als das des anderen, so ist zugleich auszusprechen, dass seine Schuld überwiegt" (§ 60/2 EheG).
Bei dieser Verschuldensabwägung prüfen die Gerichte, wer den „entscheidenden Beitrag" zur Zerrüttung geleistet hat, vor allem, durch wessen Fehlverhalten die Zerrüttung der Ehe begonnen hat, sowie, wodurch die Zerrüttung irreversibel wurde, also wessen Verfehlung die Zerrüttung endgültig gemacht hat.
Nach ständiger Rechtsprechung wird „überwiegendes Verschulden" eines Ehegatten aber nur ausgesprochen, wenn der Grad des Verschuldens sehr unterschiedlich ist und das mindere Verschulden „fast völlig in den Hintergrund tritt". Dabei sind, wie in den Entscheidungen immer wieder betont wird, „keine subtilen Erwägungen anzustellen".
In der Praxis bedeutet dies eine Risikoverschiebung zu Lasten der Frauen, die auf Unterhalt angewiesen sind, dessen Voraussetzung nach der Scheidung aber der Ausspruch eines alleinigen oder überwiegenden Verschuldens des Unterhaltspflichtigen im Scheidungsurteil ist.
Für den Ehemann ist der ohne subtile Erwägung erfolgte Ausspruch beiderseitigen Verschuldens bereits ein voller Erfolg: Er gibt der Frau, von

Ausnahmefällen abgesehen, nur Anspruch auf „notdürftigen Unterhalt", den aber er im gegebenen Fall ebenso von der Frau verlangen könnte (siehe dazu auch den Abschnitt „Unterhalt", Seite 87 ff.).

Achtung!

Für die Frau, die während der Ehe nicht oder nur eingeschränkt berufstätig war, die vielleicht eine gute berufliche Position aufgegeben hat, um dem Mann ins Ausland zu folgen, kann ein derartiges Scheidungsurteil existenzvernichtende Folgen haben. Zu bedenken ist hier immer, dass Sie als geschiedene Frau ohne Anspruch auf Unterhalt auch keine Hinterbliebenenpension erhalten können.
Die nicht subtile Verschuldensabwägung, die zu keinem Ausspruch überwiegenden Verschuldens des Ehemannes führt, hat also nicht nur den Verlust des Unterhaltsanspruches, sondern auch den der Alterssicherung zur Folge.

Die Gerichte haben aber bereits wiederholt ausgesprochen, dass versorgungsrechtliche Argumente bei der Verschuldensabwägung nicht ausschlaggebend sein können.
Dabei ist zu beachten, dass immer wieder an „weibliche Eheverfehlungen" wie Nörgeln, Pedanterie, übertriebene Zuwendung an die Kinder und dadurch bedingte Vernachlässigung des Ehemannes ein besonders strenger Maßstab angelegt wird. Diese Verhaltensweisen werden oft als „Einleitung der Zerrüttung" gewertet, während eher Männern zugeordnete Eheverfehlungen wie Alkoholismus, Misshandlungen, Verletzung der ehelichen Treue zwar nicht gerade als Reaktion auf das Verhalten der Frau angesehen werden, aber im Hinblick auf die von der Frau bereits eingeleitete Zerrüttung doch nicht zum Ausspruch überwiegenden Verschuldens des Mannes genügen. Eine Änderung dieser ungleichen Gewichtung weiblicher und männlicher Eheverfehlungen ist offenkundig nicht in Sicht.

Beispiel

Das Landesgericht für Zivilrechtssachen Wien begründete im Juni 2002 den Ausspruch beidseitigen Verschuldens so: „Wenn der Kläger sein Leben so gestaltet, dass es hauptsächlich auf die Befriedigung seiner eigenen Bedürfnisse ausgerichtet ist, indem er die Freizeit nur dort verbringt, wo es der Beklagten nicht gefällt, ihr die Hausarbeit weitgehend allein überlässt, sich einer zeitintensiven Betriebsratstätigkeit widmet, sein Hobby allein betreibt, mit einem überholten Erziehungsstil Streitigkeiten auslöst, so bleibt sein Verhalten keinesfalls hinter den Eheverfehlungen der Beklagten zurück, die sich überhaupt nicht an der Freizeitgestaltung des Klägers beteiligen wollte und mit ihrem nörgelnden Verhalten für die Zerrüttung auslösend war."

Gesetzestexte

Ehegesetz (EheG)

§ 49. Ein Ehegatte kann Scheidung begehren, wenn der andere durch eine schwere Eheverfehlung oder durch ehrloses oder unsittliches Verhalten die Ehe schuldhaft so tief zerrüttet hat, daß die Wiederherstellung einer ihrem Wesen entsprechenden Lebensgemeinschaft nicht erwartet werden kann. Eine schwere Eheverfehlung liegt insbesondere vor, wenn ein Ehegatte die Ehe gebrochen oder dem anderen körperliche Gewalt oder schweres seelisches Leid zugefügt hat. Wer selbst eine Verfehlung begangen hat, kann die Scheidung nicht begehren, wenn nach der Art seiner Verfehlung, insbesondere wegen des Zusammenhangs der Verfehlung des anderen Ehegatten mit seinem eigenen Verschulden sein Scheidungsbegehren bei richtiger Würdigung des Wesens der Ehe sittlich nicht gerechtfertigt ist.

§ 56. Das Recht auf Scheidung wegen Verschuldens besteht nicht, wenn sich aus dem Verhalten des verletzten Ehegatten ergibt, daß er die Verfehlung des anderen verziehen oder sie als ehezerstörend nicht empfunden hat.

§ 57. (1) Das Recht auf Scheidung wegen Verschuldens erlischt, wenn der Ehegatte nicht binnen sechs Monaten die Klage erhebt. Die Frist beginnt mit der Kenntnis des Scheidungsgrundes. Sie läuft nicht, solange die häusliche Gemeinschaft der Ehegatten aufgehoben ist. Fordert der schuldige Ehegatte den anderen auf, die Gemeinschaft herzustellen oder die Klage auf Scheidung zu erheben, so läuft die Frist vom Empfang der Aufforderung an.

(2) Die Scheidung ist nicht mehr zulässig, wenn seit dem Eintritt des Scheidungsgrundes zehn Jahre verstrichen sind.

(3) (Anm.: aufgehoben durch BGBl. I Nr. 135/2000)

(4) Für die Sechs- und die Dreimonatsfrist gilt § 40 Abs. 3 und 4 entsprechend.

§ 59. (1) Nach Ablauf der in den §§ 57 und 58 bezeichneten Fristen kann während eines Scheidungsstreites ein Scheidungsgrund noch geltend gemacht werden, wenn die Frist bei der Klageerhebung noch nicht verstrichen war.

(2) Eheverfehlungen, auf die eine Scheidungsklage nicht mehr gegründet werden kann, können nach Ablauf der Fristen des § 57 zur Unterstützung einer auf andere Eheverfehlungen gegründeten Scheidungsklage geltend gemacht werden.

§ 60. (1) Wird die Ehe wegen Verschuldens des Beklagten geschieden, so ist dies im Urteil auszusprechen.

(2) Hat der Beklagte Widerklage erhoben und wird die Ehe wegen Verschuldens beider Ehegatten geschieden, so sind beide für schuldig zu erklären. Ist das Verschulden des einen Ehegatten erheblich schwerer als das des anderen, so ist zugleich auszusprechen, daß seine Schuld überwiegt.

(3) Auch ohne Erhebung einer Widerklage ist auf Antrag des Beklagten die Mitschuld des Klägers auszusprechen, wenn die Ehe wegen einer Verfehlung des Beklagten geschieden wird und dieser zur Zeit der Erhebung der Klage oder später auf Scheidung wegen Verschuldens hätte klagen können. Hatte der Beklagte bei der Klageerhebung das Recht, die Scheidung wegen Verschuldens des Klägers zu begehren, bereits verloren, so ist dem Antrag gleichwohl stattzugeben, wenn dies der Billigkeit entspricht. Abs. 2 Satz 2 gelten entsprechend.

Scheidung aus anderen Gründen

Das Ehegesetz kennt neben der Scheidung aus Verschulden der beklagten Partei auch eine „Scheidung aus anderen Gründen", die im Wesentlichen in einer physischen oder psychischen Erkrankung der beklagten Partei liegen.
Die Anerkennung einer Erkrankung als Scheidungsgrund steht in einem Spannungsverhältnis zur Beistandspflicht, welche ja den gesunden Ehepartner gerade zu besonderem Bemühen um den Kranken verpflichten würde. Das Gesetz bejaht jedoch das Recht des Gesunden auf Scheidung, wenn es sich um besonders schwere, ausdrücklich angeführte Erkrankungen handelt, deren Auswirkung zur Zerrüttung der Ehe geführt hat, mit gewissen prozessualen Erleichterungen zu Gunsten des Kranken.
So ist gemäß § 50 EheG die Ehe zu scheiden, wenn sie infolge eines Verhaltens, „das nicht als Eheverfehlung betrachtet werden kann, weil es auf einer geistigen Störung beruht", vollständig zerrüttet ist. In diesen Fällen verhält sich also der beklagte Ehepartner ehewidrig, was ihm jedoch nicht als „verschuldet" angerechnet werden kann, weil seine Willensbildung durch seine geistige Störung herabgesetzt ist. Zu den „geistigen Störungen" zählt die Judikatur Neurosen, Melancholie, Hysterie, Drogensucht oder Eifersuchtswahn. Wesentlich ist, dass nicht die geistige Störung, sondern das durch diese bewirkte ehewidrige Verhalten und die daraus entstandene Zerrüttung der Ehe der Scheidungsgrund ist. Verhält sich also ein Neurotiker nicht ehewidrig, so ist seine Neurose an sich kein Scheidungsgrund.

Tipp

Beweispflichtig für die geistige Störung ist der Kläger oder die Klägerin. Kann er oder sie keine Beweise vorbringen, so wird die Klage abgewiesen. Wenn Sie eine Klage einbringen, weil Sie wegen des ehewidrigen Verhaltens Ihres Partners die Ehe nicht mehr fortsetzen wollen, ohne dass für den Laien ersichtlich ist, ob dieses Verhalten schuldhaft oder infolge einer geistigen Störung gesetzt wurde, so ist es zweckmäßig, die Klage sowohl auf Verschulden (§ 49 EheG) und lediglich für den Fall, dass eine geistige Störung vorliegen sollte, auch auf eine solche (§ 50 EheG) zu stützen.

Die Scheidung kann auch begehrt werden, wenn der andere Partner geisteskrank ist und aufgrund der Schwere der Erkrankung „die geistige Gemeinschaft zwischen den Ehegatten aufgehoben ist". Das bedeutet, dass der Kranke nicht mehr in der Lage ist, „am Lebens- und Gedankenkreis" des

anderen teilzunehmen. Die Zerrüttung hat also ihre Ursache in der Aufhebung der geistigen Gemeinschaft, die Aufhebung der häuslichen Gemeinschaft z. B. durch einen längeren Krankenhausaufenthalt würde dem nicht entsprechen. Auch wenn die Geisteskrankheit nicht unheilbar, die Heilung jedoch „unabsehbar" ist, wird angenommen, dass die Wiederherstellung der geistigen Gemeinschaft nicht erwartet werden kann und die Ehe zu scheiden ist.

Schließlich sieht das Ehegesetz vor, dass eine Scheidung auch begehrt werden kann, wenn der andere Ehegatte an einer ansteckenden oder Ekel erregenden Krankheit leidet, „deren Heilung in absehbarer Zeit nicht erwartet werden kann".

Mit dieser Gesetzesstelle sind Erkrankungen wie Aids, offene Lungentuberkulose, Lepra oder Geschlechtskrankheiten gemeint, keineswegs häufiger auftretende, wenn auch ansteckende Erkrankungen, auch nicht körperliche Missbildungen, Narben oder die Verstümmelung der Gliedmaßen. Auch eine gynäkologische Operation, die den Geschlechtsverkehr unmöglich macht, stellt keinen Scheidungsgrund dar.

Allerdings darf die Ehe aus Gründen einer geistigen Störung oder Ekel erregenden Krankheit (die in §§ 50 bis 52 EheG genannten Gründe) nicht geschieden werden, wenn das Scheidungsbegehren sittlich nicht gerechtfertigt ist, insbesondere dann, wenn die Auflösung der Ehe den betroffenen Ehepartner außergewöhnlich hart treffen würde. Bei der Beurteilung der sittlichen Rechtfertigung des Scheidungsbegehrens werden die Dauer der Ehe, das Alter der Eheleute und der Anlass der Erkrankung, aber auch die sonstigen Umstände des Einzelfalles berücksichtigt.

Ein solcher Härtefall, der die Scheidung ausschließt, muss aber über die gewöhnliche Härte, die für jeden Kranken mit der Auflösung der Ehe verbunden ist, hinausgehen. Dies wird z. B. angenommen, wenn die Krankheit vom anderen Teil verschuldet wurde oder etwa, wenn eine geistige Erkrankung im Zusammenhang mit der Geburt eines gemeinsamen Kindes ausgebrochen ist, ohne dass die Anlage für diese Krankheit vorher schon vorhanden war.

Sittlich nicht gerechtfertigt ist das Scheidungsbegehren auch dann, wenn das Verhalten des beklagten Ehepartners durch eine schwere Eheverfehlung des Klägers hervorgerufen wurde bzw. wenn zwischen den Verfehlungen der Ehegatten ein Zusammenhang besteht oder die Verfehlungen des Klägers unverhältnismäßig schwerer wiegen als die des Be-

klagten (also bei Vorliegen der Voraussetzungen, die auch zur Abweisung einer auf § 49 EheG gestützten Scheidungsklage führen würden). Keinen Härtefall stellt hingegen die Beschränkung des Unterhalts- und Pensionsanspruches nach der Scheidung, die durch die Scheidung ausgelöste Teilung des ehelichen Vermögens oder ein sonstiger wirtschaftlicher Grund dar.
Im Urteil über eine auf geistige Störungen oder Ekel erregende Krankheiten gestützte Scheidungsklage ist auch auf Antrag der beklagten Partei das (alleinige) Verschulden des Klägers auszusprechen, wenn dieser seinerseits schwere Eheverfehlungen gesetzt hat. Eine so genannte Widerklage des Beklagten ist dazu nicht notwendig. Ein solcher Verschuldensausspruch wird auch dann getroffen, wenn die Eheverfehlungen des Klägers verziehen oder verfristet sind, sofern dies der „Billigkeit" entspricht.
Einem derartigen Verschuldensantrag wird jedoch nicht Folge gegeben, wenn eine Gesamtwürdigung des Verlaufes der Ehe ergibt, dass eine einseitige Verschuldensfeststellung gegen den Kläger der „Billigkeit" grob widerspricht. Der Hinweis auf die Billigkeit bedeutet, dass in solchen Fällen jeweils die besonderen Umstände des Einzelfalles in der richterlichen Entscheidung zu berücksichtigen sind.

Gesetzestexte

Ehegesetz (EheG)

§ 50. Ein Ehegatte kann Scheidung begehren, wenn die Ehe infolge eines Verhaltens des anderen Ehegatten, das nicht als Eheverfehlung betrachtet werden kann, weil es auf einer geistigen Störung beruht, so tief zerrüttet ist, daß die Wiederherstellung einer dem Wesen der Ehe entsprechenden Lebensgemeinschaft nicht erwartet werden kann.
§ 51. Ein Ehegatte kann Scheidung begehren, wenn der andere geisteskrank ist, die Krankheit einen solchen Grad erreicht hat, daß die geistige Gemeinschaft zwischen den Ehegatten aufgehoben ist, und eine Wiederherstellung dieser Gemeinschaft nicht erwartet werden kann.
§ 52. Ein Ehegatte kann Scheidung begehren, wenn der andere an einer schweren ansteckenden oder ekelerregenden Krankheit leidet und ihre Heilung oder die Beseitigung der Ansteckungsgefahr in absehbarer Zeit nicht erwartet werden kann.
§ 54. In den Fällen der §§ 50 bis 52 darf die Ehe nicht geschieden werden, wenn das Scheidungsbegehren sittlich nicht gerechtfertigt ist. Dies ist in der Regel dann anzunehmen, wenn die Auflösung der Ehe den anderen Ehegatten außergewöhnlich hart treffen würde. Ob dies der Fall ist, richtet sich nach den Umständen, namentlich auch nach der Dauer der Ehe, dem Lebensalter der Ehegatten und dem Anlaß der Erkrankung.

§ 61. (1) Wird die Ehe auf Klage und Widerklage geschieden und trifft nur einen Ehegatten ein Verschulden, so ist dies im Urteil auszusprechen.
(2) Wird die Ehe lediglich auf Grund der Vorschriften der §§ 50 bis 53 geschieden und hätte der Beklagte zur Zeit der Erhebung der Klage oder später auf Scheidung wegen Verschuldens des Klägers klagen können, so ist auch ohne Erhebung einer Widerklage auf Antrag des Beklagten auszusprechen, daß den Kläger ein Verschulden trifft. Hatte der Beklagte bei der Klageerhebung das Recht, die Scheidung wegen Verschuldens des Klägers zu begehren, bereits verloren, so ist dem Antrag gleichwohl stattzugeben, wenn dies der Billigkeit entspricht.
(3) Wird die Ehe nach § 55 geschieden und hat der Kläger die Zerrüttung allein oder überwiegend verschuldet, so ist dies auf Antrag des Beklagten im Urteil auszusprechen.

Scheidung wegen Aufhebung der häuslichen Gemeinschaft

Von wesentlich größerer praktischer Bedeutung ist die Scheidung wegen Auflösung der häuslichen Gemeinschaft. Besteht zwischen Eheleuten seit zumindest drei Jahren keine häusliche Gemeinschaft mehr, so wird vom Gesetz angenommen, dass allein dadurch die Ehe vollständig zerrüttet ist. Die Ehe ist über eine Klage jedes der beiden, also auch desjenigen, der dem anderen keine Ehewidrigkeit vorwerfen kann, zu scheiden. § 55 EheG, der dies regelt, ist sozusagen der „Notausgang“ aus der Ehe.
Zum besseren Verständnis muss vorausgeschickt werden, dass eine durchaus ähnliche Bestimmung im Ehegesetz stets vorhanden war. Von den Gerichten wurde aber der (auch jetzt im § 55 EheG enthaltenen) Widerspruchsmöglichkeit des schuldlosen Ehegatten eine so große Bedeutung zugemessen, dass solche Klagen bis 1978 regelmäßig abgewiesen wurden. Es kam zu den so genannten „Papierehen“, deren Partner oft schon so lange Jahre voneinander getrennt lebten, dass sie sich bei einer zufälligen Begegnung auf der Straße nicht mehr ohne weiteres erkannt hätten.
Der Grund für diese eheerhaltende Judikatur war wirtschaftlicher Natur, nämlich die Diskrepanz zwischen der Höhe des Ehegattenunterhalts von maximal 33 Prozent des Einkommens des Unterhaltspflichtigen und der Höhe der Witwenpension von ursprünglich 50 Prozent, später 60 Prozent der Pension des Verstorbenen: Gemäß den damals geltenden Bestimmungen des Allgemeinen Sozialversicherungsgesetzes (ASVG) und anderer Pensionsgesetze konnte der geschiedenen Witwe keine höhere Witwenpension zuerkannt werden als der von ihr zuletzt bezogene Unterhalt, also höchstens 33 Prozent der Pension ihres gleichfalls schon pensionierten geschie-

denen Gatten, statt 60 Prozent, die sie im Fall der aufrechten Ehe bekommen hätte. In dieser pensionsrechtlichen Schlechterstellung erblickten die Gerichte einen beachtlichen Grund der an der Zerrüttung schuldlosen Ehefrau, dem Scheidungsbegehren des Mannes zu widersprechen, und wiesen deshalb die auf mehr als dreijährige Aufhebung der häuslichen Gemeinschaft gestützten Scheidungsklagen ab.
Durch die Familienrechtsreform wurde im Jahr 1978 eine pensionsrechtliche Sonderregelung eingeführt. Nunmehr wird nach § 55 EheG und aus Verschulden des Klägers geschiedenen Frauen (mittlerweile auch Männern) unter bestimmten zusätzlichen Voraussetzungen Hinterbliebenenpension in voller Höhe (so, als ob die Ehe nicht geschieden worden wäre) zuerkannt. Die Voraussetzungen sind die Dauer der Ehe von mehr als 15 Jahren und ein Alter von zumindest 40 Jahren im Zeitpunkt der Scheidung. Bedingung ist allerdings, dass der Verstorbene überhaupt zur Leistung von Unterhalt, egal in welcher Höhe, verpflichtet war (auch für diese Verpflichtung bestehen strenge formelle Voraussetzungen, siehe Seite 103 f.).
Damit war die pensionsrechtliche Benachteiligung durch die Scheidung zumindest für ältere, nach längerer Ehedauer ohne ihre Veranlassung schuldlos geschiedene Frauen beseitigt. Der § 55 EheG wurde in seinem Text modifiziert. Er bestimmt nicht nur, wie schon zuvor, dass jeder Ehepartner wegen tief greifender unheilbarer Zerrüttung die Scheidung der Ehe begehren kann, wenn die häusliche Gemeinschaft seit drei Jahren aufgehoben ist. Es wurde überdies ein dritter Absatz angefügt, dem zufolge die Ehe jedenfalls zu scheiden ist, wenn die häusliche Gemeinschaft der Ehegatten *seit sechs Jahren* aufgehoben ist.

Das Ende der häuslichen Gemeinschaft

Häusliche Gemeinschaft bedeutet hier vor allem Wohn- und Wirtschaftsgemeinschaft; sind allerdings die Lebensbereiche der Eheleute vollständig getrennt, so kann, auch wenn beide in derselben Wohnung wohnen, § 55 EheG angewendet werden. Maßgeblich ist, dass jeder für sich wirtschaftet, keiner für den anderen einkauft, kocht oder Wäsche versorgt, dass Freizeit und Urlaub ohne den anderen verbracht werden etc. Bei einem völligen Abbruch der gemeinsamen Lebensgestaltung steht nicht einmal eine gewisse Teilversorgung des anderen Ehegatten der Scheidung entgegen, wenn also z. B. die Ehefrau dem gleichfalls noch in der Ehewohnung hausenden

Ehemann, den sie kaum zu Gesicht bekommt und zu dem nur mehr Grußkontakt besteht, noch die Bettwäsche bügelt.
Zur Auflösung der häuslichen Gemeinschaft gehört allerdings auch der Verlust des Ehewillens bei zumindest einem der Ehegatten, der hievon auch den anderen in Kenntnis setzen muss.

Beispiel

Wird z. B. der Ehemann von seinem Dienstgeber auf eine Großbaustelle nach Russland entsendet, so beginnt die dreijährige Frist nicht mit seiner Abreise nach Russland, sondern erst zu dem Zeitpunkt, zu dem er der Ehefrau mitteilt, dass er nicht mehr die Absicht hat, zu ihr zurückzukehren.

Kommt es nach einer längeren Trennung der Ehegatten zu einer Wiederaufnahme der häuslichen Gemeinschaft, danach aber wieder zu einer Trennung, so beginnt der Lauf der dreijährigen Frist aufs Neue, die Zeit vor der Wiederaufnahme der Gemeinschaft kann nicht mitgerechnet werden.
Gelegentliche Besuche des verlassenen Partners, insbesondere aus familiären Anlässen, die Durchführung von Reparaturen in der vormals gemeinsamen Wohnung o. Ä. gelten nicht als Wiederaufnahme der häuslichen Gemeinschaft, selbst wenn es aus diesem Anlass auch wieder zu sexuellen Kontakten kommt.
Die dreijährige Frist muss nicht schon bei Einbringung der Klage, sondern erst im Zeitpunkt des Schlusses des Verfahrens in erster Instanz abgelaufen sein.
Dem Wortlaut des Gesetzes zufolge ist auch bei Vorliegen aller dieser Voraussetzungen die Ehe nicht zu scheiden, wenn das Gericht von sich aus zur Überzeugung gelangt, dass die Wiederherstellung einer dem Wesen der Ehe entsprechenden Lebensgemeinschaft zu erwarten ist. (Soweit überblickbar, hat es allerdings seit Jahren keine derartige Entscheidung eines Gerichtes gegeben.)

Der Härteeinwand

Außerdem wird dem Scheidungsbegehren nicht stattgegeben, wenn der Kläger die Zerrüttung allein oder überwiegend verschuldet hat und die beklagte Partei von der Scheidung härter getroffen werden würde als der Kläger von der Abweisung seines Scheidungsbegehrens. Bei der Beurtei-

leben zu gewöhnen, zu überdenken, ob sie das Gartenhaus wirklich ins Eigentum übernehmen (und dort auch allein übernachten, im Herbst die Leitungen entleeren etc.) will, ihre Berufstätigkeit wieder aufnehmen oder ausweiten, den Kontakt zu alten Freunden wieder auffrischen oder neue gewinnen möchte. Die Scheidung am Ende der dreijährigen Trennung und nach reiflicher Überlegung aller Scheidungsfolgen verläuft in der Regel in entspannter und sachlicher Atmosphäre.
Nicht nur wegen der vom Gesetz eingeräumten unterhalts- und sozialversicherungsrechtlichen Vorteile ist daher diese Form der Scheidung für Frauen, welche durch den Scheidungswunsch ihres Mannes überrascht werden, die vorteilhafteste und in der Regel anderen Formen der Scheidung vorzuziehen. Die Ausnahme von dieser Regel wäre nur eine vom Ehemann angebotene einvernehmliche Scheidung zu besonders günstigen Konditionen.

Gesetzestexte

Ehegesetz (EheG)

§ 55. (1) Ist die häusliche Gemeinschaft der Ehegatten seit drei Jahren aufgehoben, so kann jeder Ehegatte wegen tiefgreifender unheilbarer Zerrüttung der Ehe deren Scheidung begehren. Dem Scheidungsbegehren ist nicht stattzugeben, wenn das Gericht zur Überzeugung gelangt, daß die Wiederherstellung einer dem Wesen der Ehe entsprechenden Lebensgemeinschaft zu erwarten ist.
(2) Dem Scheidungsbegehren ist auf Verlangen des beklagten Ehegatten auch dann nicht stattzugeben, wenn der Ehegatte, der die Scheidung begehrt, die Zerrüttung allein oder überwiegend verschuldet hat und den beklagten Ehegatten die Scheidung härter träfe als den klagenden Ehegatten die Abweisung des Scheidungsbegehrens. Bei dieser Abwägung ist auf alle Umstände des Falles, besonders auf die Dauer der ehelichen Lebensgemeinschaft, das Alter und die Gesundheit der Ehegatten, das Wohl der Kinder sowie auch auf die Dauer der Aufhebung der häuslichen Gemeinschaft, Bedacht zu nehmen.
(3) Dem Scheidungsbegehren ist jedenfalls stattzugeben, wenn die häusliche Gemeinschaft der Ehegatten seit sechs Jahren aufgehoben ist.
§ 61/3. (siehe Seite 37)

Einvernehmliche Scheidung

Mit der Familienrechtsreform 1978 wurde die Möglichkeit einer einvernehmlichen Scheidung geschaffen und in das Ehegesetz der § 55a eingefügt. Er besagt, dass die Eheleute die Scheidung gemeinsam begehren können, wenn die eheliche Lebensgemeinschaft seit mindestens einem halben Jahr aufgehoben ist, beide Teile die unheilbare Zerrüttung des ehelichen Verhältnisses zugestehen und auch beide eine Scheidung wünschen.

„Einvernehmen über die Scheidung" gab es zwischen Eheleuten selbstverständlich auch vor 1978. Um ein aufwändiges Scheidungsverfahren zu vermeiden, musste man sich bis dahin damit behelfen, wechselseitig möglichst harmlose und nicht verletzende Eheverfehlungen zu behaupten und – zur Vermeidung eines Beweisverfahrens – zuzugestehen. Die Ehe wurde dann meist in der ersten Verhandlung wegen „wechselseitiger Lieb- und Interesselosigkeit" aus beiderseitigem Verschulden geschieden.
Die Scheidungsfolgen konnten, mussten aber nicht gleichzeitig durch einen Vergleich geregelt werden.

Scheidung als Privatsache

Der Antrag auf Scheidung der Ehe im Einvernehmen erfolgt nicht gegeneinander, sondern gemeinsam. Wechselseitiges Verschulden muss nicht einmal behauptet werden, das Verhalten der Eheleute zueinander während der Ehe wird vom Gericht nicht geprüft, der Ausspruch über die Scheidung enthält keinen Ausspruch über das Verschulden. Damit wird den Bedürfnissen von Menschen, die ihre Ehe und deren Scheitern für ihre Privatsache halten und sie nicht der Überprüfung durch einen Richter unterziehen wollen, optimal Rechnung getragen.

Für die Gestaltung des Rechts auf einvernehmliche Scheidung gab es wohl ausländische Beispiele, die österreichische Lösung besticht aber durch ihre Unkompliziertheit: Die Parteien haben die Möglichkeit, durch gemeinsames Vorbringen und ihre eigene Aussage die Voraussetzungen der zumindest sechsmonatigen Aufhebung der Ehegemeinschaft und der unheilbaren Zerrüttung nachzuweisen, ohne dass das Gericht zu darüber hinausgehenden Erhebungen verpflichtet wäre. Nur wenn einer der Antragsteller angibt, dass noch ein gemeinsamer Haushalt oder die sexuelle Beziehung bestehe, oder dass er eigentlich die Ehe nicht für zerrüttet erachtet und an ihr festhalten will, muss das Gericht das Verfahren von Amts wegen auf längstens ein halbes Jahr unterbrechen. Durch eine Zuständigkeitsvereinbarung kann man aber ein anderes Gericht zum Scheidungsgericht berufen und einen neuen Antrag auf einvernehmliche Scheidung auch vor Ablauf der Frist einbringen.
Bedenkt man, dass die Möglichkeit der einvernehmlichen Scheidung 1978 in Österreich neu eingeführt wurde und dass derzeit etwa 90 Prozent aller Scheidungen nach § 55a EheG durchgeführt werden, so kann man ermessen, wie groß der Bedarf nach einer derartigen Regelung war und wie gelungen die gesetzliche Umsetzung ist.

Der neue Passus im Ehegesetz sieht allerdings auch vor, dass die Ehe nur geschieden werden darf, wenn die Eheleute eine schriftliche Vereinbarung „über die Zuteilung der aus den familienrechtlichen Beziehungen zwischen Eltern und minderjährigen Kindern erfließenden rein persönlichen Rechte und Pflichten, die Ausübung des Rechtes auf persönlichen Verkehr und die Unterhaltspflicht hinsichtlich ihrer gemeinsamen Kinder sowie ihre unterhaltsrechtlichen Beziehungen und die gesetzlichen vermögensrechtlichen Ansprüche im Verhältnis zueinander für den Fall der Scheidung" schließen. Die leichte, billige und unkomplizierte einvernehmliche Scheidung hat also zur Voraussetzung, dass sich das Einvernehmen der Ehegatten nicht nur auf den Umstand der Scheidung an sich bezieht, sondern auch auf die Regelung der Scheidungsfolgen. Damit soll vermieden werden, dass sich Eheleute in einer Krise vorschnell zu einer Scheidung hinreißen lassen, die in Wirklichkeit zwischen ihnen bestehenden Probleme jedoch ungelöst bleiben und danach umso schwerer zu lösen sind.
Ehepaare, die eine einvernehmliche Scheidung durchführen wollen, müssen sich also über die folgenden Punkte geeinigt haben oder spätestens anlässlich der Verhandlung über die einvernehmliche Scheidung einigen:

- Obsorge für gemeinsame Kinder, im Falle der Beibehaltung der Obsorge beider Elternteile Einigung über den hauptsächlichen Aufenthalt der Kinder;
- Kindesunterhalt;
- Recht auf persönlichen Verkehr – diesbezüglich genügt allerdings die Vereinbarung, sich darüber außergerichtlich einigen zu wollen;
- Ehegattenunterhalt – hier sind Vereinbarungen jeder Art möglich, von freiwilligen, den gesetzlichen Anspruch übersteigenden Leistungen über (im Gesetz an sich nur ausnahmsweise vorgesehene) befristete Leistungen bis hin zum Unterhaltsverzicht;
- Teilung des ehelichen Vermögens und der Schulden.

Ist in einem dieser Punkte die Einigung nicht möglich, so kann die einvernehmliche Scheidung nicht vorgenommen werden. Sind sich also die Ehegatten über die Regelung der Obsorge, Fragen des Unterhalts oder der Vermögensteilung uneins, müssen sie eine andere Form der Scheidung wählen. Hier wird oft auf das alte Modell der Scheidung aus beiderseitigem Verschulden wegen Lieb- und Interesselosigkeit zurückgegriffen. Über die nicht einvernehmlich zu regelnden Scheidungsfolgen entscheidet dann das Gericht im Pflegschaftsverfahren, Unterhaltsverfahren oder Vermögensteilungsverfahren.

Gesetzestexte

Ehegesetz (EheG)

§ 55a. (1) Ist die eheliche Lebensgemeinschaft der Ehegatten seit mindestens einem halben Jahr aufgehoben, gestehen beide die unheilbare Zerrüttung des ehelichen Verhältnisses zu und besteht zwischen ihnen Einvernehmen über die Scheidung, so können sie die Scheidung gemeinsam begehren.
(2) Die Ehe darf nur geschieden werden, wenn die Ehegatten eine schriftliche Vereinbarung über den hauptsächlichen Aufenthalt der Kinder oder die Obsorge, die Ausübung des Rechtes auf persönlichen Verkehr und die Unterhaltspflicht hinsichtlich ihrer gemeinsamen Kinder sowie ihre unterhaltsrechtlichen Beziehungen und die gesetzlichen vermögensrechtlichen Ansprüche im Verhältnis zueinander für den Fall der Scheidung dem Gericht unterbreiten oder vor Gericht schließen. Hinsichtlich des Rechtes auf persönlichen Verkehr mit gemeinsamen Kindern können die Ehegatten vereinbaren, daß sie sich die Regelung vorbehalten.
(3) Einer Vereinbarung nach Abs. 2 bedarf es nicht, soweit über diese Gegenstände bereits eine rechtskräftige gerichtliche Entscheidung vorliegt. Daß die für eine solche Vereinbarung allenfalls erforderliche gerichtliche Genehmigung noch nicht vorliegt, ist für den Ausspruch der Scheidung nicht zu beachten.

Nichtigerklärung und Aufhebung der Ehe

Allen Formen der Scheidung ist gemeinsam, dass zwischen den Eheleuten zunächst aus freier Entscheidung und in der richtigen Form eine den Gesetzen entsprechende Ehe zustande gekommen ist. Erst durch Verhaltensweisen eines oder beider Ehepartner oder das Auftreten einer Beeinträchtigung durch eine psychische oder physische Erkrankung während der Ehe wurde die Lebensgemeinschaft so zerrüttet, dass diesem Umstand durch Scheidung Rechnung zu tragen ist.
Gibt es bei einer Ehe jedoch bestimmte schwere Formfehler, verstößt sie gegen gesetzliche Bestimmungen, ist der Ehewille gar nicht vorhanden oder liegt ein Irrtum vor, ohne den einer der beiden die Ehe gar nicht geschlossen hätte, so wird die Ehe durch Nichtigkeits- oder Aufhebungsklage aufgelöst.

Nichtigkeit

Eine Ehe kommt (im Inland) nur zustande, wenn sie vor einem Standesbeamten stattgefunden hat. Jede andere Form der Trauung ist unwirksam und entfaltet keinerlei rechtliche Wirkungen (die Fachleute sprechen hier von „obligatorischer Ziviltrauung“). Eine im Ausland geschlossene Ehe ist

allerdings sehr wohl wirksam, wenn sie in der im Staat der Trauung entsprechenden Form abgeschlossen wird, oder aber wenn die Eheschließungsform dem Heimatrecht beider Partner entspricht. Heiraten allerdings zwei Ausländer gleicher Staatsbürgerschaft in Österreich, so gelten auch für sie die österreichischen Formvorschriften über die Eheschließung.
Die Verlobten müssen vor dem Standesbeamten persönlich und bei gleichzeitiger Anwesenheit erklären, die Ehe miteinander eingehen zu wollen, wobei ihre Erklärungen weder bedingt noch befristet sein dürfen. Wird diese Formvorschrift nicht eingehalten, so ist die Ehe nichtig.
Durch das rechtskräftige Nichtigkeitsurteil gilt zwar die Ehe als von vornherein nicht geschlossen, die Rechtswirkungen der nichtigen Ehe wurden aber im Laufe der Jahre den Folgen einer Ehescheidung immer mehr angeglichen. So gelten insbesondere seit 1. 1. 1978 Kinder aus einer nichtigen Ehe weiterhin als ehelich, auch die Teilung des ehelichen Vermögens erfolgt wie bei Scheidung und Aufhebung der Ehe.
Der wesentlichste Unterschied zur Eheaufhebung besteht darin, dass Nichtigkeitsgründe nicht verjähren, sondern jederzeit geltend gemacht werden können. Allerdings wird die Ehe gültig („saniert"), wenn die Ehepartner fünf Jahre in aufrechter ehelicher Lebensgemeinschaft gelebt haben (wenn einer von ihnen vorher stirbt, zumindest drei Jahre). Dies ist auch beim Nichtigkeitsgrund der Verletzung der vorgeschriebenen Form der Fall.
Ein weiterer Nichtigkeitsgrund liegt vor, wenn einer der Ehegatten zum Zeitpunkt der Eheschließung geschäftsunfähig war. Hier erfolgt die so genannte Sanierung dadurch, dass der betreffende Partner nach Wegfall seiner Geschäftsunfähigkeit zu erkennen gibt, dass er die Ehe fortsetzen will.
Von wesentlich größerer Bedeutung ist der Nichtigkeitsgrund der so genannten „Namens- und Staatsangehörigkeitsehe". Er sieht vor, dass eine Ehe nichtig ist, wenn sie ausschließlich oder vorwiegend zu dem Zweck geschlossen ist, einem der Ehepartner die Führung des Namens oder den Erwerb der Staatsbürgerschaft des anderen zu ermöglichen, ohne dass eine eheliche Lebensgemeinschaft begründet werden soll.
Obgleich nach einer Novelle des Staatsbürgerschaftsgesetzes aus dem Jahr 1983 die Eheschließung eines Ausländers mit einem österreichischen Staatsbürger gar nicht mehr den Erwerb der österreichischen Staatsbürgerschaft zur Folge hat, wird diese Bestimmung dennoch auf Ehen angewendet, bei welchen der ausschließliche oder vorwiegende Zweck die Erlangung einer Aufenthalts- und/oder Arbeitsbewilligung ist.

Auch Namens- und Staatsbürgerschaftsehen werden durch fünfjährige eheliche Lebensgemeinschaft (bei früherem Tod eines der Ehegatten zumindest dreijährige) saniert.
Nicht saniert werden können jedoch die Nichtigkeitsgründe der Doppelehe und der Blutsverwandtschaft. Eine Doppelehe liegt vor, wenn bei ihrem Abschluss eine frühere Ehe eines der beiden Partner noch aufrecht war. Die dennoch geschlossene zweite Ehe ist nichtig, auch wenn beide Partner bei ihrem Abschluss hinsichtlich der Auflösung der Vorehe in gutem Glauben waren. Sie bleibt auch nichtig, wenn die erste Ehe geschieden oder aufgehoben wird oder der frühere Ehepartner verstirbt. Nur dann, wenn der frühere Ehepartner fälschlich für tot erklärt wurde, wird durch die Schließung der neuen Ehe die frühere Ehe aufgelöst, es sei denn, beide Ehegatten wüssten bei der Eheschließung, dass der frühere Partner noch lebt.
Eine Blutsverwandtschaft, die zur Ehenichtigkeit führt, liegt vor, wenn die Ehegatten in gerader Linie miteinander verwandt sind (also zueinander im Eltern/Großeltern-, Kind/Enkel-Verhältnis stehen) oder voll- oder halbbürtige Geschwister sind.
Zur Geltendmachung der Ehenichtigkeit ist immer die Staatsanwaltschaft berechtigt, da nichtige Ehen gegen das öffentliche Interesse verstoßen, sowie jeder der betroffenen Ehepartner. Letzteres gilt jedoch nicht bei der Namens- und Staatsangehörigkeitsehe, bei welcher nur die Staatsanwaltschaft Klage erheben kann, oder aber nach einer bereits erfolgten Scheidung. Auch nach der Scheidung könnte allerdings die Staatsanwaltschaft zusätzlich die Nichtigerklärung der Ehe begehren. Im Fall der Doppelehe ist auch der Partner aus der ersten Ehe zur Einbringung der Nichtigkeitsklage berechtigt.
Nach der rechtskräftigen Nichtigerklärung einer Ehe hat jeder Partner wieder seinen Familiennamen zu tragen. Derjenige, dem der Nichtigkeitsgrund nicht bekannt war, wird hinsichtlich seiner Unterhaltsansprüche wie ein schuldlos Geschiedener behandelt, derjenige, dem der Nichtigkeitsgrund bekannt war, wie ein Schuldiger. War beiden Partnern der Nichtigkeitsgrund bekannt, was in der Regel bei der Staatsangehörigkeitsehe der Fall ist, so erlöschen alle Unterhaltsansprüche. Wussten beide nichts von dem Nichtigkeitsgrund, so besteht ein Unterhaltsanspruch nach Billigkeit: wenn z.B. einer der Ehepartner geschieden war, während seiner zweiten Ehe das Scheidungsurteil aber infolge einer Wiederaufnahmsklage des anderen Ehepartners aufgehoben wurde und somit der Nichtigkeitsgrund der Doppelehe vorliegt.

Aufhebung

Zu einer Aufhebung der Ehe kann es kommen, wenn bei ihrem Abschluss so genannte Willensmängel vorlagen, also ein Partner durch Irrtum oder Zwang daran gehindert war, seinen Ehewillen frei zu erklären.
Die Aufhebung der Ehe kann stets nur von dem Betroffenen begehrt werden, und zwar innerhalb eines Jahres ab der Kenntnis seines Irrtums oder dem Wegfall der Zwangslage.
Die Ehe wird durch das rechtskräftige Aufhebungsurteil aufgelöst, die Folgen sind gleich denen einer Scheidung, wobei hinsichtlich des Unterhaltsanspruchs gilt, dass der Ehegatte, der den Aufhebungsgrund kannte bzw. den anderen täuschte oder bedrohte, wie ein schuldig Geschiedener anzusehen ist.
Aufhebungsgründe im Sinne des Gesetzes sind der Mangel der Einwilligung des gesetzlichen Vertreters bei beschränkter Geschäftsfähigkeit (Geschäftsunfähigkeit eines Eheschließenden ist hingegen ein Nichtigkeitsgrund, siehe Seite 46), der Irrtum über den Akt der Eheschließung, den Inhalt der Konsenserklärung (beides nur vorstellbar bei einer Eheschließung im Ausland) oder die Identität des anderen Partners, oder aber der Irrtum über Umstände, die die Person des anderen Partners betreffen, deren Kenntnis von einer Eheschließung abgehalten hätte. Damit sind bereits vorhandene Geisteskrankheit oder körperliche Krankheit gemeint, gleichgeschlechtliche Veranlagung, aber auch Vorstrafen oder besonders ins Gewicht fallende negative Charaktereigenschaften.
Ein Aufhebungsgrund ist es weiters, wenn ein Ehegatte über Umstände, die ihn bei Kenntnis der Sachlage von der Ehe abgehalten hätten, arglistig getäuscht wurde. Hier ist aber ausdrücklich im Gesetz festgehalten, dass die Aufhebung der Ehe wegen einer Täuschung über Vermögensverhältnisse nicht begehrt werden kann. Als Grund für eine Aufhebung der Ehe wurde aber z. B. schon anerkannt, dass die bei der Eheschließung schwangere Frau dem Mann, der sie wegen der Schwangerschaft heiratete, verschwiegen hatte, dass auch ein anderer Mann als Vater des Kindes in Betracht käme. Der Aufhebungstatbestand der „arglistigen Täuschung" kann allerdings auch von einem Ehegatten geltend gemacht werden, der erkennt, dass der andere die Ehe nur zur erleichterten Erlangung der Staatsbürgerschaft bzw. einer Aufenthalts- und/oder Arbeitsbewilligung geschlossen hat. Der diesbezügliche Nichtigkeitsgrund kann ja, wie oben gesagt, nur von der Staatsanwaltschaft geltend gemacht werden.
Schließlich kann die Aufhebung begehrt werden, wenn ein Ehegatte zur Eingehung der Ehe durch Drohung bewegt wurde.

Eine Aufhebung ist in allen Fällen ausgeschlossen, wenn der betroffene Ehegatte nach Wegfall des Irrtums oder der Täuschung oder nach Aufhören der Zwangslage zu erkennen gegeben hat, dass er die Ehe fortsetzen will.
Heute, da üblicherweise Informationen über Verwandtschaftsverhältnisse, Vorehen, Beschränkungen der Geschäftsfähigkeit, Formen der Eheschließung in verschiedenen Ländern leicht zu erlangen sind, ist das Auftreten von Ehenichtigkeits- oder Aufhebungsgründen fast nicht mehr vorstellbar, lediglich die „Staatsbürgerschaftsehe" spielt in zunehmendem Maße eine Rolle.
Täuschung oder Irrtum bezüglich der Person des Ehepartners mag wohl vorkommen, da die Folgen der Eheaufhebung aber jenen der Scheidung gleich sind und der Beweis von Ereignissen im Zeitpunkt der Eheschließung eher schwerer zu erbringen ist als der Beweis für Vorkommnisse des letzten halben Jahres, wird auch dort, wo Aufhebungsgründe vorliegen, in der Regel mit einer Scheidungsklage vorgegangen. Nichtigerklärung und Aufhebung einer Ehe sind daher seltene Ausnahmen bei den Arten der Eheauflösung.

Gesetzestexte

Ehegesetz (EheG)

§ 6. Eine Ehe darf nicht geschlossen werden zwischen Blutsverwandten gerader Linie und zwischen voll- oder halbbürtigen Geschwistern, gleichgültig ob die Blutsverwandtschaft auf ehelicher oder unehelicher Geburt beruht.
§ 8. Niemand darf eine Ehe eingehen, bevor seine frühere Ehe für nichtig erklärt oder aufgelöst worden ist.
§ 15. (1) Eine Ehe kommt nur zustande, wenn die Eheschließung vor einem Standesbeamten stattgefunden hat.
(2) Als Standesbeamter im Sinne des Abs. 1 gilt auch, wer, ohne Standesbeamter zu sein, das Amt eines Standesbeamten öffentlich ausgeübt und die Ehe in das Ehebuch eingetragen hat.
§ 17. (1) Die Ehe wird dadurch geschlossen, daß die Verlobten vor dem Standesbeamten persönlich und bei gleichzeitiger Anwesenheit erklären, die Ehe miteinander eingehen zu wollen.
(2) Die Erklärungen können nicht unter einer Bedingung oder einer Zeitbestimmung abgegeben werden.
§ 20. Eine Ehe ist nur in den Fällen nichtig, in denen dies in den §§ 21 bis 25 dieses Gesetzes bestimmt ist.
§ 21. (1) Eine Ehe ist nichtig, wenn die Eheschließung nicht in der durch § 17 vorgeschriebenen Form stattgefunden hat.
(2) Die Ehe ist jedoch als von Anfang an gültig anzusehen, wenn die Ehegatten nach der Eheschließung fünf Jahre oder, falls einer von ihnen vorher verstorben

ist, bis zu dessen Tode, jedoch mindestens drei Jahre, als Ehegatten miteinander gelebt haben, es sei denn, daß bei Ablauf der fünf Jahre oder zur Zeit des Todes des einen Ehegatten die Nichtigkeitsklage erhoben ist.

§ 22. (1) Eine Ehe ist nichtig, wenn einer der Ehegatten zur Zeit der Eheschließung geschäftsunfähig war oder sich im Zustand der Bewußtlosigkeit oder vorübergehenden Störung der Geistestätigkeit befand.

(2) Die Ehe ist jedoch als von Anfang an gültig anzusehen, wenn der Ehegatte nach dem Wegfall der Geschäftsunfähigkeit, der Bewußtlosigkeit oder der Störung der Geistestätigkeit zu erkennen gibt, daß er die Ehe fortsetzen will.

§ 23. (1) Eine Ehe ist nichtig, wenn sie ausschließlich oder vorwiegend zu dem Zweck geschlossen ist, der Frau die Führung des Familiennamens des Mannes oder den Erwerb der Staatsangehörigkeit des Mannes zu ermöglichen, ohne daß die eheliche Lebensgemeinschaft begründet werden soll.

(2) Die Ehe ist jedoch als von Anfang an gültig anzusehen, wenn die Ehegatten nach der Eheschließung fünf Jahre oder, falls einer von ihnen vorher verstorben ist, bis zu seinem Tode, jedoch mindestens drei Jahre, als Ehegatten miteinander gelebt haben, es sei denn, daß bei Ablauf der fünf Jahre oder zur Zeit des Todes des einen Ehegatten die Nichtigkeitsklage erhoben ist.

§ 24. Eine Ehe ist nichtig, wenn einer der Ehegatten zur Zeit der Eheschließung mit einem Dritten in gültiger Ehe lebte.

§ 25. Eine Ehe ist nichtig, wenn sie dem Verbot des § 6 zuwider zwischen Blutsverwandten geschlossen ist.

§ 27. Niemand kann sich auf die Nichtigkeit einer Ehe berufen, solange nicht die Ehe durch gerichtliches Urteil für nichtig erklärt worden ist.

§ 28. (1) Ist eine Ehe auf Grund des § 23 dieses Gesetzes nichtig, so kann nur der Staatsanwalt die Nichtigkeitsklage erheben.

(2) In allen übrigen Fällen der Nichtigkeit kann der Staatsanwalt und jeder der Ehegatten, im Falle des § 24 auch der Ehegatte der früheren Ehe die Nichtigkeitsklage erheben. Ist die Ehe aufgelöst, so kann nur der Staatsanwalt die Nichtigkeitsklage erheben.

(3) Sind beide Ehegatten verstorben, so kann eine Nichtigkeitsklage nicht mehr erhoben werden.

§ 31. (1) Hat auch nur einer der Ehegatten die Nichtigkeit der Ehe bei der Eheschließung nicht gekannt, so finden auf das Verhältnis der Ehegatten in vermögensrechtlicher Beziehung die im Falle der Scheidung geltenden Vorschriften entsprechende Anwendung. Dabei ist ein Ehegatte, dem die Nichtigkeit der Ehe bei der Eheschließung bekannt war, wie ein für schuldig erklärter Ehegatte zu behandeln.

(2) Ein Ehegatte, der die Nichtigkeit der Ehe bei der Eheschließung nicht gekannt hat, kann binnen sechs Monaten, nachdem die Ehe rechtskräftig für nichtig erklärt ist, dem anderen Ehegatten erklären, daß es für ihr Verhältnis in vermögensrechtlicher Beziehung bei den Folgen der Nichtigkeit bewenden solle. Gibt er eine solche Erklärung ab, so findet die Vorschrift des Abs. 1 keine Anwendung.

§ 35. (1) Ein Ehegatte kann Aufhebung der Ehe begehren, wenn er zur Zeit der Eheschließung oder im Falle des § 22 Abs. 2 zur Zeit der Bestätigung in der Geschäftsfähigkeit beschränkt war und sein gesetzlicher Vertreter nicht die Einwilligung zur Eheschließung oder zur Bestätigung erteilt hatte. Solange der Ehegatte in der Geschäftsfähigkeit beschränkt ist, kann nur sein gesetzlicher Vertreter die Aufhebung der Ehe begehren.
(2) Die Aufhebung ist ausgeschlossen, wenn der gesetzliche Vertreter die Ehe genehmigt oder der Ehegatte, nachdem er unbeschränkt geschäftsfähig geworden ist, zu erkennen gegeben hat, daß er die Ehe fortsetzen will.
(3) Verweigert der gesetzliche Vertreter die Genehmigung ohne triftige Gründe, so kann der Vormundschaftsrichter sie auf Antrag eines Ehegatten ersetzen.
§ 36. (1) Ein Ehegatte kann Aufhebung der Ehe begehren, wenn er bei der Eheschließung nicht gewußt hat, daß es sich um eine Eheschließung handelt, oder wenn er dies zwar gewußt hat, aber eine Erklärung, die Ehe eingehen zu wollen, nicht hat abgeben wollen. Das gleiche gilt, wenn der Ehegatte sich in der Person des anderen Ehegatten geirrt hat.
(2) Die Aufhebung ist ausgeschlossen, wenn der Ehegatte nach Entdeckung des Irrtums zu erkennen gegeben hat, daß er die Ehe fortsetzen will.
§ 37. (1) Ein Ehegatte kann Aufhebung der Ehe begehren, wenn er sich bei der Eheschließung über solche die Person des anderen Ehegatten betreffende Umstände geirrt hat, die ihn bei Kenntnis der Sachlage und bei richtiger Würdigung des Wesens der Ehe von der Eingehung der Ehe abgehalten hätten.
(2) Die Aufhebung ist ausgeschlossen, wenn der Ehegatte nach Entdeckung des Irrtums zu erkennen gegeben hat, daß er die Ehe fortsetzen will, oder wenn sein Verlangen nach Aufhebung der Ehe mit Rücksicht auf die bisherige Gestaltung des ehelichen Lebens der Ehegatten sittlich nicht gerechtfertigt erscheint.
§ 38. (1) Ein Ehegatte kann Aufhebung der Ehe begehren, wenn er zur Eingehung der Ehe durch arglistige Täuschung über solche Umstände bestimmt worden ist, die ihn bei Kenntnis der Sachlage und bei richtiger Würdigung des Wesens der Ehe von der Eingehung der Ehe abgehalten hätten.
(2) Die Aufhebung ist ausgeschlossen, wenn die Täuschung von einem Dritten ohne Wissen des anderen Ehegatten verübt worden ist, oder wenn der Ehegatte nach Entdeckung der Täuschung zu erkennen gegeben hat, daß er die Ehe fortsetzen will.
(3) Auf Grund einer Täuschung über Vermögensverhältnisse kann die Aufhebung der Ehe nicht begehrt werden.
§ 39. (1) Ein Ehegatte kann Aufhebung der Ehe begehren, wenn er zur Eingehung der Ehe widerrechtlich durch Drohung bestimmt worden ist.
(2) Die Aufhebung ist ausgeschlossen, wenn der Ehegatte nach Aufhören der durch die Drohung begründeten Zwangslage zu erkennen gegeben hat, daß er die Ehe fortsetzen will.
§ 40. (1) Die Aufhebungsklage kann nur binnen eines Jahres erhoben werden.
(2) Die Frist beginnt in den Fällen des § 35 mit dem Zeitpunkt, in welchem die Eingehung oder die Bestätigung der Ehe dem gesetzlichen Vertreter bekannt wird

oder der Ehegatte die unbeschränkte Geschäftsfähigkeit erlangt, in den Fällen der §§ 36 bis 38 mit dem Zeitpunkt, in welchem der Ehegatte den Irrtum oder die Täuschung entdeckt, in dem Falle des § 39 mit dem Zeitpunkt, in welchem die Zwangslage aufhört.

(3) Der Lauf der Frist ist gehemmt, solange der klageberechtigte Ehegatte innerhalb der letzten sechs Monate der Klagefrist durch einen unabwendbaren Zufall an der Erhebung der Aufhebungsklage gehindert ist.

(4) Hat ein klageberechtigter Ehegatte, der geschäftsunfähig ist, keinen gesetzlichen Vertreter, so endet die Klagefrist nicht vor dem Ablauf von sechs Monaten nach dem Zeitpunkt, von dem an der Ehegatte die Aufhebungsklage selbständig erheben kann oder in dem der Mangel der Vertretung aufhört.

§ 42. (1) Die Folgen der Aufhebung einer Ehe bestimmen sich nach den Vorschriften über die Folgen der Scheidung.

(2) In den Fällen der §§ 35 bis 37 ist der Ehegatte als schuldig anzusehen, der den Aufhebungsgrund bei Eingehung der Ehe kannte, in den Fällen der §§ 38 und 39 der Ehegatte, von dem oder mit dessen Wissen die Täuschung oder die Drohung verübt worden ist.

Die Problemfelder – Ausgangslage und Lösungen

Um die Probleme, die im Zusammenhang mit einer Scheidung am häufigsten auftreten, besser zu verstehen, wird in diesem Teil auch die Rechtslage bei aufrechter Ehe erläutert.

Gewalt in der Familie und Schutz davor

Die hässliche Kehrseite des Familienlebens zeigt sich in physischen und psychischen Gewalttaten im Familienkreis. Das Zusammenleben auf meist engem Raum, emotionale und/oder wirtschaftliche Abhängigkeiten, das Bedürfnis, sich, anders als im Berufsleben, zuhause gehen lassen zu können und keine Rücksichten nehmen zu müssen, führen gerade im Familienkreis zu vielen, oft sehr schwer wiegenden Gewaltakten.
Während derartige Vorkommnisse noch bis vor wenigen Jahren als „Privatangelegenheit" betrachtet wurden, in die sich niemand einzumischen hätte, hat auf diesem Gebiet seit geraumer Zeit ein Umdenken eingesetzt, das auch in den Gesetzen Niederschlag gefunden hat. So erklärt z. B. § 146a ABGB im Umgang zwischen Eltern und ihren Kindern die „Anwendung von Gewalt und die Zufügung körperlichen oder seelischen Leides" für unzulässig.
Misshandlung war und ist jedenfalls eine schwere Eheverfehlung (§ 49 Ehegesetz).

Die Wegweisung

War noch bis zum Jahr 1997 die Ausweisung eines gewalttätigen Ehegatten aus der Wohnung nur in Fällen gravierender physischer Gewaltanwendung möglich und die Durchsetzung einer derartigen Ausweisung nur unzulänglich geregelt, so hat das Gesetz zum Schutz vor Gewalt in der Familie, das seit 1. 3. 1997 in Kraft ist, einen wesentlichen Fortschritt gebracht.
So schützt die Exekutionsordnung (EO) nicht bloß Ehegatten, sondern „nahe Angehörige" vor körperlichen Angriffen oder einer Drohung damit, also auch Lebensgefährten, Kinder und Enkelkinder, Eltern und Großeltern, Wahl- und Pflegekinder bzw. -eltern, Geschwister und schließlich auch deren Ehegatten und Lebensgefährten.
Allerdings muss der Antragsteller/die Antragstellerin der Ausweisung in den letzten drei Monaten mit dem Gewalttäter in häuslicher Gemeinschaft

gelebt haben. Der Begriff der häuslichen Gemeinschaft ist dabei im Sinne des Gesetzes großzügig auszulegen, ein „räumliches Naheverhältnis" genügt in der Regel. Es besteht auch dann, wenn der gewalttätige Partner oder Angehörige bereits in einem anderen Teil der Wohnung lebt oder gar nicht mehr in der Wohnung nächtigt, sondern nur mehr kommt, um Wäsche und Kleidung zu wechseln.
Keinen Schutz bietet das Gesetz hingegen vor einem ehemaligen Lebensgefährten oder geschiedenen Ehegatten, der vor mehr als drei Monaten ausgezogen ist, aber nun plötzlich täglich an der Wohnungstür erscheint und Terror macht.
Eine weitere Voraussetzung ist ein „dringendes Wohnbedürfnis" der gefährdeten Person, das aber immer dann anzunehmen ist, wenn diese nicht über eine gleichwertige (also gleich große, gleich gut ausgestattete und in der gleichen Wohngegend gelegene) Wohnmöglichkeit „kraft eigenen Rechtes" verfügt. Die bedrohte Frau und ihre Kinder können daher weder auf das Gartenhäuschen am Stadtrand noch auf die große Wohnung der Oma verwiesen werden.

Unzumutbar

Wer also einem „nahen Angehörigen" durch einen körperlichen Angriff, eine Drohung mit einem solchen oder ein die psychische Gesundheit erheblich beeinträchtigendes Verhalten das weitere Zusammenleben unzumutbar macht, dem kann das Verlassen der Wohnung sowie ein Rückkehrverbot und das Verbot, einen bestimmten Ort aufzusuchen oder Kontakt mit den beeinträchtigten Angehörigen aufzunehmen, auferlegt werden.
Dass das weitere Zusammenleben unzumutbar ist, soll nach neuerer Rechtsprechung mit einem großzügigen Maßstab zugunsten der Opfer beurteilt werden.

Zwar begründet nicht jedes „ungehörige Verhalten" die Unzumutbarkeit des weiteren Zusammenlebens. Auch wenn die Folgen des Verhaltens des gewalttätigen Angehörigen leicht waren und er sich danach durch längere Zeit wieder untadelig verhält, wird vermutlich eine Unzumutbarkeit des weiteren Zusammenlebens nicht angenommen werden. Anderseits gibt es aber auch Entscheidungen, die selbst ein vorangegangenes provozierendes Verhalten des Gewaltopfers nicht als Grund ansehen, gegen den Gewalttäter nicht mit Ausweisung vorzugehen. Und es gibt Entscheidungen, die besagen, dass eine Unzumutbarkeit des weiteren Zusammenlebens auch dann angenommen werden kann, wenn der Gewalttäter das Opfer gar nicht verletzen wollte, die Verletzung also unabsichtlich zugefügt wurde.

Wichtig ist, dass nach dem Sinn des Gesetzes Gewalttaten verhindert und nicht erst nachträglich bestraft werden soll. Es genügen also auch Drohungen, sofern sie ernst gemeint sind oder zumindest vom Opfer ernst genommen werden, aber auch „Psychoterror", der ein Ausmaß erreicht, dass er zu Gesundheitsschädigungen des Betroffenen führt, um eine Ausweisung des möglicherweise gewalttätigen Partners aus der Wohnung zu erreichen.

Wichtig!

In allen Fällen wirklicher oder angedrohter physischer oder psychischer Gewalt besteht dringender Handlungsbedarf: Niemand, nicht einmal ein Psychiater, schon gar nicht ein betroffenes Familienmitglied, kann verlässlich abschätzen, ob und wie weit Gewalttätigkeit eskalieren wird.
Ob der erregte Mann durch die Drohung, wenn die Frau die Scheidung wolle, werde es ein Blutbad geben, bereits „Dampf abgelassen hat" und am nächsten Morgen wieder lammfromm sein wird, oder ob es sich um eine ernst gemeinte Ankündigung handelt, die vielleicht umso eher in die Tat umgesetzt wird, weil ihn (schon wieder) niemand ernst nimmt, sollte man nach Möglichkeit nicht in der gemeinsamen Wohnung ergründen.

Bei aller gebotenen Behutsamkeit im Umgang mit schwierigen Partnern ist in Gewaltsituationen das Hauptaugenmerk auf die eigene Sicherheit und die der Kinder zu legen. Viele Frauen scheuen sich, die Gewalttätigkeit ihres Partners an die Öffentlichkeit zu bringen. Wenn sich aber jemand für gewalttätige Handlungen schämen muss, dann wohl nicht das Opfer. Manche fürchten auch existenzvernichtende strafrechtliche Konsequenzen für ihre Männer. Diese Ängste sind aber weitgehend unbegründet.

Die Diversion

Seit 1. 1. 2000 besteht in Österreich für den Bereich leichter bis mittelschwerer Straftaten die Möglichkeit der so genannten Diversion. Das bedeutet, eine an sich strafbare Handlung wird nicht gerichtlich verfolgt, wenn der Täter den Schaden gutmacht und entweder eine Geldbuße zahlt, sich zu einer gemeinnützigen Leistung verpflichtet oder mit dem Opfer einen „außergerichtlichen Tatausgleich" („ATA") trifft.
Voraussetzung der Diversion ist die „Klärung des Sachverhalts" sowie Schuldeinsicht und „kein schweres Verschulden" des Täters. Die Straftat darf mit nicht mehr als fünfjähriger Freiheitsstrafe bedroht sein, darunter fallen aber nahezu alle Formen der Körperverletzung (außer Körperverlet-

zung mit tödlichem Ausgang und absichtliche schwere Körperverletzung mit schweren Dauerfolgen) und ein Teil aller Sexualdelikte.
Die Gefahr, dass jemand, der erstmals im Bereich der Familie gewalttätig wird, strafgerichtlich verfolgt wird, besteht also nur bei schwerem Verschulden, Uneinsichtigkeit oder besonders schweren Tatfolgen. Alle anderen Delikte werden der Diversion zugeführt, insbesondere dem außergerichtlichen Tatausgleich, der den Zweck hat, dauerhaften Rechtsfrieden zwischen Opfer und Täter zu schaffen.
Für Frauen besteht also weniger die Gefahr, dass der gewalttätige Partner kriminalisiert wird, als dass sie sich im ATA zu schnell zu einem Ausgleich bewegen lassen. Nach dem Wortlaut des Gesetzes sollte der Täter sich nämlich auch mit den Ursachen seiner Tat auseinander setzen und seine Bereitschaft bekunden, Verhaltensweisen, die zur Tat geführt haben, künftig zu unterlassen. Das Opfer sollte sich daher im außergerichtlichen Tatausgleich nicht mit einem Blumenstrauß oder einem Wochenendurlaub in Paris zufrieden geben, sondern darauf beharren, dass der Täter z. B. eine Therapie, einen zumindest ambulanten Entzug oder Ähnliches macht.

Tipp

Sollte gegen den Gewalttäter dennoch ein Strafverfahren eingeleitet werden, danach aber eine Versöhnung erfolgen, so sind Sie als Ehefrau (auch als geschiedene) oder Lebensgefährtin berechtigt, sich der Aussage zu entschlagen, wodurch der Anklage in der Regel der Boden entzogen wird.

Die Einschaltung der Polizei in einer gefährlichen Situation ist also keineswegs zwangsläufig mit schweren strafrechtlichen Folgen für den Täter verbunden. Es ist wesentlich besser, die Polizei zu Hilfe zu rufen, als bloß in einem unbewachten Augenblick die Messer wegzuräumen.
Die Polizei, deren Verhalten für Generationen von misshandelten oder eingeschüchterten Frauen äußerst enttäuschend war, hat nämlich gleichzeitig durch das Gewaltschutzgesetz wesentlich umfangreichere Befugnisse für die Intervention bei familiären Streitigkeiten erhalten und macht von diesen Befugnissen auch gerne Gebrauch – ein Zeichen, dass den Polizeibeamten ihre frühere passive Rolle bei Familienstreitigkeiten nicht angenehm war. Bei einem Anruf wegen familiärer Auseinandersetzungen entsendet die Polizei häufig „gemischte Teams", also einen Mann und eine Frau, die sich an Ort und Stelle um Deeskalation und Streitschlichtung bemühen. Dabei wird häufig auf einen der Streitteile eingewirkt, zumindest für die kommende

Nacht die Wohnung zu verlassen, dies auch dann, wenn die Voraussetzungen für eine Wegweisung gar nicht vorliegen.
Ist allerdings zu befürchten, dass ein gefährlicher Angriff auf Leben, Gesundheit oder Freiheit bevorsteht, so sind die Organe des öffentlichen Sicherheitsdienstes ermächtigt, einen Menschen, von dem diese Gefahr ausgeht, aus der Wohnung, in der ein Gefährdeter wohnt, und deren unmittelbaren Umgebung wegzuweisen und ihm die Rückkehr zu untersagen. Sie dürfen dem Betroffenen alle in seinem Besitz befindlichen Wohnungsschlüssel abnehmen, müssen ihm aber Gelegenheit geben, sich dringend benötigte Gegenstände des persönlichen Bedarfs mitzunehmen und müssen sich auch informieren, ob und wo der Weggewiesene Unterkunft finden kann.

Wegweisung und Betretungsverbot nach § 38a des Sicherheitspolizeigesetzes (SPG)[2]

Was kann ich tun, wenn ich von Gewalt betroffen bin?
Wenn Sie oder Ihr Kind Gewalt erleiden, sollten Sie sich an eine Hilfseinrichtung wenden. In einer Situation, in der Ihnen akute Gefahr droht, sollten Sie sofort die Gendarmerie/Polizei um Schutz ersuchen: Notruf 133. Diese ist verpflichtet, in jedem Fall sofort zu kommen.
Die Gendarmerie/Polizei hat die Aufgabe, eine Person, von der eine Gefahr für andere ausgeht, sofort aus der Wohnung/dem Haus und der unmittelbaren Umgebung wegzuweisen und das Betreten dieses Bereiches zu verbieten. Sie und Ihre Kinder haben das Recht, in Ihrer gewohnten Umgebung zu bleiben.
Wenn eine strafbare Handlung, wie z.B. eine Körperverletzung, Nötigung, gefährliche Drohung, Vergewaltigung oder Freiheitsentziehung erfolgt ist, muss die Gendarmerie/Polizei eine Anzeige aufnehmen.

Was passiert, wenn die gewalttätige Person nicht freiwillig geht?
In diesem Fall kann die Gendarmerie/Polizei Zwangsgewalt anwenden und den Gefährder entfernen.

Sind Wegweisung und Betretungsverbot an den Einsatz der Gendarmerie/Polizei vor Ort gebunden?
Nein. Eine Wegweisung und ein Betretungsverbot muss bei einer Gefährdung auch verhängt werden, wenn die Betroffenen sich nach Misshandlungen an die Gendarmerie/Polizei wenden und Angst vor weiterer Gewalt haben.

Können Haft und Betretungsverbot gleichzeitig verhängt werden?
Ja. Auch wenn der Misshandler festgenommen wurde, kann die Polizei/Gendarmerie ein Betretungsverbot verhängen, da der Misshandler jederzeit wieder entlassen werden könnte. Ob ein Misshandler in Haft kommt oder in Haft bleibt, entscheidet die Staatsanwaltschaft bzw. das Strafgericht.

---

2 Aus einem Informationsblatt der Wiener Interventionsstelle gegen Gewalt in der Familie.

Wie lange gilt das Betretungsverbot?
Das Betretungsverbot gilt 10 Tage. Innerhalb von 48 Stunden wird es von der Sicherheitsbehörde überprüft. Falls das Betretungsverbot vor dem Ablauf von 10 Tagen aufgehoben wird, müssen die Opfer davon unverzüglich in Kenntnis gesetzt werden. Eine Aufhebung bedeutet, dass die weggewiesene Person den Schlüssel erhält und wieder in die Wohnung darf.

Was passiert, wenn das Betretungsverbot missachtet wird?
Wenn der Misshandler trotz Betretungsverbot zur Wohnung oder unmittelbaren Umgebung zurückkommt, sollten Sie sofort die Polizei/Gendarmerie rufen. Diese Missachtung stellt eine Verwaltungsübertretung dar und hat eine Geldstrafe zur Folge. Bei wiederholter Missachtung kann die Person auch in Haft genommen werden.

Kann der Weggewiesene zurückkommen, wenn er sich wieder beruhigt hat?
Solange das Betretungsverbot aufrecht ist, darf der Weggewiesene nicht zurückkommen. Auch wenn Sie ihn freiwillig in die Wohnung lassen, macht er sich strafbar. Es ist daher für alle empfehlenswert, sich an die 10 Tage zu halten.

Wird die Einhaltung des Betretungsverbotes kontrolliert?
Ja. Die Einhaltung des Betretungsverbotes muss innerhalb von drei Tagen von der Polizei/Gendarmerie überprüft werden.

Kann der Schutz verlängert werden?
Ja, wenn Sie eine nahe Angehörige sind, können Sie beim Bezirksgericht einen Antrag auf Erlassung einer einstweiligen Verfügung stellen, um noch länger Schutz zu erhalten.

Informations- und Dokumentationspflicht
Die Gendarmerie/Polizei muss im Fall einer Wegweisung den Opfern und dem Weggewiesenen ein Informationsblatt übergeben. Sie muss weiters jeden Einsatz bei Gewalt in der Familie genau dokumentieren und die Berichte auf Anfrage den Gerichten übermitteln. Nach einer Wegweisung/Betretungsverbot werden außerdem unverzüglich die Interventionsstellen gegen familiäre Gewalt informiert.

Kostenlose Beratung und Unterstützung durch die Interventionsstellen
Im Falle einer Wegweisung/Betretungsverbot werden Sie von der Interventionsstelle in Ihrem Bundesland kontaktiert. Die Interventionsstellen bieten kostenlose Beratung in der Durchsetzung Ihrer Rechte sowie Begleitung zu Gericht.

Einstweilige Verfügung

Die gefährdete Person ist über die Möglichkeit der Erwirkung einer einstweiligen Verfügung nach § 382b EO und von geeigneten Opferschutzeinrichtungen zu informieren (siehe Informationsblatt).

Die Anordnung eines Rückkehrverbotes ist von der Sicherheitsbehörde binnen 48 Stunden zu überprüfen. Wird es nicht aufgehoben, so endet es dennoch mit Ablauf des zehnten Tages nach seiner Anordnung, sofern die gefährdete Person nicht innerhalb dieser Frist beim zuständigen Bezirksgericht (das ist das Gericht am Sitz des letzten gemeinsamen Wohnsitzes der Parteien) einen Antrag auf einstweilige Verfügung stellt. Dieser Antrag kann durch einen Rechtsanwalt, mit Hilfe der Interventionsstelle, aber auch am Amtstag mündlich direkt bei Gericht eingebracht werden.

Der Antrag auf einstweilige Verfügung ist jedenfalls darauf zu richten, dass der gefährlichen Person das Verlassen der Wohnung und deren unmittelbarer Umgebung aufgetragen sowie die Rückkehr in die Wohnung und deren unmittelbare Umgebung verboten werden.

Darüber hinaus kann der Antrag, wenn das Verhalten des Ausgewiesenen der antragstellenden Person das weitere Zusammentreffen unzumutbar macht, auch auf Verbot des Aufenthalts an bestimmt zu bezeichnenden Orten sowie auf den Auftrag, Zusammentreffen und Kontaktaufnahme mit der antragstellenden Person zu vermeiden, gerichtet werden.

Damit soll vermieden werden, dass der Ehemann, der der Wohnung verwiesen wurde, Mutter und Kindern beim Kindergarten oder bei der Schule oder beim Arbeitsplatz der Frau auflauert.

Wird ein derartiger Antrag rechtzeitig eingebracht, so endet das polizeiliche Rückkehrverbot erst nach 20 Tagen. Innerhalb dieser Frist muss das Gericht über den Antrag auf einstweilige Verfügung entscheiden.

Die Fristen für die Dauer eines derartigen von der Polizei verhängten Betretungs- und Rückkehrverbotes in die eigene Wohnung sind deshalb relativ kurz, weil es sich um eine sehr schwer wiegende Maßnahme handelt.

Tipp

Beginnen die ehelichen Auseinandersetzungen erst mit dem Vorfall, der zur Ausweisung des Partners führt, haben Sie also nicht schon einen Anwalt mit der Vertretung beauftragt, sondern müssten Sie erst aus gegebenem Anlass einen Anwalt aufsuchen, so empfiehlt es sich, wegen der Kürze der Frist die Hilfe der von der Polizei empfohlenen Opferschutzeinrichtung (Interventionsstellen) in Anspruch zu nehmen. Sie bieten im Falle einer Wegweisung kostenlose Beratung in der Durchsetzung Ihrer Rechte sowie Begleitung zu Gericht an und verfassen die erforderlichen Anträge kompetent und schnell.

Selbstverständlich kann ein Antrag auf Erlassung einer einstweiligen Verfügung auch ohne vorherigen Polizeieinsatz bzw. ohne polizeiliche Wegweisung direkt bei Gericht eingebracht werden.
In der Regel werden solche Anträge erst gestellt, wenn schon ein Scheidungs- oder Aufteilungsverfahren zwischen Eheleuten anhängig ist. Ist dies der Fall, so kann ein Rückkehrverbot bis zur Beendigung dieses Verfahrens erlassen werden. Hat das Scheidungsverfahren also schon begonnen, wenn es zur Gewalteskalation kommt, so könnte man die einstweilige Verfügung bis zur rechtskräftigen Beendigung des Scheidungsverfahrens begehren.

Tipp

Es wäre allerdings kurzsichtig, eine einstweilige Verfügung nur bis zum Ende des Scheidungsverfahrens zu begehren, da ja nicht gesagt ist, dass man sich mit dem gewalttätigen Partner über die Zuteilung der Wohnung bereits in diesem Verfahren wird einigen können. Sollte eine Einigung nicht zustande kommen, und muss man daher ein Aufteilungsverfahren führen, wäre ab Rechtskraft des Scheidungsurteiles die erwirkte einstweilige Verfügung gegenstandslos und könnte über Antrag des Gegners aufgehoben werden.
Es ist daher besser, die Erlassung der einstweiligen Verfügung sofort bis zur rechtskräftigen Erledigung eines allfälligen Aufteilungsverfahrens zu begehren.

Die Wegweisung kann aber auch ohne Zusammenhang mit einem Scheidungsverfahren erlassen werden, allerdings nur für eine Dauer von maximal drei Monaten. Eine Frau kann also den gewalttätigen Mann durch einstweilige Verfügung aus der Wohnung entfernen lassen und hat danach drei Monate Zeit zu überlegen, ob eine Änderung zum Besseren wahrscheinlich ist oder nicht. Wenn das nicht der Fall ist, so muss sie innerhalb der drei Monate ein Scheidungsverfahren oder ein anderes Verfahren zur Beendigung der Ehe (Aufhebung, Nichtigkeit) einbringen oder, wenn die Ehe schon geschieden ist, ein Aufteilungsverfahren oder sonstiges Verfahren zur Klärung der Benützungsberechtigung an der Wohnung.
Im Rahmen dieses Verfahrens kann die einstweilige Verfügung entsprechend verlängert werden.

Selbst aus der Wohnung ausziehen

Reicht das Verhalten des anderen Partners nicht aus, um das Gericht davon zu überzeugen, dass eine Ausweisung aus der Ehewohnung und ein Rückkehrverbot notwendig ist, will man aber mit dem anderen keinesfalls mehr

zusammenleben, so bietet sich die Möglichkeit an, selbst aus der Ehewohnung auszuziehen und „gesondert Wohnung zu nehmen“. Das Allgemeine bürgerliche Gesetzbuch sieht nämlich vor, dass trotz der grundsätzlichen Verpflichtung zum gemeinsamen Wohnen ein Ehegatte so lange anderswo wohnen kann, als ihm ein Zusammenleben mit dem anderen unzumutbar oder dies aus wichtigen persönlichen Gründen gerechtfertigt ist.

Gesonderte Wohnungnahme

Die Gründe für die gesonderte Wohnungnahme müssen nicht unbedingt beim anderen Partner liegen, es genügt, dass man z. B. einen schwer kranken Elternteil in dessen Wohnung pflegen möchte oder aber wegen bestimmter beruflicher Erfordernisse vorübergehend besser in einer anderen Wohnung wohnen sollte. Wesentlich ist dabei, dass es sich nur um eine vorübergehende Maßnahme handelt, eine endgültige Trennung als Folge einer Scheidungsauseinandersetzung fällt also nicht unter diese Regelung. Allerdings ist bei der gesonderten Wohnungnahme wegen Unzumutbarkeit des Zusammenlebens keine bestimmte Frist anzugeben, sondern sie wird auf das Ende des Zustandes der Unzumutbarkeit abgestellt. Eine Frau, die wegen des Alkoholismus des Ehemannes ausgezogen ist, kann sich darauf berufen, dass sie nur vorübergehend, nämlich für die Dauer der Alkoholerkrankung des Mannes, gesondert Wohnung genommen hat.

Da das Zusammenleben eine besonders wesentliche Verpflichtung aus dem Ehevertrag ist, ist eine ungerechtfertigte Aufhebung der häuslichen Gemeinschaft eine Eheverfehlung, die auch zum Verlust des Unterhaltsanspruchs der Ehefrau führen kann.

Für Frauen, die auf ihren Unterhaltsanspruch angewiesen sind, kann es daher von Bedeutung sein, von Anfang an festzuhalten, dass sie mit Fug und Recht ausgezogen sind. Es kann daher jeder der Ehegatten vor oder nach Verlegung der Wohnung bzw. der gesonderten Wohnungnahme einen Antrag bei Gericht auf Prüfung der Rechtmäßigkeit dieser Maßnahme stellen.

Eine Ehefrau, die auf die Ehewohnung oder auf Unterhalt oder auf beides angewiesen ist, muss bezüglich eines Auszugs aus der Ehewohnung besonders vorsichtig sein. Hat die Frau eigenes Einkommen und legt daher auf Unterhalt vom Ehemann gar keinen Wert oder stammt etwa die Ehewohnung aus seinem Familienbesitz und würde daher im Aufteilungsverfahren vermutlich der Frau ohnedies nicht zugesprochen werden, kann sie sich leichter entschließen, dem belastenden Zusammenleben während eines Scheidungs- oder Aufteilungsverfahrens durch Auszug auszuweichen.

Ansonsten ist es für die Wahrung ihrer Ansprüche besser, in der Ehewohnung auszuharren. Dies gilt aber, wie vorhin schon betont, nicht im Falle

eskalierender Gewalt: Versagen in einem solchen Fall die dargestellten Mittel zur unverzüglichen Ausweisung des Gewalttäters, ist es für die betroffene Frau und ihre Kinder besser, eine Nacht außer Haus zu verbringen, bei Verwandten, im Frauenhaus oder im Hotel, als Gefahr für Leib und Leben zu riskieren.

Durch einen vorübergehenden Auszug, um Gewalttätigkeiten des Ehemannes auszuweichen, verliert die Frau weder ihr dringendes Wohnbedürfnis an der Ehewohnung noch ihr Recht, die Ausweisung des gewalttätigen Gatten zu fordern.

Ein nicht unbedeutender Nebenaspekt von gewalttätigen Vorfällen innerhalb der Familie ist folgender: Die Zufügung von körperlicher Gewalt oder schwerem seelischem Leid gilt als besonders schwer wiegende Eheverfehlung, die zur Scheidung berechtigt – aber nur, wie bei allen Scheidungsgründen, wenn sie beweisbar ist!

Tipp

Wenn es schon zu gewalttätigen Vorfällen kommt, sollten Sie zumindest darauf achten, dass Sie sie beweisen und damit im Scheidungsverfahren nützen können. Es empfiehlt sich daher nicht nur aus gesundheitlichen Gründen, wegen aller erlittenen Verletzungen den Amtsarzt aufzusuchen, sollte dieser nicht sofort zur Verfügung stehen, auch den Hausarzt. Beim Arzt und in der Spitalsambulanz sollten Sie die Ursache von Verletzungen wahrheitsgemäß benennen: Ein Beinbruch, als dessen Ursache Sie angeben, über einen Besenstiel gestolpert und deshalb über die Kellertreppe gestürzt zu sein, bringt nur Schmerz und Leid. Ringen Sie sich jedoch dazu durch, zuzugeben, dass der Ehemann Sie die Treppe hinuntergestoßen hat, haben Sie zumindest eine bessere Chance, aus der Ehe mit dem Gewalttäter befreit zu werden. Aus diesem Grunde sollten Sie auch nichtbehandlungsbedürftige kleinere Verletzungen wie Hämatome, Kratzer etc. Freunden und Verwandten zeigen und von diesen fotografieren lassen. Ein blaues Auge kommt z. B. auf einem Farbfoto sehr eindrucksvoll zur Geltung.

Gesetzestexte

Exekutionsordnung (EO)

§ 382b. (1) Das Gericht hat einer Person, die einem nahen Angehörigen durch einen körperlichen Angriff, eine Drohung mit einem solchen oder ein die psychische Gesundheit erheblich beeinträchtigendes Verhalten das weitere Zusammenleben unzumutbar macht, auf dessen Antrag

1. das Verlassen der Wohnung und deren unmittelbarer Umgebung aufzutragen und
2. die Rückkehr in die Wohnung und deren unmittelbare Umgebung zu verbieten,

wenn die Wohnung der Befriedigung des dringenden Wohnbedürfnisses des Antragstellers dient.

(2) Das Gericht hat einer Person, die einem nahen Angehörigen durch einen körperlichen Angriff, eine Drohung mit einem solchen oder ein die psychische Gesundheit erheblich beeinträchtigendes Verhalten das weitere Zusammentreffen unzumutbar macht, auf dessen Antrag

1. den Aufenthalt an bestimmt zu bezeichnenden Orten zu verbieten und
2. aufzutragen, das Zusammentreffen sowie die Kontaktaufnahme mit dem Antragsteller zu vermeiden,

soweit dem nicht schwerwiegende Interessen des Antragsgegners zuwiderlaufen.

(3) Nahe Angehörige im Sinn der Abs. 1 und 2 sind:

1. a) Ehegatten und Lebensgefährten,
   b) Geschwister und Verwandte in gerader Linie, einschließlich der Wahl- und Pflegekinder sowie der Wahl- und Pflegeeltern,
   c) die Ehegatten und Lebensgefährten der unter lit. b genannten Personen,
2. a) Verwandte in gerader Linie, einschließlich der Wahl- und Pflegekinder und der Wahl- und Pflegeeltern, des Ehegatten oder Lebensgefährten, sowie
   b) Geschwister des Ehegatten oder Lebensgefährten, wenn sie mit dem Antragsgegner in häuslicher Gemeinschaft leben oder innerhalb der letzten drei Monate vor Antragstellung gelebt haben.

(4) Eine einstweilige Verfügung nach Abs. 1 oder 2 kann unabhängig vom Fortbestehen der häuslichen Gemeinschaft der Parteien und auch ohne Zusammenhang mit einem Verfahren auf Scheidung, Aufhebung oder Nichtigerklärung der Ehe, einem Verfahren über die Aufteilung des ehelichen Gebrauchsvermögens und der ehelichen Ersparnisse oder einem Verfahren zur Klärung der Benützungsberechtigung an der Wohnung erlassen werden, doch darf, solange ein solches Verfahren nicht anhängig ist, die Zeit, für die eine derartige Verfügung getroffen wird, insgesamt drei Monate nicht übersteigen.

Allgemeines bürgerliches Gesetzbuch (ABGB)

§ 92. (siehe Seite 18 f.)

§ 146a. Das minderjährige Kind hat die Anordnungen der Eltern zu befolgen. Die Eltern haben bei ihren Anordnungen und deren Durchsetzung auf Alter, Entwicklung und Persönlichkeit des Kindes Bedacht zu nehmen; die Anwendung von Gewalt und die Zufügung körperlichen oder seelischen Leides sind unzulässig.

Unterhalt

Grundlagen des Anspruches und seine Durchsetzung

„Unterhalt“ sind die Mittel, die jemand zur Deckung seines gesamten Lebensbedarfes benötigt, also Nahrung, Kleidung, anteilige Wohnungskosten, Hygiene und medizinische Betreuung sowie sonstige Bedürfnisse wie Kultur, Erholung und Freizeitgestaltung. Bei minderjährigen Kindern kommen dazu auch die Mittel für Betreuung, Erziehung und Ausbildung. Hingegen hat Vermögensbildung aus dem Unterhalt nicht zu erfolgen.
Gesetzliche Unterhaltspflicht besteht zwischen Eltern und Kindern, sofern die Kinder nicht selbsterhaltungsfähig sind. Aber auch Kinder schulden ihren Eltern und Großeltern Unterhalt, soweit der Unterhaltsberechtigte nicht imstande ist, sich selbst zu erhalten und seine Unterhaltspflicht dem Kind gegenüber nicht gröblich vernachlässigt hat. Die Unterhaltspflicht eines Kindes steht allerdings der eines Ehepartners oder der von Vorfahren des Berechtigten im Range nach und muss nur dann geleistet werden, wenn dadurch der eigene angemessene Unterhalt des Kindes nicht gefährdet wird. Auch zwischen Eheleuten besteht eine Unterhaltspflicht als besonders wesentliches Element der Beistandspflicht (siehe „Die Pflichten“, Seite 12 f.).

Geld- und Naturalleistung

Unterhalt ist grundsätzlich als Naturalleistung zu erbringen, also durch das Zurverfügungstellen von Wohnung, Kleidung, Nahrung etc. Es ist allerdings seit Jahrzehnten unbestritten, dass zwischen Ehepartnern der Unterhalt zumindest teilweise auch in Geld zu leisten ist. So hat die unterhaltsberechtigte Ehefrau als gleichberechtigte Partnerin einen Anspruch darauf, auch über Bargeld zu verfügen, um die für den Haushalt erforderlichen Einkäufe oder Besorgungen für ihre Person selbst tätigen zu können.
Mit dem Eherechts-Änderungsgesetz 1999 wurde die gesetzliche Möglichkeit geschaffen, dass die Ehefrau die Leistung zumindest eines Teiles ihres Unterhalts in Geld verlangen kann.

Geldrente

Der Unterhaltsanspruch verwandelt sich dann vom Natural- zum Geldunterhaltsanspruch, wenn Unterhaltspflichtiger und Unterhaltsberechtigte nicht mehr im gemeinsamen Haushalt leben, oder aber, wenn der Unterhaltspflichtige eine Unterhaltsverletzung setzt, also den Unterhalt nicht in voller Höhe, nicht rechtzeitig oder nicht in gehöriger Form leistet. In diesem Fall steht es den Unterhaltsberechtigten zu, ihren Unterhalt in Form einer „Geldrente“ gerichtlich einzufordern.

Besteht ein Geldunterhaltsanspruch, so können Naturalleistungen nur mehr ausnahmsweise angerechnet werden, nämlich nur dann, wenn die Berechtigte der Unterhaltsleistung in dieser Form ausdrücklich zugestimmt hat oder wenn der Unterhaltspflichtige verlässlich für diese Leistungen aufkommt (Wohnungsmiete, Gas und Strom usw.).
Auch die Bezahlung von Behandlungskosten, Beiträgen oder Selbstbehalten in der Krankenversicherung sind anrechenbare Naturalleistungen. Die Zahlung einer Krankenzusatzversicherung muss sich die Berechtigte hingegen nur anrechnen lassen, wenn sie die Aufrechterhaltung der Versicherung gewünscht hat.
Kleiderkäufe für Kinder, die bei der Mutter leben, sind auf den Unterhalt nur anzurechnen, wenn die Mutter mit dem Kauf und der Anrechnung einverstanden war, z. B. wenn die Mutter dem Vater den Kauf der Schiausrüstung schon deshalb überlässt, weil er mehr davon versteht.

Die Unterhaltsbemessungsgrundlage

Geldunterhalt errechnet sich, von wenigen Einschränkungen und Ausnahmen abgesehen, nach dem Bedarf der Unterhaltsberechtigten einerseits und der Leistungsfähigkeit des Unterhaltspflichtigen andererseits.
Sein Einkommen stellt die so genannte „Unterhaltsbemessungsgrundlage“ dar. Unterhaltsbemessungsgrundlage ist in der Regel das Nettoeinkommen im letzten abgeschlossenen Wirtschaftsjahr.

Steuerfrei

Da der Unterhalt auf Basis des bereits versteuerten Nettoeinkommens berechnet wird, ist er bei den Unterhaltsberechtigten steuerfrei. Vom Unterhalt ist also keinerlei Steuer zu zahlen, er wirkt auch nicht progressionssteigernd, wenn jemand neben dem Unterhalt Geld verdient.

… bei Unselbstständigen

Bei Unselbstständigen fallen in die Bemessungsgrundlage ihre monatlichen Bezüge, wobei Einkommensunterschiede innerhalb des Jahres durch die Ermittlung eines Durchschnittswertes für das gesamte Kalenderjahr ausgeglichen werden. Für die Zukunft ist allerdings das voraussichtliche weitere Einkommen heranzuziehen: Wird also der Unterhaltspflichtige in der zweiten Jahreshälfte befördert, so ist der Unterhalt für das abgelaufene

Jahr nach dem Durchschnitt seines Einkommens zu bemessen, der Unterhalt für das kommende Jahr aber auf Basis seiner Bezüge nach der Beförderung.

Das Gleiche gilt, wenn der Unterhaltspflichtige während des Jahres den Job verliert und einen schlechter dotierten Posten annehmen muss: Auch hier wird für das abgelaufene Jahr der Durchschnitt ermittelt, der Unterhalt für die Zukunft richtet sich jedoch nach den geringeren Bezügen aus der neuen Anstellung.

Urlaubs- und Weihnachtsgeld sind bei der Berechnung des Durchschnittseinkommens selbstverständlich einzubeziehen.

Leider ist die Unsitte, das monatliche Durchschnittseinkommen zu ermitteln, indem das Monatseinkommen mit 14 multipliziert und das Ergebnis durch 12 dividiert wird, noch immer nicht zur Gänze abgekommen. Dieser Berechnungsmodus führt aber nur bei niedrigen Beamten- oder Angestelltenbezügen zu einem richtigen Ergebnis.

Einerseits gibt es Kollektivverträge, denen zufolge die Sonderzahlung nicht die Höhe des durchschnittlichen Monatsbezugs erreicht. Anderseits wirkt sich bei höheren Einkommen die begünstigte Besteuerung der Sonderzahlungen mit nur 6 Prozent deutlich aus, wodurch der Nettobetrag von Urlaubs- und Weihnachtsgeld wesentlich höher ist als der monatliche Nettobezug.

Es gibt auch nach wie vor Dienstverträge, bei welchen 15 oder mehr Gehälter jährlich zur Auszahlung gelangen. So beziehen Angestellte des ORF 15 Monatsgehälter, „freie Mitarbeiter" hingegen nur 13 (Dienstnehmer internationaler Organisationen erhalten nur 12 Gehälter im Jahr, zahlen aber andererseits keine Lohnsteuer).

Die Berechnungsformel für das Nettoeinkommen

Auch bei völlig gleich bleibenden Bezügen lautet die richtige Berechnungsformel für das durchschnittliche monatliche Nettoeinkommen daher:

$$(\text{Nettobezug} \times 12 + \text{Sonderzahlungen}) : 12$$

Bei Schwankungen ist unbedingt auf den Jahreslohnzettel (siehe Beispiel Seite 69) zurückzugreifen.

- Bilanzgelder und Prämien sind in dem Jahr, in dem sie bezogen wurden, jedenfalls zu berücksichtigen. Wurden vom Arbeitgeber des Unterhaltspflichtigen solche Leistungen seit Jahren ausbezahlt, wenngleich ohne Rechtsanspruch für die Dienstnehmer, so ist auch der zukünftige Un-

terhalt unter Berücksichtigung des durchschnittlichen Bezuges solcher Einkünfte zu berechnen. Sollte in einem schlechten Geschäftsjahr die Zuwendung ausbleiben, müsste der Unterhaltspflichtige eine Herabsetzung des Unterhalts in diesem Jahr begehren.

- Jubiläumsgelder fließen zwar in der Regel nur ein Mal zu, in diesem Jahr sind sie jedoch in die Bemessungsgrundlage einzubeziehen.
- Überstundenentgelte sind ebenso Bemessungsgrundlage wie Sonn- und Feiertagszulagen, Nachtdienstzulagen, Gefahrenzulagen, Auslandszuschläge und alle sonstigen Gehaltsbestandteile, die eine besondere Leistung oder Unbequemlichkeit des Dienstnehmers abgelten, ohne für ihn aber mit einem finanziellen Aufwand verbunden zu sein.
- Hingegen sind Schmutzzulagen, Aufwandentschädigungen, Taggelder und Trennungsgelder nur zur Hälfte in die Bemessungsgrundlage einzubeziehen: Bei diesen Entgeltsbestandteilen wird angenommen, dass dem Dienstnehmer tatsächlich ein Aufwand entsteht. Die nur teilweise Einbeziehung in die Bemessungsgrundlage wird damit begründet, dass der Ausgabe eine Ersparnis in den sonstigen Lebenshaltungskosten gegenübersteht: Wer auf einer Dienstreise auswärts nächtigt und isst, muss zuhause nicht heizen, duschen oder kochen.
- Spesenersatz, wie Kilometergelder oder Reisegebühren, ist überhaupt nicht in die Unterhaltsbemessungsgrundlage einzubeziehen.
- Sehr wohl werden aber Naturalbezüge (Dienstwohnungen) und Sachbezüge (Benützung eines Firmen-Pkw auch für Privatfahrten) der Unterhaltsbemessungsgrundlage hinzugerechnet, und zwar mit dem Betrag, den sich der Unterhaltspflichtige z. B. dadurch erspart, dass er keinen privaten Pkw halten muss.
- Auch Urlaubsentschädigung und Urlaubsabfindung für nichtkonsumierte Urlaube stellen Bestandteile der Unterhaltsbemessungsgrundlage dar.
- Bei Berufen, in welchen regelmäßig Trinkgelder gegeben werden, ist auch ein durchschnittlicher Trinkgeldbezug in die Bemessungsgrundlage einzurechnen.
- Auch Rückzahlungen des Finanzamtes im Wege des Steuerausgleichs gelten als zugeflossenes Einkommen, und zwar in dem Jahr, in welchem die Refundierung erfolgt.
- Abfertigungen sind gleichfalls Einkommensbestandteil. Eine gesetzliche Abfertigung wird grundsätzlich auf so viele Monate aufgeteilt, wie sie Vielfaches von Monatsbezügen darstellt. Das führt dazu, dass durch

den Verlust einer Anstellung und Bezug der Abfertigung das anrechenbare Einkommen des Unterhaltspflichtigen und damit die Unterhaltsansprüche der Unterhaltsberechtigten steigen: Der Gekündigte muss sich als Einkommen die Abfertigung anrechnen lassen, welche aber, wie die Sonderzahlungen, günstiger besteuert ist als sein üblicher Monatsbezug. Überdies steht dem schuldlos Gekündigten auch Arbeitslosenentgelt zu. Sein Monatsbezug ist also für die Dauer des Verbrauchs der Abfertigung höher als während seiner Berufstätigkeit.

Bei besonders hohen Abfertigungen sowie bei freiwilligen Abfertigungen des Arbeitgebers („golden handshakes") wird die Abfertigung auf einen längeren Zeitraum aufgeteilt, da sie ja in solchen Fällen die Zeit bis zum Pensionsantritt überbrücken soll. In diesen Fällen wird die Abfertigung so aufgeteilt, dass die Bemessungsgrundlage sich gegenüber der Zeit der aktiven Berufstätigkeit nicht ändert. Es ist aber in Einzelfällen auch eine Aufteilung auf einen so langen Zeitraum (z. B. bis zum Pensionsantritt) denkbar, dass sich die Unterhaltsbemessungsgrundlage auch vermindern könnte.

Die gesetzlichen Regelungen des Unterhalts sind allgemein gehalten und lassen vielfältige Auslegungsmöglichkeiten offen, was von den Gerichten bei der Entscheidungsfindung auch genützt wird, um ein möglichst hohes Maß an „Einzelfallgerechtigkeit" zu erreichen. Das führt aber auch zu unterschiedlichen Entscheidungen ähnlich gelagerter Fälle, sodass man nicht von vornherein mit absoluter Gewissheit sagen kann, auf welchen Zeitraum z. B. eine Abfertigung aufzuteilen sein wird.

Obwohl die Feststellung der Unterhaltsbemessungsgrundlage kompliziert ist und die Einbeziehung bzw. Ausscheidung verschiedener Einkommenskomponenten die Gerichte hinlänglich beschäftigt, gibt es doch eine sehr gute Methode, das durchschnittliche Nettoeinkommen zu errechnen: anhand des Jahreslohnzettels, den der Dienstgeber für das Finanzamt auszustellen hat und von dem der Arbeitnehmer eine Kopie verlangen und dem Gericht vorlegen kann. In diesem Formular scheinen sämtliche Einkünfte des Steuerpflichtigen einschließlich Überstundenentgelten, Prämien, Urlaubs- und Weihnachtsgeld etc. auf. Auch für den Laien ist es möglich, anhand dieses Lohnzettels das Nettoeinkommen zu errechnen: Von den in der ersten Zeile ausgewiesenen Bruttobezügen sind lediglich die Position „insgesamt einbehaltene SV-Beiträge, Kammerumlage, Wohnbauförderung" sowie die Position „insgesamt einbehaltene Lohnsteuer" abzuziehen.

Lohnzettel für den Zeitraum vom 1.1. bis 31.12.2002

Arbeitnehmer

Maier
Franz
Maiergasse 1
1234 Maierling

Bezugs(Pensions)auszahlende Stelle
Finanzamts-Nr. Steuer-Nr.

Arbeitnehmerin/Arbeitnehmer:
Soziale Stellung Vers.-Nr.:
weiblich: männlich: Vollzeit: Teilzeit:
Der Alleinverdienerabsetzbetrag (AVAB) wurde berücksichtigt: J
Wenn AVAB, dann Vers.-Nr. des (Ehe)Partners:
Der Alleinerzieherabsetzbetrag (AEAB) wurde berücksichtigt: N

Bruttobezüge gemäß § 25 (ohne § 26 und ohne Familienbeihilfe)			(210)	44.799,03
Steuerfreie Bezüge gemäß § 68			(215)	504,75
Bezüge gemäß § 67 Abs. 1 u. 2 (innerh. d. Jahressechst.), vor Abzug der SV-Beiträge			(220)	6.391,34
Insgesamt einbehaltene SV-Beiträge, Kammerumlage, Wohnbauförderung		7.842,68		
Abzügl. SV-Beiträge Kennzahl 220	(225)	1.064,16	(230)	6.778,52
Abzügl. SV-Beitr. § 67 Abs. 3-8, soweit steuerfr. bzw. mit festen Sätzen	(226)	0,00		
Landarbeiterfreibetrag gemäß § 104			(240)	0,00
Übrige Abzüge:				
Auslandstätigkeit gemäß § 3 Abs. 1 Z 10 u. 11		0,00		
Pendler-Pauschale gemäß § 16 Abs. 1 Z 6		0,00		
Freiwillige Beiträge gemäß § 16 Abs. 1 Z 3b		0,00	(243)	0,00
Steuerfr. bzw. mit festen Sätzen verst. Bezüge gemäß § 67 Abs. 3 bis 8		0,00		
Sonstige steuerfreie Bezüge		0,00	Steuerpflichtige Bezuege (245) =	31.124,42
Insgesamt einbehaltene Lohnsteuer		8.382,27	Anrechenbare Lohnsteuer (260) =	8.382,27
Abzüglich Lohnsteuer mit festen Sätzen gem. § 67 Abs. 3 bis 8		0,00		

Sonstige Bezüge gem. § 67 (2.6.10) lt. Lohnsteuertarif versteuert	39,75
Berücksichtigter Freibetrag gem. § 105	0,00
Verbrauchte SV-Bemessungsgrundlage für Sonderzahlungen	5.431,10
Berücksichtigter Freibetrag lt. Mitteilung gme § 63	0,00
Bei der Aufrollung berücksichtigter Kirchenbeitrag. ÖGB-Beiträge	0,00
Berücksichtigter Freibetrag gem. § 35	0,00
Nicht zu erfassende Bezüge gem. § 25 Abs.1 22a und 3a (75%)	0,00
Pflegegeld von _______ bis _______	0,00
Steuerfreie Bezüge gem. § 26 Z 4	0,00

Ausstellungsdatum: 2003.09.01

FANTASIA
SpielwarenhandelsgesmbH
Fantasiagasse 1
5678 Fantasien
Tel. 0123/456789

Die Richtigkeit und Vollständigkeit wird bestätigt:
FANTASIA SpielwarenhandelsgesmbH
5678 Fantasien, Fantasiagasse 1

Bei diesem als Beispiel verwendeten Lohnzettel ergibt sich daraus ein jährliches Nettoeinkommen von 28.574,08 Euro, die monatliche Unterhaltsbemessungsgrundlage wäre ein Zwölftel, also 2.381,17 Euro.

... bei Selbstständigen

Wesentlich schwieriger ist die Errechnung der Bemessungsgrundlage bei Selbstständigen oder bei Unterhaltspflichtigen, die sowohl aus selbstständiger wie auch aus unselbstständiger Tätigkeit oder aus anderen Erwerbsarten, wie z. B. Kapitalerträgnissen, Vermietung oder Verpachtung, Einkommen erzielen.
Da Steuererklärungen selbstständig Erwerbstätiger erst im Nachhinein, oft unter deutlicher Überschreitung der gesetzlichen Frist (31. 3. des Folgejahres) abgegeben werden, ist es nahezu unmöglich, sich Kenntnis über die aktuelle Einkommenssituation zu verschaffen.
Die vorhandenen Gestaltungsmöglichkeiten werden oft zum Nachteil der Unterhaltsberechtigten eingesetzt. Das Vorziehen größerer Investitionen oder die Erweiterung eines Unternehmens zu einem Zeitpunkt, da die Kinder noch Unterhaltsansprüche haben, die Anstellung der neuen Partnerin zu einem überhöhten Gehalt, das den Gewinn des Unternehmers mindert, aber zur Deckung seiner eigenen Lebensbedürfnisse dient, die Abschreibung von Aufwendungen mit (auch) privatem Charakter (Auslandsreisen, Geschäftsessen, Kauf von Büchern, Bildern, Teppichen usw.) sind an der Tagesordnung. Allerdings muss die Unterhaltsberechtigte nicht alle diese steuerlich oft völlig unbedenklichen Praktiken gegen sich gelten lassen, vielmehr ist „die Steuerbemessungsgrundlage nach unterhaltsrechtlichen Grundsätzen zu korrigieren“. (Dies überrascht viele Selbstständige, die nicht verstehen, dass das, was das Finanzamt akzeptiert hat, gegenüber Frau und Kindern nicht gelten soll.)
Für die Korrektur der steuerlichen Gestaltungsmöglichkeiten benötigt man in der Regel gute Kenntnisse über Lebensgewohnheiten und betriebliche Erfordernisse des Unterhaltspflichtigen, also Kenntnisse, die nach einer Trennung im Laufe der Zeit immer mehr verloren gehen, sowie wirtschaftliches Verständnis (die Fähigkeit, zumindest Steuererklärungen lesen und interpretieren zu können). Bei gerichtlichen Auseinandersetzungen über den Unterhalt wird in der Regel das Gutachten eines Sachverständigen benötigt, was Zeit und Geld kostet.

Tipp

Ein wesentlicher Grundsatz der Unterhaltsrechtsprechung bei Selbstständigen besagt, dass das Betriebsergebnis für die Unterhaltsbemessung nicht allein maßgeblich ist, sondern dass die Mittel zugrunde zu legen sind, die der Unterhaltspflichtige selbst für seine Bedürfnisse („zur Aufrechterhaltung seines Lebensstandards") verwendet. Hat also ein Unternehmen keinen oder nur einen ganz niedrigen Gewinn, so wird auch ermittelt, welche Entnahmen der Unternehmer getätigt hat. Hat er von Kontoüberziehungen oder Kreditaufnahmen gelebt oder in einem Jahr seinen Betrieb vernachlässigt, weil er aus ererbtem Vermögen eine Weltreise finanziert hat, so ist der Unterhalt auf Basis dieser „Entnahmen" zu berechnen, und zwar immer dann, wenn die Entnahmen höher sind als der Gewinn.
Als „Entnahmen" sind insbesondere auch die Ausgaben des Unterhaltspflichtigen für seine eigene Wohnung, seinen Privat-Pkw, Prämien für seine Lebensversicherung, Kosten seiner Urlaubsreisen etc. zu werten.

Während für die Vergangenheit der Unterhalt anhand des Gewinnes (oder der Entnahmen) für das jeweilige Jahr errechnet wird, erfolgt die Bemessung künftigen Unterhalts auf Basis des Durchschnitts der letzten drei Jahre.

Andere Einkünfte

Auch Pensionseinkünfte sowie ein darauf gewährter Vorschuss, Unfallrenten, Arbeitslosengeld, Notstandshilfe, Karenz- bzw. Kindergeld oder gewährter Unterhalt bzw. ein bestehender Unterhaltsanspruch gelten als Einkommen und sind Unterhaltsbemessungsgrundlage, nicht hingegen Pflegegeld und Familienbeihilfe (siehe „Kindesunterhalt", Seite 133 ff.).
Kapitalerträgnisse gelten gleichfalls als Einkommen. Da sie in der Regel jedoch der Endbesteuerung (Kapitalertragsteuer) unterliegen, scheinen sie in den Steuererklärungen nicht auf und werden nur bei exzellenter Kenntnis der Vermögensverhältnisse des Unterhaltspflichtigen beweisbar sein.
Vermögen selbst wird für die Unterhaltsbemessung nicht herangezogen, lediglich dann, wenn ein Unterhaltspflichtiger über kein Einkommen, wohl aber über verwertbares Vermögen (z. B. Grundstücke) verfügt, wird ihm die Verwertung von Teilen seines Vermögens zur Erfüllung seiner Unterhaltspflichten zugemutet und der Unterhaltsanspruch unter Zugrundelegung eines derartigen eventuell auch fiktiven Erlöses berechnet werden.
Wurde Vermögen des Unterhaltspflichtigen in eine so genannte „Privatstiftung" eingebracht, aus welcher ihm keine Erträgnisse zufließen, so ist der Unterhalt auf Basis der Erträgnisse zu errechnen, die er beziehen könnte, hätte er das Vermögen nicht in die Stiftung eingebracht.

Anspannung

Unterlässt ein Unterhaltspflichtiger absichtlich die Erzielung von Einkommen, so wird der Unterhaltsbemessung ein fiktives zumutbares Einkommen zugrunde gelegt. Denn von einem Unterhaltspflichtigen wird erwartet, dass er seine Fähigkeiten einsetzt, um ein Einkommen zu erzielen, das ihm die Erfüllung seiner Unterhaltspflichten ermöglicht. Tut er dies nicht, so ist er auf ein derartiges Einkommen „anzuspannen".
Das bedeutet allerdings nicht, dass ein Unterhaltspflichtiger, der eine gut dotierte Stellung aufgibt und in der Folge weniger oder gar nichts verdient, auf sein früheres Einkommen angespannt werden könnte, sondern nur auf das, das er – jetzt noch – erzielen könnte.
Erfolgt die Aufgabe des Jobs zu dem Zweck, sich selbstständig zu machen, so wird dies als Menschenrecht des Unterhaltspflichtigen respektiert und es wird ihm zugebilligt, dass er für einen Zeitraum von zwei bis drei Jahren kein oder nur ein niedriges Einkommen erzielt. Ist er auch danach nicht in der Lage, Unterhalt wie zuvor zu leisten, so wird er wohl angespannt, aber lediglich auf das Einkommen, dessen Erzielung ihm nunmehr unter Berücksichtigung seines Alters, seiner Gesundheit, seiner beruflichen Kenntnisse und Fähigkeiten nach Maßgabe der Verhältnisse am Arbeitsmarkt möglich wäre.
Dies gilt auch bei selbst verschuldetem Arbeitsplatzverlust.
Der Bezug von Arbeitslosengeld ist nicht der selbst verschuldeten Einkommenslosigkeit gleichzusetzen und berechtigt nicht zur Anspannung. Vielmehr ist der Unterhalt auf Basis des Arbeitslosengeldes festzusetzen. Eine „Anspannung" wäre nur möglich, wenn der Arbeitslose sich nicht um Arbeit bemüht oder eine ihm angebotene Stelle nicht annimmt, was aber die Unterhaltsberechtigten nachweisen müssten.
Es ist auch nicht möglich, auf ein überdurchschnittliches Einkommen „anzuspannen", welches der Unterhaltspflichtige z. B. nur durch ständige Leistung von Überstunden oder Wochenenddiensten erzielen könnte, da einem Berufstätigen die dauernde Überschreitung seiner Arbeitszeit nicht zugemutet werden kann.

Abzüge von der Bemessungsgrundlage

Im Falle einer Insolvenz des Unterhaltsschuldners muss er die Einschränkung seiner Leistungsfähigkeit beweisen. Auch wenn er z. B. im Zeitpunkt der Konkurseröffnung unselbstständig erwerbstätig ist und sich an seinem

Einkommen daher grundsätzlich nichts ändert, ist doch anzunehmen, dass er bis zum Existenzminimum gepfändet wird. Für die Unterhaltsleistung wird daher nur der Differenzbetrag zwischen dem Existenzminimum, wie es gewöhnlichen Gläubigern gegenüber besteht (derzeit 643,54 Euro monatlich, welcher Betrag sich allerdings für jede Person, welcher Unterhalt zusteht, um 20 Prozent erhöht), und den 75 Prozent dieses Betrages, auf welche das Existenzminimum zugunsten von Unterhaltsgläubigern herabgesetzt werden kann, zur Verfügung stehen.

Beispiel

Bei einem Schuldner, der Sorgepflichten für zwei Kinder hat, wären das also 225,24 Euro.

Es geht also auch hier um die tatsächliche wirtschaftliche Leistungsfähigkeit des Unterhaltsschuldners: Die Gesamtsumme der gegen ihn angemeldeten Forderungen kann der im Konkurs befindliche Unterhaltsschuldner nicht bei der Unterhaltsbemessung in Abzug bringen, da er diese Beträge zwar vielleicht schuldet, aber nicht bezahlt.

Auch außerhalb des Insolvenzverfahrens können Schulden des Unterhaltspflichtigen generell nicht von der Unterhaltsbemessungsgrundlage abgezogen werden, auch nicht Kosten der gewöhnlichen Lebenshaltung. Kreditraten sind nur abzugsfähig, wenn der Kredit zur Erhaltung der Arbeitskraft oder der wirtschaftlichen Existenz aufgenommen werden musste, oder wenn er den Unterhaltsberechtigten zugute kommt, wenn also z. B. der Unterhaltspflichtige einen Kredit rückzahlt, der zur Anschaffung einer Wohnung aufgenommen wurde, in welcher nicht er wohnt, sondern die Unterhaltsberechtigten. Allenfalls kann auch ein Kredit als abzugsfähig angesehen werden, den der Unterhaltspflichtige nach Verzicht auf seine bisherige Wohnmöglichkeit zugunsten der Unterhaltsberechtigten für seine eigene angemessene Wohnversorgung aufgenommen hat.

Überdurchschnittliche Behandlungskosten oder sonstiger medizinischer Aufwand sind gleichfalls abzugsfähig, grundsätzlich auch diätbedingter Mehraufwand, wobei allerdings bei Letzterem die relevante finanzielle Belastung schwerer zu beweisen ist, als die Betroffenen glauben.

Die Kosten eines Pkw sind nur abzugsfähig, wenn dessen Benützung für die Berufsausübung unentbehrlich ist (wenn z. B. keine Möglichkeit besteht, öffentliche Verkehrsmittel zu benützen) und nur so weit, als der Dienstgeber

keine Vergütung gewährt. Auch Kosten existenznotwendiger Weiterbildung können von der Unterhaltsbemessungsgrundlage abgezogen werden. Nicht abzugsfähig sind hingegen Aufwendungen zur Vermögensbildung, wie der Kauf von Wertpapieren oder die Zahlung einer Lebensversicherung, die schon erwähnten Lebenshaltungskosten des Schuldners selbst einschließlich Lebensmittel, Wohnungskosten, Fahrtkosten öffentlicher Verkehrsmittel etc. bis hin zu Gerichts- und Rechtsanwaltskosten, Beitragszahlungen an Vereine, aber auch Gewerkschaftsbeiträge.

Auch wenn ein unselbstständig Erwerbstätiger daneben eine selbständige Tätigkeit ausübt und dadurch Verluste erwirtschaftet (was sich bei gut verdienenden Unselbständigen durch eine teilweise Refundierung der Lohnsteuer angenehm auswirken kann), so sind diese Verluste aus selbstständiger Tätigkeit bei der Errechnung der Unterhaltsbemessungsgrundlage keineswegs in Abzug zu bringen: Die Nebenbeschäftigung darf sich nicht zum Schaden der Unterhaltsberechtigten auswirken.

Allerdings wird in einem solchen Fall die Steuerrefundierung der Unterhaltsbemessungsgrundlage nicht hinzugerechnet. Der Unterhalt wird vielmehr so berechnet, als gäbe es nur das Einkommen aus unselbstständiger Tätigkeit. Ähnlich wird verfahren, wenn der Unterhaltspflichtige echte „Verlustbeteiligungen" erwirbt – diese sollen „neutral" behandelt werden, also für die Unterhaltsberechtigten weder Vorteile noch Nachteile bringen.

In diesem Bereich ist eine Vielzahl von problematischen Fällen denkbar, für die es, wie gesagt, unterschiedliche Lösungsmöglichkeiten gibt: So sind freiwillige Beiträge zu einer Höherversicherung nach dem ASVG grundsätzlich nicht abzugsfähig, weil eben nicht verpflichtend vorgeschrieben. Wenn dann der Unterhaltspflichtige in den Genuss einer höheren Pension kommt, ergibt sich jedoch die Frage, ob Unterhaltsberechtigte, denen in früheren Perioden die erhöhten Beiträge nicht unterhaltsmindernd angerechnet wurden, den Unterhalt auf Basis der höheren Pension erhalten sollen oder nur auf Basis der gesetzlichen Pension. Nicht für alle denkbaren Fälle gibt es Entscheidungen, und nicht alle ähnlichen Fälle werden in gleicher Weise entschieden.

Belastbarkeitsgrenze

Bei geringem Einkommen und zahlreichen Sorgepflichten kann es vorkommen, dass der Unterhaltspflichtige durch Erfüllung aller seiner Unterhaltspflichten über Gebühr belastet würde. In einem solchen Fall werden alle Unterhaltsansprüche im gleichen Verhältnis gekürzt.

Die absolute Belastbarkeitsgrenze ist aber von der Rechtsprechung weder mit einem bestimmten Prozentsatz des Einkommens angegeben, noch ist sie zwingend identisch mit dem Existenzminimum: Dem Verpflichteten hat vielmehr ein Betrag zu verbleiben, der „zur Erhaltung seiner Körperkräfte und seiner geistigen Persönlichkeit notwendig ist“. Dabei wird ein relativ strenger Maßstab angelegt: So gelten Beträge zwischen 290,69 und 436,04 Euro monatlich als „grundsätzlich ausreichend zur angemessenen Deckung der Bedürfnisse des Unterhaltsschuldners“.

Gerichtliche Schritte

Wird Unterhalt nicht, nicht vollständig oder nicht rechtzeitig geleistet, so kann er von den Unterhaltsberechtigten gerichtlich geltend gemacht werden. Ehegattenunterhalt wird im so genannten Streitverfahren mit Urteil, Kindesunterhalt im Außerstreitverfahren mit Beschluss festgesetzt.
Der Unterhaltspflichtige wird in diesen Verfahren vom Gericht zunächst aufgefordert, sein Einkommen durch Vorlage entsprechender Urkunden nachzuweisen. Kommt er diesem Auftrag nicht nach oder sind die vorgelegten Urkunden unzureichend, so kann das Gericht Anfragen an den Dienstgeber richten, ja sogar die Akten des Finanzamtes beischaffen.
Als ausreichende Beweisurkunden sind bei Unselbstständigen die Jahreslohnzettel anzusehen, bei Selbstständigen Einkommensteuerbescheide gemeinsam mit der Einkommensteuererklärung bzw. der Gewinn-und-Verlust-Rechnung. Nur so ist überprüfbar, ob ein relativ niedriger Gewinn auf überhöhte Ausgaben (als Betriebsausgaben verbuchter privater Aufwand) zurückzuführen ist. Bezieht ein Unterhaltspflichtiger selbstständiges und unselbstständiges Einkommen, so muss dem Steuerbescheid auch der Jahreslohnzettel über das unselbstständige Einkommen beigeschlossen sein. Nur aus diesem ergeben sich die mit fixen Steuersätzen (6 Prozent) belasteten Sonderzahlungen.

Tipp

Eine Gehaltsabrechnung für einen oder mehrere Monate ist niemals ausreichender Beweis für das tatsächliche Einkommen. Wer das anbietet, möchte in der Regel saisonale Überstunden, ein Jubiläumsgeld oder Ähnliches „verstecken“.

Obgleich die Berechnung des Unterhaltes in der Regel anhand von Prozentsätzen des Einkommens des Unterhaltspflichtigen erfolgt, ist der geschul-

dete Unterhalt letztlich immer in einem Geldbetrag auszudrücken. Auch in Unterhaltsvergleichen oder Unterhaltsverträgen muss der geschuldete Unterhalt als Geldforderung aufscheinen, damit eine gerichtliche Zwangsvollstreckung erfolgen kann. Unterhaltsverträge müssten überdies in Form eines vollstreckbaren Notariatsaktes abgeschlossen werden. Aufgrund eines derartigen vollstreckbaren Unterhaltstitels (rechtskräftige Urteile, Beschlüsse, Vergleiche und vollstreckbare notarielle Unterhaltsverträge) kann bei weiterer Nichtzahlung gerichtlich Exekution geführt werden. Für Unterhaltsrückstände kann, wie bei jeder anderen Geldforderung, jeder Vermögensbestandteil des Unterhaltspflichtigen gepfändet und verwertet werden. Die Exekution für den Rückstand kann also auf Liegenschaften, Sachwerte wie Pkw oder Schmuck, Forderungen, die der Verpflichtete aus einer Erbschaft, dem Auftrag eines Kunden, aber auch aufgrund seines Dienstverhältnisses hat, etc. geführt werden. Darüber hinaus kann auch laufendes Arbeits- oder Pensionseinkommen gepfändet werden. In diesem Fall wird der Dienstgeber oder die pensionsauszahlende Stelle verpflichtet, den Unterhaltsbetrag monatlich vom Bezug des Verpflichteten abzuziehen und an die unterhaltsberechtigte Person direkt zu überweisen. Viele Frauen wünschen diese Form der Unterhaltszahlung, sie ist jedoch nur die Folge beharrlicher Unterhaltsverletzung durch den Verpflichteten. So lange dieser selbst seiner Unterhaltspflicht entspricht, ist es nicht möglich, die Zahlung „gleich von der Firma" zu verlangen. Eine Besonderheit der Lohnpfändung für Unterhaltsforderungen besteht darin, dass dem Gepfändeten der an sich unpfändbare Freibetrag („Existenzminimum", derzeit 643 Euro monatlich für Personen, die 14 Gehälter jährlich beziehen, 750 Euro für die, bei denen dies nicht der Fall ist) auf 75 Prozent herabgesetzt werden kann. Damit haben Unterhaltsberechtigte, die bei der exekutiven Durchsetzung ihrer Forderungen mit anderen Gläubigern in Konkurrenz stehen, zumindest Zugriff auf 25 Prozent des Existenzminimums, die der Pfändung durch andere Gläubiger entzogen sind. *Wer seine Unterhaltspflicht so gröblich verletzt, dass der Unterhalt oder die Erziehung des Berechtigten gefährdet würden, macht sich sogar strafbar (§198 Strafgesetzbuch).*

Ehegattenunterhalt während der Ehe

Wie gesagt, ist der Unterhaltsanspruch zwischen Eheleuten ein besonders wesentlicher Ausdruck der ehelichen Beistandspflicht. § 94 ABGB besagt dazu: „Die Ehegatten haben nach ihren Kräften und gemäß der Gestaltung ihrer ehelichen Lebensgemeinschaft zur Deckung der ihren Lebensverhältnissen angemessenen Bedürfnisse gemeinsam beizutragen." Auch hier ist

also (seit 1976) das partnerschaftliche Element verankert, das beiden Ehepartnern aufträgt, zum Unterhalt gemeinsam beizutragen, es ihnen dabei aber freistellt, wie sie die Aufgaben teilen wollen.

Die Hausfrauenehe

Das Gesetz regelt zunächst die so genannte „Hausfrauenehe“ – die durchaus auch eine „Hausmannehe“ sein könnte: „Der Ehegatte, der den gemeinsamen Haushalt führt, leistet dadurch seinen Beitrag ... ; er hat an den anderen einen Anspruch auf Unterhalt, wobei eigene Einkünfte angemessen zu berücksichtigen sind. Dies gilt nach der Aufhebung des gemeinsamen Haushalts zugunsten des bisher Unterhaltsberechtigten weiter, sofern nicht die Geltendmachung des Unterhaltsanspruches, besonders wegen der Gründe, die zur Aufhebung des gemeinsamen Haushalts geführt haben, ein Missbrauch des Rechtes wäre.“
Haushaltsführung gilt demnach als gleichwertiger Beitrag zum Unterhalt der Eheleute und der Familie. In den Bestimmungen des Ehegesetzes über die Teilung ehelichen Vermögens ist auch festgehalten, dass Haushaltsführung grundsätzlich als gleichwertiger Beitrag zum Erwerb ehelichen Vermögens gilt. Die haushaltführende Ehefrau hat also gegen ihren Ehemann einen vollen Unterhaltsanspruch, sofern die Ehegatten ausdrücklich oder schlüssig vereinbart haben, ihre Ehegemeinschaft als Hausfrauenehe gestalten zu wollen. Die schlüssige Vereinbarung besteht schon darin, dass die Haushaltsführung ohne Berufstätigkeit eines Teiles wenigstens ursprünglich von den Parteien akzeptiert worden ist.
Der Ehegattenunterhalt ist, wie gesagt, grundsätzlich als Naturalleistung zu erbringen, solange die Ehe aufrecht ist und ein gemeinsamer Haushalt besteht. Im Falle einer Trennung oder Unterhaltsverletzung hat jedoch die Unterhaltsberechtigte das Recht, den gesamten Unterhalt in Geld zu verlangen.

Tipp

Die Hausfrau (selbstverständlich auch der Hausmann) ist durch das Gesetz insoweit geschützt, als der Unterhaltsanspruch des haushaltführenden Gatten auch im Falle einer Trennung weiter besteht. Eine Ehefrau, die während aufrechter Gemeinschaft den Haushalt geführt hat, kann nicht zur Aufnahme einer Berufstätigkeit gezwungen werden, wenn der Ehemann von zuhause auszieht; das Argument: „Sie führt mir ja gar nicht mehr den Haushalt“ ist in diesem Fall nicht zulässig.
Auch wenn die Hausfrau ihrerseits die Ehegemeinschaft verlässt, weil ihr der Mann das weitere Zusammenleben unzumutbar gemacht hat, verliert sie dadurch nicht ihren Unterhaltsanspruch. Natürlich ist es aber in einem solchen Fall besonders wichtig, dass sie die gerechtfertigten Gründe ihres Auszuges beweisen kann.

Die Höhe dieses Geldanspruches ist nicht im Gesetz geregelt, wohl aber durch eine seit Jahrzehnten bestehende Judikatur, die auch in ganz Österreich einheitlich gehandhabt wird.

Die Berechnung

Der Unterhaltsanspruch der einkommenslosen Ehefrau beträgt demnach maximal 33 Prozent der Unterhaltsbemessungsgrundlage. Dieser Unterhalt vermindert sich bei weiteren Sorgepflichten des Unterhaltspflichtigen, und zwar um

- 4 Prozent für jedes Kind, welchem der Unterhaltspflichtige Unterhalt zu gewähren hat (gleichgültig, ob es sich um gemeinsame Kinder oder Kinder aus anderen Verbindungen handelt), sowie um
- 1 bis 3 Prozent für die Unterhaltspflicht für eine frühere (nach der Scheidung: auch spätere) Ehefrau, je nachdem, ob diese ihrerseits einkommenslos ist und einen vollen Unterhaltsanspruch hat, oder ob sie eigenes Einkommen bezieht und daher nur einen geringeren Beitrag zu ihrem Unterhalt erhält.

Beispiel

Wenn ein Ehemann z. B. geschieden und für zwei Kinder aus seiner ersten Ehe unterhaltspflichtig ist, und aus der zweiten Ehe gleichfalls zwei Kinder stammen, so beläuft sich der Unterhaltsanspruch seiner zweiten Ehefrau nur mehr auf 17 Prozent der Bemessungsgrundlage (33 – (4 × 4) = 17).
Nimmt man wieder den Lohnzettel von Franz Maier (siehe Seite 69) als Beispiel, aus welchem sich eine Bemessungsgrundlage von 2.381,17 Euro errechnet hat, so würde hier die Ehefrau neben 4 Kindern nur einen Unterhalt von 404,80 Euro erhalten, also einen Betrag, der weit unter dem Existenzminimum liegt.

Schon dieses Beispiel zeigt, dass auch der nach unserer Rechtslage bestmögliche Ehegattenunterhalt nicht wirklich dazu verleitet, nur vom Unterhalt leben zu wollen. Der Unterhaltspflichtige müsste schon sehr gut verdienen und dennoch keine oder nur wenige Sorgepflichten haben, damit man aus dem Ehegattenunterhalt tatsächlich seine Bedürfnisse befriedigen kann. Daneben besteht auch bei dem gut verdienenden Unterhaltszahler das Risiko, dass sich sein Einkommen vermindert, die Sorgepflichten erhöhen oder andere Umstände eintreten, die auch einen einmal erstrittenen Unterhaltstitel wieder zunichte machen. Bei durchschnittlichen Einkommensverhältnissen hingegen ist der Ehegattenunterhalt meist unzureichend. Die immer wieder als das eigentliche Ehemodell, mindestens aber als gleichwertige Alternative propagierte Hausfrauenehe erweist sich also schon im Hinblick auf die Unterhaltsregelung

als Falle für Frauen, die keiner eigenen Berufstätigkeit nachgehen, um Mann und Kinder mit den Annehmlichkeiten eines Haushalts zu verwöhnen, der von einer durch nichts abgelenkten und ihre Kreativität und Zeit gänzlich dem Hauswesen widmenden Hausfrau geführt wird.

Eigenes Einkommen

„Ein Unterhaltsanspruch steht einem Ehegatten auch zu, soweit er seinen Beitrag nach Abs. 1 nicht zu leisten vermag", sagt das Gesetz. Das heißt, dass ein Ehegatte auch dann einen Unterhaltsanspruch hat, wenn er eigenes Einkommen erzielt, dieses jedoch so gering ist, dass damit die den (durch das bessere Einkommen des anderen Teiles bestimmten) Lebensverhältnissen angemessenen Bedürfnisse nicht finanziert werden können. Es hat also auch der schlechter verdienende Partner einen Unterhaltsanspruch gegen den anderen.
Dieser Unterhaltsanspruch errechnet sich nach ständiger Judikatur so, dass das durchschnittliche monatliche Nettoeinkommen beider Teile zusammengerechnet wird (so genanntes „Familiennettoeinkommen"). Für die Errechnung des durchschnittlichen Nettoeinkommens des unterhaltsberechtigten Partners gilt das Gleiche wie für die Errechnung der Unterhaltsbemessungsgrundlage (siehe Seite 65 ff.): Es sind grundsätzlich alle Einkünfte aus selbstständiger und unselbstständiger Erwerbstätigkeit, aus Vermietung und Verpachtung, Kapitalerträgnisse etc., aber auch Arbeitslosengeld, Kinderbetreuungsgeld etc. einzubeziehen.
Von dem Familiennettoeinkommen sollen dem einkommensschwächeren Teil 40 Prozent zukommen, wenn den Unterhaltspflichtigen keine sonstige Sorgepflicht trifft. Ein Unterhaltsanspruch gegen den besser verdienenden Partner kommt also nur zum Tragen, wenn dieser zumindest das Eineinhalbfache des Einkommens des berechtigten Partners ins Verdienen bringt.

Beispiel

Anhand des Beispiels des Franz Maier mit dem durchschnittlichen monatlichen Nettoeinkommen von 2.381,17 Euro bedeutet das, dass Frieda Maier nur Unterhalt bekäme, wenn sie weniger als 1.571,57 Euro netto im Monatsdurchschnitt verdiente.

Auch dieser Unterhaltsanspruch vermindert sich um 4 Prozent für jedes unterhaltsberechtigte Kind und um 1 bis 3 Prozent für eine unterhaltsberechtigte Frau.

Beispiel

Hätte also Frieda Maier ein durchschnittliches monatliches Nettoeinkommen von 1.090,00 Euro, so hätte sie neben zwei Kindern nur mehr einen eigenen Unterhaltsanspruch von knapp 21,00 Euro:

	2.381,17 Euro
zuzüglich	1.090,00 Euro
ergibt	3.471,17 Euro
davon 32 Prozent =	1.110,77 Euro
abzüglich Eigeneinkommen	1.090,00 Euro
Unterhaltsanspruch daher	21,00 Euro

Eine berufstätige Frau müsste sich also einen hervorragend verdienenden Ehemann aussuchen, um sich am Unterhalt bereichern zu können.
Ist das Einkommen der Ehefrau im Verhältnis zu dem des Ehemannes ganz gering, so ergibt sich bei Anwendung der zweiten Unterhaltsberechnungsformel (40 Prozent des gemeinsamen Einkommens minus Einkommen des schlechter Verdienenden) ein höherer Betrag als bei Anwendung der ersten Berechnungsformel (33 Prozent). Damit nicht der Mann, dessen Frau ein geringes Einkommen zum Familieneinkommen beisteuert, mehr Unterhalt zahlen muss als der Ehemann einer nicht berufstätigen Hausfrau, wird daher in so einem Fall das Einkommen der Ehefrau überhaupt nicht berücksichtigt. Das heißt, ihr Unterhalt wird so berechnet, als hätte sie gar kein Einkommen.

Beispiel

Nehmen wir also wieder Franz Maier und sein Einkommen von	2.381,17 Euro
als Beispiel, lassen aber Frieda Maier nur	255,00 Euro
netto im Monatsschnitt verdienen, so ergibt sich ein Familiennettoeinkommen von	2.636,17 Euro.

Nehmen wir an, es gibt keine weiteren Sorgepflichten, so stünden Frieda Maier nach der zweiten Berechnungsformel 40 Prozent hievon,

also	1.054,47 Euro
zu, vermindert um ihr eigenes Einkommen von	255,00 Euro
ergeben	799,47 Euro.

33 Prozent des Einkommens des Ehegatten wären jedoch nur 785,79 Euro.

Frieda Maier würde daher neben ihrem Einkommen von 255,00 Euro Unterhalt von 785,79 Euro erhalten, so als ob sie gar kein eigenes Einkommen hätte.

Wie gesagt, müssen die Eheleute laut Gesetz „nach ihren Kräften" zum gemeinsamen Unterhalt beitragen (hinsichtlich der Anspannung des Unterhaltspflichtigen siehe Seite 72). Aber auch von der Unterhaltsberechtigten wird verlangt, dass sie – sofern keine Hausfrauenehe vereinbart ist – ein den subjektiven Fähigkeiten und der objektiven Arbeitsmarktlage entsprechendes Einkommen erzielt. Dabei müssen auch Alter, berufliche Ausbildung, körperliche und geistige Verfassung sowie die familiäre Belastung berücksichtigt werden. Die Aufgabe einer Erwerbstätigkeit gegen den Willen des Ehepartners kann zur Anwendung des Anspannungsgrundsatzes, also zur Heranziehung eines fiktiven Einkommens, welches den Unterhaltsanspruch mindert, führen.

Verwirkung des Unterhaltsanspruchs

Bei besonders schwer wiegendem Fehlverhalten des unterhaltsberechtigten Teiles kann der Unterhalt auch bei aufrechter Ehe „verwirkt" werden. Hier wird allerdings ein strenger Maßstab angelegt. Nur besonders krasse Eheverfehlungen führen zur Unterhaltsverwirkung. Die Geltendmachung des Anspruches müsste „einen Missbrauch des Rechtes" darstellen, wobei als besonderes Kriterium herangezogen wird, dass der an sich unterhaltsberechtigte Partner seinerseits die Ehe offenbar völlig ablehnt, den Ehewillen zur Gänze verloren hat, sich seinerseits aller Bindungen und Pflichten aus dem Eheband ledig fühlt, dennoch aber vom anderen Partner die Erfüllung seiner Unterhaltspflicht begehrt.

Verletzt also eine Ehefrau nur einzelne eheliche Verpflichtungen, verhält sie sich z. B. lieblos, lässt sie sich zu gelegentlichen Beschimpfungen des Mannes hinreißen oder lässt ihre Haushaltsführung zu wünschen übrig, so mag sich dies auf den Verschuldensausspruch im Scheidungsverfahren auswirken (mit den daraus resultierenden Folgen für den Unterhaltsanspruch nach der Scheidung), zu einem Verlust des Unterhaltsanspruchs bei aufrechter Ehe führt dies jedoch nicht.

Wie oft bei der Rechtsprechung in familienrechtlichen Angelegenheiten kommt es auch bei der Unterhaltsverwirkung vor allem auf die Umstände des Einzelfalles an.

Grundsätzlich kann man aber davon ausgehen, dass nicht bloß ein fehlgeschlagener Mordversuch zur Unterhaltsverwirkung führt, sondern auch die nicht durch den Unterhaltspflichtigen veranlasste Aufhebung der Wohngemeinschaft oder eine ehebrecherische Beziehung der Unterhaltsberechtig-

ten, zumindest dann, wenn ihr Mann keine Eheverfehlung gesetzt hat, die ihren Ehebruch nur als Reaktion auf sein Fehlverhalten erscheinen lässt. Auch schwere Verfehlungen gegen die wirtschaftliche Sphäre des Verpflichteten können zur Unterhaltsverwirkung führen, z. B. eine Anzeige beim Finanzamt oder eine Denunziation beim Arbeitgeber.

Unterhalt in Naturalien

Wie schon einleitend gesagt, stellt Unterhalt im ABGB grundsätzlich eine Naturalleistung dar, Ehegattenunterhalt muss aber nach ständiger Judikatur zumindest zum Teil auch in Geld erbracht werden.
„Wirtschaftsgeld" kann keineswegs zur Gänze als Unterhaltsleistung für Frau und Kinder angesehen werden, da daraus ja auch Bedürfnisse des Unterhaltspflichtigen (Nahrung, Reinigungsmittel etc.) bestritten werden. Darüber hinaus muss das Wirtschaftsgeld aber so bemessen sein, dass damit nicht nur die Haushaltskosten, sondern eben auch die persönlichen Bedürfnisse der haushaltführenden Frau (Wäsche, Toiletteartikel, Friseur etc.) bestritten werden können.
Bei gehobenen Lebensverhältnissen wird der Ehefrau auch ein „Taschengeld" in Höhe von ca. 5 Prozent der Unterhaltsbemessungsgrundlage zugebilligt.
Mit dem Familienrechtsänderungsgesetz 1999 wurde dem Abs. 3 des § 94 ABGB der Satz beigefügt: „Auf Verlangen des unterhaltsberechtigten Ehegatten ist der Unterhalt auch bei aufrechter Haushaltsgemeinschaft ganz oder zum Teil in Geld zu leisten, soweit nicht ein solches Verlangen, insbesondere im Hinblick auf die zur Deckung der Bedürfnisse zur Verfügung stehenden Mittel, unbillig wäre."

Miete und Kredite

Die Tragung der Kosten der Ehewohnung gilt aber jedenfalls als anrechenbare Unterhaltsleistung (und zwar auch ohne ausdrückliche Vereinbarung), da ja dadurch ein Teil der Lebensbedürfnisse der Unterhaltsberechtigten gedeckt wird. Auch Aufwendungen, die der Unterhaltspflichtige erbringt, um die Wohnung in gebrauchsfähigem Zustand zu erhalten, sind als Naturalunterhaltsleistungen anzusehen.
Zieht der Ehemann aus, so sind verbrauchsabhängige Kosten zur Gänze den Unterhaltsberechtigten anzurechnen, und zwar „nach Köpfen", wobei der ihnen zuzurechnende Anteil bei ganz kleinen Kindern geringer ist. Die Zahlung der Miete der Ehewohnung dient zwar zumindest zum Teil der

Wohnversorgung der dort lebenden Ehefrau. Solange die Ehe aufrecht und der Mann selbst (Mit-)Mieter ist, erfüllt er mit der Zinszahlung allerdings auch eine eigene Verpflichtung, sodass er der Frau nur die Hälfte der Miete als Unterhaltsleistung anrechnen kann, auch wenn er selbst nicht mehr in der Wohnung lebt.
Auch die Rückzahlung eines Wohnungskredites kommt beiden Eheleuten zugute, da sich ja dadurch der Wert der Ehewohnung erhöht. Auf den Kindesunterhalt sind allerdings nur die Betriebskosten, nicht aber Miete oder Kreditraten anzurechnen (siehe auch Seite 133 ff.).
Ein Problem kann sich daraus ergeben, dass bei einem sehr gut verdienenden Unterhaltspflichtigen Rückzahlungsraten für ein gemeinsames Haus so hoch sind, dass ihre Hälfte den Unterhaltsanspruch der einkommenslosen Ehefrau (insbesondere neben Kindern) fast oder gänzlich erreicht. In solchen Fällen sagt die Judikatur, dass der unterhaltsberechtigten Ehefrau dennoch Mittel für ihren Lebensunterhalt zur Verfügung gestellt werden müssen, da sie aus der Rückzahlung der Kreditraten nicht alle ihre Lebensbedürfnisse befriedigen kann. Ein Ausgleich zwischen den Eheleuten findet in einem solchen Fall erst im Aufteilungsverfahren statt, in welchem dem Mann eben mehr als die Hälfte der Darlehenstilgung zugerechnet werden muss.

Fiktive Miete

Viele Männer sind der Meinung, dass Frau und Kinder ihnen dafür, dass sie in der im Eigentum des Mannes stehenden, von ihm aber nicht mehr benützten Wohnung wohnen, eine „fiktive Miete“ bezahlen müssten. Dazu ist zu sagen, dass der Begriff der „fiktiven Miete“ von der Judikatur bisher grundsätzlich abgelehnt wurde. Es gibt zwar alle paar Jahre vereinzelte Entscheidungen, mit denen bei der Unterhaltsberechnung die Wohnungsgewährung an sich berücksichtigt wird. So z.B. in einem Fall, in welchem aus dem Umstand einerseits, dass die Ehe bereits rechtskräftig geschieden, der Mann daher nicht mehr zum gemeinsamen Wohnen verpflichtet sei, und der mit 130 Quadratmetern als „für einen einzelnen Bewohner durchaus als groß“ bezeichneten Wohnungsgröße andererseits eine angemessene Anrechnung der Wohnungskosten als gerechtfertigt angesehen wurde.
Schon kurz nach Veröffentlichung dieser Entscheidung entschied der Oberste Gerichtshof aber in einem anderen Fall, dass die Frage der Anrechnung fiktiver Mietkosten auf Unterhaltsleistungen grundsätzlich abgelehnt werde. Der Grund: „ ... weil sich aufgrund der familienrechtlichen Bindung des Wohnrechtes die Frage, welche Einkünfte der Unterhaltspflichtige erzielen oder welche Mietaufwendungen er sich ersparen könnte, wäre er in der Lage, über die Mietwohnung zu verfügen, gar nicht stellt.“

Auf den Kindesunterhalt ist jedenfalls weder fiktive Miete noch der Entgang anderweitiger Einnahmen des Unterhaltspflichtigen noch die Ersparnis von Wohnungskosten durch die Unterhaltsberechtigten anzurechnen.

Verzicht auf den Unterhalt

Schließlich sagt das Gesetz: „Auf den Unterhaltsanspruch an sich kann im vorhinein nicht verzichtet werden." Es handelt sich dabei um eine Schutzbestimmung, die verhindern soll, dass Unterhaltsberechtigte voreilig oder in einer belastenden Situation durch Abgabe eines abstrakten Unterhaltsverzichts für die Zukunft ihre Existenz gefährden.
Der Unterhaltsanspruch kann allerdings sehr wohl der Höhe nach beschränkt werden, etwa indem man auf die Einbeziehung bestimmter Einkommensbestandteile in die Unterhaltsbemessungsgrundlage (z. B. Einkünfte aus Kapitalerträgnissen oder aus einer Nebentätigkeit des Unterhaltspflichtigen) verzichtet oder überhaupt den Anspruch auf den bloß „notdürftigen Unterhalt" (genannt auch „Billigkeitsunterhalt") beschränkt.

Tipp

Vereinbarungen, welche den ehelichen Unterhalt beschränken sollen, bedürfen des Notariatsaktes, in anderer Form abgeschlossene Vereinbarungen (mündlich oder schriftlich) sind nicht rechtswirksam.

Anders geregelt ist die Frage beim Unterhalt nach der Scheidung, auf welchen grundsätzlich verzichtet werden kann.
Dass eine unterhaltsberechtigte Person ihren Anspruch, auch über längere Zeit, nicht geltend macht oder es unterlässt, den Differenzbetrag zwischen geleistetem und geschuldetem Unterhalt zu begehren, stellt grundsätzlich keinen schlüssigen Unterhaltsverzicht dar. In einer jüngeren, allerdings bereits heftig kritisierten Entscheidung wurde jedoch ein Unterhaltsverzicht seitens der Ehefrau angenommen, weil diese „zu verstehen gegeben" hätte, dass sie sich mit der Höhe der erbrachten Leistungen abgefunden und „den gewährten Unterhalt subjektiv als die von ihr zu beanspruchende Leistung" akzeptiert hätte. Wenn also eine Frau um des Friedens willen (noch) keine Unterhaltsklage einbringen will, sollte sie zumindest nicht „zu verstehen geben", dass sie mit dem „gewährten Unterhalt" einverstanden wäre.

Verjährung des Unterhalts

Ausgehend vom Prinzip des Naturalunterhalts, den man nicht im Nachhinein beanspruchen kann, hat die Rechtsprechung mehr als hundert Jahre lang jegliche rückwirkende Unterhaltsfestsetzung abgelehnt. Diese Rechtsprechung wurde aber durch eine Grundsatzentscheidung des Obersten Gerichtshofes mittlerweile geändert, die Geltendmachung von Unterhalt auch für die Vergangenheit bejaht. Damit ist freilich – bei aufrechter Ehe! – eine Verjährung von Unterhaltsansprüchen ausgeschlossen, da gemäß § 1495 ABGB Ansprüche zwischen Ehegatten nicht verjähren können, solange die Ehe aufrecht ist. Diese „Hemmung der Verjährung“ ist auch gegeben, wenn Eheleute schon viele Jahre getrennt leben.

Anpassung des Unterhalts

Jede Unterhaltsentscheidung, aber auch jede Unterhaltsvereinbarung basiert auf den rechtlichen und wirtschaftlichen Verhältnissen im Zeitpunkt ihrer Entstehung (die Juristen sprechen hier von der „Umstandsklausel“). Das bedeutet, dass für den Fall *wesentlich geänderter Verhältnisse* eine Abänderung begehrt werden kann.

Liegt also einer Unterhaltsentscheidung oder -vereinbarung ein bestimmtes Einkommen der Parteien zugrunde und ändert sich das Einkommen eines der Beteiligten wesentlich (das heißt nach ständiger Rechtsprechung um mehr als 10 Prozent nach oben oder unten), so kann jeder von ihnen eine Anpassung der Unterhaltsleistung an die geänderten Einkommensverhältnisse verlangen. Dies gilt bei einer Einkommenserhöhung des Unterhaltspflichtigen durch Beförderung ebenso wie bei Einkommensverminderung durch Jobverlust, aber auch für Veränderungen des Einkommens der Unterhaltsberechtigten: Sowohl der Wechsel von einer Halbtags- zu einer Ganztagsbeschäftigung einerseits oder der Pensionsantritt andererseits können zu einer Neubemessung des Unterhalts führen.

Diese Neubemessung kann – innerhalb der jeweiligen Verjährungsfrist – auch eine Unterhaltsherabsetzung zur Folge haben. Zu einer tatsächlichen Rückerstattung von Überzahlungen kommt es aber nicht, wenn der zu viel geleistete Unterhalt gutgläubig verbraucht wurde. Diese „Gutgläubigkeit“ kann jedoch nur bis spätestens zu dem Zeitpunkt vorliegen, zu dem das Herabsetzungsbegehren gerichtlich geltend gemacht wird.

Um zu vermeiden, dass vorhersehbare Änderungen (Wegfall der Sorgepflicht für selbsterhaltungsfähig werdende Kinder, Einkommensverminderung durch

Pensionierung des Unterhaltspflichtigen etc.) immer wieder zu neuen gerichtlichen Auseinandersetzungen über die Unterhaltshöhe führen, wird bei Abschluss von Unterhaltsvereinbarungen oft versucht, vorweg zu regeln, wie der vereinbarte Unterhalt den erwarteten Veränderungen angepasst werden soll.

Voraussichtliche laufende Einkommenserhöhungen des Unterhaltspflichtigen bzw. ein inflationsbedingt höherer Bedarf der Berechtigten werden in Unterhaltsvereinbarungen durch eine „Wertsicherungsklausel" vorweg berücksichtigt; diese soll dafür sorgen, dass der vereinbarte Unterhalt seinen „inneren Wert", also seine Kaufkraft beibehalten soll (siehe Seite 247 f.). Gegen unvorhergesehene Änderungen der Verhältnisse würde nur helfen, die Umstandsklausel gänzlich auszuschließen.

Dazu sind allerdings nur wenige Unterhaltspflichtige bereit, und zwar mit gutem Grund, kann doch niemand wirklich das Risiko von Krankheit, Invalidität, Arbeitsplatzverlust etc. für die Zukunft ausschließen.

Frauen sind daher oft bereit, dem Mann ein „Gegengeschäft" in der Art und Weise anzubieten, dass sie in Kenntnis seines tatsächlichen Einkommens sich mit einem niedrigeren Unterhalt zufrieden geben, wenn der Mann seinerseits auf Unterhaltsherabsetzung infolge geänderter Umstände verzichtet. Derartige Vereinbarungen erscheinen den unterhaltspflichtigen Männern oft durchaus akzeptabel, zumindest solange sie gut verdienen und aufgrund der Vereinbarung (etwas) weniger zahlen, als dem gesetzlichen Unterhalt entsprechen würde.

Tritt jedoch der Fall ein, dem die Frau eigentlich vorbauen wollte (Einkommensverminderung des Mannes aus welchen Gründen immer), so werden derartige Vereinbarungen häufig angefochten. Die Rechtsprechung hat festgestellt, dass der Verzicht auf die Geltendmachung der Umstandsklausel „sittenwidrig" und somit nichtig ist, wenn durch Einhaltung der Unterhaltsvereinbarung eine Existenzgefährdung des Unterhaltspflichtigen gegeben wäre.

Das bedeutet aber nicht, dass im Falle einer drastischen Einkommensverminderung der Unterhalt nach den üblichen Kriterien neu zu berechnen wäre: Der Verzicht auf die Geltendmachung der Umstandsklausel wirkt sich doch dahingehend aus, dass vom Unterhaltspflichtigen eine Einschränkung seiner eigenen Bedürfnisse erwartet wird, damit er seine vertraglich übernommene Unterhaltsverpflichtung erfüllen kann. Die „Existenzgefährdung" wird erst angenommen, wenn dem Unterhaltspflichtigen nach Leistung des

vereinbarten Unterhalts nicht einmal das Existenzminimum (derzeit für eine Person ohne weitere Sorgepflichten 750 Euro im Monatsschnitt) verbliebe. Demgegenüber werden Vereinbarungen, mit welchen (von der Frau) auf Unterhalt nach der Scheidung überhaupt verzichtet wird, nahezu immer für rechtswirksam angesehen. Ein Fall, bei welchem eine Selbstständige, die bei der Scheidung auf Unterhalt verzichtete, später insolvent wurde und deshalb erfolgreich ihren Unterhaltsverzicht angefochten hat, erregte großes Aufsehen und wenig Zustimmung unter den Juristen.

Ehegattenunterhalt nach der Scheidung

Wird die Ehe geschieden, so erlischt auch der Unterhaltsanspruch nach dem Allgemeinen bürgerlichen Gesetzbuch. Bei aufrechter Ehe erwirkte Unterhaltstitel (Urteile oder Vergleiche) treten außer Kraft.
Die einzige Ausnahme ist die Scheidung wegen mehr als dreijähriger Aufhebung der Ehegemeinschaft unter der Voraussetzung, dass ein Verschuldensausspruch zu Lasten des Klägers gemäß § 61 Abs 3 EheG erfolgt: In diesem Fall richtet sich auch nach der Scheidung kraft ausdrücklicher gesetzlicher Anordnung der Unterhaltsanspruch der beklagten (schuldlosen) Ehegattin nach dem Allgemeinen bürgerlichen Gesetzbuch. Das hat unter anderem zur Folge, dass bei einer Scheidung in dieser Art und Weise für die Zeit der Ehe erwirkte Unterhaltstitel weiterhin gültig bleiben.
In allen anderen Fällen muss der Unterhalt für die Zeit nach der Scheidung neu vereinbart oder, sollte sich keine Einigung finden lassen, eingeklagt werden. Der Unterhalt nach der Scheidung wird im Ehegesetz geregelt.

… bei Verschulden des Unterhaltspflichtigen

Die für die Unterhaltsberechtigte günstigste Regelung stellt dabei § 66 EheG dar. Dieser besagt, „dass der allein oder überwiegend schuldige Ehegatte“ dem anderen „den nach den Lebensverhältnissen der Ehegatten *angemessenen* Unterhalt zu gewähren hat“, allerdings nur, „soweit dessen Einkünfte aus Vermögen und die Erträgnisse einer Erwerbstätigkeit, die von ihm den Umständen nach erwartet werden kann, nicht ausreichen.“
Dies bedeutet zwar einerseits, dass Unterhalt, wenn die Voraussetzungen gegeben sind, in gleicher Höhe zu leisten ist wie bei aufrechter Ehe: nämlich „angemessener“ Unterhalt, also höchstens 33 Prozent für die einkommenslose Frau, höchstens 40 Prozent des gemeinsamen Einkommens minus Eigeneinkommen, wenn beide verdienen.

Gegenüber der aufrechten Ehe sind jedoch die Anspruchsvoraussetzungen in zweifacher Hinsicht eingeschränkt: Der Anspruch besteht nur, wenn im Scheidungsurteil das alleinige oder überwiegende Verschulden des Unterhaltspflichtigen ausgesprochen wurde, was keineswegs einfach zu erreichen ist (siehe „Scheidung aus Verschulden“, Seite 22 ff.). Überdies ist auf den Unterhalt nicht, wie bei aufrechter Ehe, nur tatsächlich erzieltes Einkommen anzurechnen, sondern auch solches, das von der Unterhaltsberechtigten „erwartet werden kann“, also fiktiv zumutbares, in der Realität gar nicht vorhandenes Einkommen.
Ob die Erzielung von Einkommen der (schuldlos) geschiedenen Frau zugemutet werden kann, entscheidet im Streitfall ein Sachverständiger aus dem Gebiet der Berufskunde. Dabei kommt es allerdings nicht bloß auf die abstrakte Verweisbarkeit auf den Arbeitsmarkt an, sondern das Verfahren müsste eine konkrete Arbeitsmöglichkeit der Frau ergeben.
Der Unterhalt kann sich überdies verringern, wenn der Unterhaltspflichtige durch die Leistung seinen eigenen angemessenen Unterhalt gefährden würde. Hier werden insbesondere seine sonstigen Unterhaltspflichten berücksichtigt, z. B. für die nunmehrige Ehefrau. Dabei wird der (schuldlos geschiedenen, unterhaltsbedürftigen) Frau sogar zugemutet, nicht nur Erträgnisse, sondern auch den Stamm eigenen Vermögens zu verbrauchen.

... bei beiderseitigem Verschulden

Wurde die Ehe aus beiderseitigem Verschulden geschieden (wie z. B. in dem auf Seite 32 angeführten Beispiel, bei welchem die Frau durch Nörgeln die Zerrüttung der Ehe eingeleitet hat), so gebührt grundsätzlich nur Unterhalt nach Billigkeit: Dies bedeutet gemäß § 68 EheG, dass dem Ehegatten, der sich nicht selbst unterhalten kann, „ein Beitrag zu seinem Unterhalt zugebilligt werden kann“, soweit dies „der Billigkeit entspricht“.
Dabei muss es sich nach der Rechtsprechung um einen „relativ bescheidenen Teil des angemessenen Unterhalts handeln“, etwa in der Höhe der Hälfte des angemessenen Unterhalts (ca. 15 Prozent des Einkommens des Unterhaltspflichtigen, wenn sonst keine Sorgepflichten vorliegen). Der Bedarf wird in der Regel verneint, wenn die geschiedene Ehefrau über ein eigenes Einkommen in der Höhe des Ausgleichszulagen-Richtsatzes (für 2004 656,41 Euro monatlich, 14-mal jährlich) verfügt, oder über ein solches Einkommen durch jede mögliche Erwerbstätigkeit *verfügen könnte*. Das be-

deutet, es geht also nicht bloß, wie im § 66 EheG, um eine Erwerbstätigkeit, die „erwartet werden kann“, sprich eine zumutbare, sondern auch um schmutzige, schwere und unter der Qualifikation liegende Tätigkeiten.
Bis zum Eherechts-Änderungsgesetz 1999 war der Anspruch bei beiderseitigem Verschulden überdies „subsidiär“. Das heißt, er konnte gegen den geschiedenen Ehegatten nur geltend gemacht werden, wenn keine anderen leistungsfähigen Angehörigen (Eltern, Kinder!) vorhanden waren. Diese Bestimmung wurde eliminiert (dies gilt im Übrigen für alle nach dem 31.12.1999 geltend gemachten Unterhaltsstreitigkeiten, auch wenn die Ehescheidung früher erfolgt ist). Offenbar infolge eines Redaktionsversehens wird aber in den §§ 69 Abs. 3 (Unterhalt nach einem Urteil ohne Schuldausspruch) und 69a Abs. 2 EheG (Unterhalt bei Fehlen einer rechtswirksamen Unterhaltsvereinbarung im Falle der einvernehmlichen Scheidung) weiterhin auf die „nach § 71 EheG unterhaltspflichtigen Verwandten des Berechtigten“ verwiesen, was nicht sinnvoll erscheint.
Die Regelung über den „Unterhalt nach Billigkeit“ (zutreffender auch als „notdürftiger Unterhalt“ bezeichnet) erscheint jedenfalls vom Standpunkt der unterhaltsbedürftigen Frau aus völlig unbefriedigend.
Immerhin trifft sie alle Frauen, denen es lediglich mangels der Geneigtheit der Gerichte, im Scheidungsurteil „subtile Erwägungen“ anzustellen, misslungen ist, ein überwiegendes Verschulden des Mannes an der Zerrüttung der Ehe im Urteilsspruch zu erwirken.
Da es diesen Frauen in der Regel durchaus möglich wäre, beispielsweise als Bedienerin ein Einkommen in der Höhe des Ausgleichszulagen-Richtsatzes zu erzielen, wird der Unterhalt nach § 68 EheG kaum jemals zugesprochen. Ohne Unterhaltszahlung durch den geschiedenen Mann erhält aber die Frau nach seinem Tod auch keine Witwenpension, auch wenn sie selbst mangels ausreichender eigener Erwerbstätigkeit (wenn sie z. B. erst mit 50 geschieden wurde und erst dann die Tätigkeit einer Bedienerin aufgenommen hat) über keine eigenen Pensionsansprüche verfügt.

Verschuldensunabhängiger Unterhalt

Um diesen wahrhaft skandalösen Missstand bei der Versorgung geschiedener Frauen wenigstens zu mildern, wurde mit dem Eherechts-Änderungsgesetz 1999 ein § 68a EheG eingeführt. Dieser sieht für zwei Fallgruppen, deren Unterhaltsbedürftigkeit in Zusammenhang mit der geschiedenen Ehe steht, einen verschuldensunabhängigen Unterhalt vor: Und zwar einer-

seits, wenn einer Ehefrau (gegebenenfalls auch einem Ehemann) *wegen der Pflege und Erziehung eines gemeinsamen Kindes* nicht zugemutet werden kann, sich selbst zu erhalten. Diese Unfähigkeit, sich selbst zu erhalten, wird vermutet, solange das (jüngste) gemeinsame Kind das fünfte Lebensjahr nicht vollendet hat.
Der Unterhaltsanspruch ist grundsätzlich zu befristen, über das fünfte Lebensjahr des jüngsten Kindes hinaus auf längstens drei Jahre. Nur dann, wenn z. B. wegen besonderer Betreuungsbedürftigkeit eines Kindes nicht abzusehen ist, wann die Selbsterhaltungsfähigkeit des betreuenden Elternteiles gegeben sein wird, kann von einer Befristung abgesehen werden.
Andererseits ist ein Unterhaltsanspruch von Ehegatt(inn)en vorgesehen, wenn diese sich während der Ehe „aufgrund der einvernehmlichen Gestaltung der ehelichen Lebensgemeinschaft, der Haushaltsführung sowie gegebenenfalls der Pflege und Erziehung eines gemeinsamen Kindes oder der Betreuung eines Angehörigen eines der Ehegatten gewidmet" haben und denen deshalb („aufgrund des dadurch bedingten Mangels an Erwerbsmöglichkeiten, etwa wegen mangelnder beruflicher Aus- und Fortbildung, der Dauer der ehelichen Lebensgemeinschaft, ... Alters oder ... Gesundheit") nicht zugemutet werden kann, sich selbst zu erhalten.
Auch in diesen Fällen verschuldensunabhängigen Unterhalts wird der Anspruch befristet, wenn erwartet werden kann, dass „der geschiedene Ehegatte danach in der Lage sein wird, seinen Unterhalt, insbesondere durch eine zumutbare Erwerbstätigkeit, zu sichern". Da sich allerdings bei den meisten Ehefrauen, die sich in langjähriger Ehe vor allem ihren familiären Verpflichtungen gewidmet haben, auch nach drei Jahren keine Möglichkeit eigener Erwerbstätigkeit abzeichnen wird, wird es wohl nur in Ausnahmefällen zu einer Befristung des Unterhaltsanspruchs kommen können. Denkbar wäre dies, wenn der Frau aufgrund einer früheren Erwerbstätigkeit eine entsprechend hohe eigene Alterspension zusteht, die ihr aber erst nach Erreichung des Pensionsantrittsalters zukommen wird.
Lässt sich eine aus beiderseitigem Verschulden oder ohne Verschuldensausspruch geschiedene unterhaltsberechtigte Frau keiner der beiden Fallgruppen zuordnen, so gilt für ihren Unterhaltsanspruch weiterhin § 68 EheG, und sie erhält nur „notdürftigen Unterhalt".
Trifft jedoch das Kriterium der Betreuung kleiner Kinder oder der langjährigen Wahrnehmung familiärer Verpflichtungen zu Lasten eigener Berufstätigkeit zu, so erhält die Berechtigte Unterhalt nach „Lebensbedarf". Das Ehegesetz hat somit eine neue Stufe des Unterhaltsanspruchs geschaffen,

welche den Lebensverhältnissen der Berechtigten nach dem Standard, den sie vor der Eheschließung hatte oder ohne Eheschließung gehabt hätte, entsprechen soll.

Dies hat zu einer langen Nachdenkpause der Gerichte geführt. Erst im Lauf des Jahres 2003 sind zu dem an sich bereits seit 1. 1. 2000 in Kraft stehenden § 68a EheG erste Entscheidungen ergangen. Sie gehen jedoch enttäuschenderweise grundsätzlich davon aus, dass der Unterhalt nach § 68a EheG die Höhe des „angemessenen Unterhalts" nicht erreichen soll. Und dies, obgleich maximal 33 Prozent des Einkommens eines Durchschnittsverdieners den Lebensbedarf seiner geschiedenen Ehefrau wohl kaum überschreiten. Die bisher ergangenen Entscheidungen gestehen – bei unterschiedlichen Sachverhalten und Lebensverhältnissen – der geschiedenen Frau einen „Lebensbedarf" von ca. 1.000 Euro monatlich zu, während z. B. in einem der vom Obersten Gerichtshof entschiedenen Fälle dem Ehemann nach Leistung des Unterhalts aus seinem Einkommen noch 2.300 Euro verblieben.

Mit diesen 1.000 Euro lassen sich, wie in einer der Entscheidungen detailliert angeführt wird, Wohnungskosten, Nahrung, Kleidung und Heilbehelfe für die betreffende Frau bezahlen. Reisen, regelmäßige Theater- und Konzertbesuche oder die Anschaffung eines Pkw in Form eines Leasingvertrages gehören hingegen offensichtlich nicht zum Lebensbedarf einer älteren geschiedenen Frau.

Ein solcher Unterhaltsanspruch vermindert sich oder besteht gar nicht, wenn die Unterhaltsgewährung unbillig wäre, weil der/die Bedürftige besonders schwer wiegende Eheverfehlungen begangen oder die Bedürftigkeit grob schuldhaft herbeigeführt hat oder wenn ein gleich schwer wiegender Grund vorliegt. Auch wenn die Ehe nur kurz gedauert hat, besteht ein solcher Unterhaltsanspruch nicht oder nur vermindert. In diesen Fällen nähert sich der Unterhaltsanspruch dem des § 68 EheG an.

Die im Zusammenhang mit der Einführung des § 68a EheG häufig geäußerte Besorgnis, es werde ein geschiedener Mann Unterhalt in voller Höhe für seine Ex-Ehefrau zahlen müssen, auch wenn sie ihn mit dem Reitlehrer der Kinder betrogen hat, war daher zu keinem Zeitpunkt gerechtfertigt. Tatsächlich liegt bereits eine Entscheidung vor, der zufolge Ehebruch zur Verwirkung des Unterhaltsanspruchs auch nach § 68a EheG führt.

§ 68a EheG ist entsprechend anzuwenden, wenn die Ehe geschieden, aber kein Verschuldensausspruch getroffen wurde, oder wenn (was nicht vor-

kommen sollte, aber doch gelegentlich geschieht) im Fall einer einvernehmlichen Scheidung eine wirksame Vereinbarung über die unterhaltsrechtlichen Beziehungen der Ehegatten fehlt. Auch in diesen Fällen, in denen ansonsten nur Unterhalt gemäß § 68 EheG zusteht, wird also Unterhalt „nach dem Lebensbedarf" gewährt, wenn ein Teil wegen Betreuung kleiner gemeinsamer Kinder oder wegen langjähriger Erfüllung familiärer Verpflichtungen zu Lasten eigener Berufstätigkeit nicht in der Lage ist, sich nach der Scheidung selbst zu erhalten.

Nach mehr als dreijähriger Trennung

Ist die Ehe nach mehr als dreijähriger Trennung geschieden und enthält das Urteil den Ausspruch des zumindest überwiegenden Verschuldens der klagenden Partei, so gilt, wie schon eingangs gesagt, für den Unterhaltsanspruch der beklagten Partei auch nach der Scheidung § 94 ABGB: Das bedeutet, dass es in diesen Fällen trotz Scheidung zu keiner Prüfung der Zumutbarkeit von Erwerbseinkommen der Unterhaltsberechtigten kommt. Die geschiedene Hausfrau hat auch nach der Scheidung weiterhin einen Unterhaltsanspruch, egal, ob ihr eine eigene Erwerbstätigkeit zugemutet werden könnte oder nicht. Überdies sieht das Ehegesetz auch vor, dass bei der Bemessung des Unterhaltsanspruchs *die Unterhaltspflicht des Verpflichteten für einen neuen Ehegatten nicht zu berücksichtigen* ist, außer bei besonderen Umständen. Auch dies bedeutet eine wesentliche Besserstellung gegenüber dem Unterhalt nach § 66 EheG.
Schließlich hat der Gesetzgeber den Versuch unternommen, der schuldlos nach dreijähriger Trennung geschiedenen Ehefrau auch den Nachteil des Ausscheidens aus der gesetzlichen Krankenversicherung abzugelten. So ist vorgesehen, dass der Unterhaltsanspruch „jedenfalls auch den Ersatz der Beiträge zur freiwilligen Versicherung des beklagten Ehegatten in der gesetzlichen Krankenversicherung" umfasst. Diese Gesetzesbestimmung wurde aber durch ständige Rechtsprechung des OGH dahingehend korrigiert, dass dieser Anspruch auf Ersatz der Kosten freiwilliger Krankenversicherung nicht geeignet sei, den Unterhaltsanspruch (über den ansonsten zugesprochenen Prozentsatz hinaus) zu erhöhen: Es handle sich bei dem Anspruch auf Ersatz der Beiträge für eine freiwillige Selbstversicherung um einen „Mindestunterhalt", der auch geleistet werden muss, wenn an sich gar kein Unterhalt zustünde. Da aber im Fall einer Scheidung nach dreijähriger Trennung aus Verschulden des Mannes der Frau Unterhalt nur dann

nicht zustünde, wenn sie über eigenes Einkommen verfügt, sie in diesem Fall aber vermutlich auch selbst krankenversichert wäre, kann diese Ersatzpflicht nur in seltenen Ausnahmsfällen zum Tragen kommen – z. B. die betreffende Ehefrau hätte hohe Einkünfte aus einer Unternehmensbeteiligung oder Wertpapierzinsen.

Verwirkung des Unterhalts

Auch der Unterhaltsanspruch nach der Scheidung kann verwirkt werden, wenn sich die Berechtigte einer schweren Verfehlung gegen den Verpflichteten schuldig macht oder gegen seinen Willen einen „ehrlosen oder unsittlichen“ Lebenswandel führt. Ist der Unterhaltsbedarf Folge „sittlichen Verschuldens“, so steht nur notdürftiger Unterhalt zu.

Verjährung des Unterhalts

Eine weitere wesentliche Schlechterstellung des nachehelichen Unterhaltsanspruchs gegenüber dem Unterhalt bei aufrechter Ehe liegt in den Bestimmungen über die Verjährung: Nach der Scheidung kann Unterhalt für die Vergangenheit nur von dem Zeitpunkt an gefordert werden, zu dem der Unterhaltspflichtige „in Verzug gekommen“ oder der Unterhaltsanspruch „rechtsanhängig“ geworden ist, die Forderung ist daher jedenfalls einzumahnen. Für länger als ein Jahr vor der Rechtsanhängigkeit liegende Zeiten kann Unterhalt nach der Scheidung nur geltend gemacht werden, wenn anzunehmen ist, dass der Verpflichtete sich der Leistung „absichtlich entzogen hat“. Diese einschränkenden Verjährungsbestimmungen des § 72 EheG werden auch auf Unterhaltsansprüche nach einer Scheidung nach mehr als dreijähriger Trennung angewendet – obgleich diese Ansprüche sich nach § 94 ABGB richten, also einer Verjährungsbestimmung des Ehegesetzes grundsätzlich gar nicht unterliegen könnten. Das wird damit begründet, dass durch die Scheidung die eheliche Beistandspflicht weggefallen ist und der Unterhaltspflichtige daher nicht mehr, so wie bei aufrechter Ehe, Unterhaltsleistungen von sich aus und ohne Zutun der Berechtigten zu erbringen hat.

Unterhalt bei Scheidung ohne Verschuldensausspruch

Wird eine Ehe aufgrund von geistigen Störungen oder Ekel erregender Krankheit (§§ 50-52 EheG) oder wegen Aufhebung der ehelichen Gemeinschaft (§ 55 EheG) geschieden, ohne dass es zu einem Verschuldensausspruch kommt,

so hat derjenige, *der die Scheidung veranlasst hat*, dem anderen Unterhalt nach Billigkeit zu gewähren; liegen beim Unterhaltsberechtigten die Voraussetzungen des § 68a EheG vor (siehe Seite 88 ff.), nach dem Lebensbedarf. Während also bei einer Scheidung aus beiderseitigem Verschulden die Unterhaltspflicht nach Billigkeit wechselseitig zusteht, kann bei Scheidung ohne Verschuldensausspruch nur den Kläger eine Unterhaltspflicht treffen.

Erlöschen des Anspruchs

Der Anspruch auf Ehegattenunterhalt erlischt jedenfalls durch den Tod der Berechtigten, im Falle einer Scheidung auch durch ihre Wiederverheiratung. Der erloschene Unterhaltsanspruch lebt auch im Falle einer Scheidung der späteren Ehe nicht mehr auf, was die Wiederverehelichung einer unterhaltsberechtigten Geschiedenen zu einem besonderen Risiko macht.
Im Falle des Todes des Unterhaltsverpflichteten geht die Unterhaltspflicht grundsätzlich auf die Erben über. Allerdings muss sich die Unterhaltsberechtigte auf ihren Anspruch alles anrechnen lassen, was sie aus der Verlassenschaft (an Erbteil, Pflichtteil, Legat etc.) einerseits und durch öffentlich-rechtliche oder privatrechtliche Leistung (Hinterbliebenenpension) andererseits erhält.

Ruhen des Anspruchs

Nach ständiger Rechtsprechung ruht der Anspruch auf Unterhalt nach einer Scheidung für die Dauer einer Lebensgemeinschaft, obwohl ein Lebensgefährte zu keiner Unterhaltsleistung verpflichtet ist und eine Verpflichtung der geschiedenen Frau zur sexuellen Treue nach der Scheidung nicht mehr besteht. Das Ruhen des Anspruches wird damit begründet, dass Lebensgefährten rechtlich nicht besser gestellt werden dürfen als Verheiratete (würde die geschiedene unterhaltsberechtigte Frau heiraten, würde ihr Unterhaltsanspruch ja wie gesagt erlöschen).
Ob eine bloße (auch sexuelle) Freundschaft vorliegt, die den Unterhalt nicht tangiert, oder eine Lebensgemeinschaft, wird daran gemessen, ob die Kriterien Geschlechtsgemeinschaft, Wirtschaftsgemeinschaft, Wohngemeinschaft vorliegen. Sind zwei dieser drei Merkmale gegeben, handelt es sich um eine Lebensgemeinschaft, für deren Dauer der Unterhaltsanspruch ruht, nach deren Beendigung er allerdings wieder auflebt.

Geltendmachung

Unterhaltsansprüche zwischen Ehegatten sind durch Klage bei dem Gericht geltend zu machen, in dessen Sprengel der Beklagte seinen dauern-

den Aufenthalt hat. Nur wenn bereits ein Scheidungsverfahren anhängig ist, dessen Zuständigkeit sich wiederum nach dem letzten gemeinsamen Wohnsitz der Ehegatten richtet, gilt diese Zuständigkeit auch für die Unterhaltsklage.
Hält sich der Beklagte jedoch dauernd im Ausland auf, so kann die Klage beim Gericht am Wohnsitz der Klägerin eingebracht werden. (Es ist also günstiger, der Mann zieht von Wien nach Hamburg als von Wien nach Feldkirch).

Anwaltspflicht und -kosten

Anwaltspflicht besteht für Unterhaltsverfahren in erster Instanz nicht, das heißt, die Parteien können die erforderlichen Anträge (Klage) am Amtstag bei Gericht zu Protokoll geben und sich auch in der Verhandlung selbst vertreten.

Tipp

In Unterhaltssachen sind oft komplizierte Sach- und Rechtsfragen zu klären. Deshalb erscheint anwaltliche Vertretung sinnvoll und es wird daher in solchen Fällen für Personen, die ohne Gefährdung ihres Unterhalts Anwaltskosten nicht bestreiten könnten, Verfahrenshilfe auch durch Beigebung eines Rechtsanwalts gewährt (siehe Seite 219 f.).

Im Berufungsverfahren ist die Vertretung durch einen Rechtsanwalt vorgeschrieben.
Die Bemessungsgrundlage für die Höhe der Anwaltskosten sowie der Gerichtsgebühren ist der geforderte einfache Jahresbetrag.

Beispiel

Geht es z. B. um einen Unterhaltsanspruch von 250 Euro monatlich, so ergibt dies einen Streitwert von 3.000 Euro. Das bedeutet eine Gebühr von 127 Euro, zahlbar bei Einbringung der Klage, und Anwaltskosten von 115,80 Euro (ohne Zuschläge und Umsatzsteuer) für jeden Verfahrensschritt (Näheres siehe Seite 214 ff.).

Gegen ein Urteil des Bezirksgerichtes über einen Unterhaltsanspruch steht das Rechtsmittel der Berufung an das Landesgericht zu, gegen dessen Entscheidung gibt es nur in sehr eingeschränktem Maße eine Revision an den Obersten Gerichtshof. Die Rechtsmittelfrist beträgt jeweils vier Wochen, wer sich also im Verfahren erster Instanz noch selbst vertreten hat, sollte

sich spätestens nach Zustellung einer nicht zusagenden gerichtlichen Entscheidung um Rechtsbeistand so rechtzeitig umsehen, dass die Frist für die Ausarbeitung einer sinnvollen Berufung genützt werden kann. Dies gilt auch, wenn man in diesem Stadium des Verfahrens den Anwalt wechseln möchte.

Einstweilige Verfügung

Zuweilen wird Unterhalt nicht bezahlt und es ist mit einer raschen gerichtlichen Entscheidung über den Unterhaltsanspruch nicht zu rechnen – etwa weil die Ermittlung der Unterhaltsbemessungsgrundlage schwierig, eventuell von einem Sachverständigen-Gutachten abhängig ist. Dann kann ein Antrag auf „einstweilige Verfügung" gestellt werden, und zwar sowohl in einem Unterhaltsverfahren (gleichgültig, ob bei aufrechter Ehe oder nach der Scheidung) wie auch in einem Scheidungsverfahren.
Mit diesem Antrag auf „einstweiligen Unterhalt" kann zwar der Unterhalt nur ab dem Tag der Antragstellung verlangt werden, überdies sind im Hinblick auf die gebotene Schnelligkeit des Verfahrens keine genauen Sachverhaltserhebungen vorgesehen und möglich. Die Unterhaltsforderung muss dem Grunde und der Höhe nach von der Antragstellerin „bescheinigt", also dem Gericht glaubhaft gemacht werden.

Tipp

Gehaltsabrechnungen oder Kontoauszüge, auch wenn sie z. B. aus dem Vorjahr stammen (sofern das Dienstverhältnis des Unterhaltspflichtigen noch aufrecht ist), genügen als Bescheinigungsmittel durchaus, ebenso möglichst genaue Angaben der Berechtigten über Lebenshaltungskosten und Ausgabenrahmen der Familie. Auch bis zum Streit geleistete Unterhaltszahlungen sind ein guter Maßstab für eine dem Unterhaltspflichtigen jedenfalls zumutbare Unterhaltsleistung.

Auch wenn der „einstweilige Unterhalt" in der Höhe hinter dem angestrebten Unterhaltsbetrag zurückbleiben mag, so hat er doch den eminenten Vorteil, dass er ab Erlassung der einstweiligen Verfügung sofort exekutiv einbringlich gemacht werden kann, ein Rechtsmittel des Verpflichteten hätte keine aufschiebende Wirkung. Im Zusammenhang mit einem Scheidungsverfahren kann im Übrigen nicht nur für die Ehefrau (gleichgültig, ob sie Klägerin oder Beklagte ist) einstweiliger Unterhalt begehrt werden, sondern auch für noch unterhaltsberechtigte eheliche Kinder.

Gesetzestexte

Allgemeines bürgerliches Gesetzbuch

§ 94. (siehe Seite 19)

Ehegesetz (EheG)

§ 66. Der allein oder überwiegend schuldige Ehegatte hat dem anderen, soweit dessen Einkünfte aus Vermögen und die Erträgnisse einer Erwerbstätigkeit, die von ihm den Umständen nach erwartet werden kann, nicht ausreichen, den nach den Lebensverhältnissen der Ehegatten angemessenen Unterhalt zu gewähren.

§ 67. (1) Würde der allein oder überwiegend schuldige Ehegatte durch Gewährung des im § 66 bestimmten Unterhalts bei Berücksichtigung seiner sonstigen Verpflichtungen den eigenen angemessenen Unterhalt gefährden, so braucht er nur so viel zu leisten, als es mit Rücksicht auf die Bedürfnisse und die Vermögens- und Erwerbsverhältnisse der geschiedenen Ehegatten der Billigkeit entspricht. Hat der Verpflichtete einem minderjährigen unverheirateten Kinde oder bei Wiederverheiratung dem neuen Ehegatten Unterhalt zu gewähren, so sind auch die Bedürfnisse und die wirtschaftlichen Verhältnisse dieser Personen zu berücksichtigen.

(2) Ein Ehegatte ist unter den Voraussetzungen des Abs. 1 von der Unterhaltspflicht ganz befreit, wenn der andere den Unterhalt aus dem Stamm seines Vermögens bestreiten kann.

§ 68. Sind beide Ehegatten schuld an der Scheidung, trägt aber keiner die überwiegende Schuld, so kann dem Ehegatten, der sich nicht selbst unterhalten kann, ein Beitrag zu seinem Unterhalt zugebilligt werden, wenn und soweit dies mit Rücksicht auf die Bedürfnisse und die Vermögens- und Erwerbsverhältnisse des anderen Ehegatten der Billigkeit entspricht. Die Beitragspflicht kann zeitlich beschränkt werden. § 67 Abs. 1 Satz 2 findet entsprechende Anwendung.

§ 68a. (1) Soweit und solange einem geschiedenen Ehegatten auf Grund der Pflege und Erziehung eines gemeinsamen Kindes unter Berücksichtigung dessen Wohles nicht zugemutet werden kann, sich selbst zu erhalten, hat ihm der andere unabhängig vom Verschulden an der Scheidung Unterhalt nach dessen Lebensbedarf zu gewähren. Die Unzumutbarkeit der Selbsterhaltung wird vermutet, solange das Kind das fünfte Lebensjahr noch nicht vollendet hat. Wird der Unterhaltsanspruch gerichtlich festgesetzt, so ist er jeweils entsprechend zu befristen, über das fünfte Lebensjahr des jüngsten Kindes hinaus jeweils auf längstens drei Jahre. Ist auf Grund der besonderen Umstände des Falles, insbesondere einer besonderen Betreuungsbedürftigkeit des Kindes, nicht abzusehen, wann der geschiedene Ehegatte in der Lage sein wird, sich selbst zu erhalten, so kann das Gericht von einer Befristung absehen.

(2) Hat sich ein Ehegatte während der Ehe auf Grund der einvernehmlichen Gestaltung der ehelichen Lebensgemeinschaft der Haushaltsführung sowie gegebe-

nenfalls der Pflege und Erziehung eines gemeinsamen Kindes oder der Betreuung eines Angehörigen eines der Ehegatten gewidmet und kann ihm auf Grund des dadurch bedingten Mangels an Erwerbsmöglichkeiten, etwa wegen mangelnder beruflicher Aus- oder Fortbildung, der Dauer der ehelichen Lebensgemeinschaft, seines Alters oder seiner Gesundheit, nicht zugemutet werden, sich ganz oder zum Teil selbst zu erhalten, so hat ihm insoweit der andere Ehegatte unabhängig vom Verschulden an der Scheidung den Unterhalt nach dessen Lebensbedarf zu gewähren. Wird der Unterhaltsanspruch gerichtlich festgesetzt, so hat ihn das Gericht jeweils auf längstens drei Jahre zu befristen, wenn erwartet werden kann, daß der geschiedene Ehegatte danach in der Lage sein wird, seinen Unterhalt, insbesondere durch eine zumutbare Erwerbstätigkeit, zu sichern.
(3) Der Unterhaltsanspruch nach Abs. 1 oder 2 vermindert sich oder besteht nicht, soweit die Gewährung des Unterhalts unbillig wäre, weil der Bedürftige einseitig besonders schwerwiegende Eheverfehlungen begangen oder seine Bedürftigkeit grob schuldhaft herbeigeführt hat oder ein gleich schwerwiegender Grund vorliegt, im Fall des Abs. 2 auch, weil die Ehe nur kurz gedauert hat. Je gewichtiger diese Gründe sind, desto eher ist vom Bedürftigen zu verlangen, seinen Unterhalt durch die Erträgnisse einer anderen als einer zumutbaren Erwerbstätigkeit oder aus dem Stamm seines Vermögens zu decken.
(4) § 67 Abs. 1 findet entsprechende Anwendung.
§ 69. (1) Ist die Ehe allein aus einem der in den §§ 50 bis 53 bezeichneten Gründe geschieden und enthält das Urteil einen Schuldausspruch, so finden die Vorschriften der §§ 66 und 67 entsprechende Anwendung.
(2) Ist die Ehe nach § 55 geschieden worden und enthält das Urteil den Ausspruch nach § 61 Abs. 3, so gilt für den Unterhaltsanspruch des beklagten Ehegatten auch nach der Scheidung der § 94 ABGB. Der Unterhaltsanspruch umfaßt jedenfalls auch den Ersatz der Beiträge zur freiwilligen Versicherung des beklagten Ehegatten in der gesetzlichen Krankenversicherung. Bei der Bemessung des Unterhaltsanspruchs ist die Unterhaltspflicht des Verpflichteten für einen neuen Ehegatten nicht zu berücksichtigen, es sei denn, dies ist bei Abwägung aller Umstände, besonders des Lebensalters und der Gesundheit des geschiedenen und des neuen Ehegatten, der Dauer ihres gemeinsamen Haushalts mit dem Verpflichteten und des Wohles ihrer Kinder, aus Gründen der Billigkeit geboten.
(3) Enthält das Urteil keinen Schuldausspruch, so hat der Ehegatte, der die Scheidung verlangt hat, dem anderen Unterhalt zu gewähren, wenn und soweit dies mit Rücksicht auf die Bedürfnisse und die Vermögens- und Erwerbsverhältnisse der geschiedenen Ehegatten und der nach § 71 unterhaltspflichtigen Verwandten des Berechtigten der Billigkeit entspricht. § 67 Abs. 1 Satz 2 und Abs. 2 findet entsprechende Anwendung.
§ 69a. (1) Der auf Grund einer Vereinbarung nach § 55a Abs. 2 geschuldete Unterhalt ist einem gesetzlichen Unterhalt gleichzuhalten, soweit er den Lebensverhältnissen der Ehegatten angemessen ist.
(2) Mangels einer rechtswirksamen Vereinbarung über die unterhaltsrechtlichen Beziehungen der Ehegatten im Fall einer Scheidung im Einvernehmen hat ein

Ehegatte dem anderen Unterhalt zu gewähren, soweit dies mit Rücksicht auf die Bedürfnisse und die Vermögens- und Erwerbsverhältnisse der geschiedenen Ehegatten und der nach § 71 unterhaltspflichtigen Verwandten des Berechtigten der Billigkeit entspricht; § 67 Abs. 1 Satz 2 und Abs. 2 findet entsprechende Anwendung.

§ 69b. § 68a ist entsprechend anzuwenden, wenn die Ehe aus einem der in den §§ 50 bis 52 und 55 bezeichneten Gründe geschieden worden ist oder es im Fall einer Scheidung im Einvernehmen an einer wirksamen Vereinbarung über die unterhaltsrechtlichen Beziehungen der Ehegatten fehlt.

§ 70. (1) Der Unterhalt ist durch Zahlung einer Geldrente zu gewähren. Die Rente ist monatlich im voraus zu entrichten. Der Verpflichtete hat Sicherheit zu leisten, wenn die Gefahr besteht, daß er sich seiner Unterhaltspflicht zu entziehen sucht. Die Art der Sicherheitsleistung bestimmt sich nach den Umständen.

(2) Statt der Rente kann der Berechtigte eine Abfindung in Kapital verlangen, wenn ein wichtiger Grund vorliegt und der Verpflichtete dadurch nicht unbillig belastet wird.

(3) Der Verpflichtete schuldet den vollen Monatsbetrag auch dann, wenn der Berechtigte im Lauf des Monats stirbt.

§ 71. (1) Der unterhaltspflichtige geschiedene Ehegatte haftet vor den Verwandten des Berechtigten. Soweit jedoch der Verpflichtete bei Berücksichtigung seiner sonstigen Verpflichtungen den eigenen angemessenen Unterhalt gefährden würde, haften die Verwandten vor dem geschiedenen Ehegatten. Soweit einem geschiedenen Ehegatten ein Unterhaltsanspruch gegen den anderen Ehegatten nicht zusteht, haben die Verwandten des Berechtigten nach den allgemeinen Vorschriften über die Unterhaltspflicht den Unterhalt zu gewähren.

(2) Die Verwandten haften auch, wenn die Rechtsverfolgung gegen den unterhaltspflichtigen Ehegatten im Inland ausgeschlossen oder erheblich erschwert ist. In diesem Falle geht der Anspruch gegen den Ehegatten auf den Verwandten über, der den Unterhalt gewährt hat. Der Übergang kann nicht zum Nachteil des Unterhaltsberechtigten geltend gemacht werden.

§ 72. Für die Vergangenheit kann der Berechtigte Erfüllung oder Schadenersatz wegen Nichterfüllung erst von der Zeit an fordern, in der der Unterhaltspflichtige in Verzug gekommen oder der Unterhaltsanspruch rechthängig geworden ist, für eine länger als ein Jahr vor der Rechtshängigkeit liegende Zeit jedoch nur, soweit anzunehmen ist, daß der Verpflichtete sich der Leistung absichtlich entzogen hat.

§ 73. (1) Ein Unterhaltsberechtigter, der infolge sittlichen Verschuldens bedürftig ist, kann nur den notdürftigen Unterhalt verlangen.

(2) Ein Mehrbedarf, der durch grobes Verschulden des Berechtigten herbeigeführt ist, begründet keinen Anspruch auf erhöhten Unterhalt.

§ 74. Der Berechtigte verwirkt den Unterhaltsanspruch, wenn er sich nach der Scheidung einer schweren Verfehlung gegen den Verpflichteten schuldig macht oder gegen dessen Willen einen ehrlosen oder unsittlichen Lebenswandel führt.

§ 75. Die Unterhaltspflicht erlischt mit der Wiederverheiratung des Berechtigten.

§ 77. (1) Der Unterhaltsanspruch erlischt mit dem Tode des Berechtigten. Nur soweit er auf Erfüllung oder Schadenersatz wegen Nichterfüllung für die Vergan-

genheit gerichtet ist oder sich auf Beträge bezieht, die beim Tode des Berechtigten fällig sind, bleibt er auch nachher bestehen.
(2) Der Verpflichtete hat die Bestattungskosten zu tragen, soweit dies der Billigkeit entspricht und die Kosten nicht von den Erben zu erlangen sind.
§ 78. (1) Mit dem Tode des Verpflichteten geht die Unterhaltspflicht auf die Erben als Nachlaßverbindlichkeit über.
(2) Der Erbe haftet ohne die Beschränkungen des § 67. Der Berechtigte muß sich jedoch die Herabsetzung der Rente auf einen Betrag gefallen lassen, der bei Berücksichtigung der Verhältnisse des Erben und der Ertragsfähigkeit des Nachlasses der Billigkeit entspricht.
(3) Eine nach § 68 einem Ehegatten auferlegte Beitragspflicht erlischt mit dem Tode des Verpflichteten.

Exekutionsordnung (EO)

§ 382. (1) Sicherungsmittel, die das Gericht je nach Beschaffenheit des im einzelnen Falle zu erreichenden Zweckes auf Antrag anordnen kann, sind insbesondere:
[...]
8. a) die Bestimmung eines einstweilen von einem Ehegatten oder einem geschiedenen Ehegatten dem anderen oder von einem Elternteil seinem Kind zu leistenden Unterhalts, jeweils im Zusammenhang mit einem Verfahren auf Leistung des Unterhalts; handelt es sich um die Unterhaltspflicht des Vaters eines unehelichen Kindes, so gilt dies nur, wenn die Vaterschaft festgestellt ist; im Fall des Unterhalts des Ehegatten oder eines ehelichen Kindes genügt der Zusammenhang mit einem Verfahren auf Scheidung, Aufhebung oder Nichtigerklärung der Ehe;

Steuer- und sozialversicherungsrechtliche Folgen der Scheidung

Die Ehe, und hier wieder insbesondere die traditionelle „Hausfrauenehe“, wird durch eine Reihe gesetzlicher Maßnahmen gefördert und begünstigt.

Alleinverdienerabsetzbetrag

So gibt es im Bereich des Steuerrechtes den Alleinverdienerabsetzbetrag, welcher Steuerpflichtigen zusteht, sofern sie mehr als sechs Monate im Jahr verheiratet sind und nicht vom Ehegatten getrennt leben, aber auch nicht Verheirateten (Lebensgefährten), die sowohl mit einem Partner als auch mit mindestens einem Kind zusammenleben. Korrespondierend dazu gibt es auch einen Alleinerzieherabsetzbetrag für Personen, die mit mindestens einem Kind mehr als sechs Monate im Kalenderjahr ohne Partner leben.

Die Ehefrau eines Alleinverdieners mit Kind kann, ohne dass der Mann die Steuerbegünstigung verliert, einen – niedrigen – Betrag „dazuverdienen". 2004 wurde dieser Betrag erhöht auf jährlich 6.000 Euro, das sind monatlich 500 Euro inklusive Sonderzahlungen.

Familienbeihilfe

Familienbeihilfe steht für ein Kind zu, mit dem der Bezieher im gemeinsamen Haushalt lebt. Die Höhe beträgt monatlich

- ab Geburt 105,40 Euro
- ab 3 Jahren 112,70 Euro
- ab 10 Jahren 130,90 Euro
- ab 19 bis 26/27 Jahren 152,70 Euro

Für das zweite Kind erhöht sich der Gesamtbetrag an Familienbeihilfe um monatlich 12,80 Euro; ab dem dritten Kind, für das Familienbeihilfe bezogen wird, um monatlich 25,50 Euro pro Kind.
Dem Bezieher der Familienbeihilfe steht überdies ein Kinderabsetzbetrag von 50,90 Euro zu.

Unterhaltsabsetzbetrag

Für Steuerpflichtige, die für ein nicht in ihrem Haushalt lebendes Kind Unterhalt leisten, gibt es einen Unterhaltsabsetzbetrag, der für

- das erste Kind 25,50 Euro,
- für ein zweites 38,20 Euro und
- für jedes weitere 50.90 Euro monatlich beträgt.

Wie im Kapitel über den Kindesunterhalt (siehe Seite 133 ff.) ausführlich dargestellt, dienen Kinderabsetzbeträge, Familienbeihilfe und Unterhaltsabsetzbeträge derzeit allerdings vor allem der „steuerlichen Entlastung" des Geldunterhaltspflichtigen, sofern dieser in eine hohe Progressionsstufe bei der Einkommensbesteuerung fällt.
Der höhere Aufwand an Organisation, Lebenshaltungskosten und Kinderbetreuung, der für eine Familie anfällt, wenn beide Partner berufstätig sind, findet hingegen steuerlich keine Berücksichtigung.

Kindergeld

Für nach dem 1. 1. 2002 geborene Kinder gibt es Kindergeld in der Höhe von 436 Euro monatlich. Das Kindergeld ersetzt das bis dahin gewährte

Karenzgeld, welches allerdings nur unselbstständig Erwerbstätigen zustand. Das Kindergeld kann von einem Elternteil maximal 30 Monate lang bezogen werden, der andere Elternteil kann zusätzlich sechs Monate in Anspruch nehmen. (Die Frist zur Rückkehr an den Arbeitsplatz beträgt jedoch nur zwei Jahre = Karenzzeit). Maximal 18 Monate der Zeit des Kindergeldbezuges werden auf die Pension angerechnet. Neu gegenüber dem Karenzgeld ist auch die Möglichkeit, bis zu 14.600 Euro jährlich dazuzuverdienen.

Krankenversicherung

Im Bereich der Sozialversicherung besteht grundsätzlich die Regelung, dass ein nicht erwerbstätiger Ehepartner in der Krankenversicherung des Berufstätigen mitversichert ist. Diese Mitversicherung ist unentgeltlich, wenn und solange sich der einkommenslose Ehegatte der Erziehung von mindestens einem im gemeinsamen Haushalt lebenden Kind widmet oder sich durch vier Jahre gewidmet hat. Ist dies nicht der Fall, so ist für die Mitversicherung ein Zusatzbeitrag von 3,4 Prozent der Beitragsgrundlage des Versicherten zu leisten.

Die Zahlung des Beitrages für die Krankenversicherung stellt eine Unterhaltsleistung dar, welche den Geldunterhaltsanspruch der Frau schmälert. Die Mitversicherung erlischt jedoch durch die Ehescheidung mit Ausnahme des Anwendungsbereiches des Beamtenkranken- und Unfallgesetzes. Geschiedene Ehepartner von Beamten bleiben in der Krankenversicherung mitversichert, sofern sie einen Unterhaltsanspruch haben.

Grundsätzlich besteht die Möglichkeit, dass ein geschiedener Ehegatte eine Selbstversicherung in der Krankenversicherung, in der er zuletzt mitversichert war, abschließt. Die Frist für eine derartige Selbstversicherung, die ohne Unterbrechung oder Wartezeit an die bisherige Versicherung anschließen soll, ist allerdings verhältnismäßig kurz. Da die Gefahr, die Krankenversicherung zu verlieren, vielen Frauen nicht bekannt ist oder in ihren Folgen unterschätzt wird, wurde mit dem Eherechts-Änderungsgesetz 1999 die Verpflichtung der Richter eingeführt, in Ehesachen eine nicht durch einen Anwalt vertretene Partei auch auf die sozialversicherungsrechtlichen Folgen der Scheidung und entsprechende Beratungsangebote hinzuweisen. Verliert ein Ehegatte durch die Auflösung der Ehe den Schutz der gesetzlichen Krankenversicherung, so kann das Gericht – wenn der Betroffene damit einverstanden ist – auch direkt den Hauptverband der Sozialversicherungsträger davon verständigen, der dann von sich aus In-

formationen über Möglichkeiten der Fortsetzung des Versicherungsschutzes zuzusenden hat.
Die Kosten dieser Selbstversicherung sind aus dem Unterhalt zu bezahlen, sie erhöhen den Unterhaltsanspruch nicht. Einer Frau, die schon vor der Scheidung vom Mann getrennt gelebt und Unterhalt bezogen hat, verbleibt also nach der Scheidung bei ansonsten gleich bleibenden Verhältnissen weniger zum Leben als vorher, weil sie ihre Krankenversicherung bezahlen muss. Der Beitrag für diese Selbstversicherung beträgt in der ASVG-Versicherung derzeit bis zu 292 Euro monatlich. Wenn der Frau nur ein relativ geringer Unterhalt zusteht, kann über ihr Ansuchen dieser Beitrag auch für einen Zeitraum von jeweils zwei Jahren ermäßigt werden, jedoch nicht unter 73,05 Euro. Durch diesen Beitrag wird allerdings nur die Krankenversicherung abgedeckt.

Tipp

Wesentlich vorteilhafter ist es daher für eine geschiedene Frau, zumindest eine „geringfügige Beschäftigung" auszuüben. Das ist ein Dienstverhältnis, für das (im Jahr 2004) ein Entgelt von höchstens 316,19 Euro monatlich (14-mal jährlich) ausbezahlt wird. Über Antrag der Beschäftigten wird diese kranken- und pensionsversichert, wofür ihr ein Betrag von derzeit 44,61 Euro monatlich vorgeschrieben wird.

In der Krankenversicherung mitversichert sind auch unterhaltsberechtigte Kinder. Selbstbehalte, die der Versicherte für die einzelnen Behandlungen oder Medikamente von mitversicherten Angehörigen leisten muss, gelten als Unterhaltsleistung und können vom Geldunterhalt in Abzug gebracht werden.

Witwenpension

Nach dem Tod eines Ehegatten besteht ein Anspruch auf Hinterbliebenenpension. Diese beträgt grundsätzlich 60 Prozent der Pension des Verstorbenen. Eigene Pensionseinkünfte des Witwers oder der Witwe schmälern jedoch den Anspruch bis auf Null, Letzteres, wenn die Pension des Überlebenden deutlich höher ist als die des Verstorbenen.
Auch geschiedenen Ehegatten steht Witwer-/Witwenpension zu, wenn sie zur Zeit des Todes des Versicherten einen Unterhaltsanspruch aufgrund eines gerichtlichen Urteiles, eines gerichtlichen Vergleiches oder einer vor Auflösung der Ehe eingegangenen *vertraglichen Verpflichtung* haben.

Der bloße, aus dem Gesetz resultierende Anspruch genügt also keineswegs, er muss auch in der richtigen Form dokumentiert sein. Dies ist ausschließlich ein gerichtliches Urteil aufgrund einer Unterhaltsklage, ein gerichtlicher Vergleich, der anlässlich der Scheidung oder auch danach abgeschlossen werden kann, oder ein Unterhaltsvertrag (Notariatsakt), der aber vor Auflösung der Ehe abgeschlossen worden sein muss.
Insbesondere in den Fällen, in denen der geschiedene Mann anstandslos Unterhalt zahlte, haben es viele Frauen verabsäumt, einen entsprechenden Titel zu erwirken, und deshalb den Anspruch auf Witwenpension eingebüßt. Deshalb wurde schließlich eine Ergänzung angefügt, die besagt, dass Hinterbliebenenpension nach einer Scheidung auch dann gewährt wird, wenn der Verstorbene nach Rechtskraft der Scheidung bis zu seinem Tod, mindestens aber während der Dauer des letzten Jahres vor seinem Tod, tatsächlich Unterhalt geleistet hat und nicht eine neue Ehe geschlossen hat. So nützlich dieser „Rettungsring" sein mag – Sie sollten nicht allein darauf vertrauen: Er lässt sowohl das Risiko einer schnellen Eheschließung vor dem Tod als auch einer Einstellung der Zahlungen knapp vor dem Tod (und sei es aus Krankheitsgründen) offen.

Achtung!

Die Schaffung eines Unterhaltstitels ist für die Erhaltung des Pensionsanspruches unabdingbar.

Auch die Judikatur anerkennt die Notwendigkeit der Frau, einen Titel zu schaffen: Bringt sie gegen den Mann eine Unterhaltsklage ein, obwohl er ohnedies Unterhalt zahlt, hat sie dennoch Anspruch auf Ersatz ihrer Kosten.
Um Kosten und Gebühren niedrig zu halten, empfiehlt es sich allerdings, mit einem ohnedies zahlungswilligen Mann einen so genannten „prätorischen Vergleich" zu schließen. Das ist ein Vergleich, der ohne vorhergehende Klage zu einem vereinbarten Termin (am Amtstag) bei Gericht abgeschlossen wird. Die für einen derartigen Vergleich zu entrichtende Gerichtsgebühr beträgt nur 50 Prozent der ansonsten für diesen Streitwert vorgesehenen Höhe. Müsste also für eine Klage auf einen Unterhalt von 700 Euro monatlich (Streitwert einfacher Jahresbetrag des begehrten Unterhalts, also 8.400 Euro) eine Gebühr von 551 Euro beigebracht werden, sind es für einen prätorischen Vergleich nur 275,50.

Die Hinterbliebenenpension wird auf Basis des zuletzt bezahlten Unterhalts gewährt.
Ist jedoch die Ehe nach Auflösung der ehelichen Gemeinschaft (§ 55 EheG) geschieden und enthält das Urteil einen Verschuldensausspruch gemäß § 61/3 EheG, hat die Ehe mindestens 15 Jahre gedauert und hat die Frau im Zeitpunkt der Rechtskraft des Scheidungsurteils das 40. Lebensjahr vollendet, so steht ihr die Hinterbliebenenpension in der Höhe zu, als wäre die Ehe nicht geschieden.
Die Voraussetzung des vollendeten 40. Lebensjahres entfällt, wenn die Frau seit Rechtskraft der Scheidung erwerbsunfähig ist oder aus der geschiedenen Ehe ein Kind hat, welches zum Zeitpunkt des Todes des Mannes noch nicht selbsterhaltungsfähig ist.
Diese Bestimmung begünstigt zweifellos die nach § 55 EheG mit einem Verschuldensausspruch gemäß § 61/3 EheG geschiedene Frau. Man muss sich jedoch vor Augen halten, wie schwierig es für die Frau ist, alle diese Bedingungen zu erfüllen: Sie muss nach 15-jähriger Ehe und nach Vollendung des 40. Lebensjahres aufgrund einer Klage ihres Gatten aus seinem Verschulden geschieden werden. Dieser Scheidung muss eine mehr als dreijährige Aufhebung der häuslichen Gemeinschaft vorangegangen sein, in der sie niemals dem Impuls folgen durfte, gegen den treulosen Mann selbst eine Scheidungsklage einzubringen oder sich einen anderen Lebenspartner zu suchen. Auch wenn der Mann wegen seiner Beziehung zu einer anderen Frau ausgezogen ist, muss der Frau im Scheidungsprozess der Verschuldensausspruch nicht gelingen, da bei den strengen Kriterien, welche die Judikatur an Frauen anwendet, nicht ausgeschlossen werden kann, dass das Gericht dem Mann zubilligt, die Ehe wäre im Zeitpunkt seines Auszuges wegen der Zanksucht und Unleidlichkeit der Frau bereits zerrüttet gewesen.
Meistert die Frau diese schwierige Aufgabe, so muss sie überdies einen Unterhaltstitel erwirken. Das kann wiederum nur gelingen, wenn der Mann viel und sie nichts oder wenig verdient und sich daran auch nichts ändert: Wird der Mann vor der Pensionierung arbeitslos, kann die Frau von 33 Prozent seines Arbeitslosengeldes nicht leben, beginnt daher selbst zu arbeiten – dann ist der Mann zu Unterhaltsleistungen nicht mehr verpflichtet. Stirbt er, bevor der Unterhaltsanspruch wieder auflebt, so bekommt die Frau mangels Unterhaltsanspruches auch keine Witwenpension, auch wenn sie selbst aufgrund ihrer geringen Versicherungszeiten keinen eigenen Pensionsanspruch hat und auch keinen mehr erwerben kann. Ihr bleibt nur

mehr die Sozialhilfe, so wie all den anderen Frauen, die eine der vielen Hürden auf dem Weg zur Witwenpension nach der Scheidung nicht nehmen konnten.
Die pensionsrechtlichen Regelungen machen vollends deutlich, was schon das Kapitel über den Unterhalt (siehe Seite 64 ff.) gezeigt hat: Die Ehe ist kein Ersatz für einen Beruf.

Kinder – Obsorge und Besuchsrecht

Kinder und ihre Erziehung sind – vom Standpunkt des Familienrechts gesehen – wesentlicher Zweck des Ehevertrages. Sie sind aber auch Gegenstand vieler ehelicher Auseinandersetzungen.
Grundsätzliche Fragen, wie viel Aufmerksamkeit der Eltern ein Baby beanspruchen darf und wer sie ihm zuwenden soll, führen ebenso zu Streitigkeiten wie Fragen des Erziehungsstils.
Die häufigste Konfliktsituation folgt etwa dem Grundmuster, dass der junge Vater sich durch die Zuwendung der jungen Mutter zu dem Kind zurückgesetzt und übergangen fühlt. Er reagiert mit Abwendung, außerhäuslichen Aktivitäten und Vorwürfen, was die Frau umso mehr erbittert, je weniger Unterstützung bei der notwendigen Babypflege sie vom Partner erhält.
Erstaunlich oft wird bei Scheidungen von Ehepaaren reiferen Alters noch auf diese lange zurückliegende Phase Bezug genommen, der Vorwurf gegen die Frau lautet in der Regel: „Seit der Geburt des Kindes/der Kinder war sie nur mehr Mutter und nicht mehr Geliebte.“ Das Pendant seitens der Frau lautet: „Auch nach der Geburt des Kindes/der Kinder war er nicht bereit, auf irgendein Vergnügen zu verzichten, um sich der Familie zu widmen.“
Aber auch dort, wo der Vater jeden Schrei des Babys für einen Ausdruck von Todesangst hält und darauf besteht, dass das Kind aus dem Bettchen gehoben werden muss, bevor es schreit, ist eheliche Harmonie nicht immer garantiert.
Der Streit um Erziehungsfragen setzt sich, sofern die Ehe lange genug besteht, durch alle Entwicklungsphasen des Kindes fort. Er entzündet sich an der Frage, ob man einem Kind sagen darf: „Wer lügt, kommt in die Hölle“, an Tischmanieren, an der Überlegung, ob eine Übung für das Diktat am nächsten Tag bereits am Nachmittag oder erst vor dem Einschlafen gemacht werden soll.
Die landläufige Meinung, dass Kinder eine nicht allzu gute eheliche Beziehung „kitten“ würden, bewahrheitet sich in der Praxis nicht: Im Ge-

genteil, in einer schon an sich problematischen Partnerbeziehung führen Kinder unweigerlich zum Bruch.

Die gesetzlichen Regelungen

„Mutter“ ist laut Allgemeinem bürgerlichen Gesetzbuch die Frau, die das Kind geboren hat. Wird ein Kind nach Eheschließung und vor Scheidung, Aufhebung oder Nichtigerklärung der Ehe seiner Mutter geboren oder vor Ablauf des 300. Tages nach dem Tod des Ehemannes der Mutter, so wird vermutet, dass es ehelich ist. Diese Ehelichkeitsvermutung kann durch ein von der Mutter bestätigtes Anerkenntnis der Vaterschaft durch einen anderen Mann oder aber durch gerichtliche Entscheidung in einem so genannten „Abstammungsbestreitungsprozess“ widerlegt werden. Die Frist für eine Klage zur Bestreitung der Ehelichkeit durch den Ehemann der Mutter dauert ein Jahr ab Kenntnis der Umstände, die für die Unehelichkeit sprechen, frühestens ab Geburt des Kindes. Wird diese Frist versäumt, kann nur mehr der Staatsanwalt die Ehelichkeit bestreiten. Die Mutter selbst kann keine derartige Klage erheben, das Kind auch nicht – es ist im Ehelichkeitsbestreitungsprozess Beklagter. Der Verfassungsgerichtshof hat allerdings mit Erkenntnis vom 28.6.2003 festgestellt, dass zumindest dem Kind „als dem Hauptbetroffenen“ das Recht zukommen müsste, seine Abstammung vom Ehemann der Mutter zu bestreiten. Mit Gesetz vom 21.6.04 wurde daher das Recht, die Nichtabstammung vom Ehemann der Mutter feststellen zu lassen, auch dem Kind (nach wie vor nicht der Mutter) eingeräumt und die Frist für einen solchen Antrag auf 2 Jahre verlängert. Diese Novelle (mit der auch andere Bestimmungen betreffend die Abstammung neu gefasst werden) tritt am 1.1.05 in Kraft.

Wird ein Kind außerhalb der genannten Fristen geboren (also z. B. erst nach Scheidung der Mutter), wird vermutet, dass es unehelich ist. Für einen Mann, der mit der Mutter eines unehelichen Kindes innerhalb von nicht mehr als 300 und nicht weniger als 180 Tagen vor der Entbindung intim war, gilt die Vermutung, dass er der Vater ist. Seine Vaterschaft wird durch Anerkenntnis oder Urteil festgestellt, wobei die Klägerrolle in einem derartigen Verfahren jedoch dem Kind zukommt, die Mutter ist auch hier nur „Zeugin“. Der im Vaterschaftsprozess beklagte Mann kann den Beweis erbringen, dass seine Vaterschaft unwahrscheinlich bzw. unwahrscheinlicher als die eines anderen Mannes ist.

Geklärt werden alle strittigen Fragen betreffend ehelicher oder unehelicher Abstammung von einem Mann letztlich durch Sachverständigen-Gutachten. Gegen das Anerkenntnis eines unehelichen Vaters dürfen Mutter oder Kind

immerhin gerichtlich Widerspruch erheben, und zwar innerhalb eines Jahres ab Kenntnis.
Ein unehelicher Vater kann auf Feststellung der Rechtsunwirksamkeit seines Anerkenntnisses klagen, wenn er zu diesem durch List, Furcht oder Irrtum veranlasst wurde, und zwar innerhalb eines Jahres nach Wegfall dieser Umstände.
Die Mutter kann weder die eheliche Abstammung bestreiten noch auf Feststellung der Vaterschaft klagen. Sie kann – wegen bestehender Interessenkollisionen – das Kind in einem derartigen Verfahren auch nicht vertreten. Dies ist Aufgabe des Jugendwohlfahrtsträgers.

Besonderer Schutz Minderjähriger

„Minderjährige“ stehen unter dem besonderen Schutz der Gesetze.
„Minderjährige“ sind Personen, die das 18. Lebensjahr noch nicht vollendet haben, vor Vollendung des 14. Lebensjahres gelten sie überdies als „unmündig“. Ein minderjähriges Kind kann ohne Einwilligung seines gesetzlichen Vertreters keine Rechtsgeschäfte schließen. Nach erreichter Mündigkeit kann es jedoch über Taschengeld oder eigenes Einkommen so weit verfügen, als dadurch die Befriedigung seiner Lebensbedürfnisse nicht gefährdet wird. Ein mündiger Minderjähriger kann sich auch zu Dienstleistungen verpflichten (nicht aber einen Lehrvertrag abschließen), wobei der gesetzliche Vertreter aus wichtigen Gründen diesen Vertrag vorzeitig auflösen kann. Nach Erreichung der Mündigkeit gilt das minderjährige Kind auch nach schadenersatzrechtlichen Bestimmungen voll verschuldensfähig.

Familienname

Uneheliche Kinder erhalten den Familiennamen ihrer Mutter, eheliche den gemeinsamen Familiennamen der Eltern. Haben die Eltern keinen solchen, dann erhält das Kind den Namen, den die Eltern vor oder bei Eheschließung bestimmt haben; dies muss der Familienname eines der Elternteile sein. Können sich die Eltern nicht einigen, so erhält das Kind den Familiennamen des Vaters.

Rechte und Pflichten

Über die Rechte und Pflichten von Eltern und Kindern besagt das Gesetz, dass die Eltern für die Erziehung ihrer minderjährigen Kinder zu sorgen und überhaupt ihr Wohl zu fördern haben; dass Eltern und Kinder einander beizustehen, die Kinder ihren Eltern Achtung entgegenzubringen haben und dass die Rechte und Pflichten des Vaters und der Mutter, soweit nicht anderes bestimmt, gleich sind.

Das war nicht immer so. Bis zur Neuordnung des Kindschaftsrechts im Jahr 1978 waren die Rechte und Pflichten der Eltern geschlechtsspezifisch zugeordnet. Die Mutter hatte das Kind zu pflegen und zu erziehen, der Vater war zur gesetzlichen Vertretung und Vermögensverwaltung berufen. Erst durch die Einführung des partnerschaftlichen Prinzips im Ehe- und Familienrecht wurden diesbezüglich Rechte und Pflichten der Eltern gleichgestellt.

Obsorge

Die Rechte und Pflichten der Eltern sind in §§ 144 f. ABGB unter dem Begriff „Obsorge“ zusammengefasst: Die Eltern haben das minderjährige Kind zu pflegen und zu erziehen, sein Vermögen zu verwalten und es in diesen sowie allen anderen Angelegenheiten zu vertreten. Pflege und Erziehung sowie die Vermögensverwaltung umfassen auch die gesetzliche Vertretung in diesen Bereichen. Bei Erfüllung dieser Pflichten und Ausübung dieser Rechte sollen die Eltern einvernehmlich vorgehen.
Gemäß einer 2001 neu eingefügten „Wohlverhaltensklausel“ soll zur Wahrung des Kindeswohls alles unterlassen werden, „was das Verhältnis des Minderjährigen zu anderen Personen, denen ... das Kind betreffende Rechte und Pflichten zukommen, beeinträchtigt oder die Wahrnehmung von deren Aufgaben erschwert“.
Auf das Gewaltverbot des ABGB wurde bereits im Kapital „Gewalt in der Familie“ hingewiesen.
Mit der Obsorge für ein uneheliches Kind ist die Mutter alleine betraut. Leben die Eltern jedoch in häuslicher Gemeinschaft, so können sie vereinbaren, dass beide mit der Obsorge betraut sind. Es gelten dann in Bezug auf das Kind die gleichen Regelungen wie für Ehepaare (nicht aber im Verhältnis der Lebensgefährten zueinander).
Dies bedeutet, dass grundsätzlich beide Elternteile die Rechte und Pflichten bezüglich der Kinder wahrzunehmen haben und sich innerhalb der Familie um ein Einvernehmen dabei bemühen sollen, beispielsweise bei der An- oder Abmeldung eines Kindes an einer bestimmten Schule oder einem Kindergarten, bei der Ausstellung eines Reisedokumentes, bei der Ausübung von Hobbys (Motocrossrennen!) oder bei ärztlichen Behandlungen (Alternativmedizin!).
Nach außen gilt allerdings gemäß § 154 ABGB hinsichtlich aller dieser Maßnahmen Einzelvertretung, das heißt, gegenüber Dritten kann ein Elternteil das Kind vertreten, es bedarf nicht der Zustimmung des anderen Elternteils.

Alle vorhin genannten Maßnahmen können daher rechtsgültig auch alleine von der Mutter getroffen werden, ohne dass sie eine Zustimmung des Vaters beibringen müsste. Sollte allerdings der gleichfalls obsorgeberechtigte Vater mit den von der Mutter getroffenen Maßnahmen nicht einverstanden sein, so kann er sie seinerseits rückgängig machen, also das Kind seinerseits ab- oder anmelden, eine schulmedizinische Behandlung veranlassen oder untersagen usw.

Können sich die Eltern über Maßnahmen das Kind betreffend nicht einigen, so muss auch bei aufrechter Ehe über Antrag zumindest eines der Elternteile das Pflegschaftsgericht entscheiden.

Bei gemeinsamer Obsorge ist die Zustimmung beider Elternteile für die Rechtswirksamkeit der Vertretungshandlung erforderlich bei:

- der Änderung des Vornamens oder des Familiennamens,
- dem Eintritt in eine Kirche oder Religionsgemeinschaft oder dem Austritt aus einer solchen,
- der Übergabe eines Kindes in fremde Pflege,
- dem Erwerb der Staatsangehörigkeit oder dem Verzicht darauf,
- der vorzeitigen Auflösung eines Lehr-, Ausbildungs- oder Dienstvertrages und
- bei der Anerkennung der Vaterschaft zu einem unehelichen Kind.

Die Zustimmung beider obsorgeberechtigter Elternteile und die Genehmigung des Gerichts ist erforderlich bei:

- Handlungen in Vermögensangelegenheiten, die nicht zum ordentlichen Wirtschaftsbetrieb gehören, insbesondere bei
  - der Veräußerung oder Belastung von Liegenschaften
  - der Gründung, dem Erwerb oder der Aufgabe eines Unternehmens oder einer Gesellschaft
  - dem Verzicht auf ein Erbrecht
  - der Annahme einer mit Belastungen verbundenen Schenkung
  - der Ablehnung eines Schenkungsangebots
- nicht mündelsicherer Veranlagung von Geld
- Einbringung einer Klage

Ist ein Elternteil alleine mit der Obsorge betraut, so kann er die zuletzt angeführten Maßnahmen auch ohne Zustimmung des anderen Elternteiles setzen. Der andere hat jedoch das Recht, von solchen Maßnahmen (z. B. Änderung des Namens, der Staatsbürgerschaft, des Religionsbekenntnisses des Kindes) so rechtzeitig verständigt zu werden, dass er sich dazu äußern kann.

Eine vom Gesetz angeordnete gerichtliche Genehmigung muss natürlich auch der allein obsorgeberechtigte Elternteil stets einholen.

Pflege und Erziehung

Die *Pflege* eines Kindes umfasst nach der gesetzlichen Definition die Wahrung des körperlichen Wohls und der Gesundheit sowie die unmittelbare Aufsicht: die *Erziehung*, besonders die Entfaltung der körperlichen, geistigen, seelischen und sittlichen Kräfte, die Förderung der Anlagen, Fähigkeiten, Neigungen und Entwicklungsmöglichkeiten des Kindes sowie dessen Ausbildung in Schule und Beruf.
Ein Kind, das das 14. Lebensjahr vollendet hat, also „mündig" ist, kann, wenn die Eltern sich über seinen Ausbildungswunsch hinwegsetzen, selbst einen entsprechenden Antrag an das Gericht stellen.

Aufenthaltsort

Die zur Pflege und Erziehung eines Kindes berechtigten Eltern bestimmen den Aufenthalt des Kindes. Hält sich das Kind ohne ihr Wissen oder ihre Zustimmung woanders auf, so haben die Behörden die Eltern bei der Ermittlung des Aufenthaltes und der Zurückholung des Kindes zu unterstützen. Auch dieses Recht der Aufenthaltsbestimmung steht, solange die Obsorge beider Elternteile aufrecht ist, beiden Eltern zu.
Es wird auch durch verschiedene internationale Übereinkommen unterstützt, insbesondere durch das „Haager Übereinkommen über die zivilrechtlichen Aspekte internationaler Kindesentführung". Dieses Übereinkommen, dem nicht nur europäische Staaten, sondern auch Australien, Neuseeland, die USA, Kanada, die Volksrepublik China, Südafrika und mehrere lateinamerikanische Staaten beigetreten sind, schützt Kinder unter 16 Jahren davor, gegen den Willen einer obsorgeberechtigten Person aus dem Land weggebracht zu werden, in dem das Kind davor gelebt hat. Das Übereinkommen wird vor allem auch dann angewendet, wenn das Sorgerecht beider Elternteile besteht und ein Elternteil gegen den Willen des anderen das Kind in ein anderes Land bringt oder dort zurückhält.
Die Vertragsstaaten sind verpflichtet, im schnellstmöglichen Verfahren den Aufenthaltsort des Kindes ausfindig zu machen und die Rückgabe des Kindes durch ein behördliches Verfahren herbeizuführen, wenn sie freiwillig nicht zu erwirken ist.
Dem in seinen Rechten verletzten Elternteil werden gegebenenfalls Verfahrenshilfe und die Beigebung eines Rechtsanwaltes bewilligt.

Die Rückgabe des Kindes findet nur dann nicht statt, wenn sie mit einer schwer wiegenden Gefahr eines körperlichen oder seelischen Schadens für das Kind verbunden wäre oder das Kind „in eine unzumutbare Lage“ bringen würde. Ob dies der Fall ist, wird von der zuständigen Verwaltungsbehörde geprüft. Bei älteren Kindern wird von einer Rückgabe auch abzusehen sein, wenn sich das einsichtige Kind widersetzt: Das konkrete Kindeswohl hat Vorzug vor dem Ziel, Kindesentführungen zu verhindern.

Tipp

Da auch Österreich Mitglied des „Haager Übereinkommens“ und sehr bemüht ist, allen Verpflichtungen daraus gerecht zu werden, kann im Ausland verheirateten Österreicherinnen nicht wirklich empfohlen werden, im Fall einer Ehekrise ohne Zustimmung des Ehemannes mit ihren Kindern nach Österreich zurückzukehren.
Die Verfahren nach dem „Haager Übereinkommen“ werden in Österreich mit – gemessen an der Dauer sonstiger Verfahren – verblüffender Schnelligkeit abgewickelt und enden überwiegend mit einer Rückstellung der Kinder in das Land, aus dem sie verbracht wurden, sofern es sich dabei um einen Vertragsstaat des „Haager Übereinkommens“ handelt.

Umgekehrt sollte man aber im Falle drohender Entführungsgefahr nicht allzu sehr auf das „Haager Übereinkommen“ vertrauen: Die Durchführung eines Verfahrens in einem anderen Land, dessen Sprache man unter Umständen nicht beherrscht, ist jedenfalls mit Risken, Kosten (z. B. der Anreise und des Aufenthalts) und Aufregungen verbunden. Besteht die konkrete Gefahr einer Kindesentführung, so sollte *sofort ein Antrag auf Übertragung der alleinigen Obsorge* gestellt und jedes *Risiko*, daher auch jeder Besuchskontakt mit dem potenziellen Entführer, *vermieden* werden.

Vermögensverwaltung

Vermögen eines minderjährigen Kindes haben die Eltern „mit der Sorgfalt ordentlicher Eltern“ zu verwalten, sie sollen das Vermögen in seinem Bestand erhalten und nach Möglichkeit vermehren. Geld ist nach den Vorschriften über die Anlegung von Mündelgeld anzulegen.
Die Kosten und Aufwendungen der Vermögensverwaltung sind aus dem Vermögen des Kindes zu berichtigen, die Eltern haben jedoch keinen Belohnungsanspruch für die Vermögensverwaltung. Sie sind grundsätzlich verpflichtet, dem Gericht über das Vermögen Rechnung zu legen, können davon jedoch befreit werden, wenn keine Bedenken hinsichtlich einer ordentlichen Verwaltung bestehen.

Übergang der Obsorge

Verstirbt ein Elternteil oder ist sein Aufenthalt seit mindestens sechs Monaten unbekannt, so ist der andere Elternteil allein mit der Obsorge betraut.
Wenn beide Elternteile die Obsorge nicht wahrnehmen können, bestimmt das Gericht, ob und welches Großelternpaar oder welcher Großelternteil oder Pflegeeltern mit der Obsorge zu betrauen sind.

Hinweis

Der Wunsch vieler Eltern, mit Testament zu regeln, was mit Kindern im Falle ihres Todes geschehen soll, kann lediglich ein Hinweis für das Pflegschaftsgericht sein, das aber letztlich seinen Beschluss aufgrund der sachlichen Gegebenheiten im Zeitpunkt der Entscheidung zu treffen haben wird.

Das Gericht kann auch einem Elternteil oder beiden die Pflege und Erziehung oder die Vermögensverwaltung des Kindes gänzlich oder teilweise entziehen, wenn durch das Verhalten des Elternteils das Wohl des Kindes gefährdet wird. Das Gericht kann auch eine gesetzlich erforderliche Einwilligung oder Zustimmung eines Elternteils ersetzen, wenn dieser sie ohne gerechtfertigte Gründe verweigert.
Derartige gerichtliche Verfügungen können vom anderen Elternteil, von Großeltern oder Pflegeeltern, dem Jugendwohlfahrtsträger oder dem mündigen Minderjährigen selbst beantragt werden.

Obsorge nach der Scheidung

Wird die Ehe der Eltern eines minderjährigen ehelichen Kindes geschieden, aufgehoben oder für nichtig erklärt, so bleibt die Obsorge beider Eltern aufrecht. In diesem Fall müssen aber die Eltern dem Gericht eine Vereinbarung darüber vorlegen, bei welchem Elternteil sich das Kind hauptsächlich aufhalten soll. Dieser Elternteil muss immer mit der gesamten Obsorge betraut sein, während die Obsorge des anderen Elternteils auch auf bestimmte Angelegenheiten, z. B. Vermögensverwaltung, beschränkt sein kann. Die Eltern können auch vereinbaren, dass nur ein Elternteil mit der Obsorge betraut sein soll.
Die bereits erwähnte, geschlechtsspezifische Pflichtenverteilung Pflege und Erziehung durch die Mutter, Vermögensverwaltung und gesetzliche Vertretung durch den Vater wurde bis zur Familienrechtsreform 1978 grund-

sätzlich auch nach einer Scheidung der Eltern beibehalten. Dies führte dazu, dass die mit dem Kind im gemeinsamen Haushalt lebende Mutter für ihr Kind weder ein Sparbuch anlegen oder auflösen noch einen Pass beantragen oder einen Lehrvertrag abschließen durfte, sondern für derart alltägliche Handlungen den – im tatsächlichen Leben des Kindes oft kaum mehr vorhandenen – Vater zu bemühen hatte. Leider war es überdies so, dass viele Väter ihre Zustimmung vom finanziellen Entgegenkommen beim Unterhalt abhängig machten. War die Mutter dazu nicht bereit, musste sie die fehlende Zustimmung des Vaters vom Gericht ersetzen lassen, was z. B. eine rechtzeitige Buchung der angestrebten Ferienreise oft erschwerte. Durch die Familienrechtsreform 1978 wurde daher verfügt, dass im Falle einer Scheidung der Eltern nur ein Elternteil mit der gesamten Obsorge betraut werden sollte. Durch diese Regelung, die bis bis 30. 6. 2001 in Kraft blieb, war jener Elternteil (in die Regel die Mutter), dem nach einer Scheidung die gesamte Arbeit und Verantwortung mit der Kinderbetreuung zufiel, auch befugt, alle das Kind betreffende Maßnahmen selbst zu bestimmen. Obwohl das Gesetz geschlechtsneutral formulierte und eine Zuweisung der Kinder in die Obsorge der Mutter nach einer Scheidung der Eltern in keiner Weise nahe legte, hat sich in den letzten Jahrzehnten wenig daran geändert, dass Kinder nach einer Scheidung ihrer Eltern üblicherweise bei den Müttern bleiben. Grund dafür ist einerseits, dass sich schon bei aufrechter Ehe überwiegend die Mütter mit ihren Kindern befassen, andererseits die größere Bereitschaft der Mütter, ihr Leben einschließlich Berufstätigkeit, Freizeitgewohnheiten etc. an den Bedürfnissen ihrer Kinder zu orientieren. Die Regelung, dass nach einer Scheidung der Eltern die gesamte Obsorge dem Elternteil zukommen sollte, der das Kind in seinem Haushalt betreut, kam daher überwiegend Frauen zugute.
Durch diese rechtliche Aufwertung der Mütter nach einer Scheidung fühlten sich seit Jahren Väter benachteiligt. Dabei war und ist es allerdings offensichtlich nicht so sehr das Bedürfnis geschiedener Väter, ihre Kinder nach der Scheidung in ihrem Haushalt zu betreuen, sondern vielmehr, trotz Trennung und Überlassung der Kinder an die Frau nicht der elterlichen Rechte im Alltag verlustig zu gehen.

Gemeinsame Obsorge

Diesem Bedürfnis mancher Väter wurde durch das Familienrechts-Änderungsgesetz 2001 Rechnung getragen: Die Obsorge für die Kinder verbleibt also trotz Scheidung beiden Elternteilen. Das Kind muss allerdings einen haupt-

sächlichen Aufenthalt im Haushalt eines der Elternteile haben, um zu vermeiden, dass Kinder geschiedener Eltern zu Nomaden ohne festen Wohnsitz werden. Dennoch bleibt auch der Elternteil, in dessen Haushalt das Kind nicht lebt, befugt, über Schul- und Berufswahl, Auslandsaufenthalt, Vermögensveranlagung und Fragen, ob Brille oder Kontaktlinsen gleichberechtigt mitzubestimmen. Damit gilt alles, was über Einzelvertretung, widersprechende Vertretungshandlungen der Eltern etc. im Zusammenhang mit Eltern in aufrechter Ehe gesagt wurde (siehe Seite 109 ff.), nunmehr auch für Geschiedene, denen nach wie vor die gemeinsame Obsorge zukommt. Können sich allerdings Eltern innerhalb „angemessener Frist" nach ihrer Scheidung über den hauptsächlichen Aufenthalt des Kindes oder über die Betrauung mit der Obsorge nicht einigen, so betraut das Gericht – wenn es nicht gelingt, eine gütliche Einigung herbeizuführen – einen Elternteil allein mit der Obsorge.
Sind beide Eltern nach der Scheidung mit der Obsorge betraut und beantragt ein Elternteil die Aufhebung dieser gemeinsamen Obsorge, so betraut auch in diesem Fall das Gericht – wenn es nicht gelingt, eine gütliche Einigung herbeizuführen – nach Maßgabe des Kindeswohls einen Elternteil allein mit der Obsorge. Dies muss nicht notwendigerweise der Elternteil sein, bei dem das Kind bis dahin den hauptsächlichen Aufenthalt hatte.
Die gütliche Einigung soll allenfalls unter Nutzung der Möglichkeiten der Mediation (siehe Seite 224 ff.) geschehen.

Hinweis

Das Gericht betraut nur einen Elternteil mit der Obsorge für ein Kind auch dann, wenn die Eltern nicht nur vorübergehend getrennt leben und zumindest ein Elternteil einen entsprechenden Antrag an das Gericht stellt (§ 177b ABGB). Voraussetzung für eine derartige Entscheidung bei noch aufrechter Ehe (oder bei Lebensgefährten, die die Obsorge gemeinsam ausgeübt haben) ist eine vollständige Trennung der Lebensbereiche der Eltern auch in räumlicher Hinsicht.

Informations- und Äußerungsrecht

Ist ein Elternteil nicht mit der Obsorge betraut, so hat er neben dem Besuchsrecht auch das Recht, von wichtigen Angelegenheiten des Kindes rechtzeitig verständigt zu werden und sich dazu zu äußern. Eine solche Äußerung ist zu berücksichtigen, wenn der darin ausgedrückte Wunsch dem Wohl des Kindes besser entspricht.

Diese durch das Kindschaftsrecht-Änderungsgesetz 2001 erweiterten Informations- und Äußerungsrechte beschränken sich nicht nur auf Angelegenheiten, in denen bei Obsorge beider Elternteile auch die Zustimmung beider erforderlich ist (siehe Seite 110). In Fällen, in denen der nicht obsorgeberechtigte Elternteil an der regelmäßigen Ausübung seines Besuchsrechts gehindert wird, stehen sie ihm auch in „minderwichtigen Angelegenheiten“ zu. Als „wichtige Angelegenheiten“ im Sinne der nunmehrigen Rechtslage sind Schul- und Berufswahl, Schulerfolg und medizinische Maßnahmen anzusehen, als „minderwichtige“ wohl auch Auslandsreisen oder Ähnliches. Nur bei „Angelegenheiten des täglichen Lebens“ ist das „Informations- und Äußerungsrecht“ des nicht obsorgeberechtigten Elternteiles ausgeschlossen.
Das bedeutet, dass auch der allein mit der Obsorge betraute Elternteil wichtige Entscheidungen nur mit der Einschränkung treffen kann, dass der andere Elternteil sich an das Pflegschaftsgericht wenden, seine anders lautenden Wünsche und Anregungen deponieren kann und letztlich das Gericht entscheiden muss, welche Maßnahme dem Wohl des Kindes besser entspricht.
Nur dann, wenn der mit der Obsorge nicht betraute Elternteil grundlos sein Besuchrecht zu dem Kind nicht wahrnimmt, entfallen seine Informations- und Äußerungsrechte. Sie können ihm vom Gericht auch entzogen werden, wenn er sie in rechtsmissbräuchlicher oder für den anderen unzumutbarer Weise in Anspruch nimmt.

Psychische Befindlichkeit

Eine in der Zwischenzeit vom Bundesministerium für soziale Sicherheit, Generationen- und Konsumentenschutz in Auftrag gegebene Studie über „Scheidungsfolgen für Männer“ kommt in der Auswertung von Interviews von Betroffenen und Experten zu dem Ergebnis, dass in der Mehrzahl der Fälle bei Vereinbarung der Obsorge beider Elternteile der hauptsächliche Aufenthaltsort des Kindes bei der Mutter bleibt. Das bedeutet, dass sich auch nach Einführung der neuen Bestimmungen an der Hauptverantwortlichkeit der Mütter für die Alltagsversorgung ihrer Kinder nichts geändert hat. Ihre Entscheidungskompetenz wurde jedoch durch die gemeinsame Obsorge nach der Scheidung oder aber die Informations- und Äußerungsrechte des nicht obsorgeberechtigten Vaters wesentlich eingeschränkt.
Die in dieser Studie befragten Experten begrüßen die gesetzlichen Änderungen wegen ihres positiven psychologischen Effektes auf die Väter. Die psychische Befindlichkeit der betroffenen Mütter wurde – soweit überblickbar – bisher nicht untersucht.

Befragung des Kindes

Da der Wille eines einsichtsfähigen Kindes auch bei der Übertragung der Obsorge maßgeblich ist, sind Kinder über zehn Jahre vor einer endgültigen Festsetzung der Obsorgeregelung oder der gerichtlichen Genehmigung einer zwischen den Eltern vereinbarten derartigen Regelung selbst zu befragen. Diese Befragung erfolgt durch das Gericht oder den Jugendwohlfahrtsträger und soll gewährleisten, dass das Kind mit der zu treffenden Obsorgeentscheidung einverstanden ist.

Keineswegs soll die Entscheidung selbst den Kindern aufgebürdet werden, die dadurch heillos überfordert und in einen so genannten „Loyalitätskonflikt" getrieben würden.

Fast alle Kinder betonen bei der Befragung, beide Elternteile zu lieben und sich nicht zwischen ihnen entscheiden zu wollen.

> Es ist ein fataler Fehler mancher Eltern – die sich dabei äußerst liberal vorkommen – zu sagen: „Bei wem die Kinder bleiben wollen, sollen sie selbst entscheiden – ich werde es akzeptieren." In Wirklichkeit zwingen sie ihren Kindern dadurch die Bewältigung eines Konfliktes auf, den sie selbst nicht lösen können oder wollen. Zu Recht appellieren Kinderpsychologen, dass für alle die Kinder betreffenden Fragen die Verantwortung „auf der Elternebene" getragen werden sollte.

Besuchsrecht

Lebt ein Elternteil mit dem minderjährigen Kind nicht im gemeinsamen Haushalt, so haben das Kind und dieser Elternteil das Recht, „miteinander persönlich zu verkehren". Dieses im § 148 ABGB festgeschriebene Recht auf persönlichen Verkehr ist besser unter dem Begriff „Besuchsrecht" bekannt. Die Ausübung des Besuchsrechtes soll einvernehmlich geregelt werden. Wird ein solches Einvernehmen nicht erzielt, regelt das Gericht über Antrag eines der Betroffenen die Ausübung dieses Rechtes „in einer dem Wohl des Kindes gemäßen Weise". Auch dabei ist auf die Wünsche und Bedürfnisse des Kindes Bedacht zu nehmen, ohne dass dem Kind selbst die Entscheidungsfindung aufgezwungen werden darf.

Ein Besuchsrecht steht auch Großeltern zu, soweit durch ihr Besuchsrecht das Familienleben der Eltern oder deren Beziehung zu dem Kind nicht gestört wird. Auch einer dritten Person kann ein Besuchsrecht zustehen, wenn durch das Unterbleiben des persönlichen Verkehrs das Wohl des Kindes

gefährdet würde (z. B. könnte ein solches Besuchsrecht einer ehemaligen Pflegemutter eingeräumt werden, wenn das Kind aus ihrer Pflege und Erziehung zu den leiblichen Eltern zurückkehrt).

Grundrecht

Das Besuchsrecht stellt ein Grundrecht der Eltern-Kind-Beziehung dar und ist ein allgemein anzuerkennendes Menschenrecht.

Das Besuchsrecht darf nur in Notfällen eingeschränkt oder (vorübergehend) untersagt werden.
Dazu kann es etwa kommen, wenn sich der besuchende Elternteil nicht an die „Wohlverhaltensklausel" hält, wenn er also sein Besuchsrecht dazu benützt, den anderen Teil vor dem Kind schlecht zu machen oder zu beschimpfen oder bei Abholung und Rückbringung Streit beginnt oder gar Tätlichkeiten setzt.
Auch wenn der persönliche Kontakt aus anderen Gründen dem Wohl des Kindes abträglich ist, wird das Besuchsrecht untersagt, da das Kindeswohl wichtiger ist. Dies darf allerdings nur dann geschehen, wenn die Probleme und Beeinträchtigungen des Kindes den durch die Trennung der Eltern normalerweise entstehenden Konflikt überschreiten.
Ansonsten gilt, dass der Elternteil, der das Kind in seinem Haushalt betreut, auch verpflichtet ist, das Kind auf die Besuchskontakte zum anderen Elternteil positiv vorzubereiten. Wollen also Kinder das Besuchsrecht zum Vater nicht wahrnehmen, so gilt dies in erster Linie als Versäumnis der Mutter, die die Kinder offenbar nicht positiv darauf eingestimmt hat. Dass die Besuche beim Vater von den Kindern vielleicht als unangenehm empfunden werden, weil er mit ihnen nichts unternimmt, was ihnen Spaß macht, während ihrer Anwesenheit nur am Computer sitzt, mit seiner neuen Freundin schäkert, einen Anzug für sich kaufen geht oder seine Erbtante besucht, spielt dabei keine Rolle.
Die Rechtsprechung stellt an den betreuenden Elternteil hohe Anforderungen: So sei es Pflicht und Aufgabe der Mutter, bei der Besuchsrechtsausübung Liebe und Zuneigung des Kindes zu beiden Elternteilen zu fördern und jegliche negative Beeinflussung zu vermeiden, auch die Erinnerungen an „geschehene Unzukömmlichkeiten".
Jedenfalls seien „eigene Gefühle dem früheren Partner gegenüber" zurückzustellen.

Zweck aller dieser Bemühungen soll sein, „den auf Blutsverwandtschaft beruhenden Zusammenhang zwischen dem nichtbetreuenden Elternteil und seinen Kindern aufrechtzuerhalten und dem Vater Gelegenheit zu geben, sich vom körperlichen und geistigen Befinden seiner Kinder zu überzeugen“. Das Besuchsrecht soll „die Verbundenheit zwischen dem Kind und dem nicht betreuenden Elternteil herstellen oder bewahren“.
Deshalb schadet es laut ständiger Judikatur für die Besuchsrechtseinräumung auch nicht, dass der Vater jahrelang keinen Kontakt zu dem Kind gesucht oder gehalten hat. Selbst wenn der Vater gemäß Gewaltschutzgesetz der Wohnung verwiesen wurde (siehe Seite 53 ff.), ist dies für das Gericht noch kein zwingender Grund, ihm das Besuchsrecht zu entziehen, „zumal allfällige Misshandlungen der Mutter durch den Vater, solange sie keine kindeswohlrelevanten Auswirkungen zeitigen, unbeachtlich wären“ (!). Die „Auffälligkeit des Vaters wegen Drogendelinquenz sowie sein oft jähzorniges und aufbrausendes Temperament allein“ reichen für eine Besuchsrechtsversagung nicht aus, zumal seit dem Kindschaftsrecht-Änderungsgesetz auch eine „begleitete Besuchsrechtsausübung“ stattfinden kann.
Eine solche Begleitung ist allerdings nur bei unüberbrückbaren Konflikten zwischen den Eltern oder bei „berechtigtem Misstrauen“ z. B. wegen Drogenmissbrauchs gegen den Besuchsberechtigten vorgesehen. Grundsätzlich ist das Besuchsrecht ohne Begleitung auszuüben.
In Problemfällen wird im Übrigen die Anbahnung des Besuchsrechts im Jugendamt oder in einem von den Jugendämtern unterhaltenen Besuchscafé zweckmäßiger sein als die „Besuchsbegleitung“, zumal sich für diese erfahrungsgemäß nur schwer willige „Begleiter“ finden lassen und professionelle Hilfe mit Kosten verbunden ist.

Besuchsrecht gegen den Willen der Kinder oder des betreuenden Elternteils

Der Wunsch von Kindern im Alter zwischen sieben und zehn Jahren, den Vater nicht sehen zu wollen, kann zufolge einer Entscheidung aus den letzten Jahren „nicht entscheidend“ sein, wenn es keine „objektiven Kriterien“ gibt.
Mündige Kinder können allerdings gegen ihren Willen nicht mehr zur Duldung des Besuchsrechts gezwungen werden.
Das Kindschaftsrecht-Änderungsgesetz 2001 hat verschiedene Maßnahmen zur Durchsetzung eines Besuchsrechts gegen den Willen der das Kind betreuenden Person eingeführt. Schon bisher hat die Judikatur auf beharr-

liche grundlose Besuchsrechtsverweigerung durch die Mutter mit Entzug ihres Unterhaltsanspruchs reagiert, und auch die Drohung der Entziehung der Obsorge wegen Erziehungsunfähigkeit steht stets im Raum. Zu der in der Praxis zumindest gleichbedeutenden Frage der Vernachlässigung von Kindern aus geschiedenen Ehen durch ihre Väter wird jedoch lediglich lapidar festgestellt: „Es besteht ein Anspruch des Kindes auf persönlichen Verkehr mit dem nichtbetreuenden Elternteil. Dieser Anspruch ist jedoch nicht durchsetzbar."

Ausmaß des Besuchsrechts

Was das Ausmaß des Besuchsrechts anlangt, so folgt die Rechtsprechung seit einigen Jahren zunehmend der Empfehlung der Kinderpsychologen, die vor allem bei kleinen Kindern Kontakte in kurzen Zeitabständen befürworten. Bei Kindern unter drei Jahren wird ein Besuchsrecht von mehreren Stunden einmal wöchentlich diesen Anforderungen gerecht. Nächtigungen außerhalb des „Heimes erster Ordnung" werden üblicherweise erst bei Schulkindern vom Gericht angeordnet. Wenn sich allerdings der Vater schon bei aufrechter Ehe um das Kind viel gekümmert hat und in der Lage ist, es zu verköstigen, zu Bett zu bringen und entsprechend zu betreuen, sollte es die Mutter vermissen, kann eine Nächtigung auch bei einem jüngeren Kind eingeräumt werden. Sobald dem Vater ein regelmäßiges Besuchsrecht über ein ganzes Wochenende (in der Regel von Samstag Früh bis Sonntag Abend) eingeräumt wird, sind 14-tägige Intervalle zwischen den Besuchswochenenden vorgesehen, da ja ansonsten die Mutter kein Wochenende mit dem Kind verbringen könnte.

Dort, wo eine gute Vater-Kind-Beziehung besteht, ist es mittlerweile allerdings üblich geworden, zumindest in den Wochen, in denen dem Vater kein Wochenendbesuchsrecht zusteht, auch wöchentlich einen Besuchkontakt an einem Nachmittag während der Woche einzuräumen.

Viele Väter wünschen, dass dieses Nachmittags-Besuchsrecht unter der Woche mit einer Nächtigung verbunden wird. Ob dies für die Kinder wirklich ein Vorteil ist, sei dahingestellt, da sie zumindest an dem auf diese Nächtigung folgenden Tag von einer Wohnung, in der sie nicht ständig leben, in die Schule gehen müssen. Damit ist ein gewisser organisatorischer Aufwand verbunden, damit das Kind alle notwendigen Bekleidungsstücke und Schulutensilien bei sich hat. Dieses Argument spricht auch gegen die von Vätern immer wieder geäußerten Wünsche, Kinder Freitag oder Samstag mittags von der Schule abzuholen und Montag morgens zur Schule zu bringen.

Kinder, deren Eltern solche Regelungen treffen, müssen am Tag ihrer Abholung mit einem Handköfferchen in der Schule einrücken und alle möglicherweise erforderlichen Utensilien, von Schwimmflossen bis Regenschutz, mit sich führen – auch wahrnehmbar für alle Schulkollegen.
Viele Eltern befürworten derartige Regelungen, weil sie ihnen den direkten Kontakt miteinander beim Abholen und Zurückbringen des Kindes ersparen. Dem Wohl des Kindes entspricht es aber in der Regel besser, wenn es von der Schule noch einmal nach Hause gehen, seine Schulsachen deponieren und sein Freizeitköfferchen holen kann, und nach dem Besuch nach Hause gebracht wird, der Mutter berichten kann, was es zum Wochenende alles unternommen hat und in der gewohnten Umgebung die Schultasche für den nächsten Tag vorbereiten kann.

Tipp

Die Zeit des Zurückkommens sollte nie zu spät angesetzt werden. Dies ist keine Schikane gegen den besuchenden Vater, dem man den Sonnenuntergang am Badesee nicht gönnen will, sondern Rücksichtnahme auf ein schulpflichtiges Kind und dessen Bedürfnisse.

Dort, wo ein Besuchsrecht mit Übernachtungen regelmäßig ausgeübt wird, steht Vater und Kindern auch ein Urlaubsbesuchsrecht zu. Dieses beträgt, wenn man es gerichtlich festsetzen lässt, etwa drei Wochen im Jahr, davon 14 Tage in den großen Ferien. Es werden aber wesentlich umfangreichere Ferienbesuchsrechte zwischen Eltern vereinbart, vor allem dann, wenn die Mutter gleichfalls berufstätig ist und/oder auch Urlaub mit einem neuen Partner ohne die Kinder verbringen möchte. Manche Eltern bevorzugen fixe Regelungen (z. B.: Energieferien beim Vater, Osterferien bei der Mutter), andere treffen lieber Vereinbarungen, bei denen alternierend das Kind zu verschiedenen Zeiten einmal bei einem, dann beim anderen Elternteil ist. Besonders wichtige Feiertage, wie den Geburtstag oder den Heiligen Abend samt Christtag, sollte ein Kind im „Heim erster Ordnung“ verbringen.
Auch hier gilt es, die Bedürfnisse des Kindes und die des besuchenden Elternteils auseinander zu halten: Es kann für kein Kind angenehm sein, am 24. Dezember um 13 Uhr mit dem Vater Weihnachten „vorzufeiern“ und dann um 18 Uhr bei der Mutter noch einmal eine Weihnachtsfeier zu erleben. Ebenso wenig kann es für ein Kind, dem am 24. von der Mutter einige Wünsche erfüllt wurden, angenehm sein, die neuen Spielsachen bereits am nächsten Morgen zurückzulassen, um den 25. mit dem Vater und

den väterlichen Großeltern zu verbringen. Die Weihnachtsfeier im Kreise der väterlichen Familie wird sich am 26. ebenso gut nachholen lassen, ohne das Kind in „Weihnachtsstress“ zu bringen.

Tipp

Prüfstein aller Besuchsrechtsvereinbarungen sollte nicht sein, ob der besuchsberechtigte Elternteil das Kind an einem bestimmten Termin zu einem bestimmten Anlass gerne bei sich haben möchte, sondern ob man selbst gerne das Kind wäre, dem die konkrete Besuchsrechtsvereinbarung der Eltern „verpasst“ wird.

Konflikte bei der Obsorge

Bei aufrechter Ehegemeinschaft kann das Gericht in Einzelfragen angerufen werden, wenn sich die Eltern über eine Maßnahme aus dem Bereich der Obsorge (z. B. Schulwahl) nicht einigen können oder wenn ein Elternteil die Zustimmung zu einer wichtigen Maßnahme grundlos verweigert. Abgesehen davon kann bei aufrechter häuslicher Gemeinschaft einem Elternteil die Obsorge ganz oder teilweise nur dann entzogen werden, wenn sein Verhalten das Wohl des Kindes gefährdet, also z. B. bei konkretem Verdacht sexuellen Missbrauchs.
Trennen sich die Eltern, so kann die alleinige Betrauung eines Elternteils mit der Obsorge beantragt werden. Wird die Ehe der Eltern einvernehmlich geschieden, so muss der abzuschließende Vergleich über die Scheidungsfolgen auch eine Regelung über die Obsorge gemeinsamer Kinder enthalten. Gibt es diesbezüglich kein Einvernehmen, so ist eben die einvernehmliche Scheidung nicht möglich. Das Gleiche gilt für die Vereinbarung des den Kindern zustehenden Unterhalts. Nur die Regelung des Besuchsrechts kann bei der einvernehmlichen Scheidung vorbehalten werden. Vereinbaren die Eltern die Aufrechterhaltung der Obsorge beider, so müssen sie gleichzeitig vereinbaren, bei welchem Elternteil der hauptsächliche Aufenthalt des Kindes liegen soll (siehe Seite 114 f.).
Wird die Ehe nach einem streitigen Scheidungsverfahren durch Urteil geschieden, oder wird die Ehe aufgehoben oder für nichtig erklärt, und kommt es nicht bereits anlässlich der Auflösung der Ehe zu einer Vereinbarung betreffend die Kinder, so werden die Eltern vom Gericht aufgefordert, die entsprechende Vereinbarung nachzuholen. Gelingt dies nicht, so wird ein Pflegschaftsverfahren über die Obsorgezuteilung durchgeführt. Das gilt

auch, wenn ein Elternteil die Aufhebung der gemeinsamen Obsorge nachträglich beantragt.

Pflegschaftsverfahren

In allen Fällen, in denen das Gericht über die Obsorgezuteilung entscheiden muss, verlässt es sich in der Regel nicht auf die oft diametral entgegengesetzten Behauptungen beider Elternteile und die Menschenkenntnis seiner Mitarbeiter bei Beurteilung des Wahrheitsgehalts. Es holt vielmehr einen Bericht des Jugendwohlfahrtsträgers ein, wobei bei den meisten Ämtern für Jugend und Familie Eltern und Kinder sowohl von der zuständigen Sozialarbeiterin wie auch von der Jugendamtspsychologin begutachtet werden.

Ist dieser Erhebungsbericht des Jugendamtes für das Gericht noch immer nicht ausreichend, oder wird es von den Eltern beantragt, können darüber hinaus noch Sachverständigen-Gutachten von Kinderpsychologen oder Kinderpsychiatern eingeholt werden. Bei Bedenken gegen die Erziehungsfähigkeit eines Elternteils kann auch dieser begutachtet werden.

Zeugen werden im Pflegschaftsverfahren nur in Ausnahmsfällen vernommen, ihre Aussage dient eher dem Beweis konkreter Missstände (Kindesmisshandlung, Vernachlässigung der Aufsichtspflicht) als dem Beweis genereller Eignung für die Erziehungsaufgaben („Sie ist eine liebevolle Mutter“). Sehr wohl können allerdings bei der Gutachtenerstellung weitere Bezugspersonen des Kindes (Großeltern, neue Partner der Eltern) miteinbezogen werden.

Die Gutachten prüfen nicht nur die Erziehungsfähigkeit der Elternteile, sondern auch das Naheverhältnis zum Kind sowie dessen Entwicklungs- und Gesundheitszustand. Wird ein Kind bei dem Elternteil, bei dem es schon bisher gelebt hat, ordnungsgemäß betreut und versorgt, ist eine Obsorgezuteilung an den anderen Elternteil nur zu erwarten, wenn dieser wesentlich besser zur Wahrnehmung dieser Aufgaben geeignet erscheint, oder wenn das Kind den Wechsel dringend wünscht. Ansonsten wird der Kontinuität der Lebensverhältnisse des Kindes der Vorzug gegeben.

Handelt es sich um Geschwister, so soll eine Trennung nach Möglichkeit vermieden werden, da sich Geschwister in der ohnedies belastenden Situation der zerfallenden Familie gegenseitig Halt geben.

Kleine Kinder und Mädchen werden eher in der Obsorge ihrer Mütter belassen, bei größeren Buben hat der Vater hingegen die besseren Chancen, insbesondere dann, wenn die Obsorgezuteilung an ihn dem Wunsch des Sohnes entspricht.

Hinweis

Grundsätzlich gilt, dass derjenige Elternteil alleine mit der Obsorge betraut werden soll, der die innigere Beziehung zu dem Kind hat und zur Wahrnehmung der mit der Obsorge verbundenen Rechte und Pflichten besser geeignet erscheint.

Wurde allerdings die Frage der alleinigen Obsorge bereits gerichtlich entschieden, so ist eine Änderung dieser Entscheidung nur zu erwarten, wenn das Wohl des Kindes beim allein obsorgeberechtigten Elternteil gefährdet wäre. Wurde also der Mutter die Obsorge für einen Volksschüler zugeteilt, so kann der Vater nicht wenige Jahre danach eine Übertragung an ihn beantragen, weil er den nunmehr die AHS besuchenden Sohn besser beim Mathematik-Lernen unterstützen könnte. Verhält sich aber der pubertierende Sohn der Mutter gegenüber mittlerweile so aufsässig, dass sie ihn nicht mehr dazu bewegen kann, morgens aufzustehen und zur Schule zu gehen, so erscheint das Wohl des Kindes bei der Mutter gefährdet und es wird die Obsorge sehr wohl dem Vater zu übertragen sein.
Mit einer schnellen gerichtlichen Entscheidung kann in Obsorgefragen nicht gerechnet werden: Das Gericht sucht in einem streitigen Obsorgeverfahren zunächst eine gütliche Lösung, allenfalls im Wege der Mediation, herbeizuführen und, falls dies misslingt, muss es sich selbst ein Bild von den beteiligten Personen machen, einen Bericht des Jugendwohlfahrtsträgers, vielleicht sogar Gutachten einholen. Der Schwebezustand vor einer solchen Entscheidung – der Antrag auf Betrauung mit der alleinigen Obsorge wird ja in der Regel nur gestellt, weil es bei der Ausübung der gemeinsamen Obsorge erhebliche Probleme gibt – wird von den betroffenen Eltern naturgemäß als besonders belastend empfunden. Die von allen Antragstellern gewünschte vorläufige Betrauung mit der alleinigen Obsorge wird jedoch nur sparsam angewendet, nämlich nur dann, wenn die Belastung oder Gefährdung des Kindes über die üblichen Spannungen im Falle der Trennung der Eltern hinausgeht, also insbesondere im Fall sexuellen Missbrauchs oder anderer Misshandlungen oder im Fall einer drohenden oder erfolgreich abgewendeten Entführung.

Konflikte beim Besuchsrecht

Ähnlich wie in Verfahren um Obsorge wird in strittigen Besuchsrechtsverfahren vorgegangen. Auch hier wird das Gericht, wenn eine gütliche

Einigung nicht zu erzielen ist, letztlich unter Einschaltung des Amtes für Jugend und Familie und/oder Sachverständigen-Gutachten zu klären haben, in welchem Umfang dem nicht betreuenden Elternteil ein Besuchsrecht zukommen soll.
Auch im Verfahren um Besuchsrechte sind „vorläufige Regelungen" die Ausnahme, werden aber sehr wohl verfügt (und auch sofort in Vollzug gesetzt), wenn ein (rechtzeitig gestellter!) Antrag ansonsten sinnlos würde, also insbesondere bei Weihnachts- oder Ferienbesuchsrechten. Derartige Anträge können von den Eltern oder ihren Anwälten schriftlich eingebracht, aber auch bei Gericht zu Protokoll gegeben werden.
Während Obsorgeentscheidungen auch mit Hilfe der Exekutive durchgesetzt werden können, bleibt Derartiges Kindern zumindest bei der Besuchsausübung vorläufig erspart. Die Durchsetzung des Besuchsrechts (zu Gunsten des besuchswilligen Vaters, nicht jedoch gegen den besuchsunwilligen) wird nach wie vor nur indirekt durch Verhängung von Beugestrafen, Anordnung begleiteter Besuchsrechte, Erweiterung der Informations- und Äußerungsrechte des nicht obsorgeberechtigten Elternteils, allenfalls durch Verlust des Unterhaltsanspruchs des verweigernden Elternteils oder der Entziehung seines Obsorgerechts durchgesetzt.

In Handschellen?

Ein von einem eifrigen jungen Juristen unterbreiteter Vorschlag, einer Mutter, die das Besuchsrecht des Vaters verhindert, von der Exekutive Handschellen anlegen und das Kind von einem – vermutlich psychologisch geschulten – Besuchsbegleiter dem an der nächsten Straßenecke wartenden Vater zuführen zu lassen, erwies sich in der Debatte um das Kindschaftsrecht-Änderungsgesetz 2001 als nicht mehrheitsfähig.

Im Verfahren um minderjährige Kinder, insbesondere bei Gestaltung des Rechtes auf persönlichen Verkehr, sollte jedenfalls ein Einvernehmen aller Beteiligten gesucht und auf die Durchsetzung eigener Wünsche gegen den Willen des anderen Elternteils verzichtet werden.
Dies ist leichter gesagt als getan, stehen doch getrennt lebende Elternteile einander aus vielerlei Gründen unterschiedlicher Erziehungsauffassungen und unterschiedlichen Engagements für die Kinder sehr emotional gegenüber. Dazu kommen auch andere, durch Trennung und Scheidung verursachte Kränkungen und Verletzungen.

Tipp

Häufig kommt es vor, dass Frauen, um Streit zu vermeiden, bezüglich Scheidung, Unterhalt und Vermögensteilung vorschnell für sie ungünstige Regelungen treffen, die sie nachher bedauern. In diesen Fällen sind nachfolgende erbitterte Streitigkeiten um jede Stunde Besuchsrecht geradezu der Regelfall („Ich habe ohnedies auf alles verzichtet, jetzt soll er mich wenigstens in Ruhe lassen.").
Auch aus diesem Grund ist von faulen Kompromissen in anderen Bereichen des Scheidungsrechtes abzuraten: Es ist wesentlich sinnvoller, um zustehenden Unterhalt oder den Verbleib in der Ehewohnung zu streiten als um die Frage, ob der Vater die Kinder in den großen Ferien zwei Wochen in Anwesenheit seiner neuen Partnerin nach Griechenland mitnehmen darf oder nicht.

Dort, wo die emotionalen Fronten verhärtet sind, helfen gerichtliche Maßnahmen einschließlich der genannten Zwangs- und Beugemittel erfahrungsgemäß wenig, und es wird auch durch eine allfällige Verschärfung von Zwangsmaßnahmen nichts zu gewinnen sein.
Hingegen gibt es hier ein weites Feld für – allerdings zeit- und kostenintensive – psychologische und sozialarbeiterische Beratung und Hilfe. Auch die Familienmediation hat im Bereich der Obsorge- und Besuchsrechtsstreitigkeiten ihren optimalen Wirkungsbereich.

Gesetzestexte

Allgemeines bürgerliches Gesetzbuch (ABGB)

§ 21. (1) Minderjährige und Personen, die aus einem anderen Grund als dem ihrer Minderjährigkeit alle oder einzelne ihrer Angelegenheiten selbst gehörig zu besorgen nicht vermögen, stehen unter dem besonderen Schutz der Gesetze.
(2) Minderjährige sind Personen, die das 18. Lebensjahr noch nicht vollendet haben; haben sie das 14. Lebensjahr noch nicht vollendet, so sind sie unmündig.
§ 137. (1) Die Eltern haben für die Erziehung ihrer minderjährigen Kinder zu sorgen und überhaupt ihr Wohl zu fördern.
(2) Eltern und Kinder haben einander beizustehen, die Kinder ihren Eltern Achtung entgegenzubringen.
(3) Die Rechte und Pflichten des Vaters und der Mutter sind, soweit in diesem Hauptstück nicht anderes bestimmt ist, gleich.
§ 137b. Mutter ist die Frau, die das Kind geboren hat.
§ 138. (1) Wird ein Kind nach der Eheschließung und vor Scheidung, Aufhebung oder Nichtigerklärung der Ehe seiner Mutter geboren, so wird vermutet, dass es ehelich ist. Gleiches gilt, wenn das Kind vor Ablauf des 300. Tages nach dem Tod des Ehemannes der Mutter geboren wird. Diese Vermutung kann, vorbehaltlich

des § 163e, nur durch eine gerichtliche Entscheidung widerlegt werden, mit der festgestellt wird, dass das Kind nicht vom Ehemann der Mutter abstammt.
(2) Träfe die Vermutung des Abs. 1 auch auf einen Mann zu, mit dem die Mutter nach Eingehung, Auflösung oder Nichtigerklärung ihrer Ehe eine weitere Ehe geschlossen hat, so gilt sie nur für diesen Mann. Wird die diesbezügliche Abstammung des Kindes mit Erfolg bestritten, so gilt die Vermutung mit dem Eintritt der Rechtskraft der Entscheidung für den ersten Ehemann; frühestens mit diesem Zeitpunkt beginnt für ihn die Frist zur Bestreitung der Ehelichkeit. (Fassung bis 31.12.04)
§ 139. (1) Haben die Eltern einen gemeinsamen Familiennamen, so erhält das Kind diesen.
(2) Haben die Eltern keinen gemeinsamen Familiennamen, so erhält das Kind den Familiennamen, den die Eltern dem Standesbeamten gegenüber vor oder bei der Eheschließung in öffentlicher oder öffentlich beglaubigter Urkunde zum Familiennamen der aus der Ehe stammenden Kinder bestimmt haben. Hiezu können die Eltern nur den Familiennamen eines Elternteils bestimmen.
(3) Mangels einer Bestimmung nach Abs. 2 erhält das Kind den Familiennamen des Vaters.
§ 144. Die Eltern haben das minderjährige Kind zu pflegen und zu erziehen, sein Vermögen zu verwalten und es in diesen sowie allen anderen Angelegenheiten zu vertreten; Pflege und Erziehung sowie die Vermögensverwaltung umfassen auch die gesetzliche Vertretung in diesen Bereichen. Bei Erfüllung dieser Pflichten und Ausübung dieser Rechte sollen die Eltern einvernehmlich vorgehen.
§ 145. (1) Ist ein Elternteil, der mit der Obsorge für das Kind gemeinsam mit dem anderen Elternteil betraut war, gestorben, ist sein Aufenthalt seit mindestens sechs Monaten unbekannt, kann die Verbindung mit ihm nicht oder nur mit unverhältnismäßig großen Schwierigkeiten hergestellt werden oder ist ihm die Obsorge ganz oder teilweise entzogen, so ist der andere Elternteil insoweit allein mit der Obsorge betraut. Ist in dieser Weise der Elternteil, der mit der Obsorge allein betraut ist, betroffen, so hat das Gericht unter Beachtung des Wohles des Kindes zu entscheiden, ob der andere Elternteil oder ob und welches Großelternpaar (Großelternteil) oder Pflegeelternpaar (Pflegeelternteil) mit der Obsorge zu betrauen ist; Letzteres gilt auch, wenn beide Elternteile betroffen sind. Die Regelungen über die Obsorge gelten dann für dieses Großelternpaar (diesen Großelternteil).
(2) Auf Antrag des Elternteiles, auf den die Obsorge nach Abs. 1 erster Satz übergegangen ist, hat das Gericht diesen Übergang festzustellen.
(3) Geht die Obsorge auf den anderen Elternteil über oder überträgt das Gericht die Obsorge, so sind, sofern sich der Übergang oder die Übertragung der Obsorge darauf bezieht, das Vermögen sowie sämtliche die Person des Kindes betreffenden Urkunden und Nachweise zu übergeben.
§ 145b. Bei Ausübung der Rechte und Erfüllung der Pflichten nach diesem Hauptstück ist zur Wahrung des Kindeswohls alles zu unterlassen, was das Verhältnis des Minderjährigen zu anderen Personen, denen nach diesem Hauptstück das Kind betreffende Rechte und Pflichten zukommen, beeinträchtigt oder die Wahrnehmung von deren Aufgaben erschwert.

§ 146. (1) Die Pflege des minderjährigen Kindes umfaßt besonders die Wahrnehmung des körperlichen Wohles und der Gesundheit sowie die unmittelbare Aufsicht, die Erziehung besonders die Entfaltung der körperlichen, geistigen, seelischen und sittlichen Kräfte, die Förderung der Anlagen, Fähigkeiten, Neigungen und Entwicklungsmöglichkeiten des Kindes sowie dessen Ausbildung in Schule und Beruf.
(2) Das Ausmaß der Pflege und Erziehung richtet sich nach den Lebensverhältnissen der Eltern.
(3) Die Eltern haben in Angelegenheiten der Pflege und Erziehung auch auf den Willen des Kindes Bedacht zu nehmen, soweit dem nicht dessen Wohl oder ihre Lebensverhältnisse entgegenstehen. Der Wille des Kindes ist umso maßgeblicher, je mehr es den Grund und die Bedeutung einer Maßnahme einzusehen und seinen Willen nach dieser Einsicht zu bestimmen vermag.
§ 146a. Das minderjährige Kind hat die Anordnungen der Eltern zu befolgen. Die Eltern haben bei ihren Anordnungen und deren Durchsetzung auf Alter, Entwicklung und Persönlichkeit des Kindes Bedacht zu nehmen; die Anwendung von Gewalt und die Zufügung körperlichen oder seelischen Leides sind unzulässig.
§ 147. Hat das mündige Kind seine Meinung über seine Ausbildung den Eltern erfolglos vorgetragen, so kann es das Gericht anrufen. Dieses hat nach sorgfältiger Abwägung der von den Eltern und dem Kind angeführten Gründe die zum Wohl des Kindes angemessenen Verfügungen zu treffen.
§ 148. (1) Lebt ein Elternteil mit dem minderjährigen Kind nicht im gemeinsamen Haushalt, so haben das Kind und dieser Elternteil das Recht, miteinander persönlich zu verkehren. Die Ausübung dieses Rechtes sollen das Kind und die Eltern einvernehmlich regeln. Soweit ein solches Einvernehmen nicht erzielt wird, hat das Gericht auf Antrag des Kindes oder eines Elternteils die Ausübung dieses Rechtes unter Bedachtnahme auf die Bedürfnisse und Wünsche des Kindes in einer dem Wohl des Kindes gemäßen Weise zu regeln.
(2) Das Gericht hat nötigenfalls, insbesondere wenn der berechtigte Elternteil seine Verpflichtung aus § 145b nicht erfüllt, die Ausübung des Rechtes auf persönlichen Verkehr einzuschränken oder zu untersagen.
(3) Zwischen Enkeln und ihren Großeltern gelten Abs. 1 und 2 sinngemäß. Die Ausübung des Rechtes der Großeltern ist jedoch auch so weit einzuschränken oder zu untersagen, als sonst das Familienleben der Eltern (eines Elternteils) oder deren Beziehung zu dem Kind gestört würde.
(4) Wäre durch das Unterbleiben des persönlichen Verkehrs des minderjährigen Kindes mit einem hiezu bereiten Dritten sein Wohl gefährdet, so hat das Gericht auf Antrag des Kindes, eines Elternteils, des Jugendwohlfahrtsträgers oder von Amts wegen die zur Regelung des persönlichen Verkehrs nötigen Verfügungen zu treffen.
§ 149. (1) Die Eltern haben das Vermögen eines minderjährigen Kindes mit der Sorgfalt ordentlicher Eltern zu verwalten. Sofern das Wohl des Kindes nicht anderes erfordert, haben sie es in seinem Bestand zu erhalten und nach Möglichkeit zu vermehren; Geld ist nach den Vorschriften über die Anlegung von Mündelgeld anzulegen.

(2) Aus dem Vermögen sind jedenfalls die Kosten der Verwaltung einschließlich der für die Erhaltung des Vermögens und den ordentlichen Wirtschaftsbetrieb nötigen Aufwendungen und die fälligen Zahlungen zu berichtigen; weiter auch die Kosten des Unterhalts, soweit das Kind nach den §§ 140 und 141 zur Heranziehung seines Vermögens verpflichtet ist oder die Bedürfnisse des Kindes nicht in anderer Weise gedeckt sind.

§ 150. (1) Die Eltern haben über das Vermögen des minderjährigen Kindes dem Gericht Rechnung zu legen; über die Erträgnisse jedoch nur, soweit sie nicht für den Unterhalt des Kindes verwendet worden sind. Näheres wird in den Verfahrensgesetzen bestimmt.

(2) Das Gericht kann die Eltern von der Rechnungslegung ganz oder zum Teil befreien, soweit keine Bedenken bestehen, daß sie das Vermögen des Kindes ordentlich verwalten werden.

§ 151. (1) Ein minderjähriges Kind kann ohne ausdrückliche oder stillschweigende Einwilligung seines gesetzlichen Vertreters rechtsgeschäftlich weder verfügen noch sich verpflichten.

(2) Nach erreichter Mündigkeit kann es jedoch über Sachen, die ihm zur freien Verfügung überlassen worden sind, und über sein Einkommen aus eigenem Erwerb so weit verfügen und sich verpflichten, als dadurch nicht die Befriedigung seiner Lebensbedürfnisse gefährdet wird.

(3) Schließt ein minderjähriges Kind ein Rechtsgeschäft, das von Minderjährigen seines Alters üblicherweise geschlossen wird und eine geringfügige Angelegenheit des täglichen Lebens betrifft, so wird dieses Rechtsgeschäft, auch wenn die Voraussetzungen des Abs. 2 nicht vorliegen, mit der Erfüllung der das Kind treffenden Pflichten rückwirkend rechtswirksam.

§ 152. Soweit nicht anderes bestimmt ist, kann sich ein mündiges minderjähriges Kind selbständig durch Vertrag zu Dienstleistungen verpflichten, ausgenommen zu Dienstleistungen auf Grund eines Lehr- oder sonstigen Ausbildungsvertrags. Der gesetzliche Vertreter des Kindes kann das durch den Vertrag begründete Rechtsverhältnis aus wichtigen Gründen vorzeitig lösen.

§ 154. (1) Jeder Elternteil ist für sich allein berechtigt und verpflichtet, das Kind zu vertreten; seine Vertretungshandlung ist selbst dann rechtswirksam, wenn der andere Elternteil mit ihr nicht einverstanden ist.

(2) Vertretungshandlungen und Einwilligungen eines Elternteils, die die Änderung des Vornamens oder des Familiennamens, den Eintritt in eine Kirche oder Religionsgesellschaft und den Austritt aus einer solchen, die Übergabe in fremde Pflege, den Erwerb einer Staatsangehörigkeit oder den Verzicht auf eine solche, die vorzeitige Lösung eines Lehr-, Ausbildungs- oder Dienstvertrags und die Anerkennung der Vaterschaft zu einem unehelichen Kind betreffen, bedürfen zu ihrer Rechtswirksamkeit der Zustimmung des anderen Elternteils. Dies gilt nicht für die Entgegennahme von Willenserklärungen und Zustellstücken.

(3) Vertretungshandlungen und Einwilligungen eines Elternteils in Vermögensangelegenheiten bedürfen zu ihrer Rechtswirksamkeit der Zustimmung des anderen Elternteils und der Genehmigung des Gerichtes, sofern die Vermögensangelegen-

heit nicht zum ordentlichen Wirtschaftsbetrieb gehört. Unter dieser Voraussetzung gehören dazu besonders die Veräußerung oder Belastung von Liegenschaften, die Gründung, der, auch erbrechtliche, Erwerb die Umwandlung, Veräußerung oder Auflösung sowie die Änderung des Gegenstandes eines Unternehmens, der, auch erbrechtliche, Eintritt in eine oder die Umwandlung einer Gesellschaft oder Genossenschaft, der Verzicht auf ein Erbrecht, die unbedingte Annahme oder die Ausschlagung einer Erbschaft, die Annahme einer mit Belastungen verbundenen Schenkung oder die Ablehnung eines Schenkungsanbots, die Anlegung von Geld mit Ausnahme der in den §§ 230a und 230b geregelten Arten sowie die Erhebung einer Klage und alle verfahrensrechtlichen Verfügungen, die den Verfahrensgegenstand an sich betreffen. Dies gilt nicht für die Entgegennahme von Willenserklärungen und Zustellstücken.
(4) Bedarf ein Rechtsgeschäft der Einwilligung des gesetzlichen Vertreters, der Zustimmung des anderen Elternteils oder der Genehmigung des Pflegschaftsgerichts, so ist bei deren Fehlen das volljährig gewordene Kind nur dann daraus wirksam verpflichtet, wenn es schriftlich erklärt, diese Verpflichtungen als rechtswirksam anzuerkennen. Fordert der Gläubiger den volljährig Gewordenen auf, sich nach dem ersten Satz zu erklären, so hat er ihm dafür eine angemessene Frist zu setzen.
§ 163. Vaterschaft zu einem unehelichen Kinde
(1) Hat ein Mann der Mutter eines unehelichen Kindes innerhalb eines Zeitraums von nicht mehr als 300 und nicht weniger als 180 Tagen vor der Entbindung beigewohnt, so wird vermutet, daß er das Kind gezeugt hat. Ist an der Mutter eine medizinisch unterstützte Fortpflanzung innerhalb dieses Zeitraumes durchgeführt worden, so wird vermutet, daß der Mann dessen Samen verwendet worden ist, der Vater des Kindes ist.
(2) Der Mann, auf den eine Vermutung nach Abs. 1 zutrifft, kann sie durch den Beweis einer solchen Unwahrscheinlichkeit der Vaterschaft entkräften, die unter Würdigung aller Umstände gegen die Annahme spricht, daß er das Kind gezeugt hat; weiters durch den Beweis, daß seine Vaterschaft unwahrscheinlicher als die eines anderen Mannes ist, für den eine Vermutung nach Abs. 1 gleichfalls gilt.
(3) Ist an der Mutter eine medizinisch unterstützte Fortpflanzung mit dem Samen eines Dritten durchgeführt worden, so wird vermutet, daß der Mann, der dieser medizinisch unterstützten Fortpflanzung in Form eines gerichtlichen Protokolls oder eines Notariatsakts zugestimmt hat, der Vater des Kindes ist, es sei denn, er weist nach, daß das Kind nicht durch diese medizinisch unterstützte Fortpflanzung gezeugt worden ist.
(4) Ein Dritter, dessen Samen für eine medizinisch unterstützte Fortpflanzung verwendet wird, kann nicht als Vater des mit seinem Samen gezeugten Kindes festgestellt werden. (Fassung bis 31.12.04)
§ 163b. Die Vaterschaft wird durch Urteil oder durch Anerkenntnis festgestellt. Die Feststellung der Vaterschaft wirkt gegenüber jedermann. (Fassung bis 31.12.04)
§ 163c. (1) Die Vaterschaft wird durch persönliche Erklärung in inländischer öffentlicher oder öffentlich-beglaubigter Urkunde anerkannt. Das Anerkenntnis wirkt ab

dem Zeitpunkt der Erklärung, sofern die Urkunde oder ihre öffentlich-beglaubigte Abschrift dem Standesbeamten zukommt.
(2) Das Anerkenntnis soll eine genaue Bezeichnung des Anerkennenden, der Mutter und des Kindes, sofern es bereits geboren ist, enthalten.
(3) Handlungsunfähige können die Vaterschaft nicht anerkennen. Der beschränkt handlungsfähige Anerkennende hat sein Anerkenntnis selbst zu erklären; es bedarf der Einwilligung seines gesetzlichen Vertreters. Für diese Einwilligung gilt Abs. 1 entsprechend. (Fassung bis 31.12.04)
§ 163d. (1) Die Mutter oder das Kind können gegen das Anerkenntnis bei Gericht Widerspruch erheben. Der Widerspruch gegen das Anerkenntnis kann nur innerhalb eines Jahres ab Kenntnis erhoben werden.
(2) Die beschränkt handlungsfähige Mutter hat den Widerspruch selbst zu erklären; er bedarf der Einwilligung ihres gesetzlichen Vertreters. Der Widerspruch des gesetzlichen Vertreters des bereits mündigen Kindes bedarf dessen Zustimmung. (Fassung bis 31.12.04)
§ 163e. (1) Steht zum Zeitpunkt der Anerkennung bereits die Vaterschaft eines anderen Mannes fest, so wird das Anerkenntnis erst rechtswirksam, sobald mit allgemein verbindlicher Wirkung festgestellt ist, dass der andere Mann nicht der Vater des betreffenden Kindes ist.
(2) Ein zu einem Zeitpunkt, zu dem die Vaterschaft eines anderen Mannes feststand, abgegebenes Vaterschaftsanerkenntnis wird jedoch rechtswirksam, wenn die Mutter den Anerkennenden als Vater bezeichnet und das Kind dem Anerkenntnis zustimmt. Das Anerkenntnis wirkt ab dem Zeitpunkt seiner Erklärung, sofern die Urkunde oder ihre öffentlich-beglaubigte Abschrift sowie die Urkunden über die Bezeichnung des Anerkennenden als Vater und die Zustimmung zum Anerkenntnis dem Standesbeamten zukommen.
(3) Der Mann, der als Vater feststand, kann gegen das Anerkenntnis bei Gericht Widerspruch erheben. § 163d gilt sinngemäß.
(4) Für minderjährige Kinder hat der Jugendwohlfahrtsträger die Zustimmung als gesetzlicher Vertreter zu erklären; er hat hiebei soweit wie möglich den Willen des Minderjährigen zu berücksichtigen. (Fassung bis 31.12.04)
§ 166. Mit der Obsorge für das uneheliche Kind ist die Mutter allein betraut. Im übrigen gelten, soweit nicht anderes bestimmt ist, die das eheliche Kind betreffenden Bestimmungen über den Unterhalt und die Obsorge auch für das uneheliche Kind.
§ 167. (1) Leben die Eltern des Kindes in häuslicher Gemeinschaft, so können sie vereinbaren, dass in Hinkunft beide Elternteile mit der Obsorge betraut sind. Das Gericht hat die Vereinbarung zu genehmigen, wenn sie dem Wohl des Kindes entspricht. Hebt ein Elternteil die häusliche Gemeinschaft nicht bloß vorübergehend auf, so sind die §§ 177 und 177a entsprechend anzuwenden.
(2) Leben die Eltern nicht in häuslicher Gemeinschaft, so können sie vereinbaren, dass in Hinkunft auch der Vater ganz oder in bestimmten Angelegenheiten mit der Obsorge betraut ist, wenn sie dem Gericht eine Vereinbarung darüber vorlegen, bei welchem Elternteil sich das Kind hauptsächlich aufhalten soll. Soll sich das

Das Gesetz führt dann allerdings aus: „Der Elternteil, der den Haushalt führt, in dem er das Kind betreut, leistet dadurch seinen Beitrag."
Unter „Betreuung" versteht man die Zubereitung der Nahrung, die Instandhaltung und Reinigung der Kleidung und Wäsche, Pflege im Krankheitsfall, aber auch das Zurverfügungstellen einer Wohnmöglichkeit und die geistig-seelischen Erziehungsmaßnahmen.
Bei aufrechter Haushaltsgemeinschaft sind beide Elternteile zu dieser Betreuung ihrer Kinder verpflichtet, für den Geldbedarf haben sie nach Maßgabe ihres Einkommens aufzukommen.
Im Falle einer Unterhaltsverletzung durch einen der Elternteile wandelt sich der Unterhaltsanspruch des Kindes in einen reinen Geldunterhaltsanspruch, der für minderjährige Kinder vom jeweiligen anderen Elternteil gerichtlich geltend gemacht werden kann (zu Geld- und Naturalleistung siehe Seite 64 f.).
Im Falle der Aufhebung der Haushaltsgemeinschaft der Eltern bleibt der Elternteil, in dessen Haushalt das Kind betreut wird (der die alleinige Obsorge oder bei dem das Kind seinen hauptsächlichen Aufenthalt hat), weiterhin zur Leistung von Naturalunterhalt verpflichtet, der andere Elternteil hingegen hat seinen Unterhaltsbeitrag in Geld zu leisten. Dies könnte – im Sinne des partnerschaftlichen Ehe- und Elternbegriffes – auch die Mutter sein, in der überwiegenden Mehrzahl der Fälle verbleiben die Kinder aber im Haushalt der Mutter, und der Vater wird geldunterhaltspflichtig.
Soweit die Leistungsfähigkeit des Geldunterhaltspflichtigen zur vollen Deckung der Bedürfnisse des Kindes nicht ausreicht, muss der betreuende Elternteil auch Geld zum Unterhalt des Kindes beitragen.

Hinweis

Unzutreffend ist also die Vorstellung, die betreuende Mutter müsse „genauso viel für das Kind bezahlen" wie der geldunterhaltspflichtige Vater.
Die Unterhaltsleistung der Mutter liegt in der Betreuung, muss sie überdies aus ihren Mitteln auch zum Geldbedarf des Kindes zuschießen, wird sie eigentlich über Gebühr in Anspruch genommen.

Sobald Geldunterhalt festgesetzt wurde, sind Naturalleistungen des Geldunterhaltspflichtigen auf den Unterhalt nicht mehr anzurechnen, es sei denn, die Eltern hätten Gegenteiliges vereinbart.
Diese Regelung bezog sich allerdings auf die 1978 geschaffene und mittlerweile modifizierte Obsorgeregelung, die im Falle einer Scheidung zwingend die Obsorgezuteilung an nur einen Elternteil vorsah (siehe Seite 113 f.).

Die Obsorge beider Elternteile nach der Scheidung und die damit gelegentlich verbundene erweiterte Betreuung von Kindern durch die geschiedenen Väter könnte in der näheren Zukunft zu einer Änderung der Unterhaltsrechtsprechung führen.

Änderung durch gemeinsame Obsorge?

Nach derzeit ständiger Rechtsprechung sind Aufwendungen des von der Familie getrennt lebenden Vaters für Urlaub und anlässlich der Besuche der Kinder nicht von der Geldunterhaltsleistung abzuziehen. Lediglich bei einem längeren Aufenthalt eines Kindes beim Vater (nach Rechtsprechung zumindest für die Dauer eines Monats) kann ein Abzug von der Geldunterhaltsleistung vorgenommen werden, und zwar in der Höhe der Ersparnis des betreuenden Elternteiles (also vor allem Kosten der Ernährung, allenfalls Energiekosten). Der Oberste Gerichtshof ist bisher von dieser Rechtsprechung noch nicht abgewichen, räumt aber ein, dass bei einer anderen Aufteilung der Betreuung erhebliche Naturalleistungen des an sich geldunterhaltspflichtigen Elternteiles zu einer Reduktion des Geldunterhalts führen können.

Väter, die ihre Kinder beispielsweise zehn Tage im Monat in ihrem Haushalt betreuen, sind durchaus der Meinung, dass ihnen dafür ein Drittel des Geldunterhalts nachgelassen werden müsste, obgleich der Unterschied zwischen ihrer Betreuungsleistung und einem üblichen Besuchsrecht nur vier bis fünf Tage umfasst.

Wie gesagt, gewähren die Gerichte derzeit nur in Ausnahmefällen dem geldunterhaltspflichtigen Elternteil einen relevanten Nachlass infolge teilweiser Übernahme der Betreuungsleistung. Regelungen, durch die die Väter eine teilweise Betreuung ihrer Kinder übernehmen und dafür weniger Unterhalt zahlen, entstehen derzeit vor allem durch Vereinbarung zwischen den Eltern, die – beiderseits durchaus gutwillig – trotz Scheidung die Kindererziehung und Unterhaltszahlung partnerschaftlich leisten wollen.

Wer zahlt was?

Es ist noch völlig ungeklärt, wie in solchen Fällen größere Anschaffungen für das Kind getätigt werden sollen. Soll etwa die Mutter, bei der das Kind 20 Tage im Monat zubringt, die Sommergarderobe für das Kind anschaffen, der Vater, der das Kind zehn Tage im Monat betreut, die Wintergarderobe? Oder soll der Vater der Mutter zu von ihr gekaufter Kleidung einen Geldzuschuss zahlen? Was aber, wenn der Vater der Meinung ist, er hätte die Schiausrüstung besser und billiger anschaffen können? Muss das Kind zweimal in verschiedene Schuhgeschäfte gehen, um zu erproben, ob die billigeren Pelzstiefel genauso bequem sind wie die teureren?

Auch wenn sich alle diese Probleme sicher einvernehmlich regeln lassen, ist dennoch zu bedenken, dass es dafür großer Toleranz und Gutwilligkeit von beiden Seiten bedarf. Eheleute, die zu derartiger Kooperation fähig sind, lassen sich in der Regel gar nicht scheiden.

Wenn das Kind nicht bei den Eltern lebt

Lebt das Kind bei keinem der Elternteile, so sind beide nach Maßgabe ihrer Einkommen zur Zahlung von Geldunterhalt verpflichtet. Dies gilt, wenn Kinder in einem Heim oder bei Pflegeeltern leben. Bei einfachen Lebensverhältnissen steht diesen Kindern der doppelte „Durchschnittsbedarf" (siehe Seite 138 f.) zu, bei gehobenen Einkommensverhältnissen der Eltern entsprechend mehr.
Ist hingegen das Kind in einem Internat untergebracht und verbringt die Wochenenden und den Großteil der Ferien bei der Mutter, die für das Kind auch Kleidung besorgt, Wäsche wäscht usw., so liegt der Lebensmittelpunkt des Kindes bei der Mutter, der Vater wäre in diesem Fall geldunterhaltspflichtig. Ob er zusätzlich zum Unterhalt auch einen Teil der Internatskosten zahlen muss, hängt hingegen davon ab, warum das Kind im Internat untergebracht ist: Geschieht dies aus beruflichen oder persönlichen Gründen der Mutter, müsste die Mutter allein für die Kosten aufkommen. Ist die Unterbringung im Internat notwendig, weil es in der Nähe des Wohnsitzes des Kindes den gewünschten Schultyp nicht gibt, wäre die Internatsunterbringung Sonderbedarf, zu dem der Vater unter Umständen einen Beitrag leisten müsste.
Die „Bestimmung des Aufenthalts" eines minderjährigen Kindes steht dem/den Obsorgeberechtigten zu. Ein volljähriges Kind kann jedoch selbst bestimmen, wo es wohnt, und zwar auch außerhalb des Haushalts beider Eltern, wodurch beide geldunterhaltspflichtig würden.

Die Auszahlung

Der Unterhalt minderjähriger Kinder ist an den betreuenden Elternteil zu bezahlen, ab Volljährigkeit des Kindes jedoch an das Kind selbst. Dies kann zu Spannungen zwischen dem betreuenden Elternteil und dem Kind führen, da Jugendliche – vom geldunterhaltspflichtigen Elternteil darin bestärkt – oft der Meinung sind, dass dieser Geldunterhalt ihnen zur Gänze für ihren außerhäuslichen Konsum zusteht und nur schwer davon überzeugt

werden können, dass aus dem Unterhalt auch ein gewisser Beitrag an Wohnungskosten oder Kosten von Lebensmitteleinkäufen abzudecken ist.

Hinweis

Ist der Geldunterhalt entsprechend den Bedürfnissen des Kindes und der Leistungsfähigkeit des Geldunterhaltspflichtigen festgesetzt, kann der betreuende Elternteil über den Unterhalt nach seinem Ermessen verfügen. Die betreuende Mutter ist nicht verpflichtet, dem geldunterhaltspflichtigen Vater über die Verwendung des Unterhalts Rechnung zu legen. Hat der Vater den Eindruck, dass der Unterhalt nicht widmungsgemäß verwendet wird, könnte er allenfalls im Rahmen seiner „Informations- und Äußerungsrechte" (siehe Seite 115 f.) beim Pflegschaftsgericht intervenieren.

Auch für den Kindesunterhalt gilt, dass er lediglich der Deckung des Lebensbedarfs des Kindes dient. Ein auf den Namen des Kindes abgeschlossener Bausparvertrag kann daher nicht aus dem Unterhalt dotiert werden. Möchte die Mutter für ihre Kinder – wie es ja bei intakten Familien durchaus üblich ist – Ersparnisse anlegen, müsste sie dies aus ihrem eigenen Einkommen finanzieren.

Die Berechnung

Wie der Ehegattenunterhalt errechnet sich auch der Kindesunterhalt vom durchschnittlichen monatlichen Nettoeinkommen des Unterhaltspflichtigen, auch für den Kindesunterhalt werden von der Rechtsprechung bestimmte Prozentsätze festgelegt.

So stehen einem Kind

bis zu 6 Jahren	16 Prozent,
bis zu 10 Jahren	18 Prozent,
bis zu 15 Jahren	20 Prozent,
darüber	22 Prozent

der Bemessungsgrundlage zu.

Dieser Unterhaltsanspruch verringert sich für jedes weitere Kind, für welches der Unterhaltspflichtige zahlen muss,

um 1 Prozent für Kinder unter 10 Jahren,
um 2 Prozent für Kinder über 10 Jahren,
um 1 bis 3 Prozent für eine unterhaltsberechtigte Ehefrau nach Maßgabe ihrer Berufstätigkeit.

Beispiel

Ein 12-jähriges Kind, dessen Vater auch für die Kindesmutter einen Unterhaltsbeitrag bezahlt und mit seiner zweiten Ehefrau drei Kinder unter 10 Jahren hat und für diese zweite Frau voll unterhaltspflichtig ist, hat demnach einen Anspruch von
20 – 2 – 1 – 1 – 1 – 3 = 12 Prozent
des väterlichen Einkommens.
Sobald die Halbgeschwister das Alter von 10 Jahren erreichen, würde sich der Unterhaltsanspruch des Kindes aus erster Ehe um jeweils 1 Prozent vermindern, dafür würde er sich bei Vollendung seines 15. Lebensjahres um 2 Prozent erhöhen. Er würde sich überdies erhöhen, wenn die zweite Frau zu einem späteren Zeitpunkt wieder arbeiten ginge.

Neben dieser Unterhaltsberechnung nach der „Prozentmethode" gibt es aber überdies eine Berechnungsmethode nach dem so genannten „Regelbedarf", auch „Durchschnittsbedarf" genannt. Dieser wird aufgrund einer Konsumerhebung errechnet und jährlich verlautbart und gibt an, welche Verbrauchsausgaben in einer „Durchschnittsfamilie" (bestehend aus zwei Erwachsenen und zwei Kindern mit einem *Verbrauchsausgabenrahmen* von 1.060 bis 1.552 Euro monatlich) für ein Kind einer bestimmten Altersstufe getätigt werden.
Derzeit gelten folgende Regelbedarfsätze:

Altersgruppe	seit dem 1.7.2003
0 – 3 Jahre	157 Euro
3 – 6 Jahre	200 Euro
6 – 10 Jahre	258 Euro
10 – 15 Jahre	296 Euro
15 – 19 Jahre	348 Euro
19 – 28 Jahre	438 Euro

Auf diesen Regelbedarf wird zurückgegriffen, wenn der Unterhaltspflichtige es absichtlich unterlässt, einer ihm zumutbaren Berufstätigkeit nachzugehen („Anspannung", siehe auch Seite 72). Bei der Festsetzung des Kindesunterhalts wird in solchen Fällen der Unterhaltspflichtige höchstens auf den Regelbedarf, nicht auf darüber hinausgehende Beträge (auch wenn er früher ein höheres Einkommen erzielt hätte) angespannt.
Hat der Vater allerdings ein so geringes Einkommen, dass der dem Kind nach seinem Alter zustehende Prozentsatz den Regelbedarf nicht erreicht, so wird der Unterhalt in Höhe des (niedrigeren) Prozentsatzes festgesetzt. Der Regelbedarf ist also nicht gleichzusetzen mit einem Mindestunterhalt des Kindes.

Ist hingegen das Einkommen des Vaters überdurchschnittlich hoch, so wird von der Rechtsprechung angenommen, dass eine „Überalimentierung“ des Kindes pädagogisch schädlich wäre, insbesondere einem Jugendlichen die Aufnahme eigener Berufstätigkeit zu womöglich schlechteren Konditionen nicht erstrebenswert erscheinen ließe.
Es gibt daher eine von der Rechtsprechung eingehaltene Unterhaltsobergrenze, auch bekannt unter dem Schlagwort „Playboy-Grenze“. Diese Unterhaltsobergrenze liegt seit Jahren beim zweieinhalbfachen Regelbedarf, seit einigen Jahren wird sie für Kinder unter 10 Jahren bereits beim zweifachen Regelbedarf angenommen.

Der höchstmögliche zu erzielende Unterhalt beträgt demnach derzeit

für Kinder unter 3 Jahren	314 Euro
für Kinder von 3 bis 6 Jahren	400 Euro
für Kinder von 6 bis 10 Jahren	516 Euro
monatlich;	
bei 10-Jährigen steigt er dann auf	740 Euro
bei 15- bis 19-Jährigen auf	870 Euro
monatlich.	

Bei unterhaltsberechtigten Kindern über 19 Jahren erreicht er mit 1.095 Euro die Obergrenze.

Die Herabsetzung der Unterhaltsobergrenzen für Kinder unter 10 Jahren entspricht der verbreiteten Auffassung (die sich auch in der Gestaltung der Familienbeihilfe niedergeschlagen hat), dass ältere Kinder ihren Eltern höhere Kosten verursachen. Dies berücksichtigt allerdings nicht, dass der Betreuungsaufwand für jüngere Kinder erheblich höher ist und damit die Arbeitskraft ihrer Mutter sehr viel mehr beansprucht wird als z. B. bei Studenten.
Demgegenüber erweist sich allerdings die Unterhaltszahlung insbesondere für mehrere Kinder über 10 Jahren auch für gut verdienende Väter als durchaus belastend.

Beispiel

Nimmt man beispielsweise ein Einkommen des Vaters von 4.300 Euro netto im Monatsschnitt an (das entspricht in etwa einem Bruttoeinkommen von 6.000 Euro 14-mal jährlich), so ergäben sich für ihn, auch wenn er für die Ehefrau selbst keinen Unterhalt leisten müsste, wohl aber für ein 12-jähriges Kind und zwei Kinder im Alter von 16 und 17 Jahren, Unterhaltspflichten von 688 Euro für das 12-jährige Kind und je 774 Euro für die beiden älteren Kinder, also immerhin 2.236 Euro monatlich.

Bedenkt man, dass die Bemessungsgrundlage von 4.300 Euro auch die anteilige Sonderzahlung enthält, die dem Vater tatsächlich zweimal jährlich, bei Beamten anteilig vierteljährlich, ausbezahlt wird, während sein regelmäßiges monatliches Nettoeinkommen ca. 3.430 Euro beträgt, so verbleiben dem überdurchschnittlich gut verdienenden Mann für seine eigene Lebensführung in Monaten, in denen er kein Urlaubs- und Weihnachtsgeld erhält, knapp 1.200 Euro.

Dies ist immerhin deutlich mehr, als jedes seiner Kinder an Unterhalt erhält, und es lässt sich auch zu Recht damit argumentieren, dass es voraussehbar ist, dass mehrere Kinder, die eine qualifizierte Ausbildung anstreben, hohe Kosten verursachen werden.
Eine Vielzahl gerade gut verdienender Väter empfinden sich deshalb durch ihre Unterhaltsleistungen überbelastet und haben seit Jahren bei den Höchstgerichten versucht, eine steuerliche Entlastung zu erwirken. Der Verfassungsgerichtshof hat diesen wiederholten Beschwerden insoweit Recht gegeben, als er bereits im Jahr 1997 erkannte, dass zumindest die Hälfte des an Kinder geschuldeten Unterhalts steuerlich entlastet werden müsse. Dies führte mit dem „Familienpaket 2000“ zu einer Anhebung der Familienbeihilfe und des Kinderabsetzbetrages.
Da aber Familienbeihilfe und Kinderabsetzbetrag von dem Elternteil bezogen werden, welcher das Kind betreut, hatten Unterhaltspflichtige, die nicht im gemeinsamen Haushalt mit ihren Kindern lebten, von dieser Regelung keinen Vorteil.
Mit Erkenntnis vom 27. 6. 2001 entschied der Verfassungsgerichtshof daher über neuerliche Beschwerde, dass auch der Unterhalt für Kinder, die in einem anderen Haushalt leben, in gleicher Weise steuerliche Berücksichtigung finden müsse. Teile der Familienbeihilfe und des Kinderabsetzbetrages müssten daher auch dem Geldunterhaltspflichtigen zugute kommen, was durch Kürzung des Geldunterhalts zu geschehen hätte. Damit entstand aber ein unauflösbarer Widerspruch mit dem Familienlastenausgleichsgesetz (FLAG), welches die Gewährung von Familienbeihilfe regelt.

Entlastung durch Familienbeihilfe

Bei der Familienbeihilfe handelt es sich um eine sozialpartnerschaftliche Einrichtung aus dem Jahr 1954: Durch den Verzicht der Arbeitnehmer auf Lohnerhöhungen im Jahr der Errichtung wurde der Familienlastenausgleichsfonds (FLAF) geschaffen, in den Arbeitgeber seither einen (wechselnden) Prozentsatz (derzeit 4,5 Prozent) der von ihnen ausbezahlten Lohn- und Ge-

haltssummen einzahlen. Bis zu Beginn der siebziger Jahre waren die aus diesem Fonds ausbezahlten Familienbeihilfen relativ gering, wurden jedoch dann nahezu verdreifacht. Dadurch entstand auch Unsicherheit in der Rechtsprechung, ob Familienbeihilfe in dieser Höhe nicht auf den Geldunterhalt ganz oder teilweise anzurechnen wäre.
Um die Frage im Sinne der Kinder bzw. der sie betreuenden Elternteile zu lösen, wurde schließlich 1977 der § 12a des Familienlastenausgleichsgesetzes folgendermaßen formuliert: „Familienbeihilfe gilt nicht als eigenes Einkommen des Kindes und mindert nicht dessen Unterhaltsanspruch."
In der nachfolgenden Judikatur wurde der Zweck der Familienbeihilfe darin gesehen, für Kinder einkommensschwacher Familien einen Mindestunterhalt zu garantieren und überdies die mit der Betreuung von Kindern verbundene Mehrbelastung auszugleichen. Nachdem nun der Verfassungsgerichtshof 2001 einen weiteren Zweck der Familienbeihilfe in der steuerlichen Entlastung des geldunterhaltspflichtigen Elternteils erblickt und damit die Gerichte vor die unlösbare Aufgabe gestellt hatte, sein Erkenntnis in Übereinstimmung mit § 12a FLAG zu bringen, richtete der Oberste Gerichtshof an den Verfassungsgerichtshof den Antrag auf Aufhebung des § 12a FLAG als verfassungswidrig.
Tatsächlich wurde die Wortfolge „und mindert nicht dessen Unterhaltsanspruch" als verfassungswidrig aufgehoben. Daraufhin hat der OGH mit einem außerordentlich komplizierten Berechnungsmodell die Unterhaltsleistung eines geldunterhaltspflichtigen Vaters um Teile der Familienbeihilfe „entlastet". Für die Entlastung des Vaters wird zunächst der von ihm bezogene Unterhaltsabsetzbetrag, dann der von der Mutter bezogene Kinderabsetzbetrag, und – soweit dies nicht reicht – die Familienbeihilfe herangezogen.
Die Kürzungen gehen so weit, dass es der OGH auch als angemessen angesehen hat, wenn der betreuenden Mutter aus den staatlichen Transferleistungen (Unterhaltsabsetzbetrag, Kinderabsetzbetrag, Familienbeihilfe) lediglich ein Anteil von 4,80 Euro verbleibt. Das wird damit gerechtfertigt, dass es sich um Unterhalt für ein 19-jähriges Kind handelt, dessen Betreuung mit den der Mutter verbleibenden 4,80 Euro nach Meinung des OGH angemessen abgegolten würde.
Entlastet werden allerdings nur gut verdienende Unterhaltspflichtige. Bei einem Jahreseinkommen bis 21.800 Euro ergäbe sich eine Entlastung von weniger als 2 Euro monatlich, was vom OGH wegen Geringfügigkeit als nicht gerechtfertigt angesehen wurde.
Die Unterhaltsherabsetzung kann auch rückwirkend begehrt werden.

Das Berechnungsmodell sieht vor, dass für das Einkommen des Geldunterhaltspflichtigen sein „verminderter Grenzsteuersatz“ ermittelt wird, wozu, anders als für die Unterhaltsberechnung an sich, nur die der progressiven Einkommensteuer unterliegenden Einkommensbestandteile heranzuziehen sind, nicht jedoch die mit niedrigeren Fixsteuersätzen versteuerten 13. und 14. Bezüge. Der unter Berücksichtigung aller erzielbaren Steuervorteile sich ergebende „Grenzsteuersatz“ wird vom OGH mit 40 Prozent in der höchsten Steuerklasse (Jahreseinkommen von über 50.880 Euro), mit 33 Prozent in der darunter liegenden (Einkommen von 21.801 bis 50.880 Euro) und mit 25 Prozent in der dritthöchsten Steuerklasse (Einkommen von 7.271 bis 21.800 Euro) pauschaliert. Da nur die Hälfte der Unterhaltsleistung steuerlich entlastet werden soll, wird der Unterhalt durch 2 dividiert und dieser Betrag mit dem verminderten Grenzsteuersatz multipliziert. So errechnet sich der Betrag, welcher auf den Unterhalt des Kindes anzurechnen ist.
Liegt also das Einkommen des Vaters zumindest mit dem Teil, der seiner Unterhaltsleistung entspricht, in der höchsten Steuerklasse und hätte der Vater für ein 16-jähriges Kind aufgrund eines durchschnittlichen Nettoeinkommens von 4.300 Euro neben der Sorgepflicht für seine Ehefrau 19 Prozent, also 817 Euro zu leisten, so wäre dieser Unterhalt nach der neueren Rechtsprechung um 40 Prozent von 408,50, also um 163,40 Euro zu kürzen. Hiezu wäre der vom Vater bezogene Unterhaltsabsetzbetrag von 25,50 Euro monatlich heranzuziehen, für die weitere steuerliche Entlastung des Vaters um 137,90 Euro wäre der von der Mutter bezogene (!) Kinderabsetzbetrag von monatlich 50,90 Euro heranzuziehen, der Restbetrag von 87 Euro ginge zu Lasten der Familienbeihilfe. Ein mit 817 Euro festgesetzter Unterhalt würde also derzeit über Antrag des Vaters um 137,90 auf 679,10 Euro herabgesetzt.

Beispiel

Geht man von dem vorher angeführten Beispiel aus, dass der Bezieher des Einkommens von 4.300 Euro netto monatlich zwar nicht für eine Ehefrau, wohl aber für 3 Kinder 2.236 Euro monatlich zu bezahlen hat, so errechnet sich seine steuerliche Entlastung wie folgt:
Als erster Schritt ist die jährliche Unterhaltsverpflichtung zu ermitteln.

	Unterhalt monatlich	Unterhalt jährlich
1. Kind	774	9.288 Euro
2. Kind	774	9.288 Euro
3. Kind	688	8.256 Euro
Jahresunterhaltsverpflichtung:		26.832 Euro

Das Bruttoeinkommen des Vaters ohne Sonderzahlungen beträgt 12 × 6.000 = 72.000, es liegt also mit 21.120 Euro in der höchsten Progressionsstufe (über 50.880), lediglich 5.712 Euro des jährlichen Unterhalts fallen in die niedrigere Progressionsstufe.

Der OGH geht davon aus, dass Unterhaltsleistungen jeweils dem Einkommen der höchsten Progressionsstufe zuzurechnen sind, und dass es zu vernachlässigen wäre, wenn nur ein geringfügiger Unterhaltsbetrag aus dem Einkommen der nächstniedrigeren Progressionsstufe zu decken wäre.

Beispiel

Nimmt man an, dass 5.712 Euro jährlich kein „zu vernachlässigender Betrag" sind, so ergibt sich folgende Berechnung:

Die Hälfte von 21.120, also	10.560 Euro	
sind um 40 Prozent zu entlasten, also um		4.224 Euro
die Hälfte von 5.712, also	2.856 Euro	
sind um 33 Prozent zu entlasten, also um		942,48 Euro
Die dem Vater zustehende steuerliche Entlastung beträgt somit		5.166,48 Euro
Von diesem Betrag sind die Unterhaltsabsetzbeträge (monatlich 25,50 Euro für das erste Kind 38,20 Euro für das zweite Kind und 50,90 Euro für jedes weitere Kind) in Abzug zu bringen, das sind für 3 Kinder jährlich		1.375,20 Euro
Es verbleibt somit eine vom Kindesunterhalt abzuziehende Differenz von		3.791,28 Euro
Der Jahresunterhalt von	26.832 Euro	
vermindert sich daher um	3.791,28 Euro	
auf	23.040,72 Euro	

Dieser gekürzte Unterhalt ist den Kindern proportional zuzurechnen.
Der ursprünglich errechnete Unterhalt stand den Kindern im Verhältnis
34,6 : 34,6 : 30,8
zu.
Hält man dieses Verhältnis beim gekürzten Unterhalt ein, so ergibt sich nunmehr folgender Unterhalt:

	Prozentsatz	Unterhalt monatlich	Unterhalt jährlich
1. Kind	34,6 %	664,34	7.972,10
2. Kind	34,6 %	664,34	7.972,10
3. Kind	30,8 %	591,38	7.096,52

Durch die neue Rechtsprechung vermindert sich also die Unterhaltsleistung eines überdurchschnittlich gut verdienenden Vaters für seine Kinder über 15 Jahre um 110 Euro monatlich, für das jüngste Kind um immerhin 97 Euro.

Diese Rechtsprechung ist wie gesagt relativ neu und bricht mit einer Reihe von Traditionen.
Ungewohnt und auf den ersten Blick unverständlich ist, dass die Entlastung aus staatlichen Transferleistungen nur gut verdienenden Geldunterhaltspflichtigen zugute kommt, während Einkommensbezieher bis zu 21.800 Euro brutto jährlich (ohne Sonderzahlungen), für welche die Arbeitgeber ja immerhin auch Einzahlungen in den FLAF leisten, nicht begünstigt werden. Dies erklärt sich daraus, dass eben eine steuerliche Entlastung angestrebt ist, welche nur für diejenigen infrage kommt, die von einer hohen Steuerlast betroffen sind.
Bemerkenswert ist auch, dass die steuerliche Entlastung nur dem Geldunterhaltspflichtigen zugute kommt, derjenige Elternteil, welcher Naturalunterhalt und Betreuung für das Kind leistet, jedoch nach Meinung des OGH keiner steuerlichen Entlastung bedarf, auch wenn er (sie) selbst berufstätig ist und somit auch zur Dotierung des FLAF beiträgt, aus dessen Leistungen aber vielleicht nur mehr 4,80 Euro behalten darf.
Dies erscheint gegenüber berufstätigen Alleinerzieherinnen auch deshalb grob unbillig, da diesen regelmäßig Kosten, z. B. für Nachmittagsbetreuung des Kindes, entstehen, die nicht als Sonderbedarf des Kindes gelten, also den Kindesunterhalt nicht erhöhen, sondern von der Mutter aus ihrem Einkommen zu tragen sind. Dass der Kinderabsetzbetrag und die Familienbeihilfe nun nicht mehr zur (teilweisen) Abdeckung dieser Kosten, sondern zur steuerlichen Entlastung des Vaters dienen sollen, ist nicht wirklich einzusehen.

Besonders umstritten ist die nunmehrige Rechtsprechung hinsichtlich der Anrechnung von Familienbeihilfe bei Vätern, welche so gut verdienen, dass sie nicht den vollen Prozentsatz an Unterhalt für die Kinder leisten müssen, sondern der Unterhalt durch den zweifachen oder zweieinhalbfachen Regelbedarf begrenzt wird (siehe Seite 138 ff.).

Beispiel

Hätte ein Vater mit einem Durchschnittseinkommen von 4.300 Euro netto monatlich nur für ein 17-jähriges Kind zu sorgen, ergäbe sich ein Anspruch von 22 Prozent, das sind 946 Euro. Tatsächlich wäre aber für das 17-jährige Kind nur ein Unterhalt in der Höhe des zweieinhalbfachen Regelbedarfes, also von 870 Euro zu bezahlen, das sind nur ca. 20,2 Prozent des väterlichen Einkommens.
Noch krasser wäre das Zahlenbeispiel bei einem Kind von unter 10 Jahren: Hier beträgt die Unterhaltsobergrenze 516 Euro. Der Vater müsste für dieses Kind daher statt 18 nur 12 Prozent seines Einkommens an Unterhalt leisten.

Väter in so günstigen Einkommensverhältnissen sind also gegenüber Durchschnittsverdienern ohnedies bereits privilegiert, sodass ihre steuerliche Entlastung aus Mitteln des FLAF nicht zwingend geboten erscheint.
Der OGH hat aber bereits ausgesprochen, dass auch in solchen Fällen die von ihm neu entwickelten Grundsätze anzuwenden sind.
Allerdings hat sich daraus eine Debatte über die Unterhaltshöchstgrenze ergeben: Die bisher angenommenen Beträge haben ja darauf abgestellt, „Überalimentierung von Kindern" zu vermeiden und Jugendlichen Leistungsanreize zur Aufnahme einer eigenen Erwerbstätigkeit zu geben.
Von diesem Gesichtspunkt aus besteht kein Anlass einer Kürzung der bisherigen Obergrenzen.
Vielmehr müssten in Zukunft in solchen Fällen entsprechend höhere Unterhaltsbeträge beantragt und zugesprochen werden, um trotz Anrechnung der Transferleistungen die bisherigen Obergrenzen zu erreichen.

Sonderbedarf

Neben dem nach der Prozentmethode bzw. dem Regelbedarf festgesetzten Unterhalt kann einem Kind überdies Sonderbedarf zustehen, wenn Aufwendungen erforderlich sind, um die geistige, körperliche oder charakterliche Entwicklung des Kindes zu sichern und diese Aufwendungen aus dem sonstigen Unterhalt nicht gedeckt werden können.
Sonderbedarf betrifft hauptsächlich die Erhaltung der Gesundheit, die Heilung von Krankheiten und die Persönlichkeitsentwicklung des Kindes und ist „durch die Momente der Außergewöhnlichkeit und der Dringlichkeit" bestimmt.
Bedarf, der für die Mehrzahl unterhaltsberechtigter Kinder anfällt (z. B. Kosten eines Schulschikurses), stellt keinen Sonderbedarf dar.
Je höher der laufende Unterhalt ist, desto eher wird eine Deckung des Sonderbedarfs aus diesen Mitteln zugemutet. Wird der laufende Unterhalt allerdings nur in der Höhe des Regelbedarfs oder darunter gezahlt, wird der Unterhaltspflichtige eher zur zusätzlichen Deckung eines Sonderbedarfs verpflichtet.

Sonderbedarf oder nicht?

Kein Sonderbedarf sind in der Regel:
- die Kosten einer Brille, da diese vom Sozialversicherungsträger übernommen werden,
- ein Erholungsurlaub des Kindes,
- Fahrschul- und Führerscheinkosten,

- die Kosten einer Privatschule – es sei denn, die zur Verfügung stehenden öffentlichen Schulen wären keine gleichwertige Alternative oder aber die Entscheidung für den Besuch einer z. B. fremdsprachigen Privatschule wäre von den Eltern zur Zeit ihrer aufrechten Lebensgemeinschaft gemeinsam getroffen worden und eine Umschulung nicht sinnvoll,
- Kosten von Schulschikursen und Schulsportwochen und Kosten einer zahnhygienischen Behandlung.

Sonderbedarf sind:

- kieferorthopädische Behandlungskosten (Zahnspangen!), soweit sie nicht durch eine Krankenversicherung abgedeckt sind,
- sonstige medizinisch notwendige Behandlungskosten, die nicht von der Krankenkasse getragen werden,
- Kosten psychotherapeutischer Behandlung,
- Spitalskosten,
- die Kosten für Schul- und Berufskleidung in einer Hotelfachschule (dies unter Berücksichtigung der Ersparnis des unterhaltsberechtigten Kindes an sonstigen Kleidungsstücken!),
- Sprachferien, wenn die Teilnahme zur Sicherung des Schulabschlusses erforderlich erscheint (dies unter Berücksichtigung der Grenzen der väterlichen Leistungsfähigkeit)
- die Kosten der Anschaffung eines Computers, welcher für schulischen Informatikunterricht benötigt wird.

Sonderbedarf wird grundsätzlich nur im Rahmen der Leistungsfähigkeit des Unterhaltspflichtigen zugesprochen. Diesem hat ein Betrag zu verbleiben, der zur Deckung seiner angemessenen Bedürfnisse ausreicht. Die Prozentsatzkomponente darf auch für die Deckung von Sonderbedarf nur überschritten werden, wenn das Kind besonders förderungswürdig ist, also vor allem bei medizinisch indiziertem Sonderbedarf oder einer besonderen Begabung des Kindes.
Die Rechtsprechung legt bei diesen Fragen ausdrücklich den Vergleich mit der intakten Familie nahe. Dazu ist freilich anzumerken, dass in intakten Familien mit einem gut verdienenden Vater die Kosten der Fahrschule, der Maturareise, eines Ballkleides für den Maturaball etc. vom Vater freudig bezahlt werden, nach einem Auszug des Vaters jedoch keinen Sonderbedarf darstellen. Für Kinder in intakten Familien werden üblicherweise auch Ersparnisse angelegt, was, wie oben gesagt, aus dem Geldunterhalt nicht geschehen darf. Kinder getrennt lebender oder geschiedener Eltern erfahren also nicht nur die Kränkung über die Trennung ihrer Eltern, sondern auch handfeste finanzielle Benachteiligung.

Zur Zahlung des Sonderbedarfs haben beide Elternteile im Verhältnis ihrer Leistungsfähigkeit beizutragen. Bei teureren Anschaffungen können dem Geldunterhaltspflichtigen die Zahlungen auch auf einen längeren Zeitraum aufgeteilt und die Abstattung in Raten ermöglicht werden.
Kosten, welche die Mutter zu ihrer Entlastung bzw. im Hinblick auf ihre Berufstätigkeit für außerhäusliche Betreuung in Anspruch nimmt (Kindergarten, Tagesmutter, Hort), hat sie selbst zu tragen.

Änderung des Unterhalts

Auch der Unterhalt von Kindern unterliegt grundsätzlich der Umstandsklausel, das heißt, dass bei Änderung der Verhältnisse (um mehr als 10 Prozent höheres oder niedrigeres Einkommen des Unterhaltspflichtigen, Wegfall oder Hinzutreten sonstiger Sorgepflichten, Erzielung von Eigeneinkommen durch das Kind etc.) eine Änderung des bestehenden Unterhaltstitels beantragt werden kann.
Wertsicherungsvereinbarungen hingegen sind beim Kindesunterhalt nicht üblich, da durch die „Alterssprünge" ohnedies eine laufende Überprüfung auch der Bemessungsgrundlage gewährleistet ist.
Lebt ein unterhaltsberechtigtes Kind in einem anderen Land mit wesentlich anderen Lebenshaltungskosten, so sind diese bei der Unterhaltsfestsetzung gleichfalls zu berücksichtigen. Ein in Österreich lebender Vater zahlt also für ein in Polen lebendes Kind wesentlich weniger als für ein Kind, das in Österreich lebt.

Verwirkung des Unterhalts

Im Gegensatz zum Ehegattenunterhalt kann der Unterhaltsanspruch des Kindes nicht verwirkt werden, auch wenn sich das Kind dem Vater gegenüber frech oder undankbar verhält oder sich z. B. weigert, ihn zu sehen. Selbst dann, wenn das Kind einen Enterbungsgrund setzt, hätte es dennoch Anspruch auf „notdürftigen" Unterhalt. (Die Gründe zur Enterbung sind im § 768 ABGB festgehalten, es handelt sich dabei z. B. um Imstichlassen des Elternteils in einer Notsituation, die Verurteilung zu einer mindestens 20-jährigen Freiheitsstrafe oder die beharrliche Führung einer „gegen die öffentliche Sittlichkeit anstößigen Lebensart".)

Dauer des Unterhalts

Der Unterhaltsanspruch besteht grundsätzlich bis zur Selbsterhaltungsfähigkeit des Kindes, also bis es in der Lage ist, genügend Geld für einen

standesgemäßen Unterhalt auch außerhalb des elterlichen Haushalts zu verdienen. Auch entsprechend hohe Erträgnisse aus dem Vermögen können zur Selbsterhaltungsfähigkeit führen, z. B. wenn das Kind von einem Großelternteil ein Zinshaus erbt. Großeltern, die ihren Enkelkindern Vermögenswerte zukommen lassen wollen, ohne deshalb den Schwiegersohn hinsichtlich seiner Unterhaltspflicht zu entlasten, räumen daher bis zur Selbsterhaltungsfähigkeit des Enkelkindes das Nutzungsrecht an dem zu vererbenden Vermögen einer anderen Person ein.
Die Selbsterhaltungsfähigkeit wird bei einfachen Lebensverhältnissen (also dann, wenn der nach der Prozentwertmethode geschuldete Unterhalt den Regelbedarf nicht übersteigt) dann angenommen, wenn das Einkommen des Kindes dem Richtsatz für die Ausgleichszulage („Mindestpension", für das Jahr 2004 656,41 Euro, 14-mal jährlich) entspricht.
Einkommen, das niedriger ist als die „Mindestpension", mindert den Unterhaltsanspruch. Allerdings sollte aus dem Einkommen des Kindes nicht nur der geldunterhaltspflichtige, sondern auch der betreuende Elternteil entlastet werden.

Beispiel

Verdient also beispielsweise ein Lehrling 300 Euro netto monatlich, unter Berücksichtigung des Urlaubs- und Weihnachtsgeldes 350 Euro, und schuldet der Vater Unterhalt im Regelbedarf von 348 Euro monatlich, so sind die 350 Euro des Kindes keineswegs zur Gänze auf die Geldunterhaltsleistung des Vaters anzurechnen. Es steht ihm vielmehr ein restlicher Unterhalt zu.
Der restliche Unterhaltsbedarf, nämlich die Differenz zwischen der auf 12 Monatsbezüge berechneten „Mindestpension" von 765,81 Euro
und dem Eigeneinkommen des Lehrlings von – 350,00 Euro
Differenz also 415,81 Euro
wird mit der so genannten „Geldbedarfsquote" multipliziert
(das ist der Regelbedarf von 348 Euro dividiert durch die Mindestpension von 765,81 Euro; in diesem Fall 0,454).
Der geldunterhaltspflichtige Vater müsste demnach 189 Euro an den Lehrling bezahlen.
(415,81 × 0,454 = 189,00)
(Differenz × Geldbedarfsquote = restlicher Unterhaltsbedarf)

Bei überdurchschnittlichen Lebensverhältnissen, wenn also die bisherige Geldunterhaltspflicht über dem Regelbedarf liegt, ist das Eigeneinkommen des Kindes nach der Formel

Kindeseinkommen	×	(nach Prozentmethode festgesetzter) Geldunterhalt
	:	(Geldunterhalt + Differenz zwischen Mindestpension und Regelbedarf)

aufzuteilen.

Beispiel

Stünde dem Lehrling, der ein Durchschnittseinkommen von 350 Euro bezieht, ein Geldunterhalt von 550 Euro vom Vater zu, so könnte der Vater nach dieser Berechnungsmethode 199 Euro von seiner Unterhaltspflicht abziehen und müsste noch restliche 351 Euro an den Lehrling bezahlen.
(350 × 550 = 192.500 : 550 + (765,81 – 348,00 =) 417,81 = 199 Euro)

Ein Präsenzdiener wird durch die Sach- und Geldleistungen des Bundes nicht selbsterhaltungsfähig, wenn die materiellen Lebensverhältnisse des Elternhauses über den Standard „einfacher Verhältnisse“ hinausgehen. Dies sollte wohl auch für Zivildiener gelten, welche im Gegensatz zu den Präsenzdienern weder Kleidung noch Wohnversorgung erhalten.
Kinder sind grundsätzlich berechtigt, sich entsprechend ihren Neigungen und Fähigkeiten auszubilden und dabei – Eignung vorausgesetzt – auch die höchstmögliche Qualifikation anzustreben. Auch wenn die Eltern keine akademische Ausbildung haben, ist das Kind berechtigt, zu studieren, und bleibt unterhaltsberechtigt, solange es dem Studium zielstrebig und mit zumindest durchschnittlichem Erfolg nachgeht. Ein (einmaliger) Studienwechsel schadet nicht, wenn er begründet ist und das zweite Studium entsprechend den obigen Kriterien betrieben wird. Häufigerer Wechsel wird aber wohl nur in besonders zu begründenden Einzelfällen zu tolerieren sein, etwa wenn gesundheitliche Gründe den Abschluss eines bestimmten Studiums nicht sinnvoll erscheinen lassen. Dies gilt nicht nur bei einem Hochschulstudium, sondern auch bei anderen beruflichen Ausbildungen. Auch ein Kind, das bereits einer Berufstätigkeit nachgegangen ist, wird wieder unterhaltsberechtigt, wenn es ein Hochschulstudium aufnimmt, allerdings nur, wenn mit diesem Studium die sichere Erwartung eines besseren Fortkommens bzw. eine sichere Verbesserung der beruflichen Position verbunden ist. Bei einem derartigen mehrstufigen Ausbildungsgang sollte aber ein gewisser zeitlicher Zusammenhang gegeben sein. Einem HTL-Absolventen, der nach einigen Jahren Berufspraxis beschließt, an der Technischen Universität zu studieren, wird dies zuzubilligen sein; ein 40-jähriger

Maschinenbauingenieur wird hingegen schwerlich auf Kosten seiner Eltern noch ein Hochschulstudium absolvieren können.

Hinweis

Maßstab für die Auslegung solcher Fragen ist die Orientierung an der intakten Familie: Würde von nicht geschiedenen Eltern erwartet werden, dass sie ihrem Kind eine bestimmte berufliche Ausbildung angedeihen lassen, so steht dies auch dem Kind geschiedener oder getrennt lebender Eltern zu.

Ähnliches gilt für die Anrechnung gelegentlicher Einkünfte eines an sich unterhaltsberechtigten Kindes, z. B. eines Ferialeinkommens: Dieses mindert den Unterhaltsanspruch des Kindes in der Regel nicht, da in einer intakten Familie dem Kind das Ferialeinkommen als Taschengeld belassen würde, ohne dass die Eltern ihre Unterhaltsleistungen einschränken würden.

Betreibt ein Kind nach dem Ende des Pflichtschulalters keine weitere Schul- oder Berufsausbildung und geht dennoch keiner möglichen Erwerbstätigkeit nach, so wird seine Selbsterhaltungsfähigkeit fingiert, die Unterhaltspflicht der Eltern erlischt.
Dabei wird allerdings an ein Fehlverhalten des Kindes kein allzu strenger Maßstab angelegt. Vor allem wird Kindern aus zerrütteten Familienverhältnissen auch zugute gehalten, dass sie durch die Streitsituation ihrer Eltern belastet und daran gehindert werden, gleich gute Leistungen zu erbringen wie Kinder aus intakten Familien.
So ist einem Kind, das die Schulausbildung abbricht, eine gewisse Zeit der Neuorientierung zuzubilligen. Es wird auch berücksichtigt, dass das Finden einer Lehrstelle (aber auch einer Anstellung nach Abschluss der Berufsausbildung) längere Zeit in Anspruch nehmen kann. In einer Entscheidung des Landesgerichtes für Zivilrechtssachen Wien wurden in diesem Zusammenhang „8 Monate noch nicht als zu lange“ angesehen.
Setzt das Kind allerdings keinen Schritt zu einer Berufsausbildung oder versucht es nicht, einen Ausbildungsplatz oder eine sonstige Arbeitsstelle zu erlangen, so wird seine Selbsterhaltungsfähigkeit angenommen, der Unterhaltsanspruch erlischt.

Vereinbarungen zum Unterhalt

Grundsätzlich können Eltern über die Unterhaltsansprüche ihrer Kinder Vereinbarungen schließen, diese dürfen jedoch das Wohl des Kindes nicht ge-

fährden. Die Unterhaltsvereinbarungen der Eltern bedürfen daher zu ihrer Wirksamkeit der Genehmigung durch das Pflegschaftsgericht.
So kann eine Mutter, auch wenn sie dem Mann entgegenkommen und eine schnelle Scheidung erwirken möchte, auf die Unterhaltsansprüche minderjähriger Kinder nicht verzichten. Auch eine Vereinbarung, dass eine vom Geldunterhaltspflichtigen geleistete Bausparprämie auf den Unterhalt anzurechnen sei, würde vom Gericht nicht genehmigt werden, weil der an die Bausparkasse bezahlte Betrag zur Deckung der Lebensbedürfnisse des Kindes fehlen würde. Lediglich ein befristeter Verzicht für eine genau bestimmte zukünftige Periode oder für bestimmte fällige, aber nicht bezahlte Unterhaltsraten der Vergangenheit wäre zulässig. Das wäre etwa ein Verzicht für die Dauer eines Zwangsausgleichsverfahrens oder ein Verzicht auf den Rückstand, wenn der Vater während einer Phase der Arbeitslosigkeit noch weniger bezahlt hat, als sich an Anspruch aus dem Arbeitslosengeld errechnet, zum Zeitpunkt des Verzichtes aber schon wieder arbeitet und laufend zahlt.
Allerdings können auch Vereinbarungen, die mangels pflegschaftsgerichtlicher Genehmigung nicht rechtswirksam werden, zwischen den Eltern wirksam abgeschlossen werden. So werden Vereinbarungen, mit welchen sich z. B. die Mutter verpflichtet, den Vater gegen jede Inanspruchnahme gegen Unterhaltsforderungen des Kindes schad- und klaglos zu halten, für zulässig erachtet. Dies bedeutet, dass die Mutter oder das Jugendamt (AJF) in einem solchen Fall namens des Kindes Unterhalt begehren könnte und dieser auch zugesprochen würde, aufgrund ihrer Vereinbarung mit dem Vater müsste die Mutter ihm allerdings alle Leistungen, die er in der Folge für den Kindesunterhalt zu erbringen hätte, zurückzahlen.
Natürlich würde das letztlich zu Lasten der Geldmittel des Haushalts gehen, in welchem das Kind lebt, und somit seine Versorgung betreffen. Dennoch werden, wie schon gesagt, derartige Vereinbarungen als zulässig angesehen.

Tipp

Vor dem Abschluss einer solchen Vereinbarung muss dringend gewarnt werden: Auch wenn eine Frau in der Ehe unter starkem Druck steht und zu nahezu allen Opfern bereit ist, um geschieden zu werden, darf sie nicht übersehen, dass zum Zeitpunkt des Abschlusses einer solchen Vereinbarung ihre eigenen Einkommens- und Vermögensverhältnisse für die Zukunft nicht mit Sicherheit vorhergesagt werden können.
Arbeitslosigkeit oder Krankheit der Mutter, aber auch eine Erkrankung des Kindes können dazu führen, dass eine derartige Schad- und Klagloshaltung, die in Wahrheit einen Unterhaltsverzicht des Kindes beinhaltet, Mutter und Kind in eine finanzielle Notlage stürzen kann.

Hingegen spricht nichts dagegen, wenn Eltern mehrerer Kinder, die sich in ihrer jeweiligen Obsorge befinden oder ihren hauptsächlichen Aufenthalt bei jeweils einem der Elternteile haben, vereinbaren, sich wechselseitig keine Unterhaltsbeiträge hin und her zu überweisen oder, falls einer von ihnen mehr verdient oder eines der Kinder einen höheren Unterhaltsanspruch (z. B. durch Einbeziehung von Sonderbedarf) hat, nur die Differenz zu überweisen: Es handelt sich dabei um eine so genannte „Erfüllungsübernahme", das heißt, der Elternteil, der das Kind betreut, erklärt sich bereit, die vom anderen Elternteil geschuldete Unterhaltsleistung in natura zu erbringen.
Kommt es zwischen den Eltern zu keiner gütlichen Regelung über den Kindesunterhalt, so muss dieser gerichtlich geltend gemacht werden. Der Antrag ist von demjenigen Elternteil, der eine Unterhaltspflichtenverletzung durch den anderen behauptet, beim zuständigen Bezirksgericht (das ist das Gericht, in dessen Sprengel das Kind seinen Aufenthalt hat) einzubringen, was sowohl schriftlich als auch mündlich möglich ist.
Haben beide Elternteile noch die Obsorge und ist auch der hauptsächliche Aufenthalt noch nicht geregelt, so wird der antragstellende Elternteil zum „Unterhaltssachwalter" des Kindes bestellt.

Festsetzung des Unterhalts

> Der Anspruch auf Geldunterhalt entsteht auch durch bloß teilweise Verletzung der Unterhaltspflicht und bleibt bestehen, selbst wenn der Unterhaltspflichtige in der Folge wieder ausreichend Unterhalt leistet.

Während über Fragen der Obsorge und des Besuchsrechts der zuständige Richter des jeweiligen Bezirksgerichtes entscheidet, ist für Fragen der Höhe von Kindesunterhalt der so genannte „Rechtspfleger" zuständig. Das sind rechtskundige Beamte, die bei den Gerichten dafür eingesetzt werden, bestimmte Sachgebiete zu bearbeiten, zu deren qualifizierter Erledigung nicht unbedingt ein studierter Jurist benötigt wird.
Da Rechtspfleger oft über Jahre oder Jahrzehnte im gleichen Sachgebiet, z. B. bei der Bemessung von Kindesunterhalt, eingesetzt werden, haben sie tatsächlich häufig überdurchschnittliche Kenntnisse der ihnen zugewiesenen Materie – ein erfahrener Rechtspfleger weiß mehr über das Recht des Kindesunterhalts als so mancher Jurist.
Bedauerlicherweise werden allerdings die Fragen der Unterhaltsfestsetzung im Rahmen der Justizverwaltung nicht als vorrangig behandelt, auch und ge-

rade bei den Rechtspflegern herrschen Personalknappheit und -fluktuation. Die Festsetzung des Kindesunterhalts durch das Bezirksgericht nimmt daher mehrere Monate, manchmal sogar Jahre in Anspruch. Ein einmal ergangener Beschluss kann überdies von beiden Teilen mit Rekurs angefochten werden, sodass einige Monate zusätzlich für die Erledigung des Rekurses durch das Landesgericht einkalkuliert werden müssen.

Im Unterhaltsverfahren – es handelt sich dabei um ein so genanntes „außerstreitiges" Verfahren, also um keinen Prozess im eigentlichen Sinn – müssen die wesentlichen Tatsachen von den Parteien vorgebracht und die entsprechenden Anträge von ihnen gestellt werden. Das Gericht hat jedoch alle relevanten Umstände von Amts wegen zu untersuchen und den Sachverhalt ohne Rücksicht auf das Vorbringen der Parteien zu erforschen.

Der Unterhaltsschuldner ist grundsätzlich zur Mitwirkung bei der Ermittlung des Sachverhaltes verpflichtet, vor allem zur Vorlage seiner Einkommensnachweise. Unterlässt er dies, muss sich das Gericht bemühen, die Grundlagen für die Unterhaltsbemessung zu ermitteln. Ist dies nicht möglich, kann die Unterhaltsbemessungsgrundlage auch geschätzt werden.

Eine mündliche Verhandlung ist in diesem Verfahren nicht zwingend vorgesehen, auch könnte der Rechtspfleger die Parteien und ihre Anwälte nicht gemeinsam, sondern zu verschiedenen Zeitpunkten vorladen.

Festsetzung des Unterhalts volljähriger Kinder

Der Unterhalt volljähriger Kinder ist derzeit noch wie Ehegattenunterhalt im streitigen Verfahren beim Gericht am Wohnsitz des Kindesvaters geltend zu machen.

Dies bedeutet, dass ein volljähriges Kind auch das volle Kostenrisiko eines verlorenen Prozesses tragen müsste und überdies, sollte der Vater nicht mehr im gleichen Gerichtssprengel wohnen wie das Kind selbst, unter Umständen erhebliche Anreisen zum zuständigen Gericht in Kauf nehmen müsste.

Ab Inkrafttreten der Novelle zum Außerstreitgesetz zum 1. 1. 2005 werden Unterhaltsverfahren volljähriger Kinder im Außerstreitverfahren geführt werden, einer der wesentlichen derzeitigen Nachteile, die Kostenersatzpflicht des unterliegenden Teiles, wird aber für diese neue Regelung beibehalten.

Erfahrungsgemäß neigen volljährig gewordene Kinder dazu, gerichtliche Auseinandersetzungen mit dem Vater zu scheuen. Weit entfernt davon, selbst

eine Klage gegen den Vater einzubringen, lassen sie sich oft gerne dazu bereden, sich mit relativ geringfügigen Zahlungen zufrieden zu geben: Als Taschengeld erscheinen einem 18-Jährigen 300 Euro durchaus passabel und er erwartet sich (meist zu Recht), dass die Mutter ohnedies für die Kosten für Wohnen, Essen und Kleidung aufkommt. Dass der Vater in Wirklichkeit zur Leistung von 600 oder 700 Euro monatlich verpflichtet wäre und daraus eben auch die anteiligen Lebenshaltungskosten zu decken wären, sehen die betroffenen volljährig gewordenen Kinder oft nicht oder nur ungern ein.
Hingegen zeigt die Erfahrung, dass auch konfliktscheue Jugendliche auf bereits festgeschriebene Rechte nicht ohne weiteres verzichten.

Tipp

Es ist wichtig, eine Unterhaltsfestsetzung oder Erhöhung des bereits festgesetzten Unterhalts bei Gericht noch rechtzeitig vor der Volljährigkeit des Kindes zu beantragen, um ihm jene Mittel zu sichern, von denen es aller Voraussicht nach bis zur Erreichung der Selbsterhaltungsfähigkeit wird leben müssen.
Mit Rücksicht auf die Verfahrensdauer sollte ein solcher Antrag nicht lange nach dem 17. Geburtstag des Kindes gestellt werden. An sich würde es zwar genügen, den Antrag einen Tag vor dem 18. Geburtstag einzubringen, damit die Zuständigkeit des Bezirksgerichtes am Wohnsitz des Kindes und die Anwendung des Außerstreitverfahrens gewährleistet sind. Das Kind müsste aber nach Erreichung der Volljährigkeit das Verfahren im eigenen Namen weiterführen, und der Druck der Väter auf diese Kinder, unerledigte Anträge zurückzuziehen, sollte nicht unterschätzt werden.

Die Aufstellung des Regelbedarfs sieht wie gesagt die letzte Erhöhung aus Anlass des 19. Geburtstages des Kindes vor (siehe Seite 138 f.). An dieser Größe orientiert sich auch die letzte Stufe der „Playboy-Grenze“, und zwar in Höhe des zweieinhalbfachen Betrages.
Durch die Herabsetzung des Volljährigkeitsalters auf 18 Jahre durch das Kindschaftsrecht-Änderungsgesetz ist diese Steigerung allerdings hinfällig geworden. Von der Mutter in dieser Höhe gestellte Anträge vor Erreichen des 18. Geburtstages werden abgewiesen, da der Unterhalt nach den gegenwärtigen und nicht nach den zukünftigen Verhältnissen festzusetzen ist. Zum Zeitpunkt der Erreichung der Altersstufe sind die Kinder aber bereits volljährig und eben nur in den seltensten Fällen geneigt, gegen den anderen Elternteil gerichtlich vorzugehen.

Vorläufiger Unterhalt

Angesichts der bereits erwähnten längeren Verfahrensdauer ist die Möglichkeit der schnelleren Festsetzung zumindest eines vorläufigen Unterhaltsbetrages besonders wichtig.
Aus diesem Grunde wurde der § 382a Exekutionsordnung geschaffen. Er besagt, dass einem Minderjährigen vorläufiger Unterhalt gegen einen Elternteil, in dessen Haushalt er *nicht* betreut wird, zu bewilligen ist, sofern noch kein Unterhaltstitel (Beschluss oder Vergleich) besteht. Leider kann dieser vorläufige Unterhalt nur in der Höhe des Grundbetrags der Familienbeihilfe bewilligt werden, bzw., nach neuerer Judikatur, jeweils in der Höhe der für die Altersgruppe des Kindes zustehenden Familienbeihilfe. Dies ändert aber nichts daran, dass es sich bei dem „vorläufigen Unterhalt" um einen relativ bescheidenen Betrag handelt, besonders wenn man bedenkt, dass das Kind bzw. der betreuende Elternteil auf die endgültige Unterhaltsfestsetzung dann eben noch monate- bzw. jahrelang warten muss.
Begründet wird dies damit, dass ja dafür der vorläufige Unterhalt aufgrund der Angaben des antragstellenden Kindes erlassen wird, sofern aus dem Pflegschaftsakt nicht hervorgeht, dass der Antrag ungerechtfertigt wäre (also z. B. ohnedies bereits ein Unterhaltsbeschluss besteht), jedoch ohne Anhörung des unterhaltspflichtigen Elternteils. Es besteht daher offenbar eine gewisse Scheu des Gesetzgebers davor, dem Unterhaltspflichtigen einen allenfalls zu hohen vorläufigen Unterhalt aufzuerlegen.
Allerdings kann diese einstweilige Verfügung nach § 382a EO eingeschränkt oder aufgehoben werden, wenn der Unterhaltspflichtige bescheinigt, dass er nicht oder jedenfalls nicht in dieser Höhe zu Unterhalt verpflichtet ist. Es wäre also in Wahrheit kein wirkliches Problem, würde der vorläufige Unterhalt z. B. in der Höhe des Regelbedarfs erlassen werden. Unterhaltspflichtige, deren Einkommen so niedrig ist, dass der nach der Prozentmethode zu berechnende Unterhalt den Regelbedarf nicht erreicht, würden sicher unverzüglich dem Gericht die erforderlichen Einkommensnachweise zur Verfügung stellen, um eine Herabsetzung zu erwirken.
Bei der derzeitigen geringen Höhe des vorläufigen Unterhalts ist allerdings nicht zu erwarten, dass der mit einstweiliger Verfügung aufgetragene Unterhalt den geschuldeten gesetzlichen Unterhalt nicht erreicht, und die Unterhaltspflichtigen lassen sich mit der Vorlage ihrer Einkommensunterlagen gerne Zeit.

Tipp

Die schnellste Möglichkeit, für ein Kind zu Unterhalt zu kommen, bleibt die bereits im Abschnitt über den Ehegattenunterhalt angesprochene Bestimmung von Unterhalt auch für das Kind im Zusammenhang mit einem Scheidungsverfahren (siehe Seite 96).

Verjährung des Unterhalts

Der Anspruch auf Kindesunterhalt verjährt innerhalb von drei Jahren, Anträge können rückwirkend daher nur für einen Zeitraum von 36 Monaten gestellt werden. Einstweilige Verfügungen werden überhaupt erst ab Antragstellung für die Zukunft erlassen.

Tipp

Da der Unterhaltsanspruch nicht erst durch seine gerichtliche Festsetzung entsteht, sondern laufend, sind für Unterhaltsrückstände grundsätzlich gesetzliche Zinsen in der Höhe von 4 Prozent zu zahlen. Diese Zinsen werden vom Gericht aber nicht automatisch zugesprochen, sondern müssen ausdrücklich beantragt werden.

Vertretung bei der Durchsetzung

Die Ämter für Jugend und Familie haben auch die Aufgabe, Kinder bei der Durchsetzung ihrer Unterhaltsansprüche zu vertreten. Will also der betreuende Elternteil diese Auseinandersetzung nicht selbst führen, so kann er die Bestellung des Jugendamtes zum Unterhaltssachwalter des Kindes beantragen. In diesem Fall werden die erforderlichen gerichtlichen Anträge durch das Jugendamt gestellt und auch die Zahlungen über das Amt für Jugend und Familie abgewickelt (Adressen siehe Seite 267 ff.).

Tipp

Die Vertretung unterhaltsberechtigter Kinder durch das Amt für Jugend und Familie ist jedenfalls sinnvoll, wenn sich der Unterhaltsschuldner im Ausland befindet und unumgänglich, wenn Unterhaltsvorschuss in Anspruch genommen werden soll.

Unterhaltsvorschuss

Bis zum Jahr 1976 waren Frauen, die Unterhaltsansprüche ihrer Kinder gegen zahlungsunwillige Väter durch Exekution einbringlich machen wollten,

auf eigenes Geschick und Glück angewiesen. Seit 1976 gibt es ein im Laufe der Jahre mehrfach novelliertes Unterhaltsvorschussgesetz, welches den Zweck hat, „auf den gesetzlichen Unterhalt minderjähriger Kinder ... Vorschuss zu gewähren". Es handelt sich beim UVG also um ein Gesetz, das den Kindern bzw. dem sie betreuenden Elternteil Kosten und Risiko der Einbringlichmachung des Unterhaltes abnehmen soll, nicht jedoch um ein Gesetz zur Sicherung des Unterhaltsanspruches an sich: Durch den Staat bevorschusst werden bereits festgesetzte Unterhaltsansprüche, die aber durch Exekution innerhalb der letzten sechs Monate nicht einbringlich gemacht werden können bzw. hinsichtlich welcher die Führung einer Exekution von vornherein aussichtslos erscheint.

Vorschüsse werden auch gewährt, wenn der Unterhaltsbeitrag nicht festgesetzt oder ein mehr als drei Jahre alter Anspruch nicht erhöht werden kann, weil sich ein an sich leistungsfähiger Unterhaltsschuldner dem Verfahren entzieht, z. B. durch Wohnsitz im Ausland.

Dem unehelichen Kind kann im Rahmen des Verfahrens zur Feststellung der Vaterschaft Unterhaltsvorschuss gewährt werden, noch ehe die erstgerichtliche Unterhaltsentscheidung rechtskräftig ist. Auch für den „vorläufigen Unterhalt" gibt es bei Nichtzahlung innerhalb eines Monats den staatlichen Vorschuss.

Unterhaltsvorschüsse werden aber nicht gewährt, wenn der Vater keiner Beschäftigung nachgeht oder nur ein Einkommen erzielt, das unter dem Existenzminimum liegt: In einem solchen Fall besteht ja kein Unterhaltsanspruch des Kindes, der vom Staat bevorschusst werden könnte. Die einzige Ausnahme: Wenn der Vater seine Unterhaltspflicht deshalb nicht erfüllen kann, weil er sich wegen eines strafrechtlichen Verfahrens länger als einen Monat im Inland in Haft befindet.

Übergangsbestimmung

Durch die Herabsetzung des Volljährigkeitsalters von 19 auf 18 Jahre zum 1. 7. 2001 wurde der Kreis der Berechtigten um einen ganzen Jahrgang eingeschränkt. Es gibt daher eine Übergangsbestimmung, die besagt, dass Kinder, die bis längstens 30. 6. 2001 das 14. Lebensjahr vollendet haben (also vor dem 1. 7. 1987 geboren sind), bis zur Vollendung des 19. Lebensjahres anspruchsberechtigt bleiben.

Die Beschränkung des Unterhaltsvorschussgesetzes auf Kinder, „die ihren gewöhnlichen Aufenthalt im Inland haben und entweder österreichische Staatsbürger oder staatenlos sind", hat sich als gemeinschaftsrechtswidrig

erwiesen. Anspruchsberechtigt sind Kinder aller EU-Bürger, aufgrund gesonderter Abkommen aber z. B. auch türkische und Schweizer Staatsbürger, wenn nur ein Elternteil in Österreich erwerbstätig oder Arbeitslosengeldbezieher ist. Der Anspruch auf Unterhaltsvorschuss leitet sich auch aus geringfügigen Beschäftigungsverhältnissen oder bloßer Mitversicherung ab und besteht auch, wenn das Kind mit dem betreuenden Elternteil im Ausland lebt. Der Kreis der Anspruchsberechtigten hat sich daher deutlich erweitert.
Der Anspruch auf Vorschuss besteht jedoch nicht, wenn das Kind mit dem Unterhaltsschuldner im gemeinsamen Haushalt lebt, bei einer Pflegefamilie oder in einem Heim untergebracht ist.
Vorschüsse sind in der Höhe des festgesetzten Unterhaltes zu gewähren, höchstens jedoch bis zum Betrag des Richtsatzes der Halbwaisenpension nach dem ASVG, das sind im Jahr 2004 433,48 Euro monatlich.
Ist der Unterhalt (noch) nicht festgesetzt oder wird der Vorschuss für einen Häftling im Inland bestellt, so beträgt er für ein Kind
bis zum 6. Lebensjahr ¼ der Halbwaisenpension, für 2004 also 108,37 Euro,
bis zum 14. Lebensjahr ½ der Halbwaisenpension, für 2004 also 216,74 Euro,
bis zum 18. Lebensjahr ¾ der Halbwaisenpension, für 2004 also 325,11 Euro
(jeweils aufgerundet auf volle Eurobeträge).
Das Gericht kann aber von Amts wegen das Bestehen der Unterhaltspflicht und die Angemessenheit der Höhe des Titels prüfen und entsprechend dem Ergebnis seiner Überprüfung den Vorschuss versagen oder herabsetzen. Wenn also z. B. ein Selbstständiger, der im Rahmen der Anspannung (siehe Seite 72) zur Leistung von Unterhalt in der Höhe des Regelbedarfes verpflichtet wird, diesen nicht oder nicht vollständig leistet und eine Exekutionsführung erfolglos bleibt, so wird den Kindern zunächst Unterhaltsvorschuss in der Höhe des Regelbedarfs (siehe Seite 138 ff.) gewährt. Würde der Unterhaltsschuldner später zahlungsunfähig, könnte das zuständige Bezirksgericht die Vorschüsse entsprechend der objektiv geminderten Leistungspflicht des Schuldners herabsetzen.
Den Antrag auf Gewährung der Vorschüsse kann das Amt für Jugend und Familie oder der betreuende Elternteil stellen. Mit der Zustellung des positiven Beschlusses wird allerdings zwingend der Jugendwohlfahrtsträger zum alleinigen Vertreter des Kindes in der Unterhaltssache bestellt.
Vorschüsse werden längstens für die Zeit von drei Jahren bewilligt, wenn sich an den Verhältnissen nichts geändert hat, werden sie danach aber weiter gewährt.

Änderung der Verhältnisse – z. B. die Wiederaufnahme eines gemeinsamen Haushaltes mit dem Unterhaltsschuldner, Zahlungen oder Naturalleistungen durch den Schuldner, eigene Einkünfte des Unterhaltsberechtigten etc. – müssen von allen Beteiligten, auch vom betreuenden Elternteil *dem Gericht* unverzüglich mitgeteilt werden. Zu Unrecht gewährte Vorschüsse sind zurückzuzahlen, dafür haftet nicht nur das Kind, sondern auch die Person, in deren Pflege und Erziehung es sich befindet.

Ersatzanspruch

Gemäß Allgemeinem bürgerlichen Gesetzbuch hat derjenige, der „für einen andern einen Aufwand macht, den dieser nach dem Gesetz selbst erst hätte machen müssen", das Recht, Ersatz zu fordern. Dieser allgemeine Rechtsgrundsatz findet auch bei Regressansprüchen von Sozialversicherungsträgern oder im Verhältnis von Käufern und Erwerbern von Liegenschaften Anwendung, vor allem aber im Zusammenhang mit der Erbringung von Unterhaltsleistungen durch einen anderen als dem dazu Verpflichteten. Entzieht sich also ein Unterhaltspflichtiger der Leistung der von ihm geschuldeten Alimente, und müssen deshalb die Mutter oder ein Dritter (z. B. die mütterlichen Großeltern) den Kindesunterhalt aufwenden, so steht ihnen ein Ersatzanspruch gegen den Unterhaltspflichtigen zu.
Zu ersetzen ist der tatsächlich gemachte Aufwand, jedoch nur bis zu der Höhe, die der Unterhaltspflicht des Vaters entsprochen hätte – es könnte also der Unterhalt nur in der Höhe zurückverlangt werden, wie ihn der Vater nach seinem Leistungsvermögen hätte zahlen müssen.
Der Ersatzanspruch steht nur zu, wenn derjenige, der den Aufwand getätigt hat, seine Leistungen nicht deshalb erbracht hat, um den Verpflichteten zu entlasten, sondern wenn er einen so genannten „Rückforderungswillen" hatte. Dies wird im Zweifel aber angenommen, das Fehlen des Forderungswillens müsste der Beklagte beweisen.
Wie gesagt, kann mittlerweile Unterhalt auch für die Vergangenheit geltend gemacht werden. Daraus ergibt sich die Frage, ob durch die Unterhaltsleistung der Mutter oder anderer Personen der Unterhaltsanspruch des Kindes erfüllt ist und nur mehr die Mutter oder die sonstigen Unterhaltsgewährenden zur Rückforderung gegen den Unterhaltsverpflichteten berechtigt sind. Die Rechtsprechung besagt, dass zunächst davon auszugehen ist, dass die das Kind betreuende Mutter – insbesondere dann, wenn sie im Namen des Kindes Unterhalts- oder Exekutionsanträge stellt – den Unterhalt des

Kindes nur bevorschussen will, sodass der Anspruch des Kindes weiter besteht. Die Mutter kann daher keinen Anspruch auf Rückerstattung geltend machen. Anders wäre der Sachverhalt zu beurteilen, wenn der Anspruch vom Kind nicht (mehr) geltend gemacht werden kann, etwa infolge Verjährung: Hier wird man nicht davon ausgehen können, dass die Mutter die Leistungen für das Kind ohne Erwartung des Rückersatzes durch den Verpflichteten erbracht hat.
Die Ersatzforderung verjährt nämlich grundsätzlich erst nach 30 Jahren. Allerdings könnte ein zu langes Zuwarten mit der Geltendmachung der Ersatzforderung als Indiz für das Fehlen des Rückforderungswillens gewertet werden.

Ausstattung

Die letzte elterliche Leistung im Rahmen der Unterhaltspflicht ist die „Ausstattung“. Hiezu sind Eltern, wenn diese dazu nicht in der Lage sind, auch Großeltern verpflichtet. Es handelt sich dabei um eine angemessene Starthilfe zur Familien- und Hausstandsgründung, die aber nur bei Eheschließung fällig wird. Der Anspruch kann allerdings auch erst anlässlich des Eingehens einer zweiten Ehe geltend gemacht werden.
Üblicherweise werden 25 – 30 Prozent des Jahresnettoeinkommens des oder der Verpflichteten zugesprochen, wobei allerdings bestehende Unterhaltspflichten oder weitere Ausstattungspflichten zu berücksichtigen sind. Hochzeitsgeschenke sind auf den Anspruch anzurechnen, soweit sie den Charakter einer Starthilfe haben – z. B. die Einrichtung eines Schlafzimmers, nicht aber die Kosten der Hochzeitsfeierlichkeiten. Die Bezahlung kann auch in Raten erfolgen, dabei wird aber auf vorhandenes Vermögen oder die Zumutbarkeit einer Kreditaufnahme Bedacht genommen.
Die Verpflichtung besteht nicht, wenn sich eine Tochter ohne Wissen oder gegen den Willen der Eltern verehelicht hat, und diese Gründe haben, die Eheschließung zu missbilligen. Missbilligungsgründe müssen die Interessen und das Wohl der Tochter selbst betreffen, also etwa schwere Charaktermängel des Ehemannes, Alkohol- oder Drogenabhängigkeit oder Überschuldung (nicht aber bloße Vermögenslosigkeit).
Der Anspruch ist gerichtlich im Außerstreitverfahren beim Bezirksgericht am Wohnsitz des Verpflichteten geltend zu machen, er verjährt nicht. Allerdings wird auch bei späterer Geltendmachung auf die wirtschaftlichen Verhältnisse zum Zeitpunkt der Eheschließung abgestellt.

Gesetzestexte

Allgemeines bürgerliches Gesetzbuch (ABGB)

§ 140. (1) Die Eltern haben zur Deckung der ihren Lebensverhältnissen angemessenen Bedürfnisse des Kindes unter Berücksichtigung seiner Anlagen, Fähigkeiten, Neigungen und Entwicklungsmöglichkeiten nach ihren Kräften anteilig beizutragen.
(2) Der Elternteil, der den Haushalt führt, in dem er das Kind betreut, leistet dadurch seinen Beitrag. Darüber hinaus hat er zum Unterhalt des Kindes beizutragen, soweit der andere Elternteil zur vollen Deckung der Bedürfnisse des Kindes nicht imstande ist oder mehr leisten müßte, als es seinen eigenen Lebensverhältnissen angemessen wäre.
(3) Der Anspruch auf Unterhalt mindert sich insoweit, als das Kind eigene Einkünfte hat oder unter Berücksichtigung seiner Lebensverhältnisse selbsterhaltungsfähig ist.
§ 141. Soweit die Eltern nach ihren Kräften zur Leistung des Unterhalts nicht imstande sind, schulden ihn die Großeltern nach den den Lebensverhältnissen der Eltern angemessenen Bedürfnissen des Kindes. Im übrigen gilt der § 140 sinngemäß; der Unterhaltsanspruch eines Enkels mindert sich jedoch auch insoweit, als ihm die Heranziehung des Stammes eigenen Vermögens zumutbar ist. Überdies hat ein Großelternteil nur insoweit Unterhalt zu leisten, als er dadurch bei Berücksichtigung seiner sonstigen Sorgepflichten den eigenen angemessenen Unterhalt nicht gefährdet.
§ 142. Die Schuld eines Elternteils, dem Kind den Unterhalt zu leisten, geht bis zum Wert der Verlassenschaft auf seine Erben über. In den Anspruch des Kindes ist alles einzurechnen, was das Kind nach dem Erblasser durch eine vertragliche oder letztwillige Zuwendung, als gesetzlichen Erbteil, als Pflichtanteil oder durch eine öffentlich-rechtliche oder privatrechtliche Leistung erhält. Reicht der Wert der Verlassenschaft nicht aus, um dem Kind den geschuldeten Unterhalt bis zum voraussichtlichen Eintritt der Selbsterhaltungsfähigkeit zu sichern, so mindert sich der Anspruch des Kindes entsprechend.
§ 143. (1) Das Kind schuldet seinen Eltern und Großeltern unter Berücksichtigung seiner Lebensverhältnisse den Unterhalt, soweit der Unterhaltsberechtigte nicht imstande ist, sich selbst zu erhalten, und sofern er seine Unterhaltspflicht gegenüber dem Kind nicht gröblich vernachlässigt hat.
(2) Die Unterhaltspflicht der Kinder steht der eines Ehegatten, eines früheren Ehegatten, von Vorfahren und von Nachkommen näheren Grades des Unterhaltsberechtigten im Rang nach. Mehrere Kinder haben den Unterhalt anteilig nach ihren Kräften zu leisten.
(3) Der Unterhaltsanspruch eines Eltern- oder Großelternteils mindert sich insoweit, als ihm die Heranziehung des Stammes eigenen Vermögens zumutbar ist. Überdies hat ein Kind nur insoweit Unterhalt zu leisten, als es dadurch bei Berücksichtigung seiner sonstigen Sorgepflichten den eigenen angemessenen Unterhalt nicht gefährdet.

§ 1042. Wer für einen Andern einen Aufwand macht, den dieser nach dem Gesetze selbst hätte machen müssen, hat das Recht, den Ersatz zu fordern.
§ 1220. Besitzt die Braut kein eigenes, zu einem angemessenen Heiratsgut hinlängliches Vermögen, so sind Eltern oder Großeltern nach der Reihenfolge und nach den Grundsätzen, nach denen sie für den Unterhalt der Kinder zu sorgen haben, verpflichtet, den Töchtern oder Enkelinnen bei ihrer Verehelichung ein Heiratsgut zu geben oder dazu verhältnismäßig beizutragen.
§ 1221. Berufen sich Eltern oder Großeltern auf ihr Unvermögen zur Bestellung eines anständigen Heiratsgutes, so soll auf Ansuchen der Brautpersonen das Gericht die Umstände, jedoch ohne strenge Erforschung des Vermögensstandes, untersuchen, und hiernach ein angemessenes Heiratsgut bestimmen, oder die Eltern und Großeltern davon freisprechen.
§ 1222. Wenn eine Tochter ohne Wissen, oder gegen den Willen ihrer Eltern sich verehelichet hat, und das Gericht die Ursache der Mißbilligung gegründet findet; so sind die Eltern selbst in dem Falle, daß sie in der Folge die Ehe genehmigen, nicht schuldig, ihr ein Heiratsgut zu geben.
§ 1223. Hat eine Tochter ihr Heiratsgut schon erhalten, und es, obschon ohne ihr Verschulden, verloren; so ist sie nicht mehr, selbst nicht in dem Falle einer zweiten Ehe, berechtiget, ein neues zu fordern.

Eheliches Vermögen

Gütertrennung und Eheverträge

Neben den Auseinandersetzungen um Kinder und Unterhalt haben die Fragen zum ehelichen Vermögen besondere Bedeutung in der Auseinandersetzung von Eheleuten. Wem gehört in der Ehe Erworbenes, welche Ansprüche hat ein Ehepartner auf die Besitztümer des anderen, wie wird Vermögen im Fall einer Trennung geteilt? Und: Wem verbleibt letztlich die gemeinsame Wohnung, wer ist unter welchen Voraussetzungen berechtigt, dem anderen den Zutritt zu verwehren?
Das österreichische Recht regelt die Fragen des ehelichen Güterrechts grundsätzlich so, dass bei aufrechter Ehe *Gütertrennung* besteht, eine Teilung des in der Ehe erwirtschafteten Vermögens findet erst anlässlich der Scheidung, Aufhebung oder Nichtigerklärung der Ehe statt.
Das Allgemeine bürgerliche Gesetzbuch besagt: „Die eheliche Verbindung allein begründet noch keine Gemeinschaft der Güter zwischen den Eheleuten. Dazu wird ein besonderer Vertrag erfordert ...“.
Und es wird verdeutlicht: „Haben Eheleute über die Verwendung ihres Vermögens keine besondere Übereinkunft getroffen, so behält jeder Ehegatte sein voriges Eigentumsrecht, und auf das, was ein jeder Teil während

der Ehe erwirbt und auf was immer für eine Art überkommt, hat der andere keinen Anspruch."

Das bedeutet, dass trotz ehelicher Verbindung jeder Mensch Alleineigentümer seines vor Eheschließung erworbenen Vermögens bleibt und auch durch Rechtsgeschäfte während der Ehe (Kauf, Miete, Darlehensvertrag usw.) nur selbst berechtigt und verpflichtet wird. Es bleibt auch jeder der Ehepartner allein zur Verwaltung seines Vermögens berechtigt und verpflichtet. Das ist nicht so selbstverständlich, wie es klingen mag, galt doch bis 1978 der Ehemann als Verwalter des Vermögens seiner Frau, der sich für seine Mühe Zinsen und sonstigen Nutzen zuwenden durfte, ohne darüber Rechnung zu legen.

Hinweis

Gemeinsames Eigentum oder sonstige Rechte und Pflichten beider Eheleute können nur entstehen, wenn beide die bezughabenden Verträge abschließen, also beide Käufer, Mieter oder Darlehensnehmer sind.

Aber auch in diesen Fällen kann jeder Teil im Rahmen der Gesetze über seine Rechte frei verfügen.

Zwar kann ein Mitmieter allein die Mietrechte nicht aufkündigen, und auch wenn einer von zwei oder mehreren Mitmietern es verabsäumt, gegen eine Kündigung des Vermieters Einwendungen zu erheben, bleibt die Wohnung erhalten, wenn nur einer der Mieter rechtzeitig Einwendungen erstattet.

Auch über eine Eigentumswohnung kann nur im Einvernehmen aller Wohnungseigentümer verfügt werden.

Der Anteil an einem Haus, egal ob Einfamilien- oder Zinshaus, oder an einer sonstigen Liegenschaft kann jedoch von seinem Eigentümer eigenmächtig veräußert oder durch Darlehensaufnahme, Einräumung von Rechten an Dritte etc. belastet werden. Derartige Handlungen sind zwar unter bestimmten Voraussetzungen dem Ehepartner gegenüber nicht erlaubt und machen schadenersatzpflichtig. Dies ändert aber nichts daran, dass die Verfügungen des Eigentümers Dritten gegenüber (z. B. gegenüber einem Käufer oder einer darlehensgewährenden Bank) rechtswirksam sind: Der Schutz des Geschäftsverkehrs geht dem Schutz des anderen Ehegatten vor.

Die Gütertrennung gilt auch bei beweglichem Vermögen: Ein auf den Namen eines der Ehegatten lautender Bausparvertrag, ein für ihn legitimiertes Sparbuch unterliegt der freien Verfügbarkeit des Eigentümers und kann von ihm nach Belieben aufgelöst, verwendet, verschenkt werden.

Wertanlagen von Kindern, die von den Eltern dotiert werden, werden allerdings im Zweifel nicht als Eigentum der Kinder angesehen, sondern als Ersparnis des Elternteils, der die Einzahlungen vornimmt. Bausparguthaben minderjähriger Kinder werden daher ohne nähere Prüfung an den Elternteil, der im Rahmen der Obsorge zur gesetzlichen Vertretung des Kindes berechtigt erscheint, ausgefolgt.

Schulden

Umgekehrt hat die Gütertrennung zur Folge, dass Ehegatten auch nicht ohne gesonderte Verpflichtung für Schulden des anderen haften: Eben deshalb legen ja Banken Wert darauf, dass für einen an einen verheirateten Kunden gewährten Kredit dessen Ehepartner/in eine Haftung als Mitschuldner/in oder als Bürge/in und Zahler/in übernimmt. Allerdings gibt es diesbezüglich mittlerweile Entscheidungen, die besagen, dass die Haftungsübernahme durch eine einkommens- und vermögenslose Ehefrau sittenwidrig ist und die Bank sich nicht ohne weiteres bei Nichtzahlung durch den Kreditnehmer an die seinerzeit mithaftende Gattin halten kann.
Noch besser ist es allerdings, eine Haftung für Verbindlichkeiten, deren Aufnahme nicht sinnvoll und deren Rückzahlungsmöglichkeit nicht gesichert erscheint, zu verweigern – selbst um den Preis einer dadurch ausgelösten Ehekrise. Es ist besser, die Ehe scheitert an einer nicht übernommenen Kredithaftung als an einem gegen beide Ehegatten fällig gestellten Kredit.

Um eigenmächtige Verfügungen des an sich dazu berechtigten Ehegatten über Vermögen, das während der Ehe von beiden gebraucht wird, zu verhindern, gibt es rechtliche Einrichtungen zum Schutz des gutgläubigen Besitzers, zum Schutz des Wohnungsbedürftigen auf Erhalt der Wohnung sowie – im Zusammenhang mit einem Verfahren zur Auflösung der Ehe oder Aufteilung ehelichen Vermögens – die Möglichkeit, eheliches Vermögen einstweilig zu sichern.

Ehepakte

Verträge, „welche in Absicht auf die eheliche Verbindung über das Vermögen geschlossen werden“, werden im Gesetz als „Ehepakte“ bezeichnet. Ihnen allen ist gemeinsam, dass sie zu ihrer Wirksamkeit eines Notariatsaktes bedürfen.
Das ABGB zählt Ehepakte auf, deren rechtliche und praktische Bedeutung nicht mehr vorhanden ist, wie z. B. „Heiratsgut“, aber auch Gütergemeinschaft und Erbverträge.
Das so genannte „Heiratsgut“ ist eine Leistung der Braut oder ihrer Eltern an den Mann „zur Erleichterung des mit der ehelichen Gesellschaft verbun-

denen Aufwandes". Es steht bei aufrechter Ehe dem Mann zur Verfügung: An Liegenschaften oder unverbrauchbaren Sachen erhält er ein Nutzungsrecht, Bargeld und verbrauchbare Sachen gehen überhaupt in sein Eigentum über. Erst nach seinem Tod fällt das (noch vorhandene) Heiratsgut an die Frau zurück.

Es handelt sich also bei „Heiratsgut" nicht um dasselbe wie bei der „Ausstattung", die einem Mann oder einer Frau anlässlich der Eheschließung gegen Eltern bzw. Großeltern zusteht (siehe Seite 168).

Da das ABGB vom Grundsatz der Gütertrennung ausgeht, werden Gütergemeinschaften vom Gesetz prinzipiell einschränkend ausgelegt: Sie gelten im Zweifel als nur auf den Todesfall abgeschlossen. Wenn eine Gütergemeinschaft auch unter Lebenden gelten soll, ist dies ausdrücklich zu vereinbaren, ebenso wenn sich die Gütergemeinschaft nicht bloß auf das bei der Eheschließung vorhandene, sondern auch auf das in Zukunft erworbene oder gar geerbte Vermögen beziehen soll.

Auch bei bestehender Gütergemeinschaft bleibt jeder berechtigt, für sich allein vermögensrechtliche Ansprüche zu begründen oder sich zu verpflichten. Der andere Ehegatte hat dann aber einen Anspruch auf Übertragung der Hälfte dieses erworbenen Vermögens. Ist nichts Näheres vereinbart, so wird angenommen, dass die Gütergemeinschaft zu gleichteiligem Miteigentum führen soll – es kann allerdings auch eine andere Quote vereinbart werden. Bei unbeweglichem Vermögen kann die Gütergemeinschaft auch im Grundbuch eingetragen werden, was zur Folge hat, dass der ursprüngliche Eigentümer über den Anteil des anderen keine Verfügungen mehr treffen kann. Sonstige Rechte, insbesondere auf Nutzung, ergeben sich für den aus der Gütergemeinschaft begünstigten Ehegatten zu Lebzeit des anderen nicht.

Auch bei den Erbverträgen zeigt sich, dass das ABGB, dem Gedanken der Eigentumsfreiheit verbunden, eine zu starke Einschränkung von Eigentümerrechten nicht wünscht: Auch wenn zwischen Ehegatten mit Notariatsakt vereinbart wird, dass dem jeweils anderen der künftige Nachlass zukommen soll, muss jedem ein Viertel seines Vermögens (welches auch nicht durch Pflichtteilsansprüche belastet sein darf) zur freien letztwilligen Verfügung vorbehalten bleiben. Im Falle einer Auflösung der Ehe sind auch die Ehepakte aufzulösen, wobei die Bedingungen der Auflösung vom Verschulden an der Scheidung abhängig sind.

Es könnte allerdings in dem Ehepakt auch vereinbart sein, dass seine Bestimmungen unabhängig vom Grund der Auflösung der Ehe, also ohne Berücksichtigung eines Scheidungsverschuldens, anzuwenden sind.

Allerdings sind auch dort, wo Ehepakte vorliegen, grundsätzlich die Bestimmungen des § 81 EheG über die Teilung ehelichen Vermögens anzuwenden. Die gesetzlichen Bestimmungen über die Auflösung der Ehepakte finden nur dort Anwendung, wo sich der Ehepakt auf nicht der Aufteilung unterliegendes Vermögen bezieht (z. B. eine geerbte Liegenschaft) oder ein Aufteilungsauftrag nicht gestellt wurde (z. B. wegen Fristversäumnis).
Die Bestimmungen über die Ehepakte sind überwiegend „dispositives Recht", gelten also nur dann, wenn anderes nicht ausdrücklich vertraglich vereinbart wird. So könnten Ehepakte auch mit gänzlich anderem Inhalt abgeschlossen werden als die der agrarischen Gesellschaft des frühen 19. Jahrhunderts entsprechenden Regelungen des ABGB.
Allerdings unterliegen Ehepakte in zweierlei Hinsicht starken Einschränkungen: Zum einen darf auf ehelichen Unterhalt nicht im Vorhinein (gänzlich) verzichtet werden (siehe Seite 64).
Zum anderen sieht der § 97/1 Ehegesetz vor, dass auf den Anspruch auf Aufteilung ehelichen Gebrauchsvermögens im Voraus nicht rechtswirksam verzichtet werden kann. Sehr wohl vertraglich geregelt (auch im Sinne eines Verzichts) kann die Aufteilung ehelicher Ersparnisse werden, dies allerdings gleichfalls nur in Form eines Notariatsaktes.
Vereinbarungen für die Regelung der Scheidungsfolgen einer konkret anstehenden Scheidung hingegen können relativ formfrei geschlossen werden.

Eheverträge

Ehevertrag – leider nein?

Dass Eheverträge nur in eingeschränktem Umfang und nur unter strengen formalen Voraussetzungen (Notariatsaktpflicht) abgeschlossen werden können, wird in letzter Zeit häufig bedauernd zur Debatte gestellt und soll offenbar in Eheleuten den Wunsch erwecken, durch rechtzeitigen Abschluss eines Ehevertrages Streitigkeiten bei der Scheidung vermeiden zu können.
Viele Frauen, die von ihrem Anwalt bei der Informationserteilung befragt werden, ob sie mit ihrem Mann einen Ehevertrag abgeschlossen hätten, antworten im Brustton des tiefen Bedauerns: „Leider nein." In Wahrheit ist aber die gesetzliche Regelung über das eheliche Vermögen und seine Teilung – bei allen Mängeln, die sich allerdings vor allem bei der Rechtsdurchsetzung ergeben – für Frauen keineswegs ungünstig.

Die Gütertrennung bei aufrechter Ehe schützt eine Frau immerhin vor einer Verschleuderung ihres Vermögens durch den Ehemann und einer Haftung

für seine Schulden, sofern sie sich nicht selbst zu deren Rückzahlung verpflichtet. Davor, dass er das in seinem Namen während der Ehe erworbene Vermögen durchbringt, kann sie sich, mehr oder minder gut, durch gerichtliche Verfügungen schützen (siehe Seite 186 f.).
Nach Auflösung der Ehe wird das in der Ehe erworbene Vermögen, die „eheliche Errungenschaft“, geteilt, wobei nicht nur finanzielle Beiträge der Ehegatten berücksichtigt werden, sondern auch Haushaltsführung, Kindererziehung, Konsumverzicht etc. (siehe Seite 180).
Ein Ehevertrag kann also nur den Zweck haben, eine von diesen gesetzlichen Prinzipien abweichende Regelung zu treffen.
Das Argument, dass derjenige, welcher Vermögen in die Ehe einbringt, dieses nicht einbüßen möchte, ist nicht wirklich stichhaltig, da eingebrachtes Vermögen (ebenso wie während der Ehe Geerbtes oder Geschenktes) ohnedies der Teilung entzogen ist.
Die vehemente Forderung nach mehr Freiheit zum Abschluss von Eheverträgen oder danach, von den bestehenden Möglichkeiten (Regelung der Teilung ehelicher Ersparnisse) vermehrt Gebrauch zu machen, zielt daher in Wirklichkeit darauf ab, die vor allem für Frauen relativ günstigen gesetzlichen Bestimmungen einzuschränken oder auszuschließen.
Ein ständiges Argument der Befürworter solcher Bestrebungen ist es, dass moderne Frauen keiner Bevormundung durch das Gesetz bedürfen, sondern selbst sehr gut in der Lage sind, ihre Interessen wahrzunehmen.
Tatsächlich ist es aber so, dass gerade junge, gut ausgebildete Frauen die prädestinierten Opfer der angestrebten Verträge wären: Besonders diese Frauen vermögen sich zum Zeitpunkt der Eheschließung selten vorzustellen, in welchem Ausmaß auch ihre Ehe, vor allem wenn aus ihr Kinder entstammen sollen, ihre gewohnte Selbstständigkeit einschränken wird.
Kaum eine junge Frau hat die Absicht, sich vom Mann erhalten zu lassen, besonders dann nicht, wenn er sich einer anderen Frau zuwenden würde. Streit um Geld oder gar Hausrat und Einrichtungsgegenstände erscheint (zu Recht) als der beiderseitigen Menschenwürde widersprechend, und schließlich erwartet man von einem Partner, mit dem man gerade die Ehe schließen möchte, Wertschätzung und den Willen zu einer fairen Teilung, wenn es je zu einer Trennung kommen sollte.
Tatsächlich ergibt sich aber auch für Frauen, die mit diesen Erwartungen in die Ehe gehen, dass sie ihre eigene Berufstätigkeit einschränken oder

vorübergehend ganz aufgeben müssen, sei es, um gemeinsame Kinder zu betreuen, sei es, um mit dem Mann, der ein tolles Jobangebot bekommen hat, in eine andere Stadt zu übersiedeln, sei es, um in seinem Betrieb, mit niedrigem Gehalt angemeldet, eine vollwertige Berufstätigkeit zu erbringen oder Ähnliches. Und dennoch sind all diese Bemühungen der Frau keine Garantie für ewiges Eheglück und können nicht verhindern, dass wegen der Beziehung des Mannes zu einer anderen Frau oder aus anderen Gründen eine Scheidung unvermeidlich wird.

In dieser Phase zeigt sich dann, wie schwer es auch für eine gebildete, vormals in ihrem Beruf sehr geschätzte Frau sein kann, wieder einen Job zu finden, wenn ihr letztes Dienstzeugnis etliche Jahre alt ist und sie dem Personalchef als letzte Tätigkeit „Hausfrau“ angeben muss. Schwierig ist die Rückkehr selbst in einen gut gehenden Großbetrieb, wenn der wohlwollende Vorgesetzte, der sie stets gefördert hat, sich bereits in Pension befindet. Und nicht weniger schwierig ist letztlich die Vereinbarung von Beruf und Familie, wenn die Frau als Alleinerzieherin für unter der Trennung der Eltern und den geänderten Lebensumständen leidende Kinder verantwortlich ist. Anlässlich der Scheidung entstehen der Frau unwiederbringliche finanzielle Nachteile, die in der Regel nicht nur sie, sondern auch die gemeinsamen Kinder treffen, wenn sie anlässlich der Eheschließung zugestimmt hat, sich auch im Falle der Scheidung, egal aus wessen Verschulden sie erfolgt, mit dem „Unterhalt nach Billigkeit“ zufrieden zu geben. Der steht ihr nämlich nur zu, wenn sie selbst nicht einmal das Existenzminimum verdient (siehe Seite 88 f.). Auch wenn sie vereinbart, dass jedem Teil nach der Scheidung „seine Ersparnisse“ verbleiben, sie aber während der Ehe aus dem Wirtschaftsgeld nicht nur nichts ersparen konnte, sondern vielleicht ihre vor der Ehe angelegten Ersparnisse für ein vom Mann nicht für notwendig erachtetes Zweitauto, homöopathische Behandlungen oder Musikunterricht eines Kindes ausgegeben hat, geht sie schließlich leer aus.

Tipp

Noch mehr als in allen sonstigen Lebenslagen empfiehlt es sich daher, angesichts eines vom anderen Partner vorgeschlagenen Ehevertrages die alles erhellende Frage der altrömischen Juristen zu stellen:
„Cui bono?“ – „Wem kommt dies zugute? – Wem nützt's?“

Gesetzestexte

Allgemeines bürgerliches Gesetzbuch

§ 94. (siehe Seite 19)

§ 97. (siehe Seite 194)

§ 1233. Die eheliche Verbindung allein begründet noch keine Gemeinschaft der Güter zwischen den Eheleuten. Dazu wird ein besonderer Vertrag erfordert, dessen Umfang und rechtliche Form nach den §§ 1177 und 1178 des vorigen Hauptstückes beurteilt wird.

§ 1234. Die Gütergemeinschaft unter Ehegatten wird in der Regel nur auf den Todesfall verstanden. Sie gibt dem Ehegatten das Recht auf die Hälfte dessen, was von den der Gemeinschaft wechselseitig unterzogenen Gütern nach Ableben des andern Ehegatten noch vorhanden sein wird.

§ 1237. Haben Eheleute über die Verwendung ihres Vermögens keine besondere Übereinkunft getroffen, so behält jeder Ehegatte sein voriges Eigentumsrecht, und auf das, was ein jeder Teil während der Ehe erwirbt, und auf was immer für eine Art überkommt, hat der andere keinen Anspruch.

§ 1247. Was ein Mann seiner Ehegattin an Schmuck, Edelsteinen und andern Kostbarkeiten zum Putze gegeben hat, wird im Zweifel nicht für gelehnt; sondern für geschenkt angesehen. Wenn aber ein verlobter Teil dem andern, oder auch ein Dritter dem einen oder andern Teile in Rücksicht auf die künftige Ehe etwas zusichert oder schenkt; so kann, wenn die Ehe ohne Verschulden des Geschenkgebers nicht erfolgt, die Schenkung widerrufen werden.

§ 1253. Durch den Erbvertrag kann ein Ehegatte auf das Recht, zu testieren, nicht gänzlich Verzicht tun; ein reiner Vierteil, worauf weder der jemanden gebührende Pflichtteil, noch eine andere Schuld haften darf, bleibt kraft des Gesetzes zur freien letzten Anordnung immer vorbehalten. Hat der Erblasser darüber nicht verfügt; so fällt der doch nicht dem Vertragserben, obschon die ganze Verlassenschaft versprochen worden wäre, sondern den gesetzlichen Erben zu.

§ 1265. Wird eine Ehe für ungültig erklärt, so zerfallen auch die Ehe-Pakte; das Vermögen kommt, insofern es vorhanden ist, in den vorigen Stand zurück. Der schuldtragende Teil hat aber dem schuldlosen Teile Entschädigung zu leisten.

Die Teilung des ehelichen Vermögens nach der Scheidung

Aufzuteilendes Vermögen

Angesichts der Ehepartnern abverlangten umfassenden Lebensgemeinschaft und der zwischen ihnen bestehenden Beistandspflicht ist davon auszuge-

hen, dass beide zum Erwerb während der Ehe geschaffenen Vermögens beigetragen haben. Nach Auflösung der Ehe sind daher „das eheliche Gebrauchsvermögen und die ehelichen Ersparnisse unter den Ehegatten aufzuteilen“ (§ 81 EheG).
Auch die Aufteilung des ehelichen Vermögens nach Auflösung der Ehe ist eine Errungenschaft der Familienrechtsreform des Jahres 1978. Bis dahin (!) galt im österreichischen Recht die gesetzliche Vermutung, dass in der Ehe erworbenes Vermögen „vom Manne herrühre“, das heißt, Ehefrauen konnten nach der Scheidung nur Vermögenswerte beanspruchen, die schon vorher in ihrem Eigentum standen. Lediglich für den Hausrat bestand die gesetzliche Möglichkeit der Aufteilung durch das Gericht.

Aufteilungsmasse

„Aufteilungsmasse“ ist das Vermögen, das bis zur Auflösung der häuslichen Gemeinschaft von den Ehepartnern erworben wurde und im Zeitpunkt der Aufteilung noch vorhanden ist. Fehlendes ist zu berücksichtigen, wenn ein Ehegatte ohne Zustimmung des anderen in den letzten zwei Jahren vor Einbringung der Scheidungsklage bzw. vor Aufhebung der Lebensgemeinschaft das Vermögen, wie das Gesetz sagt, „in einer Weise verringert, die der Gestaltung der Lebensverhältnisse der Ehegatten während der ehelichen Lebensgemeinschaft widerspricht“.
Dies umfasst natürlich alle Fälle einer absichtlichen Vermögensverringerung mit dem Zweck, den anderen bei der (absehbaren) Scheidung zu schädigen, wie z. B. die Übertragung von Liegenschaften an nahe Verwandte oder gute Freunde, oder die Behebung größerer Geldbeträge von den ehelichen Ersparnissen, ohne dass dem eine sinnvolle Verwendung für die Familie gegenüberstünde. Der davon betroffene Ehegatte muss aber in einem solchen Fall die Benachteiligungsabsicht des anderen zum Zeitpunkt der Vermögensverringerung gar nicht beweisen. Der objektive Tatbestand, dass eheliches Vermögen in den letzten zwei Jahren vor der Trennung bzw. vor Beginn des Scheidungsprozesses (oder danach) von einem Teil eigenmächtig zur Seite gebracht oder für seine Zwecke verwendet wurde, genügt, um diese Vermögenswerte im Teilungsverfahren so zu behandeln, als wären sie noch vorhanden.
Wertzuwächse, die einen Dritten bereichern (also z. B. ein Dachgeschossausbau im Haus der Schwiegermutter), sind nicht Gegenstand der nachehelichen Aufteilung, sie können allerdings entsprechend den gesetzlichen Bestimmungen über die Bereicherung gegen den Dritten geltend gemacht werden.

Gebrauchsvermögen

Unter „ehelichem Gebrauchsvermögen“ werden Sachen verstanden, die während aufrechter häuslicher Gemeinschaft dem Gebrauch beider Ehegatten gedient haben bzw. zum Nutzen beider verwendet wurden. Das Gesetz führt in diesem Zusammenhang ausdrücklich aus, dass auch Hausrat und Ehewohnung dazu gehören.
Je nach den Lebensverhältnissen der Geschiedenen gehören zum Gebrauchsvermögen:

- Möbel,
- Geschirr und Küchengeräte,
- Perserteppiche (sofern sie tatsächlich aufgelegt wurden, ansonsten wären sie „Ersparnisse“),
- aufgehängte oder aufgestellte Bilder und Kunstgegenstände (deren Gebrauch eben in ihrer Betrachtung liegt),
- der Pkw (auch wenn die Ehefrau diesen niemals lenken, sondern nur mitfahren durfte),
- TV-Geräte,
- Stereoanlage,
- Reitpferde.

Ersparnisse

Eheliche Ersparnisse sind Wertanlagen, die während der Ehe angesammelt wurden und die „ihrer Art nach üblicherweise für eine Verwertung bestimmt sind“. Das bedeutet, dass die Wertanlagen durch Veräußerung oder Nutzung ihrer Erträgnisse verwertet werden könnten, gleichgültig, ob die geschiedenen Ehegatten dies tatsächlich getan oder beabsichtigt haben. Eheliche Ersparnissen sind daher

- Bargeld,
- Spareinlagen,
- Wertpapiere,
- Gold,
- Kunstgegenstände (soweit sie nicht Gebrauchsvermögen sind),
- Liegenschaften,
- Rechte, die verwertet werden können.

Auch die von einem Teil bezogene Abfertigung, welche zurückgelegt wurde, gehört zu den ehelichen Ersparnissen, nicht aber Schmerzensgeldzahlungen oder eine Verunstaltungsentschädigung. Auch Anwartschaften auf einen

künftigen Versorgungsanspruch (z. B. Zusatzpension des Dienstgebers oder aus einer vom Dienstgeber für den Dienstnehmer abgeschlossenen Lebensversicherung) sind nicht aufzuteilen, weil sie bei aufrechter häuslicher Gemeinschaft (noch) nicht zur Verfügung der Ehegatten standen. Eine von einem oder beiden der Ehegatten abgeschlossene Lebensversicherung ist hingegen sehr wohl mit ihrem Rückkaufswert zum Zeitpunkt der Auflösung der Gemeinschaft zu teilen.
Auch bei einem Lotteriegewinn hat die Rechtsprechung die Zugehörigkeit zum ehelichen Vermögen bejaht.

Eheliche Schulden

Bei der Aufteilung sind Schulden, die mit dem ehelichen Vermögen „in einem inneren Zusammenhang stehen“ oder „mit dem ehelichen Lebensaufwand zusammenhängen“, zu berücksichtigen.
Das bedeutet, dass bei der Bewertung des ehelichen Vermögens derartige Schulden vom Wert abgezogen werden und in der Regel auch die Rückzahlung demjenigen auferlegt wird, der den durch die Schulden entwerteten Vermögensbestandteil übernimmt. Die Rückzahlung des Pkw-Kredites wird also üblicherweise dem Teil auferlegt, dem der Pkw bleibt, die für den Kauf oder die Einrichtung der Ehewohnung aufgenommenen Schulden demjenigen, der die Wohnung behält.
Aber auch ein Kredit, der aufgenommen wurde, um eine Reise, eine Ausbildung oder eine ärztliche Behandlung eines oder beider Ehegatten zu finanzieren, ist bei der Aufteilung in Anschlag zu bringen.
Auch die Schulden werden mit dem Betrag berücksichtigt, der zum Zeitpunkt der Auflösung der häuslichen Gemeinschaft offen war.

Hinweis

Im Zuge eines Aufteilungsverfahrens (siehe Seite 183 ff.) regelt das Gericht auch, wer die ehelichen Schulden zurückzahlen muss. Ein Aufteilungsverfahren kann sogar dann geführt werden, wenn kein Aktivvermögen vorhanden ist, sondern nur die Teilung von Schulden geregelt werden soll.

Die Anordnung des Gerichts ist allerdings nur für die geschiedenen Ehegatten selbst verpflichtend und gilt nicht gegenüber Dritten, insbesondere den Gläubigern der Ehegatten.
Vor allem Banken wählen erfahrungsgemäß bei der Einbringlichmachung nicht bezahlter und daher fällig gestellter Kredite den einfachsten Weg: die

Pfändung des Arbeitseinkommens einer Person, die weder Dienstgeber noch Aufenthaltsort häufig wechselt. Deshalb wurden immer wieder Frauen, die wegen ihrer Kinder bemüht sein müssen, in einigermaßen geordneten Verhältnissen zu leben, zur Rückzahlung der Schulden herangezogen, die eigentlich ihre geschiedenen Männer hätten zahlen müssen. Die waren aber durch Wohnsitz- und Dienstgeberwechsel, zeitweise Schwarzarbeit etc. für die Bank schwerer greifbar.
Unter dem Eindruck dieser Erfahrung wurde im Jahr 1985 der § 98 EheG eingefügt: Der sieht immerhin vor, dass über Antrag eines der Ehegatten auch derjenige Ehegatte, der durch gerichtliche Entscheidung oder Vereinbarung zwischen den Ehegatten zur Rückzahlung verpflichtet ist, auch den Gläubigern gegenüber als Hauptschuldner anzusehen ist. Der andere hat den Gläubigern gegenüber nur mehr die Stellung eines „Ausfallsbürgen".
Das bedeutet, dass der Gläubiger zunächst gegen den Hauptschuldner Exekution führen bzw. Sicherheiten, die der Hauptschuldner zur Verfügung gestellt hat, verwerten muss. Nur dann, wenn er auf diese Weise nicht in angemessener Frist seine Forderung einbringlich machen kann, darf er auch den Ausfallsbürgen belangen.
Zur Führung aussichtsloser oder besonders aufwändiger Exekutionsmaßnahmen (z. B. im Ausland) ist der Gläubiger grundsätzlich nicht verpflichtet. Auch nicht dazu, wegen einer relativ geringfügigen Geldforderung ein aufwändiges Versteigerungsverfahren hinsichtlich einer Liegenschaft des Hauptschuldners zu betreiben. Der Gläubiger hat auch ein Rekursrecht gegen die diesbezüglichen gerichtlichen Entscheidungen, wenn er meint, dass die Regelung nur zum Zweck seiner Benachteiligung erfolgte.
Das Privileg, trotz bei aufrechter Ehe eingegangener Verpflichtungen nach der Scheidung nur mehr als Ausfallsbürge zu haften, steht nur hinsichtlich der mit dem ehelichen Vermögen oder dem ehelichen Lebensaufwand zusammenhängenden Schulden zu. Wegen einer eingegangenen Mithaftung für betriebliche Kredite kann also kein Antrag nach § 98 EheG gestellt werden. Handelt es sich allerdings um eheliche Schulden, so ist das Gesetz nicht nur auf Kredite im engeren Sinne beschränkt, sondern kann auch auf Ratengeschäfte, Finanzierungsleasing, ja sogar für Wechselschulden angewendet werden, sofern der Wechsel noch nicht weitergegeben wurde.

Was nicht geteilt wird

Da nur die so genannte „eheliche Errungenschaft" geteilt werden soll, sind Vermögenswerte, die jemand schon vor der Ehe hatte, nicht Gegenstand

des Aufteilungsverfahrens. Nicht aufgeteilt werden auch Sachen, die ein Ehegatte geerbt oder geschenkt bekommen hat, die dem persönlichen Gebrauch eines Ehegatten allein oder der Ausübung seines Berufes dienen, zu einem Unternehmen gehören oder Anteile an einem Unternehmen sind, außer es handelt sich um bloße Wertanlagen.
Die diesbezügliche Rechtsprechung ist so streng, dass auch Sachen, die während einer der Ehe vorangegangenen Lebensgemeinschaft oder im Hinblick auf die bevorstehende Eheschließung erworben wurden, nicht aufgeteilt werden, sondern allfällige Ansprüche wie zwischen Lebensgefährten gesondert geltend gemacht werden müssen.
Dabei wird eine wirtschaftliche Betrachtungsweise angewendet: Wenn die während der Ehe bewirkte Wertschöpfung erheblich überwiegt, wenn z. B. für eine eingebrachte Eigentumswohnung nur eine geringe Anzahlung vor der Ehe geleistet wurde, der größte Teil des Kaufpreises jedoch durch Kreditrückzahlung während der Ehe abgestattet wurde, dann ist der Vermögenswert in die Aufteilungsmasse einzubeziehen. Zu Gunsten desjenigen, der die Sache eingebracht hat, ist der nicht der Aufteilung unterliegende Teilwert (also etwa die Anzahlung) abzuziehen.

Beispiel

So wäre z. B. der Wert eines von einem der Eheleute eingebrachten Baugrundes, auf dem während der Ehe ein Einfamilienhaus errichtet wurde, vom Wert der ganzen Liegenschaft abzuziehen und müsste dem Grundeigentümer vorweg abgegolten werden. Die Differenz zwischen dem Wert des eingebrachten Grundstückes und der Liegenschaft mit dem fertigen Haus hingegen wäre als eheliche Errungenschaft zu teilen.

Auch Geldbeträge, die man für einen Erbverzicht oder zur Abgeltung eines Pflichtteilsanspruches erhält, werden nicht aufgeteilt.
Was Schenkungen anlangt, so sind nur solche von dritter Seite der Aufteilung entzogen. Schenkungen, die die Ehegatten sich gegenseitig gemacht haben, sind sehr wohl eheliches Vermögen. Allerdings können sie auch, wenn die gesetzlichen Voraussetzungen vorliegen, ohne Rücksicht auf eine Scheidung, aber auch neben einem Aufteilungsverfahren nach den gesetzlichen Bestimmungen über den Schenkungswiderruf angefochten werden.
Bei Schenkungen durch nahe Angehörige eines der Ehegatten ist im Zweifel anzunehmen, dass die Schenkung nur für den Angehörigen und nicht für

beide bestimmt war. Hat aber z. B. ein Vater ein Grundstück der Tochter und dem Schwiegersohn je zur Hälfte geschenkt und stehen beide im Grundbuch, so liegt kein Zweifelsfall vor, sondern es wird davon ausgegangen, dass es sich eben um eine Schenkung an beide Teile gehandelt hat.
Für eingebrachte, geerbte oder durch Schenkung erworbene Vermögenswerte gilt das „Surrogationsprinzip“: Nicht nur die eingebrachten, geerbten oder geschenkten Werte selbst sind der Aufteilung entzogen, sondern auch das, was aus diesen Mitteln gekauft wurde, sofern die Herkunft der Mittel aus dem nicht der Teilung unterliegenden Vermögen nachvollzogen werden kann. Das gilt auch für Geldbeträge, die aus dem Veräußerungserlös nicht aufzuteilender Vermögenswerte, etwa dem Verkauf einer geerbten Eigentumswohnung stammen.

Tipp

Es empfiehlt sich, Kaufverträge, Kontoauszüge, Sparbücher etc., die solche Transaktionen betreffen, aufzuheben.

Erträgnisse oder Werterhöhungen nicht der Aufteilung unterliegenden Vermögens sind grundsätzlich sehr wohl zu teilen. Es gibt aber auch anderslautende Entscheidungen in Fällen, in denen der andere Ehegatte dazu überhaupt keinen Beitrag geleistet hat.
Dem „persönlichen Gebrauch eines Ehegatten allein“ dienen in der Regel Schmuck und Pelzmäntel, unter Umständen auch ein Zweitauto, welches vom Ehemann für die „grüne Witwe“ angeschafft und tatsächlich immer nur von ihr benützt wurde. Hingegen ist die Bügelmaschine, auch wenn sich der Mann ihrer nie bedient hat, eheliches Gebrauchsvermögen, da sie zum Nutzen beider verwendet wurde, ebenso der Rasenmäher, auch wenn die Frau ihn gar nicht bedienen könnte.
Was ausschließlich zur Ausübung des Hobbys eines der Ehegatten dient, unterliegt nicht der Aufteilung. Bei der Zweifelsfrage, ob eine Briefmarkensammlung nicht der Aufteilung unterliegendes Hobby des Ehemannes oder der Aufteilung unterliegende Wertanlage ist, kommt es darauf an, ob sie sich in einem Zustand befindet, in dem sie verwertbar wäre: Ist sie das, wäre sie den ehelichen Ersparnissen zuzuordnen.
Der Ausübung des Berufes können ein Pkw, ein Computer, aber auch eine Nähmaschine dienen.

Betriebliches Vermögen

Problematisch ist, dass betriebliches Vermögen der Aufteilung entzogen ist, zumal insbesondere bei Kleinbetrieben die Mitwirkung des anderen Ehepartners üblich, ja ihm sogar gesetzlich vorgeschrieben ist (siehe Seite 13 f.).
Sinn dieser Regelung war der Schutz kleiner und mittelständischer Unternehmen, denen nicht durch eine Einbeziehung in die nacheheliche Aufteilung das zu ihrem Weiterbestehen nötige Kapital entzogen werden sollte. (Nur zum Vergleich: Anlässlich der Verzehnfachung der Geschäftsmieten zwischen 1993 und 2003 zeigte der Gesetzgeber viel weniger Besorgnis um den Weiterbestand kleiner und mittlerer Unternehmen als seinerzeit bei der Familienrechtsreform.)
Es unterliegen daher auch Unternehmen, die typischerweise innerhalb der Familie betrieben werden, wie ein landwirtschaftlicher Betrieb, ein Heuriger, eine Privatzimmervermietung, ja selbst ein Zinshaus nicht der Aufteilung. Ein im Anlagevermögen des Unternehmens stehender Pkw, eine Liegenschaft, die als Unternehmenssitz benützt wird, sind betriebliches Vermögen und nicht aufzuteilen.
Ja sogar dann, wenn als Ehewohnung eine Eigentumswohnung oder ein Haus dient, das nur privat benützt wird, jedoch bis zur Höhe des Wertes als Sachhaftung für einen Unternehmenskredit dient, wird von der Rechtsprechung unterstellt, die Wohnung (das Haus) wäre betrieblichen Zwecken gewidmet worden, sodass in einem solchen Fall nicht einmal die Ehewohnung zu teilen wäre.
Selbstverständlich ist auch eine Lebensversicherung, die für einen Unternehmenskredit vinkuliert wurde, nicht mehr Bestandteil des ehelichen Vermögens.
Gewinne, aber auch Schwarzgeld, werden als eheliche Ersparnisse angesehen, sobald sie für private Zwecke gewidmet, also dem Betrieb entnommen wurden; andernfalls bleiben sie im Betriebsvermögen.
Unternehmensbeteiligungen werden nicht aufgeteilt, sofern ein maßgeblicher Einfluss auf die Unternehmensführung oder eine Mitwirkung daran gegeben sind, was bei einer Beteiligung an einer Personengesellschaft oder einer Gesellschaft mit beschränkter Haftung regelmäßig der Fall ist. Die Beteiligung an einer Aktiengesellschaft hingegen wird nur dann als eine der Vermögensteilung entzogene Unternehmensbeteiligung angesehen, wenn der Aktionär zumindest eine Sperrminorität hat. Der Kauf von

Aktien oder Aktienfonds hingegen ist lediglich eine Wertanlage und gilt daher als eheliche Ersparnis.
Um die „Gestaltungsmöglichkeiten" von Unternehmern zu Lasten ihrer Ehegatten etwas einzudämmen, wurde im § 91 EheG („Ausgleich von Benachteiligungen") vorgesehen, dass der Wert ehelichen Vermögens, das in ein Unternehmen eingebracht oder dafür verwendet wurde, in die Aufteilung einzubeziehen ist. Das ist z. B. der Fall, wenn ein während der Ehe angespartes Sparbuch zur vorzeitigen Tilgung eines Betriebskredites verwendet wurde, um die hohen Zinsen zu ersparen, und bei der bald darauf erfolgenden Scheidung der Ehemann ein schuldenfreies Unternehmen, aber leider gar kein der Aufteilung unterliegendes Privatvermögen mehr hat.
Diese Bestimmung wird allerdings eingeschränkt. So ist zu berücksichtigen, inwieweit jedem Ehegatten durch die Verwendung des ehelichen Vermögens für betriebliche Zwecke Vorteile entstanden sind und inwieweit die eingebrachten ehelichen Ersparnisse nicht ohnedies aus den Gewinnen des Unternehmens stammen. Der Absatz schließt mit den mahnenden Worten: „Der Bestand des Unternehmens darf durch die Aufteilung nicht gefährdet werden."
Auch wenn eine Sache, die während der Ehe von beiden Partnern benützt wurde, in Wahrheit zum betrieblichen Vermögen gehört und daher einem der Ehegatten nach der Auflösung der Ehe nicht mehr zur Verfügung steht, ist sie bei der Aufteilung „angemessen zu berücksichtigen": etwa ein vom Unternehmen geleaster Pkw, der zur freien Verfügung der Ehefrau des Unternehmers stand, aber auch Bilder und Teppiche, die für das Unternehmen angeschafft wurden, sich aber bis zur Scheidung in der Privatwohnung befanden.
Gelegentlich wird die offensichtliche Benachteiligung eines Ehegatten, dem nach der Scheidung das Unternehmen nicht verbleibt, durch eine höhere Quote aus der Teilung des Privatvermögens abgegolten. Dies ist allerdings nur möglich, wenn Privatvermögen überhaupt vorhanden ist.
Haben in Wahrheit beide Eheleute mit vollem Engagement im Betrieb gearbeitet, könnte man unter Umständen auch das Vorliegen einer so genannten Bürgerlichen Erwerbsgesellschaft annehmen und über diesen Umweg versuchen, eine Teilung des Betriebserfolges zu erreichen.
Insgesamt ist jedoch die rechtliche Situation – insbesondere der Ehefrauen von Unternehmern, Ehemänner von Unternehmerinnen sind selten in gleicher Weise an den Betrieb ihrer Gattin gebunden – nicht befriedigend geregelt.

Tipp

Sind Sie in einer solchen Situation, sollten Sie bemüht sein, zumindest einige Vorsichtsmaßnahmen zu ergreifen:

- Sie sollten über die Ehewohnung verfügungsberechtigt sein. Das ist möglich, weil der unternehmende Ehemann im Frühstadium der Ehe Gläubiger und Finanzamt noch mehr fürchtet als die Ehefrau und daher eine bücherliche Einverleibung ihres Eigentums an der Ehewohnung oft selbst anregt, allerdings leider meistens mit Eigentumsbeschränkungen oder Treuhandvereinbarungen zu seinen Gunsten. Wirken Sie nicht sehenden Auges daran mit, dass hohe Betriebskredite auf der Ehewohnung sichergestellt werden.
- Stimmen Sie nicht zu, dass privates Vermögen zur Rückzahlung betrieblicher Kredite oder zur Finanzierung betrieblicher Investitionen verwendet wird – schon gar nicht Ihr eigenes, der Aufteilung gar nicht unterliegendes Vermögen, wie ein von Ihrer Großmutter geerbtes Sparbuch.
- Sollten Sie im Betrieb des Mannes mitwirken, bestehen Sie auf einer Anstellung zu einem leistungsgerechten Gehalt (siehe Seite 168). Akzeptieren Sie auch nicht, dass Sie jeweils nur einige Monate beschäftigt und dann „in die Arbeitslose geschickt“ werden, was zwar dem Mann Geld spart und dennoch der ganzen Familie eine ASVG-Krankenversicherung sichert, aber für Ihre Abfertigungsansprüche und Ihre Eigenpension verheerende Folgen hat.
- Sollte der Mann eine Anstellung kategorisch ablehnen („weil die Firma das nicht trägt“), bestehen Sie auf einer Beteiligung als Stille Gesellschafterin oder im Rahmen einer Gesellschaft Bürgerlichen Rechts. Ist der Mann auch dazu nicht bereit, üben Sie Ihre Tätigkeit so aus, dass sie für andere Angestellte, Kunden und Lieferanten wahrnehmbar ist, um sich gegebenenfalls im Streitfall die Möglichkeit zu wahren, als Angestellte oder Gesellschafterin anerkannt zu werden.

Ehewohnung und Hausrat

Besondere Bestimmungen gelten für Ehewohnung und Hausrat. Unter der Ehewohnung ist die Wohnung zu verstehen, in der Eheleute gemeinsam leben oder zuletzt im gemeinsamen Haushalt gelebt haben, oder die sie zum Ort des gemeinsamen Wohnens gewidmet haben. Als Ehewohnung ist ein Objekt auch anzusehen, wenn es von einem der Ehegatten auch beruflich genützt wird oder in einem Haus liegt, das zu einem Unternehmen gehört. Die Ehewohnung und der Hausrat sind auch dann in die Aufteilung einzubeziehen, wenn sie von einem der Ehepartner in die Ehe eingebracht, geerbt oder ihm von einem Dritten geschenkt wurden, allerdings nur dann, wenn der andere auf die Weiterbenützung zur Sicherung seiner Lebensbedürfnisse angewiesen ist. Bei der Wohnung gilt das auch, wenn ein gemeinsames Kind einen berücksichtigungswürdigen Bedarf an der Weiterbenützung hat.

Der existenzielle Bedarf an der Ehewohnung wird allerdings von der Rechtsprechung bereits verneint, wenn eine zur Beschaffung einer anderen Wohnung hinreichende Ausgleichszahlung zur Verfügung gestellt wird.
Ansonsten wird die Ehewohnung im Rahmen des Aufteilungsverfahrens einem der geschiedenen Ehegatten zugewiesen, wobei der dringendere Bedarf, insbesondere unter Berücksichtigung von Kindern, aber auch wirtschaftliche Erwägungen, die maßgeblichen Kriterien sind. So wird z. B. auch der Ehefrau, in deren Pflege und Erziehung sich die gemeinsamen Kinder befinden, mit der Zuweisung einer teuren Mietwohnung, deren monatliche Kosten den größeren Teil ihres monatlichen Einkommens oder des Unterhaltes verschlingen, nicht wirklich gedient sein: Eine Ausgleichszahlung zur Beschaffung einer kostengünstigen Wohnung könnte in einem solchen Fall zweckmäßiger sein.
An sich könnte aber das Gericht im Zuge der Aufteilung sowohl das Eigentum als auch andere dinglichen Rechte (verbüchertes Wohnrecht oder Fruchtgenussrecht) an der Ehewohnung von einem Ehegatten auf den anderen übertragen oder aber z. B. zu Gunsten der Frau ein Wohnungsrecht oder Mietrecht am Haus oder der Eigentumswohnung des Mannes begründen. Bei einer Mietwohnung kann das Gericht die Mietrechte von einem Ehegatten an den anderen übertragen oder bestimmen, dass gemeinsame Mietrechte in Zukunft nur mehr von einem der Ehegatten fortgesetzt werden. Der Vermieter hat diese Entscheidung zu akzeptieren.
Handelt es sich bei der Ehewohnung um eine Dienstwohnung, so ist allerdings die Zustimmung des Dienstgebers zur Übertragung der Benützung an den anderen Ehegatten erforderlich, wenn die Wohnung überwiegend der Erfüllung der Dienstpflicht dient (Hausbesorgerwohnung) oder als Teil des Entgeltes dem Dienstnehmer zur Verfügung gestellt wurde bzw. vom Dienstnehmer kein oder nur ein unüblich niedriges Entgelt für die Wohnung entrichtet wird.
In derartigen Fällen muss das Gericht ein angemessenes Benützungsentgelt (in der Höhe des ortsüblichen Mietzinses) festsetzen, das der die Dienstwohnung des anderen weiterbenützende geschiedene Ehegatte zu bezahlen hat.

Hinweis

Das vom Gericht begründete Wohnrecht an der Dienstwohnung des anderen erlischt im Fall der Wiederverehelichung.

Aufteilungsgrundsätze

Die Aufteilung ehelichen Vermögens erfolgt nicht nach einer vom Gesetz vorgegebenen Quote, sondern „nach Billigkeit“. Dies bedeutet, dass bei der Vermögensteilung auf den Beitrag beider Eheleute zur Anschaffung des ehelichen Vermögens Bedacht zu nehmen ist. Dabei werden als Beitrag auch die Führung des gemeinsamen Haushalts, die Pflege und Erziehung gemeinsamer Kinder, aber auch die Mitwirkung im Erwerb (wenn nicht anders abgegolten) und jeder sonstige eheliche Beistand gewertet.
Auch auf das Wohl der minderjährigen Kinder ist bei der Aufteilung Bedacht zu nehmen.
Das heißt also, dass die Aufteilung nicht streng rechnerisch vorzunehmen ist, allerdings wird in der überwiegenden Zahl der Fälle jedem der Ehegatten ungefähr die Hälfte des Vermögens zuerkannt, da in der Regel beide, wie es ja auch im Allgemeinen bürgerlichen Gesetzbuch von ihnen verlangt wird, nach ihren Kräften zur Deckung der Bedürfnisse der Familie beigetragen haben.
Die Bestimmung, wonach der haushaltsführende Ehepartner damit einen gleichwertigen Beitrag leistet, wird insoweit ernst genommen, als Berufstätigkeit des Ehemannes einerseits und alleinige Haushaltsführung und Kindererziehung durch die Frau andererseits bei durchschnittlichen Lebensverhältnissen zu einer Quote 50 : 50 führen. Lediglich wenn der Mann mit großem Einsatz ein überdurchschnittliches Einkommen erzielt und andererseits die Haushaltsführung der Frau z. B. durch Hausgehilfin, Kindermädchen etc. sehr erleichtert wird, wäre eine für den Mann günstigere Quote denkbar. Auch wenn der Ehemann in weit höherem Umfang als die Frau Eigenleistungen für den Bau eines Hauses erbracht hat, ist ein Abgehen vom Aufteilungsschlüssel 50 : 50 denkbar.
Hingegen wurde das eheliche Vermögen im Verhältnis 60 : 40 zu Gunsten einer Frau geteilt, die einerseits berufstätig war, andererseits sich aber allein um Haushalt und Kind kümmerte, um das berufliche Fortkommen ihres Ehegatten zu fördern.
In den Entscheidungen wird auch immer wieder darauf hingewiesen, dass sparsame Haushaltsführung und Konsumverzicht (durch die Frau) gleichfalls ein Beitrag zum Erwerb des ehelichen Vermögens sind. Das „Wohl der Kinder“ wird vor allem bei der Zuteilung der Ehewohnung, aber auch bei der Erhaltung von Freizeitmöglichkeiten (Badehütte an der Donau) berücksichtigt.

Die Interessen großjähriger Kinder haben keinen Einfluss auf die Vermögensteilung, auch die Erhaltung von Vermögenswerten, um Kindern „ihr Erbe" zu sichern, ist kein Kriterium der Aufteilung.

Verschulden an der Scheidung

Das Verschulden an der Scheidung wurde im Gesetz ausdrücklich nicht als Aufteilungskriterium angeführt, weil die Teilung des oft in jahrzehntelanger Ehe erworbenen Vermögens nicht vom – für den früheren Verlauf der Ehe oft gar nicht charakteristischen – Ergebnis des Scheidungsverfahrens abhängig sein sollte und die Vermögensteilung auch nicht als Mittel zur Belohnung oder Bestrafung für eheliches Wohlverhalten dienen soll.
Die Rechtsprechung ist jedoch schon bald nach Inkrafttreten der Bestimmungen über die Aufteilung zu dem Ergebnis gelangt, dass das Verschulden an der Zerrüttung auch nicht gänzlich außer Betracht bleiben soll.
Dem schuldlosen Ehegatten wird zugestanden, dass er/sie auch nach der Teilung des Vermögens „wohlbestehen" können soll. Es soll also die Beibehaltung der Lebensumstände ermöglicht werden. Daher kann der schuldlose Teil wählen, wie die Teilung erfolgen soll, ob z. B. die schuldlos geschiedene Ehefrau (samt Kindern) in der Ehewohnung verbleiben möchte. Bei dieser Frage geht allerdings das Wohl der Kinder vor: Es wird daher die schuldig geschiedene Ehefrau, bei der die Kinder leben, eher die Zuweisung der Ehewohnung erreichen können als der schuldlose Ehemann, dem man die Beschaffung einer Wohnung für seine Person leichter zumuten kann als Frau und Kindern. Handelt es sich aber um ein kinderloses Ehepaar oder würden die Kinder nicht mehr bei den Eltern leben, würde die Wahl des schuldlosen Teils für die Zuweisung der Wohnung den Ausschlag geben.
Auch bei der Leistung einer allfälligen Ausgleichszahlung wird in der Regel berücksichtigt, dass sie der (schuldlos) Geschiedene unter Wahrung seiner eigenen Existenzgrundlage aufbringen kann.
Andererseits besteht aber der Grundsatz, dass die Aufteilung keinesfalls zur „Enteignung" des anderen führen darf. Es wird also von dem Teil, der einen Vermögenswert übernimmt, sehr wohl erwartet, dass er dem anderen so viel leistet, wie er mit größtmöglicher Einschränkung eigener Bedürfnisse aufzubringen vermag – also keinesfalls nur das, was „leicht zu leisten ist".

Gerechte Teilung oder Ausgleichszahlung

Die Aufteilung des ehelichen Vermögens soll grundsätzlich so erfolgen, dass die vorhandenen Vermögenswerte auf die Eheleute entsprechend der vom

Gericht für richtig befundenen Quote verteilt werden. Es wird also keineswegs jedes Sparguthaben, jedes Wertpapierdepot, jedes Silberbesteck zur Hälfte geteilt und jedem Ehegatten eine Hälfte zugewiesen, es wird aber auch nicht, wie Männer ihren Ehefrauen häufig androhen, „alles verkauft oder versteigert und der Erlös aufgeteilt". Im Gegenteil, die Anordnung der Veräußerung einer Sache und Teilung des Erlöses ist eine Ausnahme, deren Zulässigkeit strittig ist.

Lässt sich durch Zuweisung der Sachwerte (z. B. Eigentumswohnung, offenes Darlehen, Hausrat einschließlich Silberbesteck an den einen, Pkw, Sparbuch, Wertpapierdepot an den anderen) keine gerechte Teilung erzielen, hat das Gericht „einem Ehegatten eine billige Ausgleichszahlung an den anderen" aufzuerlegen.

Die Zahlung kann gestundet oder in Raten beglichen werden, ist aber der andere Teil auf eine sofortige Auszahlung angewiesen, so kann dem Zahlungspflichtigen auch die Aufnahme eines Kredites zugemutet werden.

Die für eine gerechte Teilung notwendige Bewertung des aufzuteilenden Vermögens soll dem Wert zum Zeitpunkt der Aufteilung entsprechen. Dabei kommen allerdings Wertsteigerungen seit dem Zeitpunkt der Auflösung der häuslichen Gemeinschaft, die nur auf einen der geschiedenen Ehegatten zurückgehen, auch nur diesem zugute, während Wertveränderungen, die sich ohne Zutun der Ehegatten ergeben, aufgeteilt werden.

Beispiel

Ist z. B. der Ehemann aus der Ehewohnung, einer Eigentumswohnung, ausgezogen, und hat die Frau seit seinem Auszug alle Wohnungskosten, daher auch die Annuitäten getragen und damit das Darlehen, das zur Wohnungsanschaffung aufgenommen wurde, teilweise getilgt und so den Wert der Wohnung erhöht, so wird bei der Aufteilung von der Höhe der Schulden im Zeitpunkt seines Auszuges ausgegangen. Eine Wertsteigerung der Wohnung, durch Steigen der Immobilienpreise, käme aber auch dem Mann zugute.

In einem solchen Fall würde der Wert der Wohnung zum Zeitpunkt der gerichtlichen Aufteilung ermittelt, davon das offene Darlehen zum Zeitpunkt der Trennung abgezogen, die Differenz wäre zu teilen.

Wäre der Wert der Wohnung nur wegen Investitionen der Frau (z. B. Installation einer Etagenheizung nach Auszug des Ehemannes) gestiegen, müsste vom Wohnungswert zum Zeitpunkt der Trennung (also ohne Etagenheizung) ausgegangen werden. Wäre die Belastung der Wohnung nach der Trennung durch Kursschwankungen eines endfälligen Fremdwährungsdarlehens gestiegen, wäre von der Belastung zum Zeitpunkt des Aufteilungsverfahrens auszugehen.

Ein weiterer wesentlicher Aufteilungsgrundsatz besagt, dass die Aufteilung so vorgenommen werden soll, dass sich die Lebensbereiche der geschiedenen Ehegatten künftig möglichst wenig berühren. Die Teilung eines großen Gartengrundstückes in zwei aneinander grenzende kleinere Gärten, die Schaffung einer im Erdgeschoss und einer im ersten Stock liegenden Eigentumswohnung in einem einstöckigen Einfamilienhaus können daher wohl im Einvernehmen der geschiedenen Gatten, nicht aber durch gerichtliche Entscheidung erfolgen.

Das Aufteilungsverfahren

Die Aufteilung ehelichen Vermögens sollte nach Möglichkeit im Einvernehmen zwischen den ehemaligen Ehegatten erfolgen. Wenn sich dies allerdings weder im Zuge des Scheidungsverfahrens noch danach erzielen lässt, kann jeder der Ehegatten eine gerichtliche Entscheidung begehren. Zuständig ist das Bezirksgericht, in dessen Sprengel der letzte gemeinsame gewöhnliche Aufenthalt der geschiedenen Eheleute liegt.

Die Frist

Besonders zu beachten ist in diesem Zusammenhang, dass der Aufteilungsantrag innerhalb einer *einjährigen Frist* ab formeller Rechtskraft (Unanfechtbarkeit) der Scheidung gestellt werden muss. Diese Frist kann auch im Einvernehmen der Parteien nicht verlängert werden, der Antrag muss überdies am letzten Tag der Frist beim Gericht eingelangt sein (während z. B. für die Rechtzeitigkeit eines Rechtsmittels im Scheidungsverfahren Postaufgabe am letzten Tag genügen würde). Die Frist beginnt auch bereits zu laufen, wenn erst über die Scheidung rechtskräftig entschieden ist, aber noch nicht über das Verschulden, obgleich doch das Verschulden für das Teilungsverfahren eine gewisse Rolle spielt.

Hinweis

Eine besondere Gefahr, die Frist zu versäumen, besteht, wenn das Scheidungsurteil mündlich verkündet wird und die Parteien auf Rechtsmittel verzichten: Das Urteil wird formell rechtskräftig, aber oft erst Monate später schriftlich ausgefertigt und zugestellt, der Rechtskraftvermerk des Gerichts gibt das Datum der materiellen Rechtskraft (Zustellung an die Parteien) an: Die Jahresfrist für die Aufteilung hat aber bereits am Tage der Urteilsverkündung und des Rechtsmittelverzichts begonnen!

Wird der Antrag nicht rechtzeitig eingebracht, so erlischt der Aufteilungsanspruch.

In diesem Fall ist die Vermögensauseinandersetzung entsprechend den sonstigen gesetzlichen Bestimmungen möglich: Vor allem Miteigentümer einer Liegenschaft, auch einer Wohnung, an welcher Ehegatten-Wohnungseigentum besteht, können eine Teilungsklage gegeneinander einbringen.

Die Teilungsklage hat zur Folge, dass die Liegenschaft, wenn dies möglich ist, in der Natur geteilt (z. B. ein Grundstück, das aus zwei Parzellen besteht) oder aber versteigert und der Erlös geteilt wird. Die Teilung erfolgt entsprechend den im Grundbuch eingetragenen Anteilen, die besonderen Kriterien, die im Aufteilungsverfahren berücksichtigt worden wären, wie Beiträge beider Teile zur Anschaffung, besondere persönliche Leistungen etc., sind unbeachtlich.

Steht jedoch eheliches Vermögen, egal ob Liegenschaft, Sparbuch oder Pkw, im Alleineigentum eines der geschiedenen Ehegatten, und versäumt der andere die Frist, so findet überhaupt kein Vermögensausgleich statt.

Auch Geschiedene, die gemeinsam Mieter einer von beiden beanspruchten Wohnung sind, werden vor schwer zu lösende Probleme gestellt, wenn sie die Frist für den Aufteilungsantrag versäumen.

Durch den rechtzeitig eingebrachten Aufteilungsantrag wird festgelegt, über welche Bestandteile des ehelichen Vermögens das Verfahren geführt werden soll. Innerhalb dieses durch die rechtzeitigen Anträge gesteckten Rahmens können aber auch nach Ablauf der Jahresfrist neue Anträge gestellt werden. Hat also z. B. jemand die Zuweisung der Ehewohnung rechtzeitig beantragt, könnte er auch noch bis zum Schluss des Verfahrens (etwa nach Vorliegen eines Gutachtens, das einen besonders hohen Verkehrswert der Wohnung ergibt) den Antrag auf Übertragung der Wohnung an den anderen gegen Leistung einer angemessenen Ausgleichszahlung modifizieren.

Stirbt ein geschiedener Ehegatte während des Aufteilungsverfahrens oder vor Ablauf der Jahresfrist, so kann der Anspruch auch von seinen Erben weiterverfolgt werden.

Beispiel

Hat ein zerstrittenes geschiedenes Ehepaar verschiedene Kinder zu Erben eingesetzt und verstirbt es während oder vor Beginn des Aufteilungsverfahrens, so könnte die Vermögensteilung zwischen den Kindern der Verstorbenen ausgetragen werden.

Befugnisse des Gerichts

Im Rahmen des Aufteilungsverfahrens hat das Gericht umfangreiche Befugnisse. Nicht nur in Bezug auf die Ehewohnung kann das Gericht die Übertragung von Eigentum, die Begründung von dinglichen Rechten oder schuldrechtlichen Rechtsverhältnissen anordnen, sondern auch hinsichtlich der sonstigen Bestandteile des ehelichen Gebrauchsvermögens. Die Übertragung des Eigentums an Liegenschaften oder die Begründung von dinglichen Rechten daran darf aber nur angeordnet werden, „wenn eine billige Regelung in anderer Weise nicht erzielt werden kann" (§ 90 EheG). Für die vom Gericht aufgetragenen Leistungen (z. B. Räumung der Ehewohnung durch den einen, Leistung einer Ausgleichszahlung durch den anderen) werden auch entsprechende Fristen festgesetzt, die durchaus individuell gestaltet werden können.
Wird einem Teil die Leistung der Ausgleichzahlung in Raten oder unter Setzung einer längeren Frist eingeräumt, so kann dem anderen auch ein Pfandrecht an einer im Eigentum des Zahlungspflichtigen stehenden Liegenschaft eingeräumt werden.
Das Gericht kann nach dem Ergebnis des Aufteilungsverfahrens und dem den Parteien entsprechenden Aufwand auch einem von beiden einen angemessenen Kostenersatz auferlegen. Dieser Kostenzuspruch erfolgt zwar nicht nach so strengen Regeln wie im Zivilverfahren, wer allerdings unrealistische Anträge stellt und hohen Verfahrensaufwand verursacht, muss im Aufteilungsverfahren damit rechnen, im Falle der Erfolglosigkeit seiner Bemühungen dem anderen zumindest einen Teil von dessen Kosten ersetzen zu müssen, die sehr hoch sein können.

Gebühren

Für die Einbringung eines Aufteilungsantrages fallen zwar nur Gerichtsgebühren in der Höhe von 191 Euro an, die Anwaltskosten eines Aufteilungsverfahrens richten sich jedoch nach der Höhe des gesamten aufzuteilenden Vermögens bzw. der aufzuteilenden Schulden.
Eine Bemessungsgrundlage von mehr als 70.000 Euro ist daher selbst in einem Verfahren, bei dem nur eine Genossenschaftswohnung, eine neue Wohnungseinrichtung, der zu ihrem Zweck aufgenommene Kredit, zwei Pkw, vier Bausparverträge, ein Motorrad, etwas Schmuck und eine Goldmünzensammlung aufzuteilen sind, schnell erreicht. Bei dieser Bemessungsgrundlage kostet aber jeder anwaltliche Schriftsatz bereits 684,60 Euro, ebenso

die erste Stunde Verhandlung (jede weitere begonnene Stunde die Hälfte), jeweils zusätzlich 50 Prozent Einheitssatz als Zuschlag für Nebenleistungen und 20 Prozent Umsatzsteuer. Ist Liegenschaftsvermögen vorhanden, sind Bemessungsgrundlage und Kosten oft auch wesentlich höher. Dazu kommen Sachverständigengebühren, wenn der Wert von Liegenschaft, Einrichtung oder Schmuck geschätzt werden muss. Ein strittiges Aufteilungsverfahren kann daher mehr als alle anderen familienrechtlichen Verfahren das aufzuteilende Vermögen erheblich verringern.

Der Schutz des ehelichen Vermögens

Bei aufrechter Ehe, innerhalb der einjährigen Frist zur Stellung des Aufteilungsantrages und, wird ein solcher Antrag gestellt, bis zur Beendigung des Aufteilungsverfahrens gibt es verschiedene gesetzliche Regelungen, die eheliches Vermögen vor dem ungerechtfertigten Zugriff des anderen schützen sollen.
So gilt der im ABGB generell geregelte Schutz des Besitzes vor eigenmächtigen Störungen auch im Verhältnis zwischen (noch) Verheirateten. Ehegatten gelten nach ständiger Rechtsprechung als Mitbesitzer der Ehewohnung und aller darin befindlichen Gegenstände bzw. der mit der Benützung der Wohnung verbundenen Rechte, wie z. B. der Mietrechte, aber auch der Rechte aus Bezugsverträgen betreffend Gas, Strom, Telefon, Radio, TV etc.
Dieser Mitbesitz geht noch nicht verloren, wenn einer der Ehepartner die Wohnung (vorübergehend) verlässt.

Hinweis

Eheleute müssen sich wechselseitig stets den ungehinderten Zutritt zur Ehewohnung gestatten. Wer eigenmächtig ein Schloss ändert oder ein Zusatzschloss anbringt, muss damit rechnen, zur Herausgabe eines dazu passenden Schlüssels verurteilt zu werden.

Bei berechtigter Furcht vor der Gewalttätigkeit des Partners müsste man die entsprechenden Schritte zu seiner Ausweisung stellen, um ihn zumindest für längere Zeit an der Benützung der Wohnung zu hindern (siehe Seite 53 ff.).

Besitzstörung

Auch die Entfernung von Gegenständen, die bisher dem gemeinsamen Gebrauch gedient haben, ist unstatthaft und kann vom anderen Teil mit Be-

sitzstörungsklage verfolgt werden. Dabei ist es unerheblich, in wessen Eigentum der Gegenstand steht, ja selbst, ob er der Aufteilung unterliegen würde.

Beispiel

Wenn z. B. im Wohnzimmer eines Ehepaares ein wertvolles Gemälde hängt, welches der Ehemann von seiner Großmutter geerbt hat, so hat die Ehefrau an diesem Bild, das sie täglich gesehen hat, Mitbesitz.
Zieht der Ehemann aus der Wohnung aus, wäre die Mitnahme des Bildes eine Besitzstörung, die Frau könnte mit einer entsprechenden Klage erreichen, dass der Mann das Bild wieder zurückstellen muss, obgleich unzweifelhaft ist, dass es in einem nachehelichen Aufteilungsverfahren als Erbe des Mannes der Teilung entzogen wäre und dem Mann ohne Leistung einer Ausgleichszahlung verbleiben müsste.

Die Kündigung der vorher genannten Bezugsverträge betreffend Energieversorgung der Wohnung etc. ist ebenfalls eine Besitzstörung, ebenso die Sperre der entsprechenden Anschlüsse durch Nichtzahlung der Rechnungen. Überhaupt stellt jede eigenmächtige Änderung der bisherigen Gebrauchsordnung eine Besitzstörung dar.

Störung der bisherigen Gebrauchsordnung

Im Zuge von eskalierenden Ehestreitigkeiten versuchen Ehemänner gelegentlich die Frau zu schikanieren, indem sie z. B. Besuche ihrer Familienangehörigen untersagen. Hatte die Frau aber auch zuvor regelmäßig Besuch von ihrer Mutter oder Schwester oder haben derartige Personen zeitweise während berufsbedingter Abwesenheit der Ehefrau die Kinder betreut, so wäre die Unterbindung dieser Besuche eine Störung der bisherigen Gebrauchsordnung. Ein derartiges „Verbot" des Ehemannes müsste nicht beachtet werden, der Ehemann seinerseits hätte keine rechtliche Handhabe, die Besuche im bisher üblichen Umfang zu verhindern.
Der Besitzschutz erstreckt sich auch auf Zweitwohnungen, sofern sie von beiden Teilen benützt werden, aber auch auf einen, wenngleich nicht in gleichem Maße benützten Pkw: Konnte die Ehefrau das Auto während der Ehe für bestimmte Fahrten benützen, so stellt die Weigerung des Ehemannes, es ihr für eine derartige Verwendung wieder zur Verfügung zu stellen, eine Besitzstörung dar.
Der Besitzschutz wird im Gesetz so ernst genommen, dass dem Besitzer sogar Selbsthilfe zugebilligt wird. Die Frau, die z. B. mit den Kindern zur

orthopädischen Untersuchung fahren möchte, wäre durchaus berechtigt, Autoschlüssel und Zulassungsschein – sofern sie diese findet – an sich und den Pkw in Betrieb zu nehmen.
Die Selbsthilfe ist allerdings nur zulässig, wenn „gerichtliche Hilfe zu spät kommen würde". Überdies muss unverzüglich diese gerichtliche Hilfe in Anspruch genommen, also eine Besitzstörungsklage eingebracht werden.

Besitzstörungsklage

Für Besitzstörungsklagen ist das Bezirksgericht am Ort der Störung oder am Wohnsitz des Störers zuständig.
Die Besitzstörungsklage ist innerhalb einer Frist von 30 Tagen ab Kenntnis der Störung und des Störers einzubringen, sie muss am letzen Tag der Frist bereits beim Gericht eingelangt sein. Das Klagebegehren muss auf Feststellung der Störung, Wiederherstellung des früheren Zustandes und Unterlassung weiterer Störungen gerichtet sein.
Kommt etwa eine Ehefrau nach einem vierwöchigen Urlaub nach Hause und muss feststellen, dass ihr Wohnungsschlüssel die Eingangstür der Wohnung nicht mehr sperrt, so beginnt die 30-tägige Frist erst am Tag der Rückkehr zu laufen, auch wenn der Mann die Schlösser bereits gleich nach ihrer Abreise ausgetauscht hat.
Über Besitzstörungsklagen ist von den Gerichten ehestens eine Verhandlung anzuberaumen, das Beweisverfahren beschränkt sich auf die Frage des letzten ruhigen Besitzstandes, die erfolgte Störung und die Rechtzeitigkeit der Klage.
Die klagende Partei muss beweisen, dass sie vor der Störung ruhigen Besitz (an der Wohnung, am Telefonanschluss, am Pkw etc.) hatte und dass dieser ruhige Besitz durch einen eigenmächtigen Eingriff des Beklagten (Änderung des Türschlosses, Sperre des Telefonanschlusses, Wegnahme der Autoschlüssel) innerhalb der letzten 30 Tage vor Klagseinbringung gestört wurde. Dann stellt das Gericht mit dem so genannten „Endbeschluss" die Tatsache der Störung fest, trägt dem Beklagten die Wiederherstellung des früheren Zustandes (durch Herausgabe von Schlüsseln, Bezahlung der Telefonrechnung etc.) und die Unterlassung weiterer derartiger Störungshandlungen auf.
Im Zuge eines Besitzstörungsverfahrens kann man auch eine „einstweilige Vorkehrung" beantragen. Sie wird dann erlassen, wenn dies zur Vermeidung eines unwiederbringlichen Schadens oder zur Verhütung von Gewalttätig-

keiten erforderlich ist. Aus der Wohnung ausgesperrt zu sein ist ein Fall „unwiederbringlichen Schadens“.
Wird die Frist zur Klagseinbringung versäumt, so können nur mehr Ansprüche geltend gemacht werden, die sich auf ein über den bloßen Besitz hinausgehendes Recht stützen. So wird die Mitmieterin oder Miteigentümerin einer Wohnung oder eines Hauses auch mit einer Klage auf Duldung ihres Zutrittes Erfolg haben, allerdings erst nach einem weitaus längeren und kostspieligeren Verfahren. Ansprüche, die sich nur aus dem Besitz ergeben, wie z. B. auf Benützung einer auf den Namen des Mannes lautenden Telefonanlage oder Ähnliches, gibt es nach versäumter Frist jedoch nicht mehr.

Hinweis

Zu bedenken ist, dass Besitzschutz nur am „ruhigen“, also ungestörten, Besitz besteht. Nehmen Sie also hin, dass Ihr Mann in Ihrer Abwesenheit regelmäßig in die von ihm verlassene Wohnung kommt und Fernsehgerät, Kaffeemaschine, Fischbesteck etc. nach Lust und Laune fortschleppt, könnten Sie ein Problem bekommen, wenn Sie die Mitnahme des gesamten Weihnachtsbaumschmuckes schließlich doch zum Gegenstand einer Besitzstörungsklage machen wollen: Ob Sie an der Ehewohnung überhaupt noch ungestörten Besitz haben, wäre zumindest fraglich.

Grundsätzlich sollte man daher eigenmächtigen Besitzstörungen des anderen Partners, wenn sie nicht völlig unbedeutend sind, sofort entgegentreten – zunächst mit einer schriftlichen Aufforderung, den früheren Zustand wiederherzustellen, sollte dies nichts fruchten, mit einer (rechtzeitig eingebrachten!) Klage.
Für Besitzstörungsklagen fallen nur Gerichtsgebühren von 47 Euro an. Auch die Anwaltskosten eines Besitzstörungsverfahrens sind relativ niedrig, der so genannte Streitwert eines solchen Verfahrens ist im Rechtsanwaltstarifgesetz mit 580 Euro festgesetzt, daraus ergeben sich Kosten der Klage und der jeweils ersten Verhandlung von 69,60 Euro. Jede weitere angefangene halbe Stunde kostet die Hälfte, zuzüglich 60 Prozent Zuschlag für Nebenleistungen und 20 Prozent Umsatzsteuer.

Schutz der Wohnung

Zum Schutz von Eheleuten, die auf eine Wohnung angewiesen sind, über die der andere Partner verfügungsberechtigt ist, wurde 1976 der § 97 ABGB eingeführt. Er ordnet an, dass der verfügungsberechtigte Ehegatte alles

unterlassen und vorkehren muss, damit der andere die Wohnung nicht verliert. Damit ist dem Verfügungsberechtigten nicht nur verboten, die Wohnung aufzukündigen oder zu verkaufen, er muss auch aktiv für die Erhaltung der Wohnung Sorge tragen, also z. B. Miete oder Darlehensraten bezahlen. Auch dieser Anspruch gilt während der ganzen Ehe, unabhängig von einem Scheidungsverfahren und auch nach der Scheidung bis zum Ende des Aufteilungsverfahrens.

Geschützt ist vor allem die Ehewohnung, unter Umständen aber auch eine andere Wohnung, an der ein Ehegatte ein dringendes Wohnbedürfnis hat, über die aber der andere verfügungsberechtigt ist.

Der Schutz gilt nicht für einen Ehegatten, der aus der betreffenden Wohnung bereits ausgezogen ist, da in diesem Fall das dringende Wohnbedürfnis offenbar nicht vorliegt. Auch eine andere rechtlich gleichwertige und nicht unzumutbare Wohnmöglichkeit schließt die Annahme eines „dringenden Wohnbedürfnisses“ aus.

Der Anspruch auf diesen Schutz ist nicht im Rahmen des Scheidungsverfahrens, sondern mit gesonderter Klage geltend zu machen. Die Klage wird in der Regel auf Unterlassung (des Verkaufs oder der Belastung der Eigentumswohnung oder des Hauses, der Aufgabe der Mietwohnung etc.) gerichtet sein, oder aber auf Duldung der Benützung durch den Wohnbedürftigen (Herausgabe eines Schlüssels o. Ä.) oder aber auf eine Leistung. Das könnte z. B. Zahlung der Miete, der Kreditrate etc. sein. Dieser Anspruch steht vor allem dann zu, wenn der Wohnbedürftige diese Kosten nicht ohne Gefährdung seiner Lebensbedürfnisse zu leisten vermag, und zwar unabhängig von einem Unterhaltsanspruch: *Ist also das Einkommen der wohnungsbedürftigen Frau zwar gerade so hoch, dass sie keinen eigenen Unterhaltsanspruch geltend machen kann, aber dennoch so niedrig, dass sie Darlehensraten oder die Miete für die Ehewohnung nicht bezahlen kann, kann der Ehemann unter Berufung auf § 97 ABGB dazu verpflichtet werden, diese Kosten bis zur endgültigen Entscheidung über das weitere Schicksal der Wohnung zu tragen.*

Bereits wenige Jahre nach Inkrafttreten des § 97 ABGB stellte sich die Rechtsprechung auf den Standpunkt, dass es sich dabei um einen „rein obligatorischen Anspruch“ handelt, der nur zwischen den Ehegatten Rechtswirkung entfaltet, allenfalls auch gegenüber einem „bösgläubigen Dritten“. Dabei handelt es sich um eine Person, die entweder absichtlich mit dem verfügungsberechtigten Ehegatten zusammenwirkt und ihm die Wohnung

abkauft, oder sich ein Wohnrecht einräumen oder Mietrechte abtreten oder aufkündigen lässt, um dem anderen Ehegatten die Wohnmöglichkeit zu entziehen. Aber auch jeder Vertragspartner des Verfügungsberechtigten, der wusste oder bei gehöriger Sorgfalt hätte wissen müssen, dass die Wohnung vom anderen Ehegatten dringend benötigt wird, gilt als bösgläubig.
Dies ändert jedoch nichts daran, dass der Verkauf, die Vermietung etc. an sich wirksam bleibt. Der geschädigte Ehegatte hat allerdings einen Anspruch auf Schadenersatz. Im Rahmen dieses Schadenersatzanspruches kann er/sie sich z. B. erfolgreich gegen eine Räumungsklage des bösgläubigen Erwerbers zur Wehr setzen.

Beispiel

Verkauft der Ehemann die in seinem Alleineigentum stehende Eigentumswohnung, so wird auch ein Käufer, dem bewusst war, dass Frau und Kinder des Verkäufers in dieser Wohnung leben und sie auch weiterhin benötigen, Eigentümer.
Er kann aber die Ehefrau nicht dazu zwingen, aus der Wohnung auszuziehen.

Ein gutgläubiger Erwerber, also jemand, der z. B. die Wohnung während eines Urlaubes der Frau und der Kinder besichtigt und dem der Verkäufer versichert hat, die Familie wäre bereits ausgezogen, erwirbt das Eigentum an der Wohnung überhaupt ohne Einschränkungen und könnte also die bisherigen Bewohner auch delogieren lassen. Der verfügungsberechtigte Ehemann wäre in diesem Fall zwar verpflichtet, der Familie eine adäquate Ersatzwohnung zur Verfügung zu stellen und müsste auch im Aufteilungsverfahren der Frau für die Wohnung eine Ausgleichszahlung leisten, als ob die Wohnung noch vorhanden wäre (§ 91/1 EheG!), das Risiko der Durchsetzung und Einbringlichmachung dieser Ansprüche trägt allerdings die Frau.

Einstweilige Verfügung

Einstweilige Verfügungen, die den Verkauf oder die Aufgabe der Wohnung untersagen, sind zwar zulässig, die Eintragung eines Belastungs- und Veräußerungsverbotes im Grundbuch hat jedoch die Rechtsprechung im Hinblick auf den „obligatorischen Charakter" des § 97 ABGB verweigert, was 1999 zu einer Gesetzesänderung durch Einführung des § 382e Exekutionsordnung führte.
Gemäß § 382/8c Exekutionsordnung konnten und können zwar Belastungs- und Veräußerungsverbote und andere Sicherungsmittel vom Gericht zur einstweiligen Regelung der Benützung oder einstweiligen Sicherung ehe-

lichen Gebrauchsvermögens und ehelicher Ersparnisse angeordnet werden – allerdings nur im Zusammenhang mit einem Verfahren auf Scheidung, Aufhebung oder Nichtigkeitserklärung der Ehe oder einem Aufteilungsverfahren. Voraussetzung einer derartigen einstweiligen Verfügung ist über dies eine Bescheinigung, also Glaubhaftmachung, einer Gefährdung.
§ 382/8c EO regelt also, dass das Gericht schon während eines Scheidungs-, aber auch während eines Aufteilungsverfahrens die (alleinige, befristete etc.) Benützung einer Wohnung, eines Gartenhauses, einer Segelyacht usw. durch einen Ehegatten anordnen kann, wenn es diesbezüglich zu Konflikten zwischen den Ehegatten kommt. Darüber hinaus kann das Gericht alle notwendigen Anordnungen verfügen, um zu verhindern, dass ein (geschiedener) Ehegatte seine offenkundige Absicht, dem anderen eheliches Vermögen zu entziehen, in die Tat umsetzt. Wie gesagt, sind im Rahmen dieser Verfügungen Belastungs- und Veräußerungsverbote im Grundbuch möglich, aber auch die Anordnung, einen Rangordnungsbeschluss herauszugeben oder bei Gericht zu erlegen, das Verbot, ein Kaufoffert anzunehmen oder einen Kaufvertrag zu unterfertigen, der Auftrag, die Verpfändung oder Veräußerung von Wertpapieren zu unterlassen, Schmuck gerichtlich zu hinterlegen u.v.a.
Das Problem der gefährdeten Partei liegt allerdings darin, dass die einstweilige Verfügung nur getroffen werden kann, wenn sie zur Verhütung drohender Gewalt oder zur Abwendung eines drohenden, unwiederbringlichen Schadens nötig erscheint oder wenn die gerichtliche Verfolgung des Anspruches vereitelt oder erheblich erschwert würde. Besteht eine derartige Gefährdung, so ist es in der Regel bis zu ihrer Umsetzung nur ein kleiner Schritt. Das Risiko des gefährdeten Ehegatten, die Absichten des anderen entweder noch nicht bescheinigen oder nicht mehr verhindern zu können, ist erheblich. Die Beschränkung des § 382/8c Exekutionsordnung auf den Fall des anhängigen Scheidungs- oder Aufteilungsverfahrens wird überdies zum Problem für Ehefrauen, die aus unterhalts- und/oder pensionsrechtlichen Gründen eine Scheidung (noch) nicht wünschen.
Aus allen diesen Gründen wurde mit dem Eherechts-Änderungsgesetz 1999 zumindest für den besonders dringend notwendigen Schutz der Ehewohnung eine neue Form der einstweiligen Verfügung geschaffen, und zwar der § 382e EO. Dieser besagt zunächst, dass das dringende Wohnbedürfnis eines Ehegatten auch durch bücherliche Belastungs- und Veräußerungsverbote gesichert werden kann, was eine Rechtsdurchsetzung wesentlich erleichtert: Seit 1. 1. 2000 können also auch außerhalb eines Schei-

dungsverfahrens bei drohender Gefahr eines Verkaufs der Ehewohnung oder des ehelichen Wohnhauses Eintragungen im Grundbuch durchgeführt werden, die jede „Gutgläubigkeit" eines allfälligen Erwerbers und auch seine Einverleibung im Grundbuch unmöglich machen. Der Käufer kann bestenfalls (bösgläubiger) außerbücherlicher Eigentümer werden. Ein Interessent für ein solches Geschäft wird wohl kaum zu finden sein.
Überdies ist vorgesehen, dass während eines Verfahrens auf Scheidung, Aufhebung oder Nichtigkeitserklärung der Ehe einstweilige Verfügungen zum Schutz des Wohnbedürfnisses auch ohne Bescheinigung einer Gefährdung erlassen werden können.
Diese an sich gleichfalls sehr nützliche Regelung hat sich aber in den Jahren ihrer Geltung bereits als unzulänglich erwiesen: Es ist sicherlich hilfreich und auch durchaus gerechtfertigt, dass während eines Scheidungsverfahrens jede Verfügung über die Ehewohnung oder eine andere, von einem der Ehegatten dringend benötigte Wohnung unterbunden werden kann, auch wenn der Wohnbedürftige nicht in der Lage ist, durch Zeitungsannoncen, Verkaufsaufträge an Makler oder Zuschriften von Kaufinteressenten zu beweisen, dass der andere einen Verkauf der Wohnung beabsichtigt.
Es schiene aber ebenso gerechtfertigt, den Anwendungsbereich, zumindest ab Beginn des Scheidungsverfahrens, auch auf andere Teile des ehelichen Vermögens auszuweiten und solche Verfügungen auch noch im Aufteilungsverfahren zuzulassen: Beabsichtigt der andere Ehegatte ohnedies keine eigenmächtigen Vermögensverschiebungen, so ist er durch eine derartige Sicherungsmaßnahme nicht betroffen.
Die derzeitige Bestimmung kann jedenfalls nicht verhindern, dass auch während eines bereits anhängigen Aufteilungsverfahrens eine Zweitwohnung, die der Aufteilung unterliegt, aber nicht „der Befriedigung des dringenden Wohnbedarfes" dient, mit einem Veräußerungsverbot zugunsten der Schwiegermutter oder einem Bankdarlehen belastet oder verkauft, ein Sparbuch oder Wertpapierdepot aufgelöst (und das Guthaben „im Casino verspielt") wird etc.
Überdies entscheidet der Oberste Gerichtshof mittlerweile regelmäßig, dass zwar während eines Scheidungsverfahrens eine einstweilige Verfügung zur Sicherung des Wohnbedürfnisses ohne Bescheinigung einer Gefährdung erlassen werden kann. Die gefährdete Partei muss aber zumindest nachträglich eine auf § 97 ABGB gestützte Klage einbringen, was einen zusätzlichen Verfahrensaufwand mit sich bringt.

Gesetzestexte

Allgemeines bürgerliches Gesetzbuch (ABGB)

§ 97. Ist ein Ehegatte über die Wohnung, die der Befriedigung des dringenden Wohnbedürfnisses des anderen Ehegatten dient, verfügungsberechtigt, so hat dieser einen Anspruch darauf, daß der verfügungsberechtigte Ehegatte alles unterlasse und vorkehre, damit der auf die Wohnung angewiesene Ehegatte diese nicht verliere. Dies gilt nicht, wenn das Handeln oder Unterlassen des verfügungsberechtigten Ehegatten durch die Umstände erzwungen wird.

Ehegesetz (EheG)

§ 81. (1) Wird die Ehe geschieden, aufgehoben oder für nichtig erklärt, so sind das eheliche Gebrauchsvermögen und die ehelichen Ersparnisse unter die Ehegatten aufzuteilen. Bei der Aufteilung sind die Schulden, die mit dem ehelichen Gebrauchsvermögen und den ehelichen Ersparnissen in einem inneren Zusammenhang stehen, in Anschlag zu bringen.
(2) Eheliches Gebrauchsvermögen sind die beweglichen oder unbeweglichen körperlichen Sachen, die während aufrechter ehelicher Lebensgemeinschaft dem Gebrauch beider Ehegatten gedient haben; hierzu gehören auch der Hausrat und die Ehewohnung.
(3) Eheliche Ersparnisse sind Wertanlagen, gleich welcher Art, die die Ehegatten während aufrechter ehelicher Lebensgemeinschaft angesammelt haben und die ihrer Art nach üblicherweise für eine Verwertung bestimmt sind.
§ 82. (1) Der Aufteilung unterliegen nicht Sachen (§ 81), die
1. ein Ehegatte in die Ehe eingebracht, von Todes wegen erworben oder ihm ein Dritter geschenkt hat,
2. dem persönlichen Gebrauch eines Ehegatten allein oder der Ausübung seines Berufes dienen,
3. zu einem Unternehmen gehören oder
4. Anteile an einem Unternehmen sind, außer es handelt sich um bloße Wertanlagen.

(2) Die Ehewohnung, die ein Ehegatte in die Ehe eingebracht oder von Todes wegen erworben oder die ihm ein Dritter geschenkt hat, ist in die Aufteilung dann einzubeziehen, wenn der andere Ehegatte auf ihre Weiterbenützung zur Sicherung seiner Lebensbedürfnisse angewiesen ist oder wenn ein gemeinsames Kind an ihrer Weiterbenützung einen berücksichtigungswürdigen Bedarf hat. Gleiches gilt für den Hausrat, wenn der andere Ehegatte auf seine Weiterbenützung zur Sicherung seiner Lebensbedürfnisse angewiesen ist.
§ 83. (1) Die Aufteilung ist nach Billigkeit vorzunehmen. Dabei ist besonders auf Gewicht und Umfang des Beitrags jedes Ehegatten zur Anschaffung des ehelichen Gebrauchsvermögens und zur Ansammlung der ehelichen Ersparnisse sowie auf das Wohl der Kinder Bedacht zu nehmen; weiter auf Schulden, die mit dem ehelichen Lebensaufwand zusammenhängen, soweit sie nicht ohnedies nach § 81 in Anschlag zu bringen sind.
(2) Als Beitrag sind auch die Leistung des Unterhalts, die Mitwirkung im Erwerb, soweit sie nicht anders abgegolten worden ist, die Führung des gemeinsamen Haushalts, die Pflege und Erziehung gemeinsamer Kinder und jeder sonstige eheliche Beistand zu werten.

§ 84. Die Aufteilung soll so vorgenommen werden, daß sich die Lebensbereiche der geschiedenen Ehegatten künftig möglichst wenig berühren.
§ 85. Soweit sich die Ehegatten über die Aufteilung ehelichen Gebrauchsvermögens und ehelicher Ersparnisse nicht einigen, hat hierüber auf Antrag das Gericht zu entscheiden.
§ 86. (1) Bei der Aufteilung ehelichen Gebrauchsvermögens kann das Gericht die Übertragung von Eigentum an beweglichen körperlichen Sachen oder eines Anwartschaftsrechts darauf und die Übertragung von Eigentum und sonstigen Rechten an unbeweglichen körperlichen Sachen von einem auf den anderen Ehegatten sowie die Begründung von dinglichen Rechten oder schuldrechtlichen Rechtsverhältnissen zugunsten des einen Ehegatten an unbeweglichen körperlichen Sachen des anderen anordnen.
(2) Steht eheliches Gebrauchsvermögen im Eigentum eines Dritten, so darf das Gericht die Übertragung von Rechten und Pflichten, die sich auf die Sache beziehen, nur mit Zustimmung des Eigentümers anordnen.
§ 87. (1) Für die Ehewohnung kann das Gericht, wenn sie kraft Eigentums oder eines anderen dinglichen Rechtes eines oder beider Ehegatten benützt wird, die Übertragung des Eigentums oder des dinglichen Rechtes von einem auf den anderen Ehegatten oder die Begründung eines schuldrechtlichen Rechtsverhältnisses zugunsten eines Ehegatten anordnen.
(2) Sonst kann das Gericht ohne Rücksicht auf eine Regelung durch Vertrag oder Satzung anordnen, daß ein Ehegatte an Stelle des anderen in das der Benützung der Ehewohnung zugrunde liegende Rechtsverhältnis eintritt oder das bisher gemeinsame Rechtsverhältnis allein fortsetzt.
§ 88. (1) Wird die Ehewohnung auf Grund eines Dienstverhältnisses benützt oder das Rechtsverhältnis daran im Zusammenhang mit einem Dienstverhältnis begründet, so darf das Gericht eine Anordnung hinsichtlich der Benützung einer solchen Wohnung nur mit Zustimmung des Dienstgebers oder des für die Vergabe der Dienstwohnung zuständigen Rechtsträgers treffen, wenn
1. die Zuweisung der Wohnung deswegen, weil sie überwiegend der Erfüllung der Dienstpflicht dient, wesentliche Interessen des Dienstgebers verletzen könnte oder
2. die Wohnung unentgeltlich oder gegen ein bloß geringfügiges, wesentlich unter dem ortsüblichen Maß liegendes Entgelt benützt wird oder
3. die Wohnung vom Dienstgeber als Teil des Entgelts für die geleisteten Dienste zur Verfügung gestellt wird.

(2) Wird die Ehewohnung nach Abs. 1 dem Ehegatten zugesprochen, der nicht der Dienstnehmer ist, so hat das Gericht ein angemessenes Benützungsentgelt festzusetzen. Das Wohnrecht dieses Ehegatten besteht nur so lange, als er sich nicht wieder verheiratet, und kann von ihm nicht auf andere Personen übergehen oder übertragen werden.
§ 89. Bei der Aufteilung ehelicher Ersparnisse kann das Gericht die Übertragung von Vermögenswerten, gleich welcher Art, von einem auf den anderen Ehegatten und die Begründung eines schuldrechtlichen Benützungsrechts an einer Wohnung zugunsten eines Ehegatten anordnen.
§ 90. (1) Die Übertragung des Eigentums an unbeweglichen Sachen oder die Begründung von dinglichen Rechten daran darf nur angeordnet werden, wenn eine billige Regelung in anderer Weise nicht erzielt werden kann.

(2) Für gemeinsames Wohnungseigentum der Ehegatten kann das Gericht nur die Übertragung des Anteils eines Ehegatten am Mindestanteil und gemeinsamen Wohnungseigentum auf den anderen anordnen.

§ 91. (1) Hat ein Ehegatte ohne ausdrückliche oder stillschweigende Zustimmung des anderen frühestens zwei Jahre vor Einbringung der Klage auf Scheidung, Aufhebung oder Nichtigerklärung der Ehe oder, wenn die eheliche Lebensgemeinschaft vor Einbringung der Klage aufgehoben worden ist, frühestens zwei Jahre vor dieser Aufhebung eheliches Gebrauchsvermögen oder eheliche Ersparnisse in einer Weise verringert, die der Gestaltung der Lebensverhältnisse der Ehegatten während der ehelichen Lebensgemeinschaft widerspricht, so ist der Wert des Fehlenden in die Aufteilung einzubeziehen.

(2) Wurde eheliches Gebrauchsvermögen oder wurden eheliche Ersparnisse in ein Unternehmen, an dem einem oder beiden Ehegatten ein Anteil zusteht, eingebracht oder für ein solches Unternehmen sonst verwendet, so ist der Wert des Eingebrachten oder Verwendeten in die Aufteilung einzubeziehen. Bei der Aufteilung ist jedoch zu berücksichtigen, inwieweit jedem Ehegatten durch die Einbringung oder Verwendung Vorteile entstanden sind und inwieweit die eingebrachten oder verwendeten ehelichen Ersparnisse aus den Gewinnen des Unternehmens stammten. Der Bestand des Unternehmens darf durch die Aufteilung nicht gefährdet werden.

(3) Gehört eine körperliche Sache, die während aufrechter ehelicher Lebensgemeinschaft dem Gebrauch beider Ehegatten gedient hat, zu einem Unternehmen, an dem einem oder beiden Ehegatten ein Anteil zusteht, und bleibt nach Scheidung, Aufhebung oder Nichtigerklärung der Ehe nur einem Ehegatten der Gebrauch dieser Sache erhalten, so hat das Gericht dies bei der Aufteilung ehelichen Gebrauchsvermögens und ehelicher Ersparnisse zugunsten des anderen Ehegatten angemessen zu berücksichtigen.

§ 92. Bezüglich der im § 81 Abs. 1 und im § 83 Abs. 1 genannten Schulden kann das Gericht bestimmen, welcher Ehegatte im Innenverhältnis zu ihrer Zahlung verpflichtet ist.

§ 93. In seiner Entscheidung hat das Gericht auch die zu ihrer Durchführung nötigen Anordnungen zu treffen und die näheren Umstände, besonders in zeitlicher Hinsicht, für deren Erfüllung zu bestimmen. Sind mit der Durchführung der Entscheidung Aufwendungen verbunden, so hat das Gericht nach billigem Ermessen zu entscheiden, welcher Ehegatte sie zu tragen hat.

§ 94. (1) Soweit eine Aufteilung nach den vorstehenden Bestimmungen nicht erzielt werden kann, hat das Gericht einem Ehegatten eine billige Ausgleichszahlung an den anderen aufzuerlegen.

(2) Das Gericht kann eine Stundung der Ausgleichszahlung oder deren Entrichtung in Teilbeträgen, tunlich gegen Sicherstellung, anordnen, wenn dies für den Ausgleichspflichtigen wirtschaftlich notwendig und dem Ausgleichsberechtigten zumutbar ist.

§ 95. Der Anspruch auf Aufteilung ehelichen Gebrauchsvermögens und ehelicher

Ersparnisse erlischt, wenn er nicht binnen einem Jahr nach Eintritt der Rechtskraft der Scheidung, Aufhebung oder Nichtigerklärung der Ehe durch Vertrag oder Vergleich anerkannt oder gerichtlich geltend gemacht wird.

§ 96. Der Anspruch auf Aufteilung ehelichen Gebrauchsvermögens und ehelicher Ersparnisse ist vererblich, unter Lebenden oder von Todes wegen übertragbar und verpfändbar, soweit er durch Vertrag oder Vergleich anerkannt oder gerichtlich geltend gemacht worden ist.

§ 97. (1) Auf den Anspruch auf Aufteilung ehelichen Gebrauchsvermögens nach den §§ 81 bis 96 kann im voraus rechtswirksam nicht verzichtet werden. Verträge, die die Aufteilung ehelicher Ersparnisse im voraus regeln, bedürfen zu ihrer Rechtswirksamkeit der Form eines Notariatsaktes.
(2) Der Abs. 1 gilt nicht für Vereinbarungen, die die Ehegatten im Zusammenhang mit dem Verfahren auf Scheidung, Aufhebung oder Nichtigerklärung der Ehe über die Aufteilung ehelichen Gebrauchsvermögens und ehelicher Ersparnisse schließen.

§ 98. (1) Entscheidet das Gericht (§ 92) oder vereinbaren die Ehegatten (§ 97 Abs. 2, gegebenenfalls § 55a Abs. 2), wer von beiden im Innenverhältnis zur Zahlung von Kreditverbindlichkeiten, für die beide haften, verpflichtet ist, so hat das Gericht auf Antrag mit Wirkung für den Gläubiger auszusprechen, daß derjenige Ehegatte, der im Innenverhältnis zur Zahlung verpflichtet ist, Hauptschuldner, der andere Ausfallsbürge wird. Dieser Antrag muß in der Frist nach § 95 gestellt werden.
(2) Der Ausfallsbürge nach Abs. 1 kann – vorbehaltlich des § 1356 ABGB – nur wegen des Betrags belangt werden, der vom Hauptschuldner nicht in angemessener Frist hereingebracht werden kann, obwohl der Gläubiger gegen ihn nach Erwirkung eines Exekutionstitels

1. Fahrnis- oder Gehaltsexekution und
2. Exekution auf eine dem Gläubiger bekannte Liegenschaft des Hauptschuldners, die offensichtlich für die Forderung Deckung bietet, geführt sowie
3. Sicherheiten, die dem Gläubiger zur Verfügung stehen, verwertet hat.

Müßte der Exekutionstitel im Ausland erwirkt oder müßten die angeführten Exekutionsmaßnahmen im Ausland durchgeführt werden, bedarf es ihrer nicht, soweit sie dem Gläubiger nicht möglich oder nicht zumutbar sind.
(3) Überdies kann der Bürge, dem der Rechtsstreit gegen den Hauptschuldner rechtzeitig verkündet worden ist (§ 21 ZPO), dem Gläubiger Einwendungen, die nicht in seiner Person begründet sind, nur entgegenhalten, soweit sie auch der Hauptschuldner erheben kann.

Exekutionsordnung (EO)

§ 382. (siehe Seite 100)

8. c) die einstweilige Regelung der Benützung oder die einstweilige Sicherung ehelichen Gebrauchsvermögens und ehelicher Ersparnisse im Zusammenhang mit

einem Verfahren auf Aufteilung dieses Vermögens oder im Zusammenhang mit einem Verfahren auf Scheidung, Aufhebung oder Nichtigerklärung der Ehe.

§ 382e. (1) Der Anspruch eines Ehegatten auf Befriedigung seines dringenden Wohnbedürfnisses sowie die ihm auf Grund einer Verletzung dieses Anspruchs zustehenden, nicht in Geld bestehenden Forderungen können insbesondere durch die Sicherungsmittel nach § 382 Abs. 1 Z 4 bis 7 gesichert werden.

(2) Ist zwischen den Parteien ein Verfahren auf Scheidung, Aufhebung oder Nichtigerklärung der Ehe anhängig, so kann die einstweilige Verfügung nach Abs. 1 erlassen werden, auch wenn die in § 381 bezeichneten Voraussetzungen nicht zutreffen.

(3) Von der Anhörung des Antragsgegners vor Erlassung der einstweiligen Verfügung ist insbesondere abzusehen, wenn zu besorgen ist, daß dadurch der Zweck der einstweiligen Verfügung vereitelt würde.

(4) Die Zeit, für die die einstweilige Verfügung getroffen wird, darf über den Zeitpunkt nicht hinausgehen, ab dem ein die Ehewohnung betreffender Anspruch im Zusammenhang mit einem Verfahren auf Scheidung, Aufhebung oder Nichtigerklärung der Ehe nicht mehr geltend gemacht werden kann oder ein Verfahren darüber rechtskräftig beendet ist.

Das Scheidungsverfahren

Der Entschluss

Haben Sie sich ausreichend informiert, ob die Voraussetzungen für eine Scheidung gegeben sind und wie die Scheidungsfolgen im konkreten Fall zu regeln wären, müssen Sie dennoch allein die Entscheidung treffen, ob Sie geschieden werden wollen. Angehörige, Freunde, Rechtsanwalt und Psychotherapeut können dabei nur als Ratgeber fungieren. Der Entschluss, sich scheiden zu lassen, umfasst schließlich nicht nur die damit zusammenhängenden Veränderungen des Lebens, den damit verbundenen Aufwand an Zeit, Geld und Nerven, sondern letztlich auch die Entscheidung, in Zukunft allein auf Urlaub zu fahren, ins Theater zu gehen und den Weihnachtsabend allein zu verbringen. Ob Sie dies wollen, können Sie nur selbst wissen.
Sind Sie allerdings zur Scheidung entschlossen, sollten Sie sich bemühen, diesen Entschluss so effizient wie möglich umzusetzen.
Dazu gehört, dass Sie bereits zu Beginn der Scheidungsauseinandersetzung konkrete Vorstellungen über das Leben nach der Ehe haben: So sollten Sie wissen, ob Sie grundsätzlich mit dem eigenen Einkommen das Auslangen finden, auf Unterhalt also verzichten könnten, oder ob Sie gänzlich oder teilweise auf Unterhaltsleistungen des Ehemannes angewiesen sind. In diesem Fall müssen Sie bemüht sein, jede ehewidrige Handlung zu vermeiden. Überdies wäre es hilfreich, sich vorweg einen Überblick über das Einkommen des Ehemannes zu verschaffen. Haben Sie keinen Zugang zu Gehaltsabrechnungen oder Kontoauszügen, sollten Sie zumindest die Ausgaben über einige Monate beobachten, da auch der übliche Lebensaufwand einen Rückschluss auf das Einkommen zulässt.

Eigenes Einkommen

Im Hinblick auf die Bedeutung eigener Berufstätigkeit für die Unabhängigkeit, aber auch auf Ihren Pensionsanspruch sollten Sie auch in der Phase vor der Scheidung eine sich anbietende, den eigenen Wünschen entsprechende Arbeitsmöglichkeit nicht ablehnen. Sind Sie aber z. B. bereits halbtags beschäftigt und hätten Sie die Möglichkeit, in Zukunft ganztags zu arbeiten, so wäre es klüger, von dieser Möglichkeit erst nach der Scheidung

Gebrauch zu machen: Ein angebotener Unterhaltsverzicht erschiene dem Ehemann ansonsten wertlos und nicht als Grund, seinerseits Zugeständnisse zu machen.

Sind Sie noch nicht berufstätig, haben aber eine Stellung in Aussicht oder beabsichtigen Sie nach der Scheidung einen Jobwechsel, um mehr zu verdienen, wäre das Angebot, auf Unterhalt zu verzichten, voreilig und unvorsichtig: Die Wiederaufnahme oder Ausweitung eigener Berufstätigkeit ist für die Frau selbst eine Belastung, für Kinder, die bisher überwiegend von der Mutter betreut wurden, eine Umstellung und das Risiko, dass der neue Job nach einigen Monaten wieder aufgegeben werden muss, hoch. Es ist nicht einzusehen, warum die Frau und ihre Kinder dieses Risiko alleine tragen sollen. Besser ist es in so einem Fall, einen (zumindest) befristeten Unterhalt zu vereinbaren, welcher durch Ihr eigenes Einkommen nicht geschmälert wird: Dies gibt Ihnen die Möglichkeit, vorübergehend auch wieder zu Hause zu bleiben, halbtags zu arbeiten oder einen anderen Job zu suchen, der sich mit den Bedürfnissen der Kinder besser vereinbaren lässt.

Wohnung

Wenn Sie zur Scheidung entschlossen sind, sollten Sie auch wissen, ob Sie auf die Ehewohnung überhaupt einen Anspruch haben, und wenn ja, ob Sie sich die Wohnung aus den Ihnen zur Verfügung stehenden Mitteln leisten können. Leider haben viele Frauen, deren Ehemänner für die Wohnungskosten aufkommen, keine Ahnung, was die Wohnung an Miete oder Nutzungsentgelt, Rückzahlungsraten, Betriebskosten, Gas und Strom tatsächlich kostet. Dieser Informationsmangel sollte spätestens anlässlich der Scheidung behoben werden. Ebenfalls sollten Sie sich darüber klar werden, ob Sie dort überhaupt weiterhin wohnen wollen. Ist die neue Partnerin des Ehemannes z. B. eine Nachbarin, oder wohnen nahe Angehörige des Mannes im selben Haus, wird das vielleicht gar nicht der Fall sein.

Steht ein Wohnungswechsel an, so sollten Sie sich bereits im Vorfeld informieren, was eine Wohnung in der von Ihnen gewünschten Größe und Lage kosten wird, ob für Sie eine Eigentums-, Genossenschafts- oder Mietwohnung in Frage kommt, und wie hoch Kosten der Erhaltung in etwa sein werden.

Besonderes Augenmerk ist auch auf die Möglichkeit zu richten, eine geförderte Wohnung oder eine Gemeindewohnung in Anspruch zu nehmen. Die Einkommensgrenzen und näheren Bedingungen sind hier nach Bun-

ländern verschieden. Für Wien ist zu sagen, dass hier zwar der Anteil an Gemeindewohnungen besonders hoch ist. Der Verzicht auf eine an sich zustehende Wohnmöglichkeit wird jedoch als selbst verschuldete Obdachlosigkeit gewertet und schließt von der Vergabe einer solchen Wohnung aus, insbesondere dann, wenn es sich bei der Vorwohnung gleichfalls um eine Gemeindewohnung gehandelt hat. Die Hoffnung vieler Frauen, sie könnten die Auseinandersetzung mit dem Mann wegen der Wohnung vermeiden und auf die Wohnung ruhig verzichten, weil sie ohnedies von der Gemeinde mit einer anderen Wohnung versorgt würden, ist daher trügerisch.

Tipp

Die Gemeinde Wien bietet seit einigen Jahren Gemeindemietern, die sich scheiden lassen, ein „Wohnungssplitting" an. Das heißt, gegen Aufgabe der (größeren) Ehewohnung werden zwei (kleinere) Wohnungen vergeben. Von dieser Möglichkeit kann natürlich nur im Einvernehmen Gebrauch gemacht werden.

Kinder

Auch bezüglich der Kinder sollten Sie rechtzeitig planen, wie Sie ihre Betreuung organisieren, ob ein Schulwechsel wünschenswert oder zu vermeiden ist, etc.

Schließlich sollten Sie auch bereits wissen, ob und wie Sie eine allfällige Ausgleichszahlung finanzieren, ob Sie mit einer zugesagten Unterstützung von Eltern oder anderen Verwandten auch wirklich rechnen können, und wenn nicht, in welcher Höhe und zu welchen Konditionen die Bank einen Kredit geben würde, etc.

Beweismittel sichern

Bevor Sie nun allerdings Ihrem Ehemann die Scheidungsabsicht mitteilen und ihm einen Vorschlag für die Gestaltung der Scheidung unterbreiten, sollten Sie überdies bereits die nötigen Vorbereitungen für den Fall treffen, dass ein Einvernehmen nicht zu erzielen sein wird. Dazu gehört die Sicherstellung von Beweismitteln, und zwar sowohl hinsichtlich etwaiger Eheverfehlungen des anderen als auch hinsichtlich Unterhalt und Vermögen. Auch Männer, die sich jahrelang ehewidrig verhalten haben und vielleicht der Frau gegenüber nicht einmal leugnen, dass sie eine Freundin haben, mutieren zu Musterknaben, sobald sie erkennen, dass ein Scheidungsver-

fahren droht. Es ist daher wichtig, dass Sie mögliche Beweise für das unerwünschte Verhalten sichern, solange der Ehemann noch nicht befürchtet, dass ihm daraus ein Nachteil erwachsen könnte.
Als Beweismittel gelten nach der österreichischen Zivilprozessordnung

- Urkunden,
- Zeugen,
- Augenschein,
- Sachverständigen-Gutachten
- und die Vernehmung der Parteien, also von Kläger und Beklagtem.

Selbstverständlich haben in einem Scheidungsverfahren die Aussagen der Parteien selbst die größte Bedeutung. Da aber auch ein schlechter Ehemann bei Gericht sehr gewinnend auftreten kann – in der Regel hat er mit diesem gewinnenden Auftreten einst auch seine Frau von sich überzeugt –, ist es nicht ausreichend, sich in einem strittigen Verfahren nur auf die Parteienvernehmung zu verlassen und darauf zu vertrauen, dass der Richter/die Richterin schon erkennen wird, wem zu glauben sei.

Zeugen

Zeugen für ehewidriges Verhalten des anderen sind sicher schwer zu finden: Üblicherweise vermeidet man Streitigkeiten in Gegenwart Dritter, und besonders Frauen sind oft wahre Meisterinnen der Kunst, von häuslichen Schwierigkeiten nichts nach außen dringen zu lassen.
Wenn Sie sich jedoch zur Scheidung entschlossen haben, ist diese Zurückhaltung nicht mehr angebracht. Es wäre vielmehr klug, an einsamen Abenden Nachbarn, Verwandte oder Arbeitskollegen einzuladen, die im Streitfall später einmal bezeugen können, um welche Uhrzeit und in welcher Verfassung der Ehemann nach Hause gekommen ist.
Es ist auch – haben Sie sich bereits entschieden, die Ehe nicht fortzusetzen – nicht mehr notwendig, Fenster und Türen zu schließen oder in den Keller zu laufen, wenn der Ehemann brüllt oder unflätig schimpft. Dass man die Folgen von Tätlichkeiten nicht als Sturz über einen Besenstiel verharmlosen soll, gilt eigentlich in jedem Stadium der Ehe: Vielmehr sollten solche Vorfälle dazu anregen, über die Sinnhaftigkeit der Ehe nachzudenken.

Tipp

Zeugen sollten dem Gericht vor allem eigene Wahrnehmungen mitteilen können; die bloße Wiedergabe von Erzählungen der Ehefrau reicht zum Beweis von Eheverfeh-

lungen des Mannes noch nicht aus. Allerdings ist es im Verfahren durchaus hilfreich, wenn nach besonders schwer wiegenden Auseinandersetzungen, bei welchen keine Zeugen anwesend waren, eine Vertrauensperson kontaktiert und über das Vorgefallene informiert wird: Die Nachbarin, zu der Sie aus Furcht vor dem tobenden Mann geflüchtet sind, der Bruder, den Sie telefonisch herbeigerufen haben, damit er Ihnen beisteht, geben allemal brauchbare Zeugen ab.

Zum Erscheinen bei Gericht und zur Ablegung einer wahrheitsgemäßen Zeugenaussage ist jeder Staatsbürger verpflichtet, sofern ihn nicht besondere Verschwiegenheitspflichten treffen. Dennoch ist es sinnlos, feindlich gesinnte Personen oder solche, die unter gar keinen Umständen in fremde Konflikte einbezogen werden wollen, als Zeugen namhaft zu machen: Ein Zeuge, der mit dem Ehemann sympathisiert, wird vielleicht einen Zwischenfall, den er selbst wahrgenommen hat, mit den Augen des Mannes sehen und ganz anders wiedergeben, als die Frau erwartet. Wer nichts gesehen und gehört haben will, kann sich immer darauf berufen, er könne sich an den Vorfall, den er bezeugen soll, „nicht erinnern".
Auch Personen, die überängstlich, nervös, geschwätzig oder allzu wortkarg sind, sind keine idealen Zeugen. Unter mehreren in Frage kommenden Personen sollte man diejenigen auswählen, die über ein gutes Auftreten verfügen, selbstbewusst, aber nicht anmaßend sind, und ihre Wahrnehmung wiedergeben können, ohne sich von Zwischenfragen verunsichern zu lassen.
Verwandte – die oft am ehesten Bescheid über das eheliche Zusammenleben wissen – können als Zeugen geführt werden, sie genießen die gleiche Glaubwürdigkeit wie Familienfremde, sind allerdings ebenso zur wahrheitsgemäßen Aussage verpflichtet. Falsche Zeugenaussage wäre eine Straftat.

Hinweis

Wer durch wahrheitsgemäße Beantwortung einer Frage sich selbst, seinen Ehepartner oder einen nahen Verwandten der Gefahr strafgerichtlicher Verfolgung, einem vermögensrechtlichen Nachteil oder der Schande aussetzen würde, darf die Antwort auf diese Frage verweigern – wobei allerdings der Richter aus der Verweigerung durchaus Schlüsse auf den wahren Sachverhalt ziehen darf.
(Im Gegensatz zu diesem nur eingeschränkten Entschlagungsrecht im Zivilprozess führt die Entschlagung eines Angehörigen im Strafverfahren dazu, dass er überhaupt nicht vernommen wird.)

Man muss allerdings darauf achten, dass verwandte Zeugen nicht eigene Aversionen offen zur Schau tragen. Eine Mutter, die den Mann ihrer Tochter im Gerichtssaal verflucht, ein Vater, der den Schwiegersohn als „schamlosen Provokateur" bezeichnet, weil er von ihm einmal in Hemdsärmeln empfangen wurde, nützen der Sache der Tochter weniger, als sie glauben.
Kinder sollten grundsätzlich nie als Zeugen im Scheidungsstreit der Eltern namhaft gemacht werden, auch nicht, wenn sie schon erwachsen sind. Auch erwachsenen Kindern ist dies nämlich zumeist sehr unangenehm, die Peinlichkeit ihrer Lage fällt regelmäßig auf den zurück, der sie als Zeugen beantragt hat. Aber auch Kinder, die einseitig Partei ergreifen, machen vor Gericht selten einen guten Eindruck. Sie wirken wie das, was sie in Wahrheit sind: Instrumente eines Kampfes, der darauf abzielt, den anderen Teil in einer nicht mehr gutzumachenden Art und Weise zu verletzen.
Auf Kinder sollte man daher im Beweisverfahren nur zurückgreifen, wenn sich wesentliche, prozessentscheidende Tatsachen durch kein anderes Beweismittel dartun lassen.

Konkrete Beweise sammeln

Eheverfehlungen wie eine ehewidrige Beziehung lassen sich selten bloß durch Zeugen beweisen. Selbst wenn der Ehemann mit der Freundin bereits auf einer Party oder einem Ball war, lässt dies noch nicht zwingend auf eine engere Beziehung schließen, auch Begrüßungsküsse in der Öffentlichkeit sind nicht unüblich. Eine Beobachtung über einen längeren Zeitraum ist einem Außenstehenden kaum möglich.
Zum Glück für ihre scheidungswilligen Frauen sind viele Männer allerdings überraschend indiskret und lassen Liebesbriefe einer neuen Partnerin auf dem Schreibtisch liegen, in der Manteltasche stecken etc. Derartige unschätzbare Beweismittel sollten Sie nicht, wie es Ihnen vielleicht der Instinkt eingibt, dem Ehebrecher wütend unter die Nase halten (er würde sie wieder an sich nehmen und vernichten), sondern fotokopieren und die Originale dorthin zurücklegen, wo Sie sie gefunden haben. Zärtliche SMS der Freundin lassen sich vom Display des Handys hervorragend fotografieren, E-Mails ausdrucken.

Achtung!

Bei der Suche nach Beweisen dürfen Sie allerdings nicht so weit gehen, dass Sie an den Mann gerichtete Poststücke aufmachen oder versperrte Laden oder Aktenkoffer gewaltsam öffnen: Dies wäre strafbar und überdies eine schwere Eheverfehlung.

Nicht als Beweismittel zugelassen sind Tonbandaufnahmen. Wurden sie ohne Wissen des Aufgenommenen angefertigt, wäre das Abspielen ohne dessen ausdrückliche Zustimmung sogar strafbar. Es können jedoch von Tonbandaufnahmen Abschriften hergestellt und als Urkunde vorgelegt werden. Im Streitfall kann ein Sachverständiger begutachten, ob die Abschriften mit den Aufnahmen übereinstimmen und ob die Tonbandaufnahmen überspielt oder „geschnitten" wurden.
Fotografien sind anerkannte Beweismittel, bei Videofilmen ist dies strittig.

Einen Detektiv beauftragen

Haben Sie deutliche Hinweise auf eine ehebrecherische Beziehung Ihres Ehemannes, finden Sie aber dafür keinen Beweis, so empfiehlt sich die Beiziehung eines Detektivs.
Der Detektiv, dem Sie möglichst genaue Angaben über die zu beobachtenden Personen und den wahrscheinlichen Ort und Zeitpunkt ihres Zusammentreffens geben sollten, ist darin ausgebildet, Menschen unauffällig zu folgen, er hat Zeit und Ausdauer für stundenlanges Observieren und hält seine Beobachtungen letztlich in Wort und Bild fest.
Der beste Beweis für eine ehewidrige Beziehung ist eine gemeinsame Nächtigung, es genügt aber nicht, dass die vermeintlichen Ehebrecher bloß beim Betreten eines Hauses oder einer Wohnung beobachtet werden. Wesentlich ist vielmehr, wer wann das Haus wieder verlässt.
Bleiben die beiden nur wenige Stunden in der Wohnung, ohne dass Vorhänge zugezogen werden oder das Licht abgedreht wird, ohne dass vor oder nach dem Aufenthalt Zärtlichkeiten ausgetauscht werden, so wäre die Beobachtung noch kein durchschlagender Erfolg, man müsste mit der Erklärung rechnen, die beiden hätten Akten fürs Büro erledigt oder eine Partie „Mensch ärgere dich nicht" gespielt. Die E-Mail, mit der das Treffen mit „Ich freue mich auf dich" verabredet oder mit „Ich danke dir für die schönen Stunden" nachbesprochen wird, wäre eine ideale Ergänzung.
Erstklassig, und nur schwer widerlegbar hingegen sind Beobachtungen, die eine völlige Verfinsterung der Räume durch mehrere Stunden, das Verlassen des Hauses durch eine oder beide „Zielpersonen" in den frühen Morgenstunden und einen Abschiedskuss festhalten.

Gewissheit verschaffen

Die Tätigkeit eines Detektivs ist zwar mit Kosten verbunden, für die Sie vorerst selbst aufkommen müssen: Die Arbeitsstunde eines Berufsdetektivs kostet rund 50 Euro, dazu kommen Spesenersatz für den verwendeten Pkw, die Anfertigung von Fotos und Filmen, ein „Organisationspauschale“ (meist 15 Prozent vom Honorar) und 20 Prozent Umsatzsteuer.
Es entspricht jedoch der ständigen Rechtsprechung, dass ein Ehegatte berechtigt ist, sich vom ehewidrigen Umgang seines Partners Gewissheit zu verschaffen. Die dadurch entstandenen Kosten einer erfolgreichen Observierung können daher als Schadenersatz sowohl vom untreuen Partner wie auch von der beteiligten dritten Person zurückverlangt werden.

Das Risiko, mit einer derartigen Schadenersatzklage konfrontiert zu werden, trifft übrigens auch Frauen, die gar nicht wussten, dass ihr neuer Freund (noch) verheiratet ist. So wie sich auch Frauen, die auf Kontaktannoncen eines „einsamen Singles“ antworten, plötzlich als Zeuginnen seines ehewidrigen Verhaltens vor Gericht wiederfinden, wenn der Betreffende sich nur subjektiv einsam fühlte, dabei aber noch verheiratet war.
Auch wenn eine Ehefrau schon weiß, dass und mit wem ihr Mann ein Verhältnis hat, kann sie dennoch einen Detektivbericht in Auftrag geben, um in einem allfälligen Scheidungsprozess ein Beweismittel zu haben. In einem solchen Fall darf sie die Kosten des Detektivs allerdings nur gegen den Ehemann selbst einklagen.
„Erfolgreich“ ist eine Beobachtung dann, wenn sie in angemessener Zeit zum Beweis eines ehewidrigen Umgangs führt. In einem solchen Fall sind dann auch alle vorangegangenen, an sich noch nicht erfolgreichen Beobachtungen gerechtfertigt.
Offenkundig überflüssige, von vornherein aussichtslose oder unzweckmäßige Überwachungen sind allerdings nicht zu ersetzen: Verlässt etwa die – selbst verheiratete – Freundin des Ehemannes, festlich gekleidet, mit ihren kleinen Töchtern ihre Wohnung und geht in die nächstgelegene Konditorei, um dort eine Bonbonniere zu kaufen, so ist die Wahrscheinlichkeit, dass sie danach zur Geburtstagsfeier einer Erbtante gehen wird, so hoch, dass der Detektiv die Beobachtung für diesen Tag abbrechen müsste.
Auch werden Beobachtungen durch einen Detektiv umso erfolgreicher sein, je weniger der Beobachtete damit rechnet, dass er observiert wird.
Wie bereits gesagt, sollten Sie sich, wenn Sie die Scheidung einreichen wollen, hüten, Ihrem Ehemann Ihren wahren Wissensstand zu offenbaren.

Im Zuge von Scheidungsvorbereitungen ist es einmal ein Vorteil, wenn der Ehemann die Frau unterschätzt und ihr die Kombinationsgabe und technischen Fertigkeiten, die viele Frauen bei der Sammlung von Beweisen entwickeln, nicht zutraut.
Umgekehrt sollten Sie aber daraus auch lernen, dass Sie selbst in dieser Situation nichts tun, was Ihnen im Scheidungsverfahren zum Vorwurf gemacht werden könnte.

Seitensprung zum Trost

Gelegentlich sind Frauen durch die Untreue oder Lieblosigkeit ihres Gatten in ihrem Selbstwertgefühl so verletzt, dass sie für die Bewunderung durch einen anderen Mann besonders empfänglich werden. Solche Beziehungen, die vor allem der psychischen Wiederherstellung der durch ihre Ehekrise betroffenen Frauen dienen, sind aber oft das Geld nicht wert, um das sie die Frau bringen, wenn sie z. B. dadurch ihren Unterhaltsanspruch verliert.
Dass eine Frau, die solchen Trostes unbedingt bedarf, dies wenigstens bei sich behalten sollte, ist offenbar leichter gesagt als getan: Offenherzige Geständnisse gegenüber dem Ehemann, der auf einen solchen Glücksfall nur gewartet hat, kommen ebenso oft vor wie vertrauensselige Gespräche mit einer „besten Freundin", die es in Wahrheit auf den Ehemann schon immer abgesehen hatte und nichts Eiligeres zu tun hat, als ihm alles brühwarm weiterzuerzählen.
Auch wenn derartige Eröffnungen zunächst erleichtern mögen: Der Wiederherstellung der Ehe dienen sie selten, im Scheidungsstreit schwächen sie die eigene Position.
Lassen Sie auch, schon aus Anstand einer dritten Person gegenüber, keine Billetts mit persönlichen Widmungen oder Gedichten herumliegen, und verfassen Sie auch keine verfänglichen Kalendereintragungen oder Tagebuchnotizen. Eine „unvergessliche Nacht" wird nicht dadurch zu einer solchen, dass Sie dies im Kalender so vermerken, auffindbar für den Ehemann und auch für den Scheidungsrichter gut leserlich.
Vielmehr sollten Sie in der Phase vor einer Scheidung weder persönliche Notizen noch Aufzeichnungen über das Verhalten oder die beruflich nicht erklärlichen Abwesenheiten des Mannes, und schon gar nicht die mühevoll gesammelten Beweisstücke in der Ehewohnung aufbewahren. Weder der Platz unter der Matratze noch die eigene Sporttasche sind ein wirklich

sicheres Versteck. Haben Sie keine Vertrauensperson, bei der Sie diese Unterlagen verwahren können, empfiehlt sich die Miete eines Banksafes.

Tipp

Neben allfälligen Beweisen für Eheverfehlungen des Partners sollten Sie auch Beweise betreffend sein Einkommen und das eheliche Vermögen sicherstellen, bevor die offizielle Auseinandersetzung beginnt. Es wäre leichtsinnig, darauf zu vertrauen, dass Sie auch danach noch Einkommensunterlagen, Sparbücher und Kontoauszüge von Wertpapierdepots dort finden, wo sie bisher aufbewahrt wurden.

Mit gebotener Vorsicht

Sicherlich schwierig, weil ein völliges Abgehen vom üblichen Verhalten zwischen Eheleuten ist es, sich vor Augen zu halten, dass man in der Scheidungsphase oft ganz andere Interessen verfolgt als der Ehemann, da nahezu zwangsläufig das, was für die Frau gut und richtig ist, für den Mann ungünstig und falsch ist, und umgekehrt.

Auch wenn Sie über lange Jahre eine gute Ehe geführt haben, sollten Sie, sobald eine Scheidung im Raum steht, nicht mehr einfach unterschreiben, was Ihnen Ihr Mann vorlegt, auch wenn Sie dies zwanzig Jahre lang getan und dadurch niemals Schaden genommen haben. Auch den Verlauf und voraussichtlichen Ausgang eines Scheidungsverfahrens sollten Sie besser nicht mit dem Ehemann erörtern, da Sie von ihm kaum Ermutigendes zu hören bekommen werden: Ehemänner tendieren vielmehr dazu, der Frau zu versichern, dass ihre Scheidungswünsche zum Scheitern verurteilt seien oder seine zum sicheren Erfolg führen werden, dass ihre finanziellen Vorstellungen überzogen seien und ihr insgesamt vom Vermögen nichts, von den entstehenden Kosten aber alles verbleiben werde.

Auch wenn die Rechtslage für von einer Scheidung betroffene Frauen nicht unbedingt rosig und auch der Weg zur Rechtsdurchsetzung durchaus dornenvoll sein mag: Selten endet ein Scheidungsverfahren für die Frau so negativ, wie es ihr der Ehemann prophezeit hat.

Die Durchführung

Die notwendigen Unterlagen

Für die Scheidung benötigen Sie Dokumente, in deren Besitz Sie sich rechtzeitig bringen sollten. Fehlen sie in der Dokumentenmappe, dann ist dies

ein Zeichen, dass sie der Mann bereits an sich genommen hat, weil er selbst die Scheidung beabsichtigt. Es handelt sich dabei um

- die Heiratsurkunde (wurde die Ehe im Ausland geschlossen, deren beglaubigte Übersetzung),
- den Staatsbürgerschaftsnachweis (der aber auf den ehelichen Namen lauten muss!),
- die Geburtsurkunden der minderjährigen gemeinsamen Kinder und
- den Meldezettel.

Diese Dokumente sind sowohl bei strittigen als auch bei einvernehmlichen Scheidungen dem Gericht vorzulegen, da sie Aufschluss über die Tatsache des Bestehens einer gültigen Ehe, das anzuwendende Recht, die Existenz minderjähriger Kinder, deren Interessen gesondert zu beachten sind, und die Zuständigkeit des Gerichtes geben.

Zuständigkeit der Gerichte

Zuständig für die Durchführung einer Ehescheidung ist das Bezirksgericht des Sprengels, in dem die Ehegatten ihren gemeinsamen gewöhnlichen Aufenthalt haben oder zuletzt hatten.

Hat zum Zeitpunkt der Scheidungsklage keiner der Ehegatten mehr seinen gewöhnlichen Aufenthalt in diesem Sprengel (etwa wenn beide eine zu teure Ehewohnung verlassen haben) oder haben sie im Inland nie zusammen gelebt, so richtet sich die Zuständigkeit nach dem Aufenthalt des Beklagten. Hat der Beklagte im Inland keinen gewöhnlichen Aufenthalt, ist der Aufenthalt der klagenden Partei ausschlaggebend. Leben beide im Ausland, so ist das Bezirksgericht Innere Stadt Wien für die Scheidung zuständig.

Dies alles gilt sinngemäß auch für einvernehmliche Scheidungen.

Unterhaltsstreitigkeiten zwischen Ehegatten richten sich zwar grundsätzlich nach dem Wohnsitz des Beklagten. Ist aber eine Klage über die Scheidung, Aufhebung oder Nichtigerklärung einer Ehe bereits bei einem Gericht anhängig, so ist dieses auch für alle sonstigen Streitigkeiten aus dem Verhältnis der Ehegatten, einschließlich der Streitigkeiten über den gesetzlichen Unterhalt, zuständig, solange das Verfahren in erster Instanz noch nicht geschlossen ist.

Beispiel

Ist ein Ehemann z. B. von Wien nach Feldkirch gezogen und zahlt etwas zu wenig Unterhalt, so ist es unter Umständen besser, mit der gerichtlichen Geltendmachung der Unterhaltsansprüche zu warten, bis er eine Scheidungsklage einbringt: Für diese

wäre ja das Bezirksgericht am Ort der Ehewohnung, in der die Frau noch immer lebt, zuständig. Durch die Scheidungsklage würde dieses Gericht auch für eine Unterhaltsklage der Frau zuständig werden, was für sie vermutlich angenehmer ist als eine Klagsführung beim Bezirksgericht Feldkirch.

Inländische Gerichtsbarkeit (also die Zuständigkeit eines österreichischen Gerichtes) ist für Streitigkeiten über Scheidung, Aufhebung oder Nichtigerklärung einer Ehe jedenfalls gegeben, wenn auch nur einer der Ehegatten österreichischer Staatsbürger ist, oder der Beklagte seinen gewöhnlichen Aufenthalt im Inland hat. Ist auch dies nicht der Fall, dann ist ein österreichisches Gericht zuständig, wenn der Kläger seinen gewöhnlichen Aufenthalt in Österreich hat, dies aber nur unter der zusätzlichen Voraussetzung, dass entweder beide Ehegatten ihren letzten gemeinsamen gewöhnlichen Aufenthalt in Österreich hatten, oder aber der Kläger staatenlos oder aber zur Zeit der Eheschließung österreichischer Staatsbürger gewesen ist.
Ob und inwieweit für familienrechtliche Streitigkeiten mit Auslandsbezug nicht nur die Zuständigkeit eines österreichischen Gerichtes gegeben, sondern österreichisches Recht anzuwenden ist, wird im Gesetz über das Internationale Privatrecht (IPRG) geregelt. Dieses besagt, dass die persönlichen Rechtswirkungen der Ehe (z. B. betreffend die Verpflichtung zum gemeinsamen Wohnen, zum Beistand, zum Unterhalt) nach dem gemeinsamen Recht der Ehegatten zu beurteilen sind, in Ermangelung eines solchen nach dem letzten gemeinsamen Recht der Ehegatten, sofern es einer von ihnen beibehalten hat.

Beispiel

Für ein in Österreich lebendes Ehepaar türkischer Nationalität ist ebenso türkisches Recht anzuwenden, wie wenn einer der Ehegatten bereits die österreichische Staatsbürgerschaft hätte. Erwerben hingegen beide die österreichische Staatsbürgerschaft, so gilt österreichisches Recht.

Ansonsten richten sich die persönlichen Rechtswirkungen der Ehe nach dem Recht des Staates, in dem beide Ehegatten ihren gewöhnlichen Aufenthalt haben oder hatten, sofern ihn einer von ihnen beibehalten hat. Für die Ehe eines Türken mit einer Österreicherin, die in Österreich leben, ist also österreichisches Recht anzuwenden, auch wenn der Ehemann in seine Heimat zurückkehren sollte.
Auch die Ehe einer Slowakin mit einem Ungarn ist, wenn beide in Österreich leben oder zuletzt gemeinsam in Österreich gelebt haben, bevor einer

von ihnen in ein anderes Land gezogen ist, nach österreichischem Recht zu beurteilen.
Hinsichtlich des Ehegüterrechts könnten Ehegatten wählen, welches Recht Anwendung finden soll. Machen sie von dieser Möglichkeit der „Rechtswahl" keinen Gebrauch, so gilt für die Regelung der wirtschaftlichen Folgen der Ehe das gleiche Recht, das im Zeitpunkt der *Eheschließung* für die persönlichen Rechtswirkungen der Ehe gegolten hat. Die Voraussetzungen und Wirkungen der Scheidung hingegen sind nach dem für die persönlichen Rechtswirkungen der Ehe im Zeitpunkt der *Scheidung* maßgebenden Recht zu beurteilen: Kommt ein türkisches Ehepaar nach Österreich, so gilt für die beiden türkisches Ehegüterrecht, auch wenn beide im Lauf der Jahre die österreichische Staatsbürgerschaft erwarben. Wünscht aber danach einer von ihnen die Scheidung, so ist österreichisches Scheidungsrecht anzuwenden.

Vertretung durch einen Anwalt

In familienrechtlichen Streitsachen besteht in erster Instanz kein Anwaltszwang. Das bedeutet allerdings nicht, dass die Vertretung durch einen Rechtsanwalt in diesen Verfahren nicht sinnvoll und notwendig wäre.
Die Auflösung der Ehe ist sicherlich ein schwerer wiegendes Problem als die Geltendmachung eines Geldanspruches von 4.000 Euro. Dennoch ist für Prozesse über einen 4.000 Euro übersteigenden Anspruch absolute Anwaltspflicht im Gesetz vorgesehen, für familienrechtliche Verfahren aber nicht. Tatsächlich ist die Beurteilung familienrechtlicher Probleme, insbesondere wegen ihres Zusammenhangs mit allfälligen Scheidungsfolgen, bis hin zu deren steuer- und sozialversicherungsrechtlichen Auswirkungen sehr komplex und auch für den gebildeten Laien schwierig.
Unsicherheit besteht oft schon darüber, ob das negativ empfundene Verhalten des anderen überhaupt zur Scheidung berechtigt.
Ob und unter welchen Voraussetzungen die Frau im Falle einer Scheidung mit Unterhaltszahlungen rechnen kann, ob die Kinder in ihrer Obsorge verbleiben werden, wem die Ehewohnung zugesprochen werden wird und welche pensionsrechtlichen Auswirkungen eine Scheidung für sie haben könnte, kann jeweils nur im Einzelfall und bei Kenntnis aller maßgeblichen Umstände beurteilt werden.
Diverse Familienberatungsstellen und auch die Rechtsanwaltskammern erteilen Erstinformationen, die einen generellen Überblick auf die Rechts-

lage ermöglichen (siehe auch Anhang, Seite 258 ff.). Auf – möglicherweise wichtige – Detailfragen kann aber bei solchen Beratungseinrichtungen schon aus Zeitgründen nicht eingegangen werden. Bei den Bezirksgerichten können Sie am Amtstag auch Rechtsauskunft einholen, die sich aber darauf beschränkt, Ihnen zu erklären, welche rechtlichen Möglichkeiten Ihnen offen stehen, nicht, was für Sie das Günstigste wäre. Die Auskünfte am Amtstag erteilt in der Regel der Richter, der für einen allfälligen Rechtsstreit in Ihrer Sache zuständig wäre. Er kann mit einer Partei, in deren Rechtssache er in der Folge objektiv entscheiden muss, nicht das gleiche Vertrauensverhältnis eingehen wie ein Rechtsanwalt.
Mit dem eigenen Rechtsanwalt kann die Klientin auch besprechen, ob eine Scheidung jetzt oder erst zu einem etwas späteren Zeitpunkt günstig wäre, oder ob – im Gegenteil – wegen drohender Verjährung eines Scheidungsgrundes oder aus anderen Gründen Eile geboten ist. Mit dem Anwalt berät sie, welche Beweismittel benötigt werden, welche Zeugen dem Gericht namhaft gemacht werden sollten, ob und welcher Detektiv allenfalls noch einzuschalten wäre.
Auch für den Fall, dass eine einvernehmliche Regelung zustande kommt, weiß der eigene Anwalt am besten, welche Vereinbarungen den Bedürfnissen seiner Klientin entsprechen.
Eine wirklich zufrieden stellende Durchführung der Scheidung und Regelung der Scheidungsfolgen wird sich daher mit kompetenter anwaltlicher Beratung wesentlich besser erzielen lassen als ohne.

Information ist wichtig

Eine entsprechend „maßgeschneiderte“ Beratung und Vertretung hat allerdings eine umfassende Information des Anwalts zur Voraussetzung.
Die Aufteilung einer wertvollen Liegenschaft lässt sich anders gestalten, wenn daneben auch Ersparnisse vorhanden sind. Umgekehrt beeinflusst es die Aufteilung auch einer im Hälfteeigentum stehenden Liegenschaft, wenn einer der Ehegatten zu ihrem Kauf namhafte ererbte Mittel zur Verfügung gestellt hat. Unvollständige oder gar unrichtige Informationen führen zwangsläufig zu unrichtigen Auskünften, die die Rechtslage vorschnell zu günstig oder zu wenig aussichtsreich erscheinen lassen.
Auch über eigene Eheverfehlungen sollten Sie den Anwalt vorweg informieren, selbst wenn Ihr Mann davon vielleicht gar nichts weiß oder dies noch nicht im Scheidungsprozess vorgebracht hat. Keinesfalls sollte Ihr Anwalt davon erst durch ein Vorbringen des Gegenvertreters in der Verhandlung erfahren.

Auch davon, dass Sie vielleicht über Drängen Ihres Mannes letztlich doch einen ursprünglich abgelehnten Vergleich, die Zustimmung zu einer Reise des Mannes mit den Kindern nach Disneyland während der Schulzeit oder einen Vermittlungsauftrag betreffend die Ehewohnung unterschrieben haben, sollte Ihr Anwalt erfahren, bevor der Gegenvertreter das Dokument bei Gericht vorlegt. Der Anwalt sollte auch stets davon informiert werden, wenn eine Zuschrift des Gerichts oder des Gegenvertreters direkt an Sie gelangt: Grundsätzlich müsste zwar derartige Post ohnedies dem Anwalt zugestellt werden, gelegentlich unterlaufen dabei jedoch Fehler. Wenn nun im Rahmen eines Scheidungsverfahrens ein Antrag auf einstweilige Verfügung der Klientin selbst „zur Äußerung binnen 3 Tagen“ zugestellt wird, lohnt es, beim Anwalt nachzufragen, ob er davon weiß. Neue Klagen, z. B. eine Besitzstörungsklage, werden immer der Partei direkt zugestellt, auch wenn sie im bereits anhängigen Scheidungsverfahren schon anwaltlich vertreten ist. Der Anwalt muss also sofort vom Erhalt einer solchen Klage und insbesondere vom Verhandlungstermin verständigt werden.

Die meisten Rechtsanwälte verrichten vormittags Verhandlungen bei Gericht und haben nachmittags Besprechungen in ihrer Kanzlei. Sie sind daher nicht ohne weiteres telefonisch zu erreichen. Dafür haben sie aber in der Regel Kanzleiangestellte, die Anrufe der Klienten entgegennehmen und ihre Nachrichten an den Chef weiterleiten, der dann zurückruft oder um einen Anruf zu einem anderen Zeitpunkt bittet.

Die Nachrichten sollten allerdings bereits die wesentliche Information enthalten. Mit der Mitteilung: „Frau Meier hat angerufen. Sie muss Sie unbedingt sprechen!“ wird der Anwalt wenig anfangen können. Die Beisätze „Ihr Mann ist gestern ausgezogen“ oder „Sie hat heute eine Scheidungsklage erhalten“ wären wesentlich aufschlussreicher.

Auch wenn es einer Frau unangenehm sein mag, der Sekretärin des Anwalts telefonisch mitzuteilen, dass sie von ihrem Mann misshandelt wurde: Den Antrag auf Ausweisung des Gewalttäters aus der Ehewohnung wird letztlich auch nicht der Anwalt selbst schreiben, sondern eben diese Sekretärin, die auch den ärztlichen Befundbericht und die Fotos der Verletzungsfolgen fotokopieren und dem Antrag beischließen wird.

Hinweis

Alle Angestellten einer Rechtsanwaltskanzlei sind ebenso zur Verschwiegenheit verpflichtet wie der Rechtsanwalt selbst. Die Verschwiegenheitspflicht ist so streng, dass nicht nur keine Informationen über einen Fall, sondern nicht einmal die Identität

des eigenen Klienten an Dritte weitergeleitet werden dürfen. Anrufe von Ehemännern in den Kanzleien der Rechtsanwälte, deren Namen sie in der Handtasche der Ehefrau gefunden haben, ob die Frau zu einer Besprechung dort gewesen wäre, sind daher vergeblich – nicht einmal diese Auskunft darf erteilt werden.

Streng verpönt ist jede Art der Doppelvertretung. In einer Sache, in welcher ein Anwalt einer Partei auch nur einen Rat erteilt hat, darf er die Gegenpartei nicht mehr vertreten oder beraten. Derzeit wird es noch als zulässig angesehen, dass ein Rechtsanwalt eine einvernehmliche Scheidung für beide Parteien vorbereitet. Besonders sinnvoll erscheint dies jedoch nicht.

Die Kosten

Weit verbreitet und groß ist die Furcht vor den Kosten einer Scheidung. Tatsächlich ist aber der Gesetzgeber bemüht, diese Kosten so zu halten, dass sich auch ein Durchschnittsverdiener den Streit um familienrechtliche Ansprüche leisten kann.

Gerichtsgebühren

Insbesondere die Gerichtsgebühren sind verhältnismäßig niedrig gehalten: Gleichzeitig mit der Einbringung einer Scheidungsklage ist eine Pauschalgebühr von 191 Euro an das Gericht zu überweisen, damit sind alle Gebühren des Gerichts für das Verfahren erster Instanz einschließlich Urteil beglichen.
Wird das Scheidungsverfahren durch einen Vergleich (nicht aber durch eine einvernehmliche Scheidung) beendet, so wird eine zusätzliche Gebühr auf Basis des Wertes der Vergleichspunkte eingehoben.

Beispiel

Würde der Wert der Vergleichspunkte unter 7.270 Euro liegen, wäre diese zusätzliche Gebühr 233 Euro, bei einem Wert von 7.270 bis 36.340 Euro wäre die Gebühr 551 Euro, bei einem Wert von 36.340 bis 72.670 Euro beliefe sich die Gebühr auf 1.082 Euro.

Für ein Berufungsverfahren in Scheidungssachen fallen Gebühren von 253 Euro an, für ein Revisionsverfahren vor dem Obersten Gerichtshof 380 Euro. Zahlungspflichtig ist zunächst (unbeschadet allfälliger Ersatzansprüche) der Kläger bzw. Berufungs- oder Revisionswerber.
Die Gebühren einer einvernehmlichen Scheidung einschließlich Vergleich (egal welchen Wert die Vergleichspunkte haben) betragen insgesamt 318 Euro. Sie sind von beiden Teilen gemeinsam zu tragen, falls im Vergleich nicht anderes vereinbart wird.

Wie bereits gesagt, richtet sich die Gebühr einer Unterhaltsklage nach dem einfachen Jahresbetrag des geforderten Unterhalts (also 233 Euro bei einem Streitwert von 3.630 bis 7.270 Euro, 551 Euro bei einem Streitwert von 7.270 bis 36.340 Euro usw.). Die Gebühr für eine Besitzstörungsklage beträgt 47 Euro, Anträge auf einstweilige Verfügung im Zusammenhang mit einem bereits laufenden Verfahren sind überhaupt gebührenfrei.
Die Gebühr für einen Antrag auf Aufteilung ehelichen Vermögens beträgt 191 Euro.

Anwaltskosten

Auch bei der Vertretung durch einen Anwalt bemüht sich der Gesetzgeber, die Kosten zu dämpfen: Das Rechtsanwaltstarifgesetz (RATG), in dem die Anwaltshonorare gesetzlich geregelt sind, sieht nämlich niedrige Streitwerte sowohl für Scheidungs- wie auch für Besitzstörungsklagen vor, für Unterhaltsklagen ist auch hinsichtlich der Anwaltskosten der einfache Jahresbetrag des geforderten Unterhalts maßgeblich. Die Höhe des Anwaltshonorars für jede Leistung richtet sich nach diesem Streitwert.
In Besitzstörungssachen mit der gesetzlich angegebenen Bemessungsgrundlage von nur 580 Euro fallen die niedrigsten Anwaltskosten an (siehe Seite 189), der gesetzlich vorgesehene Streitwert für Ehescheidungen beträgt aber auch nur 4.360 Euro und führt zu maßvollen Honoraren.
Reagiert die beklagte Partei auf eine Scheidungsklage mit einer Widerklage, verdoppelt sich der Streitwert auf 8.720 Euro.
Bei Unterhaltsstreitigkeiten richtet sich die Bemessungsgrundlage nach der Höhe des geltend gemachten Anspruchs (einfacher Jahresbetrag), bei Aufteilungsverfahren ist – wie schon gesagt – das gesamte aufzuteilende Vermögen zugrunde zu legen, was zu erheblichen Kosten führen kann.
Für Klagen, vorbereitende Schriftsätze und die erste Verhandlungsstunde werden, je nach Streitwert, im Rechtsanwaltstarif vorgeschriebene Kosten verrechnet (Tarifpost 3a, siehe Muster Seite 216 ff.). Jede weitere Verhandlungsstunde kostet die Hälfte. Einfache Schriftsätze, wie etwa Beweisanträge (in denen nur Namen und Adressen beantragter Zeugen und das „Beweisthema" bekannt gegeben werden) oder ganz kurze Schriftsätze wie Vertagungsbitten werden mit niedrigeren Beträgen (TP 2 und 1) verrechnet, Rechtsmittelschriften mit höheren (TP 3b und 3c).
Zu den Kosten für die Verfassung von Schriftsätzen und die Verrichtung von Verhandlungen wird in den am Schluss der Verhandlung dem Gericht vorzulegenden Kostennoten (siehe Muster Seite 216 ff.) ein Zuschlag für Nebenleistungen, der so genannte Einheitssatz (ES), verrechnet, welcher

bis zu einem Streitwert von 10.170 Euro 60 Prozent beträgt, bei höherem Streitwert 50 Prozent.

Hinweis

Der im Prozess unterliegende Gegner muss Nebenleistungen nur in der Höhe des Einheitssatzes ersetzen. Dem eigenen Klienten gegenüber darf der Anwalt alle Einzelleistungen verrechnen (siehe Seite 222 f.).

Muss der Rechtsanwalt Verhandlungen außerhalb des Ortes seines Kanzleisitzes verrichten, so gebührt ihm hiefür der doppelte Einheitssatz, womit aber auch Fahrtspesen abgegolten sind. Vertritt der Anwalt mehrere Personen oder vertritt er seinen Klienten gegen mehrere Gegner, so gebührt ihm auch ein Streitgenossenzuschlag von maximal 50 Prozent. Zum Honorar sind 20 Prozent Umsatzsteuer und Barauslagen hinzuzurechnen.

Muster

Das Kostenverzeichnis des Klägers in einem Scheidungsverfahren würde also etwa so aussehen:

GERICHTSKOSTENNOTE

Klagende Partei:
Robert Meier
Beklagte Partei:
Gerlinde Meier
wegen: Ehescheidung EUR 4.360,00 s. A.

Datum	**Gegenstand/Bezeichnung/ Leistung**	**Tarif** (BMG, abweichend)	**Kosten/Honorar**	**Barauslagen** Ust.-pflichtig / Ust.-frei
02.01.2004	**Klage**	TP3a	**138,90**	**191,00**
	ES: 60 %		**83,34**	
20.02.2004	**Verhandlung** 2/2	TP3a	**138,90**	**4,00**
	ES: 60 %		**83,34**	
15.03.2004	**Verhandlung** 4/2	TP3a	**208,40**	**4,00**
	ES: 60 %		**125,04**	
08.04.2004	**Vertagungsbitte**	TP1	**14,20**	
	ES: 60 %		**8,52**	
07.05.2004	**Verhandlung** 5/2	TP3a	**277,80**	**4,00**
	ES: 60 %		**166,68**	
03.06.2004	**Verhandlung** 5/2	TP3a	**277,80**	**4,00**
	ES: 60 %		**166,68**	
	Honorar (Summe)	**EUR**	**1.689,60**	
	Barauslagen (USt.-pfl.)	**EUR**	**16,00**	
	Pauschalgebühr	**EUR**	**191,00**	
	20 % USt. von 1.705,60	**EUR**	**341,12**	
	Gesamtsumme	**EUR**	**2.237,72**	

Würde die beklagte Partei nach Erhalt der Klage mit einer Widerklage reagieren, ergäbe sich folgende Kostennote der Beklagten:

GERICHTSKOSTENNOTE

Klagende Partei und widerbeklagte Partei:
Robert Meier
Beklagte Partei und widerbeklagte Partei:
Gerlinde Meier
wegen: Widerklage EUR 4.360,00 s. A.,

Datum	Gegenstand/Bezeichnung/ Leistung	Tarif (BMG, abweichend)	Kosten/Honorar	Barauslagen Ust.-pflichtig / Ust.-frei	
02.02.2004	**Verhandlung** 2/2	TP3a	**231,20**	**4,00**	
	ES: 60 %		**138,72**		
06.02.2004	**Widerkalge**	TP3a	**138,90**		**191,00**
	ES: 60 %		**83,34**		
15.03.2004	**Verhandlung** 4/2	TP3a	**346,80**	**4,00**	
	ES: 60 %		**208,08**		
07.05.2004	**Verhandlung** 5/2	TP3a	**462,40**	**4,00**	
	ES: 60 %		**277,44**		
03.06.2004	**Verhandlung** 5/2	TP3a	**462,40**	**4,00**	
	ES: 60 %		**277,44**		
	Honorar (Summe)	**EUR**	**2.626,72**		
	Barauslagen (USt.-pfl.)	**EUR**	**16,00**		
	Pauschalgebühr	**EUR**	**191,00**		
	20 % USt. von 2.626,72	**EUR**	**528,54**		
	Gesamtsumme	**EUR**	**3.362,26**		

Eine Besitzstörungsklage, welche die Ehefrau gegen den Mann und dessen Freundin am Ort der Störung (das Wochenendhäuschen in Klosterneuburg) einbringt, würde so aussehen:

GERICHTSKOSTENNOTE

Klagende Partei:
Gerlinde Meier
Beklagte Partei:
Robert Meier
wegen: Besitzstörung EUR 580,00 s. A.

Datum	Gegenstand/Bezeichnung/ Leistung	Tarif (BMG, abweichend)	Kosten/Honorar	Barauslagen Ust.-pflichtig / Ust.-frei
02.02.2004	**Klage verfasst**	TP3a	**69,60**	**47,00**
	ES: 60 %		**41,76**	
	StGZ: 10 %		**11,14**	

23.02.2004	**Verhandlung** 1/2	TP3a	**69,60**
	ES: 120 %		**83,52**
	StGZ: 10 %		**15,31**
02.03.2004	**Verhandlung** 3/2	TP3a	**104,40**
	ES: 120 %		**125,28**
	StGZ: 10 %		**22,97**
04.04.2004	**Verhandlung** 4/2	TP3a	**104,40**
	ES: 120 %		**125,28**
	StGZ: 10 %		**22,97**
	Honorar (Summe)	**EUR**	**796,23**
	Pauschalgebühr	**EUR**	**47,00**
	20 % USt. von 796,23	**EUR**	**159,25**
	Gesamtsumme	**EUR**	**1.002,48**

(Die – höheren – Fahrtspesen zum Bezirksgericht Klosterneuburg sind durch den doppelten Einheitssatz abgegolten.)

In einem Unterhaltsverfahren, bei welchem die Klage auf einen monatlichen Unterhalt von 700 Euro mit einem Antrag auf einstweilige Verfügung verbunden wurde, ein Sachverständigengutachten einzuholen ist und der Sachverständige zur Erörterung seines Gutachtens zur Verhandlung erscheinen muss, würden sich z. B. Kosten wie folgt ergeben:

GERICHTSKOSTENNOTE

Klagende Partei:
Gerlinde Meier
Beklagte Partei:
Robert Meier
wegen: Unterhalt EUR 8.400,00 s. A.

Datum	**Gegenstand/Bezeichnung/ Leistung**	**Tarif** (BMG, abweichend)	**Kosten/Honorar**	**Barauslagen** Ust.-pflichtig / Ust.-frei
02.01.2004	**Klage und Antrag auf einstweilige Verfügung**	TP3a	**231,20**	**551,00**
	ES: 60 %		**138,72**	
	Verbindungsgebühr: 25 %		**92,48**	
20.02.2004	**Verhandlung** 2/2	TP3a	**231,20**	**4,00**
	ES: 60 %		**138,72**	
02.03.2004	**Verhandlung** 4/2	TP3a	**346,80**	**4,00**
	ES: 60 %		**208,08**	
03.03.2004	**Sachverständigen-Kostenvorschuss**		BA	**600,00**
10.04.2004	**restl. Sachverständigen-Kostenvorschuss**		BA	**150,00**
18.04.2004	**Verhandlung** 4/2	TP3a	**346,80**	**4,00**
	ES: 60 %		**208,08**	
	Honorar (Summe)	**EUR**	**1.942,08**	
	Barauslagen (USt.-pfl.)	**EUR**	**762,00**	
	Pauschalgebühr	**EUR**	**551,00**	
	20 % USt. von 2.704,08	**EUR**	**540,82**	
	Gesamtsumme	**EUR**	**3.795,90**	

Für ein Aufteilungsverfahren, in dem es um eine Eigentumswohnung im Wert von 150.000 Euro (die geschätzt werden muss), Einrichtung im (einvernehmlich festgesetzten) Wert von 7.000 Euro, einen Pkw im Wert von 10.000 Euro, vier Sparbücher à 13.000 Euro und zwei Bausparverträge im Wert von je 4.000 Euro geht, würden etwa die folgenden Kosten anlaufen:

GERICHTSKOSTENNOTE

Antragstellerin:
Gerlinde Meier
Antragsgegner:
Robert Meier
wegen: Aufteilung EUR 227.000,00 s. A.

Datum	Gegenstand/Bezeichnung/ Leistung	Tarif (BMG, abweichend)	Kosten/Honorar	Barauslagen Ust.-pflichtig / Ust.-frei
02.01.2004	**Antrag**	TP3a	**841,30**	**4.332,00**
	ES: 50 %		**420,65**	
28.02.2004	**Verhandlung** 3/2	TP3a	**1.262,00**	**4,00**
	ES: 50 %		**631,00**	
14.04.2004	**Verhandlung** 3/2	TP3a	**1.262,00**	**4,00**
	ES: 50 %		**631,00**	
20.04.2004	**SV-KV**	BA		**1.000,00**
03.06.2004	**Lokalaugenschein** 4/2	TP7b	**1.110,00**	**4,00**
	ES: 50 %		**555,00**	
07.07.2004	**Verhandlung** 5/2	TP3a	**1.682,60**	**4,00**
	ES: 50 %		**841,30**	
12.09.2004	**Verhandlung** 3/2	TP3a	**1.262,00**	**4,00**
	ES: 50 %		**631,00**	
	Honorar (Summe)	**EUR**	**11.129,85**	
	Barauslagen (USt.-pfl.)	**EUR**	**1.020,00**	
	Pauschalgebühr	**EUR**	**4.332,00**	
	20 % USt. von 12.149,85	**EUR**	**2.429,97**	
	Gesamtsumme	**EUR**	**18.911,82**	

Scheidungsverfahren, auch bei Verbindung von Klage und Widerklage und selbst ein Unterhaltsverfahren über einen doch nicht ganz unbedeutenden Unterhalt von 700 Euro monatlich führen bei durchschnittlicher Verfahrensdauer also zu erschwinglichen Kostenbelastungen. Ein Verfahren über die Aufteilung ehelichen Vermögens wird jedoch selbst dann, wenn es sich nicht um die Vermögenswerte von Superreichen handelt, außerordentlich belastend.
Während man es also ruhig riskieren kann, das Scheidungsverfahren auch dafür zu nützen, sich selbst und dem Ehemann Gelegenheit zu geben, ein-

ander das vorzuhalten, was während der Ehe unausgesprochen blieb, eignet sich das Aufteilungsverfahren denkbar schlecht zur Aufarbeitung psychischer Probleme.

Kostenersatz

In Scheidungs-, Unterhalts- und Besitzstörungsverfahren hat man die Chance, nach Maßgabe des Prozesserfolges die Kosten ganz oder teilweise von der Gegenseite ersetzt zu bekommen: Die im Rechtsstreit vollständig unterliegende Partei hat dem Gegner die nach dem Rechtsanwaltstarif angelaufenen Kosten, die Gerichtsgebühren und sonstigen Barauslagen zu erstatten.
Bei teilweisem Obsiegen wird ein Teil der Kosten zugesprochen.

Beispiel

Hat eine Frau einen Unterhalt von 600 Euro monatlich eingeklagt, und es werden ihr 400 Euro monatlich zugesprochen, so ist sie mit ihrem Klagebegehren zu zwei Dritteln durchgedrungen und hätte an sich Anspruch auf zwei Drittel ihrer Kosten. Ihr Mann ist aber bei der Bestreitung ihrer Ansprüche mit seinem Vorbringen zu einem Drittel durchgedrungen und hätte daher einen Anspruch auf ein Drittel seiner Kosten. Der Frau werden daher ein Drittel ihrer Kosten sowie zwei Drittel der von ihr bezahlten Pauschalgebühr (die nur sie als Klägerin beibringen musste) zugesprochen.

Eine Scheidung aus dem alleinigen Verschulden des Beklagten führt zu vollem Kostenzuspruch, wird die Ehe aus beiderseitigem Verschulden oder ohne Verschuldensausspruch geschieden, aufgehoben oder für nichtig erklärt, so sind die Kosten gegeneinander aufzuheben. Bei Ausspruch eines überwiegenden Verschuldens hat der Minderschuldige Anspruch auf Ersatz eines Teiles seiner Kosten.
Bei der Festsetzung des Kostenersatzes haben Richter einen gewissen Ermessensspielraum: So können die Kosten auch gegeneinander aufgehoben werden, wenn nur ein annähernd gleichteiliger Prozesserfolg erzielt wird (z. B. Obsiegen mit wenig mehr als der Hälfte). Es kann einer Prozesspartei aber auch der Ersatz ihrer gesamten Kosten zugebilligt werden, wenn sie lediglich mit einem geringfügigen Teil ihres Anspruchs nicht durchgedrungen ist.
Wird eine Ehe wegen Aufhebung der häuslichen Gemeinschaft (nach § 55 EheG) geschieden und enthält das Scheidungsurteil einen Ausspruch über das Verschulden (des Klägers) an der Zerrüttung, so hat der allein oder überwiegend schuldige Ehegatte dem anderen die Kosten zu ersetzen.

Im Aufteilungsverfahren erfolgt ein allfälliger Kostenzuspruch nicht nach den klaren, oben dargestellten Regelungen der Zivilprozessordnung, sondern, ebenso wie die gesamte Entscheidung, nach Ermessen des Gerichtes. Der Zuspruch von Kosten im Aufteilungsverfahren ist daher eher die Ausnahme als die Regel und kommt nur dort vor, wo ein Teil offensichtlich unangemessene Forderungen geltend gemacht oder durch seine Anträge einen besonderen Anteil am Verfahrensaufwand verursacht hat.
Im Pflegschaftsverfahren gibt es derzeit überhaupt keinen Kostenersatz.

Verfahrenshilfe

Wer die Kosten eines Verfahrens ohne Beeinträchtigung seines notwendigen Unterhalts nicht bestreiten kann, hat Anspruch auf Verfahrenshilfe, sofern die beabsichtigte Prozessführung nicht offenbar mutwillig oder aussichtslos ist.
Die Verfahrenshilfe wird entweder nur durch Befreiung von Gebühren, Sachverständigen- oder Dolmetschkosten gewährt oder durch Beigebung eines Rechtsanwalts. Die wird allerdings grundsätzlich nur für Verfahren zugebilligt, in denen anwaltliche Vertretung im Gesetz vorgeschrieben ist, was auf familienrechtliche Verfahren in erster Instanz nicht zutrifft. Bei diesen Verfahren wird ein so genannter „Verfahrenshelfer" nur gewährt, wenn die Prozessführung mit schwierigen Sach- und Rechtsfragen verbunden ist. Üblicherweise werden für Scheidungsverfahren keine Verfahrenshelfer beigegeben (wohl aber, wenn z. B. im Scheidungsverfahren die Anwendung ausländischen Rechts eine Rolle spielt), in Unterhalts- und Aufteilungsverfahren eher schon.
Um Verfahrenshilfe zu erlangen, muss man ein eidesstättiges Vermögensbekenntnis vollständig und wahrheitsgemäß ausfüllen (unrichtige Angaben wären strafbar) und dabei beachten, dass auch Fragen nach Vermögen, die der mittellosen Frau sinnlos erscheinen mögen (etwa nach dem Vorhandensein eines Segelbootes), wahrheitsgemäß mit „0" zu beantworten sind. Das Gericht entscheidet aufgrund des Antrages und des Inhaltes der Vermögensangaben, ob und in welchem Umfang Verfahrenshilfe gewährt wird. Wird ein Verfahrenshilfeanwalt beigegeben, so wird der Beschluss an die zuständige Rechtsanwaltskammer weitergeleitet, die aufgrund einer bei der Kammer geführten Liste die Verfahrenshilfe einem Rechtsanwalt in ihrem Sprengel zuweist.
Auf die Zuteilung des Verfahrenshelfers kann man selbst nur insoweit Einfluss nehmen, dass der Anwalt des eigenen Vertrauens sich bereit erklärt,

die Rechtssache im Rahmen der Verfahrenshilfe zu übernehmen: In diesem Fall kann man dem Gericht oder der Rechtsanwaltskammer den Namen dieses Anwalts bekannt geben, er erhält dann diese Verfahrenshilfesache anstelle seiner nächsten turnusmaßigen Zuteilung. Es ist sicher so, dass viele Rechtsanwälte die Verfahrenshilfeleistungen, zu denen die österreichischen Rechtsanwälte grundsätzlich verpflichtet sind, lieber für eine Klientin erbringen, die ihnen durch eine Besprechung bereits bekannt ist und zu deren Vertretung sie grundsätzlich bereit wären, als für einen Unbekannten, der möglicherweise einen Prozess in einer dem Anwalt nicht vertrauten rechtlichen Materie führen will: Die Chancen, einen „freiwilligen Verfahrenshelfer" zu finden, sind daher gar nicht schlecht. Andererseits muss man aber bedenken, dass kein Rechtsanwalt bereit sein wird, mehr Verfahrenshilfesachen zu erledigen, als ihm aufgrund des Turnus seiner Kammer zukämen: Rechtsanwälte werden für diese Tätigkeit (wenn sie nicht die Kosten des gewonnenen Prozesses beim Gegner einbringlich machen können) nicht entlohnt. Die Abgeltung erfolgt durch eine Zahlung der Republik Österreich („Pauschalvergütung") in den Versorgungsfonds der Rechtsanwaltskammern, aus dem die Pensionsleistungen der Kammern an pensionierte Rechtsanwälte gespeist werden.

Einvernehmliche Scheidung

Für einvernehmliche Scheidungen wurde überdies dem Rechtsanwaltstarif eine neue Tarifpost 3d eingefügt, die die Kosten durchschnittlicher einvernehmlicher Scheidungen festsetzt: Die Kosten einer einvernehmlichen Scheidung bei durchschnittlichen familien- und vermögensrechtlichen Verhältnissen für anwaltliche Leistungen im Umfang von ein bis zwei Besprechungen, Verfassung des Scheidungsantrages, des Scheidungsvergleiches und Verrichtung der mündlichen Verhandlung betragen demnach 1.145 Euro zuzüglich Umsatzsteuer und Barauslagen. Ist auch eine „durchschnittlichen Vermögensverhältnissen entsprechende Liegenschaft" Gegenstand des ehelichen Vermögens, so beträgt die Entlohnung einschließlich der abgabenrechtlichen Abwicklung (Abgabe der Grunderwerbsteuererklärung) und der Durchführung im Grundbuch 2.290 Euro zuzüglich Umsatzsteuer und Barauslagen.

Zusätzliche Kosten

Bemerkenswert hohe Anwaltshonorare kommen nicht nur bei Aufteilungsverfahren und Streit um hohe Unterhaltsleistungen zustande: Der Rechtsanwalt ist nämlich berechtigt, seinem Klienten alle seine Einzelleistungen in Rechnung zu stellen, also sämtliche Telefonate, Briefe und Be-

sprechungen, die in den auf Seite 216 ff. dargestellten Kostennoten durch den Einheitssatz pauschaliert werden.
Als Bemessungsgrundlage kann der Anwalt dabei den Streitwert der gesamten Rechtssache (also Scheidung, Obsorge, Unterhalt, Besitzstörung, Vermögensteilung) zugrunde legen, zumal ja in den Briefen, bei den Besprechungen und Telefonaten auch alle diese Themenbereiche erörtert werden. Durch die Verrechnung jedes einzelnen Telefongesprächs und jeder einzelnen Besprechung auf Basis des höchstmöglichen Streitwertes ergeben sich Honorarabrechnungen, die für Klienten mit durchschnittlichen Einkommens- und Vermögensverhältnissen sehr belastend sein können, und für die sie auch im günstigsten Fall nur teilweisen Ersatz vom Gegner erlangen können: Diesem gegenüber können ja die Einzelleistungen weder in ihrem gesamten Umfang noch auf Basis der gesamten Bemessungsgrundlage geltend gemacht werden, sondern nur in Form des „Einheitssatzes“ auf Basis des Streitwertes des jeweiligen Prozessgegenstandes (also nur Scheidung oder Unterhalt oder Besitzstörung etc.).

Tipp

Vor dem Auflaufen exorbitanter Kosten für Einzelleistungen können Sie sich schützen, indem Sie mit dem Anwalt eine Honorarvereinbarung treffen, die z. B. eine durchschnittliche Bemessungsgrundlage für die Berechnung aller Einzelleistungen zum Inhalt haben könnte. Eine solche Honorarvereinbarung hätte zur Folge, dass alle Leistungen des Anwalts, also Briefe, Besprechungen, Telefonate, Schriftsätze und Gerichtsverhandlungen auf Basis eines Streitwertes berechnet werden, welcher höher ist als der gesetzliche Streitwert für Besitzstörungsklagen und Scheidungen, aber niedriger als der Streitwert der Vermögensteilung.

Im Übrigen sollte man, wie schon oben dargestellt, den Anwalt zwar über alle wesentlichen Vorkommnisse sofort informieren, die Information über minder Wichtiges jedoch vielleicht nicht durch tägliche Telefonate und um sofortige Antwort bittende Faxe übermitteln, sondern diese Mitteilungen und Fragen „gebündelt“ beim nächsten vorgesehenen Besprechungstermin erörtern.
Auch wenn es das legitime Interesse jedes Klienten ist, unnötigen Kostenaufwand zu vermeiden, ist dennoch eines zu sagen: Österreichische Rechtsanwälte verfügen (im Gegensatz zu einem Teil ihrer europäischen Kollegen) schon zu Beginn ihrer Tätigkeit über eine zumindest fünfjährige Universitätsausbildung und eine zumindest fünfjährige Berufserfahrung bei Gericht

und in einer Rechtsanwaltskanzlei. Diese hohe Qualifikation hat auch ihren Preis. In Familienrechtssachen ist der Anwalt Vertrauter, Ratgeber, er ermutigt den Klienten/die Klientin, zustehende Rechte einzufordern und hält davon ab, sich in die Verfolgung unrealistischer Wunschvorstellungen zu verrennen. Im Gegensatz zum überparteilichen Richter und zum allparteilichen Mediator ist der Rechtsanwalt derjenige, der für seinen Klienten Partei ergreift, seinen Standpunkt vertritt, seine Interessen durchsetzen will.
In schwierigen familienrechtlichen Auseinandersetzungen ist die umfassende Beratung und Vertretung durch einen Rechtsanwalt nahezu unentbehrlich. Und selten ist das dafür bezahlte Honorar höher als der Schaden, der entsteht, wenn sich jemand ohne qualifizierte Beratung auf eine solche Auseinandersetzung einlässt.

Mediation

Mediation ist derzeit in aller Munde – die unterschiedlichsten Heilserwartungen werden mit diesem Begriff verbunden.
Tatsächlich handelt es sich dabei um eine Verfahrensart, die in den USA, wo die Führung eines Prozesses besonders kostspielig und risikoreich ist, entwickelt wurde, um Gerichtsverfahren zu vermeiden.
Der Grundgedanke ist der, dass die Entscheidung über den Konflikt der Parteien nicht ein Dritter treffen soll, der sich mit der Problematik des Falles erst vertraut machen muss (Richter), sondern die Parteien selbst. Sie sind ja von vornherein in einer Beziehung zueinander gestanden und wissen selbst oder müssten selbst am besten wissen, wie ihr Konflikt in einer für sie befriedigenden Art und Weise gelöst werden könnte.
Aufgabe des Mediators ist es vor allem, die durch den Konflikt gestörte Kommunikation zwischen den Parteien wiederherzustellen.
Der Mediator hat keine Entscheidungskompetenz, er erteilt den Parteien auch keine Ratschläge, wie sie ihren Konflikt lösen sollen. Er ist „allparteilich", seine Aufgabe ist es, eine von den Parteien selbst erarbeitete (und von ihnen daher auch akzeptierte) Lösung ihres Konfliktes herbeizuführen.
Dafür benötigt der Mediator einerseits eine spezifische Ausbildung, andererseits sollte er auch selbst Fachwissen auf dem Gebiet, das Gegenstand des Konfliktes ist, besitzen.
Findet also z. B. die Mediation zwischen einem Unternehmen, welches in ein neues Bürogebäude übersiedeln will, und die alten Büroräumlichkeiten bereits zu einem bestimmten Stichtag aufgekündigt oder verkauft hat, und dem Generalunternehmer statt, der die Herstellung des neuen Objek-

tes nicht fristgerecht wird erbringen können, so wäre es zweckmäßig, wenn zumindest einer der Mediatoren Kenntnisse des Bauwesens hat.
Selbstverständlich eignet sich Mediation auch zur Erzielung einer gütlichen Einigung in Familienrechtssachen. Deshalb wurde bereits mit dem Eherechts-Änderungsgesetz 1999 der § 99 Ehegesetz neu geschaffen, der Mediatoren in Familienrechtssachen zur Verschwiegenheit verpflichtet und die Verletzung der Verschwiegenheitspflicht unter Strafe stellt.
Im Jahr 2003 wurde überdies das „Zivilrechts-Mediations-Gesetz“ beschlossen, das mit 1. 5. 2004 in Kraft tritt.

Die Mediatorenliste

Dieses Gesetz sieht vor, dass im Justizministerium eine Mediatorenliste geführt wird, in die sich geeignete Personen eintragen lassen können. Personen, die zumindest 28 Jahre alt, fachlich qualifiziert und vertrauenswürdig sind und den Abschluss einer Haftpflichtversicherung nachweisen, werden jeweils für einen Zeitraum von fünf Jahren in diese Liste eingetragen, eine Verlängerung ist abhängig vom Nachweis ständiger Fortbildung.
Die fachliche Ausbildung umfasst theoretische Kenntnisse und praktische Erfahrung u. a. im Bereich Grundlagen der Kommunikation, Konfliktanalyse, psychosoziale Interventionsformen und Rechtsfragen betreffend die in Betracht kommenden Konflikte. Die Ausbildung dauert 300 bis 500 Ausbildungseinheiten, wobei bereits erworbene Fachkenntnisse von Psychotherapeuten, Psychologen, Rechtsanwälten, Notaren, Wirtschaftstreuhändern, Richtern sowie Lebens- und Sozialberatern berücksichtigt werden.
Nur für Mediatoren, die in die Liste des Justizministeriums eingetragen sind, gelten die gesetzlichen Bestimmungen des Zivilrechts-Mediations-Gesetzes, die Konfliktparteien besonderen Schutz gewähren sollen. So ist die Verpflichtung zum Abschluss einer Berufshaftpflichtversicherung sicher eine Maßnahme zum Schutz der Parteien, ebenso die strengen Unvereinbarkeitsregeln: Wer in einem Konflikt Parteienvertreter, Berater oder Entscheidungsorgan ist oder war, darf nicht als Mediator fungieren, wer in einem Konflikt Mediator war, darf in dieser Sache nicht mehr vertreten, beraten oder entscheiden.

Hinweis

Mediatoren haben, ähnlich wie Psychologen, eine absolute Verschwiegenheitspflicht, sie dürfen über das, was ihnen im Rahmen der Mediation bekannt wurde, nicht als Zeugen in einem Zivilprozess vernommen werden, selbst wenn beide Parteien dies wünschen (Ärzte oder Rechtsanwälte hingegen können von ihrer Verschwiegenheitspflicht durch den eigenen Patienten oder Klienten entbunden werden).

In Strafverfahren sind Mediatoren von der Verbindlichkeit zur Ablegung einer Zeugenaussage überhaupt befreit.
Die Verschwiegenheitspflicht des Mediators gilt auch für seine Mitarbeiter und erstreckt sich auch auf Unterlagen, die ihm in der Mediation übergeben oder von ihm erstellt wurden.
Eine Verletzung der Verschwiegenheitspflicht wäre strafbar.

Verjährungshemmung

Besonders wichtig ist, dass eine Mediation bei einem in die Liste eingetragenen Mediator die Verjährung und sonstige Fristen zur Geltendmachung von Ansprüchen, auf die sich die Mediation bezieht, hemmt: Solange die Mediation anhängig ist, laufen diese Fristen nicht ab.
Damit soll vermieden werden, dass die Parteien während der Mediation wegen Fristablaufs gerichtliche Verfahren anhängig machen müssen und damit den Erfolg der Mediation gefährden.
Diese Verjährungshemmung gilt für so genannte materiellrechtliche Fristen, wie z. B. die Verjährung, nicht jedoch für verfahrensrechtliche Fristen: Rekurse, Berufungen, Wiedereinsetzungsanträge gegen eine bereits versäumte Frist etc. müssen trotz Mediation rechtzeitig eingebracht werden.
Der Mediator muss den Beginn, die gehörige Fortsetzung und das Ende der Mediation dokumentieren.
Mediatoren arbeiten auch einzeln, besonders erfolgreich ist aber die Co-Mediation, die beispielsweise in Familienrechtsfragen von einem psychologisch und einem juristisch gebildeten Mediator vorgenommen wird, wobei das Team überdies aus einem Mann und einer Frau bestehen sollte.

Kosten

Im Gegensatz zu den Anwaltshonoraren sind die Kosten der Mediation nicht gesetzlich geregelt. Die in Rechnung gestellten Honorare sind – auch abhängig von der Vorbildung des Mediators – unterschiedlich.
Co-Mediation wird zu einem Stundensatz von ca. 90 Euro für jeden der Mediatoren angeboten, dieser Betrag kann aber sowohl unter- als auch überschritten werden. Die Bandbreite liegt zwischen 70 und 250 Euro pro Stunde.
In familienrechtlichen Angelegenheiten gibt es die Möglichkeit einer Förderung aus Mitteln des Familienlastenausgleichsfonds, wofür die Klienten eine Empfehlung einer Beratungsstelle oder eines Gerichtes benötigen.

Ablauf

In der Mediation treffen die Parteien zunächst eine „Mediationsvereinbarung“, in der sie die Ziele der Mediation definieren und die Regeln (Verschwiegenheit nach außen, Offenheit zwischen den Mediatoren, neutrale Stellung des Mediators etc.) vereinbaren.
Auch die Frage, wer das Honorar trägt, wird in dieser Vereinbarung geregelt.
Für eine erfolgreiche Mediation müssen in der Regel mehrere Sitzungen aufgewendet werden. Wenn es nicht um die Verhandlung hoch komplizierter Vermögensangelegenheiten geht, sollte sich die Mediation allerdings nach fünf bis sieben Sitzungen beenden lassen.
Da die Mediation aber nicht verbindlich ist, sondern auf Freiwilligkeit beruht, kann sie auch von jedem der Mediationsklienten jederzeit ohne Angabe von Gründen abgebrochen werden. In diesem Fall hat dann eben der Mediator die Beendigung der Mediation festzuhalten, allenfalls durch die Mediation gehemmte Fristen laufen ab diesem Zeitpunkt wieder weiter.
Da der Mediator selbst die Parteien nicht berät, steht es ihnen selbstverständlich frei, auch während der Mediation jede ihnen wichtig erscheinende Beratung (durch Rechtsanwalt, Steuerberater, Kinderpsychologen etc.) einzuholen.

Tipp

Rät ein Mediator Ihnen von der Einholung externer Beratung ab, so ist dies ein Zeichen mangelnder Professionalität und Grund zum Misstrauen: Die in der Mediation angestrebten einvernehmlichen Lösungen dürfen nicht der Unkenntnis über die eigenen rechtlichen Möglichkeiten oder die (steuer-)rechtlichen Folgen der Lösung entspringen, sondern allenfalls dem freien Entschluss, von einem zustehenden Recht keinen Gebrauch zu machen (z. B. auf einen Teil des zustehenden Unterhalts oder der Ausgleichszahlung zu verzichten), um eine Einigung zu erreichen.

Sind besonders komplizierte Sach- und Rechtsfragen zu erörtern, können auch Rechtsanwälte oder Steuerberater der Parteien den Mediationssitzungen zugezogen werden.
Grundsätzlich wird den Mediationsklienten empfohlen, das Ergebnis der Mediation vom jeweiligen Berater ihres Vertrauens überprüfen und gegebenenfalls in die erforderliche juristische Form bringen zu lassen. Ein Mediator, der selbst Jurist ist, ist allerdings berechtigt, über Auftrag beider Parteien diese Aufgabe auch selbst zu übernehmen.

Individuelle Regelungen

Der große Vorteil der Mediation liegt darin, dass Parteien die Lösung ihres Problems selbst gestalten, während gerichtliche Entscheidungen, ihrem Wesen nach, aufgezwungen werden. In der Mediation können die Parteien sich auch auf Lösungen einigen, die das Gericht aufgrund der Gesetzeslage nicht treffen könnte. Während z. B. das Gericht bemüht sein muss, im Aufteilungsverfahren eine Liegenschaft einem der geschiedenen Ehegatten zuzuweisen und dem anderen allenfalls eine Ausgleichszahlung zuzusprechen, könnten sich die Parteien auch darauf einigen, die Liegenschaft gemeinsam zu verkaufen und den Erlös zu teilen. Sie können auch Vermögen, das nicht der Aufteilung unterliegt, einbeziehen (z. B. die Frau erhält ohne Ausgleichszahlung die Ehewohnung und überträgt dem Mann dafür ein von ihr geerbtes Waldgrundstück).

Selbstverständlich können derartige individuelle Regelungen auch im Rahmen gerichtlicher Verfahren einvernehmlich getroffen oder vielleicht sogar schon vor Beginn gerichtlicher Auseinandersetzungen das Ergebnis anwaltlicher Korrespondenz oder anwaltlicher Vergleichsgespräche sein. Bei gerichtlichen oder außergerichtlichen Vergleichsgesprächen muss aber jeder Teil vorsichtig agieren, um nicht in Gegenwart des Richters oder des Gegenanwalts Äußerungen zu machen, die bei einem Scheitern der Vergleichsgespräche und einer Weiterführung des Prozesses gegen ihn verwendet werden können. Dem gegenüber hat die Mediation den Vorzug der Vertraulichkeit, was größere Offenheit ermöglicht.

Bei gerichtlichen Vergleichsgesprächen fehlt meist auch die Zeit, bestehende Probleme eingehend zu erörtern.

Die Mediation bietet den Rahmen, in dem gesprächsbereite Parteien unter sachkundiger Anleitung dem anderen den eigenen Standpunkt verständlich machen und auch Verständnis für die Sichtweise des anderen gewinnen können.

Mediation ist „zukunftsorientiert“. Dies ist einerseits im Hinblick auf das angestrebte Ergebnis der Konfliktlösung ein Vorteil, lässt aber das bei den Parteien besonders nach einer langen Ehe vorhandene Bedürfnis nach Aufarbeitung der Vergangenheit unberücksichtigt. Der aufmunternde Satz: „Blicken Sie nach vorne“ findet wenig Widerhall bei einer 50-Jährigen, die z. B. Kinder großgezogen und im Betrieb des Mannes mitgearbeitet hat, und nunmehr, vom Mann verlassen, auch ihre bisherige Position in dem von ihr mitaufgebauten Betrieb verliert: Zur Bewältigung der mit einer derartigen Situation verbundenen Kränkungen ist die Mediation nicht geeignet.

Die Mediation kann zu keinem Erfolg führen, wenn zwischen den Parteien ein allzu großes Ungleichgewicht an Bildung, Beredsamkeit, wirtschaftlicher

Macht besteht, wenn die Bereitschaft zur Offenheit oder dazu, eine für beide akzeptable Lösung zu suchen, fehlt.
Die Möglichkeit, dass die Mediation zu keinem Erfolg führt, sollte aber nicht daran hindern, einen Versuch zu wagen: Gemessen an der Dauer streitiger Verfahren ist die damit verlorene Zeit unbedeutend. Die Möglichkeit, danach gerichtliche Hilfe in Anspruch zu nehmen, wird durch eine erfolglose Mediation nicht beeinträchtigt.
Die mit der Mediation verbundene Chance, einen Konflikt selbstverantwortlich zu lösen, sollte man jedenfalls nutzen.

Einvernehmliche Scheidung

Wie schon im Abschnitt über die Auflösung der Ehe dargestellt, ist die einvernehmliche Scheidung eine nahezu ideale Möglichkeit, eine Scheidung schnell, unbürokratisch und kostengünstig zu erledigen. Es ist daher sinnvoll, zunächst die Möglichkeit einer einvernehmlichen Scheidung auszuloten, bevor man sich auf einen Scheidungsstreit einlässt.
Lediglich in den Fällen, in welchen die Ehefrau aus unterhalts- und pensionsrechtlichen Gründen die Scheidung wegen Auflösung der ehelichen Gemeinschaft (§ 55 EheG) anstreben sollte, ist die einvernehmliche Scheidung nicht vorzuziehen.
In allen anderen Fällen gilt, dass eine einigermaßen akzeptable Regelung der Scheidungsfolgen im Rahmen einer einvernehmlichen Scheidung den schönsten gerichtlichen Entscheidungen vorzuziehen ist, wenn man auch die Faktoren Zeit, Geld und Nerven berücksichtigt.
Über die einvernehmliche Scheidung können Sie mit Ihrem Partner direkt diskutieren, eine Mediation in Anspruch nehmen, aber auch eine Familienberatungsstelle aufsuchen oder einen Rechtsanwalt beauftragen, dem Partner diese Lösung vorzuschlagen und Ihre Vorstellungen für die Regelung der Scheidungsfolgen mitzuteilen.
Kommt es zu der zwingend vorgeschriebenen vollständigen Einigung über die Scheidungsfolgen, so können Sie beim zuständigen Bezirksgericht selbst oder durch den beauftragten Anwalt einen Antrag auf Scheidung im Einvernehmen einbringen.
Nahezu jedes Bezirksgericht hat für die entsprechenden Anträge und die abzuschließenden Vergleiche selbst entworfene Formulare, die sich aber im Wesentlichen ähneln. (Ob die zu scheidenden Eheleute als „Ehemann“ und „Ehefrau“ oder als „Erstantragsteller“ und „Zweitantragsteller“ bezeichnet werden, ist schließlich Geschmackssache.)

Muster

Bezirksgericht Döbling

....

Antrag
auf Scheidung der Ehe im Einvernehmen
gemäß § 55 a Ehegesetz

Ehemann:

Familienname: ....
Geschlechtsname (Name bei der Geburt): ....
Vorname(n): ....
Geburtstag: .... Geburtsort: ....
Staatsangehörigkeit: ....
Beruf: ....
wohnhaft in: ....

Ehefrau:

Familienname: ....
Geschlechtsname (Name bei der Geburt): ....
Vorname(n): ....
Geburtstag: .... Geburtsort: ....
Staatsangehörigkeit: ....
Beruf: ....
wohnhaft in: ....

Voraussetzungen der Scheidung ist eine Einigung
a) über die Zuteilung der aus dem familienrechtlichen Beziehungen zwischen Eltern und minderjährigen Kindern erfließenden Rechte und Pflichten (Pflege und Erziehung, Vermögensverwaltung, gesetzliche Vertretung), allenfalls Besuchsrecht und Unterhalt
b) über die unterhaltsrechtlichen Beziehungen der Ehegatten und
c) über die gesetzlichen vermögensrechtlichen Ansprüche (Aufteilung des ehelichen Gebrauchsvermögens und der Ersparnisse; sowie Hausrat und Ehewohnung)
Diese Vereinbarung kann schriftlich außergerichtlich oder vor Gericht geschlossen werden.

....

Bitte Gerichtskostenmarken hier aufkleben!

Eheschließung am ....
vor dem Standesamt ....
unter der Familienbuch Nr. ....

Diese Ehe ist für den Ehemann die ....
Diese Ehe ist für die Ehefrau die ....

Die Vorehe(n) des Ehemannes wurde(n) durch .... aufgelöst.
Die Vorehe(n) der Ehefrau wurde(n) durch .... aufgelöst.

Der Ehe entstammen keine/folgende Kinder (einschließlich der legitimierten Kinder):

Vorname:	Familienname:	Geburtsdatum:	Staatsbürgerschaft:
....	....	....	....
....	....	....	....
....	....	....	....
....	....	....	....

letzter gemeinsamer gewöhnlicher Aufenthalt der Ehegatten ist/war:

....

derzeitiger gewöhnlicher Aufenthalt des Ehemannes ist:

....

derzeit gewöhnlicher Aufenthalt der Ehefrau ist:

....

Die eheliche Lebensgemeinschaft ist seit .... aufgehoben, die ehelichen Verhältnisse sind unheilbar zerrüttet. Es besteht keine Aussicht auf Wiederherstellung der ehelichen Gemeinschaft. Beantragt wird, dass die zwischen den Antragstellern geschlossene Ehe gemäß § 55 a Ehegesetz geschieden wird.

Datum: ....

Unterschriften:

Ehemann: .... Ehefrau: ....

Information zum Antrag:

I. Dem Antrag sind als Beilagen anzuschließen:

1) Gerichtsgebühren im Wert von Euro 159,– (für den Antrag).

2) Originale der Heiratsurkunde, Staatsbürgerschaftsnachweise, Meldezettel

3) Originale der Geburtsurkunden der ehelichen und legitimierten Kinder

II. Zum Termin sind mitzubringen:

1) Gerichtsgebühren im Wert von Euro 159,– (für den Scheidungsvergleich)

2) Identitätsnachweise (Paß, Führerschein, Personalausweis)

3) Falls gemeinsame Kreditverbindlichkeiten bestehen die Kreditverträge.

Der Antrag muss von beiden Teilen unterschrieben werden, weiters sollten bei Antragstellung 159 Euro Gerichtsgebühr beigebracht werden. Die Vergleichsgebühr von weiteren 159 Euro ist erst nach Abschluss des Vergleichs fällig. Die Urkunden können Sie, wenn der Antrag überreicht oder per Post versendet wird, zunächst auch nur in Fotokopie anschließen, in der Verhandlung müssen Sie allerdings die Originale selbst vorweisen. Manche Bezirksgerichte führen die einvernehmlichen Scheidungen am Amtstag durch, ohne dass man den Antrag vorher einbringen musste, es genügt, dass man ihn zu Gericht mitbringt und unterschrieben vorlegt.
Andere Gerichte wünschen, dass der Antrag vorher schriftlich eingebracht wird, und geben den Termin schriftlich bekannt, wobei manche Richter auch zu telefonischen Terminvereinbarungen bereit sind.
Einige Richter wünschen, dass gleichzeitig mit dem Antrag auch bereits der von den Parteien vorbereitete Vergleichsentwurf bei Gericht eingebracht wird. So kann sich der Richter auf die Scheidung besser vorbereiten

und auch überprüfen, ob die vollständige Einigung zwischen den Parteien überhaupt gegeben ist.
In der Verhandlung werden die persönlichen Daten der Parteien überprüft, der Richter befragt sie, ob ihre Ehegemeinschaft seit mehr als sechs Monaten aufgehoben und die Ehe vollständig zerrüttet ist und ob sie die Scheidung wünschen. Werden diese Fragen von beiden bejaht, nimmt der Richter den abzuschließenden Vergleich zu Protokoll bzw. geht einen von den Parteien vor oder in der Verhandlung vorgelegten Vergleichsentwurf durch, hinterfragt unübliche Vereinbarungen oder macht Verbesserungsvorschläge betreffend die Formulierung des Vergleichs.

Tipp

Das Gesetz sieht vor, dass die Scheidungsvereinbarung schriftlich vor Gericht oder außergerichtlich geschlossen werden kann. Exekutierbar ist aber nur die gerichtliche Vereinbarung, und auch die niedrige Vergleichsgebühr von 159 Euro bezieht sich nur auf gerichtliche Vergleiche! Die Scheidungsvereinbarung soll also, auch wenn sie zuhause oder vom Rechtsanwalt vorbereitet wurde, erst bei Gericht unterschrieben und als „gerichtlicher Vergleich“ abgeschlossen werden.

Ist eine der Parteien nicht durch einen Anwalt vertreten, ist der Richter verpflichtet, sich ein Bild von den Kenntnissen der Partei über Scheidungsfolgen einschließlich sozialversicherungsrechtlichen Folgen zu machen, auf Beratungsangebote hinzuweisen und gegebenenfalls auch den Hauptverband der Sozialversicherungsträger zu verständigen (siehe Seite 102).
Danach wird der Vergleich von beiden Parteien unterschrieben, der Richter verkündet den Beschluss über die Scheidung der Ehe im Einvernehmen und fragt, ob auf Rechtsmittel gegen den Beschluss verzichtet wird. Wird ein Rechtsmittelverzicht abgegeben, so ist die Scheidung formell rechtskräftig, das heißt, keiner der nunmehr Geschiedenen kann die Scheidung anfechten oder rückgängig machen. Die materielle Rechtskraft tritt erst mit der Zustellung der Scheidungsurkunden durch das Gericht ein, Erbrecht und Hinterbliebenenpensionsanspruch bleiben daher noch aufrecht (sie erlöschen erst mit der materiellen Rechtskraft).
Wird auf Rechtsmittel nicht verzichtet, so beginnt ab Zustellung des Scheidungsbeschlusses eine vierzehntägige Rechtsmittelfrist. Ein Rekurs gegen den Scheidungsbeschluss wird wohl wenig Erfolg haben, da das Verfahren ja in der Regel mängelfrei durchgeführt wurde.

Hinweis

Innerhalb der Rechtsmittelfrist können Sie aber den Scheidungsantrag auch zurückziehen, wenn Sie mit dem abgeschlossenen Vergleich doch nicht zufrieden sind oder überhaupt nicht mehr geschieden werden wollen. In einem solchen Fall werden Scheidungsbeschluss und -vergleich gegenstandslos.

Hat man sich mit Scheidungsvergleich zu einer Leistung verpflichtet, sollte man also darauf achten, dass diese erst nach Rechtskraft oder zumindest nach Abgabe eines Rechtsmittelverzichts durch den anderen fällig wird.

Streitiges Scheidungsverfahren

Kommt die einvernehmliche Scheidung trotz Ihrer Bemühungen nicht zustande, und wollen Sie selbst geschieden werden, so sollten Sie sich zur Einbringung einer Scheidungsklage entschließen.
Einvernehmen bei der Scheidung ist ein Weg, das Ziel jedoch ist die Scheidung an sich, die sich eben auch auf anderen Wegen erreichen lässt.
Es ist sinnlos, den anderen Teil so lange zu beknien, er möge sich doch bitte einvernehmlich scheiden lassen, bis die gut beweisbaren Eheverfehlungen verjährt sind.
Viele Männer nehmen die von ihrer Frau geäußerten Scheidungsabsichten zunächst nicht ernst oder glauben, bestärkt durch positive Erfahrungen aus früheren Jahren, die Krise (auch diesmal) „aussitzen" zu können.
Eine Scheidungsklage belehrt sie oft schnell eines Besseren und führt sogar sehr oft zu der von der Frau ursprünglich angestrebten einvernehmlichen Scheidung, die der Mann zuvor in Diskussionen abgelehnt hatte.

Die Klage

Die Scheidungsklage kann entweder am Amtstag bei Gericht zu Protokoll gegeben oder von einem Rechtsanwalt eingebracht werden.
Mit Klagseinbringung ist die Gebühr von 191 Euro zu entrichten.
Die Klage enthält, ähnlich wie der Antrag auf einvernehmliche Scheidung, genaue Angaben zu den persönlichen Daten der Parteien und danach eine kurze Darstellung des Verlaufes der Ehe, insbesondere der Ursachen der Ehezerrüttung und des dem Beklagten vorgeworfenen Fehlverhaltens.
In der Scheidungsklage sind auch bereits Beweismittel anzugeben.

Wie schon im Abschnitt über die Auflösung der Ehe angeführt, kann in der Klage eine der Eheverfehlungen des anderen vorerst auch unerwähnt bleiben, sofern diese Verfehlung zum Zeitpunkt der Klagseinbringung noch nicht verfristet war. Das ist sinnvoll, wenn Sie noch auf eine einvernehmliche Lösung hoffen und durch die genaue Anführung dieser Verfehlung nicht das Gesprächsklima belasten wollen. Zumindest den Vorwurf der „Lieb- und Interesselosigkeit“ muss die Klage aber enthalten, sonst wäre sie unschlüssig.
Die Klage muss auch den Hinweis enthalten, dass durch die Verfehlungen der beklagten Partei die Ehe so tiefgreifend zerrüttet wurde, dass mit der Wiederherstellung einer ihrem Wesen entsprechenden Lebensgemeinschaft nicht mehr gerechnet werden kann.
Das Urteilsbegehren ist auf Scheidung, Ausspruch des Verschuldens der beklagten Partei und Kostenersatz gerichtet.
Die Klage wird vom Gericht an die beklagte Partei zugestellt, gleichzeitig wird auch der Termin der ersten Verhandlung bekannt gegeben.
Die beklagte Partei setzt sich in der Regel mit einem vorbereitenden Schriftsatz zur Wehr, der entweder einen Antrag auf Klagsabweisung und auch einen Mitschuldantrag oder nur einen Mitschuldantrag enthält, oder bringt überhaupt eine Widerklage ein.
Welche dieser Abwehrmaßnahmen man wählt, hängt von der eigenen Zielsetzung ab.

Tipp

Möchten Sie (noch) nicht geschieden werden, weil Sie die Scheidung nach § 55 EheG anstreben oder überhaupt keine Scheidung wünschen, so dürfen Sie keine Widerklage erheben. Der Mitschuldantrag muss aber vorsichtshalber jedenfalls gestellt werden, da ansonsten die Ehe – gibt das Gericht der Klage dennoch Folge – nur aus dem Verschulden der beklagten Partei geschieden würde.

Wünscht die beklagte Partei selbst die Scheidung, allerdings aus Verschulden des Klägers, so ist die Widerklage die richtige Antwort auf die Scheidungsklage, führt aber zu höheren Kosten durch die Zusammenrechnung der Streitwerte für zwei Verfahren (siehe Seite 217).
Weiß die beklagte Partei um ihre eigenen Eheverfehlungen, möchte aber, um eine Unterhaltsverpflichtung zu vermeiden, zumindest eine Scheidung aus beiderseitigem Verschulden, wenn nicht gar aus dem überwiegenden Verschulden der klagenden Partei, erreichen, so reicht der Mitschuldantrag völlig aus und hält den Streitwert und damit die Kosten niedrig.

Gruß (ohne Handschlag) ist aber für den zu erzielenden guten Eindruck unabdingbar.
Einen kläglichen Eindruck machen Eheleute, die sich anlässlich der Scheidungsverhandlung nicht nur nicht grüßen, sondern überdies Herr und Frau Meier zueinander sagen oder anlässlich ihrer Vernehmung von dem Partner, mit dem sie jahrelang verheiratet waren und Kinder groß gezogen haben, als Herr oder Frau Meier oder der Kläger oder die Beklagte sprechen.
Die Vernehmung durch den Richter ist keine Übung in freier Rede, der Richter stellt anhand seines Prozessprogramms Fragen, auf die er möglichst präzise Antworten hören möchte. Es wäre aber sicher verfehlt, nur mit Ja oder Nein zu antworten. Stellt ein Richter eine Frage nach einem Ereignis der jüngsten Vergangenheit, und beginnt die Klägerin weit ausholend mit der Schilderung eines ähnlichen Vorfalles vor 20 Jahren, könnte der Richter ungeduldig werden. Sinnvoller wäre es, auf die Frage des Richters konkret einzugehen und dann beispielsweise hinzuzufügen: „Solche Vorfälle hat es schon von Anfang unserer Ehe an gegeben, so z. B. bei unserem ersten gemeinsamen Urlaub auf Kreta vor 20 Jahren. Ich habe meinen Mann immer wieder gebeten, dieses Verhalten (Anbaggern fremder Frauen, Raufhandel mit anderen Männern, oder Sonstiges) zu unterlassen, aber eben leider ohne Erfolg."
Zweckmäßig ist es auch, insbesondere bei einer langen Ehe oder einer turbulenten Auflösungsphase, eine Chronologie der wichtigsten Ereignisse anzufertigen, anhand welcher Sie sich selbst leichter orientieren können. Viele Frauen gewinnen Sicherheit dadurch, dass sie diese Gedächtnisstützen bei ihrer Vernehmung vor sich hinlegen. Auch wenn sie nicht davon ablesen, gibt es dennoch dem Gegenvertreter Gelegenheit, der Frau vorzuhalten, sie möge Wahrnehmungen berichten und keine Aufsätze vorlesen. Besser ist es daher, die Gedächtnisstütze dem Anwalt zu überlassen, der anhand dieser Aufzeichnungen überprüfen kann, ob die Klientin bei der Befragung durch den Richter schon alles Wesentliche gesagt hat, oder ob er durch gezielte Befragung noch wichtige Aussagen zu Tage fördern muss.
Dass man zum Richter höflich sein und ihm nicht ins Wort fallen sollte, ist den meisten Parteien einsichtig. Allerdings erleichtert es den Ablauf einer Verhandlung, wenn man auch dem Gegenvertreter gegenüber ruhig und freundlich bleiben kann. Streitgespräche mit dem Gegenvertreter, wenn dieser sein Fragerecht ausübt, die Beantwortung einer Frage durch Gegenfragen, gar persönliche („Wie können Sie so etwas fragen, haben Sie selber überhaupt Kinder?"), kosten nur Zeit und machen schlechte Stimmung.

Das Protokoll

Wichtig ist, dass der Richter oder die Richterin die wesentlichen Teile der Aussage im Protokoll festhält. Da Protokolle üblicherweise auf Tonband diktiert werden, können Sie verfolgen, was der Richter von der bisher getätigten Aussage festhält. Selbstverständlich ist es vor allem die Aufgabe des Anwaltes, darauf zu achten, dass die Aussage seines Mandanten richtig und vollständig protokolliert wird.
Bei einer längeren Verhandlung, bei welcher die Konzentration aller allmählich abnimmt, schadet es aber nichts, wenn Sie selbst oder über den Anwalt den Richter darauf aufmerksam machen, dass Sie etwas anders gesagt haben, als er soeben ins Tonband diktiert hat, oder dass etwas Gesagtes nicht protokolliert wurde: Was nicht im Protokoll steht, existiert nicht.

Das streitige Scheidungsverfahren kann jederzeit unterbrochen werden, wenn sich die Möglichkeit für eine einvernehmliche Scheidung ergibt. Mit Eintritt der Rechtskraft des Beschlusses über die einvernehmliche Scheidung gilt dann die Scheidungsklage als zurückgenommen, die Prozesskosten werden gegeneinander aufgehoben.

Ruhen des Verfahrens

Kann man sich zu einer einvernehmlichen Scheidung nicht entschließen, sieht aber auch in der Fortführung des Scheidungsprozesses keinen Sinn mehr, so kann man „Ruhen des Verfahrens" vereinbaren. Das hat zur Folge, dass beide Parteien zumindest für eine Dauer von drei Monaten keine Prozesshandlungen setzen können und keine Verhandlungen stattfinden. Frühestens nach Ablauf der drei Monate kann ein Fortsetzungsantrag gestellt werden.
Gelegentlich bringen Frauen gegen den Ehemann eine Scheidungsklage ein. Wenn er sich dann um eine Versöhnung bemüht, und sie noch nicht sicher sind, ob sie selbst die Ehe fortsetzen wollen und seinen schönen Versprechungen vertrauen dürfen, lassen sie das Scheidungsverfahren zunächst ruhen. Ist dann die Versöhnung fürs Erste erfolgreich, denkt niemand an das ruhende Scheidungsverfahren, die Klage wird nie zurückgezogen. Entschließt sich die Frau Jahre später, oft aus ganz anderen Gründen, zu einer Scheidung, müsste sie das ruhende Verfahren fortsetzen und dürfte keine neue Scheidungsklage gegen den Mann einbringen. Zu den vielen Informationen, die man seinem Anwalt erteilen soll, gehört daher auch die, ob schon einmal ein Scheidungsverfahren zwischen den Parteien anhängig gewesen ist.

Schluss des Verfahrens

Wenn alle Beweisanträge erledigt sind, verkündet der Richter den Schluss des Verfahrens und die Anwälte legen ihre Kostennoten.
Bei komplexeren Sachverhalten ist es üblich, dass die Entscheidung des Gerichtes nur schriftlich erfolgt. Lediglich in Besitzstörungsverfahren oder bei Scheidungen gemäß § 55 EheG kommt es häufig zu einer mündlichen Verkündung der gerichtlichen Entscheidung.
Wird ein Urteil mündlich verkündet, so kann dagegen nur berufen werden, wenn die Berufung nach Verkündung des Urteils mündlich oder binnen 14 Tagen ab Zustellung des Protokolls über diese Verhandlung schriftlich angemeldet wird.
Für die schriftliche Ausführung der Berufung gilt eine vierwöchige Frist, ebenso für die Berufungen gegen alle Urteile, die nicht verkündet, sondern nur in schriftlicher Ausfertigung zugestellt werden.
Über Berufungen entscheidet ein aus drei Richtern bestehender Senat des Landesgerichtes. Eine Berufungsverhandlung findet nur über ausdrücklichen Antrag einer der Parteien statt, Berufungsverhandlungen sind wegen ihrer Kürze für die Parteien meist enttäuschend.
Der Berufungssenat entscheidet nämlich im Wesentlichen aufgrund der Aktenlage, ob alle Verfahrensvorschriften eingehalten, alle Beweisanträge erledigt wurden, ob die Beweiswürdigung des Erstgerichtes nachvollziehbar und die rechtliche Beurteilung richtig ist.
Neues Vorbringen kann im Rechtsmittelverfahren nicht mehr erstattet werden. Ergibt sich tatsächlich ein völlig neuer Aspekt, der im Verfahren vor dem Erstgericht noch nicht geltend gemacht werden konnte, müsste geprüft werden, ob die Voraussetzungen für eine Wiederaufnahmsklage vorliegen.
Das Berufungsgericht kann das Ersturteil bestätigen, abändern oder aufheben und die Rechtssache zur neuerlichen Entscheidung an das Erstgericht zurückverweisen.
Gegen die Entscheidungen des Landesgerichtes ist an sich eine Revision an den Obersten Gerichtshof möglich, diese ist allerdings nur zulässig, wenn mit der Sache eine Rechtsfrage von über den Einzelfall hinausgehender Bedeutung verbunden ist, zu der es noch keine oder keine einheitliche Rechtsprechung des Obersten Gerichtshofes gibt.

Keine Revision

In Scheidungssachen werden Revisionen fast ausnahmslos nicht zugelassen, da der Oberste Gerichtshof der Meinung ist, dass es hinreichend Judikatur zu allen Rechtsfragen des Scheidungsrechtes gibt, und die meisten an den OGH herangetragenen Fälle nur für die Betroffenen selbst, nicht jedoch für die Wahrung der Rechtseinheit, Rechtssicherheit oder Rechtsentwicklung von Bedeutung sind.

Die Rechtskraft eines Scheidungsurteils ist aber jedenfalls erst dann gegeben, wenn die vierwöchige Rechtsmittelfrist gegen eine Entscheidung erster oder zweiter Instanz ungenützt verstrichen ist, oder aber der Oberste Gerichtshof über eine Revision, wenn auch nur durch Zurückweisung derselben, entschieden hat.
Da das Scheidungsurteil ein Dokument ist, das Sie gelegentlich auch vorweisen müssen, haben Sie einen Anspruch auf eine gekürzte Urteilsausfertigung, aus der die Entscheidungsgründe nicht ersichtlich sind.

Scheidung wegen Aufhebung der häuslichen Gemeinschaft

Stützt der Kläger seine Scheidungsklage auf § 55 EheG, gelten im Wesentlichen dieselben Bestimmungen wie für die streitige Scheidung.
Die Scheidungsklage kann sich allerdings auf das Vorbringen der mehr als dreijährigen Aufhebung der häuslichen Gemeinschaft und der dadurch hervorgerufenen vollständigen Zerrüttung beschränken. Das Klagebegehren ist lediglich auf den Ausspruch der Scheidung gerichtet, ein Ausspruch über die Feststellung des Verschuldens der beklagten Partei und deren Verpflichtung zum Kostenersatz entfallen.
Sind die Voraussetzungen des § 55 EheG gegeben (siehe Seite 37 ff.), wäre eine Bestreitung durch die beklagte Partei sinnlos. Man kann die dreijährige Trennung und die Zerrüttung der Ehe ruhig außer Streit stellen, wesentlich ist, dass ein Antrag auf Ausspruch des Alleinverschuldens des Klägers gemäß § 61 Abs 3 EheG gestellt wird.
Wird diesem Antrag stattgegeben, so hat der Kläger der beklagten Partei deren Prozesskosten zu ersetzen.
Kommt es zu keinem Verschuldensausspruch, werden die Kosten gegenseitig aufgehoben – ein Kostenzuspruch für den Kläger ist hingegen nicht vorgesehen.

Aufgrund einer Scheidung gemäß § 55 Ehegesetz kann auch nur die beklagte Partei einen Unterhaltsanspruch gewinnen – den privilegierten (wie bei aufrechter Ehe), wenn ein Verschuldensausspruch erfolgt, nach Billigkeit bzw. Lebensbedarf, wenn dies nicht der Fall ist. Der Kläger ist also bei einer solchen Scheidung deutlich schlechter gestellt als bei anderen Formen der Scheidung. Sie sollten daher auf eine Klage nach § 55 Ehegesetz nur zurückgreifen, wenn Ihnen keine andere Möglichkeit zur Scheidung offen steht.
Auch bei Scheidungen gemäß § 55 EheG wird häufig ein Generalvergleich über die Scheidungsfolgen geschlossen. Für eine Frau, die über kein oder nur ein geringes Einkommen verfügt, ist es besonders wichtig, dass anlässlich der Ehescheidung ein „Unterhaltstitel" für sie geschaffen wird: Hat die Frau keinen Grund, gegen die Scheidungsklage gemäß § 55 EheG einen Härteeinwand zu erheben (siehe Seite 39 ff.), so wird die Ehe nach dreijähriger Trennung geschieden. Hat sie dann keinen Unterhaltstitel, bekäme sie im Fall eines unerwarteten Ablebens des geschiedenen Gatten keine Witwenpension. Es empfiehlt sich daher, schon einige Wochen vor der Scheidungsverhandlung mit dem klagenden Ehemann oder seinem Anwalt zu erörtern, ob der Mann zum Abschluss eines Unterhaltsvergleiches – wenn ja, in welcher Höhe – bereit wäre. Zeichnet sich ab, dass mit einer Einigung nicht zu rechnen ist, ist die Einbringung einer Unterhaltsklage ratsam.

Gesetzestexte

Ehegesetz (EheG)

§ 99. (1) Ein zwischen Ehegatten zur Erzielung einer gütlichen Einigung über die Scheidung und deren Folgen berufsmäßig und auf der Grundlage einer fachlichen Ausbildung in Mediation vermittelnder Dritter (Mediator) ist zur Verschwiegenheit über die Tatsachen verpflichtet, die ihm bei den auf die gütliche Einigung abzielenden Gesprächen anvertraut oder sonst bekannt wurden. Durch solche Gespräche sind der Anfang und die Fortsetzung der Verjährung oder sonstige Fristen zur Geltendmachung von Ansprüchen im Zusammenhang mit der Scheidung gehemmt.
(2) Eine Verletzung der Verschwiegenheitspflicht nach Abs.1 ist ebenso zu bestrafen wie eine verbotene Veröffentlichung nach § 301 Abs. 1 StGB, sofern dadurch ein berechtigtes Interesse verletzt wird und der in seinem Interesse Verletzte dies verlangt.

Zivilprozessordnung (ZPO)

§ 460. In Ehesachen (§ 49 Abs. 2 Z 2b JN) und Verfahren in anderen nicht rein vermögensrechtlichen aus dem gegenseitigen Verhältnis zwischen Ehegatten entspringenden Streitigkeiten (§ 49 Abs. 2 Z 2c JN) gelten folgende besondere Bestimmungen:

1. Das Gericht soll die Parteien zum persönlichen Erscheinen auffordern, wenn nicht wichtige Gründe dagegen sprechen. Das Erscheinen der Parteien ist erforderlichenfalls nach § 87 GOG durchzusetzen.
2. Zur vorbereitenden Tagsatzung ist die Partei, nicht aber eine informierte Person nach § 258 Abs. 2 stellig zu machen.
3. Die Verhandlung ist nicht öffentlich.
4. Im Verfahren über die Nichtigerklärung oder die Feststellung des Bestehens oder Nichtbestehens einer Ehe hat das Gericht von Amts wegen dafür zu sorgen, daß alle für die Entscheidung maßgeblichen tatsächlichen Umstände aufgeklärt werden; der § 183 Abs. 2 gilt nicht. Das Gericht kann nicht erwiesene Tatsachenvorbringen unberücksichtigt lassen und von der Aufnahme von Beweisen Abstand nehmen, wenn solche Tatsachen der Beweise von einer Partei verspätet vorgebracht beziehungsweise angeboten werden und bei sorgfältiger Berücksichtigung aller Umstände kein vernünftiger Zweifel besteht, dass damit das Verfahren verschleppt werden soll und die Zulassung des Vorbringens oder der Beweise die Erledigung des Verfahrens erheblich verzögern würde. § 179 gilt nicht.
5. Erscheint der Kläger zur mündlichen Verhandlung nicht, so ist die Klage auf Antrag des Beklagten vom Gericht als ohne Verzicht auf den Anspruch zurückgenommen zu erklären.
6. Im Protokoll sind auch die Geburtsdaten und die Religion der Parteien, Anzahl und Alter ihrer Kinder und der Zeitpunkt des Abschlusses ihrer Ehe festzuhalten sowie, ob Ehepakte errichtet worden sind.

6a. Ist eine Partei nicht durch einen Rechtsanwalt vertreten, so hat sich das Gericht durch Befragung der Partei ein Bild von ihren Kenntnissen der gesamten Scheidungsfolgen einschließlich der sozialversicherungsrechtlichen Folgen zu machen und auf entsprechende Beratungsangebote hinzuweisen. Mangeln der Partei offenbar diese Kenntnisse, so ist auf ihren Antrag die Tagsatzung zu erstrecken, um der Partei Gelegenheit zur Einholung einer Beratung zu geben, es sei denn, daß bei sorgfältiger Berücksichtigung aller Umstände kein vernünftiger Zweifel darüber besteht, daß durch den Antrag auf Erstreckung der Tagsatzung der Prozeß verschleppt werden soll.

7. Im Verfahren wegen Scheidung der Ehe hat das Gericht am Beginn der mündlichen Streitverhandlung zunächst eine Versöhnung der Ehegatten anzustreben (Versöhnungsversuch) und überdies in jeder Lage des Verfahrens, soweit tunlich, auf eine Versöhnung hinzuwirken.

7a. Scheint eine Versöhnung der Ehegatten nicht möglich, so hat sich das Gericht durch Befragung der Parteien ein Bild davon zu machen, ob und mit welcher Hilfe die Parteien zu einer gütlichen Einigung gelangen können, und auf entsprechende Hilfeangebote hinzuweisen. Auf gemeinsamen Antrag der Parteien ist die Tagsatzung zur Inanspruchnahme solcher Hilfeangebote zu erstrecken.

8. Stirbt einer der Ehegatten vor der Rechtskraft des Urteils (§ 416 Abs. 1), so ist der Rechtsstreit in Ansehung der Hauptsache als erledigt anzusehen. Er kann nur mehr wegen der Verfahrenskosten fortgesetzt werden. Ein bereits ergangenes Urteil ist wirkungslos.

8a. Auf ihr Verlangen ist den Ehegatten jederzeit auch eine Ausfertigung der Entscheidung über die Auflösung der Ehe auszustellen, die keine Entscheidungsgründe enthält.
9. Urteile auf Grund eines Verzichtes oder eines Anerkenntnisses sowie Vergleiche sind unzulässig, der § 442 ist nicht anzuwenden.
10. Wird ein Antrag auf Scheidung nach § 55a EheG gestellt, so ist ein wegen Ehescheidung anhängiger Rechtsstreit zu unterbrechen. Wird dem Scheidungsantrag stattgegeben, so gilt die Scheidungsklage mit Eintritt der Rechtskraft des Scheidungsbeschlusses als zurückgenommen; die Prozeßkosten sind gegeneinander aufzuheben. Wird der Scheidungsantrag zurückgezogen oder rechtskräftig abgewiesen, so ist das unterbrochene Scheidungsverfahren auf Antrag wiederaufzunehmen.
11. Verliert ein Ehegatte durch eine Entscheidung über die Auflösung der Ehe offenbar den Schutz der gesetzlichen Krankenversicherung, so hat das Gericht mit Zustimmung dieses Ehegatten den zuständigen Sozialversicherungsträger im Weg des Hauptverbandes der österreichischen Sozialversicherungsträger zu verständigen. Die Verständigung hat den Familien- und Vornamen, das Geburtsdatum, die Anschrift sowie die Sozialversicherungsnummer des Ehegatten zu enthalten. Der Versicherungsträger hat dem Ehegatten Informationen über die sozialversicherungsrechtlichen Folgen der Eheauflösung und die Möglichkeit der Fortsetzung des Versicherungsschutzes zu übermitteln.

Außerstreitgesetz (AußStrG)

§ 220. Im Verfahren über die Scheidung einer Ehe nach § 55a Ehegesetz sind die für das streitige Eheverfahren geltenden Bestimmungen über die Prozeßfähigkeit und über die Notwendigkeit der Vertretung von Parteien, denen die Prozeßfähigkeit mangelt, sinngemäß anzuwenden.
An Orten, an denen wenigstens zwei Rechtsanwälte ihren Sitz haben, sind nur Rechtsanwälte als Bevollmächtigte zuzulassen.
§ 221. Das Gericht hat über den Antrag mündlich zu verhandeln. Zu den Tagsatzungen sind die Ehegatten und ihre Vertreter zu laden.
Erscheint ein Antragsteller zur mündlichen Verhandlung nicht, so ist der Antrag von Amts wegen als ohne Verzicht auf den Anspruch zurückgenommen zu erklären.
§ 222. (1) Die Bestimmungen der Zivilprozessordung über die Protokolle, die Beweise, die Einholung einer Beratung (§ 460 Z 6a ZPO), die Ermöglichung einer gütlichen Einigung (§ 460 Z 7a ZPO), die Verständigung des Krankenversicherungsträgers (§ 460 Z 11 ZPO) und, soweit es sich um eine Vereinbarung im Sinne des § 55a Abs. 2 Ehegesetz handelt, über den Vergleich sind anzuwenden.
§ 223. Das Gericht hat das Verfahren von Amts wegen mit Beschluß auf längstens ein halbes Jahr zu unterbrechen, wenn es zur Überzeugung gelangt, daß eine Aussicht auf Wiederherstellung der ehelichen Lebensgemeinschaft besteht. Eine wiederholte Unterbrechung ist unzulässig.

Das Gericht hat das unterbrochene Verfahren nach Ablauf der Frist nur auf Antrag fortzusetzen.
Die Beschlüsse über die Unterbrechung und die Fortsetzung des Verfahrens sind unanfechtbar.
§ 224. Jeder Ehegatte kann den Antrag auf Scheidung bis zum Eintritt der Rechtskraft des Scheidungsbeschlusses (§ 411 Abs. 1 ZPO) zurücknehmen.
Die Zurücknahme des Antrags hat die Folge, daß ein schon ergangener Scheidungsbeschluß wirkungslos wird, ohne daß dieser einer ausdrücklichen Aufhebung bedarf. Gleiches gilt, wenn ein Ehegatte vor Eintritt der Rechtskraft des Scheidungsbeschlusses (§ 416 Abs. 1 ZPO) stirbt.
§ 225. Legen die Ehegatten dem Gericht nicht eine Vereinbarung im Sinn des § 55a Abs. 2 Ehegesetz vor, so hat es die Ehegatten zur Schließung eines solchen anzuleiten.
§ 226. Der Beschluß über den Antrag auf Scheidung ist zu begründen.
Der auf Scheidung lautende Beschluß hat zu enthalten

1. den Vor- und Familiennamen, den Geschlechtsnamen, den Geburtstag und -ort, die Staatsangehörigkeit, den Beruf und den Wohnort der Ehegatten;
2. den Tag der Eheschließung und die Behörde, vor der die Ehe geschlossen worden ist, samt einem Hinweis auf den diesbezüglichen Eintrag im Personenstandsbuch;
3. den Ausspruch, daß die Ehe mit der Wirkung geschieden wird, daß sie mit Eintritt der Rechtskraft des Beschlusses aufgelöst ist.

(3) Haben die Ehegatten einen Ausspruch nach § 98 des Ehegesetzes noch vor Erlassung der auf Scheidung lautenden Beschlusses beantragt, so kann der Ausspruch mit diesem Beschluß verbunden werden.

Scheidungsvergleich

Ein umfassender, gut durchdachter und formulierter Scheidungsvergleich ist ein positiver Abschluss des Scheidungsverfahrens. Der Scheidungsvergleich ist unabdingbare Voraussetzung der einvernehmlichen Scheidung, aber auch streitige Scheidungsverfahren und Scheidungsverfahren gemäß § 55 EheG werden häufig zumindest mit einem Teilvergleich beendet.
Der Scheidungsvergleich ist einerseits eine Gerichtsurkunde, andererseits ein Vertrag zwischen den Parteien. Mit dem Scheidungsvergleich können Unterhaltsansprüche, Rechte und Pflichten betreffend die ehelichen Kinder, (aber auch Vereinbarungen über ein Besuchsrecht zu Kindern nur eines der Ehegatten, die zu dem anderen eine enge Beziehung aufgebaut haben), geregelt werden. Man kann Liegenschaften übertragen oder verpfänden oder die Konditionen einer freiwilligen Feilbietung vereinbaren, Pkw, Aktien,

Lebensversicherungen und jeden sonstigen erdenklichen Vermögensbestandteil übertragen. Lediglich für die Übertragung eines Anteiles an einer GmbH ist ein Notariatsakt zwingend vorgeschrieben.
Angesichts der Bedeutung des Scheidungsvergleiches für das weitere Leben ergibt sich zwingend, dass der Gestaltung dieses Vergleiches viel Aufmerksamkeit gewidmet werden muss. Es ist notwendig, sich genaue Kenntnis über den Wert und die Belastung einer zu übertragenden Liegenschaft zu verschaffen, man benötigt den genauen Stand aushaftender Darlehen und Kontoüberziehungen, den Rückkaufswert einer Lebensversicherung, den Verkehrswert von Kraftfahrzeugen, den Reparaturbedarf eines Ferienhauses, den Einlagestand eines zugesagten Sparbuches. Wie schon gesagt, haben die meisten Gerichte für die im Rahmen der einvernehmlichen Scheidungen abgeschlossenen Vergleiche eigene Formulare, die für einfache Vermögensverhältnisse durchaus reichen. Auch einen solchen Vergleich sollte man aber zuerst aufsetzen und sich die vorhin genannten Informationen über das Vermögen beschaffen. Insbesondere die stets etwas komplizierte Unterhaltsberechnung will vorbereitet sein.

Tipp

Es wäre ein großer Fehler, völlig unvorbereitet bei Gericht zu erscheinen in der Hoffnung, der Richter werde schon für den Abschluss eines gerechten Vergleiches sorgen. Den Richtern fehlt am Amtstag die Zeit, eingehend Informationen einzuholen und über individuelle Lösungen nachzudenken. Sie erwarten, dass die Parteien den Vergleich bereits eingehend erörtert haben und rechnen nicht unbedingt damit, den Vergleich mit den Parteien erst erarbeiten zu müssen.

Ein durch Rechtsmittelverzicht rechtskräftig gewordener Scheidungsvergleich kann außer in den ungewöhnlichen und unwahrscheinlichen Fällen des Zwanges oder der Irreführung nicht mehr angefochten werden. Es wäre unverantwortlich, eine Vereinbarung, welche das ganze weitere Leben regelt, ohne gründliche Vorbereitung zu treffen.

Das ist zu beachten

Bei der Vorbereitung eines Scheidungsvergleiches, der anhand eines bei den Bezirksgerichten verwendeten Formulares erstellt wird, ist Folgendes zu beachten:

Unterhaltsverzicht und -vereinbarung

I. Die Ehegatten verzichten gegenseitig auf Unterhalt, auch für den Fall geänderter Verhältnisse, geänderter Rechtslage oder unverschuldeter Not.

Mit einer – vereinzelt gebliebenen – oberstgerichtlichen Entscheidung wurde einer Frau, die bei der Scheidung auf Unterhalt verzichtet hatte, später aber verarmte, im Hinblick darauf, dass den Mann bei streitiger Austragung des Scheidungsverfahrens das Verschulden getroffen hätte, dennoch Unterhalt zuerkannt. Seither ergänzen die vorsichtigen Vertreter der Männer diesen Vergleichspunkt um den Satz:
„Auch aus dem bewusst nicht geprüften Verschulden an der Zerrüttung der Ehe werden keine Ansprüche abgeleitet."
Ob ein solcher Unterhaltsverzicht abgegeben werden soll, muss genau überlegt werden (siehe Seite 202). Es gibt übervorsichtige Frauen, die bei gegebenem Verschulden des Mannes auf ihren Unterhaltsanspruch nicht verzichten wollen, auch wenn sich ein solcher aus der Einkommensrelation zum Zeitpunkt der Scheidung gar nicht ergibt. Es ist aber wenig sinnvoll, wegen theoretischer Ansprüche, die man vielleicht nie realisiert, auf anderes zu verzichten. Auch der Anspruch auf Witwenpension, dessen Bedeutung sicher nicht unterschätzt werden soll (siehe Seite 103 ff.), ist nicht vordringliches Interesse einer Frau, die voraussichtlich aus ihrer eigenen Pension ihren Lebensunterhalt wird bestreiten können. In solchen Fällen ist es klüger, dem Mann mit einem Unterhaltsverzicht entgegenzukommen und damit ein gewisses Entgegenkommen seinerseits bei der Vermögensteilung einzutauschen.

II. Der Ehemann/Die Ehefrau verpflichtet sich, an die Ehefrau/den Ehemann ab .... bis .... einen monatlichen Unterhaltsbeitrag von € .... bei Exekution zu bezahlen. Die bis zum Eintritt der Wirksamkeit dieser Vereinbarung fällig gewordenen Beträge sind binnen 14 Tagen, die weiteren Beträge am Ersten eines Monats im Vorhinein zu bezahlen. Der Unterhaltsbemessung ist ein monatliches Durchschnittseinkommen des Ehemannes von € .... und der Ehefrau von € .... (.....mal jährlich) zugrunde gelegt.
Dieser Unterhaltsanspruch wird derart wertgesichert, dass er sich im gleichen Umfang verändert wie der Verbraucherpreisindex 2000 Basismonat .... des Jahres ...., wobei Änderungen unter 5 % unberücksichtigt bleiben, bei Überschreiten der 5 % Marke jedoch in vollem Umfang zur Anwendung kommen. Darüber hinaus verzichten die Ehegatten auf jeden Unterhaltsanspruch.

Selbstverständlich kann diese Unterhaltsvereinbarung auch anders gestaltet, der Unterhalt kann befristet oder unbefristet geleistet werden. Viele Ehepartner gehen davon aus, dass die Frau ab Einschulung des jüngsten Kindes wieder voll berufstätig sein kann. Auch wenn Sie selbst dieser Meinung sind, sollten Sie doch bedenken, dass es nicht günstig ist, wenn Einschulung und die Wiederaufnahme Ihrer ganztägigen Berufstätigkeit zeitlich zusammenfallen. Besser wäre es, die volle Berufstätigkeit erst nach der Einschulungsphase aufzunehmen. Bedenken sollten Sie auch, dass Sie in den großen Ferien der Kinder bereits selbst einen Urlaubsanspruch an Ihrem neuen Arbeitsplatz haben sollten, damit Sie die Kinder nicht neun Wochen lang anderweitig unterbringen müssen.
Sie können auch vereinbaren, dass Ihr eigenes Einkommen nicht oder nur teilweise auf den Unterhaltsanspruch angerechnet wird, was insbesondere dann, wenn Sie sich ohnedies mit einem befristeten Unterhalt zufrieden geben, auch für den Mann akzeptabel ist.
Auch die Vereinbarung, dass für einige Jahre höherer, danach nur mehr ein geringer Unterhalt, quasi als „Zuschuss“ zu den Lebenshaltungskosten, bezahlt wird, ist möglich.
Wird der Unterhalt nur für wenige Jahre geleistet, erscheint eine *Wertsicherungsklausel* entbehrlich. Bei Unterhaltszahlungen, die über einen längeren Zeitraum geleistet werden sollen, ist eine Wertsicherung üblich. Das bedeutet, dass der vereinbarte Unterhalt entweder laufend oder in Etappen an einen amtlich errechneten Index angepasst wird. Üblicherweise wird hiefür der so genannte Verbraucherpreisindex (VPI) herangezogen, welcher früher in Abständen von 10 Jahren, nunmehr in kürzeren Intervallen errechnet wird. Änderungen zwischen den einzelnen Indizes ergeben sich z. B. aus Änderungen des „Warenkorbes“, der für die Ermittlung der Lebenshaltungskosten herangezogen wird, aus geändertem Konsumverhalten etc. Der letzte VPI stammt aus dem Jahr 2000; es wird allerdings auch der Stand der früheren Indizes 1976, 1986 und 1996, aber auch noch älterer, weiterhin errechnet und von der „Statistik Austria“ verlautbart.
Eine übliche Klausel bei der Vereinbarung von Wertbeständigkeit sieht vor, dass Änderungen bis zu einer gewissen Höhe, in der Regel 5 Prozent nach oben oder unten, nicht berücksichtigt werden und sich erst auswirken, wenn diese Grenze überschritten wird.

Es ist allerdings auch möglich, die Wertbeständigkeit ohne eine solche „Schwellenklausel“ zu vereinbaren. Aus Zweckmäßigkeitsgründen wird man allerdings einen Verrechnungsstichtag vereinbaren, um nicht jeden Monat über die Höhe des zu leistenden Unterhalts korrespondieren zu müssen (wobei ja auch die Verlautbarung der Indexhöhe immer erst mit einer gewissen Zeitverzögerung erfolgt). So kann also z. B. vereinbart werden, dass die Wertanpassung einmal jährlich im Nachhinein, nach Vorliegen der Indexziffer für Dezember des abgelaufenen Jahres, erfolgt. Der Vorteil gegenüber einer Wertsicherung mit Schwellenklausel besteht darin, dass alle Indexschwankungen im abgelaufenen Jahr, wenn auch nachträglich, abgegolten werden, während bei Vereinbarung einer „Schwelle“ von 5 Prozent der Unterhalt nicht erhöht wird, auch wenn die Preise schon längst um 4 ½ Prozent gestiegen sind.
Leider kann eine gerichtliche Entscheidung über den Unterhalt keine Wertsicherung vorsehen, wird der Unterhalt also nicht vereinbart, sondern durch Urteil festgesetzt, kann eine Abänderung erst im Falle der „wesentlich geänderten Verhältnisse“ (10 Prozent plus oder minus) erfolgen.
Bei der Vereinbarung der Wertsicherung ist neben dem gewählten Index auch festzuhalten, auf welchem Indexstand die Vereinbarung basiert. Dies wird in der Regel der Index zum Zeitpunkt der Unterhaltsvereinbarung sein, es kann aber auch ein schon länger zurückliegender Indexstand (z. B. der Index zum Zeitpunkt des Beginns der Unterhaltsauseinandersetzung) oder ein späterer (z. B. erster Monat der Zahlung) als Basis bestimmt werden.
Der wertgesicherte neue Unterhalt berechnet sich nach der Formel:
neuer Unterhalt =

alter Unterhalt x neuer Index : alter Index.

Haben Sie eine 5-Prozent-Klausel vereinbart, so müssen Sie zuerst überprüfen, ob die entsprechende Indexerhöhung bereits eingetreten ist. Dies errechnet man nach der Formel:

Basisindex x 105 : 100.

Erst wenn der aktuelle Index das Ergebnis dieser Berechnung übersteigt, sind die Voraussetzungen für eine Unterhaltserhöhung gegeben.

Beispiel

Wurde im Jänner 2002 ein Unterhalt von 500 Euro vereinbart und nach dem VPI 2000, Basismonat Jänner 2002, wertgesichert, so ergäbe sich im Oktober 2003 dafür

ein Wert von 512,06 Euro, nämlich alter Unterhalt von 500,00 x Index Oktober 2003 (106,1) : Index Jänner 2002 (103,6).
Wäre in diesem Fall cinc 5-Prozent-Klausel vereinbart worden, würde sich hingegen der Unterhalt erst erhöhen, wenn der Index einen Stand von 108,78 erreicht haben wird, da Basisindex (103,6) x 105 : 100 eine Indexzahl von 108,78 ergibt.

Wie bereits im Abschnitt über den Ehegattenunterhalt ausgeführt (siehe Seite 85 f.), unterliegen Unterhaltsvereinbarungen der Umstandsklausel, deren Ausschluss problematisch ist.
Eine gute Lösung ist es, bereits bei der Scheidung zu vereinbaren, welche Ereignisse zu einer Änderung des Unterhalts nach oben oder unten führen sollen (Selbsterhaltungsfähigkeit von Kindern, Pensionierung, Arbeitslosigkeit etc.).

Eheliches Vermögen

III. Das eheliche Gebrauchsvermögen und die ehelichen Ersparnisse werden wie folgt geteilt:
A. Die bisherige Ehewohnung im Hause .... verbleibt der Ehefrau/dem Ehemann. Der Ehemann/Die Ehefrau überträgt hiermit sämtliche Hauptmietrechte an .... Er/Sie verpflichtet sich, alle dazu erforderlichen Erklärungen an den Hauseigentümer/die Hausverwaltung dieses Hauses sowie sonstige damit befasste Stellen binnen 14 Tagen ab Rechtskraft dieses Scheidungsbeschlusses abzugeben. Der Ehemann/die Ehefrau verpflichtet sich weiters, die oben genannte Ehewohnung bis .... geräumt von eigenen Fahrnissen an den Ehemann/die Ehefrau zu übergeben, und zwar unter Verzicht auf jeden Räumungsaufschub.

Bei Wohnungen, die dem Mietrechtsgesetz unterliegen, kann ein Ehegatte in die Mietrechte des anderen, wenn dieser die Wohnung verlässt, eintreten, der Abschluss eines neuen Mietvertrages ist in diesem Fall nicht notwendig. Es ist nicht einmal erforderlich, die Scheidungsvereinbarung vorzulegen. Es genügt, gemeinsam ein Schreiben an die Hausverwaltung zu verfassen, mit dem dieser der Übergang der Mietrechte mitgeteilt wird. Die Miete muss daraufhin von der Hausverwaltung dem neuen Mieter vorgeschrieben werden, und zwar *in gleicher Höhe wie bisher*. (Geschiedene) Ehegatten und minderjährige Kinder können in Mietrechte zu gleichen Bedingungen eintreten. Übernehmen nur minderjährige Kinder die Mietrechte, so kann diesen nach Erreichung der Volljährigkeit ein höherer Mietzins vorgeschrieben werden.

Die Räumungsfrist muss so lange sein, dass der andere Gelegenheit hat, sich eine passende Wohnmöglichkeit zu verschaffen. Auch wenn Sie es nach der Scheidung nicht erwarten können, dass der Ex-Mann auszieht: Bedenken Sie, wie lange Sie noch mit ihm zusammenleben müssten, wenn der Vergleich nicht zustande käme!
Ist die Räumungsfrist allerdings länger als nur ein paar Wochen, sollte eine Vereinbarung über die Tragung der Wohnungskosten getroffen werden, um Ärger zu vermeiden.

B. Der Hausrat und sämtliche in der Ehewohnung befindlichen Einrichtungsgegenstände, ausgenommen die persönlichen Fahrnisse des Ehemannes/der Ehefrau (wie z.B. ....
....) gehen in das Alleineigentum des Ehemannes/der Ehefrau über.

Wer nicht mit Scheidungssachen befasst ist, würde es nicht für möglich halten, mit welcher Heftigkeit um Nichtigkeiten des Hausrates auch von gescheiten, gutmütigen Menschen gestritten werden kann. Die Partner selbst glauben es am wenigsten und messen diesem Punkt des Vergleiches wenig Bedeutung bei. Der warnende Anwalt oder Richter erhält immer wieder die Antwort: „Um so etwas streiten wir nicht“ oder: „Darüber können wir uns sicher einigen.“
Das Gegenteil ist meistens der Fall. Erhalten Sie dann anstelle eines Gemäldes ein Foto desselben, statt des Silberbestecks der Großmutter das billigste Silberbesteck, das am vergangenen Samstag am Flohmarkt zu kaufen war, statt des gewünschten TV-Gerätes das Vorgängermodell, das seit Jahren funktionsunfähig im Keller stand, ist es zu spät: Auch wenn Sie diese Untiefen der Seele bei sich und Ihrem Partner nie vermutet hätten, lohnt es sich, der Empfehlung der beratenden Juristen zu folgen und eine Inventarliste aufzunehmen, in der jedes Stück festgehalten wird, das der ausziehende Partner mitnehmen soll, Elektrogeräte mit Angabe von Marke und Modell, Teppiche mit Angabe von Größe, Farbe und Bezeichnung des Platzes, an dem sie sich bisher befunden haben („blauer chinesischer Seidenteppich aus dem Wohnzimmer“), Geschirr mit Angabe von Farbe oder Muster usw. (davor, dass genau vor dem Auszug die teure Vase zu Bruch geht, schützt kein Vergleich). Wäre die Aufnahme aller Positionen zu umfangreich (z. B. bei der Teilung einer CD-Sammlung oder einer Bibliothek), empfiehlt es sich, die Teilung und Entfernung aus der Wohnung schon vor

Abschluss des Vergleichs vorzunehmen. Der letzte Satz von A. könnte dann ersetzt werden durch den Satz: „Der Ehemann/Die Ehefrau hat die oben genannte Wohnung bereits von seinen/ihren eigenen Fahrnissen geräumt übergeben.“ B. wäre entsprechend zu kürzen.

C. Der Ehemann/Die Ehefrau ...., geboren am ...., überträgt seinen/ihren -Anteil an der Liegenschaft .... in ...., EZ ...., der KG .... Gerichtsbezirk ...., mit den Grundstücken........................ der Ehefrau/dem Ehemann, geboren am .... Er/Sie erteilt seine/ihre ausdrückliche Einwilligung, dass aufgrund dieser Vereinbarung ob der genannten Liegenschaft mit allen Anteilen das Eigentum für die Ehefrau/den Ehemann ...., geboren am ...., einverleibt wird.

Diese Formulierung stellt die Minimalversion für die Übertragung einer Eigentumswohnung oder eines Hauses oder Gartengrundstückes dar. Sie ist nur ausreichend, wenn die Liegenschaft unbelastet ist und keine sonstigen Verfügungen erforderlich sind. Es ist wichtig zu wissen, dass für die Übertragung von Liegenschaften zwischen Eheleuten Grunderwerbsteuer in der Höhe von 2 Prozent des dreifachen Einheitswertes zu bezahlen ist. Der Scheidungsvergleich, der eine solche Übertragung enthält, muss auch wie ein Vertrag dem zuständigen Finanzamt für Gebühren und Verkehrssteuern angezeigt werden, und zwar bis längstens zum 15. des auf den Vergleichsabschluss zweitfolgenden Monats.

In diesem Punkt ist eine Vielzahl möglicher Vereinbarungen denkbar, Liegenschaften können zur Gänze oder nur zum Teil übertragen werden, sie können durch ein Pfandrecht oder ein Vorkaufsrecht belastet werden, es kann vereinbart werden, dass sich der Übernehmer verpflichtet, zu Gunsten gemeinsamer Kinder ein Belastungs- und Veräußerungsverbot oder eine Schenkung auf den Todesfall vorzunehmen; dies müsste mit gesonderten Verträgen geschehen, da die Kinder ja nicht Vertragspartner des Vergleiches sind. Es kann vereinbart werden, dass der Übernehmer im Falle eines Verkaufes der Liegenschaft eine zusätzliche Ausgleichszahlung leistet u.v.m. Juristische Beratung (auch zur Vermeidung von Steuerfallen) ist in solchen Fällen dringend geboten.

D. Der Pkw Marke .... Baujahr .... mit dem polizeilichen Kennzeichen .... wird in das Alleineigentum der Ehefrau/des Ehemannes übertragen. Der Ehemann/Die Ehefrau verpflichtet sich hiermit binnen 14 Tagen ab Rechtskraft des Scheidungsbeschlusses sämtliche notwendigen Erklärungen für die Übertragung abzugeben.

Bei der Vereinbarung über den Pkw sollten Sie, insbesondere wenn Sie nicht im Stadtzentrum wohnen und Kinder haben, bedenken, dass ohne Auto Ihre Mobilität erheblich eingeschränkt, die Anschaffung eines neuen Autos für Sie aber in der ersten Zeit nach der Scheidung schwer finanzierbar sein könnte.
An weiteren aufzuteilenden Vermögenswerten gibt es in den meisten Familien Sparbücher, Bausparverträge und Lebensversicherungen.
Sparanlagen der Kinder können, wenn keine Einigung zustande kommt, wer sie in Hinkunft verwalten soll, auch pflegschaftsgerichtlich gesperrt werden. Wiederveranlagungen sind dann nur mit Zustimmung des Gerichtes möglich, das Guthaben wird erst bei Volljährigkeit der Kinder zu deren Verfügung frei. Besteht ein besonders dringender Geldbedarf eines Kindes, könnte um pflegschaftsgerichtliche Zustimmung zur Verwendung des Geldes ersucht werden.
Bei Erlebensversicherungen muss unterschieden werden, wie lange diese während der Ehe bezahlt wurden und wann sie fällig werden.
Hat ein Ehepaar 23 Jahre lang eine Lebensversicherung bezahlt und wird diese in zwei Jahren fällig, so kann es sinnvoll sein, zu vereinbaren, dass bis zur Fälligkeit beide Partner die restlichen Prämien je zur Hälfte zahlen und danach den Erlös teilen werden.
Wurde die Lebensversicherung aber erst vor wenigen Jahren abgeschlossen, so ist es günstiger, sie dem besser Verdienenden zu überlassen und den bisherigen Rückkaufswert durch Geld oder ein Haushaltsgerät oder einen anderen Vermögensbestandteil auszugleichen.

E. Der Ehemann/Die Ehefrau übernimmt die offene Darlehensschuld bei der .... im derzeit aushaftenden Betrag von € .... (in Worten ....) m.o.w. zur alleinigen Rückzahlung und verpflichtet sich, diesbezüglich die Ehefrau/den Ehemann schad- und klaglos zu halten.

Vor Vergleichsabschluss muss genauestens geprüft werden, welche Kredite mit welchen Beträgen offen sind und wer für sie haftet.

Besteht eine Haftung beider, so ist die hier vorgegebene Formulierung nicht ausreichend: Es muss überdies ein Antrag nach § 98 EheG gestellt werden (siehe Seite 173), damit derjenige, der das Darlehen nicht zurückzahlen soll, „Ausfallsbürge" wird. (Für diesen Antrag sind weitere 191 Euro an Gebühr zu zahlen!)

Bei der Regelung gemeinsamer Schulden sind auch Privatkredite im Familienkreis zu berücksichtigen: Vertrauen Sie nicht darauf, dass Ihr Ex-Schwiegervater, der seinerzeit zum Hausbau 100.000 Schilling beigesteuert und dafür einen von beiden Partnern unterschriebenen Schuldschein erhalten hat, seine Forderung nur bei seinem Sohn und nicht bei Ihnen geltend machen wird.

F. Der Ehemann/Die Ehefrau verpflichtet sich, an die Ehefrau/den Ehemann eine Ausgleichszahlung von € .... (in Worten ....) bis längstens .... bei sonstiger Exekution zu leisten.

Bevor Sie sich zur Leistung einer Ausgleichszahlung verpflichten, müssen Sie prüfen, ob Sie diese auch aufbringen können.

Auch die Zahlungsfrist ist nach Maßgabe der Möglichkeiten zu vereinbaren. Ist die Ausgleichszahlung eine Abgeltung für die Überlassung der ehelichen Wohnung, aus welcher der andere erst ausziehen muss, so ist es sinnlos, zu verlangen, dass Sie erst beim Auszug zahlen möchten: Der Partner benötigt das Geld vermutlich für die Beschaffung einer anderen Wohnmöglichkeit. Ein kleiner Teil der Ausgleichszahlung sollte allerdings sehr wohl zurückbehalten und erst Zug um Zug gegen Räumung ausgezahlt werden. Bei Liegenschaftsübertragungen ist die für solche Rechtsgeschäfte übliche Vorgangsweise einzuhalten.

Wird für die Leistung der Ausgleichszahlung eine längere Frist oder die Abstattung in vielen Monatsraten eingeräumt, so sollte eine Verzinsung (etwa entsprechend einem Kapitalsparbuch mit gleicher Laufzeit) oder eine Wertsicherung vereinbart werden. Für den Fall des Zahlungsverzuges ist die Vereinbarung von Verzugszinsen in Höhe üblicher Kreditzinsen zu empfehlen – sie treffen nur säumige Zahler. Bei Ratenzahlungen ist es überdies zweckmäßig, „Terminverlust" zu vereinbaren, d. h., dass bei Verzug mit einer Rate der gesamte offene Restbetrag sofort fällig wird. Um Säumnisfolgen wie Verzugszinsen und Terminverlust zu mildern, kann dafür dem Zahlungspflichtigen ein „Respiro", das ist eine Nachfrist von einigen Tagen, eingeräumt werden. Erfolgt die Zahlung innerhalb dieser Nachfrist, gilt sie als rechtzeitig.

G. Damit sind sämtliche vermögensrechtliche Ansprüche der Ehegatten aus der Ehe bereinigt und verglichen.

Diese so genannte Generalklausel soll ausschließen, dass Ansprüche, die zum Scheidungszeitpunkt bereits bestanden haben, nachträglich geltend gemacht werden. Es ist also wichtig, dass Sie nichts, was der Regelung bedarf, übersehen oder vergessen. Lebensversicherungen, bei welchen beide Versicherungsnehmer sind, Autos, die auf beide zugelassen wurden u. Ä. sind klassische Vermögensbestandteile, deren exakte Zuteilung oft übersehen wird. Gelegentlich „vergessen" Eheleute aber auch ganze Liegenschaften. Die nachträgliche Sanierung solcher Fehler ist immer mit einem unverhältnismäßigen Aufwand an Zeit und Geld verbunden.
Wissen Sie, dass dem anderen Detektivkosten entstanden sind, so müssen Sie auf der Vereinbarung bestehen, dass er auf deren Geltendmachung auch gegen den anderen Beteiligten verzichtet: Täte er das nämlich nicht, könnte er die Detektivkosten zur Gänze gegen den Dritten einklagen, dieser aber hätte hinsichtlich der Hälfte dieser Kosten einen so genannten Regressanspruch, da ja beide beobachtete Personen für die Detektivkosten haften.

Obsorge

Vorbehaltlich der pflegschaftsbehördlichen Genehmigung werden folgende Vereinbarungen getroffen:
IV. Mit der Obsorge für ...., geb. ...., ist die Ehefrau/der Ehemann künftig allein betraut.
Mit der Obsorge für ...., geb. ...., bleiben auch nach der Scheidung beide Ehepartner betraut.
Das Kind wird sich hauptsächlich bei .... aufhalten.

Wie gesagt, ist die Aufrechterhaltung der Obsorge beider Elternteile nach der Scheidung in Österreich seit 1. 7. 2001 möglich (siehe Seite 114 ff.). Auch wenn damit sehr massiv in die Rechte des Elternteils, bei dem die Kinder sich hauptsächlich aufhalten, eingegriffen wird, besteht kein Grund, auf materielle Ansprüche zu verzichten, um eine derartige Regelung zu verhindern.
Ist eine gemeinsame Vorgangsweise der Eltern zum Wohl der Kinder offensichtlich nicht zu erwarten, wird auch nach der neuen Rechtslage nur ein Elternteil mit der Obsorge betraut.
Entstehen die Schwierigkeiten erst später, so kann die gemeinsame Obsorge über Antrag auch nachträglich aufgehoben und die Obsorge einem Elternteil alleine übertragen werden.

V. Die Besuchsrechtsregelung wird vorbehalten.

Das Besuchsrecht ist der einzige Punkt, der auch bei einer einvernehmlichen Scheidung nicht geregelt werden muss, sondern der außergerichtlichen Einigung vorbehalten werden kann.
Es wäre allerdings besser, anlässlich der Scheidung zu erörtern, ob beide Elternteile hinsichtlich der Gestaltung des Besuchsrechtes ähnliche Vorstellungen haben. Die Vereinbarung eines fixen Rahmens erweist sich meist als weniger belastend als die Vereinbarung von Zeit, Ort und Ausmaß der Besuche von Fall zu Fall. Eine sinnvolle Besuchsrechtsvereinbarung für ein Paar mit einem siebenjährigen Sohn und einer zweijährigen Tochter, die nach der Scheidung ihren hauptsächlichen Aufenthalt bei der Mutter haben, könnte etwa so aussehen:
„Dem Vater wird ein Besuchsrecht zu den Wochenenden der geraden Kalenderwochen von Freitag 17 Uhr bis Sonntag 18 Uhr eingeräumt, in den dazwischen liegenden Wochen von Freitag 16 Uhr bis 19 Uhr. Die Kinder sind von der Wohnung der Mutter abzuholen und dorthin zurückzubringen.
Dem Vater wird weiters ein Besuchsrecht am 26. 12. eines jeden Jahres von 10 – 18 Uhr eingeräumt, sowie ein 15-tägiges Besuchsrecht in den Sommerferien, wobei der Vater verpflichtet ist, den genauen Termin der Mutter bis längstens 1. 3. eines jeden Jahres bekannt zu geben. Überdies wird ihm hinsichtlich des Sohnes ein Besuchsrecht in den Semesterferien von Samstag 9 Uhr bis Sonntag der Folgewoche 17 Uhr eingeräumt."
Besteht zwischen den Eltern gutes Einvernehmen, so wird der gelegentliche Tausch von Besuchsterminen kein Problem sein, da das Interesse, einmal ein anderes Wochenende zur Verfügung zu haben, auf beiden Seiten gegeben ist. Bestehen zwischen den Eltern Spannungen und ist keiner bereit, dem anderen gefällig zu sein, so müssen sie eben ihr Privatleben anhand der fixen Besuchsregelung planen.

Kindesunterhalt

VI. Der Ehemann/Die Ehefrau verpflichtet sich, ab .... bis zur Selbsterhaltungsfähigkeit des Kindes einen Unterhaltsbeitrag von € .... monatlich für .... am Ersten eines jeden Monats im Voraus zu Handen des gesetzlichen Vertreters zu bezahlen.
Bemessungsgrundlage:
Nettoeinkommen des Ehemannes/der Ehefrau in der Höhe von € .... (inkl. SZ), konkurrierende Unterhaltspflichten für ...., geb. .... (Unterhaltsbeitrag: € ....monatlich).

Die Vereinbarungen über den Kindesunterhalt werden nunmehr um den Satz ergänzt: „Die steuerliche Entlastung des Vaters aus den staatlichen Transferleistungen wurde bei der Berechnung berücksichtigt."
Wie im Abschnitt über den Kindesunterhalt erwähnt, kann der Kindesunterhalt über Antrag eines der Elternteile jeweils geänderten Verhältnissen angepasst werden. Insbesondere besteht ein Anspruch auf Erhöhung, wenn ein Kind das 6., 10. oder 15. Lebensjahr vollendet (siehe Seite 137 ff.).

Die Regelung aller Fragen betreffend die Kinder, Unterhalt zwischen Ehegatten und eheliches Vermögen durch einen gerichtlichen Vergleich ist die zweckmäßigste und ökonomischste Art, derartige Vereinbarungen zu schließen: Die mit solchen Vergleichen verbundenen Gerichtsgebühren sind wesentlich niedriger als Vertragsgebühren, überdies ist der gerichtliche Vergleich vollstreckbar, es kann also für den Fall, dass der andere seine Verpflichtungen aus dem Vergleich nicht einhält, sofort Exekution geführt werden.
Während § 97/1 EheG einen Verzicht auf Teilung ehelichen Gebrauchsvermögens im Voraus ausschließt und für Verträge zur Regelung der Aufteilung ehelicher Ersparnisse die Form des Notariatsaktes vorschreibt, besagt sein Absatz 2: „Der Absatz 1 gilt nicht für Vereinbarungen, die die Ehegatten im Zusammenhang mit dem Verfahren auf Scheidung, Aufhebung oder Nichtigerklärung der Ehe über die Aufteilung ehelichen Gebrauchsvermögens und ehelicher Ersparnisse schließen."
Besteht also ein „Zusammenhang" mit einem Scheidungsverfahren – wobei damit nicht so sehr ein zeitlicher wie ein *ursächlicher* Zusammenhang gemeint ist, also die Absicht beider, sich einvernehmlich scheiden zu lassen, aber auch bloß die Absicht eines Ehegatten, auf Scheidung zu klagen – so kann ohne Einhaltung einer Formvorschrift sowohl auf eheliche Ersparnisse als auch auf eheliches Gebrauchsvermögen verzichtet werden. Es wäre daher ein fataler Fehler, nach einer Aussprache mit dem Mann oder im Familienkreis oder mit den Trauzeugen bereits eine Vereinbarung zu unterschreiben, die einer der Anwesenden nach dem Muster des Scheidungsvergleiches eines guten Freundes erstellt oder der Mann von seinem Anwalt erhalten hat – auch wenn Ihnen die vorgelegte Vereinbarung auf den ersten Blick durchaus sinnvoll erscheinen mag. Holen Sie zuerst Beratung ein, ob der Scheidungsvergleich nicht auch anders und für Sie günstiger gestaltet werden kann, und unterschreiben Sie erst bei Gericht.

Anhang

Hilfe und Rat

Kostenlose erste anwaltliche Auskunft

Wien

Rechtsanwaltskammer Wien
Rotenturmstraße 13 (Eingang Ertlgasse 2), 2. Stock
1010 Wien
Tel.: 01/533 27 18 0
E-Mail: office@rakwien.at
www.rakwien.at

Wiener Rechtsanwälte bieten Ihnen ganzjährig in den Beratungsstellen der Rechtsanwaltskammer Wien eine erste kostenlose Rechtsberatung.
Ziel der Beratung ist es, Ihr Rechtsproblem kurz zu erörtern und Ihnen die Chancen auf Durchsetzung Ihres Rechtsstandpunktes einschätzen zu helfen. Telefonische Rechtsauskünfte sind nicht möglich.

Die Beratungsstellen finden Sie in:
Rechtsanwaltskammer Wien
Rotenturmstraße 13 (Eingang Ertlgasse 2)
1010 Wien
Die Nummernausgabe für Rat Suchende erfolgt
ab 8.00 Uhr im ersten Stock.
Mo.–Do. 17.00 – ca. 19.00 Uhr

Magistratisches Bezirksamt für den 3. Bezirk
Karl-Borromäus-Platz 3
1030 Wien
Tel.: 01/711 340
jeden 1. Donnerstag im Monat 16.00–17.30 Uhr

Magistratisches Bezirksamt für den 4. und 5. Bezirk
Schönbrunner Straße 54
1050 Wien
Tel.: 01/546 340
jeden 1. Donnerstag im Monat 14.00–15.30 Uhr

Magistratisches Bezirksamt für den 6. und 7. Bezirk
Hermanngasse 24-26
1070 Wien
Tel.: 01/521 340
jeden 1. Donnerstag im Monat 16.00–17.30 Uhr

Magistratisches Bezirksamt für den 1. und 8. Bezirk
Wipplingerstraße 8
1010 Wien
Tel.: 01/534 360
jeden 2. Donnerstag im Monat 16.00–17.30 Uhr

Magistratisches Bezirksamt für den 9. Bezirk
Währinger Straße 43
1090 Wien
Tel.: 01/400 340
jeden 1. Donnerstag im Monat 16.00–17.30 Uhr

Magistratisches Bezirksamt für den
10. Bezirk
Keplerplatz 5
1100 Wien
Tel.: 01/605 340
jeden 2. Donnerstag im Monat
16.00–17.30 Uhr

Magistratisches Bezirksamt für den
11. Bezirk
Enkplatz 2
1110 Wien
Tel.: 01/740 340
jeden 1. Donnerstag im Monat
16.00–17.30 Uhr

Magistratisches Bezirksamt für den
12. Bezirk
Schönbrunner Straße 259
1120 Wien
Tel.: 01/811 340
jeden 2. Donnerstag im Monat
16.00–17.30 Uhr

Volkshochschule Hietzing
Hofwiesengasse 48
1130 Wien
Tel.: 01/804 55 240
jeden Mittwoch16.00–18.00 Uhr

Magistratisches Bezirksamt für den
13. und 14. Bezirk
Hietzinger Kai 1-3
1140 Wien
Tel.: 01/878 340, 870 340
jeden 2. Donnerstag im Monat
16.00–17.30 Uhr

Magistratisches Bezirksamt für den
15. Bezirk
Gasgasse 8-10
1150 Wien
Tel.: 01/891 340
jeden 1. Donnerstag im Monat
16.00–17.30 Uhr

Magistratisches Bezirksamt für den
16. Bezirk
Richard-Wagner-Platz 19
1160 Wien
Tel.: 01/491 960
jeden 2. Donnerstag im Monat
16.00–17.30 Uhr

Magistratisches Bezirksamt für den
17. Bezirk
Elterleinplatz 14
1170 Wien
Tel.: 01/401 190
jeden 1. Donnerstag im Monat
16.00–17.30 Uhr

Magistratisches Bezirksamt für den
18. Bezirk
Martinstraße 100
1180 Wien
Tel.: 01/476 340
jeden 2. und 4. Donnerstag im Monat
16.30–17.30 Uhr

Magistratisches Bezirksamt für den
19. Bezirk
Gatterburggasse 14
1190 Wien
Tel.: 01/360 340
jeden 1. Donnerstag im Monat
16.00–17.30 Uhr

Magistratisches Bezirksamt für den
20. Bezirk
Brigittaplatz 10
1200 Wien
Tel.: 01/331 340
jeden 2. Donnerstag im Monat
16.00–17.30 Uhr

Magistratisches Bezirksamt für den
21. Bezirk
Am Spitz 1
1210 Wien
Tel.: 01/277 340
jeden Donnerstag 15.30–17.30 Uhr

Magistratisches Bezirksamt für den 22. Bezirk
Schrödingerplatz 1
1220 Wien
Tel.: 01/211 230
jeden 2. Donnerstag im Monat
16.00–17.30 Uhr

Magistratisches Bezirksamt für den 23. Bezirk
Perchtoldsdorfer Straße 2
1235 Wien-Liesing
Tel.: 01/863 340
jeden 1. Donnerstag im Monat
16.00–17.30 Uhr

Wiener Hilfswerk
Schottenfeldgasse 29
1070 Wien
Tel.: 01/512 36 610
jeden Freitag 16.00–18.00 Uhr nur nach telefonischer Voranmeldung (ausgenommen, wenn Do. ein Feiertag ist)

Niederösterreich

Rechtsanwaltskammer Niederösterreich
Andreas-Hofer-Straße 6
3100 St. Pölten
Tel.: 02742/71650-0
Fax: 02742/76588
E-Mail : office@raknoe.at

Burgenland

Kammerkanzlei:
Marktstraße 3
7000 Eisenstadt
Tel.: 02682/70 45 30
Fax: 02682/70 45 31
E-Mail: rak.bgld@aon.at

Erste anwaltliche Auskunft
Unentgeltliche Beratungsstelle der Rechtsanwaltskammer Burgenland
Marktstraße 3
7000 Eisenstadt
Tel.: 02682/70 45 30
Fax: 02682/70 45 31
E-Mail: rak.bgld@aon.at
Im Sprengel des Landesgerichtes Eisenstadt bei sämtlichen Kollegen zu den normalen Kanzleistunden Mo.-Fr. 8.00-16.00 Uhr nach Voranmeldung.

Kärnten

Kammerkanzlei:
Theatergasse 4/I
9020 Klagenfurt
Tel.: 0463/51 24 25
E-Mail: kammer@rechtsanwaelte-kaernten.at
www.rechtsanwaelte-kaernten.at

Erste anwaltliche Auskunft
Unentgeltliche Beratungsstellen der Rechtsanwaltskammer für Kärnten
Magistrat (Rathaus)
9020 Klagenfurt
jeden Freitag von 14.00–16.00 Uhr

Amtsgebäude Standesamtsplatz 3, 4. Stock
9500 Villach
jeden Freitag von 14.00–16.00 Uhr

Stadtgemeinde, Lesesaal
9560 Feldkirchen
jeden 1. und 3. Freitag im Monat von 15.00–16.30 Uhr

Stadtgemeinde
9100 Völkermarkt
jeden 1. Mittwoch im Monat von 11.00–13.00 Uhr

Stadtgemeinde
9300 St. Veit/Glan
jeden 1. und 3. Freitag im Monat von 14.00–15.30 Uhr

Rathaus
9800 Spittal/Drau
jeden 1. und 3. Freitag im Monat von 13.00–15.00 Uhr

Adressen und Telefonnummern zu erfragen in der Kammerkanzlei, siehe oben

Oberösterreich

Kammerkanzlei:
Museumstraße 25/Quergasse 4
4020 Linz
Tel.: 0732/77 17 30
Fax: 0732/77 90 67 85
E-Mail: office@ooerak.or.at

Erste anwaltliche Auskunft
Unentgeltliche Beratungsstellen der Oberösterreichischen Rechtsanwaltskammer
Museumstraße 25/Quergasse 4
4020 Linz
jeden Do. 13.00–17.00 Uhr
Anmeldung Mi. ab 9 Uhr telefonisch unter 0732/771730

Volkshochschule
Coulinstraße 18
4020 Linz
Termin laut VHS-Programm

Stadtamt, Sitzungssaal
4053 Ansfelden
an zwei Do. im Monat 16.00–17.30 Uhr

Stadtamt, Sitzungszimmer/1.Stock
4470 Enns
jeden 2. Sa. im Monat 9.00–11.00 Uhr (im Juli und August finden keine Beratungen statt)

Gemeindeamt
4560 Kirchdorf/Krems
jeden 1. Fr. im Monat 13.30–15.30 Uhr

Gemeindeamt
4614 Marchtrenk
jeden 1. Sa. im Monat 10.00–12.00 Uhr

Gemeindeamt, Zimmer 7,
4051 Neuhofen an der Krems
jeden letzten Fr. im Monat von 14.00–16.00 Uhr, tel. Anmeldung im Gemeindeamt

Rathaus, EG, Beratungszimmer
4061 Pasching
jeweils am 2. Mi. eines jeden Monats (mit Ausnahme August) 17.30–19.00 Uhr

Marktgemeindeamt, EG,
4643 Pettenbach
jeweils am letzten Fr. im Monat 16.00–17.00 Uhr

Stadtamt, Wohnungsabteilung, Zimmer 8
4910 Ried/I.
jeden 1. Di. im Monat 14.00–16.00 Uhr

Gemeindeamt
4880 St. Georgen im Attergau
jeden 1. und 3. Fr. im Monat 8.30–10.00 Uhr

Stadtamt
4690 Schwanenstadt
jeden 1. Fr. im Monat 14.00–16.00 Uhr

Rathaus, Stadtplatz 27
4400 Steyr
jeden letzten Do. im Monat 14.00–17.00 Uhr

Rathaus, Parterre, Zimmer 125
4050 Traun
jeden 1. und 3. Di. im Monat 16.00–18.00 Uhr

Rathaus
4600 Wels
jeden 2. Sa. 10.00–12.00 Uhr

Adressen und Telefonnummern zu erfragen in der Kammerkanzlei, siehe oben

Salzburg

Kammerkanzlei:
Giselakai 43
5020 Salzburg
Tel.: 0662/64 00 42
Fax: 0662/64 04 28
E-Mail: rechtsanwaltskammer@salzburg.co.at
www.srak.at

Erste anwaltliche Auskunft
Unentgeltliche Beratungsstelle der Salzburger Rechtsanwaltskammer
Giselakai 43
5020 Salzburg
Di. 14.00–17.00 Uhr

Salzburg – Land:
In den Bezirken Pinzgau, Pongau und Lungau
jederzeit in allen Rechtsanwaltskanzleien.

Steiermark

Kammerkanzlei
Salzamtsgasse 3/IV
8010 Graz
Tel.: 0316/83 02 90-0
Fax: 0316/82 97 30
9.00–12.00 Uhr
E-Mail: office@rakstmk.at
www.rakstmk.at

Erste anwaltliche Auskunft
Unentgeltliche Beratungsstelle der Steiermärkischen Rechtsanwaltskammer
Salzamtsgasse 3/IV
8010 Graz,
am 2. Fr. im Monat 13.30–15.30 Uhr

Obersteiermark:
Fr. 14.00–17.00 Uhr in der Kanzlei diverser Rechtsanwälte. Diensteinteilung ist in der Steiermärkischen Rechtsanwaltskammer unter Tel.: 0316/83 02 90 erfragbar sowie bei allen Bezirksgerichten und Bezirkshauptmannschaften durch Aushang kundgemacht.

Tirol

Kammerkanzlei
Meraner Straße 3/III
6020 Innsbruck
Tel.: 0512/58 70 67,
Fax: 05 12/57 13 84
E-Mail: office@tirolerrak.at
www.tirolerrak.at

Erste anwaltliche Auskunft
Unentgeltliche Beratungsstelle
der Rechtsanwaltskammer
Meraner Straße 3/III
6020 Innsbruck
Di. 15.00–17.00 Uhr

Vorarlberg

Marktplatz 11
6800 Feldkirch
Tel.: 05522/711 22
Fax: 05522/711 22-11
E-Mail: kammer@rechtsanwaelte-vorarlberg.at
www.rechtsanwaelte-vorarlberg.at
Einige Vorarlberger Rechtsanwälte bieten eine erste kostenlose Beratung in ihrer Kanzlei an. Gemeinsam werden in einem ca. 15- bis 20-minütigen Gespräch die Rechtslage und die weitere Vorgangsweise erläutert. Oft hilft diese rechtliche Beratung, unnötige und kostenintensive Rechtsstreitigkeiten und Prozesse zu vermeiden.
Die erste unentgeltliche anwaltliche Auskunft findet direkt in der Kanzlei

des Anwalts nach vorheriger Terminabsprache statt.

Informationen über Mediation

AVM Anwaltliche Vereinigung für Mediation und kooperatives Verhandeln
Tuchlauben 12
1010 Wien
Tel.: 01/513 12 01
Fax: 01/513 12 05
E-Mail: office@avm.co.at
www.avm.co.at/

Österreichischer Verein für Co-Mediation
Ansprechpartner: Dr. Ursula Dick-Ramsauer
Riemergasse 4
1010 Wien
Tel.: 0664/101 11 59
E-Mail: verein.co-mediation@netway.at
http://members.aon.at/plattform.mediation/p-vcm.html

Österreichischer Bundesverband für Psychotherapie
Löwengasse 3/5/6
1030 Wien
Tel.: 01/5127090
Fax: 01/5127091
E-Mail: oebvp@psychotherapie
www.psychotherapie.at
www.oebvp.at

Frauenberatungsstellen

www.ceiberweiber.at/adressen/indext.htm

Burgenland

Frauen für Frauen Burgenland
Spitalgasse 5/1.Stock
7400 Oberwart
Tel.: 03352/33855

die TÜR
Brunnenplatz 3
7210 Mattersburg
Tel.: 02626/62670

Joachimstraße 11/2
7000 Eisenstadt
Tel.: 02682/66124, 66126

Frauentreffpunkt Oberpullendorf
Augasse 23
7350 Oberpullendorf
Tel.: 02612/42905

Der Lichtblick
Saliterhof 12
7100 Neusiedl/See
Tel.: 02167/3338

Frauenberatungsstelle Güssing
Hauptstraße 26
7540 Güssing
Tel.: 03322/43001

Kärnten

Frauenbüro der Stadt Klagenfurt
Kumpfgasse 20/2
9020 Klagenfurt
Tel.: 0463/537-4655
Fax: 0463/508 409
E-Mail: frauenbeauftragte@klagenfurt.at

Belladonna
Villacher Ring 21/2
9020 Klagenfurt
Tel.: 0463/50 28 61

Frauenberatungsstelle Villach
Perausstraße 23
9500 Villach
Tel.: 04242/240 095
E-Mail: frauenberatung.villach@utanet.at

Lavanttaler Frauenberatung
Johann Offnerstraße 1
9400 Wolfsberg
Tel.: 04352/52619

WIFF – Weiterbildungsinitiative für Frauen
Hauptplatz 2
9100 Völkermarkt
Tel.: 04232/4904

Niederösterreich

Frauentreffpunkt Mostviertel
Wiener Straße 47/1
3300 Amstetten
Tel.: 97472/63297

Wendepunkt
Raugasse 16
2700 Wr. Neustadt
Tel.: 02622/82596

Freiraum
Dr. Stockhammergasse 11
2620 Neunkirchen
Tel.: 02635/61125
www.frauenberatung-freiraum.at

Frauenberatung Lisa
Galgenbergstraße 2
3910 Zwettl
Tel.: 02822/52271, 52254

Frauen für Frauen
Hoysgasse 2
2020 Hollabrunn
Tel.: 02952/2182

Frauenforum
Bahnstraße 73/2
2230 Gänserndorf
Tel.: 02282/2638

Kassandra
F. Skribanygasse 1/Lerchengasse 11
2340 Mödling
Tel.: 02236/42035

Oberösterreich

Frau Aktiv, Frauenberatungsstelle
Inneres Salzkammergut
Bahnhofstraße 14
4820 Bad Ischl
Tel.: 06132/21331
Mo., Mi. 9.00–12.00 und 13.00–15.00 Uhr, Di., Do., Fr. 9.00–12.00 Uhr, Termine außerhalb dieser Zeiten telefonisch vereinbar

Frauenberatungsstelle Wels
Rablstrasse 14
4600 Wels
Tel.: 07242/45293
Mo.-Fr. 9.00–17.00 Uhr
Kostenlose Rechtsberatung in allen frauenspezifischen Angelegenheiten, Beratungstermine sind noch am selben Tag möglich

Babsi
Schmiedgasse 25/2/18
4240 Freistadt
Tel.: 07942/72140

Schulstraße 17/1
4050 Traun
Tel/Fax: 07229/62533

Salzburg

Frauenbüro der Stadt Salzburg
Schloss Mirabell
5024 Salzburg
Tel.: 0662/80 72 2044 oder 2043
Fax: 0662/8072 2066,
E-Mail: dagmar.stranzinger@stadt-salzburg.at
andrea.kircher@stadt-salzburg.at

Fraueninformationsbüro, Festsaal der Gemeinde Saalfelden
5760 Saalfelden
Tel.: 06582/72 983

Fax: 06582/72984
Mo.-Fr. 9.00–12.00 Uhr und nach Vereinbarung

Frauentreffpunkt
Paris-Lodron-Straße 32
5020 Salzburg
Tel.: 0662/875498

Steiermark

Frauenservice Graz
Idlhofgasse 20
8020 Graz
Tel.: 0316/716022
www.frauenservice.at

Tirol

DOWAS für Frauen, Durchgangsort für wohnungs- und arbeitsuchende Frauen und ihre Kinder. Beratungsstelle, Betreutes Wohnen, Wohngemeinschaft.
Adamgasse 4/2
6020 Innsbruck
Tel.: 0512/562477
Fax: 0512/562477-7
E-Mail: buero@dowas-fuer-frauen.at
www.dowas-fuer-frauen.at
Mo., Mi., Do., Fr. 8.00–12.00 Uhr, Di. 13.00–17.00 Uhr, Mi. und Do. 16.00–19.00 Uhr.

Zentrum „Frauen im Brennpunkt"
Stainerstraße 2/III
6020 Innsbruck
Tel.: 0512/587608

Vorarlberg

FE-MAIL, FrauenInformationszentrum Vorarlberg
Neustadt 38
6800 Feldkirch,
Tel.: 05522/31 002-0
Fax: 05522/31 002-33,
E-Mail : all_fE-Mail@vol.at
www.fE-Mail.at

Wien

Frauenhelpline
Tel.: 0 800/222 555 gratis aus ganz Österreich

Wiener Frauennotruf
71719

Beratungsstelle für Frauen
Fleischmarkt 14/10
1010 Wien
Tel.: 01/512 38 39
Mo, Di, Mi, Do 9.00–13.00 Uhr
Mo, Do 15.00–19.00 Uhr
Fr 9.00–12.00 Uhr

Informationsstelle gegen Gewalt
Bacherplatz 10/4
1050 Wien
Tel.: 01/544 08 20
Fax: 01/544 08 20-24
E-Mail: informationsstelle@aoef.at
www.aoef.at/

ega: frauen im zentrum,
Windmühlgasse 26, 1060 Wien
Tel.: 01/58980-0
Fax: 01/58980-420

Wiener Frauentelefon
Tel.: 01/408 70 66

Frauen beraten Frauen
Lehargasse 9/2/17
1060 Wien
Seitenstettengasse 5/7
1010 Wien
Tel.: 01/587 67 50
http://members.aon.at/frauenberatung.wien

Peregrina
Beratungsstelle für ausländische Frauen
Währingerstraße 59/6/1
1090 Wien
Tel.: 01/408 33 52/408 61 19

Orient Express
Beratungs-, Bildungs- und Kulturinitiative (vormals Verein Türkischer Frauen)
Hillerstraße 6/3-5
1020 Wien
Tel.: 01/728 97 25

Miteinander lernen
Koppstraße 38/8
1160 Wien
Tel.: 493 16 08

Frauenhäuser

www.frauenhaeuser-wien.at

Frauen helfen Frauen Innsbruck
Tel.: 0512/58 09 77

Frauen helfen Frauen Lienz
Tel.: 04852/67 193

Frauenhaus Amstetten
Tel.: 07472/66 500

Frauenhaus Graz
Tel.: 0316/42 99 00

Frauenhaus Innviertel
Tel.: 07752/71 733

Frauenhaus Klagenfurt
Tel.: 0463/44 9 66

Frauenhaus Linz
Tel.: 0732/60 67 00

Frauenhaus Mistelbach
Tel.: 02572/50 88

Frauenhaus Neunkirchen
Tel.: 02635/68 971

Frauenhaus Pinzgau
Tel.: 06582/74 30 21

Frauenhaus Salzburg
Tel.: 0662/45 84 58

Frauenhaus St. Pölten
Tel.: 02742/36 65 14

Frauenhaus Steyr
Tel.: 07252/87 700

Frauenhaus Tirol
Tel.: 0512/34 21 12

Frauenhaus Villach
Tel.: 04242/31 0 31

Frauenhaus Vöcklabruck
Tel.: 07672/22 7 22

Frauenhaus Wels
Tel.: 07242/67 851

Frauenhaus Wien 1
Tel.: 01/54 54 800

Frauenhaus Wien 2
Tel.: 01/408 38 80

Frauenhaus Wien 3
Tel.: 01/202 55 00

Frauennotwohnung Dornbirn
Tel.: 05572/29 304

Frauennotwohnung und Beratungsstelle Wr. Neustadt
Tel.: 2622/82 596

Sozialzentrum Mödling
Tel.: 02236/46 549

Interventionsstellen

Bei Wegweisung ist der polizeiliche Notruf unter 133 zu verständigen.

IST Burgenland
Steinamangerstraße 4
7400 Oberwart
Tel.: 03352/314 20

IST Graz
Granatengasse 4
8020 Graz
Tel.: 0316/77 41 99

IST Innsbruck
Museumstr. 27
6020 Innsbruck
Tel.: 0512/57 13 13

IST Klagenfurt
Radetzkystraße 9
9020 Klagenfurt
Tel.: 0463/59 02 90

IST Linz
Scharitzerstraße 6-8/V
4020 Linz
Tel.: 0732/60 77 60

IST Niederösterreich
Kremser Gasse 37
3100 St. Pölten
Tel.: 02742/319 66

IST Salzburg
Paris-Lodron-Straße 3
5020 Salzburg
Tel.: 0662/87 01 00

IST Vorarlberg
Drevestraße 2
6800 Feldkirch
Tel.: 05522/824 40

IST Wien
Amerlingstraße 1
1060 Wien
Tel.: 01/585 32 88

IST Wr. Neustadt
Neunkirchner Straße 12
2700 Wiener Neustadt
Tel.: 02622/243 00

IST Zwettl
Galgenbergstraße 2
3910 Zwettl
Tel.: 02822/530 03

Interventionsstelle für Betroffene des Frauenhandels (Verein LEFÖ)
Markhofgasse 4
1030 Wien
Tel.: 01/796 92 98

Jugendämter

Jugendämter Wien

Sprechstunden
Grundsätzlich erreichbar: Mo.–Fr. 8.00–15.30 Uhr
Sprechstunden der SozialarbeiterInnen: Mo.–Fr. 8.00–12.00 Uhr (Terminvereinbarung!).
Auch außerhalb der Sprechstunden steht während der Dienstzeit immer jemand bereit, um auf Fragen und Anliegen einzugehen.

1., 4., 5. Bezirk
Favoritenstraße 18
1040 Wien
Tel.: 01/502 34
Auskunft: 01/502 34-04340
Fax: 01/502 34-99-04340

2. Bezirk
Karmelitergasse 9
1020 Wien
Tel.: 01/211 06
Auskunft: 01/211 06-02340
Fax: 01/211 06-99-02340

3. Bezirk
Sechskrügelgasse 11
1030 Wien
Tel.: 01/711 34
Auskunft: 01/711 34-03340
Fax: 01/711 34-99-03340

6., 7., 8., 9. Bezirk
Währingerstraße 39
1090 Wien
Tel.: 01/400 34
Auskunft: 01/400 34-09340
Fax: 01/400 34-99-09340

10. Bezirk
Favoritenstraße 211/6. Stock
1100 Wien
Tel.: 01/605 34
Auskunft: 01/605 34-10340
Fax: 01/605 34-99-10340

10. Bezirk
Favoritenstraße 211/Dachgeschoss
1100 Wien
Tel.: 01/605 34
Auskunft: 01/605 34-10360
Fax: 01/605 34-99-10360

11. Bezirk
Enkplatz 2
1110 Wien
Tel.: 01/740 34
Auskunft: 01/740 34-11340
Fax: 01/740 34-99-11340

12. Bezirk
Schönbrunnerstraße 259
1120 Wien
Tel.: 01/811 34
Auskunft: 01/811 34-12340
Fax: 01/811 34-99-12310

13., 14. Bezirk
Eduard-Klein-Gasse 2
1130 Wien
Tel.: 01/878 34
Auskunft: 01/878 34-13340
Fax: 01/878 34-99-13340

15. Bezirk
Gasgasse 8-10
1150 Wien
Tel.: 01/891 34
Auskunft: 01/891 34-15340
Fax: 01/891 34-99-15340

16. Bezirk
Arnethgasse 84
1160 Wien
Tel.: 01/491 96
Auskunft: 01/491 96-16340
Fax: 01/491 96-99-16340

17., 18., 19. Bezirk
Rötzergasse 6
1170 Wien
Tel.: 01/401 19
Auskunft: 01/401 19-17340
Fax: 01/401 19-99-17340

20. Bezirk
Brigittaplatz 10
1200 Wien
Tel.: 01/331 34
Auskunft: 01/331 34-20340
Fax: 01/331 34-99-20340

21. Bezirk
Franz Jonas Platz 3/Stiege 2/4. Stock
1210 Wien
Tel.: 01/277 34
Auskunft: 01/277 34-21340
Fax: 01/277 34-99-21370

21. Bezirk
Franz Jonas Platz 3/Stiege 2/5. Stock
1210 Wien
Tel.: 01/277 34
Auskunft: 01/277 34-21360
Fax: 01/277 34-99-21360

22. Bezirk, für die Bezirksteile: Kaisermühlen, Kagran, Neu-Kagran, Kagran-West, Eipeldau, Rennbahnweg, Überplattung
Schrödingerplatz 1
1220 Wien
Tel.: 01/211 23
Auskunft: 01/211 23-22340
Fax: 01/211 23-99-22340

22. Bezirk, für die Bezirksteile: Breitenlee, Hirschstetten, Neu-Essling, Süßenbrunn, Aspern, Essling, Stadlau, Gebiet zwischen Erzherzog-Karl-Straße, A23, Alte Donau und Wagramerstraße 50
Kapellenweg 35/Stg. 1A
1220 Wien
Tel.: 01/211 23
Auskunft: 01/211 23-22360
Fax: 01/211 23-99-22360

23. Bezirk
Haeckelstraße 4
1230 Wien
Tel.: 01/863 34
Auskunft: 01/863 34-23340
Fax: 01/863 34-99-23340

CARTAS A NENSI

45.º PREMIOS LITERARIOS KUTXA CIUDAD DE IRUN

MARTHA ASUNCIÓN ALONSO

CARTAS A NENSI

algaida

Un jurado compuesto por Luisa Etxenike, Aixa de la Cruz y Jon Bilbao concedió a la novela *Cartas a Nensi,* de Martha Asunción Alonso, el 45.º Premio Literario Kutxa Ciudad de Irun, en su modalidad de novela en castellano.

kutxa
FUNDAZIOA

Primera edición: 2023

Avda. San Francisco Javier, 22
41018 Sevilla
Teléfono 95 465 23 11. Telefax 95 465 62 54
e-mail: algaida@algaida.es
ISBN: 978-84-9189-875-7
Depósito legal: SE. 1775-2023
Impreso en España-Printed in Spain

PAPEL DE FIBRA CERTIFICADA

Para mi hermana, que también
sigue carteándose con la monstrua.

Para Martín, satánico y de pueblo.

Para Simón.

Puede que la tristeza la disimule,
pero estoy hecho de arroz
con gandules.

Residente, en su canción *René.*

***

Yo era buena y
delgada, alta y
algo enferma.

Gloria Fuertes, en su poema *Autobiografía.*

Uno

Los soportales de mi bloque se dividían en tres partes. Estaba, primero, el arenero o la zona de jugar, que tenía en el centro un revoltijo de yerros furruñosos con forma picuda, como de cohete casero en construcción. Coronar la cima era la mejor manera de lucir el monedero (nunca el dinero) como quien no quiere la cosa y sin correr el riesgo de que los hermanos mayores, junto con el humo de los porros, te escupieran zorraputaguarra más fuerte de lo habitual cuando no te quedaba más remedio que pasar aguantando la respiración junto a su banco.

Tarde o temprano, todas teníamos que pasar aguantando la respiración junto al banco de los hermanos mayores. Era un banco de madera con los bajos pringosos de chicles Boomer, el respaldo lleno de corazones tachados a navaja o con Rotrings de los gordos y una tupida alfombra de pipas Tijuana alrededor; y los hermanos mayores, que nunca bajaban de la decena, se las arreglaban para sentarse en él todos a una, casi como los veinte catalanes con chán-

dales idénticos que un sábado se apiñaron en aquel seiscientos amarillo ante la mirada experta de Ramón García y ganaron la mejor apuesta de la noche.

Aquel banco era una frontera. El peaje que las niñas debíamos pagar por atravesar la aduana casi nunca consistía en lo mismo y la verdad es que ninguna teníamos del todo claro de qué dependía. Quizás las gemelas tuvieran razón y lo mejor fuera cruzar cuando los hermanos mayores entrechocaban las viseras para examinar en una ronda apretadísima el fondo abisal de sus riñoneras. Entonces tenías al menos una remota posibilidad de volverte transparente o lo contrario a la carne de burro, que era una expresión que a Buela le gustaba cosa mala; y de alcanzar así el otro lado sin humaredas, escupitinajos, insultos, risas como las de los lobos de los cuentos o collejas.

El otro lado era el césped, también conocido como el cuarto maño, porqueasí lo llamaba mi mejor amiga. Marta la Gorda. El mote no servía para diferenciarla de ninguna Marta la Flaca. Los apodos que teníamos en mi bloque solo servían para refrescarle a cada cual sus taras. No fuera a ser que Marta la Gorda, a pesar de su cita mensual con el endocrino, se levantara una buena mañana creyéndose una sílfide; o yo misma pudiera olvidarme de que no tenía madre si dejaban de llamarme la Huérfana.

Además de haber heredado los huesos anchos y el metabolismo vago de su familia paterna, como explicaba su madre a las demás madres mientras vaciaban de publicidad los buzones, a Marta la Gorda un psicólogo-logopeda buenísimo (porque, al igual que el endocrino, era de pago, pasaba consulta en pleno Madrizentro y contaba entre sus pa-

cientes al hijo de Ana Obregón) le había diagnosticado una enfermedad consistente en que el abecedario, sin venir a cuento, se ponía a bailarle la jota en el cerebelo.

De ahí lo del cuarto maño. Lo teníamos reservado para los apretones de esas tardes en las que estábamos rozando de veras el récord que nos haría entrar por la puerta grande en el *Libro Guinness* y dejar a Ramonchu patitieso. Habría sido una auténtica locura que, en tales circunstancias, hiciéramos una pausa para subir cada una al baño de su casa. Sobre todo teniendo en cuenta lo lentorro que era el ascensor y que ninguna nos atrevíamos a montarnos con Marta la Gorda porque, cada dos por tres y sin necesidad de cargas extra, el cacharro se quedaba atascado en el entresuelo. Había que patalear y chillar de lo lindo hasta que alguien te escuchaba por el hueco de la escalera y se dignaba a avisar a los bomberos. Nadie pudo explicarme nunca por qué los camiones de bomberos tardaban en venir desde Zarzaquemada hasta El Carrascal más de lo que Buela, como también le entusiasmaba repetir, tardó en su día en subir andando desde Astorga a Compostela y volverse después de besuquearle la calvorota al santo para pedirle una serie de favores absolutamente confidenciales que debían quedar entre la divinidad y ella.

No podíamos permitirnos el lujo chino de perder ni un segundo en la carrera hacia el Guinness, de modo que pagábamos a los lobos el peaje que tocara, corríamos al césped o cuarto maño, nos bajábamos las bragas de algodón a la velocidad de la luz y regábamos en cuclillas el parterre pajizo, salpicándonos las zapatillas Paredes y los bajos de las mallas pesqueras de licra con gomilla de sujeción en el

empeine. Una de nosotras se quedaba montando guardia, por si a los hermanos mayores les daba por asomarse y, sobre todo, porque la vecina del tercero tenía la siesta ligera y una puntería digna de un francotirador: nos lanzaba pinzas de la ropa o nos vaciaba en el cabezo el caldero con el agüilla negra de fregar cada vez que nos pillaba allí meando como perras. Algunas veces vociferaba que pensaba chivárselo a nuestras madres o buelas en cuanto se las cruzara en el portal; otras, amenazaba con irle con el cuento al presidente de la comunidad, Paco el del quinto. Esas tardes terminábamos de dar saltitos y de menear el culo para sacudirnos las últimas gotitas bastante tranquilas, la verdad, porque sabíamos que Paco el del quinto trabajaba por las noches de equilibrista en la plataforma trasera del camión de la basura y se pasaba el día roncando sin escuchar el ruido del telefonillo.

El telefonillo sonaba a cortocircuito. Cualquier día iba a conseguir que Buela, adormilada junto a la Panto en el sillón, se sacara un ojo con la aguja de punto.

—Bueli, que te aplatanas. Y está al caer la viuda.

Antes de reconocer que daba cabezadas durante todo el episodio de *Agujetas de color de rosa* y de perderse una sola de las apariciones estelares de Elisa Morán, viuda de Armendares, Buela se habría ensartado voluntariamente el otro ojo en la otra aguja de tricotar.

—Hay que ver, nena, lo fina que es esta mujer —se maravillaba, inclinándose mucho hacia delante—. ¿Verdad, Panto? —Al no obtener respuesta por mi parte, cambiaba enseguida de interlocutora.

La Panto era el ficus que se amustiaba desde hacía siglos entre el sillón y la lámpara de pie. Cada verano le salía alrededor de las hojas más grandes una inquietante cenefa dorada y parecía al mismísimo borde de la muerte. Luego

siempre se recuperaba milagrosamente, justo a tiempo para volver a dejarse cubrir de espumillones del Todo a Cien en diciembre y hacernos las veces de árbol de Navidad. Lo mismo, sospechaba yo, la inmortalidad de la Panto era uno de esos enigmas que se traían entre manos el santo gallego y Buela.

Buela nos tenía el piso hasta arriba de folclóricas en macetas de plástico. A diario, sintonizaba Radiolé en el transistor, se lo metía en el bolsillo del mandilón a cuadros azules y, a ritmo de copla, las regaba, les relataba las portadas de la revista *Semana* y les limpiaba el polvo de las hojas con una rodilla humedecida.

La Panto, como es natural, tampoco respondía gran cosa cuando Buela comentaba con ella la novela. Buela respiraba muy hondo, primero con las tetas y luego ya con todo el cuerpo, igual que los cachalotes de los documentales de La 2. Parecía como si quisiera esnifar la melena de la estrella mexicana Angélica María a través de la pantalla. Exclamaba:

—¡Y lo bien que trabaja! Es una actriz como la copa de un pino. En España, desde que se nos murió la pobre Gracita, que en paz descanse, ya no tenemos artistas así.

Para evitar mayores desgracias, en cuanto terminábamos de sorber el salmorejo del mediodía, aquel verano yo me aseguraba de dejar el auricular del interfono descolgado en la entradita para que no sonara hasta el final del capítulo. Sonreía orgullosa al pensar que, gracias a mí, Buela seguiría quedándose topo a su ritmo, de cataratas, un poquito más cada episodio y no todo de sopetón por culpa de un mal timbrazo.

Existía un acuerdo tácito al respecto con las niñas del bloque. No bajábamos a los soportales hasta que terminaba el episodio del día, merienda en mano y canturreando la banda sonora:

Uoh, oh, oh, yo tengo una novia que es un poco
tonta, pero es mi gusto y la quiero mucho,
no es muy bonita pero está reloca,
¡uoh, si ella usa mallas también!
Agujetas de color
de rosaaa…

En caso de urgencia, debíamos avisarnos lanzándonos piedritas del arenero a los cristales del balcón cerrado con aluminio visto. Pero con Marta la Gorda nunca se sabía. Yo, por si las moscas, prefería tomar precauciones y descolgar el auricular. Me quedaba a continuación en bragas, bajaba con el mayor sigilo posible todas las persianas del piso e iba pasando el mocho desde la cocina hasta el salón. Me fregoteaba también los pies descalzos, porque hacía un calor horrible y me daba igual que fuera verdad eso de que si te barren o te friegan los pies al final te quedas para vestir santos. De hecho, deseaba fervientemente que fuera cierto. Aunque cada vez jugábamos con menos ilusión a las familias, si tocaba, yo me inventaba un marido transportista internacional que solo paraba por el chalete adosado dos veces al año. Me dejaba en el taquillón fajos y más fajos de billetes y volvía a largarse a cargar o descargar el tráiler en Rumanía.

Buela, en camisola, ya alternaba las puntadas al tapete de ganchillo con los primeros ronquidos. Se espabilaba

apenas un instante cuando me sentía prender la tele y repantingarme en el sofá de escay.

—¿Has apretado bien la bayeta, nena? Con fuerza y por las juntas, sobre todo.

Que si no la roña no sale.

Y se le cerraban de nuevo los ojos medio velados de espuma y volvía el metal de las agujas a brillar homicida en su regazo, aguardando la próxima intervención de la viuda. Yo prefería de lejos la belleza de Paola Armendares. Envidiaba hasta tal punto su pelo lacio, oscuro y reluciente, parecido al charol de las manoletinas inalcanzables en el escaparate de Los Guerrilleros (no compre aquí, vendemos muy caro), que algunos primeros planos me provocaban unos retortijones fortísimos de tripas. Paola giraba como una peonza de diamantes en la pista de patinaje ante los ojos celosos de sus dos eternos pretendientes, Martín y Julián; y yo me retorcía en pelota medio picada en el sofá sudado, que desprendía un tufillo como a ensalada de ayer, sujetándome el ombligo y estirándome tanto de los rizos para alisarlos que esa tarde me arranqué, sin darme ni cuenta, un buen manojo de pelo.

—Coñe, ¿y tú qué llevas en la mano, un hámster muerto? —preguntó Marta la Gorda cuando me asomé al balcón de aluminio visto para recriminarle que su pedrada por poco nos rompe los cristales esmerilados—. Perdona, hija, es que te he estado llamando al telefonillo y nada.

—Estamos con la novela. Ahora no puedo. Te esperas.

—Es que es una urgencia, tía. De verdad.

—¿Cómo de urgente?

—La polla de urgente. —Mi mejor amiga se llevó una mano a la boca al pronunciar estas palabras, en un vano intento por sofocar la carcajada. Con la mano libre, agitó en el aire lo que a primera vista parecía el envoltorio casi vacío de un flash.

Casi me tiro a los soportales en paños menores de Winnie de Pooh. Tenía ya una chancleta en el descansillo cuando me di cuenta. Corrí al tendedero y me enfundé del revés la camiseta tres equis ele que mi padre se había traído de Barcelona el verano en que le tocó trabajar haciendo lo que fuera que hacían los funcionarios en el estadio olímpico. Estaba todavía un poco mojada y me dio mucho gustito, porque olía divinamente a Mimosín. En la pechera salía Cobi con gorra sosteniendo algo que nadie sabía a ciencia cierta si era un cucurucho de leche merengada o el pebetero. Sin inmutarse por los flashes de las cámaras de periodistas venidos de todos los países del mundo, recuerdo a la perfección cómo aquel calvo uniformado de blanco lo encendió a la primera con un tiro de arco claramente trucado, en opinión de Buela. Las tres susurraban ya en el cuarto maño cuando llegué. Incluso la gemela Número Dos había llegado antes que yo. Roja como un Risketo, sostenía el flash a la altura del ojo sin parche. Se presentaba la última a todas las urgencias, chocándose con la barandilla de las escaleras y rígida como las muñecas de Famosa. No solo era culpa del parche para el ojo vago. El corsé ortopédico para la escoliosis que llevaba desde abril también tenía algo que ver. La fecha se me quedó grabada porque se lo pusieron cuando pasó a mejor película Gracita Morales. Buela y yo nos vimos el VHS de *Sor Citroën*, llorando a moco tendido

por el pobre Nando, absolutamente todas las noches esa semana. Las lágrimas por Nando se me mezclaban a ratos con las lágrimas por la mala suerte de Número Dos, que empezó a apestar a alcohol de romero porque el traumatólogo le había recetado además friegas diarias para mantener los músculos vivos bajo los yerros. Según ese traumatólogo, le quitarían el corsé antes de que fuera a la universidad y tampoco era ninguna tragedia: lo normal es que los árboles necesiten algo de ayuda para crecer rectos hacia arriba y dar muchos hijos en el futuro.

—¡Me toca, Robocop! —Número Uno le propinó un codazo a Número Dos en las costillas. Desde que Número Dos vivía dentro del corsé de Milkwaukee, Número Uno era la única que aún se atrevía a pegarle. Como se veían desnudas a diario, sabía perfectamente dónde zurrar para no romperse la mano con el metal que le llegaba a Número Dos desde la papada al monedero.

El flash cambió de manos. Número Uno espachurró con curiosidad el líquido blancuzco, grumoso, que quedaba en el extremo inferior; y nos propuso acercar las napias en orden y concierto para olerlo.

—¿Dónde lo has encontrado? —pregunté.

—En la basura de casa —explicó Marta la Gorda, con una sonrisa triunfal—. Dentro de un flan Dhul. Fijo que es de mi hermano, porque le había vuelto a pegar la tapa y todo, el muy gilipichis. Además, a mis padres los condones se los tengo contados. Los guarda mi madre en el cajón de los pantis y hace cinco semanas que no falta ninguno.

Traté de figurarme cómo sería vivir con una madre con la mesilla a reventar de pantis. Vivir con madre, sin

más. Si con nosotros viviera una madre, creo que me daría prácticamente igual que amontonara paquetes de Durex al fondo del cajón.

Recordé lo que, en su lugar, ocultaba mi padre entre los calcetines ejecutivo.

Pensé tanto en todas estas cosas que me terminó entrando la Arcada.

La Arcada era todo lo contrario a la Cosquilla. Esta, aunque también me dejaba exhausta, me resultaba mayormente agradable: me entraba, por ejemplo, al escuchar sin entender del todo las letras de determinadas canciones, al intentar descifrar las firmas arcoíris en las persianas metálicas de las tahonas del barrio, al leer a principio de curso las poesías de los últimos temas del libro de Lenguaje, al inaugurar cajas de lapiceros Alpino o al descubrir sobre mi bloque nubes que me sonreían con la cara bigotuda del dragón de *La historia interminable*. La Cosquilla era un poco como los regalices antiguos que Buela me compraba a veces en Caramelos Paco o como el palodú: algo raro, difícil de explicar y de morder, pero que, al fin y al cabo, tenía su gracia y daba cierta gustera.

La Arcada no. La Arcada era otra cosa. Solía venir acompañada de unas ganas muy fuertes de llorar sin agua y de gritar sin voz e invadirme, por ejemplo, en el colegio cuando terminaba la primera las fichas de ejercicios (las mías y las de Samu, uno de los niños de integración de mi clase). Se lo decía a doña Cati y doña Cati me autorizaba a esperar al resto leyendo en el rincón de leer y en el rincón de leer resulta que ya me sabía de memorieta todos los malditos libros de la serie naranja de El Barco de Vapor.

Número Uno decidió de pronto que había llegado mi turno.

—¡Celia, espabila!

Me pareció que aquello apestaba a vestuario de piscina municipal.

Como Buela no sabía nadar ni a lo perrito, la madre de las gemelas trabajaba todo agosto limpiando la maternidad del Severo Ochoa y la de Marta la Gorda tenía mucho lío, porque escoger las nuevas camas nido no era precisamente moco de pavo, se acordó que nos llevaría a la piscina municipal (el Aquopolis de San Fernando de Henares quedaba a tomar por saco) el hermano de esta última.

La piscina municipal estaba al principio de la avenida de los colegios, justo donde terminaba El Carrascal y comenzaban los territorios comanches de Zarzaquemada y de Leganés pueblo, ya pasando la Casa del Reloj, recién abierta. Yo tenía terminantemente prohibido salirme ni un solo centímetro de El Carrascal, a no ser que fuera en compañía de un adulto responsable. Buela ni siquiera me dejaba cruzar sola la avenida al salir de clase para agenciarme unos Gublins en el kiosco, pues en Zarzaquemada y en Leganés pueblo era donde los violadores de los ascensores, los

yonquis sidosos con navaja y los secuestradores de niñas campaban más a sus anchas.

Lo de la piscina tuvo que repensárselo. Qué clase de buela sería ella si no lo consultaba antes con mi padre, que andaría siempre en Babia pero al fin y al cabo era mi tutor a efectos legales; amén de con su santo gallego, con sus folclóricas y con la almohada. No asistí a ninguna de esas sesiones de consulta, pero deduzco que todas las partes implicadas debieron de emitir sendos informes a mi favor y, sobre todo, a favor del hermano mayor de Marta la Gorda, pues el día D amanecí con el inconfundible aroma de la tortilla de patatas recién cuajada.

—En la parte de debajo del túper te meto la tortillita, nena. No me mires así, que no le he puesto ni una gota de cebolla, como a ti te gusta. No, puerro tampoco. Y aquí en la de arriba van los filetitos empanaos. Ojito, no se los vaya a zampar todos la Gorda. Que nos conocemos.

Habríamos podido ir a la piscina municipal andando desde el bloque. No nos habría llevado más de diez minutos. Pero el hermano de Marta la Gorda acababa de sacarse el práctico a la primera y se emperró en que montáramos en el Renault 12 rojo heredado de su tío.

—¿A que está guapo? —repetía sin parar. Y también—: Joder, no me piséis las alfombrillas, cacho cerdas. Que las he puesto nuevitas. Mil quinientas calas me han costado.

No tardamos en saber por qué Número Uno se había pedido con tanta insistencia el asiento del copiloto. Olvidándose por unos nanosegundos de los brákets, esbozó una sonrisa de pendiente a pendiente y rozó la guantera

con la punta de los dedos. Ya no le quedaban uñas que comerse. Su madre le compraba en la farmacia un frasquito de esmalte amargo Mavala tras otro. Y nada. Las tenía en carne viva.

—Aquí dentro es donde guardas tus cositas, ¿eh, pillín?

El hermano de Marta la Gorda ignoró la ocurrencia de Número Uno y el ataque de risa que nos entró al resto de pasajeras, embadurnadas de Nievea factor mil millones, en la parte de atrás. Se limitó a rebobinar el casete con un boli. La cinta era original y no grabada, como todas las mías. Tenía la carátula oscura con letras redondeadas a juego con el Renault 12. La primera canción que sonó advertía:

No pienses que estoy muy triste
si no me ves sonreír.
Es simplemente despiste,
maneras de vivir.

Recuerdo haber caído entonces en la cuenta de que, en efecto, el hermano de Marta la Gorda nunca sonreía. Se me antojó clavadito al gato de la película *Alicia en el país de las maravillas*, solo que al revés. Como cuando el calcetín derecho sale como Dios manda del tambor de la lavadora y el izquierdo, en cambio, todo dado la vuelta y con el dibujo arrugado por dentro. Al gato de Cheshire, posado en la rama del árbol, se le reconocía por la sonrisa de luna desde el otro extremo del bosque. Al hermano de Marta la Gorda, eternamente encaramado al respaldo del banco en los soportales de nuestro bloque, se le podía identificar a lo lejos

y distinguir del resto de lobos mayores por el gesto eclipsado. La no sonrisa. Tal vez, igual que pasa con las procesiones según Buela y con los calcetines izquierdos según mi propia experiencia, la llevara engurruñada por dentro. A pesar del ademán serio, era el único de todos los hermanos mayores del banco que no me daba escalofríos. Nunca se desternillaba cuando la manada nos dedicaba sus zorraputaguarra al cruzar la frontera y, en alguna ocasión, incluso había obrado el milagro de que dejara de llovernos o, por lo menos, de que escampara un poco el peaje de los capones. Poco antes de los exámenes finales, había abandonado el bachiller porque en verdad no servía para nada: lo que España pedía a gritos en esos momentos eran graduados en FP. Gente que supiera qué hacer con las manos. En otoño pensaba matricularse en el módulo de electrónica del IES Rosalía de Castro. Entretanto, trabajaba los fines de semana picando entradas en los multicines del Parquesur. Según mi mejor amiga, solo le interesaban los casetes, guarrear de grafiti los trenes de cercanías y ponerse peines delante de los ojos para tratar de descodificar las películas porno que echaban en 7 TV Madriz de madrugada.

—A ver, canijas. —Nada más salir de los vestuarios, nos puso a cada una cinco duros en la mano—. Con esto os pilláis lo que os dé la gana y me dejáis tranquilo, ¿estamos? Nos vemos en la acera a las ocho menos cinco, que esto chapa a en punto. Ni una palabra a nadie, o se os acaba el chollo de meter las Fantas al cine de extranjis en las mangas de la chaqueta.

—Serás rata —masculló Marta la Gorda—. Con esto no tenemos ni para el meñique del Frigopie.

—¡A mamarla a Parla! —El hermano desapareció chancleteando entre los parasoles de paja con su bañador verde de La Masa y la toalla al cuello.

Teníamos ante nosotras el día entero. Reluciente. A estrenar. Nos invadió la misma alegría que frente a los libros de texto recién forrados, sin burbujas, el 1de septiembre; y empezamos a dar saltitos en corro chillando: oéoéoéoéeee. Procedimos acto seguido a reconocer el terreno en parejas, en busca del enclave estratégico para asentar el campamento. Votamos democráticamente y decidimos, casi por unanimidad, soltar los bártulos entre el chiringuito y la piscina mediana. La única que votó en contra fue Número Dos, ya que prefería instalarse cerca de los aseos. La natación y la ducha eran sus únicas oportunidades de quitarse el corsé. Se la veía tan contenta que ni siquiera se puso de morros cuando nos tomamos a guasa su idea.

—¿Tú estás tonta o qué te pasa? —le recriminó Número Uno. En lugar de bañador, se había empeñado en embutirse en el *body* morado de *ballet*—. Te meas en el agua, como todo el mundo. Y punto pelota.

Zanjada la discusión, nos tiramos a bomba en la parte honda de la piscina mediana y nos pusimos a jugar al *¿Qué apostamos?* Apostamos billones invisibles a ver quién podía bucear más anchos sin respirar, salpicar más fuerte y acertar más temas de los Backstreet Boys tarareados bajo el agua. Nos inspeccionábamos cada poco las yemas de los dedos, porque Buela me tenía dicho que era fundamental, para no caer enfermas, que saliéramos al césped a secarnos un rato si empezaban a parecer hollejos de garbanzo pedrosillano.

Jugamos también a adivinar, por los cambios de temperatura del líquido alrededor de sus michelines, en qué momento exacto Marta la Gorda se estaba meando por la pata abajo; y a meternos dos globos de agua a modo de tetas en el bañador y corretear por el borde encharcado de la piscina mediana como Pamela Anderson a cámara tortuga por las postales de Santa Mónica en *Los vigilantes de la playa*. Este último juego pronto nos lo chafó el silbato del socorrista, que era el hombre más moreno y con menos pelos en el cuerpo que yo había contemplado en mis ochocasinueve años de vida.

—Yo ya estoy garbanza total. Me salgo cinco minutos. —Al trepar por la escalerilla, a Número Dos le asomó algo blanco del monedero.

—Coñe, ¿llevas compresa? —A Marta la Gorda, por gorda, le había bajado la regla antes que a ninguna. Sabía de lo que hablaba.

Número Dos echó a correr en dirección a los baños. La seguimos. Hice amago de pasar antes por las mochilas para calzarme las chancletas, consciente de que los hongos de los pies constituían uno de los temores capitales de Buela —junto con las varices, los pipis, los violadores del ascensor, los yonquis sidosos armados con navaja y los secuestradores de niñas que campaban a sus anchas por Zarzaquemada y por Leganés pueblo—. Pero Número Uno me recondujo de un tirón de brazo.

Número Dos moqueaba encerrada en un váter.

—Esto de la regla es una putada, pero tampoco es el fin del mundo. Ya verás, tía, te lo juro por Arturo y por las bragas de mi culo —la tranquilizó Marta la Gorda, pegan-

do la oreja a la puerta—. A mí me vino en cuarto, en el segundo trimestre. Fue en plena excursión a la fábrica de Cuétara. Villacangrejo, se llamaba el pueblo. ¿Te acuerdas, Celia? —Se giró brevemente hacia mí—. Encima, soy la única en mi clase que la tiene. Y ya ves, no me he muerto. Mi madre dice que, si algún mes me baja de improvisto, le pida una compresa o un támpax a la primera mujer que pase por mi lado, porque todas las mujeres que vemos andando como si nada por la calle la tienen, ¿sabes? Es lo más normal del mundo. La madre naturaleza, que es súper sabia. Aunque a ti te parezca que no, resulta que la tienen hasta las profes de Reli.

La teoría de Marta la Gorda hacía aguas. A mí me constaba que Buela no la tenía, pero preferí no abrir la boca en un momento tan delicado y obedecer sin rechistar las instrucciones de mi mejor amiga: Número Uno y yo debíamos volver fuera a conseguirle un támpax a Número Dos. Esta seguía moqueando, pero al menos había entreabierto la puerta llena de garabatos del váter. Tenía sobre las rodillas un cacho de papel del culo con un manchurrón de óxido en el centro.

El támpax tuvo que pedirlo Número Uno, porque a mí de repente me temblaban las piernas y la voz se me atragantaba de la vergüenza. Notaba en la garganta un kiko Churruca atravesado. Nos lo terminó dando una señora rubia de uñas imposibles y bikini de leopardo que tomaba el sol con un *walkman* en una silla liliputiense a dos pasos de los aseos.

Para que a Número Dos se le pasara algo el susto y el támpax terminara de encajarle como era debido ahí dentro,

pasamos el resto de la mañana en el césped, leyéndonos el futuro en los ases de la baraja. A la hora de comer, Marta la Gorda arrambló con mis filetes empanaos y sus almondiguillas frías.

—Hay que meterse ya mismo, todo seguido, antes de que el estógamo empiece a hacer la digestión. Si no, luego toca esperar una hora y media mínimo, porque te puede dar un corte mortal y es un rollo que te cagas —explicó, masticando con la boca abierta el último pedazo de pechuga.

Me quedé rezagada en la carrera de regreso a la piscina mediana. ¿Dónde se metía mi chancleta derecha? Estaba yo con el culo en pompa, buscándola debajo de las toallas, cuando un señor con tripa de embarazada me chistó desde detrás de un pino.

—¿Tienes hora, guapa?

Lo sentía mucho. No tenía, porque me había dejado en casa mi reloj de pulsera Flik Flak. Me lo había traído Baltasar los Reyes pasados y me encantaba. Desgraciadamente, no era sumergible. No se puede tener todo en esta perra vida.

—Acércate un poquito más. Estoy algo tapia y no te oigo bien.

Parecía que el señor preñado acabara de correr una maratón. Su respiración me llegaba entrecortada. Bajé la vista. Vi que tenía el bañador con forro de rejilla a la altura de los muslos lanudos y la picha fuera, entre las garras también de mono. Aquel pingajo azulón no se parecía en nada a la picha rosa palo que Samu solía enseñarme en el recreo o en las tardes de biblioteca, ni a las pichas lisas y

alargadas de esa revista pegajosa que los hermanos mayores tiraron una tarde en la papelera junto al banco de los soportales. Me pregunté cómo era posible que una misma palabra, «picha», sirviera para designar cosas tan distintas. Tendría que ver con la increíble riqueza de la lengua de Cervantes, que era la explicación preferida de doña Cati a prácticamente todo lo inexplicable.

Abandoné a su suerte a mi pobre chancleta derecha y corrí lo más rápido que pude hacia la parte honda de la piscina mediana.

—¿Y a ti qué leches te pasa? ¿Has visto a Casper? —quiso saber Marta la Gorda cuando me encogí de hombros y dije que me importaba todo un chumino, que por mí podían apostarse lo mismo ocho billones invisibles que ochenta.

—Nada. Me ha entrado flato —mentí. Lo que sentía se parecía más a la Arcada que al flato. De todos modos, me llevé una mano al costado para mayor elocuencia.

—A ver si te está dando un corte mortal —se alarmó Número Uno—. O tienes pedos. A mí el Zup me da unos pedos, tía, que me voy de vareta al primer sorbo.

—¿Aviso al del silbato?

—No, tranquis. Con un Mikolápiz se me pasa.

Me lo comí sin ganas, sabiendo de antemano que no iba a tocarme el premio del palito. El resto de la tarde también fue un poco así: como enchufarse un helado a la fuerza y sin sorpresa. Excepto por el paréntesis con el socorrista. Cuando me picó la avispa, me aplicó AfterBite con sumo cuidado en el labio hinchado y se quedó de piedra porque no lloré ni un poquito. Me vi en la obligación de explicarle

que yo no había nacido ayer, que había cumplido ocho tacos en mayo y que aquel tampoco era el primer bicho asqueroso que me picaba. En el pueblo de Buela, vareando olivas, le aticé por error a un avispero y me atacaron nada menos que cinco a la vez. El socorrista me llamó, por este orden, bonita, salá y campeona; me acarició los rizos, accedió a prestarme el silbato para pitar flojito y añadió, sonriendo:

—Los morritos de mulata zumbona te quedan que ni pintaos. ¿Dónde dices que estaba tu mamá?

Señalé de nuevo a la señora rubia del támpax solidario, las uñas imposibles y el bikini de leopardo que tomaba el sol con un *walkman* en la silla liliputiense a dos pasos de los aseos.

Nadie dijo ni pío en el trayecto de regreso al bloque. Tampoco hubo música. Íbamos cubiertas de ronchas del color del Renault 12 del hermano de Marta la Gorda. Por la ventanilla, observé cómo el cielo también se iba volviendo poco a poco del color del Renault 12 del hermano de Marta la Gorda.

Buela aseguraba que, cuando el cielo empezaba a ponerse así tirando a moraíto, significaba que la Virgen María se había plantado el mandil de faenar y andaba precalentando los altos hornos del paraíso para hacer hogazas de pan. Yo imaginaba que, en realidad, la Virgen María horneaba toneladas de Pantera Rosa. Las hacía llover sobre las cabezas de los niños tristes de Somalia, ciegos de moscardones, que sacaban a punto de quebrarse en *Informe Semanal* y el pecho se me llenaba de castañuelas. Me invadía entonces una modalidad bien concreta de la Cosquilla: se me

centraba en las yemas de los dedos y en la punta de la lengua. Me daba por pensar que, si supiera tocar algo más que *Para Elisa* en un piano plegable de papel —la guitarra eléctrica o el bajo, por poner un ejemplo—, sería capaz de inventarme estribillos de canciones como la que nos había pinchado el hermano de Marta la Gorda camino a la piscina municipal por la mañana. O poesías, tal vez.

El sol, al esconderse tras las antenas Televés, hacía brillar el aluminio visto de ventanas y balcones. En *Informe Semanal* también sacaban barrios de Madrizentro donde las ventanas y los balcones eran todos de Climalit inmaculado. Buela soñaba con reformar nuestro piso, meterle el gas natural y Climalit a cascoporro. Yo estaba segura de que no sería una buena idea. El dichoso Climalit no tenía mucha pinta de convertirse en diamante al ocaso.

Me subió una barbaridad la fiebre esa noche.

—¡Cómo no vas a tener fiebre, criatura, si te has achicharrado viva! ¡Madre del amor hermoso! ¿Pero tú te has visto en un espejo? Ni Rodolfo Langostino, vamos. Mira que te lo dije. Hay que volver a untarse bien de Nievea cada poquito. La primera y la última vez que te dejo marchar a ningún sitio con el zángano del hermano de la Gorda, ¿me estás escuchando, nena? —Buela me extirpó el termómetro ardiendo del sobaco resudado y me espachurró contra la frente un trapo de algodón frío previamente empapado en vinagre de manzana.

«Por lo menos mañana ya habré dado el estirón», pensé, agotada, antes de rendirme a las pesadillas. ¿No dicen que la fiebre de las niñas sirve para eso? Para pegar el estirón.

—¡JESÚS! ¡SI YA CASI ME SACAS DOS CABEZAS!

Siempre exclamaba lo mismo al cruzarse conmigo en los quicios de las puertas. Mi padre era una sombra de pasillo con gafas mágicas de esas que se oscurecían solas con los cambios de sol. Debían de ser la razón por la cual, al mirarme, parecía no verme del todo. Seguramente vivía convencido de tener una hija negra en vez de blanca. O cangreja, como fui la semana que siguió a la excursión piscinera.

A las gafas opacas se sumaba la calamidad del turno de noche. Junto con los Ducados, la cazalla y la drogaína que ciertos desalmados inyectaban en Sugus para engatusar a las crías incautas en la verja de las escuelas, Buela consideraba que el turno de noche era de lo peorcito de este mundo. Desde que se la había escuchado a un reputado doctor televisivo, no paraba de ratificar la teoría:

—La gente del turno de noche pierde nada más y nada menos que cinco años de vida por cada quince trabajados. Eso es así, nena. No hay vuelta de hoja.

No sé cuántos años de vida llevaría perdidos mi padre a esas alturas. Calculo que un buen puñado, pues trabajaba por las noches desde que yo tenía memoria. Por el día, le pasaba un poco como a Draculín y como a Paco el del quinto: nunca se enteraba de si llamaban o dejaban de llamar al timbre de la cueva. Ni siquiera se desvelaba cuando Buela (porque nadie es perfecta, errar es humano y un despiste lo tiene cualquiera) me pasaba las lentejas bien finitas por la Turmix dejándose la puerta de la cocina abierta. De caer una bomba nuclear sobre El Carrascal, mi padre habría seguido roncando a pierna suelta. Solían darle las tantas en la cama de matrimoño, como decía, por su enfermedad logopédica, Marta la Gorda.

La cama de matrimoño estaba recubierta por una colcha de raso azulona del tamaño de una carpa de circo y un ejército de cojines redondos con las iniciales «M. C. & J. J.» bordadas sobre fondo de pámpanos blancos. Más que en una habitación, aquella cama estaba en un coto vedado de caza. Si me sorprendía rondando el pomo con intenciones detectivescas, Buela se tensaba hasta la última cana y hacía amago de apuntarme al cogote con la alpargata desde el inicio del pasillo:

—Ni se te ocurra, nena. Tu padre sigue roque.

O bien:

—Ni se te ocurra, nena. Tu padre es muy suyo con sus cosas.

Jamás vi abierta de par en par la puerta de la habitación de matrimoño. Como mucho, entornada. Apenas lo justo para atisbar el subebaja regular de la mole de tela azul y escuchar en estéreo el resuello REM del susodicho.

—Buela, ¿por qué la cama y la habitación de papá se llaman de matrimoño, si está él solo? —logré preguntar una noche, tras darle infinitas vueltas, extenuada por la Arcada.

Debo aclarar que esto ocurrió cuando aún me atrevía, de higos a brevas, a aventurar preguntas en voz alta. Esto quiere decir que fue A. P. (o sea, Antes de la Picha del señor lanudo y preñado tras el pino en la piscina municipal). Después de la Picha (D. P.), aprendí a rumiar la Arcada en silencio y a tragarme con patatas fritas imaginarias sus interrogantes como nudos marineros. También sería eso, el famoso estirón: hacer sitio para que a una se le notaran menos los nudos atravesados.

EN EL FONDO, LO QUE YO HABRÍA QUERIDO SABER aquella noche era qué escondían las dos primeras iniciales bordadas sobre los cojines de raso con fondo de pámpanos blancos. Escuchar en boca de alguien el nombre y la vida de mi madre.

—Las bobadas que se te pasan por la cabeza, nena... A ver... Pues se llama de matrimoño porque es grandona, ¿por qué va a ser?

Buela suspiró con las tetas. Se bambolearon como galletas campurrianas sobre un bol de natillas:

—Bueno, por eso y porque tu padre, a ojos del Altísimo, sigue casado con tu madre, que en paz descanse. Pero no es momento de hablar de cosas tristes. Agua pasada no mueve molino. Ahora toca planchar oreja.

—¿Vienes a rezar?

—Termino de secar estos cacharros y ya mismito voy. Vete empezando tú si quieres el cuatroesquinitastienemicama. ¡Arreando, que es gerundio!

Sinceramente, la idea de que cuatro pares de ojos me guardaran la cama mientras dormía, por muy angelicales que fueran, me infundía más pavor que serenidad. Bastante tenía ya con las vampiras que me habitaban desde tiempos inmemoriales el armario empotrado. Por más vueltas que le echara a la puerta con la llave, en plena madrugada se transformaban en humera de color violeta y se colaban por el ojo de la cerradura o las rendijas en dirección a mi cama, resueltas a mordisquearme el dedo gordo de ambos pies hasta sacarme la última gota de sangre.

Las había descubierto en un cuento que nos contaron en preescolar y, aunque iban espaciando sus visitas a medida que yo iba cumpliendo estirones, las vampiras chupadedos aún no se decidían del todo a dejar de incordiarme. Se trataba de una raza vampírica bastante evolucionada que consideraba lo de amorrarse al cuello de las víctimas como una obviedad y un atraso. De ahí que, por más que Buela insistiera en sentido contrario, yo jamás accediera a dormir sin calcetines tupidos ni a usar el cortaúñas en los mejillones defensivos inferiores. Cuanto más largos, mejor.

—¡Será posible! ¡Con este bochorno y en patucos de lana! Allá tú, nena, pero te vas a agarrar un sarampión de agárrate y no te menees.

Como en tantas otras cosas de la vida, Buela tenía sus ideas fijas e iba bastante a lo suyo en cuestión de rituales de cama. Cuando daba por bien seca la loza y por aseada la cocina, se concentraba un rato en la higienización de sus colmillos de quita y pon. Pasaba después a desenvainarse las carnes una capa tras otra. Con sumo cuidado, iba doblando en una silla pantis, combinaciones de color visón,

sostenes de cuerpo largo, bragafajas y demás tiranías corseteras para, por fin, atascarse la cabeza en la apertura del camisón (de manga larga con volante en invierno y de tirantes calados en verano).

—Hay que ver, nena, lo a gustito que se está así colgandera después de andar embutida tol santo día —sentenciaba satisfecha cuando, después de un intenso forcejeo, lograba asomar la cabeza por el agujero.

Disponía a continuación el orinal bien a mano, entre su camita abatible y la mía. Aun así, no pocas noches había fugas y mojaba algo las sábanas. Con la edad, argumentaba, resulta que se le van aflojando a una todos los muelles, se pierden reflejos y cada vez se va poniendo más cuesta arriba lo de pegar un brinco en la oscuridad y acuclillarse veloz para atinar a vaciarse donde es debido.

Buela no se caracterizaba, en fin, por tener ni una miaja de sensibilidad especial hacia mis temores nocturnos. Así que, por mucho canguelo que a mí me infundiera convocar presencias etéreas a los pies de mi cama, no perdonaba nunca un ángeldelaguarda ni un jesusitodemivida. Se notaba, de hecho, que disfrutaba a más no poder la ceremonia de las plegarias compartidas. Casi tanto como las telenovelas y el ganchillo a la hora de las cabezadas postsalmorejo en agosto.

Tras el amén final, nos quedábamos calladas unos minutos y hacíamos examen de conciencia mirando fijamente las pupilas descascarilladas del minibusto de yeso de la Virgen María que presidía las alhajas de mi estantería. Cerca reinaban la Biblia infantil ilustrada de la editorial Susaeta, mi colección de Fray Perico, el Gorilero sin pilas, la hucha

de lápiz, los casetes grabados de Bom Bom Chip, el magnetofón con forma de robot, los «13, Rue del Percebe» que publicaban los domingos en *El Pequeño País* y el despertador con cresta a lo gallo Kiriko.

El examen de conciencia venía a ser un sinónimo de la confesión, pero en más moderno, más confidencial y, sobre todo, más rápido, pues te ahorrabas los intermediarios con alzacuellos y el paseíto hasta la parroquia del barrio. Naturalmente, era una parroquia del siglo XX, donde las catequistas nos explicaban que la confesión a la antigua usanza, al igual que los linces ibéricos y determinados pájaros de las islas paradisíacas del archipiélago de Hawái, se encontraba actualmente en peligro de extinción. Las niñas debíamos transmitir el mensaje a nuestras familias y pedir su colaboración para entrenarnos todo lo posible de cara a la evaluación de conciencia final. Tendría lugar en primavera, dentro de un año, en la víspera de nuestra primera comunión. Algunas ya tenían las bomboneras, los cancanes y los ropajes heredados, colgando en cascada, bien planchaditos y almidonados en el ropero. Como a mí se me desmadraba una parte del cuerpo distinta cada día, Buela repetía que al final iba a tener que comprarme un vestido de novia. Para estar seguras de aprobar, las niñas podíamos practicar arrojando a un jarrón guijarros que representaban nuestros pecados o, en caso de no contar con recipientes vacíos ni pedruscos a mano, imaginándonoslos.

—Yo ya. ¿Y tú, nena? ¿Has empujado bien pabajo todas las chinas? —Buela siempre me sacaba ventaja.

Yo le decía que sí por no preocuparla, pero en verdad el jarrón fantástico, como últimamente las mallas, los petos

y los chándales, se me quedaba pesquero con solo rozarlo. Se me aparecían demasiadas chinitas de zapato con gafas progresivas. Montañas de cantos con signos de interrogación. Y una avalancha de pedrolos con las iniciales M. C. que a duras penas acertaba a barrer bajo la cama.

Sin olerse la tostada, Buela sonreía complacida y me besaba pinchándome con los dos pelos duros como cables pelaos que le salían de la verruga en la barbilla. A condición de que no se produjera en público, yo adoraba ese picotazo. Buela apagaba acto seguido la luz, se retiraba un ratejo a tejer junto a la Panto para coger el sueño y me dejaba croqueteando entre las sábanas estampadas con personajes de *Barrio Sésamo*. Como a la princesa del cuento, los guisantes bajo el colchón se me agigantaban por segundos y me impedían dormir seguido.

No era raro que escuchara regresar a mi padre del turno de noche. Aguzaba el oído para captar el quejido de los muelles derrengados de la cama de matrimoño y el chasquido del cajón de la mesilla. Sonaba a fauces de piraña amazónica abriéndose y cerrándose malignas bajo la superficie engañosamente calma de algún acuario.

¿Por qué guardaba mi padre el pastel que yo, sorteando de puntillas las advertencias y los conatos de alpargatazos de Buela, ya había descubierto que guardaba en aquel cajón entre los calcetines ejecutivo? Tras años de insistencia, había logrado arrancarle a Buela una única explicación sobre las ocupaciones de mi padre:

—Es funcionario.

¿Qué implicaba exactamente «ser funcionario»? ¿Por qué nunca lo vi arrancar el Ford Escort sin antes trazar un

amplio círculo en derredor con las lentes mágicas y agacharse para escrutar los bajos?

Era un secreto a voces que Paco el del quinto se embutía cada atardecer en un mono amarillo fosforito para hacer cabriolas de equilibrista sobre la plataforma trasera del camión de la basura. Draculín, según la serie de dibujos animados de TVE, dedicada sus noches a parrandear con su amigo el adolescente-lobo; y las vampiras chupadedos a filtrarse amenazantes por las ranuras de los armarios empotrados en los cuartos de las niñas asustadas. Sin embargo, seguía siendo un misterio de granito en qué consistía exactamente el empleo nocturno de mi padre el funcionario.

TERMINÉ DE PELARME EL VIERNES SIGUIENTE A LA excursión a la piscina municipal, es decir, el primer viernes D. P.

A modo de escarmiento, esa semana Buela me hizo recomenzar el cuadernillo *Vacaciones Santillana* desde la primera página. Me lo borró enterito con mi goma Milan Nata mordisqueada:

—Y como me entere yo de que te saltas otra vez las cuentas, te lo vuelvo a borrar. Avisada quedas. Hay que saber de todo en esta vida, nena, no solo de esbrújulas de esas.

En los paréntesis sin divisiones, me entretuve colgándome pendientes de cerezas en las orejas, estirando los colgajos blancos ante el espejo del taquillón e imitando las voces de los lagartos de la serie *V*. Buela sacudía sus dos pelos del mentón con gesto de disgusto y me asestaba collejas de las suaves al pasar por mi lado agitando el plumero o con el balde de la colada a cuestas:

—Las manitas quietas. ¿No querrás que te queden marcas, verdad?

Ni caso. Fui atesorando todos los retales de piel antigua que pude en mi joyero plasticoso en forma de corazón amorfo. Me lo había dejado bajo la almohada el Ratoncito Pérez por mi segundo paleto de leche, justo antes de dejar de existir. Se me ocurrió que a Marta la Gorda fijo que le chiflaría verlos, así que esperé a que la lavadora de ropa blanca empezara a centrifugar, para que el estrépito disimulara la transacción; y llamé a mi mejor amiga por la ventana del tendedero.

El tendedero daba al patio interior, también conocido como patio de luces, aunque de estas anduviera corto. Se trataba de una especie de corral angosto, sombrío y con peste a fritura, coliflor hervida, vinagrillos y humedad. Lo surcaban de parte a parte hileras de cuerdas de tender atestadas que me recordaban a los pentagramas de música. La profesora de música del curso pasado nos había metido tanta caña que tuvimos que comprarnos no uno, sino dos cuadernos de solfeo. Podía, en fin, considerárseme una experta en la materia. Nos había enseñado además a perpetrar *Para Elisa* en un pianillo portátil de papel que cada cual dibujó, sombreó y pegó con celo en la contraportada del segundo cuaderno.

Al parecer, en los colegios concertados, como el de Número Uno y Número Dos (les hacían precio especial por ser familia monocigótica), tenían presupuesto suficiente como para descuartizar *Para Elisa* en pianos de verdad, con su cola, sus tres pedales mínimo y todos los apechusques necesarios. Les llegaba hasta para uniformes con blasones de terciopelo en relieve sobre la pechera.

El mío, por el contrario, era un colegio público de integración. Esto significaba que cada cual vestía lo que quería o podía, que nos repartíamos a los retrasados y a los gitanos de Leganés Norte a razón de cuatro o cinco por clase; y que nos conformábamos con masacrar en sordina las teclas plegables de nuestros instrumentos de papiroflexia.

Estudiando el pentagrama del patio interior, me daba por pensar que las fusas y las semifusas debían de ser los trapos de cocina, los peleles de bebé, los pañuelos para sonarse los mocos y demás prendas chicas. Escuchaba semicorcheas en las bragas de mercadillo de mis amigas, todas con las gomas elásticas de la cintura dadas de sí y los días de la semana en inglés medio borrosos a la altura de la raja del culo; y veía corcheas en los gayumbos o en las camisetas interiores Abanderado de los hermanos mayores. De los monos azules con mapamundis de grasa que ni una tonelada de Perlan conseguiría dejar como nuevos se elevaban, por supuesto, notas negras. Las bragafajas extragrandes de Buela me sonaban a redondas.

Eché mano de la más extragrande de todas las que estaban tendidas en ese momento. Me acordé de que habíamos peregrinado para comprarla hasta Fajas Ruiz, la mejor corsetería de Europa y posiblemente del mundo entero. Se encontraba en un barrio de Madrizentro con mucho poderío, como podía apreciarse por sus ventanas y sus balcones de Climalit flamante. Para llegar, Buela y yo tuvimos que atravesar la hora punta a bordo primero de un cercanías rojo, luego de un bus verde y, como colofón, anduvimos por tres líneas de metro distintas. Desde siempre me han encantado los vagones de metro que silban de todos los co-

lores, preciosos, grafiteados hasta por el techo y por las barras de agarrarse para evitar partirse los piños con los frenazos.

Buela se preocupaba mucho por mi salud bucal, porque dientes, lo que se dice dientes, a ella ya no le quedaba ni uno solo. De fábrica, quiero decir. Se apañaba con unos de pega que se sacaba por las noches para cepillarles el sarro en la pila y ponerlos a dormir sobre la lavadora, dentro de una taza blanca de latón donde burbujeaba una especie de aspirina efervescente. Se los había fabricado a medida un protésico dental tan reputado como caro: la broma le había costado en su día nada menos que dos pensiones y media. Pero había valido la pena.

—Como bien dice mi paisano don Quijote de la Mancha, nena, boca sin dientes es como molino sin piedras.

Las citas de *El Quijote* se encontraban entre las preferidas de Buela, pues era de los poquitos libros que se había leído en la vida. Solía repetir que, siendo una niña de la guerra, sus padres a veces la mandaban a la escuela para que entrara en calor junto a la estufa de doña Palmira. Antes de que la metieran por roja a la cárcel provincial de Cuenca, a la maestra le había dado tiempo a enseñarle a juntar las letras, a hacer las cuentas necesarias para valerse por sí misma en la vida y a declamar de corrido muchos pasajes de la obra maestra de Miguel de Cervantes. Se sabía además alguna que otra poesía morisca y, por más que pasaran los años, no se le iba del magín nada de lo aprendido tiritando de hambre y frío.

Cuando rematamos el último transbordo, Buela comentó algo de vándalos, maleantes y calabozos al subir a

ambos vagones grafiteados. En la corsetería se tomó todo el tiempo del mundo para elegir. Ponía cara de vendedor de cupones al palpar las bragafajas de exposición y se toqueteaba el monedero tan pichi, repitiéndole a una atónita dependienta:

—A mí lo que me interesa es que sean recias recias por aquí, ¿sabes? Por los fondillos. Para que empapen bien. Si no, luego voy todo el santo día meá, hermosona.

También podía haberme decantado por alguno de los pantalones de mi padre puestos a secar y asegurar mi tesoro en un bolsillo. Pero el recuerdo del concienzudo examen al que Buela la sometió en su día me hizo escoger aquella bragafaja súper absorbente y recia recia adquirida en Fajas Ruiz. Debía de ser acero para los barcos. Envolví en ella, pues, el corazón pachucho con mi racimo de pellejos dentro. Formé un paquete apretado y aseguré el perímetro con al menos media docena de pinzas de la ropa. Colgué de nuevo el bulto de la cuerda y la fui moviendo con paciencia hacia el tendedero de casa de Marta la Gorda, que aguardaba la entrega al otro lado del patio de luces sin luces. Mi amiga atendió mi llamada en top rosa palo, con un alto porcentaje de michelines fuera de la ventana y mojando un Fresquito en pica pica.

—¡Coñe! ¡Qué ascazo, tía! —exclamó al abrir el joyero—. Anda, déjate de lagartos y de mierdas, y vente un rato a mi casa. A ver si es verdad eso de que has pegado el estirón.

Me abrió, como mirando a través de mí, su madre. Me indicó con la barbilla el camino, de sobra conocido, al cuarto de su hija. En el salón saludé a un corrillo de mujeres con

máscaras resbalosas de crema que escarbaban entre las últimas galletas con guinda del surtido y las mojaban en tacitas translúcidas de café. A primera vista, pasaban por aristócratas rusas tocadas con elegantísimos turbantes. A segunda, por lo que eran: madres del AMPA con toallas de rizo portuguesas en la perola. Admiré aun así sus manicuras de vértigo, rojas y en punta; y sentí la punzada de la vergüenza al compararlas con los lamparones dálmatas que se le multiplicaban a Buela en el dorso de las manos, callosas y ajadas por el amoniaco, cuando palpaba bragafajas en los barrios finolis de Madrizentro o rebuscaba el pico para ponerle las vueltas fáciles a la charcutera del AhorraMás.

Marta la Gorda me explicó que la asamblea de baronesas del AMPA se estaba haciendo una limpieza de cutis. No, no bastaba con frotarse las legañas por la mañana con la pastilla peluda de Heno de Pravia. Una vez al mes, la piel del rostro de las mujeres casadas requería de un saneamiento colectivo en profundidad. Era preciso aunar fuerzas para combatir la amenaza de los diabólicos puntos negros y retrasar la catástrofe de las patas de gallo. Mi amiga no estaba al tanto de todos los detalles técnicos de la operación. No sabía con certeza, por ejemplo, si aquellas mujeres casadas también custodiaban las caras ya usadas en algún joyero. Sí sabía que el cónclave iba rotando de salón con periodicidad, de manera que el desembolso en Surtidos Cuétara no corriera siempre a cargo de la misma madre; y que los malditos puntos negros, junto con las no menos rebeldes patas de gallo y esos kilitos de más, por lo general localizados con especial encono en las cartucheras, se contaban entre las principales causas de divorcio en nuestro país.

Marta la Gorda era incapaz de memorizar los afluentes del Tajo. En Conocimiento del Medio, si doña Cati la sacaba al encerado, las letras del alfabeto empezaban a danzarle sardanas en el cerebelo a mayor velocidad aún de la normal y terminaba llamando Ramaja o Maraja al río Jarama. La clase se partía de la risa. Sin embargo, nadie dominaba como ella la lista de obligaciones cosméticas de las mujeres casadas, así como la teoría sobre las principales causas de divorcio en nuestro país. Su madre era una reputada eminencia en estos asuntos y la instruía al respecto a todas horas.

Como yo aspiraba a casarme, en caso de ser obligatorio, con un transportista internacional que solo pasaría por el adosado a suministrarme trillones de Pascuas a Ramos, me consolaba pensando que mi cutis futuro tampoco habría de rendir excesivas cuentas ante nadie. De todas maneras, envidiaba la sabiduría estético- matrimoñal que Marta la Gorda recibía a espuertas de su madre. A Buela todo aquello de la limpieza mensual poro a poro debía de sonarle a chino mandarino. Probablemente por eso le colgaba del contorno de ojos un corral entero y arrugaba el morro al mentar a su marido, muerto por cáncer de Ducados mucho antes de que yo naciera:

—¡Me fui a casar con un socialista, mira tú por dónde! —se lamentaba—. Tenía carné del partido y todo. Si llego a saberlo… Lo que yo he tenido que tragar no lo sabe nadie, nena. En mi época no se estilaba el divorcio como hoy en día. Ahora, a la mínima de cambio, una hace las maletas, sale pitando y si te he visto no me acuerdo. Algo bueno tenía que traer la democracia.

Yo envidiaba también la habitación de emperatriz tarta de fresa de Marta la Gorda. Incluso la bombilla de la lámpara que colgaba del techo, constelado de molduras rosas, era rosa. Irradiaba una claridad fucsia que acentuaba las tonalidades fantasía de todos y cada uno de los objetos en la estancia. Me la encontré tirada con su top y sus bragas de algodón rosa palo sobre la alfombra sintética de piel de oso amoroso desollado.

—Pues yo te veo igual, la verdad —gruñó nada más verme.

—Qué dices. Estás cegata. Si he crecido por lo menos siete centímetros en una semana —protesté—. Fijo que he batido el récord Guinness en estirones. Lo que pasa es que aquí no se ve un pijo con esta luz. ¿Qué apostamos? ¿Lo medimos con las marcas?

Las marcas veníamos grabándolas desde el verano anterior, a punta de compás, en los confines del armario empotrado de Marta la Gorda. Apartábamos los tropecientos pichis con lazos colgados de las perchas, llenábamos los pulmones bien de aire, penetrábamos en la nube de naftalina, levantábamos con delicadeza la esquinita izquierda del papel pintado (rosa) y allí, muy tiesas, arañábamos el estuco para registrar cada milimétrico avance de nuestros talles hacia los estantes superiores de la cocina o los timbres novenos de los telefonillos: el cielo y sus periferias.

—Ni de flay —contestó—. Hoy paso total de jugar al *¿Qué apostamos?*

Encima mi madre ha descubierto los rayajos y me ha caído la del pulpo.

Resignada, me desinflé junto a ella en la alfombra. Con un boli BIC rosa plata, Marta la Gorda terminó de trazarse una línea de puntos como hormiguitas carnívoras o como huellas de tacones Barbie que le bajaban desde el hueso de la cadera hasta la rodilla derecha.

—¿Ves lo que te decía el otro día? Todo esto me sobra. Tooooodo esto me lo tendrían que amputar. Así, de un tajo, ¡zasca!

Dejé a Marta la Gorda tronzándose los jamones serranos con las rotaflex imaginarias de sus dedos. Me hicieron pensar en esas salchichitas Mayer rellenas de tranchetes y desear que Buela ya me tuviera lista la merienda.

Cerré la puerta del cuarto rosa sintiéndome algo mareada y viscosa por dentro, como si estuviera naciendo de una pompa de chicle Boomer. Temí que la Arcada se apoderase de mí en pleno pasillo de casa de mi amiga, con la asamblea de baronesas del AMPA de cháchara y rumiando galletas con guinda justo al lado.

La experiencia me decía que lo mejor para pasar la Arcada eran los rincones solitarios, como la esquina vedada del patio del colegio. Estaba detrás del gimnasio. A esa altura, la verja lucía aún más roñosa que por el resto del recinto. Lindaba con el parque Europa, donde había tres columpios de neumático, un tobogán rasposo que te dejaba las cachas en carne viva y por el que era mejor no deslizarse

si no estabas vacunada del tétanos, una fuente seca (o, mejor dicho, regada únicamente por las meadas de los chuchos) y dos papeleras sin parte de abajo. Las litronas y los envoltorios de Phoskitos se colaban por el hueco formando una pirámide a sus pies. En el parque Europa se encontraba asimismo la Moncloa: el platanero bajo el que se daba cita lo más granado de la comunidad drogata de El Carrascal.

—Mira, ya están los señores ministros reunidos en la Moncloa —comentaba Buela desde la acera de enfrente. Apretaba el paso y fruncía el mostacho casi tanto como al acordarse de la momia socialista de su marido.

A los Ministros de El Carrascal Buela los había visto nacer, crecer, endemoñarse y engancharse a los papeles albal o a las cucharillas calientes. Sus madres eran buena gente, vecinas del barrio de toda la vida, y no se merecían que sus vástagos las pasearan de aquella manera por la calle de la amargura. Se daban mutuamente la vez en el mercadillo. A estos desgraciados, en principio, no había que temerlos tanto como a los yonquis sidosos de Zarzaquemada o Leganés pueblo. Mas no por eso me estaba permitido merodear por las inmediaciones de la Moncloa. Mejor no tentar a la suerte. La prohibición incluía la esquina del gimnasio colindante con el parque Europa, pues los Ministros, sin duda obligados por el estado calamitoso de las papeleras oficiales, arrojaban sus vidrios y jeringuillas a ese punto muerto del patio del colegio. Calculo que el resto de niñas y niños de El Carrascal escuchaban a diario la misma consigna machacona en boca de sus tutores legales, porque el rincón siempre estaba desierto. Era, por ello, mi isla predilecta para pelar la Arcada en días hábiles.

No era una labor nada sencilla ocultarla los fines de semana, festivos y periodos vacacionales. A medida que iba quedándose topo por las cataratas, a Buela se le iba afilando, para compensar, el instinto de sabuesa.

—¿Te ha comido la lengua el gato? —indagaba, a veces incluso antes de que yo misma cayera en la cuenta de que la Arcada volvía a escarbarme la barriga—. Al final, me va a tocar pedirle a la madre de la Gorda el número de ese loquero infantil del que tanto habla.

Esto último tenía cuidado de bisbisearlo para la cruz de Caravaca que le adornaba el cuello de la blusa, cuando me creía lo bastante lejos como para no escucharla. Lo que pasa es que yo tenía hiperdesarrollado el superpoder de captar, sin importar los años luz de distancia, cualquier comentario remotamente relacionado con el campo semántico de las personas majaretas. Este superpoder me había empezado en tercero, el primer día de las vacaciones de Navidad.

Marta la Gorda y yo caminábamos en círculos concéntricos por el arenero, absortas en la comparativa de los progresa adecuadamente de nuestros boletines de notas del primer trimestre. En esto apareció Número Uno, enredándose en los cordones sueltos de los náuticos del uniforme concertado y meneando el suyo en el aire en plan bandera. Cuando sonreía de ese modo, ajena a los brákets, dejaba de ser La Gemela Número Uno para metamorfosearse en El Enemigo Público Número Uno. Se veía a la legua que desembarcaba dispuesta a restregarnos su ristra de positivos:

—¡He sacado PA+ en todo! Bueno, menos en Reli. Pero esa cuenta menos.

—Porque tú lo digas —repliqué—. Esa cuenta como todas, lista. Mira, a mí sí que me han puesto un más en Reli.

Marta la Gorda se rio. El Enemigo Público Número Uno rechinó los brákets:

—Eso será en vuestro colegio gratis para mongolas, no en el mío.

Y se alejó apuntándome con el índice a modo de pistola, refunfuñando:

—Esta misma tarde mi madre me va a llevar al Hipercor de El Bercial y me va a comprar de premio la Bea, anda y gatea. Y no pienso dejártela ni aunque me lo pidas de rodillas. Porque mi madre, a diferencia de la tuya, no está de la olla y no han tenido que encerrarla en el manicomio.

Marta la Gorda me pasó un brazaco por el hombro. Me juró por el tal Arturo, por las bragas de su culo, por lo más sagrado y hasta por todos los Cazafantasmas y los miembros del Equipo A que no tenía ni pajolera idea de lo que había querido insinuar Número Uno.

—Ni puto caso, Celia.

El juramento se me hizo bola. No me lo tragué del todo, porque mi amiga se negó en redondo a sacar la mano del bolsillo para demostrarme que no estaba jurándomelo con los dedos cruzados.

Pasados unos días, Buela me forró de lanas y, como cada invierno, me condujo de la mano a Leganés pueblo para abrasarme la lengua con las castañas asadas que se vendían dentro de cucuruchos de periódico y extasiarme ante el belén de tamaño casi real que montaba el Ayuntamiento en la plaza de España. Convencida de que el picor de los leotardos en el monedero era infinitamente peor que

la lepra, aplasté la napia contra el mapa de huellas dactilares ajenas que brillaba sobre el cristal del autobús urbano mientras este bordeaba las murallas de la CEMU. Por más que las grafitearan de nubecillas como ovejitas luceras y colocaran un reloj de imitación en la torre del miniayuntamiento, se notaba que la supuesta Ciudad Escuela de los Muchachos, fundada por Tío Alberto, no era más que una cárcel para huérfanos disfrazada. Allí me internarían de cabeza los servicios sociales cuando a Buela le diera por estirar la pata. Con el padre noctámbulo que me había tocado en el reparto, desde luego, no se podía contar a efectos de patria potestad.

Al enfilar la calle del Hospital Psiquiátrico Santa Isabel (los pepineros de pro seguían llamándolo «casa de dementes Santa Isabel»), acaricié despacio cada elástica curva del nombre «Muelle», impreso a dos colores en la esquina. Mas no tuve el coraje de cumplir con mi antiguo ritual de aporrear con los nudillos los batientes velados de las ventanas y esperar, aguantándome la risa, a que los chiflados me respondieran golpeando a su vez desde el interior.

No fuera a contestar mi madre muerta.

Por suerte, la tarde veraniega en que dejé a Marta la Gorda aserrándose las lorzas al final no me entró la Arcada en su casa.

El reguero de música que goteaba desde la habitación contigua me hizo tapón justo a tiempo en el centro de la diana y me ayudó a darle la vuelta a la tortilla francesa sin acabar toda yo convertida en gurruño. En cuestión de nanosegundos, me sacudí la Arcada de encima y me monté a horcajas en ella, visualizándola como a un poni con tatuajes multicolor en los cuartos traseros. Troté por el pasillo en dirección a la fuente de la música, experimentando en todos mis miembros, las sienes y hasta la punta fosca de cada tirabuzón la ligereza radiante de las burbujas de jabón.

Me pasaba a menudo: determinadas instantáneas, palabras o melodías, cazadas al vuelo al inicio de la Arcada, podían conseguir reconducirla y hasta volver la Cosquilla. Un poco como cuando los niños del arenero se percataban, justo antes de la carrera, de que el miniferrari no arrancaba

bien acoplado al Scalextric y acertaban a enderezarlo *in extremis* para evitar la tragedia y petarlo en el Campeonato Mundial de Fórmula 1.

El ritmo que me reenganchó a la pista no era nuevo. Reconocí enseguida el estribillo que habíamos escuchado yendo a la piscina municipal en el Renault 12 rojo. El hermano de Marta la Gorda, en efecto, ahora lo tarareaba dando brincos con la puerta de su habitación entreabierta. Dentro olía como si cien frasquitos del esmalte amargo Mavala de Número Uno se hubieran derramado.

—¿Te has perdido, canija? —En uno de sus saltitos de canguro al compás de la canción, reparó en mi presencia.

Me quedé mirando, boquiabierta, el esprái de pintura entre sus manos manchadas de verde y la firma que todavía chorreaba en la pared. Me pareció que se daba un aire al muelle punteado de flechas de la esquina del hospital psiquiátrico. Esta tenía además todas las aes encajadas en círculos. Amenazaba seriamente con salpicar la colcha marinera sobre la nueva cama nido.

—Cuando se entere tu madre… —balbuceé.

—Ya puede decir misa la vieja. Es mi vida y la vivo como quiero. Además, esto es arte, ¿entiendes? Soy escritor.

Asentí. Aunque entender, lo que se dice entender, de pronto no entendía absolutamente nada. ¿Cómo era posible que a Marta la Gorda le hubiera caído la del pulpo por unas marquitas de nada en las profundidades del armario y que su hermano, sin embargo, pudiera grafitear o, como él decía, escribir con impunidad en los cuatro pladures de su cuarto? Efectivamente, enseguida comprobé que el resto de tabiques de la estancia habían corrido igual suerte en tardes

anteriores. Podía verse la misma firma seca por todas partes, en diferentes tamaños y tonalidades, igual que en los preciosos vagones del metro o los trenes de cercanías.

—¿Y ese jeto? ¿No te gusta mi rollo? —me preguntó el hermano de Marta la Gorda, bajando un poco la ruedita del volumen de la minicadena.

—Qué va. Mola mazo.

—Pasa si quieres, canija. Pero solo hasta que las marujas ahuequen el ala y tengas vía libre para salir, ¿estamos?

Estábamos. Me senté en la cama nido nueva, para aspirar más de cerca la pintura fresca y examinar la firma.

—¿Qué significa?

—A ver cómo te lo explico... ¿Habrás visto *Bola de dragón*, no? Asentí.

—Pues esto es igual. Cuando Goku aterriza con su nave en la Tierra todavía no se llama Goku. Se llama Kakarotto, que literalmente es una puta mierda. Sueña a truño. Ka-ka-ro-tto —repitió, marcando mucho las sílabas—. El nombre de Goku no tiene ni punto de comparación. Es... su nombre de guerra. Y este es el mío. ¿Lo pillas?

Para estar completamente segura de pillarlo, habría debido de preguntarle a las claras qué guerra andaba librando él, pero no me atreví. Opté por el disimulo y la tangente, dos de mis grandes especialidades en la era D. P.:

—Sí, claro. Es un poco lo que le pasa también a Xena, la princesa guerrera, ¿no? Digo yo que en su DNI no pondrá Xena, sino algo más normal. María o Laura. No sé. Pero ¿para qué ponéis el nombre de guerra tantas veces y en sitios tan altos? Porque en Madrizentro los he visto re-

petidos hasta por el techo de los vagones de metro y por las barras de agarrarse.

No tengo pruebas, pero prometo que el hermano de Marta la Gorda pareció a puntito de sonreír por una vez en la vida.

—Una pregunta cojonuda, tronca —respondió—. Sirve para que la vasca se cosque de que existes, de que eres grande y tienes los cojones en su sitio. Los ovarios, en tu caso. Y, sobre todo, sirve para que se acuerden de ti cuando la palmes.

En un gesto reflejo, me llevé las manos a ambos lados del ombligo. Las ilustraciones de la unidad 5 del libro de Cono, dedicada a los vericuetos del aparato reproductor femenino, situaban mis ovarios madurando agazapados por esas coordenadas. Dándome la espalda, el hermano de Marta la Gorda volvió a subirle el volumen a la minicadena y cambió de esprái para dar los últimos retoques a su obra.

—¿Cómo se llama la canción?

Tuve que repetirle la pregunta varias veces para que me escuchara por encima de los punteos eléctricos y el zumbido del aerosol.

—¡No me jodas que no conoces a Leño! ¿Tu abuela no tenía un piso alquilado en el bloque de Rosendo, aquí al lado, en Carabanchel?

Dejó caer en mi regazo una revista enrollada y el casete con letras redondeadas que le había visto rebobinar a boli en el Renault 12.

—Toma, canija. De regalo. Un poco de culturilla general. Yo lo tengo repe.

—Gracias —musité.

—Ya no debe de haber marujas en la costa. Te lo digo por si quieres darte el piro, vampiro —añadió.

Obedecí. Estaba ya de vuelta en el pasillo cuando el hermano de Marta la Gorda me silbó:

—Ten, llévate esto también. —Me guiñó un ojo. Cacé el proyectil al vuelo: el esprái verde.

En casa, Buela me tenía lista la merienda. Me notaba agujetas en el cráneo por el olor de la pintura, el recuerdo de la luz rosa en la habitación de Marta la Gorda («*Agujetas de color de rosa*», me dije. Y me entró la risa tonta), la música alta, las preguntas como moscardones, las respuestas extrañas y porque la Cosquilla, al igual que la Arcada, siempre deja resaca. Al mismo tiempo, estaba tan contenta con mi primera cinta original y mi primer esprái de vándala urbana que ni me importó.

Protesté un rato, por no perder las buenas costumbres, pero tampoco me indignó en exceso que Buela me encasquetara una merienda de niña manchega antigua, en lugar de liquidarme con un Bollicao y santas pascuas. Eso era lo que, desde mi punto de vista, debían merendar las niñas pepineras contemporáneas que estudiaban catequesis en parroquias del siglo XX.

—Ya quisieran tus amigas catar un manjar así —rezongó, poniéndome en las manos la vianda en cuestión.

Tocó bizcocho borracho con onza de chocolate amargo.

Señal inequívoca de que la prima Toña se había venido de visita desde Tarancón en el coche de línea y traía el capazo a rebosar de alcahuetes tostados, aceite virgen extra de la cooperativa, almendrucos, harina de almortas, zarajos, cuñas de queso en aceite y dulces Chapela.

LA ONZA DURABA MENOS QUE EL BORRACHO.

Las partes implicadas en aquella merienda de niña manchega antigua eran inversamente proporcionales, diría doña Cati. De manera que retomé la ruta hacia el salón, donde Buela y la Toña departían ante el contenido del capazo desparramado sobre la mesita baja. Iba dispuesta a reclamar con firmeza mi derecho inalienable a una segunda porción, más generosa, de chocolate puro. Aunque, en mi fuero interno, sabía que también me conformaría con un chusco de torta de almendrucos garrapiñados de la Zarza de Tajo.

—¿Te acuerdas de cuando José Javier anduvo destinado por las vascongadas y subimos a verlo? Qué cosa tan grande, el mar. Y qué preciosidad Irún, oyes, a pesar de la ETA. —Escuché comentar a la prima Toña.

Me detuve en seco, conteniendo el aliento para no ser descubierta.

Lógicamente, me vi forzada a pegar la oreja a la puerta cerrada.

Lo bueno de las visitas de la Toña era que, si me andaba fina, siempre terminaba enterándome de algo nuevo sobre mis padres o, en su defecto, sobre cómo giraba el mundo en general antes de que mis rizos aterrizaran en él. La prima Toña tenía lo que Buela denominaba, dependiendo del día, un piquito de oro o una lengua muy larga.

Gracias a la incontinencia verbal de la Toña yo había averiguado, auscultando la puerta del salón en sucesivas visitas, que mi madre era folastera. Hija de minero. Había nacido en un valle del norte, casi tan al norte como la Galicia natal de Adelina, de quien ya hablaré cuando toque. Allí la gente se alimentaba de huesos hervidos dentro de vejigas de cerdo y llevaba la cuenta rigurosa de las palabras pronunciadas a lo largo del día. No podían superar la decena. Hablaban cristiano solo a medias y vivían en casitas con tejados puntiagudos de lascas de pizarra, pensados para funcionar como toboganes de nieve. Todas las fachadas lucían tiznadas de hollín. Por desgracia, aún no había logrado enterarme del nombre de pila de mi madre. Las iniciales M. C. de los almohadones en la cama de matrimoño continuaban pareciéndose al panel final de *La ruleta de la fortuna*, pues tanto Buela como la Toña siempre se referían a ella con la expresión «la madre de la nena» o, simplemente, «la madre». Bajaban mucho la voz y suspiraban a cuatro tetas como cachalotes tristes.

—¿Qué te parece la última de esos salvajes? —prosiguió la Toña la tarde del bizcocho borracho—. Los muy desalmados pensaban dejarnos sin rey. Pobre don Juan Carlos, con lo campechano que es él y con todo lo que ha hecho por España... Gracias al Santísimo Cristo Arrodillado de Belin-

chón, ayer mismo la Benemérita detuvo al comando enterito en Portopí, cerca del Palacio de Marivent. Lo ha dicho Ana Blanco en las noticias. Los pillaron con las manos en la masa, armados hasta los dientes de metralletas.

Buela celebró la buena nueva y alabó, de propina, el corte de pelo estiloso y divino de Ana Blanco, solo comparable con la melena de la viuda de Armendares. La Toña no daba tregua:

—Chica, no me explico cómo puedes dormir tranquila con las bichas esas rondando por la casa.

—Que no son metralletas, mujer. Tampoco exageres. Son dos pistolejas más o menos así de chicas. —Imaginé las manos dálmatas de Buela, sin resuello, midiendo el polvo sobre el cristal de la mesita baja—. Además, esto ya lo tengo yo hablado y más que hablado con Santiago. Todavía me duelen los juanetes cuando me acuerdo del camino hasta Compostela, hija. El santiño nos protege.

—Si tú lo dices… —La Toña no sonaba convencida—. Dios quiera que no se las encuentre la Celia de casualidad. Los críos a estas edades no paran. Lo ponen todo patas arriba y luego pasa lo que pasa. Acuérdate, si no, del muchacho de la tía Leo, pobrecito mío.

De los pormenores de esa historia también me había enterado en visitas anteriores, gracias al piquito de oro o la lengua muy larga, dependiendo, de la Toña. La tía Leo (de Leocadia) y Buela habían salido del pueblo a la vez para venir a ganarse las lentejas por Madriz. Buela terminó abriendo en Carabanchel una tahona, hoy reconvertida en restaurante chino y decorada con cascadas de agua hiperrealistas. Leo, modistilla de profesión, acabó cogiendo bajos y co-

siendo patrones con su máquina Singer en una corrala por plaza de Castilla. El marido era cazador. Empinaba el codo, la molía a palos y no siempre candaba bien la vitrina de las escopetas. Su único hijo lo sabía.

Hacía un par de años, el Gobierno le había propuesto a la tía Leo cambiarle su casita de renta antigua por un apartamento moderno, luminoso, con ascensor alemán y de calidades inmejorables sito en Madrizentro. No dudó en aceptar el trueque, porque en la corrala ya no cabían más recuerdos del hijo muerto y se hacía difícil seguir respirando. La demolieron para construir un hotel de tropecientas estrellas para guiris. O un rascacielos de oficinas para hombres de negocios. Lo mismo da. Poco después, no se sabe si la tía Leo se rompió la cadera al caerse porque el cazador beodo la estaba moliendo a palos o si se cayó al rompérsele la cadera porque el cazador beodo la estaba moliendo a palos. El orden de los factores no alteraba el producto, citando de nuevo a doña Cati; y el producto fue que la pobre apenas llegó a estrenar el pisito. Se apagó discreta en el Hospital de La Paz, sin terminar de sacar su colección de dedales del mundo de la caja de mudanza y sin dar guerra a nadie, que era como ella deseaba marcharse de este valle de lágrimas.

Buela y la Toña se arrancaron a rezar una oración por las almas del muchachito de la tía Leo y de la tía Leo, Dios los tenga en su gloria. Antes, Buela dejó bien zanjada la discusión:

—Imposible, Toña, ya te digo. La nena no sabe nada. José Javier las tiene bien escondidas.

«Sí», pensé yo, «en el cajón de los calcetines ejecutivo». Se me habían evaporado las ganas de otra onza.

A la Toña, como de costumbre, hubo que abrirle el sofá cama para que pasara la noche con nosotras. Se sentía en la obligación de ayudarnos, supongo, en la ardua empresa de engullir a dos carrillos las golosinas rurales del capazo, que ella prefería llamar capacho.

Al día siguiente, por más que los termómetros de las farmacias marcaran récords sevillanos, se le metió entre ceja y ceja guisarnos unas buenas gachas.

—Esto levanta a un muerto —repetía, cucharón de madera en ristre—. Mi difunta madre las bordaba. Una se limita a hacer lo que puede.

El secreto estaba en quitarle a la harina de almortas el regusto a crudo dorándola bien con un chorrito de aceite de la Cooperativa Nuestra Señora de Riansares S. L. Nada de colza, girasol ni ofertas de esas. Nadie da duros por pesetas. Lo barato sale caro y, al final, las garrafas tiradas de precio resultaban contener aceite para tractores que la deja-

ban a una en silla de ruedas. Eso si no la espichabas directamente. Había que ir lloviendo media taza de harina de almortas por cabeza y sofreírla bien en aceite de confianza.

—Media solo, ¿eh? Que esto crece mucho por dentro y luego el estómago se te infla como un balón de playa.

La Toña me ató un mandil, me atornilló el culo a un taburete situado a una distancia prudencial de la bombona de butano y me obligó a presenciar cada detalle de la operación. Intentaba amenizar un tueste con otro:

—Nos pensamos que la harina de almortas viene de cuando el hambre en la guerra y que es un invento español, como los pachuses, el furgolín o la Vileda, pero en realidad es una cosa muy universal y muy antigua. Los moros ya la guisaban en el lejano Oriente del rey Baltasar. Lo aprendí en un documental de La 2. ¿A ti no te lo han enseñado en el colegio, Celia?

La Toña me freía a preguntas sin esperar respuesta. Añadía el pimentón, bajaba el fuego para que no se le quemara (el pimentón se chamusca en un periquete) y reanudaba la monserga sin darme tiempo de pestañear:

—Pues ya te lo enseño yo. Ahora dicen los científicos que la harina de almortas es tóxica. Mortal. Veneno puro. ¿Eso cómo va a ser? Yo no me creo nada. Una vez a la semana, llueva o truene, tu prima Toña se aprieta sus buenas gachas entre pecho y espalda. Y ya ves: aquí sigo, como una rosa.

Soltó una risotada.

—Lo que te decía. Que la humanidad lleva siglos echándoles almortas a los mulos si la dicha es buena y zampándoselas cuando Dios aprieta. Ese refrán sí lo conocerás,

¿verdad? Dios aprieta, pero no ahoga. Pues que sepas que es una mentira muy gorda, ese refrán. Te lo cuento, Celia, porque ya vas para mocita y a mí me parece que empiezas a tener conocimiento para saber las cosas como son: Dios hace lo que le viene en gana. Si un buen día se levanta y le apetece ahogar, pues el muy cabrito ahoga todo lo que puede y sin mirar de quién es el pescuezo. En mi casa, por ejemplo, durante la guerra no hubo en la mesa más que gachas de almortas. Para desayunar, para almorzar, para merendar y para cenar. Nos salían las gachas por las orejas. Mi madre se quedó en los huesos. No le subió la leche con el último crío y lo enterramos a los pocos días. Angelito... Cabía en una caja de zapatos.

Buela entró en la cocina en este punto del relato. Resultó ser el punto final.

—Hay que joderse, Toña, las lindezas que le cuentas a la criatura.

Ellas comieron en combinación y yo en bragas de color carne, las tres sudando cual gorrinas. No pusimos platos ni cubiertos, porque las gachas hay que tragarlas a coro, mojando cada cual en la sartén su respectivo tarrusco de pan del Obispo. La Toña rebañaba con fruición, trazando círculos concéntricos cada vez más amplios, mientras repetía:

—Vale más una vuelta por aquí que ciento por la calle.

Buela la censuraba de reojo, aunque se guardaba muy bien de decir nada porque, en el fondo, le venía de perlas que la Toña lamiera la sartén. Así tendría menos repegao que frotar con el nanas.

—Hoy nos perdemos la novela, nena —anunció Buela nada más terminar con la loza—. Ponte unas mallas decentes, que nos vamos a acompañar a la prima Toña a la RENFE. Tiene que estar en Atocha para coger el coche de línea de las cinco. De paso, ya nos acercamos a Carabanchel a cobrarles el mes a los peruanos.

Escogí unas mallas cortitas de lunares flamencos. La camiseta de Cobi Barcelona 1992, que me llegaba casi a las rodillas, las tapaba por completo y parecía desnuda de cintura para abajo. Para asegurarme del todo, estiré con furia la gomilla de la cintura hacia la sobaquera incrustándome bien la costura de la entrepierna en el monedero; y me arremangué las perneras. El *look* camisola, junto con las gargantillas-tatuaje y los biberoncitos transparentes de la suerte, arrasaban aquel verano.

In extremis, me acordé de meterme en la riñonera el casete y la revista enrollada que me había regalado el hermano de Marta la Gorda. Revista municipal *La Plaza*. Traía en las páginas centrales una sección de cartas de pequeños lectores titulada «Amigos de Nensi» y unas viñetas divertidísimas a color sobre el origen y las locas aventuras del célebre monstruo de Leganés. Según el cómic, en realidad Nensi era una monstrua, como su prima guiri y lejana, Nessie, que buceaba por las profundidades de un lago escocés.

En la revista había además una entrevista de varias páginas con el tal Rosendo, cantante de Leño. Me vendría bien repasar las fotografías en los transbordos, por si el hermano de Marta la Gorda me había dicho la verdad y nos tropezábamos con él en el portal del piso de Buela. Le pedi-

ría que me autografiara la carátula con las letras de color Renault 12.

El esprái, en cambio, lo dejé escondido bajo el colchón, encajado entre dos bisagras de mi cama abatible. Allí, entre otros tesoros secretos, esperaría el momento adecuado. Antes de utilizarlo, debía pensar muy bien para qué, dónde y cómo lo haría. Sobre todo, me hacía falta encontrar un nombre de valkiria a la altura de las circunstancias y ensayarlo un poco en superficies discretas hasta sentirme segura. Necesitaba una firma que le dejara bien clarito a la vasca, como bien había dicho el hermano de Marta la Gorda, que mis ovarios y yo existíamos aunque, lo mismo que a Nensi, no siempre se nos viera.

Despedimos a la Toña en los tornos de la RENFE, agitando la mano en el aire hasta que terminó de escalar las escaleras mecánicas averiadas. Llevaba el bolso apretadito por delante. Mano de santo contra los carteristas.

DURANTE EL POSTERIOR TRAYECTO EN AUTOBÚS A Carabanchel, me propuse buscar inspiración en las conversaciones a grito pelado que estallaban anónimas, de todos los colores, en muros y marquesinas. Algunas parecían tan recientes que no me costaba imaginarme el olor de la pintura fresca a través del cristal de la ventanilla. Si Buela se callara un rato y me dejase pensar tranquila, confiaba en que me vendría alguna idea de nombre que valiera la pena. Quizás hasta una buena Cosquilla.

—Antes todo esto era campo —suspiraba Buela.

Se abanicaba el pechamen con un paipái de cartoné. Nos lo habían regalado por atrevernos a probar el pollo al limón. Fue lo único que nos atrevimos a pedir, por mi cumpleaños, en el restaurante chino con cascadas de agua hiperrealistas donde antaño estuvo su tahona en la calle de Guabairo. Se veía claramente, por el tamaño, que los filetes eran de pollo y no de gato leucémico callejero.

—Antes todo esto eran campos y marjales, nena —insistía.

Por lo visto, las personas mayores no tienen la capacidad del silencio. Cuando se encuentran sin interlocutores humanos, pegan hebra con la tele, los ficus del salón o el cuello de la blusa; o simplemente se dedican a emitir ruidos como de neumático pinchado al sentarse, roncar o atragantarse con sus propios eructos contenidos.

Con los cables pelaos de la barbilla Buela, sin importarle en absoluto mi escasa predisposición a escucharla, señalaba el horizonte de grúas como jirafas de mecano y los esqueletos de edificios por la Vía Lusitana. Entendí que nada ni nadie podría ahorrarme la explicación de rigor, entrecortada de suspiros y meneítos lúgubres de cabeza: hacía ya ochocasinueve años que mi padre, porque los caminos del apóstol Santiago son inescrutables, se quedó compuesto y con un bebé de teta.

Al principio, ella tomaba a diario este mismo autobús y acudía desde Carabanchel para ayudarle. Con el carrito de la compra hasta los topes, atravesaba rebaños, sembrados y marismas que se extendían hasta donde alcanzaba la vista. No, ella nunca había visto chapotear a ninguna monstrua verde por esos lodazales. Qué cosas se me ocurrían. Aunque es verdad que asomaban la cabeza unos pepinos monstruosos. Gigantes. Daba gloria verlos. Por aquellos vergeles desaparecidos, la gente de Madrizentro hoy todavía llama «pepineros» a los vecinos de Leganés, sobre todo a los de Leganés pueblo. Hasta en la Radio Nacional de España los locutores se refieren así a los hinchas del CDL (Club Deportivo Leganés). Algún día,

pues todo llega en esta vida, terminará subiendo a primera división.

Era yo una bebé divina, a pesar de haber nacido recubierta por una pelusilla muy negra, tupida y ensortijada. Tardó meses en despegárseme del cuerpo y en concentrárseme de manera más o menos exclusiva por la mollera. De ahí que, en las primeras fotos del álbum, parezca una réplica del Gorilero sin pilas de mi estantería. Aunque pilas, precisamente, no me faltaban. Berreaba sin descanso. Rechazaba el biberón con leche de fórmula y mi pobre padre, a quien tarde o temprano no le quedaría más remedio que reincorporarse al dichoso turno de los funcionarios de noche, no daba abasto. Los hombres no tienen ni la menor idea de llevar las riendas de una casa o de cuidar a recién nacidas barbudas, lloricas y huérfanas de madre. Sencillamente, no valen para ese tipo de cosas.

Me abstuve de preguntar para qué tipo de cosas valían entonces los hombres y me resigné a escuchar por millonésima vez la historieta hasta el final.

Buela se lio la manta a la cabeza y les alquiló a los peruanos su piso de Carabanchel. Las cosas claras y el chocolate espeso: ella habría preferido tener de inquilinos a los miembros de una familia española española. Pero era lo que había. Tenía que ser realista. Su piso estaba muy bien, pero no se encontraba precisamente en primera línea de playa en La Manga del Mar Menor. Los críos del barrio jugaban a los etarras y a los agentes de las fuerzas del orden asesinados en la periferia del Hospital Militar Gómez Ulla. También se entretenían planeando fugas de la cárcel con forma de telaraña, cuya cúpula gris constituía el único mo-

numento de interés turístico en la zona. Fantaseaban con emular al Dioni y atracar furgones blindados. Por suerte, ella no era racista. Aunque era una verdad como un templo que los gitanos de Leganés Norte destrozaban sin miramientos las viviendas sociales que tenía a bien regalarles, por su cara bonita, el Ayuntamiento. Arrancaban las puertas de los goznes, la grifería, el alicatado y hasta los váteres Roca de los apartamentos nuevitos flamantes. Lo revendían todo en el mercado negro y se volvían con sus cabras, sus hijos de integración, sus ramitas de romero y sus organillos Casio a vivir en las chabolas junto a la autopista, que era donde mejor estaban.

Después, Buela se mudó con nosotros a El Carrascal para poner orden, velarnos las legumbres en remojo, llenarnos la vida de folklóricas en macetas de plástico y ser testiga de cómo el alquitrán iba devorando inexorable las ovejitas, la dehesa, los humedales y hasta el último brote de escarola en las huertas pepineras.

ROSENDO MERCADO FUE EL ÚNICO CON QUIEN NO NOS cruzamos en aquel zaguán como un tablero de damas.

Antes incluso de franquear el umbral y de empezar a respirar el inconfundible tufo a lejía con matices de moho que reinaba en el portal, nos topamos en la acera con Adelina. Venía del ambulatorio, de su cita fija con la practicanta. La indición para el azúcar era el único antídoto que no podía apañarse ella misma. Fiel a su costumbre, se puso loca de contento al vernos. La comunidad, se lamentaba, no era la misma desde que Buela la había abandonado.

Adelina compartía descansillo con la competencia directa: el doctor Santibáñez.

En la puerta blindada de este último, bajo la mirilla, una placa dorada rezaba:

Doctor Román Santibáñez Navarro.
Afecciones venéreas
y enfermedades de la piel

La puerta sin blindar de Adelina, en cambio, no precisaba de adornos publicitarios. Sus clientes satisfechos ya se encargaban de promocionar, voluntaria y gratuitamente, la eficacia de sus remedios de meiga allende la M-30.

Buela y Adelina anduvieron a la gresca un tiempo a cuenta de mis verrugas. Una primavera, sin previo aviso, me brotaron como perrechicos en torno a las uñas de las manos. Por mi manía incorregible de mordisquearme los padrastros hasta hacerme sangre, me saltaron a las comisuras de la boca. El doctor Santibáñez las examinó con su lupa de inspector Gadget y aseguró que la solución pasaba por quemármelas con nitrógeno frío.

—Será caliente —apostilló Buela, extrañada.

El hombre hizo oídos sordos. Empuñó una bombona azul de *camping* gas, me prometió dos piruletas Fiesta a cambio de portarme como una mujercita (es decir, de no quejarme ni llorar para fuera) y procedió a fumigar, una por una, las protuberancias amoratadas de mis manos y mis labios. El chorro de gas, en efecto, salía helado. Lo que Buela habría debido corregirle al doctor Santibáñez era más bien el núcleo del predicado: *congelar*.

Las dos piruletas Fiesta no bastaron para lavarme la lengua del sabor de las lágrimas calladas. Tardé tres horas, una bolsa de Risketos y un capítulo entero de *El chavo del 8* en volver a sentirme morros y dedos. Temí, de hecho, quedarme convertida en Eduarda Manostijeras para el resto de mi vida; y empecé entonces a sospechar que casi nunca compensa comportarse como una mujer hecha y derecha. Lo peor fue cuando Adelina se enteró de la jugada. Puso el grito en el cielo.

¿Cómo no habíamos acudido a ella en primer lugar? ¿Es que nos atrevíamos a dudar de sus ungüentos y de su ancestral sabiduría galaica? Nos gritó que no había en este mundo pomada farmacéutica ni mechero congelado que valieran para ese mal. Pero ya lo veríamos por nosotras mismas, ya. En un abrir y cerrar de ojos, la rapaza volvería a tener las manos hechas un cristo.

Así fue.

—Las verrugas de este tipo a las mujeres no nos salen por los viruses, ni por nada de eso que dicen los médicos —sentenció Adelina, victoriosa, cuando Buela terminó capitulando y tocando consternada a su puerta—. Por eso la ciencia no puede con ellas. A estas japutas las tengo yo muy vistas. Le crecen a una por la pena. O por los males de ojo. Y de ambas cosas tenemos en mi tierra a punta pala.

Nos hizo pasar a la salita de estar, decorada con botellas de licor de café, potes de barro para urdir queimadas de todos los tamaños, cerámicas de Sargadelos, estampitas y vieiras de peregrino. La devoción por el apóstol Santiago, la aversión a las jornadas electorales y la afición por sorber a todo volumen el caldillo de la ensalada amorrándose directamente al bol de margaritas Arcopal eran los grandes puntos en común entre Buela y Adelina. Esta sacó de un armario tres tarros reciclados de mermelada dietética de ciruelas claudia. Los alineó sobre el hule con ronchas de la mesa camilla.

Del primero extrajo una hoja de higuera. La partió y me ordeñó una gota de savia, blanca y espesa como leche condensada, en el corazón de cada pena.

Del segundo salió una babosa aún viva. Blanda. Oscura con destellos de tierra azulada. Se retorcía resbalándose consigo misma. Adelina la llamaba «limaco». En vez de sobornarme con glucosa, se limitó a susurrar que no debía tener miedo. Las mujeres teníamos que aprender a fiarnos las unas de las otras. Así que me quedé muy quieta y no rechisté mientras me paseó el animal por las verrugas, cubriéndome por completo las manos y los labios con su baba. Olía a tormenta de verano. A los pocos segundos, la estela se secó. Formó una película rígida y transparente sobre mi piel, algo así como un escudo brillante. Me vino a la mente la cola que usaba Buela para barnizar sus manualidades. ¿Se me estaría poniendo cara de floripondio moldeado en miguita de pan?

El tercer y último bote de Hero Light contenía garbanzos. Pedrosillanos, por supuesto. Buela asintió: eran los mejores. La bruja apartó un puñado generoso y, salmodiando conjuros en su lengua del norte, dividió la pila en dos.

—Escúchame bien, rapaza. Esta mitad la tienes que arrojar al primer pozo que veas. Te tocas las verrugas, te pones de espaldas al pozo, cierras los ojos y los vas lanzando dentro. Sin prisa. Uno por cada verruga. No debes tirar el siguiente hasta que no escuches el ruido del agua —me explicó, muy seria—. La otra mitad la escondes bajo la piedra más fea que encuentres, para que se pudra. No le digas a nadie dónde están y verás como nunca más tengo que pringarte con mocos de limaco.

No abundaban los pozos por Carabanchel. Menos aún por El Carrascal, donde ya no quedaban huertas que regar. Pero Buela estaba casi segura de que valdría cual-

quier alcantarilla. Tras mucho pensar, escogí la arqueta maloliente cerca del cuarto maño: me gustaba la idea de mearme a chorro encima de la tristeza y del meigallo.

Las verrugas no regresaron.

La pena, aunque jamás le chivé a Marta la Gorda debajo de qué cascote del parque Europa se pudrían mis garbanzos, es otro cantar.

AL DESPEDIRNOS DE ADELINA, NOS TOPAMOS EN las escaleras con otras dos vecinas de Buela de toda la vida. Solteras y enteras, se murmuraba. No habían conocido varón. Vivían juntas y revueltas con un caniche de hocico embarrado que respondía, pirueteando, al nombre de la Chispa. Se desplazaban siempre a la par, sincronizadas y enhebradas del brazo, como si todas sus rebecas vinieran cosidas por los codos. Como una hidra extremeña de dos permanentes y cuatro zapatos ortopédicos. A su paso, yo escuchaba llenarse de cascabeles maliciosos las voces de los parroquianos en las cerrajerías y los ultramarinos:

—Ahí van las Dos *Amigas.* —Los redobles de sonajero redoblaban su intensidad al pronunciarse esa última palabra.

A-mi-gas.

La tarde de agosto que siguió al atracón de almortas, las Dos Amigas y la Chispa bajaban para hacer acopio de

hilo de hilvanar en la mercería, escoltadas por la jefa de la familia de peruanos que vivía en el piso de Buela. Esta se llevó un buen chasco. La inquilina recién regresaba de la sucursal bancaria y el dinero le quemaba en un sobre dentro del sostén. El negocio se concluyó en el descansillo, a la luz vacilante de una bombilla que se resistía a fundirse desde tiempos inmemoriales. No tuvimos la oportunidad de subir al tercero derecha a gacetear.

—Aquí te pillo, aquí te mato. Ya está tol pescao vendío, nena. —Buela puso los billetes a buen recaudo en la bragafaja. No acertaba a ocultar su decepción.

Por conocerla desde mi nacimiento y porque tampoco era el primer mes que nos ocurría, yo sabía perfectamente que se pasaría días intranquila, dándole vueltas a la aterradora posibilidad de que aquellos folasteros del altiplano le hubieran transformado el patrimonio en cochiquera. Intentó disimular cambiándose de ojo las legañas con su pañuelo de tela y acelerando el juego de muñeca, como queriendo taladrar a golpe de paipái un boquete en el aire estancado de la escalera. Anunció:

—Paramos en ca Justo, que ya sabes lo solo que anda el pobre hombre y lo mucho que se disgusta si no pasamos a saludar, y nos volvemos. Un pispás y listo, ¿eh? Que tengo en la nevera un kilo de boquerones muertos de risa. Como no los limpie hoy, se me van a echar a mal.

La mera mención del nombre del portero era suficiente para encenderme todas las alertas anti-Arcada. Cuando lo contrataron, allá por la era del nacimiento de Nensi y del esplendor de las huertas pepineras (o incluso antes, calculo yo), Justo no era ciego. Tampoco viejo. ¿Quién

iba a contratar a un guardián chocho e invidente? Menuda idea de bombero jubilado, que diría la Toña. Según tenía yo entendido, Justo había ido sumando dioptrías y restando luces con la democracia, es decir, con la invasión de los chinos, los moros, los negros y los peruanos.

Hacía ya tiempo que la comunidad había decidido por sentido común y mayoría absoluta prescindir de la conserjería, pues los tiempos cambiaban, la cosa estaba muy mala y Carabanchel no era precisamente La Moraleja. No obstante, los vecinos acordaron permitirle a Justo seguir ocupando hasta su muerte, a cambio de un alquiler simbólico, el bajo interior con patio donde había ejercido durante décadas el oficio de bedel con ojos. Y, sobre todo, con manos.

Porque Justo tocaba. Yo entendía que, como los vendedores de cupones de la ONCE, ahora más que nunca tuviera que ingeniárselas para ver con las manos. El problema era que sus dedos parecían querer hacerlo incluso a través del poliéster.

—¿Esta es la pierna que te pilló el carro? —Me arrepentí enseguida de haberme decantado por las mallas cortísimas de lunares flamencos.

Las garras del exportero ciego me atenazaron el muslamen con una fuerza insospechada, dada su apariencia decrépita. Luego me palparon ambos costados de la camiseta tres equis ele de Cobi, pasándome lista a las costillas.

—¡Pensar que anteayer la zagala estaba más plana que una tabla de planchar! Si ya está echando sus buenas teticas y todo.

Justo se empeñó en decirnos adiós en la calle. Salió a los cuarenta grados a la sombra de la avenida Virgen de

Guadalupe calzado con unas pantuflas invernales, despeluchadas y rajadas. Dejaban al descubierto las uñas de ambos dedos gordos: duras, larguísimas, surcadas por anchas vetas de color paella. Machacaba con su garrota desplegable el ajedrezado deslucido del zaguán y los adoquines bamboleantes de la acera. Viéndolo encogerse por la ventanilla trasera del 481, pensé en los limacos de Adelina y en las lombrices que el otoño hacía germinar en el arenero de mi bloque y le rogué con todas mis fuerzas un milagro de andar por casa a jesusitodemivida: que el bastón le atizara al regalito aún caliente que la Chispa acaba de soltar en la esquina y el ciego quedara salpicado de mierda de caniche hasta las pestañas.

En aquella ocasión, por suerte, no llegué como tantas otras hasta el extremo de desearle un patatús divino que lo hiciera caer fulminado en plena calle. De lo contrario, la repentina muerte de Justo tan solo unas semanas después seguramente me habría generado lo que los magacines televisivos denominan un trastorno de culpabilidad. Y eso sí que nos habría supuesto un problema de los gordos pues, por más que mi padre fuera funcionario nocturno y Buela arrimara su modesta pensión junto con el alquiler de los peruanos, los ingresos de nuestra unidad familiar no alcanzaban para lujos como los terapeutas especializados en curar traumas infantiles. Todavía se me hace raro pensar que, cuando nos despidió aquella tarde, el corazón de Justo ya tenía contadas las olas de calor sahariano. Más que el resto, me refiero. Los pormenores del fallecimiento nos los trasladarían poco después las Dos Amigas: en plena madrugada, picaron los bomberos al interfono y, en menos de lo que

canta un gallo, los disfraces reflectantes de los superhéroes del SAMUR evacuaron el cubículo de la portería en un intento por llegar cuanto antes al Hospital Militar Gómez Ulla y ver si, allí enchufado, el portero tocón volvía a respirar.

No fue así y, a los pocos días, unos sobrinos bastante malencarados vinieron de Pancrudo, que era un pueblo de Aragón y no un chiste; y colgaron una esquela en el portal. Después un par de hombres del altiplano con camisetas de tirantes fueron amontonando en el cuarto de las basuras muebles cojos y toneladas de latas de comida de gato (todo un misterio, pues Justo no tenía ni había tenido nunca ningún gato) y bolsones de plástico a rebosar de catálogos atrasados de supermercados con las mejores ofertas subrayadas y (las Dos Amigas siempre se santiguaban al aproximarse a este punto del relato) revistas de esas para caballeros (entendí que debían de estar refiriéndose a revistas con mujeres abiertas y páginas pringosas como la que los hermanos mayores tiraron una tarde en la papelera junto al banco de los soportales).

En casa, Buela les arrancó las tripas violáceas a los boquerones y yo, cantándome mentalmente el estribillo de *Maneras de vivir* para distraer a la Arcada que siempre me rondaba tras las visitas en ca Justo, los enjuagué a conciencia bajo el chorro frío del fregadero. Los aliñamos con bien de ajo, vinagre y perejil; y los metimos a reposar en un túper hermético para que no apestaran la nevera. Tocaría esperar unos días hasta que estuvieran en su punto y pudiéramos cenar boquerones con bimbo sin corteza, una de nuestras meriendacenas preferidas junto con los chicharrones embutidos de la charcutería del AhorraMás. Hasta entonces, acelgas rehogadas.

Buela me pidió a continuación que la ayudara a depilarse con las pincitas medio oxidadas los cables pelaos del rostro. Aún no estaría tan topo como el bueno de Justo, pero iba en camino. Ay. Suspiro de tetas. Nos sentamos frente a frente junto a la cristalera de aluminio visto del balcón, abierta de par en par.

La operación era sumamente delicada y requería que juntáramos nuestros rostros tanto como pudiéramos hasta respirarnos los alientos. El de Buela, tal vez porque la dentadura de pega dormía en la terraza y capturaba el tufo a encurtidos del patio de luces, nunca olía precisamente a rosas. Apestaba más bien a trastero cerrado, pero a mí no me importaba. Era el olor de la compañía.

De pronto teníamos las bocas tan cerquita que pensé que tampoco necesitaría un chorro de voz para preguntarle si todas las demás niñas del barrio y de este mundo también tenían que vérselas con porteros cegatos de manos largas que intentaban leerlas por debajo de la licra como si, en vez de niñas, fueran libros escritos en braille; o con señores tripudos que fingían preguntar por la hora para obligarlas a mirarles el colgajo entre los pinos de la piscina municipal. Estuve además tentada de preguntarle si todas las señoras que caminaban como si nada por las calles, con sus medias y sus bolsos y sus permanentes y sus chaquetas de hombreras y sus rastros de perfume, también habían pasado por cosas así en la época de los estirones. ¿Cómo se las apañaban para disimularlo? ¿Es que estábamos destinadas a ello solo por habernos tocado la lotería de nacer con monedero?

Por el alegre chisporroteo de las pescadillas enharinadas friéndose en sartenes vecinas y por las madres ajenas desgañitándose para convocar a sus retoños a la mesa (si no, se lo echaban a los cerdos), debían de ser ya cerca de las nueve de la noche. Sin embargo, no refrescaba.

En el último momento, las dudas se me atascaron y me sentí incapaz de abordar las cuestiones elementales. En su lugar, aproveché la relativa paz del momento y la sudo-

rosa proximidad de nuestros bigotes para indagar un poco sobre el cantante de Leño.

Por supuesto que Buela sabía quién era. La familia Mercado Ruiz vivía justo debajo.

—No, nada que ver con los dueños del imperio de las bragafajas. Ruizes los hay a patadas en Madriz y en España, nena.

Estos en concreto pertenecían al gremio de los zapateros remendones y tenían dos hijos. Muy buenos mozos: Rosendo, por lo que fuera, les salió roquero; pero Casimiro había terminado de maestro con los salesianos. Los Mercado Ruiz eran muy buena gente. Bellísimas personas. Trabajadores humildes y excelentes vecinos, de esos que prácticamente ya no quedan. Se podía contar con ellos para cualquier imprevisto, desde la miaja de harina hasta la manita cuando los colmados carabancheleros dejaron de fiar a fin de mes. La próxima vez que fuéramos a cobrarles la renta a los peruanos, si seguía empeñada, me enseñaría el buzón. La madre de Rosendo y Buela, por cierto, habían sido madres jóvenes y parido casi a la vez:

—Pero a tu padre, gracias a Dios, nunca le dio por dejarse esas greñas, tocar la guitarra y pretender ganarse el pan con cancioncitas.

¿Por qué manera de vivir le dio a mi padre o, mejor dicho, a mis padres?

Rosendo y su hermano Casimiro pegaron el estirón sabiendo a ciencia cierta que los suyos se dedicaban a remendar zapatos en Carabanchel. Sabiendo a ciencia cierta, en fin, a qué debían intentar dejar de parecerse para lograrse a sí mismos.

En el cajón de los calcetines ejecutivo, cerca de las dos pistolejas más o menos así de chicas, yo sabía que también había un montón de fotos de carné. Casi todos los desconocidos de aquellas imágenes algo borrosas lucían desaguisados capilares parecidos a los de Rosendo en la entrevista para *La Plaza*. Según se leía en los pies de foto, tenían nombres de guerra llenos de kas y de equis. Aunque no me atreviera a confirmarlo en voz alta, a esas alturas ya estaba convencida de que no se trataba precisamente de cantantes de *rock*.

—Atiende, nena, que me estás arreando unos pellizcos de no te menees.

—Perdona, Buela.

Antes de volver a guardarlas en su estuchito, desinfectamos las pinzas medio herrumbrosas por la punta con un bastoncillo para los oídos mojado en agua oxigenada. Buela me permitió restregármelo por el labio superior para aclararme un tono el mostacho. Por más que ya estuvieran a punto de asomar mis buenas teticas, como decía Justo babeando, todavía era demasiado joven para empezar a torturarme con instrumentos profesionales. Si una empieza a hurgarse en la pelambrera antes de tiempo, los pelos se encabronan y crecen más tiesos si cabe. Para muestra, los suyos de la barbilla, siempre implorando ansiosos una toma de tierra y convirtiéndome los besos de buenas noches en chispazos.

Por supuesto, esos dos nunca jamás se los arranqué.

Los dos cables pelaos del mentón de Buela, bien mirados, también recordaban al par de cuernos verdes terminados en soles fluorescentes que le coronaban a Nensi aquella cabecita suya de plesiosauria coqueta. Quizás, en vez de cuernos, fueran más bien antenas y, como los radares del ejército o como las brújulas que centellean en los paneles de mandos de las naves nodrizas de los alienígenas, le sirvieran a la monstrua para orientarse por los abismos laberínticos de Leganess.

No parecía tarea fácil. Si ya por la zona de fuera nos resultaba complicado no extraviarnos a las humanas en ciernes, no quiero ni imaginarme cómo sería el asunto para las habitantas con pinta inequívoca de marcianas que resistían en el interior. Los mapas, tanto por arriba como por debajo, habían cambiado mucho desde el tiempo en que Nensi debió de aterrizar, de chiripa, en Legamar. El cómic de *La Plaza* no abundaba en detalles sobre este asunto, pero yo solo veía una explicación posible: debió de tratarse de

un error de cálculo similar al de Cristóbal Colón cuando, en palabras textuales de doña Cati y el libro de Cono, terminó echando las anclas de la Pinta, la Niña y la Santa María en una isla ignota de las Américas poblada por aborígenes en taparrabos en lugar de en la India.

Seguramente, el nombre tramposo que el lugar gastaba por entonces junto con el pretencioso título de «villa» tuvieron buena parte de culpa. *Legamar. La Real Villa de Legamar.* Te hacían presagiar fastos reales y el azul balsámico de las postales mediterráneas: palmeras, cócteles con sombrillitas hawaianas de purpurina y urbanizaciones en Oropesa donde los apartamentos tenían tantas tazas de váter como culos felices dentro, cada niña con madre (o sea, todas) se deslizaba por su tobogán particular (al ser acuáticos, nunca te dejaban las cachas en carne viva e importaba poco si tenías o no la cartilla al día con la dichosa vacuna del tétanos), no existía la palabra «invierno» y absolutamente todas las vecinas eran mises España (90-60-90) con bañadores y sonrisas perennes.

Publicidad engañosa.

La monstrua extranjera habría tomado aquel desvío esperando un sucedáneo seguro de paraíso. Pero, en vez de una opulenta ciudad de vacaciones, se había topado con lo que *Informe Semanal*, la melena divina de Ana Blanco y los locutores de Radio Nacional de España se mostraban de acuerdo en denominar «una ciudad dormitorio». Para entender la coloración de sus voces al pronunciar estas tres palabras, ayuda saber que los dormitorios en Leganés, por lo general, nunca eran individuales. Ante la necesidad de sacarle el máximo partido al espacio,

las camas siempre escondían otras camas-matrioska o, como en el caso del cuarto que yo compartía con Buela, se replegaban dentro de sí mismas, abatiéndose contra el gotelé durante el día.

Marta la Gorda y su hermano eran de las pocas personas del entorno que disponían cada cual de su propia habitación. En opinión de Buela, semejante excentricidad estaba íntimamente relacionada con el hecho de que su madre taconeara por el barrio mirando a las demás por encima de la hombrera, dándose aires de grandeza y creyéndose superior solo porque su marido había llegado a encargado en la Cartonera Industrial Madrileña. Ya ves tú. Una fábrica que estaba donde los quinquis, las putas y los travestis, en el polígono de Villaverde.

—¡Como si su mierda no oliera! —se indignaba Buela—. Las demás también podríamos presumir, si quisiéramos. Pero no lo hacemos porque tenemos dos dedos de frente. Nos mordemos la lengua por seguridad y por España —bajaba la voz al llegar a este punto de la digresión y, al percatarse de mis orejas abiertas a más no poder, se apresuraba a regresar al tema principal—: Además, todo el mundo sabe que a su marido no lo ascendieron por lumbreras precisamente, sino para callarle la bocaza y evitar que denunciara a la empresa cuando el accidente.

Al padre de Marta la Gorda una máquina loca de la Cartonera Industrial Madrileña le había arrancado de cuajo cuatro dedos de la mano izquierda, ahora reducida a pulgar renegrido. En el barrio mi amiga y su hermano constituían, supongo, esa excepción rebelde que aspira a confirmar toda regla de oro.

Es cierto que mi padre, solo a rabiar en su mundo nocturno y en su camaza de matrimoño sin matrimoño, tampoco compartía dormitorio con nadie. Pero las reglas diurnas no se aplicaban a su persona.

A veces, yo me decía que quizás Buela y yo también pudiéramos ser parte de la excepción que confirma la regla, como mi amiga y su hermano. Sospechaba que ella compartía dormitorio conmigo sin necesidad real (podría dormir con sus figuritas Lladró en la salita de estar), solo por razones humanitarias: para evitar que algún verano me viera los defectos de fabricación demasiado de frente. Lo que los informativos llaman, en resumen, una maniobra militar de distracción o disuasoria.

Le agradezco la deferencia, igual que le agradezco cada hojita de laurel en cada puchero y cada húmedo chispazo, aunque nunca sirvió de mucho. Nunca en mi vida he sudado un solo agosto sin ser perfectamente consciente de mis taras.

Tal vez no saltaban a la vista, mis taras. No eran como los michelos o la anorexia cerebral que le desenfocaba las sílabas a Marta la Gorda. Tampoco eran como los brákets de Número Uno, siempre adornados por restos amarillentos de merienda; ni como el corsé de Milkwaukee y el ojo gandul de Número Dos. Las mías (el pelo demasiado rizado, similar a la bola afro de la Spice Girl negra; la tendencia a la Arcada, la incomprensión de la Cosquilla y, sobre todo, el asunto de no tener madre) no hacían que nadie se girase al verme por la calle. No cantaban mucho al principio, pero ahí estaban. Pesándome en el corazón como un centenar de anoraks mojados.

Mis taras se parecían más bien a la no sonrisa del hermano de Marta la Gorda y a las procesiones según Buela: iban por dentro. Por debajo del mapa. Por las regiones profundas donde nadan las bichas verdes que nadie sabe muy bien de dónde leches salen. ¿Qué monstrua del norte las habrá parido? Bucean invisibles a las pupilas progresivas de los adultos, ganando por lo menos siete centímetros a la semana y dándose de topetazos con los planos de las obras del metro prometido o con los avances del sistema pionero de recogida neumática de basuras, en busca de un estuario imposible: océano que resulta apenas pozo.

Por algo hacía siglos que Legamar dejó de llamarse así. En 1995, el mar de Leganess era una maqueta de juguete. El maltrecho arroyo Butarque, afluente del río Henares, había sido reconvertido en lago artificial. No quedaban huertas que regar, de modo que aquel cauce estancado servía exclusivamente de engordadero para carpas con perilla de chivo y patos feos. El parque Polvoranca, lo llamaban.

Buela y yo nos dejábamos caer algunos festivos por allí, nos astillábamos las muñecas con las barandas de madera e, ignorando las prohibiciones de los carteles, les desmigábamos a las carpas con perilla de chivo y los patos feos las magdalenas que se nos quedaban duras en la despensa. Echábamos al agua también los papeles de los bollos, porque para algo estaban los operarios de mantenimiento. Les estábamos haciendo un gran favor. El día en que los parques y jardines amanecieran limpios, el Ayuntamiento no vacilaría en ponerlos de patitas en la calle.

Nunca perdí del todo la esperanza de que, el domingo menos pensado, Nensi se decidiera a asomar por aquel

charco sus dos tentáculos coronados de soles fosforitos y a guiñarme un ojo. Al fin y al cabo, Noé seguro que nos castigaría mirando la misma pared del arca cuando estallara el próximo diluvio universal.

Estaba clarísimo que éramos dos ejemplares huérfanos de la misma rara especie.

EMPECÉ A CARTEARME CON NENSI ESE MISMO AGOSTO, en la biblioteca del centro cívico Rigoberta Menchú.

En junio, como en cada entrega del boletín de notas, doña Cati había vuelto a repetirle a Buela la cantinela de que era yo una alumna con necesidades especiales. Así lo revelaban los resultados de aquel test infalible que me hizo en un recreo. Consistía en remover absurdamente sobre la mesa unas fichas de dominó. Por desgracia, una maestrilla cansada, con un marcapasos y con un zapato ya en la jubilación como ella, destinada además a un colegio público de integración y masificado como el Miguel Hernández de Leganés, poco podía hacer para satisfacer esas necesidades especiales mías, fueran las que fueran. Doña Cati nunca se explayó proporcionando datos concretos sobre este enigma en particular. Se limitaba a reiterar que yo lo chupaba todo, como una esponja; y que Buela, dada su calidad de cuidadora titular de mi especial persona, se encontraba legalmente obligada a soltarme en la biblioteca

pública para dejarme pacer a gusto entre cuentos al menos una tarde por semana.

La línea para llegar al Rigoberta Menchú era más recta imposible. Solo se trataba de bajar desde la avenida de Francia en dirección al Parquesur e ir superando, como pantallas de la Game Boy, las rotondas consecutivas que jalonaban la avenida Juan Carlos I. Estas eran a cada cual mayor, todas coronadas por guindas titánicas de yerros furruñosos. Furruñosos aposta y no por carambola, como el tobogán del parque Europa o el cohete del arenero de mi bloque, que lucían furruñosos debido a las inclemencias del tiempo y la infancia.

Esto se explicaba porque nuestro excelentísimo alcalde, el socialista José Luis Pérez Ráez, sentía debilidad por el arte urbano en todas sus vertientes y se ve que lo furruñoso era una tendencia al alza en el mercado creativo.

El alcalde firmaba con su foto (pelo cortado a cepillo, corbata oscura, cejotas pobladas y siempre despeinadas por un cierzo imperceptible, bigote de domador de leones, gafas cuadradas) el prólogo a cada nuevo número de *La Plaza*, donde solía afirmar que el embellecimiento constante de los espacios públicos pepineros era su principal misión en esta vida. Algún día, tantos esfuerzos terminarían valiéndole un viernes de gloria televisiva con Ramonchu o, quién sabe, incluso un huequito de honor en el auténtico *Libro Guinness*.

Joselu no solo nos adornaba las avenidas con piezas museísticas enmohecidas por artistas de proyección internacional. También rebautizaba los bulevares de la antigua villa con los nombres de los ídolos de las nuevas generacio-

nes y arengaba incansable a la juventud creadora de todos y cada uno de los barrios de Lega a participar en un sinfín de certámenes culturales.

—¿Cómo va a ser cultura pintarrajear el mobiliario urbano? ¿Qué tendrá que ver la velocidad con el tocino? Vamos, digo yo. —Cuando le enseñé en la revista las bases del concurso de grafiti convocado para decorar los contenedores de basura más asquerosos de Zarzaquemada, Buela no daba crédito.

Argumenté lo mejor que pude. La idea era maquillarlos para que, hasta que terminasen las excavaciones arqueológicas de prospección para el sistema pionero de recogida neumática de residuos urbanos, la mierda de dentro (y, por contagio metonímico, en general también toda la mierda de alrededor) cantara menos.

—Un poco como en carnaval, ¿sabes? Que todo el mundo se colorea la cara y, mientras dura el desfile de carrozas, apenas se nota que la gente es más fea que Picio o está triste.

Buela siguió sin dar crédito. La pobre no sabía nada de símiles ni de metonimias. Normal. Esos trucos siempre los explican en el apéndice final de los libros de Lenguaje y las doña Catis de toda España, como el tiempo vuela, al final se ven obligadas a dejárselos en el tintero para el año siguiente.

Además, ya he contado que, siendo una niña en guerra, Buela tan solo iba a la escuela del pueblo para sacudirse el frío de los huesos arrimándose a la estufa de doña Palmira (así se llamaban las doña Catis en tiempos de guerra) en los días más fríos.

Nuestro alcalde socialista, para más inri, no era santo de su devoción. Supongo que le recordaría las tribulaciones

vividas a expensas del carné de militante de su difunto marido. De modo que Buela puso los brazos en jarras y me advirtió, tajante:

—¡Si te pillo zascandileando por Zarzaquemada, yo misma te arrastro de los pelos al cuartelillo, fíjate lo que te digo!

Movida por su temor a los violadores de los ascensores, a los yonquis sidosos con navaja, a los Sugus con drogaína y a los contrabandistas de riñoncitos infantiles, Buela siempre hacía especial hincapié en la prohibición categórica de adentrarme sola más allá del barrio. Como si mis movimientos por El Carrascal no se encontraran también milimetrados.

Básicamente, solo podía recorrer, en compañía de Marta la Gorda o de alguna otra compañera de clase, los escasos quinientos metros que separaban nuestro bloque del Miguel Hernández. De preferencia, Buela debía estar asomada al ventanuco esmerilado de la ducha, vigilando todos y cada uno de mis movimientos con sus cataratas incipientes. Me estaba también permitido bajar como un rayo, con las monedas justas en las manos, al puesto de chapa del melonero gitano a comprar el postre, a la panadería a por dos pistolas blanquitas o a Golosinas Ramón en busca de una bolsita de huevos fritos de goma marca Fini; tirar la basura corriendo antes de las nueve de la noche y arrancar de las ramas del parque Europa más alejadas de la Moncloa hojas de morera para alimentar a mis gusanos de seda.

Únicamente en los soportales de mi bloque trotaba sin sentir constantemente el estirón de la correa. E incluso

allí había que andarse con mil ojos. No solo porque las collejas, los lapos y los insultos de Damocles pendían sobre nuestros coleteros cada vez que pasábamos aguantando la respiración junto al banco donde trapicheaban los hermanos mayores, sino porque hasta el vecino o el vendedor del Círculo de Lectores más insospechado podía salirnos rana, es decir, secuestrador de niñas o algo peor.

Buela me contaba que, al caer la noche sobre las eras manchegas de sus tiempos mozos, ella solía volver a casa apretando fuerte una herradura oxidada en el refajo. ¿Por qué? Pues porque las mujeres, ya fuéramos chicas o vejestorios, escuchimizadas o focas, mises o cardos borriqueros, siempre teníamos que vivir alerta para defendernos de los hombres cuando fuera preciso. A falta de herrajes para borricos, los métodos de autodefensa más recomendables para mujeres urbanitas en obras como yo, llegado el caso, eran los siguientes: gritar con toda la rabia de nuestros pulmones, arrear bocados caníbales y patadas en los güitos, caminar con las llaves a modo de pincho y mearnos a todo mear en las mallas. Esta última técnica tenía fama de resultar especialmente efectiva para que los pedófilos cambiaran de opinión en el último segundo y se volvieran a sus cuevas por donde habían venido, asqueados y arrugando las narices.

Aunque las fuentes estadísticas situaran a estos depredadores acechando hambrientos sobre todo por Zarzaquemada y Leganés pueblo, y aunque la línea para llegar al centro cívico Rigoberta Menchú no pudiera ser más recta, Buela desoyó mis súplicas durante todo el verano: nunca me consintió trazarla por mí misma.

—¡Ni hablar del peluquín! —sentenciaba.

Se calzaba las romanas de cuero calado para echarse conmigo al vía crucis de rotondas chatarrosas de la avenida Juan Carlos I y escoltarme en la preceptiva salida semanal a los cuentos.

LA BIBLIOTECA PÚBLICA, A DECIR VERDAD, ERAN DOS bibliotecas. En el *hall* se exponían fotografías en blanco y negro o dibujos ñoños de familias todas con madre pero ninguna con cuello. Igual, razonaba yo, tampoco compensaba. Tener madre debía de estar fenomenal, pero también le veía mucha utilidad a lo de tener cuello, la verdad.

A los pies del corcho expositor había una mesa de tamaño gnomo donde, poco después de que el hermano de Marta la Gorda me regalase el último número, descubrí fascinada que criaban polvo, olvidados de la mano de Dios, todos los ejemplares históricos de *La Plaza*. Tomé la costumbre de ir birlando uno cada día.

Un pasillo a la derecha conducía hasta el feudo prohibido de la biblioteca para adultos. A la izquierda se encontraba la infantil.

Samu solía acudir las mismas tardes que yo y a la misma hora. Nada más verme, se abría los corchetes laterales

de los pantalones de tactel y se sobaba con pasión la minipicha rosa palo. Su madre y Buela se quedaban charlando a su bola en el rincón de los Mortadelos hasta que el bibliotecario calvo las fulminaba con la mirada. Entonces se marchaban a seguir con la cháchara en el *hall*. Se ponían de acuerdo para hacernos coincidir siempre que fuera posible: aunque yo no fuera de integración, ambos teníamos, cada cual a su difusa manera, necesidades especiales. Los libros favoritos de Samu se leían con los pies descalzos sobre una alfombra con cochecitos pintados. Eran unos libros enormes, cuyas páginas necesitaban de varios pares de manos para ser pasadas y exhibían mayúsculas rugosas, de papel maché, lana, goma, raso o terciopelo. Según el bibliotecario calvo, los chavales con necesidades especiales debíamos toquetearlas a conciencia, hasta la saciedad, para así desarrollar la chicomonstruosidad fina.

Me aburría enseguida de estar tirada por el suelo con Samu en su rincón de los cuentos de tocar. Prefería los libros libros: los de leer con los ojos y no con las yemas de los dedos.

Prefería, por ejemplo, la colección de mi tocaya *Celia*, con quien hablaba a menudo estando sola. Me imaginaba que éramos hermanas gemelas, pero gemelas como *Las gemelas de Sweet Valley* y no como las de mi bloque. También me encantaban las aventuras de *Alfred Hitchcock y los tres investigadores*, los devaneos noctámbulos de *Draculín* o de *El gato verde y con chispa*, los almuerzos campestres a base de emparedados de pepino con té que se marcaba *La familia caravana*... Esas cosas.

Pronto se me presentó el mismo problemón que con el rincón relector del aula de doña Cati: de una tarde para

otra, los títulos no se multiplicaban por arte de birlibirloque divino como los panes y los peces de mi Biblia ilustrada Susaeta. Tartamudeando, le expuse la situación al bibliotecario calvo:

—Y yo soy Stevie Wonder, no te giba. —Fue su respuesta—. Pero ¿cómo te vas a haber leído todos los libros de los estantes, hija mía?

Insistí débilmente. El volumen salmón que traía para devolver ese día era el último. Lo posé, con manos temblonas, sobre el mostrador. Se titulaba *Miguel Hernández para niños* y lo había sacado para averiguar por qué mi colegio, que estaba justo en la frontera de Zarzaquemada con El Carrascal, se llamaba así y tenía colgado en las escaleras, en el tramo donde Monicaca me había roto un paleto sin quererlo de un muletazo, aquel cuadro con un acertijo (¿o sería un chiste?) que decía:

Desperté de ser niño.
Nunca despiertes.

Para ser sincera, debía decir que aún estaba dándole vueltas a varias posibles respuestas, que no estaba segura de haber pillado bien todas las canciones del señor de los ojos saltones (las de Rosendo para Leño se entendían un pelín mejor) y que algunas estampas, como la del niño yuntero chupeteando su mendrugo de pan seco, con los moscones rondándole y las costillas marcadas por la hambruna, me habían recordado a los somalíes de *Informe Semanal* y puesto al filo cortante de la Arcada. De todas formas, me alegraba de haberlo sacado. Tras aquella última

lectura adaptada, pensaba estar preparada para recibir el salvoconducto al reino literario de los adultos.

El bibliotecario me miraba con el rostro pálido. Terminó de escuchar mis explicaciones de brazos cruzados, sacudió la calvorota y se negó en redondo a expedirme el nuevo pasaporte. Tendría que esperar a cumplir catorce primaveras para poder tomar prestadas las joyas de la otra sala. Así eran las normas. No las hacía él, venían de muy arriba, de Felipe González o más arriba todavía; y funcionaban igual para toda hija de vecina.

Buela se despidió de la madre de Samu e hizo su aparición en el momento preciso:

—Pues yo sí que tengo toda la chicomonstruosidad desarrollada, la fina y la gorda. Y mis catorce primaveras cumplidas. Varias veces. A mí no me podrá usted negar el dichoso carné de los cojones.

—Pero, señora, sin ánimo de ofender, ¿acaso sabe usted leer?

Buela se puso hecha un basilisco. Nunca la había visto así. Se volvió de color salmorejo. Empezó a vociferar, atrayendo todas las miradas del lugar; a hacer aspavientos y a sacudir en el aire los pellejos colganderos de los brazos. Estuvo a un tris de partirle en la calva al bibliotecario el paipái chino. Ella sería una mujer humilde y de pueblo, pero no analfabestia. En los días más fríos de la guerra, sus padres le perdonaban la siembra y la mandaban a la escuela para arrimarse a la estufa de doña Palmira, que le había enseñado a juntar las letras perfectamente. También había aprendido las cuentas necesarias para valerse por sí misma en la vida y a declamar de corrido el arranque de *El Quijote*, el

romance de *Las tres morillas de Jaén* y la tragedia en verso de *El gato Serafín*.

El bibliotecario hizo amago de escurrirse hacia la salida de emergencia, pero Buela lo agarró con firmeza por la muñeca y lo retuvo hasta el triste desenlace, cuando la visitante obesa entra en la sala de estar con sus dedacos como salchichones de kilo. Con los lentes sin poner, en el sillón del minino dormido se deja caer:

¡Mardita sea la vieja
gorda que aplastó a mi
Serafín!

Ese día Buela no llevaba encima una foto de carné, pero ya se ocuparía ella de pegarla cuando llegáramos a casa.

En la biblioteca de adultos no había, por suerte, moquetas automovilísticas ni apenas calvos. El silencio era encantador. Dulce y mullido como una nube de algodón de azúcar. Tomé asiento en la sección de los diccionarios de lenguas extranjeras.

Empezaba esa hora de la tarde en que los rayos del sol lo recubren todo de miel y me abandoné, feliz, a la Cosquilla. Rodeada de palabras desconocidas caracoleándome en el corazón cual ponis de tiovivo con las crines espolvoreadas de diamantina, le mandé mi primera carta a Nensi.

Si escribí tantísimas cartas a Nensi aquel verano fue, supongo, porque se me amontonaban demasiados nudos dentro.

Para disimular, pedí ayuda a Buela para acertar con los sellos y enviar las más sosas a las señas que figuraban al

final de la revista municipal *La Plaza*. Solo echaba al buzón las menos comprometidas: aquellas donde me limitaba a adjuntarle a la monstrua rostros asiáticos de ojos gigantes calcados a contraluz en la ventana de aluminio visto y a detallarle auténticas estupideces, como el último capítulo de *Agujetas de color de rosa* o mi *ranking* de conos Miko preferidos.

En las otras cartas, las secretas, me subía la fiebre tan alta como cuando volvimos de la piscina municipal en el Renault 12 del hermano de Marta la Gorda, la Virgen prendió al máximo los fogones del cielo dispuesta a hornear una lluvia de Pantera Rosa para los niños que se morían de hambre en el Cuerno de África y pensé tontamente que se aproximaba al fin mi estirón definitivo y, con él, las respuestas a todas las preguntas.

Pero no.

Esas otras cartas seguían pareciéndose a callejones sin salida, pero me consolaba abarrotándolas de grafitis y poesías musicales en idiomas inventados; e hice con ellas más o menos lo que las adolescentes rubias y soñadoras de América con sus queridos diarios en las películas: las fui enterrando en las profundidades del colchón. Solo que, en mi caso, las escondía junto a un esprái verde entre las bisagras de una cama gemela abatible, en lugar de junto a la foto de Ken en el diván del ático de una vivienda unifamiliar con barbacoa.

FUIMOS AL CINE UN MIÉRCOLES.

—Por lo menos echaréis un ratejo fresquitas —transigió Buela.

En un primer momento, la idea, para variar, no le había hecho mucha gracia. A ella le bastaba y le sobraba con las ficciones gratuitas que programaba Televisión Española. Sobre todo desde que, en julio de ese mismo verano, se estrenara a bombo y platillo en La 2 el único programa que había logrado consolarla un poco del regreso a Italia de Raffaella Carrà y que pasó a ser su favorito de todos los tiempos: *Cine de barrio*, con José María Parada al tresillo y el argentino Pablo Sebastián al teclado.

Terminé, no obstante, convenciéndola gracias al argumento de la ola de calor africano y el aire acondicionado del Parquesur. En invierno, me funcionaba con relativa frecuencia el mismo razonamiento, pero invertido: los fríos esteparios siberianos y la bendita calefacción central del centro comercial.

En aquella ocasión, me parece que también influyeron decisivamente en el dictamen de Buela el hecho de que la madre de las gemelas se mostrara dispuesta a custodiarnos tanto a la ida como a la vuelta (aprovecharía su día de libranza y el tiempo de la película para descambiar unos pijamitas en El Corte Inglés) y el dato de que, los miércoles por la tarde, por ser el día del espectador, las entradas estuvieran rebajadas.

—¡Solo trescientas pelas, Buela! —precisé—. No me dirás que no es una ganga.

Lamenté al instante la osadía de estas últimas palabras. Me había pasado de entusiasta. Siguió un sermón en toda regla sobre el valor del dinero y los litros de sudor que le era preciso derramar a mi padre mártir del funcionariado nocturno para que yo pudiera sentar el culamen cual reina mora en los butacones a la fresca de los multicines. ¿Sabía yo de los malabarismos que muchas familias (y no solo peruanas, eh, también muchísimas familias españolas españolas) hacían para llegar a fin de mes? ¿Las facturas que se podían pagar con esa cantidad? ¿Los kilos de alubias que se podrían donar a Cáritas? ¿Lo que costaba el cine y lo que daban de sí veinte duros en sus tiempos mozos? Los billetes de mil serían verdes, pero no crecían en los árboles. El dinero no llovía del cielo, como tampoco el café, los berros, la miel o las jarinas de queso blanco regaban los cerros de Villa Vásquez en esa bachata tan bonita de Juan Luis Guerra. Ojalá. Ojalá. Y una entrada a trescientas pelas no era ninguna ganga, no. Debía grabármelo a fuego en la sesera. Prometí, cabizbaja, que así lo hacía. Hube además de asegurarle que bajo ningún concepto nos meteríamos a ver

una del Freddy Krueger ese y que me reservaría las monedas extra en el bolsillo por si, Dios no lo quisiera, me surgía una emergencia antes de que la madre de las gemelas nos recogiera y me veía obligada a utilizar una cabina telefónica. Ni hablar de fundírmelas en americanadas en la tienda de los multicines. Además de ser porquerías, cuestan un ojo de la cara. Ya me prepararía ella una bolsa de palomitas caseras en el Optigrill Moulinex y una latilla de Fanta para que las colara de estraperlo bajo la camiseta.

Al picarnos las entradas en la puerta, el hermano de Marta la Gorda hizo la vista ídem y nos permitió pasar el contrabando como si nada. Mientras las demás se dirigían a los aseos para echar la obligada meada previa a la película, me las ingenié para quedarme un poco rezagada y aproveché para resumirle mis recientes averiguaciones sobre la familia Mercado Ruiz.

—De puta madre, canija —me contestó—. Seguro que al final, el día menos pensado, te acabas encontrando con Rosendo en persona en el portal. Le pides un autógrafo para el menda, ¿eh? No vayas a olvidarte de que fui yo quien te lo presentó. Por cierto, ¿has encontrado ya tu nombre de guerra? ¿Has estrenado el regalito que te hice?

Precisamente también de eso quería hablar con él. Había empezado a practicar varias firmas posibles al pie de mis cartas a la bicha de Leganess. Algunas, incluso (las más sosas, pero esto no se lo dije), me las estaban publicando en la sección «Amigos de Nensi» de la revista municipal *La Plaza*. Con la punta de mis llaves defensivas, también andaba probando alias en los buzones y en las compuertas grises del ascensor cuando bajaba supersónica a tirar la basura

antes de las nueve. Pero aún no lograba decidirme del todo por ningún disfraz. Y tampoco me atrevía a usar el aerosol verde porque, si se me gastaba, no tenía ni la más remota idea de dónde hacerme con otro. ¿Él sabía si a los concursantes del certamen organizado para disfrazar la mierda de Zarzaquemada el alcalde socialista les regalaba la pintura? ¿O tenía que pagarla cada cual de su bolsillo? Porque ni el dinero ni el café llovían en el campo. Eso era así.

El hermano de Marta la Gorda, tras observarme unos segundos entornando los ojos, se agachó y me sopló al oído:

—Me parece que tengo un trabajito para ti, canija. Ahora ando currando y la jefa, la zampabollos esa de la esquina, me tiene fichado. Pero mañana por la tarde déjate caer un rato por el banco y te cuento. Que no te asusten los coleguitas. Ya sabes lo que dicen: perro ladrador... Además, ya me encargo yo de ponerlos en su sitio.

La película se titulaba *El profesional*. Iba de un asesino a sueldo que, lógicamente, trabajaba por las noches, pues volar sesos a plena luz del lorenzo resulta demasiado arriesgado. Se llamaba León y usaba unas gafas oscuras no tan diferentes a las de mi padre. ¿Sería funcionario?

Un buen día, el matarife se veía en la tesitura de hacerse más o menos cargo, a regañadientes, de una huérfana que era para echarle de comer aparte y se llamaba Mathilda. Estaba claro que la hache intercalada del nombre se la había puesto la propia huérfana, para durar en la posteridad y hacerse escuchar a codazos en el campo de batalla.

Al bajar la basura esa noche aproveché la ausencia de los hermanos mayores para rayar el reposabrazos metálico del banco. A punta de llavín, escribí «Zelya» una, dos, diez

veces: hasta que los ángulos de la zeta se alargaron y suavizaron como trazos de cera Plastidecor bajo los efectos de la ola de calor africano. Quedaron convertidos en el perfil sinuoso de la monstrua asomando al fin por el lago artificial de Polvoranca para guiñarme cómplice un ojo.

La pintura para los Novelty la fabricaba Weinco S. A. en el polígono industrial Cobo Calleja de Fuenla. Al ocaso, salían por el portón trasero unos operarios con monos azules como los que nunca terminaban de secar ni de clarear en el patio de luces fundidas de nuestro bloque. Tiraban a un contenedor decenas de botes a estrenar. Por hache o por be, la compañía los consideraba defectuosos y no se podían poner a la venta. Era un desperdicio inmoral y, por lo tanto, una cuestión de justicia social que los escritores anticapitalistas más comprometidos, como el hermano de Marta la Gorda y los coleguitas, saltaran la alambrada para hacerse con ellos.

Mi trabajo consistía fundamentalmente en silbar. Debía apostarme con mi peor chándal y la cara tiznada de betún junto al montículo de arena cercano a la valla, simular que dibujaba en el suelo con un palitroque paridas de niñas (casitas, corazoncitos, rayuelas, el apodo del chico por el que estaba o lo que yo narices quisiera) y silbar distraída-

mente si el vigilante jurado doblaba la esquina con su dóberman. El hermano de Marta la Gorda y los coleguitas se tirarían entonces de cabeza al contenedor de los botes chungos. Una vez pasado el peligro, yo solo tenía que volver a hacerme la gilimema y retomar el silbido. Era un plan perfecto. ¿Quién coño iba a preocuparse o a sospechar de una mocosa desarrapada y con todas las papeletas de ser algo gitana como yo? En caso de que el segurata, a pesar de mis pintas, se acercara a preguntarme qué andaba haciendo allí, yo solo tenía que hacerme un poco más la zíngara, mendigarle unas monedas y soltarle el cuento de que andaba esperando a que mi paaaapa terminara de recoger chatarra por ahí cerca. Por supuesto, recibiría una parte sustanciosa del botín como pago a mis servicios.

—Trato hecho —acepté—. Pero a ver cómo arreglamos lo de mi Buela. No puedo ni bajar sola a la biblio del Rigoberta Menchú o cruzar la avenida para comprarme unos Gublins en la acera de enfrente del colegio, porque el kiosco ya queda en Zarzaquemada… ¡Como para dejarme marchar de excursión a Fuenla a medianoche! Menos aún contigo. El día de la piscina, cuando volví cangreja y con cuarenta de fiebre, dejó clarinete que era la primera y la última vez que me juntaba con un zángano como tú.

A los coleguitas les resultó especialmente graciosa la última parte de mis objeciones. El hermano de Marta la Gorda los hizo callar a empellones. Incluso ese detalle lo tenía previsto: yo solo tenía que conseguir quedarme a dormir con su hermana, como ya había hecho tantas otras veces en el pasado, en su habitación de emperatriz Tarta de Fresa. Cuando la foca y la casa entera roncaran a pierna suelta, al

filo de la madrugada, nosotros saldríamos del piso de puntillas, saltaríamos al Renault 12 rojo y pondríamos rumbo al Cobo Calleja. Volveríamos a tiempo para pringar las galletas integrales matutinas en el azucarero, algo que contradecía todas las directrices del endocrino infantil de las celebridades que pasaba consulta en Madrizentro y, por ende, sacaba a su madre de sus casillas. Absolutamente nadie tendría por qué enterarse.

Habría sido así de no ser porque mi mejor amiga se enchufó dos Colacaítos en vez de uno antes de empiltrarse la noche de autos. Cuando enfilamos el pasillo de regreso al catre, eufóricos porque todo había salido a pedir de boca, orientándonos por la luna tenue que se filtraba a través de las persianas y extremando las precauciones para que los botes no metieran ruido al entrechocar entre sí en nuestras respectivas mochilas, resultó que Marta la Gorda estaba sentada en el trono meando con la luz apagada y la puerta abierta. Podíamos estar tranquilos. No iba a delatarnos. Allá nosotros con nuestra conciencia ciudadana y, sobre todo, allá yo con mi particular idea de la amistad. Pero teníamos que saber que éramos ambos unos cerdos traidores y que aquella puñalada trapera no pensaba perdonárnosla nunca. No volvería a hablarnos en la vida. En toda su puta vida, puntualizó, mirándome fijamente a los ojos por última vez. Cortó un recuadrito de papel del culo y, con un gesto tan digno como furioso, se secó el monedero de adelante hacia atrás, tal y como nos había enseñado a hacerlo en los vestuarios del colegio la profesora de gimnasia para evitar que las amebas cacales se nos colaran por la raja. Se subió las bragas algo mojadas y los pantalones cortos del

pijama de Chibiusa, la pelirrosa de las Sailor Moon. Bajó la tapa del váter sin tirar de la cadena, no fueran los mayores a despertarse; se secó las manos en la camiseta de tirantes, nos dio la espalda y echó solemne el pestillo de su habitación. La amargura de su rostro casi superaba a las lorzas de su cintura.

Según el almanaque de Incarlopsa, aún quedaban algunos días para la vuelta al cole. Pero lo cierto es que el verano y los vencejos para mí terminaron con aquel portazo sordo en la madrugada.

Dos

ANTES QUE UN PÁJARO, POR ENTONCES EL VENCEJO era para mí otro apelativo cariñoso en labios de Buela.

Cuando invirtió sus ahorrillos del año en comprarle a un viajante alopécico los noventa tomos de la *Enciclopedia Espasa ilustrada* —sin duda, era lo mejor para las necesidades especiales de aquella criatura a quien le crecían preguntas sin regarlas—, una de las primeras entradas que leí fue la dedicada al vencejo común.

Supe entonces que su estruendoso regreso a cielos ibéricos constituye siempre un anuncio del verano o, lo que viene a ser lo mismo, de un nuevo estirón a la vuelta de la esquina: en efecto, al morir agosto, de un día para otro a mí siempre se me quedaban pesqueros todos esos petos, esos chándales y esas mallas de licra con gomilla de sujeción en el empeine que me sentaban de perlas poco antes. ¿Quizá por eso Buela me apodaba así a las puertas del otoño, cuando se vaciaban las nubes de vencejos?

Me enteré además de que estas aves, en la edad adulta, pesan una media de cuarenta gramos. Pero su fragilidad es un espejismo, es decir, un camelo o cuento chino como tantas otras cosas en esta vida, por ejemplo, el chinagotchi. De hecho, quizá el chinagotchi sea el ejemplo de cuento chino más cristalino que exista en el universo.

—Con estos cacharros pasa lo mismito que con las bambas, nena —sentenciaría Buela poco después, cuando las mascotas digitales niponas empezaran a ponerse de moda—. No por ser de marca y costar un riñón son mejores. Si no, fíjate lo buenísimas que nos salen las playeras Paredes que te compro yo a ti por la mitad en Los Guerrilleros. Siempre te las cambio porque se te salen los pinreles del tiesto de la noche a la mañana, pero no porque se pongan feas o se te rompan, ¿o no?

Preferí no mencionar que alguna tarde tonta había jugado a caminar literalmente en los zapatos de Número Uno y Número Dos y así había descubierto que, a diferencia de lo que se sentía al trotar con las zapatillas de oferta que Buela me escogía en Los Guerrilleros, con las deportivas de nombres americanos a una no se le clavaban nada en la planta los cascotes del parque Europa ni los guijarros de los soportales. ¿De qué habría servido comentarlo? En cuestiones de teorías económicas y marcas blancas, Buela iba a piñón fijo y era como con los rituales nocturnos o la cocina: inamovible.

De modo que, durante todo el trayecto de regreso a casa, seguiría enumerando las bondades del falso tamagotchi que habíamos comprado en el Todo a Cien y repitiendo la mentira cochina de que con aquel bicho de imitación,

además de pasar como con las bambas obreras, también ocurría un poco lo mismo que con el ascensor social del que tanto hablaban en *Informe Semanal*: a condición de que las niñas de clase media-baja nos esforzábamos, fuéramos obedientes y creyéramos en nosotras mismas lo suficiente, nunca jamás podrían averiársenos.

Pero mejor me vuelvo al camelo de los vencejos, que escuece menos. Parecen poquita cosa, pero resulta que son capaces de viajar hasta veinte mil kilómetros en busca de la tibieza y de aguantar diez meses sin tocar tierra, comiendo e incluso durmiendo en el aire. ¿Tal vez del aire? Según la *Espasa ilustrada*, ni siquiera precisan posarse un instante a recargar pilas en el tendido eléctrico de ninguna ciudad.

Acodada a la terraza de aluminio visto del piso, solía imaginarme lo que los vencejos habrían visto en invierno por Tanzania, Malawi y Mozambique. Si aquellos eran los vencejos que la enciclopedia tildaba de «comunes», ¿cómo demoños serían los extraordinarios?

Las preguntas siguieron creciéndome aquel septiembre sin necesidad de agua. Una Arcada constante se apoderó de mí y perdí el apetito en todas sus formas. Pasaron a importarme menos que un pepino las rosquillejas de anís, los macarrones gratinados con chorizo pamplonica o las croquetas de puchero sin sobras que Buela, viéndome sumida en aquella tristeza sin paliativos ni precedentes, se esforzaba como nunca en prepararme. La moralina constituía el ingrediente secreto de todas sus recetas:

—Hay dos tipos de mujeres en este mundo —sentenciaba, husmeando el vapor de la bechamel y sazonándola

con una chispa de nuez moscada—: las que preparan croquetas de puchero con sobras y las que no. En la vida, nena, conocerás a muchas de la primera categoría. Se contentan con esas dos tajadas de carne y con el culo de caldo que quedan fríos cuando los hombres posan el chato de vino, chascan la lengua, echan las sillas hacia atrás, encienden los Ducados y se arrascan así el buche. Nosotras no. Nosotras, nena, pertenecemos a la segunda categoría: las que se apartan un buen cucharón de lo mejor mientras todo está bien caliente y huele a lumbre, antes de posarles las ollas a los demás en la mesa. Las que se amasan las croquetas de puchero nunca con la última ración, sino con la primera. Esa es la que nos merecemos. Ni más ni menos. ¿Me estás oyendo, vencejo?

La oía sin escucharla, igual que me tragaba sin asomo de apetito, obligándome a ello, los diálogos arrobados de Paola Armendares con sus pretendientes, los anuncios de la tele y hasta la cinta original de Leño.

Cepillaba con gestos mecánicos las melenas de fantasía de mis *trolls* de la suerte, forraba los nuevos libros de texto con las yemas de los dedos frías, sin la menor ilusión, plegando las esquinas de cualquier manera; y asistía con pupilas de pez muerto a los tontos balanceos arcoíris de mi muelle Ondamanía de un extremo a otro de mi escritorio.

Pero absolutamente nada conseguía animarme.

Ni siquiera logré acordarme de cómo sonreír cuando Buela, contradiciendo sus más férreos principios, me autorizó a merendar Colacao a cucharada seca, directamente del tarro; y a pegar manos locas en cualquiera de las paredes, muebles o espejos del piso.

La pobre llegó incluso a asegurarme que le daba exactamente igual si los dedacos churretosos de los juguetes dejaban marca, pues para eso existían las bayetas y el Cristasol. Ya lo limpiaría ella en un santiamén, que en el fondo no tenía mucho más que hacer.

Tampoco tuvo éxito cuando me propuso ayudarla a hacer almondiguillas del Cristo y, como recurso de emergencia total, jabón casero.

LAS ALMONDIGUILLAS DEL CRISTO LAS HACÍAN A ESpuertas las mujeres del pueblo de Buela y la prima Toña por la fiesta, que cada año caía en un fin de semana de mayo distinto: cuestión de agarrar el almanaque de Incarlopsa y contar cuarenta días exactos desde el Domingo de Resurrección.

Yo solo había estado en la fiesta del pueblo alguna vez de bastante chica, antes de que Buela vendiera la casa heredada y cuando mi padre aún gastaba humor diurno; así que no guardaba recuerdos del todo enfocados. Pero tanto Buela como la Toña me habían narrado hasta la saciedad que consistía en subir por la mañana temprano hasta la ermita de las eras para buscar a la música, como decían allí; acompañar a los danzantes descalzos y con enaguas que por la tarde trotaban al ritmo de la dulzaina escoltando a la imagen sagrada y, al caer la noche, correr esquivando las esquirlas de pólvora que desprendían los mozos convertidos en torillos de fuego. Entre medias, se trataba de tragarse de

un bocado el mayor número posible de almondiguillas del Cristo. Lo normal allí era hacerlas de oveja, pues para algo era tierra de pastores, mezclada con grasa y con la carne que hubiera.

—¿De… oveja?

La posibilidad de que el corderito blanquérrimo de los anuncios de Norit se viera reducido a un amasijo sanguinolento de huesos y rizos a punto estuvo de encenderme sin remedio el interruptor del llanto a moco tendido. Menos mal que fui capaz de pegar un volantazo cerebral justo a tiempo y hacerme un torniquete en el pecho convocando la imagen del salón abarrotado de El Gallo Pelón en un día de diario. Los días de diario son los mejores para ir a la calle de la Oca a comer en El Gallo Pelón, pues es cuando sirven el menú económico del obrero con su cestillo de pan, su vinejo con gaseosa, su postrecito casero y su café incluidos; y cuando a Buela le hace gracia convidarme de vez en cuando porque, *como bien dice mi paisano don Quijote de la Mancha, la salud, nena, se fragua en las oficinas del estómago*.

Me puse a pensar muy fuerte en su acuario con pececillos de pega; el televisor de la esquina siempre haciendo nieve, los manteles de papel recubriendo las mesas calzadas con cartones de cerillas del hostal Saelices, el brillo de los aceiteros pegajosos y, por supuesto, el refrigerador de los postres caseros aguardando su turno pacientes tras el cristal con dedadas.

Buela siempre se pedía la leche frita. No es que tuviera demasiada buena pinta, pero lo hacía movida por razones medio secretas de índole sentimental: la leche frita era algo

que ella solía comer antes de las bombas, siendo una niña manchega antigua; y, por lo visto, el haber sido una niña manchega antigua es algo quc marca profundamente e incluso le impide a una llegar a arrugarse lo suficiente por dentro como para pedir de postre en los mesones la rajita de melón aconsejada por los médicos televisivos para la cuarta edad.

Yo, en cambio, dudaba largo rato entre el arroz con leche y toneladas de canela, la cuajada bien regada con miel de flores de la Alcarria y la tarta al güisqui, porque un jueves es un jueves y tampoco es que cupiera en ninguna porción tanto licor como para que una mocita hecha y derecha como yo pudiera emborracharse, desarrollar un trastorno de alcoholismo y terminar a cargo de los servicios sociales.

La voz de Buela me devolvió súbitamente a nuestra cocina de butano con aluminosis:

—Atiende, nena.

Hice lo imposible por atender.

—El picadillo para las almondiguillas del Cristo hay que amasarlo y aliñarlo con las manos. Las manos bien limpias, lavadas con chimbo. Nada de cucharas ni utensilios de palo y, por supuesto, ni hablar de las lenguas esas modernas que se estilan hoy en día. Como mejor queda la carne, nena, ya te digo, es cuando se amasa así con las manos.

—¡Pero qué ascazo, Buela!

—¿A qué vienen tantos melindres? No me digas que con el dichoso pavo, además de a los zarajos, ahora también le estás cogiendo tirria al picadillo. ¡Habráse visto!

El recuerdo de los zarajos fue para mi estómago y mi corazón como mezclar fuego con gasolina. Volvió a apare-

cérseme el corderito blanquérrimo de los anuncios de Norit o, mejor dicho, lo poco que quedaba de él después de que Freddy Krueger lo pasara por la picadora de inocentes de Elm Street. ¿Qué clase de monstruo era capaz de marinar los intestinos de tan gracioso animal para después enrollarlos en un sarmiento, freírlos en abundante aceite de oliva y devorarlos aderezados con un chorrito de limón? Casi vomito en la encimera.

—Quita, quita. Menuda chichipana estás tú hecha.

Buela reanudó el discurso y se llevó a la boca el pellizco de carne cruda que yo, nariz arrugada, acababa de rechazarle.

—¡Gloria bendita, nena! No tienes ni idea de lo que es bueno.

Y recubrió la fuente con un flín transparente para llevarla a la nevera a reposar.

—Pues bien que me rondabas de chica para que te dejara catar los zarajos recién torraos y el picadillo en crudo. «¡Más ajo, Buela, más ajo!», me decías, poniéndote así de puntillas para llegar a los fogones. A ti siempre te faltaba más ajo.

No dije nada, pero sentí cómo mi tristeza se elevaba al cubo mientras pensaba que una pizca de algo importante, ajo o lo que fuera, todavía me seguía faltando muy fuerte por dentro.

EL RITUAL DE TRANSFORMAR EL ACEITE USADO EN jabón milagroso, capaz de eliminar hasta las manchas más tenaces de verdín, se remontaba a los primerísimos pasos del hombre sobre el planeta Tierra o, mejor dicho, a los primeros pasos de la primerísima mujer. Buela aprovechaba la menor oportunidad para cantar a los cuatro vientos las alabanzas de sus innumerables virtudes. Ella había heredado el conjuro de su madre, con quien solía caminar de niña hasta el regato del pueblo para hacer la colada. Mi bisabuela, a su vez, lo había heredado de su madre, quien a su vez lo había heredado de su madre, quien a su vez lo había heredado de su madre; y así hasta el principio de los tiempos y de las madres.

Buela me explicaba que, como en la guerra habían muerto cantidad de madres en la Mancha, al terminar las bombas las señoras de un club llamado Sección Femenina tuvieron que peregrinar por las aldeas de luto instruyendo a las amas de casa huérfanas en el doméstico milagro de

transformar el aceite inservible en jabón. También enseñaban trucos para alimentar a cuantas bocas hiciera falta con lo poquito que se tuviera. Así había aprendido Buela a guisar lo que ella —que no sería roja y masona como el sinvergüenza de su difunto marido, pero que tampoco era de los otros, Dios la librase— seguía llamando «el potaje fascista». Consistía en arreglar las lentejas de anteayer con un buen chorro de agua salada, una cucharada colmada de pimentón de la Vera y un puñado de arroz por cabeza. Nunca faltaba en casa, al menos una vez por semana, aquella receta de aprovechamiento. Como tampoco faltaba jamás jabón artesano de aceite reciclado. De hecho, no comprábamos detergentes industriales. Únicamente suavizante Mimosín. Cuando la magia casera se nos solidificaba demasiado, la rallábamos dentro del tambor de la lavadora como si fuera un queso. Lo usábamos además para fregotear los cacharros, los cuatro fuegos grasosos del hornillo, la mugre incrustada en la campana extractora y hasta para lavarnos nosotras la sobaca, el monedero o el pelo, mezclándolo con vinagre en temporada alta de pipis escolares. Desde que tuve uso de razón, tal vez incluso desde antes, Buela me venía repitiendo las etapas del proceso y las cantidades a ojo de buena cubera de los ingredientes. En cambio, nunca antes me había permitido arremangarme para sumar mi par de manos a la elaboración: temía que mi atolondramiento me provocara heridas irreparables en la piel a causa de las escamas de sosa cáustica o que los vapores tóxicos me dejaran turulata.

Nos salieron seis garrafas de jabón esa tarde de primeros de septiembre en que Buela me permitió por fin en-

fundarme los guantes de fregar y añadir la sosa al brebaje. Tendríamos asegurada la blancura por lo menos hasta Navidades. Cundía lo que no estaba escrito.

Cuando terminamos de recoger los baldes, viendo que en ningún momento el experimento había logrado hacerme esbozar nada remotamente parecido a la sombra de una sonrisa, Buela intentó a la desesperada una última técnica infalible: íbamos a regar juntitas a las folklóricas, bailándoles y cantándoles grandes éxitos de Radiolé a todo pulmón, como si viviéramos en un chalete en la sierra de Guadarrama sin vecinos que pudieran molestarse y propinarnos escobazos en el techo para mandarnos cerrar el pico. Si una les bailaba y les cantaba de esa forma a los tiestos en vez de limitarse a regarlos de morros, estaba científicamente demostrado que las plantitas crecían más alegres, lozanas y deprisa; y se cubrían de flores.

—Tú ponte con la Faraona y Carmencita Sevilla, que ya sabes que la Panto es muy suya y no le hace ni pizca de gracia si le canta alguien que no soy yo —me ordenó.

—¿Y qué les canto, Buela?

—Lo que tú quieras, nena. Pero échale gracia, ¿eh? Ponle salero. Como si estuvieras en el plató de la final de *Lluvia de estrellas* actuando para Bertín Osborne.

Viendo que no se me ocurría nada y que me quedé plantada como un pasmarote en la cocina, me puso la regadera llena entre las manos y me sugirió:

—A ver, qué sé yo... Prueba con alguna de las Azúcar Moreno, con la *María* del Ricky Martin o... Mira, mejor empieza cantándoles *Veneno*. Isabel siempre va bien.

En eso no se equivocaba.

—¿Sabes cuál te digo, no? Venenoooo, aunque fueras un venenoooo, a mí me resultas bueeeeno….

Cómo no iba a saber cuál me decía.

Hacia la mitad de mi penosa actuación, me llegó la voz entrecortada de Buela desde el salón. Entre profundos suspiros de tetas, retorciendo nerviosa el cable del teléfono entre los dedos, solicitaba una cita urgente con mi pediatra, el doctor Barahona.

La Arcada y la tristeza no salieron a las claras en los análisis. Sí que salió, alta y diáfana, la ferritina.

En la ventanilla a la entrada del centro de salud, antes de pasar a la consulta de pediatría, nos hizo solemne entrega de los resultados una curiosa mujer: parapetada tras unas gafas medio octogonales de montura carey, miraba el mundo encogida y con los ojos ladeados por una mezcla exacta de alerta y temor.

La señora era un poco como las palomas urbanitas al calibrar los puntiagudos cascos de botella defensivos que coronaban los muros del Santa Isabel (lo que nunca he logrado tener claro es si la dentadura de cristales tenía por función proteger a las locas de fuera de las de dentro, o más bien al revés). Pensándolo mejor, aquella recepcionista, en realidad, miraba el mundo alrededor con tantísimo aire entre los ojos que se parecía a los escincos de dos cabezas que intentan pasar desapercibidos en los terrarios del Zoo Aquarium de Madriz.

Yo solo había estado en el Zoo Aquarium de Madriz una vez en mi vida, de excursión con una entusiasmada doña Cati. Nuestra vieja maestra pareció incluso emocionarse ante la visión de aquellos lagartones de aspecto prehistórico cuya cola redondeada, en efecto, parecía terminar en una segunda cabeza destinada a confundir a los posibles depredadores. Ni siquiera necesitó leer el cartelito explicativo o sacar del bolso acharolado el libro de Cono para enumerarnos el sinfín de cualidades virtuosas del bichejo en cuestión: por si a los abusones de los trópicos no les bastaba con el primer susto para largarse por donde hubieran venido, doña Cati nos contó además que la cabeza real del escinco de dos cabezas también venía equipada con una sorprendente lengua de color azul eléctrico capaz de intimidar al más chulo de la Amazonía.

La lengua pitufa no pude vérsela, pero por lo demás, ya digo, la recepcionista del ambulatorio se me antojó clavadita al escinco de dos cabezas. Quizás por eso (por tratarse a todas luces de otra pariente lejana de Nensi como yo misma) la señora me cayó inmediatamente simpática.

Llevaba el cabello fosco recogido en una coleta, casi canoso por completo, aunque no rondaría mucho más allá de los cuarenta. Hablaba para sí misma, de cualquier cosa, mientras hacía con evidente torpeza las gestiones y suspiraba llevándose una mano a la teta izquierda cada dos por tres, como si respirara siempre al filo del colapso cardíaco.

En un momento dado, resonó en la sala de espera el trino de un pájaro, vibrante y claro, como las poesías musicales de Rosendo en el equipo estéreo del hermano de mi amiga Marta la Gorda. La mujer-escinco se estremeció,

frunció el ceño hasta casi desvanecer sus dos ojos reviraos y se hizo un ovillo dentro del uniforme verde en su silla de oficina con ruedas.

—¿Oye usted? —se dirigió a Buela—. Lo que yo decía. Se nos ha colado dentro, el muy cabrito… A saber por dónde. Ay… Es que a mí me dan mucho, pero que muchísimo miedo los pájaros, ¿sabe?

—¡No me diga!

—Qué digo miedo, ¡pavor es lo que me dan!

—Pero vamos a ver, mujer, ¿todos los pájaros o algún tipo en concreto?

—Toditostodos.

Llegadas a ese punto del drama, no pude evitar ponerme de puntillas para apoyarme mejor en el mostrador, buscarle el segundo ojo e intervenir:

—¿Hasta los pollitos rosas que venden los gitanos en el mercadillo de los jueves?

—¡Uy, los pollitos rosas! Esos de los que más, maja. Volvió a estremecerse.

—Con decirte que una vez mi hermano el mayor se empeñó en llevarme al Retiro y que ya no he vuelto a pisarlo… ¿Habrás estado en el Retiro, verdad que sí? Señora, por el amor de Dios, ¿pero cómo es que esta cría no ha pisado nunca el parque del Buen Retiro, que es el pulmón verde de Madriz y una de las joyas paisajísticas de Europa?

Las manos dálmatas de Buela intentaban en vano cazar al vuelo el sobre con los resultados de mis análisis de sangre, pero la mujer-escinco no dejaba de gesticular con él entre las garras. Prosiguió:

—Bueno, maja, pues ya irás. Cualquier día de estos por fin nos inauguran el metro en el barrio y tienes edad para irte a remar con el noviete al lago del Retiro, que no tiene nada que ver con el charco que tenemos nosotros en Polvoranca, por cierto... A lo que iba: para alguien como yo, aquello es el infierno, maja. Tal cual te lo digo. A ver, entiéndeme bien. A ti seguro que te encanta, ¿eh? Porque sí, muy bonitos los árboles centenarios y el lago con las parejitas haciéndose arrumacos y la Feria del Libro y todo lo que tú quieras, pero resulta que está hasta arribita de bicharracos con alas. Encima, como están tan hechos a la gente, pues campan a sus anchas. Nos sentamos a tomar un helado en un kiosco y hasta en la mesa se nos posaban. Se paseaban tan panchos rebañando las migas del cucurucho… Mira, mira, ¡los pelos como escarpias se me ponen solo de acordarme, maja!

Buela logró salirse con la suya y arrebatarle el sobre con los resultados de las manos. Justo antes de seguirla a la sala de espera, me incliné un poco más sobre el mostrador para plantarle un beso visto y no visto en la mejilla a la mujer-escinco.

—No te preocupes —le dije.

Es cierto que podía haber sido menos parca en palabras y haberle dicho, por ejemplo, que ella no era la única que tenía un miedo raro y solitario —otras lo llamábamos la Arcada—, pero estoy segurísima de que aun así me entendió.

Seamos verdes por dentro o con lenguas azules, tengamos miedo a las vampiras chupadedos, las agujas o las alas; entre bichas raras y monstruitas nos reconocemos y entendemos casi sin idioma.

LOS NIVELES DE FERRITINA EN MI SANGRE RESULTAban alarmantes y podían, en efecto, explicar mi talante taciturno, mi nulo apetito y mi evidente déficit de energía de los últimos tiempos. Afortunadamente, el doctor Barahona aseguraba que podían controlarse con una dieta estricta.

La hemocromatosis (mi pediatra le tendió a Buela un papelito con el palabro en caligrafía para miopes) era una afección hereditaria cada vez más rara en nuestras latitudes y en los tiempos modernos. Apenas tres mil personas en España la padecíamos, por culpa de nuestros ancestros celtas. Ancestras, más bien, pues la mutación genética se transmitía de preferencia por vía materna. De mujer a mujer. O, mejor dicho, de mujer a niña.

Pregunté tímidamente qué significaba eso de tener ancestras celtas. Buela carraspeó como si se le hubiera ido por el mal camino una raspa de pescado y mi interlocutor me respondió con más preguntas: ¿es que no me sonaba la

serie de dibujos animados *Vickie el vikingo*? ¿Ya no la echaban por la tele? ¿Y qué diantres veíamos entonces las niñas de hoy en día?

Por desgracia, la enfermedad invisible me acompañaría de por vida. Periódicamente, debería hacer de tripas corazón, meterme donde me cupiera mi pánico a las agujas, dejarme pinchar y prescindir durante una temporada de potajes fascistas con lentejas pardinas de la víspera u otros alimentos ricos en hierro. Mi sangre medio vikinga ya traía de fábrica todas las armaduras del mundo. Sangre *power ranger*. Sangre de monstruita verde mutante.

—A Popeye sí lo conoces, ¿verdad? Él necesita calzarse cada poco un buen bote de espinacas para estar hecho un toro. A ti, en cambio, te pasa un poco lo contrario. Tienes hierro en la sangre como para dar y regalar a todos los anémicos de El Carrascal. Estás que te sales de fuerte. Si no lo controlamos, podrías llegar a caer enferma de verdad —agregó el pediatra.

No me quedó muy claro cómo ni por qué era posible ponerse mala de puro fuerte. Pero la sonrisa del doctor Barahona, como siempre, logró tranquilizarme. Me miraba con afecto, arreglándoselas para sonreírme con las cejas por encima de aquellas gafotas suyas de culo de vaso idénticas a las del Señor Barragán en *No te rías, que es peor*. No en vano nos conocíamos desde que yo era, como atestiguaban las primeras fotos del álbum, una cría gorilera llorona, cagona, exquisita en cuestión de tetillas de biberón y recubierta por una pelusilla muy negra, tupida y ensortijada que tardó meses en despegárseme del cuerpo para concentrárseme de manera más o menos exclusiva

por la mollera. Buela sacó a colación, precisamente, mis rizos azabaches:

—¿Y cómo va a ser celta la criatura con esa melenaza de reina mora que me gasta, clavadita a la de mi madre, natural de Pastrana y vendedora de agua de alojas por las verbenas de los pueblos de Cuenca y Guadalajara, que Dios la tenga en su gloria?

El doctor Barahona se puso a explicar la historia de los guisantes. Me sonaba porque venía en algún recuadro ¿Sabías qué...? a pie de página del libro de Cono y yo lo había leído por encima, aunque doña Cati no nos hubiera mandado subrayarlo y hubiera asegurado que bajo ningún concepto entraría en el control sorpresa del día siguiente. En la historia había un monje de clausura llamado Goyo que trabajaba como jardinero de un monasterio extranjero y jugaba a ser Dios en sus ratos libres. Experimentaba mezclando las legumbres del huerto. Así había descubierto, de pura casualidad, que ciertas vainas cambiaban completamente de color en la generación siguiente. Otras no. Yo debía de ser algo así como el guisante cabezudo que se obstina en seguir naciendo de color Nensi, aunque solo por dentro.

Cuando salimos, el pájaro seguía trinando a sus anchas por la sala de espera y la mujer-escinco debía de haber salido en busca de una tila para calmar sus nervios. Caí entonces en la cuenta de que así es como suelen llamar a su miedo los adultos. Nervios.

Nos cruzamos con una madre joven que mecía nerviosa un carricoche chillón. Bajo el cardado le asomaban unos pendientes redondos de plástico del bueno, voluminosos, dorados y con cierre de pinza, como esos que las actrices de

Hollywood se quitan suspirando antes de descolgar el auricular del teléfono para responder confiadas las llamadas de sus amantes que luego resultan ser sus asesinos en serie.

La mujer se inclinaba sobre el carricoche haciendo muecas, lanzando besos, agitando un manojo de llaves de juguete con la mano libre y repitiendo *ajo-ajo- ajoooo-ea-ea-eaaa-agua-agua-aguaaa.* Absolutamente nada conseguía calmar a la criatura sonora del interior. Cuando pasamos a su lado camino a la salida, la madre joven nos pidió perdón por la escandalera:

—Hoy anda tontorrona. Se ha levantado con unas decimillas —explicó.

Antes de desaparecer para siempre de la faz de los mapas, ¿habría llegado mi madre norteña a empujar de ese modo mi cochecito febril hasta la consulta del doctor Barahona en la calle Monegros?

En la siguiente visita a la biblioteca para mayores de catorce años del centro cívico Rigoberta Menchú me pasé todas las normas por el arco de triunfo. Busqué Escocia en un mapamundi y marqué con un rotulador el contorno del lago Ness. Apenas me sorprendió que tuviera forma de pepino. Luego consulté un libro ilustrado titulado *Atlas de los pueblos del mundo* para confirmar que, efectivamente, por las venas célticas de las gentes del lugar corrían corazas vikingas. Leí que sus ancestros (a las ancestras se olvidaron de mencionarlas: tuve que anotarlas al margen) habían cruzado los Pirineos, seguramente en busca de Marina D'Or, en torno al año VI a. C, cuando Leganés aún debía de llamarse Legamar. En un primer momento, se habían establecido sobre todo en los valles septentrionales de la península-

la ibérica donde la gente se alimentaba de huesos hervidos dentro de vejigas de cerdo y llevaba la cuenta rigurosa de las palabras pronunciadas a lo largo del día (nunca más de una decena).

Esperé paciente hasta que la bibliotecaria tuvo que ausentarse unos minutos para cambiarle el agua al canario. Entonces arranqué ambas páginas. Rauda y veloz, me las metí plegadas en la parte trasera de las bragas: allí donde, según Buela, la espalda pierde su casto nombre. Me supo mal por la auxiliar. Se llamaba Sonia, tenía un novio majísimo de Navalmoral de la Mata, coleccionaba dispensadores de caramelos Pez y, al hacerme entrega de los préstamos, casi siempre me sugería que pusiera la mano para compartir conmigo un pellizquito de dulzura sin esperar nada a cambio. Era lo que comúnmente se conoce como una bellísima persona. La bola de billar con gafas de la sección Disney no le llegaba ni a la suela de los zapatos. Sonia no se merecía en absoluto, en fin, tan baja traición por mi parte.

A PESAR DE SUS REITERADAS AMENAZAS PARA intentar callarnos, doña Cati nunca había osado separarnos los pupitres a Marta la Gorda y a mí. De igual manera, tampoco se atrevió a sentarnos juntas por la fuerza en aquella vuelta al cole aciaga. Se limitó a observar pasmada cómo escogíamos rincones y compañeros diametralmente opuestos para inaugurar la nueva temporada de cuchicheo, trampas en los controles sorpresa y ataques de risa floja.

Los murales y los dibujos del año anterior aún colgaban desmejorados del corcho, las puertas del armarito donde guardábamos las tijeras de punta redonda en bandejitas de plástico junto con las barras resecas de pegamento, las baldas combadas del rincón de releer o las paredes con desconchones. Marta la Gorda me dedicó una mirada furibunda desde su esquina del sistema solar y, escenificando un ataque de rabia propio de caribeña de culebrón, arrancó la cartulina con abalorios cosidos por el reborde donde hacía

unos meses nos habíamos imaginado de mayores, montadas en el dólar, famosas, delgadas como mises en bikini por Oropesa y viviendo felpudo con felpudo en chaletes mellizos, ambos con piscinas olímpicas en forma de riñón e iluminadas por dentro con bolardos de discoteca sumergibles.

Lo que más me dolió, no obstante, fue que Samu no dudase ni una fracción de nanosegundo y obedeciese al instante, como un chucho faldero, la orden despótica de mi ex mejor amiga:

—¡Eh, este curso tú te sientas aquí conmigo, tontolaba!

¿Así era como Samu me pagaba, después de tantos recreos y tantas tardes compartidas en la moqueta automovilística de la biblioteca para ejemplares de integración, con los pinreles al aire, viéndolo sobarse hasta la extenuación la picha rosa palo? Lo miré con una cara que significaba, literalmente, «pues este curso las fichas para retrasados te las va a hacer tu tía Paca, la del puebl»; y me desplomé sobre la única sillita que seguía vacía a esas alturas: la contigua al nuevo o la nueva.

Todos los septiembres quedaba libre la plaza junto al nuevo elemento. El de este año resultó llamarse Césa sin erre, pues acababa de mudarse con su familia desde un pueblico de Murcia. Las manos se le volvían faralaes al hablar, parecía el espíritu de la golosina de tan flaco y gastaba un cutis muy fino, casi transparente, surcado por racimos de venas azuladas como arroyos de ciudades Pin y Pon. Traía además un ojo morado por lo que él llamó entonces un accidente doméstico (en las semanas siguientes comenzaría a llamarlo Pachi, el ligue borrachuzo de mamá). Lo

primero que hizo fue pedirme prestado el retu rojo pasión para pintarse las uñas. Mucho antes de que sonara el timbre del primer recreo, hasta el conserje ya le había colgado el sambenito de «mariquituso».

Nunca quiso entrar en detalles, pero estoy segura de que algo bastante terrible debió de pasarle a Césa el Mariquituso en ese primer recreo, ya que al volver al aula, nada más posar de nuevo el culamen en la sillita, se meó encima. El charco tibio se extendió lentamente hasta mis zapatillas Paredes. Me arrepentí *ipso facto* de no haberme ofrecido a acompañarlo en su descubrimiento del patio. Podía haberle enseñado el edén de las jeringas detrás del gimnasio y asegurarme de que sabía, llegado el caso, dónde volverse translúcido para estar relativamente seguro. Porque no solo en los bancos de los soportales acechaban los lobos. Como muchos repetían los últimos cursos, también merodeaban exigiendo peajes por las canchas del Miguel Hernández. A efectos prácticos, les daba lo mismo hincarle el colmillo a una niña niña que a un niño medio niña.

Pero, en lugar de eso, me había comportado como una egoísta, prefiriendo encerrarme en el servicio de chicas a experimentar con los Novelty defectuosos que me había ganado por no silbar en el Cobo Calleja. Estampé mi nombre solitario de engendra guerrera en la puerta de madera, desmigajé en la taza mi sándwich de fuagrás de tapa negra y ensayé en una hoja del cuaderno de solfeo una confusa carta donde le explicaba a Nensi cuánto extrañaba los michelos de la orgullosa Marta la Gorda, por una parte; y hasta qué punto deseaba tener el pelo liso de la asiática que se asfixiaba dentro del *power ranger* amarillo, por otra.

—Perdona, Selia. Por lo menoh anoche al final no senamoh espágarroh, que le dan al pih una pehte que tira patrah. —Mientras esperábamos a que su madre se personara en el colegio con la ropa limpia y a que la señora tropical de la limpieza subiera al aula armada con su fregona maloliente, Césa el Mariquituso no se atrevía ni a mirarme. Mantenía la vista fija en la entrepierna empapada del vaquero.

Me gustaba mucho su acento. Hacía cosquillas y se lo dije, por cambiar de tema y para tranquilizarlo. La culpa me corroía por dentro. Debía dejarle claro que no estaba enfadada.

—No te preocupes —continué—. Si a mí esto no me da asco ninguno. Yo estoy curada de espanto, ¿no ves que le vacío a Buela los meaos del orinal cada mañana? Eso si ha habido suerte, porque muchos otros días directamente la ayudo a cambiar las sábanas empapadas. En mi casa el cagadero está a dos pasos de la habitación con camas gemelas abatibles donde dormimos juntas, pero ella tiene la cabeza más dura que una piedra y se empeña en seguir churrando en el orinal de madrugada, como se ha hecho en el pueblo toda la vida. Dice que con el alicatado del baño le sube un frío muy malo por el monedero y que a su edad las cistitis pueden resultar mortales de necesidad.

En el segundo recreo, ya con su muda limpica, el nuevo se apostó en la puerta del servicio de chicas para vigilar mientras yo volvía a agitar el par de botes con tara que había logrado colar camuflados al fondo de la mochila con ruedines. La pena es que bastaba el vuelo de una mosca para que se le fuera el santo al cielo.

Así se forjó mi vandálica amistad con Césa el Mariquituso.

NO NOS SEPARAMOS EN TODO EL TRIMESTRE, QUE transcurrió sin mayores sobresaltos hasta el puente de Todos los Santos.

Régimen mediante, se me estabilizó poco a poco el gen celta. La pena, por el contrario, se me fue agudizando al tiempo que las hojas del parque Europa se amarronaban. Ya ni siquiera conseguía olvidarme de ella en la bañera, cuando me daba gustera con la alcachofa pegada al monedero. Buela se quejaba de mi nueva manía de echar el pestillo para escaldarme cual choriza con duchas interminables y aporreaba la puerta:

—¿Pero tú qué te crees, nena, que el agua es gratis?

La cercanía del Día de Difuntos solía significar el fin de las vacaciones anuales de mi padre funcionario nocturno. Tenía por costumbre cogérselas siempre al cabo de la temporada estival y, a poder ser, una vez rematado también el veranillo de San Miguel. Era entonces cuando los hoteles en la Costa Brava estaban más baratos. Se podían encontrar

unas gangas bárbaras en calas paradisíacas desiertas por fin de gabachos. Los franchutes eran unos hijos de la grandísima puta que solo valían para volcarnos los camiones de fresones de Huelva en la frontera de La Jonquera. Solía exponer estas teorías desayunando a la hora de merendar en la cocina. No me hablaba a mí, por supuesto. Nunca lo hacía. Se dirigía a Buela. Esta asentía en silencio, le rellenaba el bol de Nescafé e iba pasándole pares y más pares de galletas pringadas de margarina con azúcar. Todos los años por esas fechas mi padre argumentaba como si de veras pensara alquilar una *suite* catalana con vistas al Mediterráneo, para después pasarse la quincena en casa viendo partidos de fútbol atrasados, malcomiendo a deshora e intentando en vano reajustarse el reloj biológico al horario solar. Llegué a la conclusión de que las ofertas turísticas en temporada baja no eran más que un cuento. Un pretexto para maquillar el verdadero motivo por el que, en vez de descansar en agosto como el resto de los mortales, prefería esperar a que yo regresara al colegio: trataba así de evitar a toda costa coincidir conmigo más de diez minutos bajo el mismo techo.

—¿Seguro que no puedes reincorporarte ya después del puente, José Javier? La nena y yo pensábamos acercarnos al pueblo a darle un repaso a las sepulturas y... A veces, Buela también me usaba de excusa. Ella al menos lo decía a las claras. Aunque no le sirvió de mucho en aquella coyuntura: si queríamos ir al cementerio y perder el tiempo llevando flores a un montón de polvo, tendríamos que apañarnos solas y coger el coche de línea en Atocha, porque él volvía al turno de noche el primero de noviembre y además no era el chófer de nadie.

Hasta el viernes a última hora, Buela estuvo dispuesta a que emprendiéramos juntas el viaje, a pesar de la negativa de mi padre a acompañarnos. Llegó incluso a telefonear a la estación de autobuses para verificar el horario de invierno, a prepararnos los bocatas de chistorra y a encargar en el chino dos arreglos de crisantemos artificiales que, a condición de no andar evaluándolos con lupa, daban el pego perfectamente. Uno era para sus padres y el otro, más chico, para su marido. Si por ella fuera, al socialista le ponía carbón en la tumba, pero no quería andar en boca de nadie. En el pueblo abundaban las malas lenguas y en el fondo no le costaba tanto quedar bien de puertas para fuera, pues en el bazar había un dos por uno en todos los centros.

Tras mucho darle vueltas y a sabiendas de que podría arruinarnos la excursión, terminé enseñándole a Buela la nota que doña Cati me había entregado, con gesto muy serio, en la puerta del aula esa tarde. Lo mejor sería agarrar el torillo de fuego por los cuernos prendidos.

Buela tardó cuatro estribillos mentales de *Maneras de vivir* en leerla y en procesar el contenido. Se quedó muda, tiesa y tan blanca como las paredes encaladas del corral de ca la Toña en el pueblo. Por fin, alisó con sus manos dálmatas las tablas de la falda plisada y reaccionó:

—A tu padre, de momento, no le decimos ni mu de esto. Ya veremos el lunes cuando volvamos de Tarancón y…

Por segunda vez en cuestión de horas, mi padre impidió a Buela terminar una frase. Irrumpió en el salón cagándose en Ros y le arrebató la nota donde doña Cati relataba, amén de mis coqueteos con la delincuencia juvenil, la his-

toria del relato otoñal plagiado que yo había tenido la desfachatez de presentar al concurso literario del colegio.

Doña Cati llevaba toda una vida en la profesión y sabía lo que se decía: era sencillamente imposible que aquellas comparaciones rimbombantes salieran de la pluma de una cría, por muchos pájaros extranjeros que le revolotearan en el magín o muchas capacidades especiales que tuviera. ¿A qué niña de ochocasinueve años podía ocurrírsele «almorzar bizcochos borrachos con mantequilla de maní» mientras «El Carrascal despertaba sumido en una neblina compacta cual puré de guisantes»?

Mi padre me prohibió pisar la calle hasta nueva orden. Me quedé sin catar los huesos de santo de El Goloso, sin asistir a la representación vecinal de *Don Juan Tenorio* en la era del Tío Paquillo y sin ver cómo las calabazas alargadas de la Mancha sonreían diabólicas, con sus velorios dentro, en los portalones de las casas. Buela aseguraba que esa tradición ya existía en su tierra desde muy antiguo, sin necesidad de rupertas esféricas y sin que ningún yanqui la pusiera de moda. Debía de ser más bien al revés: los americanos, sin duda, le habían copiado la costumbre a los manchegos.

Al final, Buela terminó encargándole las flores a la prima Toña por teléfono.

Ya iríamos al cementerio otro año. Era lo bueno que tenían los crisantemos artificiales, que jamás se estropeaban. Los guardaría bien guardaditos en una bolsa de basura en el altillo para protegerlos de las mordidas de la luz y el próximo puente de Todos los Santos, cuando los bajáramos, lucirían como recién tintados en la Conchinchina.

—Te juro por mi vida que lo del cuento es mentira —le aseguré a Buela esa noche tras el examen de conciencia—. Lo de las pintadas en el váter con Césa el Mariquituso no tanto. Pero lo del concurso sí que es una mentira cochina. Yo no he copiado nada de nada. Lo que pasa es que estoy muy triste y últimamente me salen a borbotones las poesías.

Buela me electrocutó al besuquearme la sien con sus dos cables pelaos. Me recordó que jurar era pecado y que, a este paso, en mayo iba a terminar suspendiendo estrepitosamente la evaluación final de inocencia previa a mi comunión. Se sentía muy decepcionada por el asunto del vandalismo, tampoco iba a negármelo. Pero estaba segura de que no volvería a repetirse. Confiaba en que aquel fin de semana de encierro impuesto por mi padre me bastara como escarmiento y, lo más importante de todo, me creía. No me veía capaz de plagio.

Viendo que Buela se mostraba de pronto predispuesta a la ternura y como ya nada podía enfangar más aquel viernes, me aventuré a formular en voz alta la pregunta que me rondaba desde que habíamos recogido en el Todo a Cien los dos centros de flores falsas por el precio de uno.

—Algún año, ¿podemos comprar también crisantemos de pega para llevar a la tumba de mi madre?

Buela apagó la luz para responderme con una voz desconocida, una voz gravísima y lejana que le brotaba como desde el epicentro mismo de las tetas de cachalote. Sí. Algún año, cuando el Club Deportivo Leganés por fin subiera a primera división, yo terminara de hacerme mujer y llegara el momento, porque todo llega en esta vida, ella me

contaría con pelos de la barbilla y señales lo de mi madre, e iríamos juntitas hasta donde tuviéramos que ir para llevarle lo que a mí me diera la real gana llevarle. Me lo prometió en vez de jurármelo porque jurar es un pecado muy feo e inmenso y ella tenía la obligación, tanto legal como parroquial, de darme ejemplo.

DE NADA SIRVIÓ QUE BUELA TESTIFICARA A MI FAvor en el juicio rápido por presunto plagio que se celebró en el despacho del director. Doña Cati se mantuvo en sus trece y no readmitió mi creación a concurso. No obstante, al final no se atrevió a cumplir su cruel promesa de redondear el castigo impidiéndome además asistir a la ceremonia de entrega de premios a mediados de diciembre: Nensi, la mismísima monstrua verde de Leganess, acudiría en escamas y hueso al gimnasio del Miguel Hernández para presidir el reparto de los lotes de material escolar entre los miniescritores agraciados.

No vino sola. La escoltaban el bigotazo encorbatado de nuestro alcalde socialista y su tocayo José Luis Pérez Caminero, vecino ilustre de Leganés y estrella del Atleti. Gracias a su pericia, esa temporada el club rojiblanco haría un doblete histórico, ganando tanto la Liga como la Copa del Rey. Tras un tiempo jugando en el Valladolid, el centrocampista estaba de regreso en la capi para hacer las delicias

de la afición colchonera. En lugar de mudarse a alguna de las muchas Moralejas madrileñas con piscinas en forma de riñón donde debían de flotar aburridos en sus días libres los astros deportivos de su talla, Caminero había decidido erigirse en guía espiritual de la juventud en serio riesgo de exclusión social de su barrio natal. Había estudiado en el Víctor Pradera. En el parque La Chopera, justo al lado, había chutado sus primeros balones entre ministros sin piñata y comenzado a soñar con convertirse en el firme candidato a pichichi que por fin era. Hoy se empeñaba en vivir a un tiro de piedra del Parquesur pues, cuando no andaba marcando chilenas legendarias, se dedicaba a recorrer los colegios públicos aledaños para lucir su camiseta rayada número 21, hacerse fotos con la muchachada interracial o de integración en porterías enanas sin redes y alertarnos a las nuevas generaciones de la amenaza diabólica de las drogas de síntesis. En el deporte, aseguraba, se escondía la solución a todos los problemas de esta vida. Absolutamente cualquier niño de Leganés, a condición de esforzarse de veras por terminar la EGB y de no aceptar nunca una primera dosis gratis, podía llegar a ser futbolista de élite.

Levanté el índice con el propósito de preguntarle a Caminero si la cosa funcionaba igual para absolutamente cualquier niña de Leganés, incluidas las huérfanas morenas aunque medio célticas que sufríamos accesos periódicos de Arcada o Cosquilla, teníamos la sangre armada y, al parecer, bailábamos con dos pies izquierdos de nacimiento. Pero la mirada fulminante de doña Cati, cruzada de brazos al otro extremo del gimnasio, hizo que la curiosidad se me atascara en el gaznate. Enfundé el índice y me callé. Ya se lo

consultaría más adelante, en la XV Carrera Benéfica Contra la Droga. Cada año recorría las avenidas de Alemania, Europa y Gran Bretaña hasta terminar en el polideportivo. Todos los participantes llevábamos el número 1 en el dorsal y, aunque hiciéramos trampa atajando por detrás del centro para tetrapléjicos, recibíamos de premio una camiseta para dormir, un diploma para colgar junto al póster de Nick Carter y nuestra lata de Coca-Cola calentorra al cruzar la meta hinchable. Entonces, además, podría contrastar la respuesta que me diera Caminero con la del baloncestista Fernando Romay, quien también ponía de buen grado sus dos metros y pico de humanidad al servicio de las brigadas antiestupefacientes del sur.

Tras el discurso del futbolista, el alcalde le cedió la palabra a Nensi. Esto es, por supuesto, tan solo una forma de hablar: dado que ni siquiera tenía garras para sujetar el micrófono, mi amiga la monstrua se limitó a posicionarse pegando saltitos de cangura mórbida en mitad de la cancha resbalosa y a emitir unos chillidos similares a la melancolía de las escincos y las delfinas acristaladas en el Zoo Aquarium de la Casa de Campo.

Las risas infantiles retumbaban felices en el gimnasio. Si la vida hubiera sido una película esa mañana, al hacer zum sobre aquel griterío habría empezado a escucharse la crueldad.

Césa el Mariquituso y yo, apoyados con desgana en las espalderas, observamos cómo los ganadores fueron derrapando por turnos sobre la pista para abrazarse al barrigón de Nensi y recoger sus premios de manos del alcalde sociata o Caminero. Según la calidad de sus respectivos

poemas o cuentos, les caían en suerte las fábulas de Samaniego en versión cómic y encuadernadas en tapa dura, juegos de escuadras con sus correspondientes cartabones o portalápices envueltos en celofán. Esto último fue lo que recibió, para mi gran asombro, Marta la Gorda. La miré estrujar con gesto abatido a Nensi para el posado forzoso y volver a espatarrarse por el suelo, cerca del cuartucho donde se guardaban los balones medicinales. Sin lugar a dudas, estaría lamentado para sus adentros que le hubiera tocado el portalápices con el dibujo de Burbuja, la supernena azul. A su habitación individual le habría venido de perlas el rosita con Bombón en posición de ataque.

—Ea, pueh vamoh a felisitahla —propuso Césa el Mariquituso, estirajándome la sudadera.

En alguno de nuestros recreos gamberros en el váter de niñas, yo había terminado confesándole apesadumbrada las circunstancias que rodeaban el trágico y abrupto final de mi amistad con Marta la Gorda. Desde entonces, se había propuesto conseguir a cualquier precio que nos reconciliáramos. Las que jugábamos en el equipo de las bichas raras como nosotras no podíamos permitirnos el lujo de ir por la vida perdiendo buenas elementas así como así. Lo decía a su manera, claro, refiriéndose a sí mismo en femenino y golpeándose la pechera con la palma de la mano en un gesto similar al de Buela cuando combatía el sofoco en los interurbanos abanicándose las pechugas con el paipái chino de regalo. Me dejé arrastrar cerca del cuartucho de los balones medicinales y respondí a los espetones que Césa me propinó en las costillas susurrando:

—Felicidades por el premio, Marta. No sabía que escribías poesías.

—Ni yo —me respondió, tras vacilar durante unos instantes que se me antojaron eternos. Le daba vueltas en todas direcciones al portalápices del color equivocado—. No se lo chivéis a doña Cati, pero resulta que yo sí que he plagiado mi poema. Lo he copiado tal cual de uno de los casetes de mi hermano. Es un estribillo del grupo ese de melenudos de Carabanchel que tanto te gustaba a ti últimamente, Celia.

Nos quedamos mirando las unas a las otras sin saber qué decir hasta que Césa, quebrándose por la mitad en una carcajada de cristal, exclamó:

—¡Ay, tía, que me meo toa! ¡Ehta sí que eh buena!

Rompimos entonces a reír al unísono como tres locas de atar fugadas de la casa de dementes Santa Isabel en Leganés pueblo. Nos revolcamos por el suelo cual croquetas de puchero y dejamos que los lagrimones de la alegría nos cosieran el jeto de lentejuelas. Solo nos detuvimos, sin aliento, cuando Nensi y su cortejo pasaron rozándonos.

Izar la bandera blanca nos dejó tan exhaustas que Marta la Gorda necesitó enseguida y con carácter de urgencia jalar algo para retomar fuerzas. Me dijo algo de una inyección de gasolina, de una pájara y de un Tigretón.

—¿Que si tengo o que si quiero? —pregunté, aún mareada por el ataque de risa y por el subidón de adrenalina del armisticio.

Me sentía como si fuera de nuevo la verbena en honor a Nuestra Señora la Virgen de Butarque y acabara de bajarme piripi de velocidad, a punto de vomitar los churros re-

llenos de Nocilla, de la atracción del pulpo en el recinto ferial San Nicasio.

—Que si quieres, tronca —respondió, palpándose los bolsillos delanteros y traseros hasta localizar el tentempié espachurrado.

Como no estaba segura al cien por cien del efecto que los Tigretones pudieran tener sobre mi ferritina celta, preferí no arriesgarme. Le pediría su opinión profesional al doctor Barahona en la próxima consulta rutinaria. La que volvía a ser mi mejor amiga de hueso ancho y metabolismo lentorro se encogió de hombros y pasó a ofrecerle el bocadito de cortesía a Césa el Mariquituso, que aceptó de mil amores. Fue entonces cuando, a través de la puerta entrecerrada del cuartucho de los balones medicinales, vi a Nensi quitarse la verde cabeza, coronada por dos soles fosforitos. La dejó en una silla y sacó ambos brazos por el boquete para secarse el sudor de la frente enrojecida con un clínex, extraerse un señor pegote de cerumen de una oreja y sorber café ardiendo de un vasito de papel.

No es que yo acabara de caerme de un guindo. Si algo me habían enseñado mis ochocasinueve años de experiencia de primera mano en cabalgatas de Reyes por El Carrascal es que los legítimos protagonistas rara vez dan la barba. Nunca acuden en persona a este tipo de comparecencias públicas. Siempre que pueden, delegan alguna de sus muchas responsabilidades en sus ayudantes. En el mejor de los casos, pajes con la cara embetunada los sustituyen a la hora de subirse a los remolques de tractor que hacen las veces de carrozas orientales.

Yo no era tan tonta, en fin, como para pensar que la verdadera Nensi acudiría ese día al Miguel Hernández y me reconocería. Tampoco me esperaba que de aquel disfraz verdinoso, afelpado y con alguna que otra pelotilla emergiera cantando en escocés una plesiosauria genuina o incluso mi madre celta contando su ración diaria de palabras en medio cristiano. Aun así, descubrir a semejante calvorota en suinterior me supuso un duro golpe.

—¿Sabes, Celia? Te perdono por no haberme contado lo tuyo con el gilipichis de mi hermano y los chifús en verano. —Marta la Gorda se chupó las yemas de los dedos para aspirar con mayor eficacia las últimas migas de Tigretón de su jersey—. Al fin y al cabo, yo tampoco he sido del todo legal contigo. ¿Te acuerdas de la Navidad en que Número Uno bajó al arenero para restregarnos sus notas de mierda? Como resulta que tú sí habías sacado un positivo en Reli, ella se picó y te soltó que tu madre estaba pirada y que vivía encerrada en el chiquiátrico.

Asentí, conteniendo la respiración.

—Entonces te juré por Arturo, por las bragas de mi culo, por lo más sagrado y hasta por todos los Cazafantasmas y por los miembros del Equipo A que no tenía ni pajolera idea de lo que había querido insinuar Número Uno —prosiguió mi amiga, triple papada gacha—. Te mentí. Espero que tú también puedas perdonarme. Te lo juré con los dedos cruzados en el bolsillo, porque no me atrevía a contarte la verdad. Fue una trola de esas que se llaman piadosas. Casi no dan puntos como pecado. No quería que te pusieras más triste, ¿entiendes?

Césa el Mariquituso y Marta la Gorda debieron de ponerse telepáticamente de acuerdo para rodearme cada cual con un brazo.

—Tu madre no está muerta, Celia, ni en el loquero de Leganés pueblo. Al parecer, estuvo internada un tiempo, poco después de nacer tú. Pero salió hace ya muchos años. Se lo escuché a las baronesas del AMPA en una limpieza mensual de cutis. Ahora vive aquí al ladito con su otra familia, en Zarzaquemada. Lleva una peluquería que, según la madre de Samu, está requetebién de precio y se llama Salón de Belleza MaryCruz's.

RODEADAS DE CENICEROS DE BARRO DONDE SE LEÍA «Mesón El Cantarero», recordatorios de bodorrios primitivos, flores moldeadas en miguita de pan, botafumeiros enanos y botellines que simulaban las casas colgadas de Cuenca, las Páginas Amarillas reposaban en la parte baja de la mesita del salón, equidistantes con respecto al teléfono fijo (Buela estaba convencida de que los chismes inalámbricos, además de dar cánceres, se oían mucho peor) y a la Panto. Además de para confirmar los itinerarios taranconeros con la empresa del coche de línea cuando a Felipito González le daba por adelantarnos o atrasarnos la hora, el mamotreto de la guía telefónica servía para calzar el tiesto del ficus durante la hibernada con intención de asegurarle una miaja más del sol con posos de aluminio visto que acertaba a filtrarnos la terraza.

Encontré con relativa facilidad el teléfono del Salón de Belleza MaryCruz's. Creo que me fueron de gran ayuda, para acertar en esta búsqueda, las tardes en la sección adul-

ta de la biblioteca del Rigoberta Menchú, trajinando en todos los diccionarios posibles por si los palabros que me inventaba al codificar algunas de mis cartas más personales a Nensi acaso ya existían en alguna de las lenguas terrícolas.

La voz nunca descolgaba al primer tono. Como mucho al tercero. Aunque queda, era una voz de matices atiplados, más de criatura de Hanna-Barbera Productions que de hembra humanoide dueña de un próspero negocio de estética en Zarzaquemada. Me recordaba a la Pitufina en el episodio en que la sequía asola la aldea. Papá Pitufo cocina una poción para agrandar las nubes y poder así cultivar deliciosas pitufresas. Concretamente, aquella voz me hacía pensar en la parte del capítulo en que Fortachón ayuda a la Pitufina a cargar las piedras. De hecho, más que manipulando bigudíes, cacillos con lava volcánica depilatoria o escafandras espaciales para permanentes, me la imaginaba posando contrariada carretillos con rocas o regaderas mágicas para acudir a responder el condenado teléfono con cuatro dedos mínimos y ágiles de color singular.

—Salón de Belleza MaryCruz's. Buenas tardes, ¿qué desea?

Las cosas habrían sido mucho más fáciles si la voz me hubiera planteado cualquier otra pregunta, sin importar el tema. Yo habría intentado responder incluso a los problemas matemáticos más enrevesados con talgos improbables, cestos con docenas de huevos en constante vaivén, polinomios, ecuaciones u operaciones con porciones de tartas imaginarias. Sin embargo, aquellas dos palabras engañosamente simples e inocuas, entre signos de interrogación como carteles reflectantes de alta tensión, me aspiraban

hasta la última brizna de oxígeno del cuerpo y me congelaban los latidos en el pecho.

—¿Qué desea? —insistía la voz animada.

Deseaba saber qué deseaba. ¿Una madre fantasma, folastera del norte, caída en misteriosas circunstancias y que únicamente me había legado en herencia la maldición de la armadura celta tintineándome inútil en la sangre junto con un par de iniciales bordadas sobre fondo de pámpanos blancos en cojines redondos? ¿O bien una madre a la fuga, esteticien con experiencia en camisas de fuerza, vivita y coleando al otro lado de la avenida de los colegios?

Memoricé los nueve dígitos del número de teléfono del Salón de Belleza MaryCruz's y empecé a marcarlos compulsivamente cada vez que Buela me dejaba a solas en el salón. En una ocasión, no pude reprimir deshilachar el silencio con un sollozo y la pituvoz, afilando su acento cantarín, preguntó inquieta al otro lado:

—¿Te mancaste, monina?

Reviví la última visita de la prima Toña. La conversación confidencial que ella y Buela habían mantenido en agosto ante las viandas manchegas. Yo había acertado a captar, pegando la oreja a la puerta en el pasillo, que la Madre de la Nena venía de un recóndito valle minero donde se chapurreaba el cristiano solo a medias. Aquel timbre peculiar lo confirmaba.

Me apresuré a colgar. Con el cortaúñas de Buela, les rapé a dentelladas la peluca a mis muñecas Barriguitas. Luego metí en el magnetofón con forma de robot el casete pirata de Xusa y practiqué, golpeándome adrede las caderas con los picos de los muebles del salón, la coreografía de *Ila*

ila ilarié eh eh eh hasta que se me pasaron las ganas de aflojarles del todo las correas a los mastines del llanto y conseguí poner a la Arcada de rodillas.

Buela andaba esa tarde limpiando vainas, adobando una cinta de lomo y dando forma a la primera tanda de mantecados caseros, pues la Nochebuena ya estaba a la vuelta de la esquina. Como aún tenía para rato en la cocina, aproveché para comunicarme también con varias líneas eróticas. Allí todo el mundo hablaba como el señor preñado tras el pino que me pidió la hora en la piscina municipal (A. P.), es decir, sin fuelle, como si acabaran de correr los cien metros lisos. Supuse que, como aquel hombre, mis interlocutores tendrían el bañador o la braga del bikini a la altura de los muslos lanudos y me hablaban con la picha o el monedero al aire.

Luego pedí a la Teletienda más información sobre las ofertas de lanzamiento de Body Slide, la nueva sensación en gimnasia; y de Mascotín, la manopla profesional de diseño australiano pensada para eliminar suave y rápidamente todo ese pelo suelto que tanto incomodaba a mi mascota.

Recordé además que tener o no tener depende de una llamada. Y que hay que conocer la raíz del problema y tratarlo adecuadamente. Solicité, por tanto, una primera cita gratuita y sin compromiso para que los expertos de Corporación Dermoestética me recomendaran el tratamiento médico o cosmético más adecuado a mi alopecia.

Como colofón, pregunté a los videntes Aramis Fuster y Rappel por las sorpresitas que me deparaban los huevos Kínder del firmamento en tanto que nativa géminis con ascendente tauro para el nuevo año.

Seamos francas: ninguna de estas llamadas me interesaba especialmente. Pero me hacía falta una coartada sólida. Una buena cortina de humo. Necesitaba que, cuando llegara la próxima factura desorbitada de teléfono, los nueve dígitos del Salón de Belleza MaryCruz's pasaran desapercibidos entre el escándalo de los números de tarificación especial.

DESEABA FERVIENTEMENTE QUE ME CAYERAN encima cuanto antes, como una bomba atómica, la factura criminal del teléfono y el consecuente castigo histórico. Y romperme una pierna, que el fémur no terminara de soldar bien y el colegio al completo fuera pasando ante mi pata chula a firmarme con reverencias apenadas la escayola. O hacerme una brecha al hacer el murciélago para lucir el monedero en los yerros furruñosos de los soportales de mi bloque y que tuvieran que coserme una línea de puntos suspensivos en la cara. O pillar hongos por descalzarme sobre un charco de pis del cuarto maño para así machacar a las gemelas al *¿Qué apostamos?* Que cualquier cosa, por terrible que fuera, viniera a agrietarme los cimientos de la celda cada vez más estrecha que era entonces mi vida.

Tras mucho insistir y proceder al obligado consenso con las autoridades pertinentes (padre indiferente, santiño, folclóricas y almohada), Buela me permitió otear una nue-

va porción de horizonte a través de una rendija menuda como un alfiler: los jueves por la tarde, empecé a cruzar la avenida de los colegios para adentrarme por Zarzaquemada en compañía de la madre de Marta la Gorda. Recogíamos a esta última en la academia de música y merendábamos en la cafetería-hamburguesería Ñam Ñam.

Tras el fracaso de las clases de extranjero y mecanografía, a Marta la Gorda la habían apuntado hacía poco a canto, porque de algo tendría que servirle la desmesura de su caja torácica tamaño búnker. Esta avería de mi amiga venía a engrosar la dilatada lista de defectos de fábrica heredados de su familia paterna, célebre en toda Andalucía por su tendencia al hueso ancho y su metabolismo en pausa.

Quejándose de todo esto, la madre de Marta la Gorda solo se acordaba de forma intermitente de la reticencia de Buela a que yo navegase más allá de la isla El Carrascal y me tomaba de la mano a destiempo, siempre cuando ya habíamos cruzado los pasos de cebra con los semáforos más estropeados. Se detenía a mirarse en cada escaparate, meneaba aquel cutis suyo como una patena y volvía a lo suyo:

—¿Cómo no me iba a salir culona, la niña, con esos genes? Si es que tenías que ver a la vacaburra de mi suegra, Celia. Ya casi no entra por las puertas, la muy asquerosa.

La academia de música estaba en un semisótano fúnebre donde resonaban acelerados los metrónomos. A Marta la Gorda solía tocarle afinar junto a Sylvia, una chica de pelo ondulado que tenía en su casa un estudio privado de grabación e imitaba de maravilla a Laura Pausini. Su padre se había arruinado montándoselo y ella juraba, como si

para nada fuera pecado mortal, que un día no muy lejano ganaría representando a España en Eurovisión.

Al terminar la clase, con el pintalabios fresco, dos gotitas de perfume recién aplicadas en las muñecas y la firmeza de las horquillas del moño italiano bien asegurada, la madre de mi amiga pasaba a entrevistarse en privado con el profesor. Durante aproximadamente una hora, nosotras éramos libres de explorar a nuestro antojo los setos de boj de la plazuela, que siempre escondían algún duro; y, sobre todo, de husmear por la calle de los Pedroches. Comencé a entender que los violadores de los ascensores, los yonquis sidosos con navaja y los secuestradores de niñas allí no se diferenciaban demasiado, en realidad, de los violadores de los ascensores, los yonquis sidosos con navaja y los secuestradores de niñas oriundos de El Carrascal. Simplemente, todos esos años Buela había intentado mantenerme alejada a cualquier precio del Salón de Belleza MaryCruz's.

Las letras del cartel serpenteaban un poco como el perfil de la monstrua guiñando un ojo en mi firma salvaje. Alternaban matices lila con un sombreado violeta más oscuro y estaban enmarcadas por guirnaldas de florecillas plateadas como crecidas en un prado de la NASA. ¿Sería MaryCruz's el apodo de guerra de mi madre? ¿El nombre que se había dado a sí misma para que todo el mundo (menos yo) supiera que existía, que era grande, que tenía los ovarios en su sitio y, sobre todo, para que la vasca se acordara de ella cuando la palmara?

El escaparate estaba empapelado de pósteres y recortes con modelos con raquitismo en posiciones inverosímiles, luciendo todo tipo de trenzas, tintes y flequillos extra-

vagantes; de modo que no se entreveía nada del interior del local. Al despedirse, las clientas apestaban a laca Nelly. Permanecían un momento tensas en el umbral, escudriñando las azoteas en busca de nubarrones de mal agüero. En las tardes de lluvia, muchas se colocaban bolsas del Pryca o del Caprabo en la cabeza. Parecían fantasmas de saldo. La puerta permanecía entreabierta unos nanosegundos y un delicioso aroma químico, precedido por el ronroneo de los secadores de pelo, se derramaba por la acera obligándome a buscar apoyo en la farola más cercana o en los michelos diligentes de mi amiga para no desmayarme de la emoción.

En una ocasión, la puerta permaneció entreabierta en un ángulo mayor que el habitual y por más tiempo. Alcancé a ver de perfil a una mujer con zuecos de enfermera y chaquetilla morada, a juego con el rótulo exterior. De sus múltiples bolsillos sobresalían cepillos alisadores enmarañados, mangos de tijeras, navajas, espráis pulverizadores, brochas quitabuelillos. No tenía aspecto de señora demente salida del Santa Isabel. Pero ¿qué cara se gastaban las majaretas que habían vivido una temporada en el psiquiátrico? Con aquel armamento de utensilios peluqueriles encima, tenía más bien pinta de edición limitada de la Rosaura de Jesmar en versión esteticien. Era bastante alta y aparentaba exactamente la edad indefinida de las madres. Ni una primavera más, ni una menos.

Me fijé en su melena rizosa con reflejos de ámbar industrial. La llevaba recogida sin demasiadas ceremonias con una pinza en la nuca. La mujer se agachó un poco para situarse a la altura de la niña rubia sentada con las bambas colganderas en el butacón giratorio. Estiró los dos mecho-

nes laterales para comprobar que las puntas lucían trasquiladas a idéntica altura y remató el servicio robándole la nariz a la miniclienta. Esta, aunque a primera vista aparentaba estar ya lo bastante crecidita como para no seguir picando en aquel truco bobalicón para bebés de teta, se rio encantada.

La Arcada me tapó la luz del sol. El mundo y yo nos quedamos completamente a oscuras, como cuando el bloque entero salió a mirar el eclipse a las terrazas de aluminio visto. Los doctores y los astrólogos televisivos nos habían advertido de que, a menos que buscáramos quedarnos para vender cupones, debíamos ponernos varias capas de radiografías o negativos fotográficos frente a los ojos.

En lugar de enfocar el cielo, yo me pasé el primer capítulo del eclipse tratando de identificar en la penumbra a la figurita desconocida que, bordeada de un halo verde oscuro con matices morados, posaba aparentemente feliz en las películas que había sacado al azar de una lata abollada. Al darse cuenta, Buela abrió mucho la boca, se apresuró a arrebatarme los negativos y tuve que terminar de ver la negrura a través de su hernia discal.

No tengo dudas de que la mujer que robaba narices rubias en el Salón de Belleza MaryCruz's y la que sonreía en miniatura al eclipse son la misma: la mismísima madre que me parió.

La madre de Marta la Gorda emergía exultante de sus entrevistas con el profesor de canto, acalorada y con el carmín algo corrido. Muy satisfecha con los prometedores progresos de su hija, nos proponía celebrarlo ante unas buenas tortitas con nata y sirope de fresa en la cafetería-hamburguesería Ñam Ñam. Un día era un día. Para compensar, ya comeríamos cogollos de lechuga a palo seco el resto de la semana. El endocrino infantil de las estrellas, por supuesto, no podía enterarse. Tampoco Buela o el padre sin dedos de Marta la Gorda. De hecho, lo mejor era que no le contáramos a nadie absolutamente nada de lo que pasaba los jueves por la tarde en Zarzaquemada. Sería nuestro secretito de chicas, ¿sí?

Esperando a que llegara el jueves siguiente, me dedicaba sobre todo a proyectar planos de balsas y trazar planes de fuga en mis cartas secretas a la monstrua. A esa hora en que la Virgen María azuzaba las candelas del cielo dispuesta a hornear infinitas Pantera Rosa para hacerlas llover so-

bre las sonrisas hambrientas de los niños somalíes, me acodaba en la terraza de aluminio visto como la muchacha a rayas del cuadro de Salvador Dalí que ilustraba un poema del libro de Lenguaje. Contaba los surcos claros que los reactores de Iberia iban desenredando entre la selva de antenas parabólicas Televés y me imaginaba a bordo volando alto, muy alto, algún día.

También miraba a lo lejos el parpadeo de las luces en la RENFE y las veía transfigurarse en puerto con sus barquitos a la espera de más aire, su multitud de mástiles enhiestos, su faro, sus boyas respingonas, sus banderas, sus gaviotas, su dique, su aroma salobre a redes remendadas por manos ásperas y su todo. Me imaginaba abordando de un salto ligero, sin mochila, un velero llamado Libertad, como en la balada de José Luis Perales preferida de Buela; y largándome al quinto pino tocada con el casco cornudo de Vickie el vikingo. A Escocia, por ejemplo. A visitar de una vez por todas el lago Ness de los celtas originales cuyo mapa tenía oculto con el esprái verde y demás tesoros clandestinos entre las bisagras de mi cama abatible. O a la mismísima China de las chinitas perdidas que no querel comel fluta y no quelel comel veldura, solo quelel comel aloz; pues allí es donde, al parecer, se fabricaron hace mogollón de años las madres que parieron a las primeras dragonas sobre la faz de la Tierra.

Para estos menesteres, solía enchufar en la terraza el globo terráqueo con luz dentro. Hacerlo girar a toda pastilla sobre su eje me permitía soñar más rápido y mejor. Veía con nitidez el porvenir: el sábado en que por fin se estrenara la línea de metro prometida a los pepineros casi desde

que Legamar era un gran huerta marismeña y Nensi una renacuaja recién desnortada. Cegato por los *flashes* de los fotoperiodistas venidos de los cuatro puntos cardinales a retransmitir en directo para la comunidad internacional tan ansiado acontecimiento, Joselu empuñaba unas tijeras descomunales de podar setos. Al verme detener con el pulgar los aviones del cielo o los veleros de cercanías resuelta a poner pies en polvorosa, el alcalde socialistaobreroespañol dejaba a medias el tajo a la cinta inaugural y me gritaba:

—¡Niña! ¿Pero tú a dónde leches vas? ¿Es que no ves que ya tienes de todo en este barrio?

A lo que, instalada en primera clase, con el mapa arrancado del *Atlas de los pueblos de mundo* entre las manos y sorbiendo un cóctel con sombrillita hawaiana de purpurina, le indicaba con una palmada al piloto que arrancara y respondía:

—¡A buenas horas mangas verdes!

Y me esfumaba dejando un rastro de canciones de Rosendo y pintura.

La madre del norte que había resultado estar poniendo rulos en Zarzaquemada y claramente no quería saber nada de mí; el padre funcionario nocturno que acumulaba fotos de etarras en búsqueda y captura junto a armas cargadas, como León el Profesional, entre calcetines ejecutivo; los lobos mayores, las pichas moradas de los vejestorios exhibicionistas de las piscinas municipales, la fiebre, los pellejos antiguos en el joyero de corazón amorfo, las falsas Nensis y los pajes embetunados, los ovarios, los guijarros pesando al fondo del jarrón de los pecados, el Consejo de Ministros de El Carrascal, los violadores de los ascensores,

los yonquis sidosos con navaja, los secuestradores de niñas, los Sugus con drogaína, los contrabandistas de riñoncitos infantiles, las jeringas del arenero tras el gimnasio del Miguel Hernández, los casetes mal grabados, las risotadas de los coleguitas del hermano de Marta la Gorda, los toboganes tetánicos del parque Europa, los limacos y el nitrógeno, los porteros ciegos y sobones, las mamás siempre ajenas en la sala de espera de la consulta del doctor Barahona, los malolientes patios de luces fundidas, las camas gemelas en celdas compartidas, las fuerzas calvas del orden en las bibliotecas infantiles, las acelgas rehogadas, los anteojos sucios de doña Cati, los juicios injustos en el despacho del director, los moretones de Césa el Mariquituso, las páginas de mates de los cuadernillos Vacaciones Santillana, la soledad, la pena, la ferritina, las puertas cerradas y los susurros, la mierda de final de *Agujetas de color de rosa*, las preguntas como muñequitas extranjeras con más preguntas hinchándose dentro igual que las gachas de almortas en la tripa y clavándoseme como chinchetas invisibles, los ataques fatales de Arcada... A medida que mi avión o mi velero grafiteaban el viento sin esconderse de nadie, todo, en fin, absolutamente todo iba quedando atrás para siempre, empequeñeciéndose mientras yo pegaba rabiosa y pletórica el estirón definitivo.

Al fin convertida en la giganta verde de las latas de conserva, espachurraba el dolor como un guisante extrafino entre mis dedos.

LOS TÉCNICOS DE CASCO MANDARINA FUERON ADORnando las farolas de todas las avenidas de Leganés con guirnaldas de luces tuertas. Una de ellas decía: «Feliz Ano Nuev 1996». A la entrada del Parquesur, ensamblaron una hilera de chozas pretendidamente alpinas para que los artesanos de los Andes expusieran sus flautas de pan y los productores rurales de la España profunda sus morcillas patateras. Otros puestos vendían batatas asadas, sortijas de esas que tiñen los dedos, bufandas y gorros tan horteras que ni Blossom se atrevería a bailotear con ellos puestos; Ducados para menores de edad (soltaban polvos de talco en vez de fumaradas cancerígenas), montaditos de truños de plástico, más realistas imposible; cojines para simular pedorretas, cubitos de falso hielo con arañas dentro o payeses plantando pinos con los culos al viento.

En la mañana del 22 de diciembre, las huérfanas trajeadas de San Ildefonso, seguramente para compensarles a los mallorquines el susto por el intento de atentado veranie-

go al rey campechano, mandaron de un berrido el gordo de la lotería de Navidad (cuarenta y cinco mil cuatrocieeentoooos noventa y ciiiincooooo) a la humilde barriada de Coll d'en Rabassa. Yo destapé el bujero inferior de la hucha de lápiz e hice recuento de mis riquezas sobre la encimera de la cocina. Fregoteando los tiradores de los cajones con una pócima casera de vinagre y bicarbonato, Buela me recordó que Dios había creado las huchas con vistas a que las humanas nos las cargáramos a martillo y solo una vez que estuvieran rellenas hasta los topes. Andar hurgándoles los bajos para exprimirles cuatro tristes perras cada poco no llegaba a pecado, pero cerca le andaba. Para ahorrar de verdad, me tocaba aprender a cultivar la paciencia, madre de toda ciencia. Quedarme con la copla: había más días que sandías.

Consideré ladrarle a Buela que se metiera la ciencia y las madres del refranero por donde amargan los pepinos, porque ya tenía yo bastantes añicos desperdigados amenazando con rajarme los pasos descalzos. Pero me callé. No era de recibo. Las tripas de la hucha de lápiz escupieron la friolera de mil siete pesetas. Parecía improbable que la suma me alcanzara para quedar más o menos bien comprándoles chorradas en las falsas casetas alpinas a todos mis compromisos. Me dije que, después de todo, para desafinar premios en la tele y hacer obsequios navideños tal vez sí que era una ventaja considerable no tener madre o, lo que viene a ser lo mismo, tener una madre ajena en otro barrio. Un regalo estúpido que me ahorraba.

Agarré las monedas y me escabullí de la cocina antes de que Buela me endosara un estropajo y me enrolara en la limpieza estacional de la cocina. Consistía en sacar hasta

los mondadientes de su tonelito para frotarlo por dentro. Una auténtica tortura medieval. Anduve rápida. Pude así devorar una tableta de turrón de guirlache en el salón, entregada a mis cálculos financieros de lechera de cuento y a la relajante tarea de colgarle a la Panto pelotas color champán en las ramas mohínas. Algunas se quebraban con solo mirarlas. Fui a por la mochila del colegio. Un poquito de celo arreglaría el desaguisado. Ojalá, pensé, fuera igual de fácil reparar personas rotas.

El rollo de celo estaba en el fondo, entre cortezas Bimbo de sándwiches antediluvianos y junto al cadáver reseco del último de los Novelty caído en el váter de chicas. Si Césa el Mariquituso hubiera estado atento a lo que tenía que estar, en vez de distraerse con el vuelo de una mosca, repasarse cada dos por tres el retu rojo pasión o las pegatinas de mandarinas de las uñas e imaginarse desfilando con Sofía Mazagatos en la pasarela Cibeles, doña Cati nunca me habría pillado.

A través de la terraza me fueron llegando, por este orden, el pasodoble agridulce de la furgoneta con megafonía del tapicero, el silbido del afilaooooor y el gemido de la cabra bailonga de los gitanos con su Casio. De pronto, vibraron los cristales. Por un momento temí que se tratara de un nuevo golpe de la ETA contra la clase media-baja, como el que había tenido lugar hacía menos de quince días en el puente de Vallecas. Respiré aliviada al comprobar que alguien, probablemente Marta la Gorda, estaba lanzándome chinazos furiosos desde el arenero.

Me llevé una sorpresa tremenda al descubrir que mi amiga venía escoltada por las viseras de su hermano y de

un par de coleguitas. Todos hacían aspavientos histéricos, como jugando una ronda eliminatoria al Pictionary. Significaba que la comunicación debía ser absolutamente confidencial. Tras abrocharme los labios con una cremallera invisible, me tragué sin respirar una llave igualmente invisible para darles a entender que estábamos en la misma onda. Solo entonces el hermano de Marta la Gorda accedió a tirarme la pelota hedionda de tenis envuelta en papel.

Antes de confirmar mi participación, levantando el pulgar en el aire como los emperadores de Roma desde sus palcos al sacrificar cristianos en los VHS de gladiadores, releí la nota varias veces. Necesitaba convencerme de que no quedaban cabos sueltos en el plan. El día menos pensado el cartero deslizaría la factura trimestral del teléfono en el buzón, de modo que no podía permitirme agravar mi causa. Si algo salía mal, podía ser la gota que colmara el vaso. A Buela a lo mejor se le cruzaban de verdad los cables pelaos, le hacían chiribitas y, aunque le doliera a ella mucho más que a mí, terminaba cumpliendo su promesa estival de meterme en vereda arrastrándome de los rizos al cuartelillo. Pero hay que reconocer que el hermano de Marta la Gorda, esa vez, sí había pensado en todo.

EL AYUNTAMIENTO ANDABA REPARTIENDO BOTES como parte de un plan institucional navideño de blanqueamiento socialista de los muros oficiales. A condición de que la juventud dejara de firmar en lugares como la valla de la Oficina de Atención al Contribuyente, el Excmo. Sr. José Luis Pérez Ráez cedía murales inmaculados en enclaves populares y prodigaba aerosoles Spray Color, Vaivén, Felton e incluso algunos MTN de Montana Colors, todos ellos en perfecto estado y completamente gratis.

Los escritores comprometidos, como el hermano de Marta la Gorda y los coleguitas, estaban habituados a la precariedad de los Novelty con tara que recuperaban de los contenedores del Cobo Calleja y a mangar Dupli-Color para arreglos de chapa y pintura en las grandes superficies. No podían dejar pasar una oportunidad así de calva. Necesitaban reunir tantas manos como fuera posible para hacer acopio de pintura gubernamental a espuertas. Si se lo montaban bien, les alcanzaría para varios meses

de bombardeo intensivo por Lega y alrededores. Madrizentro, incluso. ¡Se coronarían reyes de todas las líneas! Por supuesto, la primera parte del trato con la autoridad se la pasarían por los cataplines: junto a la fachada de la mansión del pánfilo de Joselu, lo primerito que intervendrían esa misma Nochebuena sería la Oficina de Atención al Contribuyente, que estaba en la Casa del Reloj de Zarzaquemada.

Al final de la revista municipal *La Plaza* del mes de diciembre, siglos después de la sección «Amigos de Nensi», se anunciaban los días, horas y lugares donde tendrían lugar las entregas en cada barrio. En el caso de El Carrascal, la cita era para la tarde siguiente, día 23, a las siete y media en el parque Europa.

A cambio de unos cuantos Bubbaloos, chupachuses Kojac y *glosses* del Todo a Cien, conseguimos movilizar además a Número Uno, Número Dos y Césa el Mariquituso. Los Ministros, en cambio, solo accedieron a arrastrar el culo desde la Moncloa hasta la furgoneta de reparto cuando les prometimos billetes para cinco litronas.

Regresamos puntuales a los soportales, antes de que terminaran de churruscarse los calamares a la romana o las empanadillas en las freidoras y las ventanas de aluminio visto, metamorfoseadas en diamantes, nos llamaran a cenar. Habíamos conseguido amasar un botín sustancioso. Los coleguitas y el hermano de Marta la Gorda, evidentemente satisfechos, lo celebraron a lo David Copperfield castizo: hicieron desaparecer el banco, en lugar de la Estatua de la Libertad, tras una densa fumata blanca. Después, se despidieron embis-

tiendo las tiras rojigualdas que adornaban el costado de sus pantalones, un poco como si fueran novillos en prácticas.

En el rellano de la escalera, a la altura del tercero, el hermano de Marta la Gorda me colocó en la mochila los diez botes arcoíris previamente acordados. Fue contándolos en voz alta para dejar claro que allí no había ni trampa ni cartón.

—¡Ahí os quedáis! Yo me las piro, vampiros, que las empanadillas frías no valen nada. —Marta la Gorda continuó subiendo peldaños de dos en dos, jadeante, y desapareció en la oscuridad.

—Bueno, canija, pues ahora tú dirás. Puedes dejarlo aquí, si quieres —me dijo el hermano en cuanto nos quedamos a solas—. Ya nos has ayudado bastante. No te sientas obligada a seguir hasta el final. —Una vez más, me pareció que esbozaba subterráneamente su característica no sonrisa de Cheshire.

¿Estaría de coña, no? La segunda parte del plan era la que más me interesaba. Llevaba desde el verano ensayando como una posesa mi nombre de monstrua. Estaba preparadísima para dar el salto. Empezar a combatir de verdad. Que la vasca se coscase de una vez por todas y para siempre de lo mucho que existía.

La nariz malhumorada de la vecina de la siesta ligera y la puntería digna de un francotirador asomó entonces sobre la cadena de seguridad. Nos fulminó con las cejas arqueadas y empezó a saetearnos con preguntas. ¿Qué leches hacíamos allí a oscuras, conchabándonos como dos delincuentes? ¿Qué andábamos tramando? Su puerta estaba

blindada, a prueba de malajes, butroneros, bandas organizadas de timadores de la estampita y bombas. ¿O es que estábamos haciendo cochinadas?

¿Acaso el hermano de Marta la Gorda no tenía cabeza para darse cuenta de que yo aún no era más que una cría y estaba en la edad de jugar a las cocinitas? ¿Por qué no se buscaba una muchacha de su talla? Pantaloneras, por no llamarlas algo peor, no faltaban en el barrio. Igual que cuando nos pillaba a las niñas meando como perras en el cuarto maño, la vecina del tercero vociferó que pensaba chivárselo a nuestras madres o buelas en cuanto se las cruzara en el portal; y amenazó además con irle con el cuento al presidente de la comunidad, Paco el del quinto. Nada nuevo bajo el sol.

—¡A mamarla a Parla, señora! —El hermano de Marta la Gorda me guiñó el mismo ojo que en verano, cuando me regaló el casete de Leño, la revista municipal *La Plaza* y mi primer bote.

Aún lo guardaba intacto, sin saber bien para qué emergencia, entre cartas a la monstrua y dos bisagras de mi cama abatible.

Me despedí con un gesto hasta la noche siguiente y lo miré esfumarse escalera arriba, como cuando desapareció chancleteando entre parasoles de paja en la piscina, con la toalla al cuello y su bañador verde de La Masa.

SERÍAMOS LAS ÚNICAS EN LEGANÉS, POR NO DECIR EN el universo, que no tenían cava, colas de gamba con salsa rosa, merluza rellena y cordero lechal en su mesa de Nochebuena. Para Buela era fundamental recordar y honrar los orígenes de una (es decir, de ella) en fechas tan señaladas y entrañables. Por eso, un año más, cenamos agua de alojas en porrón, atascaburras, pisto templado y codornices escabechadas, que a mí me parecían bebés prematuros decapitados en pucheros ovalados de barro y me daban sudores fríos.

—¿A qué vienen esos morros tan largos, nena? ¡Ya quisieran las infantas que en la Zarzuela las dejaran pringar sopas en guisos como estos! Desde luego, Dios da tarruscos de pan del Obispo a quien no tiene dientes —me soltó, ofendida, llenándome el plato hondo de popurrí hasta los bordes.

Habíamos puesto el mantel crudo con papanoeles dudosos pintados a pulso por Buela en las esquinas, un casete

de gasolinera titulado *Calaítos cantan villancicos* y la vajilla buena, regalo de la Caja de Ahorros.

Mi padre y sus gafas opacas, antes de largarse dando un portazo a trabajar, le habían arreado un buen meneo al contenido gelatinoso de las cazuelitas. Aflojándose el cinturón, farfulló algo así como que no resultaba fácil ser funcionario secreto. Menos aún en noches como aquella, que volvían a la gente tarumba perdida. Se olía que iba a necesitar reservas extra de energía.

No obstante, los huevos duros, las patatas talludas, el bacalao desmigado del atascaburras, los pimientos verdes del pisto y las siniestras codornices en escabeche volvieron a multiplicarse mágicamente en cuanto me despisté con el concierto de Alejandro Sanz en TVE. Cuando Buela y yo llegamos por fin a la meta de los pestiños, mazapanes y mantecados caseros, confirmé apesadumbrada que aún nos alimentaríamos de sobras quijotescas recalentadas varios días más. Aquellas fuentes de barro debían de ser como la alforja sin fondo de Mary Poppins.

Argumentando que la goma de las mallas me cortaba la circulación del buche, me dispuse a enfundarme el esquijama nada más terminar el postre. Tampoco sería el fin del mundo si pasaba a felicitarles las fiestas a Marta la Gorda y a su familia vestida de andar por casa: había confianza y la confianza, como Buela bien sabía, daba asco.

—Tú misma, nena —terminó accediendo.

La primera fase del plan fue sobre ruedas. A eso de las once y media, con la mochila teóricamente cargada de juguetes para pasar el rato, calzada con mis Paredes y con la ropa de calle bien oculta bajo el esquijama rojo de felpa con

ribetes azulones en los puños y en las tobilleras, me personé de la mano de Buela ante la mirilla de mi amiga.

—Coñe, Celia, ¡si pareces Superman! Bueno, la Superwoman, más bien. —En honor a la verdad, hay que decir que Marta aprobó con nota el examen de la sorpresa fingida.

Le devolví la sonrisa al comprobar, aliviada, que ella también había cumplido su parte con puntualidad y ya se había disfrazado de gorda buena, empachada y somnolienta.

En el salón, en vez del especial de Alejandro Sanz en la pública, tenían sintonizado el episodio navideño de *Farmacia de guardia* en Antena 3. El hermano espachurraba polvorones, se los metía a paletadas en la boca e intentaba en vano asfixiarse diciendo «Pamplona». Al final escupía sobre la alfombra o ponía perdido el parqué recién acuchillado. El padre nos recibió con ojos pekineses, dando tumbos, con la camisa desabrochada y el gayumbo con goterón asomándole por la bragueta mal cerrada. Hacía gemir una zambomba lastimera con la mano sana. La madre, por su lado, eructaba hacia dentro, daba sorbitos a una copa flauta con sidra El Gaitero y raspaba criminalmente, con el mango de una cucharilla pegajosa de postre, la superficie estriada de una botella de anís del Mono. Por respeto a la merendola secreta de los jueves que sellaba nuestro pacto de chicas en el Ñam Ñam, me cuidé de hacer ningún comentario y engullí como pude mi asombro al escuchar tan portentosa falta de ritmo. Pero me anoté mentalmente que el refranero castellano, en contra de lo que tanto pregonaban doña Cati y Buela, no siempre daba en el clavo: resultaba

que la hermosura tampoco era lo único en esta vida que jamás se pegaba. Desde luego, ¡nadie diría que esa mujer se encerraba para hablar de música durante casi una hora semanal con el profesor de la academia en aquel semisótano de Zarzaquemada!

Tras el besuqueo y el intercambio de las fórmulas de cortesía pertinentes, los jóvenes fuimos escurriendo con discreción el bulto hacia la esquina del nacimiento. Admiramos el riachuelo de albal, la cordillera de papel roca con algodones a modo de nieve en las cumbres y las palmeras churriformes de plastelina, obra maestra de los dedos Mayer de Marta la Gorda. En la almena de poliespán más alta de Judea, el hermano había ubicado, para representar al rey Herodes, un figurín de Vegeta. Sin duda, era el villano más terrible de toda la saga de *Bola de dragón*. El papel de degüellaprimogénitos le venía que ni hecho de encargo.

Nos escaqueamos después hacia el pasillo, donde revisamos punto por punto las siguientes etapas de la misión. En gran medida, el éxito final dependería de lo convincentes que resultáramos cuando la autoridad, dando por apurada la velada, se asomara hipando a los aposentos pitiminí de Marta la Gorda y nos tocara a las canijas fingirnos bellas durmientes. No debimos de hacerlo mal del todo, pues nadie necesitó, llegado el momento crítico, acercarse a la cama rosada para comprobar la veracidad de la cadencia de nuestras respiraciones o recolocarnos siquiera el embozo:

—Qué lástima, las criaturitas... Se han quedado fritas. Hip. Lola, mire, yo creo que a estas alturas mejor ni las despertamos, ¿no le parece? —propuso enseguida, tal y como habíamos previsto, la madre de mi amiga. Intuí que

Buela asentía silenciosa en el umbral—. Al fin y al cabo, están las dos en pijama y bien arropaditas. Da gloria verlas, tan monas, abrazadas y durmiendo tan ricamente. Hip. Ya mañana le mando a la Celia sana y salva de vuelta para casa. Ni que fuera la primera vez, ¿verdad? Venga. Pues no se hable más. Y no se preocupe, mujer. De sobra sabe usted que no es ninguna molestia. HIP.

Escuchamos a los adultos despedirse, echar dos vueltas a la llave, acumular las copas flauta en la pila, arrastrar las pantuflas de aquí para allá para ir apagando las lámparas de todo el piso, lavarse los dientes despilfarrando agua con el grifo abierto, tirarse pedos de timbre similar a la zambomba quejumbrosa del padre de Marta la Gorda, bufar, cagarse en san Pito Pato, en la puta de oros y en el copón bendito; volver a bufar, revolverse en el colchón de muelles hasta encontrar la dichosa posturita y, por fin, roncar a dúo, derrengados. Nos trepó entonces al gañote un amago de infarto de risa tonta y, como los avestruces, tuvimos que enterrar la cabeza bajo la almohada para no estropear aquella calma chicha de semáforo en verde.

El hermano dio dos golpecitos lentos y suaves, seguidos de tres rápidos, en el tabique contiguo. Estos últimos sonaron como si la noche, juguetona, murmurase: chachachá. Eran la señal convenida para salir a bailar.

AL SALIR A LA MADRUGADA, ME REGRESÓ LA TEMbladera eléctrica que había descubierto en el pueblo de Buela en las contadas ocasiones en que nos habíamos quedado a dormir siendo invierno en ca la Toña.

Como en el resto de viviendas del pueblo, allí el calor duraba lo que el último sarmiento de viña en la estufa y se limitaba a la estancia donde crujía la banca de madera, ancestra manchega del sofá de escay madrileño. Los suelos eran de tierra batida, a las cocinas las llamaban «cocedores» y la sed jamás se saciaba en grifos, sino caminando hasta pilones recubiertos de pan de rana e inclinando botijos con los pitorros tapados por dedales de croché. Si una, por lo que fuera, se negaba a pasar por el aro del orinal bajo la cama, tenía que tiritarse la casa entera hasta llegar al cuarto de baño en el corral.

Sin ventanas y con una única pera de luz en el cabecero, las alcobas se habían ido excavando caliza adentro a medida que a las mujeres arcaicas les nacían los hijos muertos

por culpa de las gachas de almortas. De modo que, para mear con dignidad en mitad de la noche, las niñas contemporáneas debíamos atravesar de puntillas, heladas y taquicárdicas, una sucesión interminable de cuartos oscuros donde dormían como troncos desconocidos primos segundos.

En ciertas estancias, además, había tinajones lo suficientemente grandes como para esconder crías de gigante. De hecho, la Toña aseguraba que en algunos vivieron miembros cagones de las checas tras la guerra. Yo no tenía claro lo que era una checa, pero la palabra me sonaba a animal de la selva con colmillos y a peligro. Sabía que las tinajas, por supuesto, llevaban lustros vacías tanto de vino como de tránsfugas. Me repetía a mí misma que, como mucho, a estas alturas contendrían algún hueso, inofensivos montoncitos de ceniza, ropas reducidas a harapos o un par de pesetas republicanas caídas del bolsillo del último cobardica que se hubiera ocultado dentro. Hoy valdrían menos que un tazo. Aun así, no podía evitar acelerar la carrera a su altura y sentir, trenzado de frío, el alto voltaje del miedo aguijoneándome.

Lo mismo sentí esa madrugada de Navidad cruzando como un bólido los soportales fantasmagóricos del bloque rumbo al Renault 12 del hermano de Marta la Gorda. En el umbral de su habitación, esta me había echado sobre los hombros su trenca de lana azul marino con botones de esos que son cuernos y se sujetan con alamares, que no calamares.

Puesto que sale el tema, explicaré que esta certeza de que los alamares para nada son lo mismo que los calamares

es algo que le debo a la dependienta de ojos tristes a quien se los pedí cierta tarde en Pontejos. Pensando que tardaría un periquete en reponer su fondo de perlés en El Gato Negro, Buela me había dejado haciendo cola en su otro despacho de apechusques costureros de confianza en Madrizentro. De uno a otro establecimiento no habría más de cinco minutos a paso de Buela recién merendada.

—Cuatro calamares para una trenca de color así como Nocilla —dije cuando me llegó el turno de forma inesperada.

Mientras hablaba, me registraba los bolsillos del peto vaquero con parches de las *Tortugas ninja* planchados en regiones delicadas como el monedero. Buscaba algún duro olvidado con el que apoquinar por los dichosos calamares si acaso Buela no aparecía antes del fin de la transacción con la dependienta de ojos tristes. En su lugar, tan solo encontré en el bolsillo frontal un cromo arrugado de Vilma Picapiedra. ¿Lo aceptaría a cambio de los calamares la dependienta de ojos tristes?

¿Dónde demonios se metía Buela?

—¡Ay, que me desorino! —De repente, sin llegar tampoco a estar del todo alegre, en la mirada de la vendedora cabía una miaja menos de sombra.

Se ve que mi desliz léxico le hizo tanta gracia a aquella mujer que hasta hipó y lloró un poquito y tuvo que secarse unas cuantas lágrimas como lentejuelas con el puño vuelto de la rebeca de punto nido de abeja.

—Qué graciosa, por favor. Querrás decir alamares, preciosa. A-la-ma-res.

Mira, como estos. ¿A que sí?

Buela, por suerte, desembarcó agitando en el aire el monedero en su acepción primera y toda sofocada justo cuando se abrían las fauces de la piraña registradora.

A PESAR DE LO ARRIESGADO DE LA MISIÓN, AQUElla Nochebuena, como iba diciendo, mi amiga me prestó de muy buen grado su trenca de vestir con alamares incluidos, que no calamares. Se la veía encantada de que tanto su hermano como yo hubiéramos aprendido la lección del verano y de que esta vez la hubiéramos incluido en el chanchullo. Se alegraba cantidad de poder echarnos un cable. Aunque, personalmente, pasaba total de jugarse el culo por semejante soplapollez.

Repetía en miniatura retazos del discurso de su madre, que coincidía también con el de Buela y, a decir verdad, con el de todos los mayores alrededor, exceptuando tal vez a Joselu en sus prólogos más inspirados para la revista municipal *La Plaza*: los grafitis, aparte de ser horrendos, delictivos y antihigiénicos, evidenciaban una falta de gusto tremebunda. Una ordinariez como hay pocas. Cosa de chicos, además. O marimachas como yo.

—No te ofendas, Celia, ¿eh? Pero un poquito verdad sí que es. No me ofendía en absoluto.

Como colofón a su discurso, Marta la Gorda anunció lo que ya sabíamos: a partir de ese momento, ella se limitaría a guardarnos el secreto y a cubrirnos las espaldas en casa. Velaría por si acaso sus padres se despertaban de improviso y mantendría los dedos de los pies cruzadísimos hasta nuestro regreso triunfal.

A la luz de una guirnalda de luces tuertas, los coleguitas ya esperaban frotándose los guantes junto al coche. Los pasamontañas oscuros les daban aspecto de costaleros radicales en Jueves Santo. Alguien preguntó:

—¿Otra vez la niñata? No me jodas, Osquitar. ¿Qué pasa, es que ahora curras de niñera o qué?

Seguí el consejo de Buela, que venía a decir: a palabras necias, orejones teniente. Me metí en el coche con la cabeza bien alta. Fingí después recontar con desinterés los espráis de mi mochila y escuchar música en mi *walkman* apagado hasta que el comando nazareno dio por finiquitado el debate sobre mi presencia y se decidió a arrancar hacia la avenida de Gibraltar.

Me sorprendió cruzarnos con un grupito tambaleante que coreaba *Pero mira cómo beben los peces en el río* y *A Belén pastores* en la noche. Mujeres jóvenes, sin miedo aparente, con los taconazos en la mano más por fatiga que por autodefensa y exhibiendo carreras en las medias. Hombres apuntalando a dúo la verticalidad de las farolas. ¿De modo que no todo el mundo hacía examen de conciencia y se iba a dormir tras escanciar el culín final de la última botella sobre la mesa y de la programación festiva en TVE? La no-

che, insistía Buela, solo es buena pal lobo. Pero aquellas personas alegres no parecían temer el final del cuento.

Aparcamos frente a la Casa del Reloj. No había marroquinos en la costa. Nos repartimos la galaxia por gestos y cada cual se encaminó a su porción de pastel. El vaho nos dibujaba bocadillos congelados de cómic mudo.

No podía creerme que todo aquel ladrillo rojo impoluto fuera solo mío. Con manos temblorosas de invierno e impaciencia a partes iguales, fui alineando los botes por colores a mis pies sobre la acera lacada de rocío y encajé en el *walkman* el casete grabado de Más Madera. Para los últimos retoques, me reservé el aerosol verde, aún intacto, que me había regalado en agosto el hermano de Marta la Gorda y que yo había conservado hasta ese instante, como un tesoro, entre mi correspondencia con la bicha y dos bisagras de mi cama abatible. Tenía boquilla fina. Muy fina. Era perfecto para trazar los detalles maestros de la que, sin duda, sería mi mejor carta a Nensi.

Con cada nueva curva de mi perfil de monstrua recién nacida sobre el muro, sentía cómo me crecían las piernas medio metro y se me iba resquebrajando definitivamente la piel antigua. Respiraba mejor.

Cuando la mano de garfio se posó súbita en mi hombro y me obligó a derrapar ciento ochenta grados sobre la suela gomosa de mis Paredes, estaba rematando la i griega y Rosendo tronaba:

Cucarachas
repugnantes con olor a
gasolina, dráculas de

medianoche chupando
cultura y vida.

Sepultureros del tiempo,
licencia para matar.
Los que alimentan el
odio, con odio se
encontrarán.

Habría quedado bien bonito que el cielo comenzara justo entonces a derretirse en gruesos asteriscos de nieve, aunque fuera de palo, como ocurre en las bolas de falso cristal invertidas o en los telefilmes navideños de familias claras al completo que presumen de seguro dental sirviéndose mutuamente ponche de huevo frente a la chimenea. Solo una noche en mi vida vería nevar sobre Leganess.

No fue aquella.

Al menos, las pupilas progresivas de León el Profesional me miraron atónitas, anchas como dos plazas de toros, viéndome quizás por primera vez.

A MI PADRE SE LE DESENCAJÓ ADEMÁS LA MANDÍBULA. La mano que no sostenía en el aire gélido la estrella de *sheriff* aflojó por un instante su presión sobre mi hombro y aproveché para salir volando como en mis sueños insomnes en la terraza ante el globo terráqueo con luz dentro.

Gracias al estirón —esta vez sí— definitivo, con mis nuevas extremidades de veinte mil leguas, brinqué cual saltamontes zancuda por encima de la guinda azul giratoria de los coches patrulla, los pasamontañas alucinados de los coleguitas y del hermano de Marta la Gorda, las gorras de plato de los agentes de refuerzo, las banderas flácidas y hasta el reloj en la cresta de la Casa del Reloj.

A ritmo de solo de batería y sin pastillas de freno, retomé en sentido contrario la avenida de Gibraltar y empecé a migrar hacia el sur, siendo perfectamente consciente de estar batiendo todos los récords pasados y futuros del *¿Qué apostamos?* Una verdadera lástima que ni Ramonchu Gar-

cía ni Rosendo Mercado anduvieran por allí para verme. Más por costumbre que por esperanza, ese año me había pedido para Reyes el *Libro Guinness de los récords* y todos los casetes originales de Leño. Fue el primer diciembre que no eché a escondidas al buzón una segunda carta clandestina añadiendo a mi madre a la lista de deseos. Si la factura trimestral del teléfono aterrizaba, como era de esperar, antes del 5 de enero; y si volvía a salir el sol tras aquella noche, sería además el primer año que recibiría únicamente carbón auténtico. Ni siquiera del dulce, marca Migueláñez.

Al acelerar me veía de reojo los dos astros fosforitos en la cabeza y la cola gigantesca de plesiosauria reflejada en los escaparates oscuros de los comercios.

Escuchaba en el bolsillo de la trenca el frufrú del mapa arrugado. Mi idioma materno. No necesité ojearlo una última vez para orientarme y seguí corriendo, notando además el peso frío del metal golpeándome el muslo.

Cuando crucé la calle hacia el Salón de Belleza MaryCruz's, aún no estaba del todo claro si el amanecer iba o no a ganar el pulso y ni yo misma estaba completamente segura de si al final había terminado agarrando el esprái bicha verde que me había regalado en agosto el hermano de Marta la Gorda o una de las dos pistolejas más o menos así de chicas que mi padre el funcionario nocturno guardaba entre calcetines ejecutivo en el cajón de la mesilla.

Éditeur : Vincent Lorant
Conception graphique et mise en pages : Studio graphique des Éditions Ouest-France
Impression : Sepec numérique, Péronnas (01)

ISBN : 978-2-7373-8743-2 - N°d'éditeur : 10838.01.02.03.23
Dépôt légal : mars 2023
Imprimé en France
editions.ouestfrance.fr

PEFC 10-31-3532

Bibliografische Information Der Deutschen Bibliothek

Die Deutsche Bibliothek verzeichnet diese Publikation in der Deutschen Nationalbibliografie; detaillierte bibliografische Daten sind im Internet über http://dnb.ddb.de abrufbar.

ISBN 3-7093-0000-2

Umschlag: AG MEDIA GmbH

LINDE VERLAG WIEN Ges.m.b.H., Wien 2004

1210 Wien, Scheydgasse 24, Tel.: 0043/1/24 630

www.lindeverlag.at

Druck: Hans Jentzsch & Co. GmbH., 1210 Wien, Scheydgasse 31

Helene Klaar

Scheidungs-Ratgeber für Frauen

Verschuldensfragen
Unterhaltsanspruch
Obsorge
Besuchsrecht
Vermögensaufteilung
Kosten

LINDE POPULÄR

ORF

Klaar

Scheidungs-Ratgeber für Frauen

SOMMAIRE

PROLOGUE

Avril 203*X*. La France, son économie et son État ont cédé sous les assauts du climat, des sécheresses, des mégafeux, des pénuries d'eau potable et de carburant, de l'hyperinflation, de la faim, des insurrections populaires et d'un été de black-out.

Paris, presque mortelle l'été et inondée l'hiver, est une ville amputée.

Toutes les frontières du pays, comme d'Europe, sont closes.

Le monde ? Comment savoir ? La plupart des réseaux numériques sous-marins et satellitaires sont hors service, faute d'entretien. Le reste est sous contrôle de la Chine et des États-Unis.

L'État a déserté. L'influence des Régions autonomes est bien faible, face au pouvoir des trois firmes (Medired, Oléos, Virelco). Elles ont pris possession, de fait ou de droit, des trois-quarts des terres agricoles, des forêts, des mines, des centrales nucléaires et des nappes phréatiques.

Dans les villes qu'elles contrôlent, elles ont installé une "Maison du Citoyen" autarcique, alimentée par une micro-centrale nucléaire. Épargnée des coupures d'eau et d'électricité quotidiennes, la M.C accueille les autorités administratives et médico-sociales. Incontournable, si l'on veut se faire soigner dignement, être vacciné, obtenir un diplôme reconnu et un emploi rémunérateur, recharger ou réparer un objet connecté ou un véhicule électrique... Les firmes monnaient leurs services contre des euros numériques ou bien, pour celles et ceux qui n'ont plus rien, de mois ou d'années de labeur forcé sur les chantiers de la firme locale.

Refuser de leur céder vos terres ou de travailler pour elles fera de vous une menace pour l'État, en application de l'art. L.106 de loi du 16 août 2029, "renforçant l'action contre la radicalisation, la subversion, le séparatisme, les atteintes au droit de propriété et aux principes de la République".

Cette loi permet à l'État de déléguer les missions de police et de maintien de l'ordre aux trois firmes. Leurs milices – comme elles se désignent elles-mêmes – stationnent aux abords des terres fertiles, enrôlant de force les habitants, lors de ratonnades meurtrières.

Alors, en Bretagne, dans les Pyrénées, en Alsace et en Normandie, beaucoup ont fait sécession.

Et dans ce grand chaos ont émergé des communautés libres et autosuffisantes, entrées en résistance, malgré la menace des milices et des pillards. Ces communautés autonomes ont réappris à vivre sans pétrole et presque sans électricité.

Miserey est l'une d'entre elles.

1

Dans sa fuite, elle en oublia de crier. La haute forêt de chênes se referma sur sa robe tachée. Aveuglée par le soleil de juillet, elle tendit une main et détourna son visage. La bête était sur elle.

Un silence figé, un envol de merles, puis des hurlements. Étouffés. Avalés par le silence des cimes brunies par l'été, penchées au-dessus d'elle. Indifférentes au sinistre spectacle des chairs ensanglantées. La nature est toujours indifférente aux gesticulations humaines.

La bête, restée étrangement calme et silencieuse durant l'agonie, se rua, dans un mauvais rire, là où le sang l'attirait. Elle mangea à peine, fouillant le corps de sa truffe, par instinct de jeu. C'est alors qu'obéissant à un appel inaudible, elle abandonna le corps aux cheveux noirs, pour prendre le chemin jonché de feuilles mortes, en direction de Miserey.

2

Le matin prenait son temps et le plateau désert. Les graminées jaunies ondulaient dans la brise, comme un gigantesque lac brûlé. À part un petit moulin aux pales d'alu, de rares bâtiments de tôle ou de bauge, la végétation s'étendait sans limites, dessinant un liseré vert et flou.

Elle marchait sans hâte. Droite. Une pointe dans l'horizon. L'air tiède agitait le bois voisin. Il en sortit un âne, claudiquant devant son attelage, suivi d'un type maigre et mou, l'air éteint.

Elle les regarda descendre vers la route, puis posa pied à terre, posant le VTT sur sa béquille. Jambes écartées, sac sur le dos, mains enfoncées dans les poches de son short, Sacha les attendait. Quand ils furent assez prêts pour qu'on puisse lire la pancarte « Sourcier & ressourcier », elle lança :

— Salut sourcier ! C'est bien la route de Miserey ?

— J'crois bien, répondit le marchand, tout en caressant l'oreille de son âne. Besoin de rien ? Bicarbonate ? Pile ? Briquet ? Pastis ?

Elle étouffa un rire, repéra la crosse du pistolet qui dépassait de sa tunique beige. Lui fit une moue, son bras maigre tendu en direction d'une route accidentée, raide et morne comme une allée de cimetière, bordée de champs de panneaux solaires à l'ombre desquels poussaient des légumes rouges. Des tomates ou peut-être des poivrons.

— Miserey, ça doit être à trois quart d'heure de biclou, par l'ouest.

Il ne lui parlait pas dans les yeux, mais laissa descendre son regard le long de sa chevelure noire et lisse, comme celle des Asiatiques. Elle, regardait le paysage. Des panneaux noirs, ou bien couverts de poussière, à perte de vue.

— Propriété de Virelco, annonça-t-il comme s'il lisait un panneau. Faites attention aux mines.

— Ah ? lâcha Sacha, la main droite sur le guidon du VTT.

— Oui, la milice du coin a des drones. Ils ont lâché des charges, après la Bataille du 13 novembre. Celle où ils ont tiré un missile Stinger sur un blindé depuis la tour de la base aérienne.

Son pouce pointait derrière son épaule en direction de nulle part, sinon d'un panneau de circulation sur lequel on avait tagué *"Non aux 60 heures !"*.

— Et vous pensez qu'ils me laisseront entrer ?

— Miserey, c'est pas la base aérienne. C'est leur voisin. Des autonomistes, du genre végé, permaculture et chantons sous la pluie ! Ils vous laisseront probablement entrer. Vous inquiétez pas trop...

Le soleil était encore supportable. Mais il ne fallait

plus tarder : la chaleur alourdissait déjà les gestes.

Sacha salua le marchand, et remarqua le cheminement de ses yeux vers sa poitrine, pourtant écrasée par sa brassière bleue. Elle lui rendit un regard de biais, désabusé, enfourcha son vélo chargé de lourdes sacoches, rajusta les sangles de son sac à dos et partit en danseuse, sachant qu'il la reluquait. Ç'aurait pu être une rencontre agréable. Elle ne le remercia pas.

*

Dévalant la route d'asphalte, raide et grise, presque tracée au crayon de bois. Sacha buvait l'air rafraîchi par la vitesse. Une boule grandissait dans son ventre. Une boule de trac. Ce trac étrange qui précède les sauts en parachute. À chaque coup de pédale, elle sentait le BlackBerry serré contre sa cuisse. Personne n'avait répondu à son dernier message. Et ce silence lui brûlait le sang.

À mi-chemin, elle posa précipitamment pied à terre, essoufflée par le faux plat, s'efforçant de calmer sa respiration pour mieux entendre la menace qui semblait approcher. Elle hésita. Voiture, moto ? Elle n'avait plus entendu de bonne vieille tronçonneuse depuis longtemps, mais dans ces campagnes, on ne sait jamais... La pétarade approcha. Elle tira sa machette de la gangue de cuir. Ils étaient sur elle : quatre motocross, trois électriques et une thermique, montées par de larges types en treillis couleur sable, masqués derrière leurs lunettes, casqués. Ils la dépassèrent, puis firent demi-tour dans un nuage de poussière. Elle repéra le bandage sur la jambe de l'un, les flingues aux ceintures, les fusils d'assaut en bandoulière. Enflures de miliciens ? Elle devait cogner la première, sans quoi ils feraient d'elle leur chose...

Croyant viser le chef, elle se rua sur la moto électrique dans un cri de louve, armant la machette comme une batte de baseball. L'autre bondit en arrière, laissant choir sa monture. Deux fusils la mirent en joue sans qu'elle n'y prête attention. Elle sembla vouloir s'emparer de la moto. Lui tendait ses mains vers l'avant avec des cris d'enfant. Elle aurait déjà dû lui trancher un bras ou prendre une balle. Ça criait derrière elle. Le voilà, maintenant, les mains en l'air. Elle stoppa son élan, prenant la pause, la lame dans le prolongement de l'arête du nez, serrant ses mains moites sur le cuir du manche.

— Du calme ! cria-t-il. On est des chasseurs !

— Des chasseurs ? Déguisés en commando ? Vous vous foutez de ma gueule !?

— Écoute, madame...

— Madame ? Fais gaffe à ce que tu vas dire gamin. Je pourrais me vexer.

— On chasse le loup, reprit une voix enrouée de fumeur. Une voix d'adulte. Enfin. Tu vas où comme ça ?

— Je vais où je veux, grogna-t-elle.

— Pas sur cette route, Miss BTwin !

Elle se tourna vers lui. Il la tenait en joue. C'était l'homme au bandage. Elle ne mourrait pas aujourd'hui. Mais n'aurait pas la moto non plus. Inutile de provoquer cette meute de violeurs. Autant leur donner quelque chose qui avait plus de valeur à leurs yeux que son cul.

— Y'a des loups dans le coin ?

— Si on les chasse, c'est qu'y en a.

— Les loups n'attaquent pas les humains. Même s'ils ont faim.

— Celui-là, il attaque. Il a tué trois femmes de Miserey en six jours ? Et maintenant, tu vas la fermer, sin...

— Je suis véto, abruti. Je peux vous aider sur ce coup. C'est ça, la route de Miserey ? C'est là d'où vous venez ?

— Qu'est-ce tu vas y fout' à Miserey ?

— Dormir.

— Et après ?

— Repartir. Et comme tu vas me le demander, je vais à Dieppe. Rassuré ?

Il avait levé le canon de son flingue vers le ciel. Et après lui, ses acolytes. Sacha baissa sa garde, sans pour autant lâcher son engin de mort sur lequel s'était posé un moustique. Un courant d'air entre son sac et son dos. Elle s'en voulut de ne pas avoir aiguisé sa lame plus longtemps.

— Et d'abord, qui vous dit que c'est un loup ? reprit-elle pour entamer la conversation. Ça peut-être n'importe quoi, échappé d'un zoo. J'en sais quelque chose, j'ai bossé à Beauval. Des ours et des tigres se sont échappés, avec le black-out. Ils crevaient de faim. Je sais que vous avez le parc de Cerza pas loin.

— Ouais, c'est vers Lisieux, confirma le gamin, pensant donner une information aux autres.

— Écoute, range ta machette, monte avec nous, on t'amène à Gauciel, on a du steak de cheval ce soir.

— Moi, je vous échange ma machette et mon vélo contre votre moto. Ça vous dit ?

Tandis qu'ils se gaussaient, un courant d'air se faufila entre son sac et son dos. Une sueur froide.

— Alors, je préfère terminer la route seule, si ça vous dérange pas.

— Comme tu veux Miss Btwin. Si t'aimes souffrir...

Elle lui rendit un sourire carnassier, fixe et exagérément large, jusqu'à faire osciller son regard et lui tourner le dos.

3

Une heure plus tard, sous un cagnard qui lui giflait les joues, Sacha passa un barrage routier, flanqué de deux miradors de bois d'où partait une haute palissade barbelée. Des soleils peints, des animaux et des lunes couraient le long de l'enceinte. Et sur le portique de bois on pouvait lire, en noir :

MISEREY, Liberté, Égalité, Frugalité

Là, un homme et une femme armés de flingues, sanglés de cuir sous des tuniques blanches. Ils n'avaient pas le physique de flics. Plutôt l'air d'un couple de paysans, dont il était venu le tour de surveiller la grande porte.

Elle descendit de vélo pour parcourir les cinquante derniers mètres à pied, le temps qu'ils terminent la fouille d'un type aux longs cheveux bruns. Le garde lui faisait non de la tête, tout en lui indiquant la direction d'un bois voisin. Il dit : « On a plus de tente disponible, c'est tout, on prend plus de réfugiés. » L'autre continuait à argumenter et gesticuler. Sacha n'entendit pas ses mots, volés par le vent. « Ils ont besoin de bras au bois des nomades, t'auras de l'eau et des châtaignes ! »

— Vous êtes vraiment des fils de putes racistes, comme les autres !

Le garde posa la main sur la crosse de son revolver, laissant l'autre s'énerver, jetant un œil rapide et sombre à Sacha qui entrait dans son champ de vision. La fille en arme lui fit signe de s'écarter. « Chiens d'égoïstes, vous croyez que c'est à vous ça, vous croyez que c'est à vous !? » Les gesticulations du type, dont l'accent espagnol tordait les mots, se firent plus sèches et brutales. Sacha analysa, malgré elle, la menace qu'il pouvait représenter. Il ne semblait pas être armé. Au pire, une lame à la ceinture.

— Je suis désolé, on n'est pas l'ennemi, on tente de survivre, comme toi. Reviens dans quelques jours, il y aura peut-être de la place !

Le soleil s'abattait sur eux. Et, devant le mur de leur silence, l'homme tourna simplement les talons en direction du bois désigné.

Sacha le laissa s'éloigner avant de tenter sa chance, présenta sa carte de véto, parla de Luis, l'apiculteur. Ils exigèrent poliment de fouiller ses besaces.

— Et si je refuse ? lâcha-t-elle, en rajustant les manches de la chemise blanche qui protégeait sa peau du soleil au zénith.

Les deux se regardèrent, il faisait 40°C, et, même à l'ombre des portiques, ça cognait sévèrement.

— On doit s'assurer que tu n'aies pas d'arme à feu ni à flèches.

— J'ai ma machette, ça me suffit.

Depuis l'autre côté des palissades, on entendit un bruit de galop sur le bitume. Une voix d'homme aboya des ordres qui firent s'envoler deux palombes. Sacha et les gardes se turent, attentifs. Soudain, du haut d'un mirador, retentit le tocsin. La série saccadée de coups de cloche leur fit lever les yeux. Vaincus par leur curiosité, les gardes ouvrirent les portes.

— On vient de retrouver Justine éventrée, à deux cents mèt' dans le bois !, gueula un obèse à longue barbe, engoncé dans un boubou à rayures.

Sacha pénétra dans l'enceinte du village, les yeux fixés sur cet énergumène. Le bruit de galop revint, et, avec lui, un canasson à la robe bai-brun, visiblement emballé. La petite place grouillait d'une dizaine de villageois, désorientés et penauds. Seul un chauve, torse nu, qui semblait descendre d'un échafaudage, parvint à saisir le licol du cheval, avant de l'immobiliser.

— Luis, que fais-tu !? cria l'homme en boubou.

Sacha réagit à ce prénom, focalisant son attention sur le cavalier. Elle ne croisa son regard fuyant qu'une brève seconde, hésita à l'interpeller. Mais le garde l'avait déjà rejoint, l'air renfrogné, un labrador en laisse au bout du bras.

— Le chien doit vérifier que tu ne portes ni tique, ni poux, ni puce de lit. Et si tu as un cancer au stade avancé, il le sentira aussi. Mets-toi accroupie et laisse-le faire.

— Écoutez, souffla-t-elle pendant que le chien lui tournait autour, j'ai besoin de parler à votre apiculteur..., à Luis...

Trop tard, le cheval était reparti et l'homme avec lui. Elle n'entendit pas l'ordre donné par l'obèse en boubou, seulement le claquement des sabots du cheval sur les pavés de la placette. Le garde raccourcit sa laisse, le contrôle était terminé.

— T'es clean. C'est rare ! Combien de temps penses-tu rester à Miserey ?

— La nuit, une journée peut-être.

— Je vais te demander de nous laisser ton coupe-coupe, et d'aller te présenter au comptoir général.

— Ok, râla-t-elle en tendant sa machette. Je la récupère comment ?

— À l'armurerie. Je te fais un bon de dépôt. Tu t'appelles ?

— Sacha.

— Parfait. Le comptoir général est au château (il pointa un index vers l'Est), on te trouvera des trucs à faire et un coin où dormir. Tes compétences nous seront bien utiles. Bienvenue à Miserey. Ah, une dernière question. Tu n'as pas croisé une petite blonde sur ton chemin ? Avec un sourire d'enfant et une cicatrice sur le crâne au-dessus de l'oreille droite ?

Sacha répondit par une moue, alors il ajouta :

— Elle a l'air d'avoir 15 ans. Un peu simplette.

— Désolée, mais non. Elle a fugué ?

Il secoua la tête.

— Disparu.

— Ah merde. Le loup...

— Voilà. On s'inquiète. Au cas où tu la croises, son nom est Fleur, et elle appelle un peu tout le monde 'maman' et 'papa'...

Elle ne l'écoutait déjà plus, accaparée par cette jeune femme au centre du carrefour qui la suivait du regard. Blonde, musclée, coupe militaire. Sacha grava son visage dans sa mémoire.

*

De nouveau en selle, elle prit le sentier de terre blanche. Son passage laissait dans l'air une brume de craie. À droite se succédaient des maisons modernes ou à pans de bois, souvent protégées par de larges murs végétaux de cyprès et de houx.

Miserey, le plateau, les bois, les longères. Cinq années de sécheresse avaient défiguré l'endroit. Les maïs ne s'élevaient pas bien haut. Bientôt viendrait la récolte. Maigre. Puis le temps des conserves, des séchoirs, des compotes d'abricots et des coulis de tomates. Un homme chapeauté, là-bas, gardait les yeux rivés sur ce ciel, dont il ne venait rien.

Enfin, on découvrait le château, trônant au bout de son allée pavée. Un style classique mal imité, sans tourelle, et barré de colonnes de briques rouges. Du mauvais Vaux-le-Vicomte. Un grand drap blanc, rapiécé par endroits, séchait sur une corde tendue entre deux garde-corps. On apercevait des tentes dans le jardin qui fut, autrefois, à la française. Elle ravala son dégoût pour ce spectacle de bohème, et freina à hauteur d'une blonde en robe grise, protégée du soleil sous un parapluie vert. Sa marche était déséquilibrée par le poids d'un jerrican.

— Excusez-moi, je cherche le comptoir général...

— C'est à la Maison Commune, au château.

— Ah ? C'est un château abandonné ?

— Oui. Le proprio vivait en Belgique. Depuis les black-outs, il est jamais revenu. Maintenant, c'est notre Maison Commune. (Elle donna un coup de menton). On y loge les gens de passage, comme toi, ou les marchands et les théâtreux qui font la tournée du canton. Tu verras, à l'heure des lampions, on lit des livres à haute voix ou on écoute les histoires d'étrangers. Tu nous raconteras peut-être la tienne ?

Elle ne lui avait même pas proposé de s'abriter sous son parapluie.

— J'ai cru entendre la cloche, ajouta-t-elle, inquiète.

— Oui, apparemment il y a une nouvelle victime...

— Qui ça !?

— Justine..., dit-elle d'un ton hésitant.

Dans un cri étouffé, la fille voulut immédiatement courir vers la palissade malgré son jerrican. Sacha regarda passer une charrette, à laquelle étaient attelées deux chèvres. Son chargement était couvert d'une bâche de tissu gris, et poursuivit par un essaim de mouches. Le conducteur, un jeune homme hâlé, portait un grand chapeau de paille. Quand elle tourna les yeux, Laure, la fille au parapluie, s'était évanouie dans la chaleur épaisse.

4

De loin, on percevait des silhouettes, derrière les grilles de fer forgé. Une mosaïque de tentes délavées, au-dessus de laquelle flottaient mollement des drapeaux normands, bretons ou étrangers. Sur le bitume, chaque coup de pédale devenait une bataille. Elle posa pied à terre, parcourant les derniers mètres en poussant le VTT, dont les cliquetis du dérailleur semblaient rafraîchir l'air.

Elle traversa la cour de gravier, qui s'écartaient sous les pieds avec un bruit sec. Et contourna le dédale de tentes vides, longeant la pierre calcaire du bâtiment. Un adolescent osseux dormait, assis, près d'une porte-fenêtre, une arbalète entre les genoux, l'ombre du seul bananier du jardin braquée sur lui. Au-dessus de sa tête, un panneau indiquait le COMPTOIR GÉNÉRAL. Dans l'entrebâillement des rideaux blancs de la porte-fenêtre, on distinguait des ombres, déformées par le verre des carreaux dépolis. Elle entra.

C'était une sorte de bar improvisé. Un endroit plaisant, propre et hospitalier. Tout juste quatre tables, dont une était occupée par deux amis qui la saluèrent. Elle posa le guidon contre un mur, bien en vue, et referma la porte vitrée. Le garçon, serré dans son marcel blanchâtre, la regardait fixement, comme si le monde était vide. Les clients parlaient si bas qu'on pouvait entendre ronronner le brasseur d'air au plafond. Elle s'assit sur un tabouret, près du comptoir de bois ciré, de telle façon qu'elle pût surveiller son vélo.

— Bonjour, dit-elle. Avec quoi on paye ici ? J'ai des Rollons.

— Gardez-les. On paye pas ici. Quand on vient d'arriver, on s'inscrit au Tableau Des Emplois. Enfin, des corvées, quoi. Juste là (il pointa un doigt vers un panneau de liège organisé en colonnes, dans lesquelles on punaisait des bristols portant chacun un nom.

— Mais, avant, faut que tu papotes avec Paul. En attendant, tu peux te servir un verre d'eau.

Il désigna le filtre Big Berkey au bout du comptoir et lui tendit un verre. En se servant, elle saisit la conversation des deux clients, discrètement assis, face à face, presque nez à nez.

— Tu crois qu'il se planque dans les bois des nomades ? demanda l'un.

— Ils l'ont exilé y a trois jours, de toute façon il doit pas être bien loin, dit l'autre.

— Je pense que je vais me tirer d'ici.

— Mais, mais pourquoi ?

L'eau avait une légère saveur métallique. Sacha

glissa ses fesses sur un des deux tabourets de fer, les coudes sur le comptoir.

— S'ils sont capables de t'exiler pour avoir tué un cheval, ils feront quoi ensuite ?, continua l'un.

— Mais c'est pas la mort de Bételgeuse le problème, bordel. C'est qu'il vendait sa viande !

— Et les clients, alors, ils les ont exilés, les clients !?

Il frappa du poing sur la table et les verres tintèrent.

— Un peu de calme, vous deux !, exigea le barman. Puis, s'adressant à Sacha. « Paul va te recevoir. » Elle remarqua son talkie-walkie à la ceinture.

— C'est un peu vide ici, dit-elle. Pourtant il fait frais...

— C'est normal. C'est l'heure de la sieste. Au fait, c'est quoi ton nom ?

— Sacha.

— Moi c'est Jul. Comme le rappeur.

— Ok. Jul. Ravi de faire ta connaissance.

Il lui tourna le dos pour placer des bouteilles dans un grand pot de terre cuite placé sur un trépied.

— Tu cherches du travail, Sacha ?

— Non, je cherche quelqu'un. Votre apiculteur. Luis.

— Luis (il sourit) ? J'espère que vous allez lui remonter le moral !

— Ah ? Qu'est-ce qui lui arrive ?

— Oh, des peines de ruches et de cœur.

Un type entra brusquement, retira sa casquette,

salua les clients et s'approcha d'elle.

— Bonjour, je suis Paul. Vous êtes Sacha ?

Il semblait essoufflé et avait une haleine de cochonnaille. Elle sourit, épaula son sac et sortit avec lui en poussant son VTT.

*

— Qui es-tu ?

Sa voix trahissait la méfiance. Elle frotta machinalement ses paumes sur ses cuisses, histoire que sa poignée de main soit moins sale et moins moite. De l'autre côté du hall, derrière l'homme en short et sandales, on découvrait les champs de blé noir, de lin et de chanvre. Ils formaient un lac de tiges fragiles et pastel. La plantation occupait tout le grand jardin du château, jusqu'aux hautes clôtures en bauge, à plus de cent mètres.

— Je m'appelle Sacha, je suis véto, annonça-t-elle en détachant ses cheveux. Je cherche Luis, votre apiculteur. J'ai besoin de le voir avant la nuit. Et j'ai aussi besoin de parler à un responsable.

— Eh bien, Sacha tu es la bienvenue. Ici, nous sommes une terre d'accueil, mais tu dois échanger avec un membre du conseil avant de t'installer. As-tu croisé notre chien ?

— Oui, il m'a bien reniflé, dit-elle en replaçant l'élastique fatigué de sa queue de cheval.

La sueur perlait désagréablement sur sa nuque.

Lui, parlait d'une voix calme, empreinte d'une autorité fatiguée. Malgré le contre-jour, on pouvait distinguer son visage rond, sa quarantaine.

— Viens, dit-il.

D'un geste précis, elle défit les sangles d'une besace du vélo et en sortit une liasse de documents. Des preuves, des noms. La vérité pliée en quatre. Puis, elle souleva le vélo en serrant les mâchoires, pour le poser sur son épaule droite et monter les marches. Elle suivit Paul sur le carrelage, jusqu'à une porte en bois ouverte sur une pièce sombre, à peine éclairée par les lamelles inclinées des persiennes. La température chuta d'une dizaine de degrés. On se sentait comme dans une église. Côté jardin, à l'ombre, un moucharabieh remplaçait le volet. Par la fenêtre grande ouverte, entrait une brise et le sifflement d'une mésange. Elle posa la bicyclette sur sa béquille avant d'entrer et laissa passer un soupir de soulagement en retirant son sac à dos. Soudain, elle remarqua le second homme qui se levait, dans le crissement désagréable d'une chaise en bois.

— Bonjour, je suis Victor, dit-il sans s'avancer.

À l'étage des pas faisaient craquer un parquet. Des voix fortes descendaient, sans qu'on ne puisse les entendre.

Paul passa derrière un long bureau Second Empire, et essuya la sueur sur son front.

— Je te présente Sacha. Elle nous vient de...

— Vernon.

— Bon. Et tu faisais quoi à Vernon ?

Sacha remarqua que Paul marchait pieds nus.

— Je bossais comme biologiste pour Medired, dans leur Maison du Citoyen. Je m'occupais des pollinisateurs.

Une expression de dégoût passa sur le visage de Victor. Il ricana.

— J'espère que t'en as bien profité ! Qu'est-ce qui s'est passé ? Ces fils de putes t'ont virée ?

— Arrête ! coupa Paul. On ne juge pas les gens sur leur passé. Ce qui m'intéresse, c'est que ton passage parmi nous soit le plus bénéfique possible à toustes.

— Parfait. (Elle désigna une chaise du doigt.) Je peux ?

L'un fit oui de la tête. L'autre se rassit.

— Il se passe quoi, là-haut ? reprit-elle. J'ai entendu qu'une fille était morte.

— Justine. Elle entretenait notre agroforêt. Le conseil municipal s'est réuni pour organiser une battue.

— Tu penses que c'est un loup ?

— Quoi d'autre ?

— J'ai bossé à Beauval. Le zoo. Avec les coupures de courant et les restrictions dans tous les sens, ils ont perdu des animaux. Certains se sont échappés. Dont des prédateurs. Des tigres. Des ours. Je sais que vous avez le parc de Cerza à proximité. Il leur est peut-être arrivé la même chose.

Les deux types se regardèrent. L'information les

intéressait.

— Très bien. Tu vas raconter ça à des membres du conseil municipal. Mais, avant, je dois te poser quelques questions, histoire de mieux te connaître.

Elle sourit, avant d'ajouter :

— Moi aussi, j'ai des questions à vous poser.

— Tu peux me tutoyer. Ici on pratique l'égalité réelle. Tout le monde se tutoie.

Elle figea le début d'un sourire qui se termina en grimace.

— Je vais avoir du mal.

— Bah, on t'oblige à rien !

Elle avait retiré ses chaussures, ses chaussettes, et savourait le contact de ses pieds contre les tomettes fraîches.

— Tu es seule, personne ne te suit ?

— Personne.

— Quelles sont tes relations avec Virelco ?

— Aucune.

— Tu as déjà vécu dans une communauté autonome ?

— Pas vraiment.

— Alors, bienvenue dans le monde d'après, sourit Paul.

— Mais avant, dit Victor, vu ton... passé, on a besoin de s'assurer que tu n'es pas une menace pour cette communauté.

— Virelco envoie régulièrement des espions ici, poursuivit Paul, pour tenter de mettre le feu, d'implanter des parasites dans nos cultures ou de contaminer nos réserves de grain et d'eau. Acceptes-tu que je fouille ton barda ?

— On verra.

Paul soupira.

— Quand comptes-tu repartir ?

— Demain, probablement.

— Raconte-moi ton histoire, pendant que j'ouvre tes sacoches.

— Je peux avoir un verre d'eau avant ?

— Oui, bien sûr ! Excuse-moi...

L'autre se leva, attrapa un mug blanc décoré d'armoiries, dont il vérifia négligemment la propreté, puis rejoignit une sorte de grand samovar en terre cuite en bas duquel se trouvait un robinet. Pendant ce temps, Paul avait commencé à fouiller l'une des quatre sacoches sanglées au vélo. Une fois sa tasse en main, Sacha remercia, la but d'un trait – elle avait un goût d'argile – et s'enfonça dans sa chaise.

— Mon histoire ? C'est pas compliqué (elle tenta d'écraser un moustique tigre venu lui caresser la cuisse). Ma fille vit à Dieppe, avec son petit ami. Elle fait une infection pulmonaire qui résiste aux antibiotiques. Sa bactérie aurait le gène NDM-17, ça vous dit quelque chose ?

— Peut-être, fit Victor.

— Elle va se propager ? s'inquiéta Paul.

— Elle peut la tuer. Ma fille a besoin d'un antibiotique qu'on ne trouve que chez Medired, et qui coûte quatre ans de contrat civique.

Paul siffla de surprise.

— Quatre ans de travaux forcés pour une semaine d'antibio... (il se tourna vers Victor). Putain, ils sont de pire en pire !

— Si elle ne va pas à la MDC de Dieppe, elle s'en sortira pas. Chez Medired, on m'a injecté des nano-medics dans le sang. Ils n'ont pas encore servi, ils sont encore pleins d'antibio dernière génération. En lui donnant mon sang, je peux lui donner une chance de s'en sortir sans aller là-bas. C'est une question de jours, maintenant. Je veux juste être avec elle, quoiqu'il arrive.

— Apparemment ça va mal à Dieppe, dit Victor. Ils auraient bouffé tous les chiens et les chevaux du coin. Depuis qu'Oléos a pris le contrôle du super-méthaniseur de Bois-Robert, leurs milices foutent le bordel jusqu'à Étretat. Si elle est coincée là, tu ne pourras pas entrer.

— On verra bien.

— Comment s'appelle ta fille ?

— Maryvonne.

— Comment communiques-tu avec elle ?

— Par SMS. Sur ce téléphone.

Elle sortit de sa poche un BlackBerry S7 noir, dont les coins étaient usés.

— Je peux regarder ce qu'il y a dedans ?

— Bien sûr, faites-vous plaisir ! s'agaça-t-elle. Si j'étais de l'autre côté du monde, je me serais contentée de prier. Mais là, je suis à quelques heures de moto. Je ne laisserai pas ma fille foutre sa vie en l'air.

Paul pianota un instant, puis lui rendit l'appareil en chuchotant :

— Planquez-le bien, c'est une denrée rare.

Il démarra alors une fouille méticuleuse des sacoches, en prenant soin de ne pas déplier les vêtements et de replacer chaque objet en ordre.

— Vous avez un pont Wifi ? demanda-t-elle.

— Évidemment. On est relié à un relais satellite de la base aérienne. Tous les jours à dix-sept heures, tu as du réseau et de la 4G. On a un cybercafé dans la pièce juste en face.

Elle inséra le téléphone dans la poche à fermeture éclair de son short.

— C'est quoi ces papiers ? demanda Victor, en pointant vers la liasse de documents qu'elle avait posée sur le bureau.

— C'est ma vie.

Elle lui tendit les documents. Le petit homme y trouva des photocopies d'une carte d'identité, d'un diplôme de vétérinaire de l'école de Maison-Alfort, une lettre de recommandation du directeur du zoo de Beauval, et du vice-président de la région autonome du Val de Loire.

Victor interrogea :

— Il y a quelque chose que je ne comprends pas. T'en as pour six heures de vélo pour Dieppe ? Tu fais quoi ici ?

— D'abord, ça prendrait huit heures, au minimum. Et puis, vous cassez pas la tête. J'ai refait cent fois le calcul. À vélo j'ai neuf chances sur dix de me faire choper aux barrages, par une patrouille ou une bande de crevards. Avec une moto électrique, j'ai une chance sur deux de les semer.

— Et elle est où ta moto ?

— Justement, je suis ici pour vous en acheter une. On m'a dit qu'il y avait des motos ici.

— Une moto ? Mais comment tu vas la payer ? Et pourquoi pas un cheval ?

— Un cheval, c'est trop lent, ça se blesse, ça fuit. C'est trop risqué. Je vous dis, j'ai tout calculé. Je vous propose un deal.

— Qui t'a dit qu'on avait des motos ici ?

— Un collègue. Et puis j'en ai croisé en venant. Avec des gars en treillis dessus.

— Ça c'est des gens de Gauciel, fit Victor. De la base militaire. Ici, on a pas de moto. (Il lança à Paul un regard froid.)

Elle souffla, fronça les sourcils. Ses yeux passaient de gauche à droite. La mésange s'était tue.

— Il y a quoi dans le sac à dos ? reprit Paul.

Sacha eut un regard en biais.

— Y a le deal. Mais s'il n'y a pas de moto ici, je préfère partir.

— Attends, attends, tout dépend ce que tu proposes. On peut s'arranger.

Le moment qu'elle redoutait était venu. Elle saisit le sac. Il avait la forme d'une coquille de plastique bleu marine, lisse, sans aucune poche. Elle tira la fermeture éclair et le sac s'ouvrit comme un œuf de Pâques. À l'intérieur : une boule transparente, contenant un liquide en mouvement. Non, ce n'était pas un liquide...

— Des abeilles !? lança Paul, en adressant un large sourire au petit homme, aussi hébété que lui.

En se penchant, on les apercevait. Des dizaines d'insectes à l'abdomen jaune et noir, voletant par petit bond, d'un bord à l'autre de leur cage de plastique.

— Oui, des abeilles, confirma Sacha, froidement. Une ruche, avec une reine.

Paul caressait la sphère avec une sensualité déplacée.

— Des abeilles génétiquement modifiées, continua Sacha. Un prototype de Medired. Elles résistent aux pesticides, aux fortes chaleurs, à la soif, et ont un venin sept fois plus puissant qui leur permet d'éliminer les frelons asiatiques.

— Mais. Mais, bégaya Paul. Mais, c'est merveilleux ! Nous, nous...

— Qu'est-ce que tu fous avec ça sur le dos ? fit le petit, soudainement agressif.

— Appelez ça un acte de résistance, expliqua Sacha. Elles étaient expérimentées à Beauval, dans un labo discret. Quand je suis parti, je les ai volées, histoire d'avoir une monnaie d'échange... Et de les faire chier. Ils en ont d'autres. Ce truc-là est développé à l'échelle européenne.

— Et tu crois qu'on va t'échanger des abeilles génétiquement modifiées contre une moto !?

— Ferme-la Victor ! coupa Paul. Te rends-tu compte !? Non, mais enfin !? (Il criait presque.) C'est le Graal ! C'est incroyable. (Puis, se tournant vers Sacha, l'œil brutal.) Donnez-les-nous !

— Du calme. Je suis venue ici parce qu'on m'a dit que vous aviez des motos et un apiculteur que ça pourrait intéresser.

— Luis Chavenas. Oui.

— Oui. Mais si les motos sont à Gauciel, je vais filer ma ruche à Gauciel. Elles ne tiendront plus longtemps dans ce machin.

— Ils s'en foutent des abeilles à Gauciel, dit Victor. C'est l'ancienne base aérienne. C'est des militaires. Ils savent à peine planter des patates. Alors, on les nourrit et ils nous protègent. Ils chassent ce qui reste de gibier. Sans nous, ils auraient fini cannibales ou chez Virelco. Ce qui revient au même.

— Écoutez, j'ai risqué ma vie pour...

— Tu es sûre de ne pas avoir été suivie ? demanda Paul en giflant l'air pour éloigner les mouches.

— Je n'ai croisé que les bidasses de Gauciel sur mon chemin.

— Sacha, reprit Paul, fébrile. On a un quelque chose à t'offrir en échange. Nous avons une moto.

Pas électrique, un peu vieille, un peu bricolée, mais... C'est une moto hybride, qui tourne au biogaz. Et du biogaz, on en a un paquet dans notre biodigesteur. Avec, tu auras beaucoup plus d'autonomie que du tout-électrique.

— Ta ruche, elle va se développer, se reproduire ?, demanda Victor.

— Oui, elles sont faites pour ça.

— Il faut qu'on aille voir Luis pour vérifier, pour vérifier qu'elles ne soient pas une menace pour nos abeilles, décida Paul en regardant sa montre. Il est cinq heures. Tu vas rester dormir cette nuit, et, demain matin, si tout va bien, on te donnera la moto. Tu seras à Dieppe en deux heures si tu contournes Rouen. Ça te va ?

Paul s'assit, puis se releva, pendant que Sacha et Victor le regardaient sans rien dire. Sacha prit une inspiration et opina du chef. Elle n'avait pas le choix.

— Comment tu connais Luis ? s'inquiéta Victor.

— J'ai écouté une de ses conférences lors d'un colloque. Et ça m'a marqué.

— Ok, ok, je vais appeler Ben, en attendant (il hésita une seconde) tu n'as qu'à garder le sac !

Paul restait dans un état d'excitation extrême, avec des gestes secs comme des tics.

— Je suppose que tu voudras prendre une douche..., enchaîna Victor.

— S'il vous plaît, oui.

— Les bains-douches ouvrent à dix-neuf heures,

dit-il, avec un ton de guichetier.

Il tira un carnet à souche rose de sa poche de chemise, et arracha une contremarque, sur laquelle il inscrivit deux lettres avant de tracer sa signature.

— Tiens. Ton ticket de douche. Ne le perds pas. Ici, c'est deux fois par semaine. Donc, demain, tu feras ta toilette dans un bac, là où tu seras logée.

— Et où ce sera ? Pas dans une tente, j'espère...

— Non. Avec cette chaleur, on a plusieurs personnes âgées à surveiller. Je te dirai ce soir celle qui t'accueillera.

— Le conseil va se terminer, conclut Paul. Je dois te présenter à Ben qui s'occupe de la sécurité. Il veut connaître toustes celleux qu'on accueille. Mais ce n'est pas le moment de parler d'abeilles. Surtout pas à Ben. Il n'a jamais su tenir sa langue. Nous ferons ça ce soir.

— Je ne crois pas qu'on ait vraiment le temps, insista Sacha.

— Oui, bah, on le prendra !

Paul avait vu juste : on descendait le grand escalier. Il ouvrit la porte, pour croiser un groupe compact et gris d'hommes et de femmes, marchant d'un pas rapide vers l'entrée. Il courut à la rencontre d'un grand gaillard, dont la tignasse argentée était trop longue pour son âge. Il était enveloppé dans une large chemise blanche à fines rayures bleues et coiffé d'un panama. Paul lui tenait le bras, le tirait presque, tout en lui parlant. Le petit groupe s'était dispersé. Une poignée restait sous le porche, pour un échange houleux. Sacha les observa, éteinte, libérée d'un secret qu'elle aurait cru moins lourd. Enfin, Paul et le gaillard la rejoignirent. Tirée de sa torpeur, elle eut un mouvement de recul, avant de prendre la main tendue par l'inconnu.

— Je suis Ben, en charge de la sécurité. Bienvenue à Miserey. Puisque Paul t'a déjà interrogée, je ne te retiendrai pas plus longtemps.

Il souriait. Sa voix était paisible, basse, d'une douceur presque forcée qui agaça Sacha sans qu'elle n'en fit rien paraître.

— Je sais que tu as fait une longue route, mais aurais-tu encore un peu de force pour m'accompagner voir le corps de la jeune femme qui vient d'être retrouvée ? Étudier ses blessures. Confirmer s'il s'agit bien d'un loup. Nous n'avons jamais pu confirmer, jusqu'à présent, que ce soit bien l'œuvre d'un loup.

Sacha regarda Paul d'un air plein de reproches, il cligna des yeux, suppliant.

— Bien sûr, soupira-t-elle. Il faut juste que je mette cela en sûreté, dit-elle en tapotant sa sacoche.

— Je comprends. Mais, ici, il n'y a pas de danger.

— Je ne suis pas aussi naïve que la jeune femme dont vous allez me montrer le corps. Je peux laisser le vélo et mes affaires dans votre bureau ? demanda-t-elle à Paul.

Il lui prit le guidon des mains et poussa le vélo jusqu'à la porte. Elle garda son sac sur le dos, pensant qu'un rendez-vous avec l'apiculteur suivrait probablement la visite du corps. Ben ouvrit une ombrelle et la marche, croisant, sans le saluer, le petit attroupement absorbé dans ses palabres. Le sol, blanchi par la sécheresse, était dur sous les pieds et le soleil mauvais. On entendait jaser des oiseaux et braire un mulet, quelque part, vers la forêt.

— Il y en a pour longtemps ?, se plaint-elle.

Ben parla d'un ton mou, tout en souriant.

— Tu vois le château d'eau, là-bas ? On l'a saboté, plutôt que d'offrir notre nappe phréatique à Virelco. Un ingénieur qui est mort depuis, paix à son âme, a eu la bonne idée de percer des fenêtres au sommet. Désormais, ça fait comme une "tour de vent" de la Perse antique. Quelle que soit la température extérieure, il fait toujours frais à l'intérieur. Ça nous sert de frigo… Et de morgue.

L'architecture antique ne l'intéressait guère et Sacha se contenta de sourire. Ben avait un regard triste, esseulé. Sacha brisa le silence. Sous l'ombrelle la température devait dépasser les 40°C.

— C'est un paradis qui attise la convoitise des milices et des pillards, dit Ben en essuyant son cou trempé de sueur avec un mouchoir bleu. Nous sommes régulièrement pris d'assaut par un nombre incalculable de gangs, armés d'AK47 et de machettes, montés sur des motos ou des chevaux. C'est infernal.

— Dans un bivouac, on m'a raconté la légende d'un clan d'Évreux dont l'électricité serait produite par des esclaves, condamnés à faire tourner des dynamos à pédales, jusqu'à ce que mort s'ensuive.

— Je ne pense pas que ce genre d'énergumène ait l'intelligence de construire des pédaliers à génératrices. Mais... Qui sait ? C'est une technologie très accessible. Nous, on pense plutôt à Virelco. Tout le monde se demande s'ils n'ont pas lâché un chien enragé dans les bois pour nous tuer l'un après l'autre.

Elle opina du chef.

— J'ai dû bosser pour Medired. On vivait dans un refuge, derrière des barbelés. Le bus nous récupérait le matin, nous ramenait le soir. On avait dix minutes d'infos pendant le repas. On ne savait rien de ce que faisait la milice.

— J'aimerais bien savoir comment tu as réussi à t'échapper d'un refuge national de Medired !

Le BlackBerry dans sa poche bipa deux fois.

— Tiens, j'ai du réseau...

— Oui, il doit être cinq heures et quelques. On rebranche les antennes et le pont Wifi pour que tout le monde puisse téléphoner, récupérer des e-mails ou télécharger un truc. T'en as pour deux heures environ.

— Alors, je vais écrire à ma fille.

— Pourquoi tu ne l'appelles pas carrément ? T'en fais pas pour ta batterie, on a de quoi la recharger.

— Non, c'est pas ça... À cause de l'infection, elle ne peut plus vraiment parler. Ça la fait terriblement tousser. Et je n'ai pas vraiment envie de blablater avec son petit ami... Le courant ne passe pas très bien entre nous.

Il fit une moue, éloigna un moustique d'un geste sec. Et marcha lourdement, le visage tourné vers le vaste champ d'orge, pendant qu'elle pianotait sur le clavier du téléphone. Le paysage était aussi horizontal qu'une suite de ré sur une portée.

— Des nouvelles ? demanda-t-il, voyant qu'elle avait reçu un message.

— Apparemment Loren, son copain, lui a donné des tisanes de bouleau qui ont fait baisser sa fièvre. C'est plutôt bon signe.

— Bonne nouvelle.

— On n'est encore loin ?

— Plus très loin, dit-il, comme pour lui-même. Tu me permets de te poser une question personnelle ? (Elle acquiesça.) Tu te souviens de ce que tu faisais le premier soir du black-out ? Je pose la question à toustes les inconnus que je rencontre. Ça m'aide à mieux les connaître...

— Vous parlez du black-out de la zone nord ?

— Évidemment.

Elle prit un instant, les yeux rivés vers un point imaginaire, sur sa droite.

— J'étais dans un cinéma d'art et d'essai, sourit-elle. En plein milieu du dernier David Lynch. L'inachevé (ils rirent ensemble). Ça sonne un peu ridicule aujourd'hui, mais à l'époque, on nous disait "Tout va bien très madame la Marquise."

— Rassurer les Français ! rit-il.

— Alors, quand tout s'est éteint, on s'est dit que ça durerait cinq minutes. Et, au bout d'un quart d'heure...

— La panique !

— Pas vraiment... On est tous sortis de là comme d'une caverne, et la rue était noire. Tout était éteint. Je me souviens d'une vieille femme à côté de moi dire "j'habite à Rambouillet" avec un air catastrophé. On ne voyait plus que les lampes des smartphones et les phares des voitures. Mais je ne me suis jamais demandé ce qui se passerait quand leur batterie serait vide.

— Le déni, quoi... Dans toute sa splendeur.

— Et vous, ça fait longtemps que vous vivez ici ?

— J'y suis né et j'y mourrai. Je suis le parfait spécimen de la "génération collapse". Celle qui a tout vu et qui n'a rien fait !

Il souffla un peu, souffrant visiblement de la chaleur ankylosante. Elle stoppa et prit une gorgée d'eau de sa gourde, oubliant qu'elle était tiède. Après une moue, elle avala. Lui avait déjà repris sa marche, sous l'ombrelle.

— Je pense avoir croisé des gars de Gauciel tout à l'heure, en treillis, sur des motos électriques, dit-elle.

— Oui. Ils nous aident à traquer le loup. Si c'en est un. Ils ont un mirador et de quoi shooter des nomades à un kilomètre, sans sommation. Ils sont comme ça, à Gauciel. Un peu parano, un peu... radicaux. Beaucoup, même. Mais, depuis deux ans, entre eux et nous, c'était un peu “protection contre nourriture”. On a un bon deal.

— Ça me paraît plutôt malin. (Il y eut un silence.) Quand je roulais, j'ai croisé plusieurs champs de panneaux solaires. Vous n'en avez pas ?

Ben sourit.

— Comme dirait l'autre : investir dans le passé... est-ce encore investir ? Puis, il ajouta : tu sais, je ne compte plus le nombre de fois où on a repoussé la milice, grâce à ces gars. Gauciel a recueilli tout ce que le coin comptait de militaires, de gendarmes et de gardiens de prison... Qui refusaient de servir Virelco et la milice. Ils ont un bon fond. Mais, quand on s'est arrangés avec eux, plus du tiers des gens de Miserey, les plus pacifistes disons, ont fait leurs valises pour rejoindre Le Bec Hellouin.

— J'ai entendu parler de leur ferme en perma.

— Elle est mal en point. Enfin, nous, nous accueillons tout le monde bien volontiers... Tant que tes mains sont là pour aider et non pour détruire.

Sacha ne l'écoutait plus. Trop épuisée, elle gardait les yeux fixés sur le chemin craquelé par la sécheresse.

— Nous y sommes ! annonça Ben, les yeux levés vers la tour, avant d'annoncer : « Le dispensaire. ».

5

— Ohé ! cria Ben en direction d'une petite maison de briques rouges, dont le toit était fait de tuiles de bois gris. Un homme en T-shirt blanc en ouvrit la porte. Brun, barbu, courbé, il tenait à la main un parapluie de golf argenté qu'il ouvrit pour se protéger du soleil. Tout en marchant vers eux dans ses tongs, il demanda :

— Qu'est-ce que tu veux Ben ? Claryss est déjà passée voir le corps.

De nombreuses rides sillonnaient son front bas.

— Je t'amène une vétérinaire, elle va examiner Justine.

Il arrivait à leur hauteur, son parapluie contre leur ombrelle. Respirer était devenu pénible.

— À cette heure, c'est confinement pour tous ! râla-t-il. C'est une heure pour se reposer, siester, bien au frais, pas pour autopsier !

— Denis, elle doit repartir demain matin...

— Et cette canicule risque de durer deux bonnes semaines, bordel ! C'est un marathon, il faut te préserver.

— Bon, bon, plutôt que rester là, on pourrait aller

au frais, non ?

— Oui, évidemment, maintenant que vous êtes là. Pardon, je ne me suis pas présenté : Denis. Je suis le médecin du village. (Il se mit à fouiller une poche de son short, à la recherche d'une clé.) Avant, j'étais chirurgien-dentiste. Et puis je me suis fait car-jacker ma Tesla sur la route de Deauville. La bande de Ben m'a remis sur pied. Et je suis resté. Maintenant, je fais médecin de campagne... et légiste.

Le type sentait l'ennui et le savon de Marseille. Tout en parlant, il avança jusqu'à la porte du château d'eau.

— Bienvenue dans ma crypte ! dit-il, l'air amusé. Creusée à trois bons mètres, dans la terre limoneuse du jardin du dispensaire, "la crypte" était une chambre froide naturelle, dont la température ne dépassait pas les 15 degrés, même en plein été.

Ils entrèrent en baissant la tête. Descendirent quelques marches.

— Tu t'y connais en morsures d'animaux ?

— Montrez-moi le corps, et on verra bien, dit-elle.

On entendait grésiller les mouches. Denis alluma une lampe de poche dirigée vers des miroirs qui décuplaient son rayonnement, puis remonta fermer la porte. L'endroit était, évidemment, aussi lugubre qu'un cauchemar. En son centre, une table sur laquelle on avait posé la fille, couverte d'un tissu gris. La lumière diaphane, l'exiguïté du lieu, l'odeur de rance, de terre et de clou de girofle. Sacha leva une main à sa bouche. Pourquoi ? Elle ne saurait le dire. Elle s'étonna de s'être laissée entraîner dans ce caveau par deux inconnus. Denis alluma d'autres lampes électriques, qui multiplièrent les ombres.

— Tu t'appelles... ? finit-il par demander.

— Sacha.

— Eh bien, Sacha, bienvenue dans les bas-fonds de Miserey. (Le trait d'humour rata sa cible.) Laissez-moi vous présenter Justine, vingt-huit ans, ouverte en deux, il y a quelques heures.

Avec l'aide de Ben, le médecin descendit le drap jusqu'à la taille de la défunte, encore habillée d'une robe en lin jaune moutarde. Son visage, tordu par la peur, la douleur, ou les deux, semblait avoir été manipulé. Sacha pensa à son père, retrouvé mort un matin, dans son lit, la bouche ouverte. Quand elle l'identifia dans le cercueil, ils la lui avaient refermée. De force ? Elle dissipa cette sensation, et rendit à Denis son regard fixe et dur.

— Prête pour voir la blessure ? demanda le dentiste, blasé.

Elle opina du chef, touchant machinalement son front comme si elle venait de pénétrer une chapelle.

Les deux hommes tirèrent de nouveau le drap qui vint choir sur les cuisses de la victime. Une serviette de toilette recouvrait le bas du ventre, collée par le sang séché. Il la désolidarisa, la posa contre le bras nu de la fille et orienta le faisceau lumineux d'une lampe torche vers la déchirure ensanglantée.

Ils restèrent interdits devant le spectacle morbide de ce corps mutilé, éclaboussé de lumière blanche. Sacha fixa un pan de la robe jaune noircie de sang, dont dépassaient quelques lambeaux de chair. Aucune trace de combat. Nulle sauvagerie.

Ben eut un murmure de dégoût.

— Bon, tu crois qu'il s'agit d'un loup ? demanda Denis, rompant le silence moite qui les avait enveloppés.

— Non, fit Sacha. Les morsures ne correspondent pas aux marques habituelles des loups. C'est trop profond, trop... précis. C'est comme si une lame était à l'origine de cette blessure. C'est félin.

Les insectes réfugiés dans la crypte tournoyaient autour de la torche principale.

— Un animal sauvage, sans doute, mais pas un loup, répéta-t-elle.

Tous les trois demeuraient là, se demandant probablement quel était le pire : rester ici, face à l'horreur déformée par la pâle lumière... ou retrouver les 40°C de l'extérieur.

— On l'humuse demain. Sa mère veut une cérémonie en petit comité. Comme dit le poète : « Demain sur les tombeaux, les blés seront plus beaux ! ».

Sacha éprouva une soudaine sensation de malaise et demanda à sortir.

— Oui, allons chez moi, acquiesça Denis en relevant le drap.

6

Assise à côté de Ben, Sacha caressait machinalement les nervures de la table de bois. Il faisait relativement frais ici. Vingt-six, tout au plus. Et Denis s'affairait dans sa cuisine ouverte, au fond de laquelle trônait un imposant poêle émaillé de carreaux lapis-lazuli. Dans l'angle ronronnait une pendule de bois signée Lormier Rouen. Quatre heures trente-sept.

Au centre de la table, des moucherons se noyaient dans un piège à vinaigre. Un bel objet en verre soufflé, de la forme d'une poire.

— Quel animal a bien pu éventrer une femme de la sorte ? demanda Benoît d'un ton plat.

— Ou bien qui ?, risqua Sacha, en s'arrangeant une mèche de cheveux avec l'annulaire de la main.

Ben réprima un geste d'humeur. Denis revint, un plateau à la main, qu'il déposa au centre de la table. Dessus, trois tasses de céramique, sans hanse, remplies d'un liquide noir et froid.

— Du café !? s'étonna-t-elle.

— Nooon. Du châfé ! À la farine de châtaignes torréfiées au four solaire.

— Bon, fit-elle, déçue. Essayons quand même !

(Elle trempa ses lèvres, et fit la moue, sceptique). De toute façon, je ne me souviens pratiquement plus du goût du café !

— Bien, trancha Ben, je sais que tu es crevée, alors finissons-en. Tu es formelle ? Pour toi, c'est pas un loup ?

Elle avala sa gorgée, c'était frais, corsé et... terreux en finale.

— Je ne suis pas une experte en loups. Néanmoins, je m'y connais plutôt pas mal en gros félins, hyènes, ursidés...

— Ursidés ? l'interrompit Ben.

— Les ours, précisa le médecin.

— Ce que j'ai vu, poursuivit-elle, ressemble plus à un coup de griffe qu'un coup de dent. Les dents déchiquettent (Elle mima une mâchoire avec ses doigts.) Elles arrachent. Une griffe, ça entaille, ça coupe. Net. Et votre pauvre Justine s'est fait découper le ventre. C'est une pratique courante, notamment chez certains tigres qui apprécient particulièrement le foie, les reins... (Elle se tourna vers Denis.) Si vous l'autopsiez, vous verrez ce qu'il manque.

— Bordel de merde, grommela Ben, reposant bruyamment sa tasse.

Denis, lui, caressait distraitement le début de sa barbe, se remémorant avec dégoût les dissections de ses études. Sacha descendit son châfé cul sec, sans se douter que le marc viendrait avec le fond. Cela avait la texture d'un porridge oublié. Elle l'avala en silence, profitant que Denis n'ait rien remarqué. Puis, claquant sa langue contre son palais, demanda de l'eau. Le médecin retourna en cuisine.

— Ben, fit-elle. Vous êtes responsable de la sécurité. Vous devez connaître les détails des précédents... (Elle cherchait son mot. *Meurtre, assassinat, crime* ?).

— Oui, coupa l'autre.

— Si j'ai le mode opératoire de la bête, je pourrais peut-être me remémorer des choses que j'ai apprises pendant mes voyages en Amérique latine. C'était il y a longtemps, mais à l'époque, j'étais calée.

— Bien sûr, accepta Ben.

Denis revint avec une carafe d'eau et servit tout le monde, en ajoutant :

— De toute façon nous sommes coincés ici jusqu'à dix-huit heures. Le temps que la chaleur retombe.

Le motard raconta alors comment, dix jours plus tôt, on avait trouvé un premier cadavre à l'orée du bois de Passy. Cécile Piémont, qui ramenait ses chèvres. Aucune n'est reparue. Enfuies ou décimées. Le lendemain, ce fut le tour de Séverine, la boulangère. Elle aussi, ouverte en deux par le milieu. La pauvre était enceinte de quelques mois. Le père ne s'était pas fait connaître. Denis et des chasseurs passèrent de longues heures à étudier les morsures. Aucun organe ne manquait. Les deux fois, la bête avait attaqué peu après midi. Comme aujourd'hui. Trois jours plus tard, ce fut autour de la vieille Fanny de ne pas rentrer. Elle était allée faire la récolte des noisetiers de bonne heure. On l'a découverte, le ventre ouvert, un bras en moins. On en retrouva, le lendemain, deux moignons et quelques bouts de chemise. Enfin, hier, au beau milieu de la canicule, à l'heure où tout le monde se réfugie à l'intérieur, sur des draps mouillés, en priant pour que les cultures et la forêt soient épargnées par le feu, un garçon de quinze ans qui rentrait à la hâte, croisa la bête au Breuil, à cent mètres de lui. Il resta pétrifié de terreur. Mais, plutôt que d'attaquer, la bête s'enfuit. Il dit avoir vu un loup, un loup avec une tête allongée, une queue épaisse et une raie noire sur le dos. Depuis, personne ne sortait plus sans une hache, un fusil ou un revolver. Et maintenant, Justine...

— Vous les avez toutes autopsiées ?, finit par demander Sacha.

— Oui, plus ou moins, confessa Denis.

— Avez-vous constaté que des organes manquaient ?

— Écoute, moi, mon expertise, c'est de poser des onlays et les gars d'ici ont plus l'habitude des utérus de génisses que ceux des jeunes femmes, si tu vois c'que j'veux dire ?

— Inutile de s'énerver, temporisa Ben. Vous êtes des hommes – et des femmes – de science. Tu as dû prendre des notes, Denis. Tu pourras les relire. Et puis, maintenant, tu sais ce que tu cherches dans le cas de Justine.

— Une chose est sûre, dit Sacha, je n'ai jamais vu d'animal sauvage tuer une proie et ne pas la toucher. Soit il la déplace, pour la cacher, soit il mange les meilleurs morceaux sur place avant de laisser le reste aux charognards. Ce que vous me racontez là, ça ressemble à une histoire de tueur en série.

— Oui, mais alors, et le petit Esteban ?, demanda Ben.

— Quoi, "le petit Esteban" ?, fit-elle.

— Ah pardon, c'est le gamin de quinze ans qui a vu la bête, hier.

— Il a peut-être vu un loup... Même si la description qu'il en fait me rappelle plutôt celle d'un chacal. Ça ressemble assez à un loup. Sauf que sa gueule est très allongée. Son pelage est brun, beige, et son dos est noir. C'est plus grand qu'un loup. Quarante centimètres au garrot au moins. Mais, le souci, c'est qu'on les trouve plutôt en Afrique. Ce qu'il faudrait savoir, c'est s'il y en avait dans le parc de Cerza. Vous ne lui avez pas montré de photos pour confirmer ce qu'il a vu ?

— Internet était en rade hier, dit Ben.

— Un chacal pourrait faire ce type de blessures ?, interrogea Denis.

La véto se renversa en arrière.

— Ça dépasse mes compétences.

— Il n'est pas trop tard pour faire des recherches en ligne. Le pont Wifi devrait rester activé encore une heure. D'ici vingt minutes, le soleil aura baissé et la chaleur sera un peu tombée. Denis, tu me prêtes ton talkie ?

7

Le médecin accorda à son invitée de faire une toilette dans la salle d'auscultation, attenante à la cuisine. Il lui confia une serviette, une lampe à pile en forme de goutte, un T-shirt propre, une branche d'aloe vera fraîchement coupée en deux par le milieu, un broc plein d'eau, une bassine en aluminium ainsi qu'une éponge en luffa - une cucurbitacée grimpante venue du Maghreb qu'il cultivait contre la façade ouest du dispensaire. En main, l'objet rappelait à Sacha ces éponges métalliques qu'elle utilisait autrefois pour récurer les plats. Pourtant, il ne s'agissait que de fibres végétales. Denis lui conseilla de tremper la luffa dans l'eau, puis de se frotter le corps avec, sans savon. Seule, elle alluma la lampe - le volet de l'unique fenêtre était clos, pour contrer la chaleur. Elle poussa la table d'auscultation, étendit la serviette sur le sol et entreprit de se déshabiller. Avant, elle s'assura de verrouiller la porte. On percevait la voix des hommes. Nue, elle croisa son reflet dans une vitre. Le reflet d'un corps robuste et anguleux, sans poitrine, tout en côtes et clavicules. Une cicatrice rosée barrait son ventre plat. Elle regretta de ne pas pouvoir glisser de vêtement de rechange dans ce satané sac à dos. Puis se dit qu'elle pourrait bien passer l'autre moitié de l'après-midi sans porter de sous-vêtements. Elle savoura cette toilette, l'eau fraîche sur son visage et son corps. La rugosité du luffa sur sa peau, puis la douceur de l'aloe vera qu'elle passa dans les plis intérieurs de ses cuisses, sur le cou et les bras. Enfin, elle tenta de faire entrer ses pieds meurtris dans la bassine, avant d'y verser le restant d'eau, dans un frisson de soulagement.

Pieds nus, en short, le large T-shirt "Iron Maiden" sur ses seins libres, les cheveux lâchés et humides, elle retrouva les deux hommes, consciente que sa tenue, et son corps pourraient les aguicher. Elle craignait moins Ben que Denis, dont le regard avait tendance à glisser sur ses cuisses. Elle pariait donc que si l'un tentait quelque chose, l'autre l'arrêterait.

— Cette nuit, tu seras hébergée par Francine, lui annonça Ben, tout sourire. Ainsi que toutes les autres nuits que tu souhaiteras passer parmi nous !

— Ah, oui ?, fit-elle, en posant la bassine et le broc vide sur la table, le regard ailleurs. Merci Denis, je range ça où ?

— Je vais m'en occuper.

Elle se rassit à sa place, constatant qu'un verre de liquide jaune et frais – de la buée condensait sur le verre – lui avait été servis.

— C'est du vin ?, interrogea-t-elle.

— Non, on ne boit pas d'alcool à Miserey, sauf

une sorte de cervoise de céréales glanées à la fin des récoltes, mais ça n'est pas bien fort... On en donne même aux enfants pour les fêtes des solstices !

— Tu oublies le cidre du père Balthus.

— C'est vrai ! Mais, c'est avant tout pour faire du vinaigre !

— Mouah, il s'en garde bien une dizaine de bouteilles pour sa conso personnelle, tu penses !

— Ah, mais je le sais bien ! (On sentait Ben-le-flic piqué au vif.) Mais tant que ce n'est qu'ça, je laisse faire. Je ne serai pas l'homme de la prohibition !

Les deux gars rirent de bon cœur.

— Et, donc, qu'est-ce que c'est ?, réitéra-t-elle.

— Oh, une tisane...

— Rose-menthe poivrée. Ça rafraîchit, entre autres vertus que Francine aura le plaisir de t'expliquer !

— Ah oui ?

— C'est notre faiseuse de potions !, précisa Denis. Et la doyenne de notre communauté. Quatre-vingt-deux ans au compteur, elle en paraît dix de moins. Mais elle perd un peu la boule. (Il se tourna vers Ben.) Tu savais qu'Astrid l'avait retrouvée en train de danser, sur le chemin du bois de Passy ?

— Ah bon, quand ça ?

— Y a quelques jours tout au plus... (Le médecin se racla la gorge.) Probablement un problème d'hippocampe. C'est souvent comme ça que démarre Alzheimer.

— Vous n'avez pas de Lecanemab ?, demanda Sacha.

— Non. Et de toute façon, Francine ne veut pas entendre parler des “médecines nazies”, comme elle dit. Elle s'apprête à passer le flambeau.

— Ah ? Je ne savais pas qu'elle était la... la cheffe du village.

— Ce n'est pas le cas, dit Ben. Mais les femmes-abeilles ont une grande influence, spirituelle et... morale sur notre communauté.

— La menace du loup l'empêche d'organiser sereinement l'élection de sa successeure. Notamment parce que les victimes sont des femmes.

— Des femmes-abeilles ?

— Ici toutes les femmes font partie du club.

Silence gênant. Une souris, ou bien était-ce une musaraigne, traversa le salon de part en part jusqu'à disparaître derrière une cloison, sans que personne n'y prête vraiment attention.

— Maintenant, tu sais à qui tu as affaire, ajouta Ben. Denis, il est bientôt dix-sept heures, et on a des recherches à faire en ligne.

Sacha étouffa un râle d'énervement, fatiguée de perdre un temps précieux à jouer les détectives. Ses abeilles ne tiendraient plus bien longtemps.

— Ça tombe bien !, dit Denis en se levant. J'ai ma tournée du soir à faire et j'allais vous mettre dehors.

— Et comment vont nos villageois ? demanda Ben en rajustant son short.

— Oh, beaucoup de malades, soupira-t-il. Malades de peur.

⊙

L'air s'allégeait, mais la température n'en était pas plus supportable. Pourtant, ils marchaient d'un pas plus rapide.

— Le loup a-t-il déjà attaqué dans l'enceinte du village ?, demanda-t-elle.

— Personne ne l'a encore vu.

— Vous pensez qu'il pourrait se faufiler ?

— Si la vie trouve toujours un chemin… La mort aussi.

Les oiseaux, autour d'eux, recommençaient à piailler. Ben insista, malgré les soupirs de Sacha, pour rejoindre la maison du jeune Esteban, seul être encore en vie à avoir croisé la bête. Il avait l'intention de montrer des images de chacal à l'enfant.

Cela ne leur demanderait qu'un bref détour, en coupant au travers du vaste potager partagé de la rue du château. Sacha admira les plants de tomates robustes et chargés de fruits, les rangées de concombres, les larges buttes de pommes de terre. Elle ne vit pas les ravages de la canicule, les plants desséchés, flétris, les feuilles recroquevillées, le sol, autrefois riche et sombre, désormais fendillé.

Enfin, ils atteignirent une maison de pierres. Ben cogna au carreau de la porte, qu'une femme vînt ouvrir. Mine basse, yeux cernés, elle ne semblait pas apprécier leur visite. Au-dessus de leurs têtes, le brasseur d'air cessa de tourner. La femme – Gaëlle – fit quelques pas et tira sur une cordelette pour relancer le mécanisme, avant de couper la parole à Ben.

— J'ai des livres sur les animaux, j'en ai plein. Pas besoin d'ordinateur. Érik est dans sa chambre. Je crois qu'il a assez dormi. Asseyez-vous. Pardon de ne rien vous offrir à boire, je viens de mettre mon dernier seau d'eau à filtrer.

— Veux-tu que j'aille au puisard pour toi... Pendant que tu réveilles le gamin ?, proposa Ben.

Elle hésita un instant, essuyant machinalement ses mains sur le tablier blanc qui recouvrait sa longue robe à fleurs.

— Le puisard est vide, Ben. Il est vide depuis deux jours.

Elle fondit en larmes, qu'elle tenta immédiatement de ravaler, la main pressée contre sa bouche.

— Je dois aller jusqu'à la fontaine. Tous les jours.

Elle insista sur ces trois derniers mots. Ben se rapprocha d'elle, lui prit presque la main.

— Mais tu n'es pas en état, Gaëlle. As-tu demandé à Francine de...

— Ses onguents, ses potions, son cannabis ne me font rien. (Elle pleurait, éhontée.) Je souffre, je souffre, tous les jours que Dieu fait. J'ai mal Ben, un mal de chienne !

Elle tendit son visage vers lui, les yeux rouges, écarquillés.

— Il me faut de la morphine, de l'alcool, de quoi m'abrutir, me faire dormir, juste quelques heures...

Puis, après un bref silence, alourdie par l'arrêt du brasseur d'air, elle ajouta :

— S'il n'y avait pas le petit, je me serais jetée dans le puits il y a deux jours.

À ces mots, Paul lui appliqua un doigt sur sa bouche.

— Arrête de dire des choses pareilles ! Tu veux finir dans le bois des nomades ? Laisse-nous trouver un remède.

Tout ce temps, Sacha était restée assise sur le tabouret du piano. Immobile. Examinant la pièce, l'horloge arrêtée, la nature morte au mur, les chandeliers aux bougies rouges.

Afin qu'elle n'entende pas, Ben et Gaëlle poursuivirent leur conversation à l'écart. Puis, leur hôte monta les escaliers à une allure tout à fait normale. Qu'avait-elle donc ?

— Elle souffre de migraines atroces depuis six mois. On pense à une tumeur au cerveau, mais nous n'avons aucun moyen de le prouver. L'IRM le plus proche est à la MDC d'Évreux. Et le traitement, la chirurgie, que sais-je, coûterait à son fils plusieurs années de travail obligatoire pour la préfecture, Virelco, ou, pire, la maison close.

— Comment ça ?, s'étonna-t-elle.
— Comment ça, quoi ?
— Vous venez de parler de prostitution...
— Tu ne savais pas qu'ils avaient ouvert des maisons closes à Évreux, histoire de mettre un peu d'ordre dans les rues ? Un bout de La Madeleine est tenu par les Frères musulmans, mais le reste était devenu un véritable lupanar. Les miliciens y allaient et finissaient rincés par des gangs.

Pendant qu'il parlait, Sacha se mordait compulsivement l'ongle du pouce.

— Mais sait-elle combien de temps il lui reste ?
— Selon Denis, ce genre de douleur n'intervient que lorsque la tumeur est conséquente. On s'attend à ce qu'elle tombe dans le coma du jour au lendemain.
— Mais, faut l'hospitaliser !

Elle chuchotait maintenant.

— On n'a pas *d'hôpital* ici ! Tu crois quoi ?!
— Vous n'avez pas de quoi la sédater ?
— Bien sûr, mais nous n'allons pas gaspiller nos maigres réserves pour des cas... désespérés. Tu comprends, toi qui es dans la médecine.
— Moi je m'occupais d'animaux, c'est quand même pas la même chose ! Et si vous l'aidiez à mourir ? Avec de la ciguë ou de la belladone. Elle n'en fait pas pousser, euh, Francine ?
— Écoute Sacha, tu es ici depuis...

La porte du premier étage s'ouvrit. La mère et

l'enfant, un grand brun maigrichon d'une dizaine d'années, descendirent les marches. Il avait de petits yeux gonflés. Gaëlle portait un large volume relié cuir sous le bras. Une encyclopédie animalière Larousse, illustrée.

Sacha échangea avec l'enfant et lui montra plusieurs images : d'abord un loup, puis de grands félins, un chacal, une hyène et un lycaon. Il semblait hésiter entre les deux derniers. Mais ce n'était définitivement pas un loup.

— Nous aurons finalement besoin d'internet, conclut Ben en ajustant son panama. Espérons que le pont Wifi soit rétabli.

Ils quittèrent la maison sur la promesse de lui ramener son fils et le seau d'eau, avant la nuit.

9

Le gamin les suivait sans broncher, se grattant frénétiquement le crâne, probablement colonisé par les poux. Son attitude trahissait une colère refoulée. Ils marchaient à vive allure, à l'ombre de la grande ombrelle. Sacha avait faim. Le goût de marc de châtaigne traînait sur sa langue. Elle craignait aussi pour ses abeilles. Et la perspective de passer la soirée à aller et venir l'épuisait déjà.

Les jardins du château n'étaient qu'à quelques foulées. Ben ralenti pour lire l'heure à sa montre. Sacha reconnut une Rolex, et s'entendit penser que le Dalaï-Lama en portait une, aussi. La fatigue commençait à l'abrutir.

La cour du château était bien plus animée que tout à l'heure. Une dizaine de personnes semblaient avoir repris le travail. Trois grandes oies blanches se dandinaient parmi les ouvriers. Majoritairement des hommes, torse nu, portant un sarouel ou une tunique claire. Certains déplaçaient des brouettes vides vers l'autre côté du bâtiment. Un brun musculeux, à genoux, pieds nus, perçait un linteau de bois à l'aide d'une chignole calée sur son épaule, à la façon d'une crosse de fusil. Tout cela se faisait en silence, dans le respect, pensa-t-elle, du sommeil des autres. Ben toqua du dos de la main à une porte-fenêtre donnant de plain-pied sur le jardin. Paul apparut et ouvrit les croisées pour les laisser passer. Sacha repéra son vélo. Retour au point de départ.

— A-t-on du réseau ?, implora Ben, essoufflé par sa marche.

Paul fit signe que oui et tira un copieux trousseau de clés de sa poche.

— Je vous ouvre la médiathèque.

Ça se passait dans la pièce voisine. Tout y était plongé dans l'obscurité. Des rideaux de velours rouge, scotchés aux huisseries, isolaient les fenêtres. La température y était agréable. Paul retira une bande d'autocollant qui réunissait deux voilages, et les écarta afin de laisser entrer la lumière du jour. Un lit de camp grinça dans l'obscurité de la pièce. Près de la cheminée de pierre ornée d'armoiries, dormaient une ou plusieurs personnes.

Sacha retira ses chaussures pour profiter encore de la fraîcheur des tomettes. Elle leva les yeux, attirée par le reflet du soleil sur les moulures dorées. Ce devait être le grand salon du château. Un mur était recouvert d'une haute bibliothèque en bois sombre, flanquée d'échelles de fer amovibles, tenues par une balustrade de cuivre. Ses pieds marchèrent sur un fil électrique, relié à une batterie portative, de la taille d'une glacière. Elle alimentait six ordinateurs portables, placés symétriquement autour d'une large table en bois brut. D'élégantes chaises en cannage, de style Louis XV, leur faisaient face. Les câbles d'alimentation et ethernet convergeaient vers un trou percé au centre de la table. Cette installation était si nette et méticuleuse qu'elle entrait presque en résonance avec le classicisme du lieu. L'impression d'anachronisme venait plutôt du lourd baby-foot, placé plus loin, entre la table de bridge, à la feutrine verte boulochée, et quelques fauteuils dépareillés – club, chauffeuse, pouf – disposés en demi-cercle. Certainement le « coin lecture ».

Sacha fit quelques pas, frôlant les rayonnages de livres, puis se retourna, appelée par le bourdonnement doux du ventilateur de l'unité centrale que venait d'allumer Ben. Les visages de l'homme et de l'enfant, éclairés par la lueur froide de l'écran, n'étaient plus que des masques fragiles. Elle les rejoint, tira une chaise, en prenant soin de ne pas la faire gémir contre le carrelage, et s'assit à la droite d'Érik. Soudain, le couinement d'une chignole à manivelle rouillée troua la quiétude de l'après-midi. Cela venait du parc. Paul se rendit à une fenêtre pour hurler au fauteur d'huiler son engin. Le bruit cessa. Paul ferma la fenêtre et se tourna vers eux, bras croisés sur la poitrine. Elle leva les yeux vers lui.

— Pardon, mais j'ai besoin de manger quelque chose.

Le bruit de chignole reprit. Paul eut une

expression résignée, mais retourna à la fenêtre pour crier encore. Curieuse, Sacha le suivit du regard et se redressa pour voir le visage du bruyant ouvrier. Il avait les cheveux rouges, le torse nu et glabre, le teint cireux et l'expression d'un cocker. Il posa sa perceuse pendant qu'on l'engueulait, eut quelques borborygmes et quitta la cour pavée. Paul referma définitivement la fenêtre.

— On ne mange pas dans la médiathèque, assena-t-il. Sa voix se voulait ferme, mais sonna pointu.

Prenant conscience du ton qu'il venait d'employer, il crut bon d'ajouter :

— Excusez-moi... Je. Je tente de tenir cet endroit propre. Je vais vous préparer des tartines de pain avec du pesto d'orties, ça vous fera du bien.

Elle aurait préféré quelque chose de sucré, mais n'insista pas. Ben était déjà sur DuckDuckGo, en quête d'images de canidés sauvages.

— La bête, quand tu l'as vue, demanda Sacha, elle t'a montré ses dents ?

Le gosse fit non de la tête.

— Elle était couchée, aplatie par terre ?

— Oui, comme un chien qui dort.

D'un coup, le visage de l'enfant s'éclaira. « C'est lui ! » souffla-t-il, l'index tendu vers l'écran. Ben pencha la tête, les yeux plissés et cliqua sur la miniature. La page Afrizap.com s'afficha lentement. Sacha en profita pour remercier Érik et le rassurer d'une main sur le bras. « C'est bien. » Enfin, la photo apparut. Au-dessus, on pouvait lire « Loup à crinière ». C'était une créature majestueuse, rousse, entre renard et loup, au pelage épais et noir autour du cou. Ses pattes, plus longues que celles des chiens, avaient quelque chose d'énigmatique. Sous la photo s'afficha un paragraphe : « *Le loup à crinière est le plus grand canidé d'Amérique du Sud, il ressemble à un grand renard avec une fourrure rougeâtre. Il peut mesurer plus de 90 cm au garrot. Ce mammifère se trouve à travers toute l'Amérique du Sud dans les espaces ouverts et semi-ouverts, surtout dans les prairies avec des buissons et des arbres. Le loup à crinière est le plus grand des canidés sauvages, et il a de longues pattes qui sont en fait une adaptation morphologique aux hautes herbes des prairies de son habitat naturel.* »

Sacha se leva.

— C'est bien ça ?, insista Ben.

Le gosse confirma.

— Moi j'appelle ça un loup d'Éthiopie, précisa la véto. Puis, consciente que cette incise n'avait aucune utilité, ajouta : « Mais bon, va pour loup à crinière. »

— Tu connais ce genre de bestiole ?, demanda Paul, de retour.

— Non, avoua Sacha.

Ben était déjà sur la page Wikipédia. Il lut : *Le loup à crinière est perché sur de grandes pattes. Ses repas sont composés d'environ 50 % de fruits. Il complète* *cela avec des petits rongeurs, des insectes ou des oiseaux. Il chasse toujours en solitaire. Ils ne forment pas de meute mais vivent en couple, sur un territoire de 30 km^2.* »

— Trente kilomètres carrés, répéta-t-il les yeux baissés. Il tenta de se figurer le rayon d'action de la bête, puis demanda une carte. On éteignit l'ordinateur, referma le rideau et laissa l'inconnu de la cheminée terminer sa sieste. De retour dans le bureau de Paul, celui-ci déplia la carte IGN sur une table et dit :

— Si on part du principe que ce loup se planque dans les bois, son terrain de chasse devrait s'étendre à Pacy, Quittebeuf, Conches et même à Vernon... Ben, faut que tu les contactes.

Le vieil homme hocha la tête. Sacha ne répondait rien, trop occupée à mastiquer la tartine qu'elle avait prise sur une assiette, dans un coin du bureau.

— Allez !, reprit Paul d'un air grave qui sonnait creux. Tu peux convoquer les chasseurs. Et préviens-les que, cette fois-ci, on a une longueur d'avance sur cette saloperie. On aura sa peau avant la nuit. Quant à toi (il se tourna vers Sacha), il est temps de s'occuper de tes petits protégés. Ben, poursuivit Paul, j'ai un grand et beau secret à te confier.

Sacha sourit au vieux motard, écrasa d'une gifle un moustique posé sur son cou, prit son sac à dos sur les genoux et ouvrit lentement sur la fermeture éclair.

10

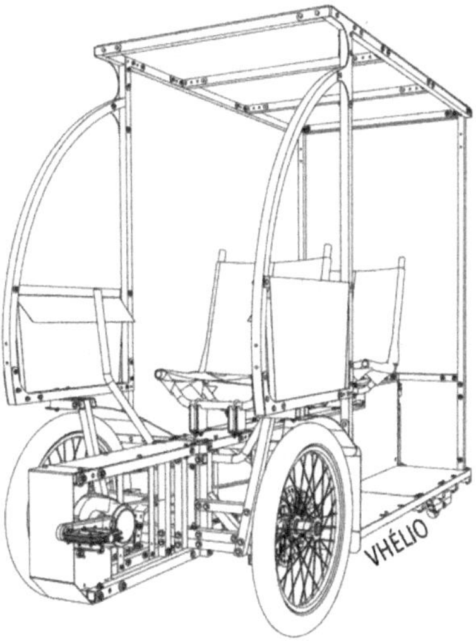

Sacha sentit son corps partir en arrière. Elle venait de s'assoupir un instant, bercée par les soubresauts du Vhélio à capote de lin. Paul pédalait, lentement, sans forcer, les mains sur le volant. Les piafs s'envolaient sur leur passage. Le chemin n'était ni goudronné ni pavé. Pendant les pluies, on devait glisser dans la boue.

Le village, lui, était bien éveillé.

Les passants, déambulant sur ce chemin de terre, dévisageaient l'étrangère, suivant le Vhélio du regard, avant de reprendre leurs conversations. Ils étaient peu nombreux, car il faisait encore chaud. Personne ne paraissait pressé. Une poignée de gamins aux pieds nus poursuivaient un papillon, leurs grands chapeaux à la main. Des femmes revenaient de champs, des têtes de maïs dans leurs paniers. Un solide gaillard ployait sous de lourds ballots, avançant péniblement, au rythme d'un chant inaudible. Une buée montait de la terre, à moins que ce ne soit de la poussière.

La plupart de ces Normands chapeautés étaient vieux, forts et hâlés. De leurs ancêtres vikings, il ne restait plus vraiment de trace. Mais, sans doute, n'étaient-ils pas normands. Pour autant, elle ne vit aucun noir ou Asiatique.

Paul tourna le volant et le Vhélio prit une voie herbeuse en direction d'un chalet à deux étages. À l'arrière de la bâtisse, sous la queue de pie du toit, on reconnaissait un four à pain, avec sa coque ronde de bauge craquelée. Ils passèrent la boulangerie, puis l'atelier du forgeron, cerné d'énormes piles de bûches. Le passage rejoignait un chemin goudronné. À droite s'étendait une interminable friche. Tout au bout s'élevait une paire de ces hautes d'éoliennes de fer. Immobiles. Piliers d'un temple abandonné.

Paul prit de la vitesse pour passer la douce pente qui débouchait sur la cour de l'ancien restaurant.

L'enseigne « Routier » pendait encore au bout de son mât. Mais aucun semi-remorque ne passerait plus ici.

Sacha bascula sa tête en arrière pour regarder voler une compagnie de canards. Pour ne pas s'endormir, elle entama la conversation.

— Tu es le bibliothécaire, je me trompe ?

— Tout juste !

— Je suppose que tu te plais, ici. Les livres sont redevenus les rois...

— C'est quand même beaucoup mieux que dans une ferme usine de Virelco ! Mais... Les gens sont toujours aussi accro à internet. Le cybercafé est toujours plein comme un œuf !

Elle saisit la gourde dans le panier posé sur le plancher du véhicule et demanda :

— Il ne t'est jamais venu à l'esprit que ces... décès pouvaient être l'œuvre de l'un d'entre vous, plutôt que d'une bête mystérieuse ?

Paul plissa les yeux alors que le chemin se faisait moins praticable.

— Miserey, c'est comme partout. On y croise des envieux, des bilieux, des haineux. Quatre années à huis clos derrière des palissades, ça fait naître les rancœurs. Des histoires de murs renversés par un engin, d'arbres coupés, de terrains mal bornés, abandonnés, mal acquis. Des mariages ratés ! (il sourit.) Des travaux promis et oubliés. Beaucoup ! Mais, tu vois, face aux menaces du dehors, les gens de Miserey ont toujours su faire un. Contre les raids de gangs, les intrusions de milices, les feux de paille, les tempêtes de grêle… Et, maintenant, les bêtes sauvages. Je ne suis pas inquiet. Sans vouloir être désagréable, mais je dirai plutôt que la mystérieuse, ici, c'est toi ! Tu faisais quoi avant de te retrouver chez Medired ?

— Je bossais dans un labo de recherche à la Fac de Versailles. Et aussi dans des zoos et des vivariums. Mon truc c'est les insectes…

— Tu nous serais tellement utile ici… Il n'y a plus de fleurs, plus de fruits, on pollinise les tomates et les pommes à la main… Et puis, on aurait bien besoin de développer notre élevage de larves de mouches soldats noires.

— Malheureusement, je ne connais pas grand-chose à l'entomologie agricole. Moi, je vois les insectes plus comme des œuvres d'art que des outils de travail. Vous avez déjà vu un phasme feuille ?

— Non. (Paul entama un faux plat en soufflant.)

— C'est un véritable prédateur invisible, caché sous l'apparence d'une simple feuille d'arbre. L'illusion est parfaite.

— Tu ne veux pas nous raconter tout ça à la veillée ?

— Hum. Il va faire de l'orage, dit-elle pour changer de sujet.

— Oui. Mais de l'orage sec. (Il ralentit.) De l'orage électrique. Et si tu as de la chance, tu verras notre voleur d'éclairs à l'œuvre. C'est un sacré spectacle. Hé

Luis !, lança-t-il en freinant brusquement.

Luis Chavcnas était un excellent ébéniste, passionné d'apiculture. Quadragénaire, chauve, ancien obèse affiné et musclé par les rigueurs de cette vie, Luis vivait seul avec sa femme.

— Je te présente Sacha, c'est une véto, déclara Paul après avoir garé le Vhélio.

— J'ai assisté à l'une de vos conférences. C'était vraiment passionnant !, dit-elle. Elle remarqua son œil gauche, à demi scellé par l'enflure d'une piqûre.

— Elle vient de loin pour te parler d'abeilles.

Sacha leva le nez pour admirer la danse de bourdons au-dessus de leurs têtes.

— C'est ça..., ricana Luis. Les abeilles, on pourra bientôt plus qu'en parler.

Il tendit à Sacha une main sale et calleuse.

— On s'est croisé tout à l'heure à la palissade, dit-elle.

— Ah ?

Son sourcil frisa.

— Vous étiez à cheval.

— Désolé, je ne me souviens pas.

Puis, retournant à ses tâches domestiques, il demanda : Et maintenant, on fait quoi ?

Dans le dos de son T-shirt, on pouvait lire « Huîtres Christian Lévêque ».

— Maintenant ?, sourit Paul. On trinque !

11

La fin du jour glissait doucement sur les fenêtres du chalet. À cette heure, l'air se chargeait de l'odeur des tomates et des courgettes que Luis déshydratait au soleil, dans un séchoir en bois posé sur sa terrasse. L'heure était aux moustiques tigres.

— C'est la plus mauvaise récolte de ma vie.

Il semblait mirer le passé au fond de son verre d'hydromel.

— Deux cent vingt ruches, reprit-il. Pas plus d'un kilo de miel ! Quand tu vois ça, ton cœur meurt. Dire qu'y a vingt ans, c'était le paradis des abeilles, ici ! Maintenant la sécheresse, les gelées tardives... et je te parle même pas du varroa ! La nuit, ces enculés de Virelco font passer leurs drones et balancent leur saloperie ! Mes abeilles n'ont plus de défenses immunitaires, et c'est la varroose !

Sacha se contentait de tourner son verre entre ses doigts, fatiguée de l'entendre renâcler à chaque phrase.

— Pardon Luis, fit Paul, mais tu ne peux pas dire que c'est pas une bonne nouvelle !

— On ne sait rien de ses abeilles, lâcha Luis. Elle

ne sait rien de ces... machines.

Sacha, qui sentait monter en elle ce que sa mère nommait la boufaïsse, prit la parole.

— Écoutez, j'ai bossé un an sur ces insectes. Je me suis fait chier à venir ici, pour vous les remettre en main propre, parce que votre conférence à l'EAP de Nantes a changé mon regard sur les...

Luis ricana.

— Mais c'était y a douze ans ! Comment vous m'avez retrouvé dans ce patelin ?! Enfin, c'est totalement...

— Bordel, écoutez-moi au lieu de faire votre parano. Je suis en lien avec l'Albatros.

— L'Albatros ?

— L'Albatros, de... de la Communauté des Ondes parallèles ?, dit Paul.

— Oui, soupira Sacha, rassurée.

— Okay, fit Luis. Je vois. On se connaît bien. Mais, alors, pourquoi il émet plus l'Albatros ?

— Parce qu'il est mort.

— Mort ? Mais de quoi ?

— Parkinson précoce.

— Ah bordel ! grimaça Luis, en profitant pour se resservir un verre, sans en proposer aux autres.

— J'ai dû l'euthanasier moi-même quand la maladie l'a privé de sa mobilité.

Paul eut un frisson.

— Comment se fait-il que Virelco n'a pas voulu lui filer de traitement ? recommença Luis.

— Je bossais pour Médired, pas Virelco, bordel ! Medired ne produit pas de traitement contre Parkinson. Du moins pas de traitement efficace… Puisque celui qu'ils lui ont filé a lamentablement échoué.

Silence. Luis semblait à court d'arguments. Sacha reprit :

— Quand des gens arrivent ici, vous les contrôlez. Vous vérifiez qu'ils n'aient pas de parasites et… s'ils ne sont pas des parasites eux-mêmes. Enfin, vous voyez ce que je veux dire. C'est normal… C'est normal. Alors, pourquoi ne pas faire de même avec mes abeilles ? C'est tout ce que je demande, putain ! Vous les placez dans un caisson isolé avec d'autres abeilles, et on voit ce qui se passe. Demain, on sera fixés, et je pourrais avoir ma moto.

— Votre moto ?

— Mon ami, coupa Paul, tu ne peux pas dire que ce n'est pas une bonne nouvelle ! Tu ne peux pas dire que tu ne meurs pas d'envie d'en avoir le cœur net !

L'apiculteur hocha la tête.

— Bon. Allez, je vais mettre tout ça en place.

Paul leva son verre presque vide. Sacha fit de même, mais trinqua sans boire.

12

Pressé de rejoindre la chasse en battue du loup à crinière, Paul déposa Sacha devant le porche d'une longère à deux étages, avant de repartir vers le château. Il devait être sept heures et le vent, chaud, faisait plier les cimes des conifères gris. L'orage approchait. Libérée de son sac à dos, elle se sentait nue. Elle poussa la haute porte du porche et pénétra le jardin, dont l'herbe jaunie rappelait les paysages d'Edward Hopper. Quelques pas et elle atteignait le trottoir de gravier qui cernait la maison. Lançant un regard d'un côté et de l'autre, elle cogna trois fois son poing contre la porte vitrée. Vingt longues secondes s'écoulèrent avant qu'une forme blanche ne vint ouvrir.

— Vous êtes Francine ? demanda Sacha.

— Elle-même ! Tu peux me tutoyer...

Francine a le visage griffé par les rides. À son sourire, il manque une canine entre des incisives jaunies de tartre. Elle ne fait pas un mètre soixante et ses yeux bleus la fixent d'en bas, comme un vieux chat gris.

— Je suis Sacha, c'est Paul qui m'envoie, je dois

dormir chez vous ce soir. Désolée de débarquer ici comme ça.

— Je sais tout ça ! Ça ne fait rien, je suis la plus vieille du village, alors on m'envoie toutes les femmes de passage, et de confiance, bien sûr, pour me tenir compagnie. Entre vite ! Les moustiques vont profiter de la porte ouverte.

Sacha osa entrer et, ne sachant que faire, attendit que la vieille s'affale dans un fauteuil ou ne lui montre un chemin à suivre, tout en examinant cette décoration simpliste et sans art.

— Vous vivez ici depuis longtemps ? demanda-t-elle enfin, voyant que l'autre ne se décidait pas à parler.

— Oh oui ! rit-elle, mais je ne vis plus vraiment, je me contente de passer le temps. Viens, je te montre la chambre d'amis. C'est à l'étage à droite. Moi je dors en bas, tu vois...

— Bien sûr, mais ne vous dérangez pas pour moi, je peux monter toute seule.

Sacha finit par la devancer, l'entendant monter les marches une à une. Elle eut le temps d'ouvrir la porte de la chambre, d'examiner le lit deux places, les murs vert pistache. Une chambre d'adulescente. Dans l'encadrement de la fenêtre, on devinait un nid d'hirondelle abandonné.

— J'ai fait mettre une salle d'eau... Mais, évidemment, il n'y a plus d'eau. Les toilettes sèches sont en bas. Si tu veux pisser, n'hésite pas à le faire dans le petit pot à côté de la cuvette, ça fera un peu d'azote pour le potager.

— Ce n'était pas la peine de monter.

— Si, si, je vais changer les draps !

— Laissez-moi vous aider.

— Non, non, merci, ça me fera de l'exercice. Dis-moi plutôt ce que tu fiches à Miserey ?

— Juste une halte sur la route de Dieppe, je vais retrouver ma fille. (Francine eut un râle d'acquiescement.) On m'a proposé de rester la nuit pour aider à trouver la bête qui vous... Bref, je suis vétérinaire.

— Ah bon ? Ah, mais c'est très bien ça ! Mais, tu sais, faut pas la chercher bien loin, cette bête de malheur. Tout le monde sait d'où elle vient.

La vieille avait tiré une paire de draps d'une armoire au bois clair et s'affairait à les étendre sur le matelas. Sacha, incapable de rester les bras croisés devant le spectacle malaisant de cette vieille, se saisit d'un coin de tissu.

— Et d'où il vient, le loup ?

— Mais des nomades qui ont envahi le bois de la Ronce avec leurs bêtes de foire ! C'est pas un loup. Ce doit être un tigre ou un lion qui s'est échappé. Ils s'en servent comme chiens de garde, paraît même qu'ils leur font faire des petits et qu'après, ils les mangent ! Ces gitans !

Elle cracha ce dernier mot, avant de poursuivre, désormais intarissable.

— Au moins, les miliciens, on les voit arriver. Mais

eux, ils se faufilent la nuit, et nous volent des poules, des chèvres ou même des filles ! Pour faire la paix avec ces démons, on a dû leur promettre de l'orge, des brebis et des kilos de patates... Et tous les ans, ils viennent réclamer leur dû, comme des chiens qu'ils sont. On pourrait les déloger du bois, on a les fusils, tu sais, mais paraît-y qu'ils font barrage aux milices. Que ça fait ça de moins à surveiller. Sont nos chiens de garde à nous. Et puis, l'hiver...

— Vous auriez un vélo ? coupa Sacha. Je voudrais prendre une douche aux bains publics près du château. Mais j'ai l'impression que ce n'est pas la porte à côté.

— Nous sommes pas loin. Viens, je vais te montrer.

13

Le Gravel que Francine cachait dans sa grange était dans un tel état qu'elle préféra marcher. Elle partit donc, pieds nus, ses chaussures derrière l'épaule, tenues par les lacets. Elle marcha ainsi dix minutes pour rejoindre le carrefour qui donnait sur le château. Elle dépassa une paire d'hommes dépenaillés, qui devisaient en contrebas. Ils lui crièrent de ne pas rester dehors. « C'est l'orage électrique ! » Elle n'écouta pas et poursuivit jusqu'à croiser la route d'une jeune femme au type andin. Imelda (c'était son nom) lui indiqua l'emplacement des bains publics, mais l'avertit :

— Ne restez pas sous les arbres pendant l'orage. Les éclairs allument parfois des feux. Tu es nouvelle ici ? (Elle hocha la tête.) Je pensais me réfugier au château, mais il n'y a plus personne, ils sont tous partis chasser la bête, paraît qu'on l'a vue entre ici et Vernon. Mon mari doit être avec eux. Et moi j'ai trop tardé avec les agneaux. Suis-moi vite au cimetière des vaches, il n'y a pas d'arbre là-bas, et il reste la guérite.

Courant presque, sa jupe en chanvre remontée jusqu'aux genoux, Imelda ouvrit la voie qui menait aux grilles d'un hippodrome abandonné. Elles longèrent un vaste hangar de béton brut, avant de déboucher sur une plaine nue. Sur un côté, à l'orée du bois voisin, on distinguait une maisonnette de briques, dont la peinture blanche s'écaillait. L'orage semblait avoir éclaté à plusieurs kilomètres quand elles parvinrent à rejoindre la guérite. Essoufflées, les deux femmes s'assirent sur les planches du sol, adossées aux murs. Ça sentait la terre et de vieilles cartouches de calibre 12 jonchaient le sol. Imelda sortit une gourde de son sac, se versa de l'eau dans le bouchon avant d'en offrir à Sacha, qui but sans poser ses lèvres sur le goulot.

— Ça vient vers nous, souffla l'Andine.

Sacha se releva pour regarder à travers la meurtrière de la porte et un mur. Imelda resta assise. Un rayon de soleil entra, rouge et brillant, comme du fer fondu.

— On en a pour combien de temps ?, se plaignit la vétérinaire.

— Aucune idée. Mais je crois qu'il faut se préparer.

— À quoi ?

— Au feu.

Sacha râla en plaçant son baluchon entre ses reins et le mur qui s'effritait. De sa place, elle pouvait apercevoir les branches de hêtres et de trembles du bois voisin. Elle admira une araignée aux longues pattes logée dans un coin du plafond. Imelda se leva et fixa le paysage à travers la fenêtre.

— Alors, ça s'éloigne ?, fit Sacha.

— Non. J'attends de voir l'attrapeur d'orages. Le paratonnerre est en haut de l'éolienne, au bout du champ. On devrait le voir avec son cerf-volant.

— Son cerf-volant ? C'est quoi c'est un rituel ?

Ça ne l'aurait pas étonné.

— Non, expliqua Imelda, amusée par la question. Georges, c'est notre attrapeur d'éclairs. Il a un grand cerf-volant qu'il envoie tout là-haut pour aller voler les éclairs. Et l'électricité descend le long d'un câble qui relie le cerf-volant au paratonnerre du sommet de l'éolienne, là-bas. Comme ça, l'éclair ne touche pas le sol et ne met pas le feu aux récoltes.

Elle détourna les yeux de la fenêtre, pour ajouter :

— Une année, Georges était malade. Il n'a pas sorti son cerf-volant, et toute la récolte de maïs a flambé. La moitié des poules mourraient de faim. Ça va, ici on n'est pas tous végétariens, mais on était tous peinés de devoir les bouffer.

Sacha ne put s'empêcher de sourire. Elle enchaîna :

— Vous m'avez parlé d'un cimetière des vaches. Les vaches aussi, vous les avez bouffées ?

L'Andine raconta sans joie.

— Yen avait sept-cents, des vaches, ma pauvre ! Y'a dix ans, Miserey avait l'une des plus grosses fermes laitières de la région. Mais quand y a eu le black-out, et que leurs génératrices à pétrole sont tombées en panne sèche, y z'avaient plus d'électricité pour les pompes. C'était trois, voire quatre traites par jour à cette époque ! Alors tu penses bien que ça n'a pas mis deux jours à voir des pis éclater. Sont toutes mortes comme ça. En trois jours, enfin je sais plus trop. Mon mari y saurait, lui. Elles beuglaient tellement fort, que pour les calmer, ils les ont libérées et elles se sont allongées dans le champ-là, pour mourir. On les euthanasiait d'un coup de lame entre les deux yeux. Les gars de Gauciel venaient pour récupérer de la viande. Ils croyaient pouvoir la congeler. Les cons ! Ça pompe un max un congélo. C'est pas avec des panneaux solaires que tu fais tenir ça ! Alors ils ont fait un peu de viande séchée. Et puis, après, avec leurs motos à l'éthanol, on a bougé les carcasses jusqu'à une fosse. Mais il en est resté une bonne centaine sur le champ, pendant des mois. À pourrir. C'était horrible à voir. On en a quand même gardé dix vivantes. Au début, on se relayait pour les traire. Et puis, petit à petit, comme on ne leur filait plus les trucs chimiques d'avant, elles ont eu moins de lait.

— Mais, et les patrons de la ferme, ils n'ont pas essayé de sauver leurs bêtes ?

— Les patrons, c'était déjà Béclercq à l'époque. Ils avaient racheté les fermes. Comme celle de mon mari. Beaucoup de gens de Miserey étaient employés chez Béclercq. Monsieur était aux champs ou à l'abattoir, et Madame faisait la caissière. Même les gosses, quand le collège a fermé, ils ont été mis en « apprentissage » chez Béclercq. Dans les entrepôts. Ces gars-là possédaient tout l'monde. Il a fallu le black-out, et puis comme l'essence arrivait plus, ils ont tenu avec leurs champs de panneaux solaires. Mais ça suffisait pas, leurs magasins, leurs tracteurs... ils pompaient trop ! Alors, ils ont pris leurs bagnoles électriques et sont rentrés à Paris où je sais pas où. Et, nous, on est restés là, avec sept cents vaches qui pourrissaient en plein cagnard. Ah c'est pas les busards ni les corbeaux qui s'en sont plaints, tiens ! Quel spectacle, de puta madre. Bon, qu'est-ce qu'il fout, le Georges ? Il arrive pas ?

Elle redescendit s'asseoir à côté de Sacha, épousseta sa jupe, massa ses mollets endoloris, les yeux levés vers le plafond, à l'écoute du tonnerre.

Enfin l'orage fut sur eux, il faisait presque nuit, et les éclairs rayaient le ciel d'acier.

— Là, souffla Imelda. Il approche, tu vois ?

Elle chuchotait. Sacha ne répondit pas, redressée, le front contre une arête de la meurtrière, elle regardait le cerf-volant en forme d'aile de chauve-souris ployer sous le vent. De sa queue pendait un large câble, dont on ne voyait pas le bout. L'orage semblait s'éloigner, quand Sacha eut l'impression d'avoir échoué en enfer. Le vent, chaud et sec, pénétrait en rafales. Là, le feu d'artifice, le ballet d'éclairs qui arrosaient le soir. Dans la guérite, la peur avait supplanté l'attente. L'intensité lumineuse, les détonations de canonnières. Tout approchait trop vite. À deux reprises, le cerf-volant fut touché. Imelda étouffa un cri. Puis, tout s'acheva dans un grondement sourd. L'épreuve était terminée. Dans le ciel assombri, on ne distinguait plus rien. Sacha voulut s'accroupir, mais Imelda s'enfuyait déjà dans le vent. En direction de Georges ? Elle refusa de la suivre. Alors, sans se retourner et d'un doigt imprécis, l'Andine lui indiqua le sentier du château.

14

Chauffée par le soleil dans des outres noires perchées sur le toit des baraques, l'eau brûlait sa peau. Entre ses pieds, un sceau récoltait une partie de l'eau usée. Sacha termina de raser ses aisselles. Le coupe-chou chauffait sa peau, malgré la fine mousse de savon de Marseille. Ce geste, cette coquetterie, que beaucoup moquaient lorsqu'elle bossait à la MDC, représentait, à ses yeux, l'ultime rempart entre la civilisation et la barbarie. Elle frictionna ses membres avec un gant rêche, puis coupa le jet, se cassa sur la tête l'œuf qu'on lui avait confié et l'étala sur ses cheveux, rinçant le tout avec ce qui restait dans sa gourde, histoire que l'eau bouillante des outres ne transforme son shampoing en omelette. Cela fait, elle s'offrit un instant pour inspirer et expirer. Évacuer la crasse psychologique de la journée. La chaleur retombait avec le soir. Elle se sécha dans un drap de coton dont elle ceint sa taille.

— Sacha ?

Elle reconnut la voix d'Imelda derrière les planches du baraquement, et, après quelques secondes d'hésitation, répliqua :

— Oui ?

— C'est Imelda... Je peux entrer ?

Elle venait de tirer de son barda sa dernière culotte propre et un T-shirt gris.

— Une seconde ! lâcha-t-elle sèchement, en passant le T-shirt. Elle contrôla son entrejambe, ne sachant plus exactement quand tombaient ses règles, puis enfila le slip. « Tu peux entrer ! »

Imelda ne s'était pas changée, mais portait un sac en bandoulière. Elle arborait un sourire gêné.

— Mon mari m'a mis au courant pour les abeilles...

— Ah ? (le sang lui était monté au visage.)

— Oui, Luis, mon mari.

— Luis !?

Sacha eut un petit hoquet.

— Qu'est-ce qui te fait rire ?, demanda l'Andine.

— Non rien, rien, juste, tout à l'heure, j'avais l'impression que votre mari c'était plutôt le gars au cerf-volant...

— Georges ? Eh bien... Non. Enfin...

Sacha était habillée, et finissait de lacer ses chaussures. Les mouches virevoltaient librement autour d'elles. Imelda reprit :

— Luis ne sait pas pour Georges, mais... Ça ne va plus entre nous. Malheureusement, je ne peux pas quitter la maison. Georges, aussi, est marié. Ce village est trop petit pour se mettre à divorcer. Changer de vie, c'est... compliqué.

— Vous êtes séparés, mais vous vivez toujours ensemble ?

— Oui, nous faisons chambre à part. C'est tout. Luis est gentil. De toute façon, il ne me touchait plus...

— Et vous faites comment avec Georges ?

Elles n'avaient plus rien à faire dans la cabine, mais profitaient de sa fragile intimité pour deviser à voix basse.

— Eh bien... On se débrouille, on...

— Pardon, je suis trop curieuse, coupa Sacha, vous voulez quoi ?

— Ah non, rien... Enfin rien à propos de ça. Non, je voulais juste t'inviter ce soir à voir quelque chose.

— Bah, si c'est encore un cadavre ou...

— Non, non, c'est du cinéma ! Retrouve-moi près du barbecue devant le château. Je t'emmènerai. Tu vas voir...

— Du cinéma ? Vous avez un cinéma ?

— Oui, même mieux ! Tiens, en attendant, voici un ticket de cantine. Avec ça, tu peux aller manger au château. C'est meilleur que sur le camp, où ils ne font que des courgettes en ce moment ! Devant le château, ce soir, il y a du *couï*.

— Du quoi ?

— Du cuy ! Du cochon d'Inde. Ça vient de chez moi, du Pérou. Vous mettez un couple dans une cage, et hop, tu as une portée de dix le mois suivant. C'est infernal ! C'est la seule viande du village. Et c'est moi qui les élève et les tue.

— Votre mari fait les abeilles et vous la viande. Vous êtes un couple sacrément important ici.

Cette réflexion sembla l'étonner.

— Oui... Peut-être.

Sacha ouvrit la porte de la cabine. Personne ou presque. Du côté du château, on commençait déjà à jouer de la guitare. Imelda lui rappela leur rendez-vous et indiqua, d'un coup de menton, la direction à prendre.

15

Sur le parvis du château, ils et elles étaient une quarantaine à partager les tentes. À gauche, un barnum en toile cirée accueillait les malades et les blessé.e.s. Sacha sentait des yeux sur elle, alors qu'elle toquait à la porte du Comptoir général. Personne. De l'autre côté, la médiathèque était pleine d'adultes et d'enfants, on jouait aux cartes et du piano, on lisait dans un canapé Chesterfield. Des gamins démarraient une partie de dés ou se pressaient autour des ordinateurs en poussant des onomatopées.

— Du silence !, ordonna Paul avec bienveillance.

Il était apparu depuis une porte dérobée, placée au milieu de la bibliothèque murale. En tournant la tête, il aperçut Sacha et lui fit signe d'attendre un instant. Après avoir parlé à une jeune fille dont le visage portait les stigmates de brûlures anciennes, il la rejoint. Elle ouvrit sa main droite pour révéler le ticket bleu. Paul rit.

— Qui t'a donné ça ? Tu n'avais pas besoin d'en avoir un pour manger avec nous, tu es ici chez toi !

— Formidable. Je meurs de faim... et de soif.

Il passa devant elle pour lui ouvrir la porte de son

bureau. Et, pendant qu'elle y garait son vélo, proposa :

— Une tisane te ferait plaisir ? Ou bien un jus de pomme ? On vient de sortir des bouteilles du puits. Elles sont encore fraîches !

— Pas d'alcool, c'est ça ?

— On a des thés frais en bouteille. On se les sert comme du vin... C'est très chic, tu vas voir !

Il était enjoué et elle eut bien du mal à réfréner un sourire. Au fond, sa mission était presque accomplie, elle était propre, en sécurité et allait bientôt pouvoir remplir son estomac. Elle n'espérait qu'une chose : qu'on ne lui reparle pas du loup.

— Au fait, reprit Paul pendant qu'ils montaient les marches en bois qui menaient au réfectoire. On ne l'a pas trouvé, mais on a ramassé ses crottes !

— À qui ?

— Bah le loup à crinière !

— Comment vous savez que ce sont ses crottes ?

— On... n'en sait rien. On a ramassé des crottes que les chasseurs n'ont pas l'habitude de voir. On s'est dit que tu pourrais les reconnaître ou les analyser.

Elle eut un petit râle.

— Je voudrais dormir. S'il te plaît. Et demain, je voudrais partir tôt avec la moto.

— Tu ne veux pas jeter un œil à ces crottes ? On saura déjà si nos chasseurs ont vu juste.

— Ça ne changera pas grand-chose.

Le réfectoire était une salle jumelle à la bibliothèque, quoique le sol fut parqueté. Les tables en bois, dont certaines sur des tréteaux, y étaient étrangement alignées en forme de U. Une vingtaine de personnes dînait là, comme dans une taverne.

— Il est encore tôt, reconnut Paul, mais si tu as faim, tu peux aller manger. Je t'accompagnerai en buvant un thé.

— Merci, fit Sacha qui commençait à regretter de n'avoir pas goûté aux courgettes cuites au four solaire des vagabonds du parvis.

Paul la guida vers une table où quatre hommes conversaient autour de verres à moitié vides.

— ...Tant que cette abominable sécheresse s'obstine ! disait l'un d'eux.

— Je vous présente Sacha, interrompit Paul. C'est la vétérinaire qui nous a rencardés sur le loup !

Les trois hommes se levèrent comme un seul, la saluèrent, déclinant leurs noms en lui serrant la main. Ils se ressemblaient tous. Vêtus de coton clair, avec des shorts, des sandales, des barbes grises et des tignasses plus ou moins fournies. Paul tira une chaise, l'offrit à Sacha et alla s'asseoir en face, emportant au passage un broc en grès et deux chopes en bois. Une fois assis, il resservit son voisin de gauche, avant de remplir son godet d'un liquide mousseux.

Il n'eut pas le temps de le porter à ses lèvres. Georges, le voleur d'éclairs, venait d'entrer, déclenchant une salve d'applaudissements.

— Alors on a fait combien ? cria un ventripotent assis au fond.

— Sept sur dix ! sourit le chasseur d'orage.

— Sept batteries ? Pleines ? s'étonna Paul.

Georges répondit d'une onomatopée irritée, puis se tourna vers une jeune femme qui semblait lui demander une faveur.

— Mouais, dit Paul pour lui-même en rapprochant sa chaise de la table. Je suis sûr qu'il nous a encore cramé les onduleurs.

— Sept batteries, c'est pas trop mal, dit l'un des trois vieux, combien on en doit à Gauciel, quat' ?

— Cinq, précisa Paul en déglutissant.

— Ah merde, deux ça va faire juste. Les mômes vont encore devoir pédaler pour faire leur musique !, moqua le deuxième, fourrageant dans sa barbe.

— Et recharger le tracteur !, conclut un autre, avant d'ajouter, en reniflant : Moi je me demande bien ce que fout un loup à crinière à Miserey !

Sacha comprit qu'on attendait d'elle une réponse.

— Il y a plein de raisons. Un zoo l'a relâché, même si je n'ai pas connaissance qu'un zoo en France ait eu ce genre de bestiole en cage. Un original a très bien pu en élever comme l'autre avec ses lions, pour s'en servir de garde du corps ou de chien de chasse. Ça peut même être la milice. S'il a été dressé comme une arme, ça pourrait expliquer pourquoi il est si agressif. Bref, y a un million de possibilités.

— Je vais vous dire quelque chose que je ne

répéterai certainement jamais, entama un autre dont la calvitie était plus prononcée. Cet animal est une épreuve terrible, certes, mais il est aussi une opportunité pour Miserey et Gauciel...

— Tu ne peux pas dire ça, Mathis ! coupa, sans grande conviction, un troisième au nez d'ivrogne.

— Si, je peux le dire ! Nous renouons enfin nos liens avec la base aérienne. Sans la mort de ces pauvres filles, elles auraient pu convaincre tout le monde de rompre notre pacte avec Gauciel. Ce loup vient de montrer à quel point leurs fusils nous sont utiles ! Sans eux, on ferait quoi ? On lui courait après avec nos grelinettes ?

À ce dernier mot, les trois autres eurent un rire d'approbation que Paul imita, malgré sa bouche pleine. Il en profita pour inviter Sacha à le suivre vers le buffet. Des mouches tournaient autour des quelques plats garnis de préparations froides et simples, comme des haricots à l'ail, du quinoa aux olives, un tagine aux allures de piperades et une préparation verte dans un pot étiqueté Pesto de spiruline. Derrière le comptoir, un androgyne aux ongles peints et aux bras tatoués de visages de femmes, lui versa un thé, tiré d'une vieille bouteille de vin, sortie d'un seau à champagne. Elle repéra la pile d'assiettes dépareillées et une caissette en bois pleine de couverts. Pendant qu'elle se servait trois cuillères de ratatouille, Paul approcha de son oreille.

— Tu viens de parler avec trois membres de notre conseil communal. Je te fais grâce des détails.

— Ils ont dit elles. « Elles vont rompre le pacte ». Qui sont-elles ?

— Elles ? C'est les femmes-abeilles. Elles sont très influentes ici. Tu dors chez leur cheftaine.

— Francine ? Et elles veulent quoi ?

— Qu'on coupe les ponts avec Gauciel qui représente tout ce qu'elles haïssent : des hommes, blancs, viandards, armés et incapables de faire pousser autre chose que des pommes de terre.

Ils rejoignirent leur table, aux côtés du triumvirat en sandalettes. Paul reprit, tourné vers eux :

— Je lui expliquais nos liens avec Gauciel.

— Rien de plus simple, coupa Mathis. Imaginez une bande de hippies - nous - qui passe un deal avec ses voisins flics pour qu'ils les protègent, pendant qu'eux cultivent pacifiquement leur gentil potager.

— Et en échange, vous les nourrissez ?, tenta Sacha.

— Boh !, acquiesça l'autre. C'est plus subtil que ça : on leur apprend la permaculture, on leur offre des graines de notre cru.

— Donne un poisson, tu fais un pauvre. Apprends-lui à pêcher, tu fais un homme, lâcha le troisième larron, avant que le deuxième ne complète, vigilant : ou une femme.

— Et eux, reprit Sacha, ils ne vous apprennent pas à vous défendre, comme dans les *Sept mercenaires* ?

— À quoi bon ? Certains se sont carrément installés à Miserey, après y avoir trouvé une femme à leur goût pour tenir leur maison.

— Ils ne sont donc pas si méchants que ça, pour épouser et vivre avec des écolos comme vous.

— Pas tous, non. Oh, ce sont des militaires, quoi ! Et puis, ils prenaient un peu Miserey pour un lupanar, alors on a remis de l'ordre.

La piperade n'avait pas suffi à apaiser sa faim. Elle aurait voulu du pain pour saucer.

— Le jour du pain, c'est demain. Là, y en a plus.

Elle vida son godet de thé et demanda quoi faire de son assiette sale. On ne lui répondit pas. Le plus maigre des trois racontait comment, « il y a deux ans, on a tenté de faire du verre. Un échec cuisant, et un grand gaspillage de bois de chauffage ! Les savoirs se perdent »...

Enfin, on lui indiqua un bout de la pièce où se trouvaient des bacs à vaisselle. Là, attendait l'enfant aux cicatrices qu'elle avait aperçue dans la bibliothèque. Elle s'assura d'un œil vide que Sacha appliquait bien les consignes puis récupéra assiette et couverts pour les sécher, avec un sourire gâté. Marchant vers la sortie, Sacha salua les trois hommes. Paul lui promit des nouvelles de l'apiculteur demain matin, à la première heure. Il lui proposa même de la raccompagner, ce qu'elle déclina.

Elle hésita à fuir. Et si les abeilles ne remplissaient pas leur office ? Partir de nuit à travers champs, c'était prendre le risque de sauter sur une mine ou se faire repérer et perdre toute crédibilité ou, pire, se faire canarder. Quant à marcher des heures avec un prédateur qui rôde… Au fond, elle n'avait aucune envie de perdre sa chance de dormir dans des draps propres et boire à sa soif. Et, pour mieux s'en convaincre, elle alla chier, assise, à l'aise, sur une toilette sèche, en feuilletant de vieux numéros de la revue *Fracas*, posés là, avec des feuilles cotonneuses de grande molène pour s'essuyer de derche.

La chaleur tombait enfin. À mesure que le soleil déclinait, les moustiques sortaient, allant se ficher dans les pièges en ferraille qui cernaient le campement, comme les piquets d'une clôture.

Sur le parvis du château, elle repéra aisément les flammes du barbecue, espérant pouvoir goûter au fameux Cuy. Les grillons continuaient à crisser. Sous un tipi en moustiquaire, quelqu'un jouait une *Gymnopédie* de Satie à l'harmonium indien. Un peu plus loin, autour d'un lampion, on dansait au son d'un trio country guitare, accordéon, harmonica. Son regard s'attarda sur ce spectacle de femmes et d'hommes mêlés dans une insolente joie d'exister. Aveugles à la menace. Elle les regarda juste assez longtemps pour nourrir sa mélancolie.

Derrière le feu, deux femmes s'affairaient. L'une d'entre-elles tira un cochon d'Inde d'une cage et, avant de lui tordre le cou, lui fit, en l'embrassant, une courte prière.

Mais pas d'Imelda. Soudain, elle envoya une violente gifle à son avant-bras. Un moustique.

Enfin, elle reconnut l'Andine dans la foule naissante de vagabonds odorants qui faisaient la queue près du feu. Beaucoup semblaient prématurément vieillis. Certains grognaient, se tordaient, dans de petits mouvements agités et inquiétants. Elle ne fit pas attention à leurs visages, s'empressant d'attraper Imelda par le bras. Les deux femmes se saluèrent, échangèrent quelques mots et prirent un chemin entre deux conifères roussis, agonisants.

16

— Où m'emmènes-tu ?

— Je te l'ai dit, au cinéma !

Sacha s'en voulait de ne pas avoir attendu pour mordre dans une brochette. Heureusement, Imelda lui avait gardé quelques empañadas à la viande de cuy. Ils avaient un goût de poulet.

— Dis-moi, fit Sacha tout en mâchant et marchant. Il n'y a pas de femmes à Gauciel ?

— Bien sûr que si... Pourquoi cette question ?

Sacha s'étonna qu'Imelda n'eût aucun accent, et répondit :

— Je ne sais pas, je me faisais la réflexion.

— Il y a des femmes à Gauciel. C'était la base aérienne, alors il y avait une majorité d'hommes. Mais il y avait des femmes militaires. Et les femmes des militaires. Et puis, quand il y eut le black-out, les gendarmes, les pompiers, plein de gens sont venus. Et, parmi eux, il devait aussi y avoir des femmes.

Sacha venait d'avaler la dernière bouchée de son empañada. Le vrombissement des insectes paraissait d'autant plus fort que la musique venue du château s'estompait.

— J'ai entendu quelqu'un dire que les gars de Gauciel prenaient Miserey pour un bordel.

— Ah, ça oui ! Au début, des filles du village se sont mises à faire le tapin pour manger. À Gauciel, il y avait des stocks de bouffe en conserve. Des tonnes ! Les types venaient et prenaient du bon temps contre une boîte de petits pois ! C'était avant qu'on se prenne en main. Quelle heure est-il ?

Sacha consulta sa montre.

— Vingt heures dix !

— Il est tard, râla Imelda. On a raté le premier film.

Elle s'arrêta soudain devant ce qui semblait être un chapiteau, caché dans l'ombre des arbres. Alors qu'elles approchaient le rideau bleu, le faisceau des lampes frontales de deux gardes apparurent. Armés d'arbalètes, ils tenaient un sifflet entre les dents. Sacha écarta le lourd rideau de l'entrée pour découvrir un public hilare assis par terre, devant un grand écran. Un immense drap blanc tiré par des cordes. À gauche du rétroprojecteur, deux femmes pédalaient sur des vélos d'appartement, raccordés à un générateur bricolé.

Elle reconnut l'image et la musique de *Qui veut la peau de Roger Rabbit*.

— Le Ciné Cyclo Club ! annonça Imelda avec fierté.

— C'est pas dangereux avec le loup qui rôde ? demanda Sacha.

— On ne fait jamais qu'errer au milieu de bêtes qui rôdent, non ?, répondit l'autre, en cherchant un coin de tapis où s'asseoir.

Sacha la regarda sans bouger.

— Assieds-toi !, commanda l'Andine.

— Ce doit être bourré de moustiques par ici. Et de tiques aussi.

— Ahhh, tu es ridicule ! Tiens (Elle fouilla dans sa besace et lui tendit une fiole) Étale ça sur tes jambes.

— Qu'est-ce que c'est ?

— De l'huile de cèdre. Ils détestent ça !

Puis, elle rit comme une enfant et tira de sa poche un étui en fer blanc, dont elle sortit une cigarette de feuille roulée. Sacha se badigeonna, et rendit la fiole.

— Un bidi ?, proposa l'autre en lui tendant une clope. C'est à la rose.

Sacha déclina avant de se raviser.

— Ce ne sont pas de vrais bidis, précisa Imelda. Mais c'est de la vraie rose !

Elles fumèrent, assises côte-à-côte, devant la fin de ce film que personne ne regardait vraiment, trop occupés qu'ils étaient à manger, discuter, s'embrasser. Une trentaine de spectateurs étaient assis, là, sous ce chapiteau de fortune. Sacha commençait juste à se détendre, quand Imelda interrompit sa rêverie.

— Paul m'a dit que ta fille était mal en point. Une infection pulmonaire, c'est ça ?

— Oui. Le truc qui se soignait avant en 48 heures

avec des antibio. Mais là, ça peut dégénérer du jour au lendemain. Il lui faut du lourd. Avec les nano qui traînent dans mon sang, une simple transfusion aurait suffit.

— Aurait suffi ?

Sacha eut un blanc.

— Je veux dire devrait suffire.

— Je suis vraiment désolée que ta fille soit…

— Elle n'est pas mourante, bordel ! chuchota-t-elle sèchement. Je ne vais juste pas la laisser perdre quatre ans de sa vie dans la MDC de Dieppe pour se payer dix sachets de 500 milligrammes d'antibiotiques. L'important, c'est de ne pas me faire prendre bêtement, (Elle semblait réfléchir à voix haute) Tu comprends ? Si j'avais écouté mon instinct, je serais morte depuis longtemps.

Un couple passa derrière elles, accompagné d'un grand chien blanc sans laisse. Sacha planta ses yeux dans ceux d'Imelda.

— T'inquiète. On m'a toujours reproché ma froideur calculatrice. C'est probablement ce qui m'a coûté ma vie sentimentale.

Il y eut un silence, puis l'écran s'éteint et des lampions électriques s'éveillèrent comme des libellules. On entendit rire des enfants. Un insecte mordit la main de Sacha. Imelda tira longuement sur sa cigarette et dit :

— Il y a déjà eu des loups dans ce pays. Quand il y avait encore des vaches, ils entraient parfois dans les râteliers et déclenchaient l'alarme. On accourait, ils bondissaient partout, ça affolait les bêtes. Et on les attaquait avec tout ce qui nous tombait sous la main, des faux, des houes, des merlins.

Des musiciens se levèrent pour prendre place à droite de l'écran : un duo de cordes et une flûte traversière. Les pédaleuses du Ciné Cyclo Club passèrent le relais à deux hommes.

— Je me souviens aussi d'une fille, poursuivit Imelda. Elle devait s'appeler Marie ou Julie, mais on l'appelait Violinne. Elle animait les noces avec son violon. On l'invitait pour faire danser les villages à la Saint-Jean. Et, au milieu de la nuit, elle retournait chez elle à vélo, avec sa paye et les restes du banquet. Une nuit, elle aurait été attaquée entre la Commanderie et le Tremblay par une bande de loups. Mais elle n'a pas perdu la tête. Elle a continué à pédaler, en lui jetant toute la cochonnaille qu'elle avait dans son barda. Mais les loups ont rapidement tout lapé et l'ont rattrapée. Alors, elle s'est mise à chanter faux. Paraît qu'elle criait du Johnny Hallyday dans la nuit. J'aurais aimé entendre ça ! C'était tellement laid que les loups se sont éloignés... Pour revenir aussitôt. C'est malin, ces bestioles. Elle a quand même pu tenir jusqu'au distributeur automatique de pain de Gravigny. Mais la porte du chalet était fermée. Le lendemain soir, les voisins de la Violinne ont entendu sa petite de six ans pleurer. Ils ont tambouriné. Personne. Z'ont appelé les pompiers pour forcer la porte. La petite s'était réveillée, avait cherché sa maman toute la journée, puis avait craqué en voyant le soleil disparaître. On a organisé une battue, et comme elle avait pris un chemin de traverse, on a mis longtemps à la retrouver, du moins, ce qu'il en restait. Les loups l'avaient attirée loin de la route, au milieu des pommiers, loin des maisons. Il ne restait que des lambeaux et des os rongés dans une mare de sang. La meute l'avait dévorée.

Le chien blanc vint les rejoindre, en quête de compagnie et de caresses. Sacha lui gratta le front, avec les gestes d'une amoureuse des bêtes. Et, quand il en eut assez, il s'en alla plus loin. Elle se rassit alors, plus près d'elle, ses genoux entre les bras, sans briser le silence, profitant de la légère odeur de rose que dégageait son mégot. Soudain, elle sembla sur le point de parler, mais renonça et sourit. Elle avait l'air beaucoup plus jeune dans le reflet pâle de l'écran blanc. La tête inclinée vers sa poitrine, elle s'endormait presque, s'attendant à ce qu'Imelda prononce une phrase insipide. Mais rien ne vint. Alors, elle demanda :

— Et on voit quoi maintenant ?

— On voit danser les femmes-abeilles.

17

Les violons jouaient un *mi* interminable.

Dans le feu du couchant, les ridules d'un lac, entre les roseaux blancs et les branches de saules. Dans un silence déformé par les clapotis et les râles, elles dansaient, nues. Exhibant des cicatrices visibles et invisibles, mêlant leurs bras avant de les disjoindre. Les chevelures hurlaient à contre-jour. Et ces torches enflammées faisaient danser les ombres.

L'une se cabra, l'autre mirait le ciel mauve, les bras sur la poitrine. Elles étaient sept ou huit. Deux tanguaient, côte-à-côte. La faim avait aiguisé leurs traits et donnait à leurs regards un air sauvage qui traversait la toile. Dans un coin, une forme glissait comme un crocodile. On ne voyait plus d'elle que la crinière fauve, les yeux luisants et la truffe. Imelda se rapprocha, les yeux souriant d'une joie secrète. Là, une danseuse sortit de l'eau et gravit l'autre berge. Elle fit quelques pas d'une lenteur extrême, la tête pendante, et la forêt de roseaux se referma sur elle. Lorsqu'une autre fille, aux seins à peine formés, traversa le lac à la nage dans leur direction, Sacha fut prise d'une brusque épouvante. La fille souriait, révélant ses canines. Son visage, au soleil mourant, était jaune, comme peint à l'argile. Imelda se gratta sous l'aisselle et lâcha un petit rire. On n'entendait que le son du violon. Enfin, d'un geste ample, la forme s'en fut à reculons jusqu'à disparaître. Les danseuses, en cercle, se dressèrent enfin, dans un jaillissement d'eau. Elles s'élevèrent, sous le soleil évanoui. Elles s'élevèrent hors de l'écran, reflétées par le miroir écorché de l'eau, prenant des pauses courbes, dénaturées, méconnaissables. L'eau s'écoulait de leurs pieds en un rideau de pluie. Sacha étouffa un cri. Peut-être avait-elle une main sur la bouche. Peut-être n'était-ce point la sienne. L'ascension dura une poignée de secondes, étirées jusqu'aux rivages du crépuscule.

*

Elle retrouva ses esprits, sans sursaut, quand les lucioles se rallumèrent. Quelques applaudissements. Le chant irritant des grillons. Elle se dressa sur son coude. Imelda tourna la tête, elle fumait encore.

— C'est toujours aussi rayonnant, fit-elle.

Sacha lançait des regards circulaires, comme si l'invisible rôdait autour d'elle. La foule disparaissait, lentement. Le l'écran restait vide. Le temps coulait, sans heurts.

— J'ai dormi ? demanda-t-elle.

Imelda eut un rire franc, sans timidité. Comme si ces instants les liaient dans une intimité moite.

— J'avoue qu'il n'y avait pas que de la rose dans mon bidi.

— J'ai rêvé ?

— Comment veux-tu que je le sache ?

— Elles ont volé ?

— Qui ça ?

— Dans le film !

— Bien sûr ! Comme tous les premiers jeudis du mois !

Sacha se sentit ankylosée.

— Je ne me souviens pas m'être endormie.

— Ah ? Tu en tiens une belle couche.

— C'est quoi cette clope ?

— Du yagé. J'en ai planté des graines il y a six ans. C'est une plante capricieuse. Sur moi, elle n'a pratiquement plus aucun effet.

Sacha chercha à se lever, constata un léger mal de tête et jeta un œil à son poignet. Minuit dix.

Imelda tira une bouffée, toussota, puis entrepris de la raccompagner chez Francine.

— C'était quoi ce film ?, demanda Sacha tandis qu'elles rejoignaient une rue du village aux volets clos. À sa droite, entre les croisés d'une porte-fenêtre, elle distingua un homme assis dans les flammes agitées d'un chandelier.

— Je ne sais pas trop. On dit qu'il a été tourné ici il y a des décennies. Francine a toujours nié jouer dedans. Mais, moi, je crois l'avoir reconnue, à l'arrière-plan.

Elles marchaient d'un pas lent. Seule la lune éclairait la rue endormie. Quelques bestioles virevoltaient dans l'ombre. Probablement des chauves-souris. Beaucoup avaient ouvert leurs fenêtres, barrées de moustiquaires, en quête d'un sommeil fragile. Les nuits étaient si différentes du temps où tout était facile et bénin, mais privé d'étoiles et de silence.

Au bout de quelques minutes, Sacha eut l'impression désagréable qu'on les suivait. Se retournant brusquement, elle aperçut une ombre qui dépassait d'un arbre. D'une main, elle saisit le bras d'Imelda. L'urgence dans ses yeux. Elles se mirent à courir.

— Stop !

L'homme avançait dans la lumière crue. Fusil en main. Imelda n'osa plus bouger. L'homme se promenait maintenant au milieu de la chaussée, d'un pas méfiant. La chasse, décidément, n'était pas terminée.

— Stop !

Imelda reconnut un patrouilleur de nuit. Sacha cessa sa course. Un vent s'était levé, sec et discret. Ils échangèrent quelques mots. Puis repartirent, comme si de rien n'était

— Nous y sommes presque.

La maison de Francine n'était, en effet, qu'à quelques pas. Sacha proposa à l'Andine de partager le lit double, pour ne pas rentrer seule. L'autre regarda le chemin, par-dessus son épaule, et sembla se convaincre de ne pas l'emprunter. Elle hocha la tête.

À l'intérieur, il fallut tâtonner pour trouver la table et, sur cette table, un briquet accompagné de deux bougies en cire d'abeille gaufrée. Elle alluma l'une d'elles et la ficha, avec sa propre cire, dans le creux d'un bol en grès. La flamme jetait des ombres désordonnées. Ne sachant si Francine dormait et ne pouvant l'entendre, elles prirent soin de ne pas trop faire grincer les marches de l'escalier. Sacha tourna la poignée. La chaleur remplissait la chambre comme une présence hostile. Les deux femmes se regardèrent, embarrassées, puis elle souffla la bougie, ouvrit une fenêtre et un volet. La lune éclairait suffisamment pour qu'elles puissent se déshabiller.

À peine Sacha eut-elle le temps de se retourner pour la remercier qu'Imelda était nue devant elle. De courtes jambes, des hanches larges, une lourde poitrine. Elle eut un instant d'hésitation, fixant la clairière, dehors, entre les volets. Le lit crissa un peu. Imelda sembla froisser les draps.

— Que fais-tu ? chuchota Sacha.

— Je t'attends.

— Tu attends quoi ?

Elle s'était retournée.

— Depuis combien de temps tu n'as pas fait l'amour ?

— Avec un homme ?

— L'amour, tout court.
— Je n'ai pas le temps pour ça.
— Allez viens.
— Je n'ai pas envie. Je suis épuisée. J'ai ma fille en tête.
— Ne sois pas ridicule.
— Tu n'es pas vraiment mon type.
— Tu n'as pas envie de sucer mes seins ?

Ses yeux vinrent se poser sur sa poitrine. Dans la lumière insuffisante, l'Andine avança, tendit une main, chercha à caresser son bas ventre, effleura la cicatrice qui montait de l'aine jusqu'au nombril. Son bras se raidit. Sacha la repoussa d'une claque sur la main. Deux images de son accouchement avaient giclé de sa mémoire. La douleur, puis la peine.

Avec un soupir frustré, Imelda la fixa, avant de renfiler sa robe pour quitter la chambre.

Cette nuit-là, Sacha eut l'insomnie de celles qui doivent prendre une décision. Fermant les yeux, s'endormant à peine. Se retournant vers le mur, puis le plafond, où cheminait un duo d'araignées. La lune brillait au travers des volets, indifférente à ses tempêtes intérieures.

18

Le matin était encore clair. Il n'était pas six heures, et Miserey s'affairait aux champs, aux bêtes, aux ateliers. Des ombres dans le matin sans aube, allant à la besogne auquel le sort les destinait. Avant que le soleil ne rende tout effort intenable. Par peur du loup, on partait armé de machettes, de haches, d'arbalètes ou de fusils. Les enfants, chargés de libérer les bêtes avant de retrouver l'école, sortaient désormais sous la garde d'un chasseur équipé.

Le tirage au sort avait désigné Alexandra responsable des huit chèvres du rond-point de Conches. Mais la gamine ne pouvait quitter le lit. Fiévreuse depuis deux jours, prise de nausées et de violents maux de tête, elle souffrait, en silence, d'une crise de dengue. Il avait suffi qu'elle s'endorme, un soir, sans ajuster sa moustiquaire... Dans le village, une dizaine d'habitants étaient touchés. Comme il se doit, sa mère, Mathilde, avait pris le relais. Fleur se serait fait une joie de la remplacer, si elle n'avait pas disparu. La pauvre gamine, depuis sa chute et sa trépanation, elle n'était plus bonne qu'à ça : garder les bêtes... et se perdre dans les bois. D'habitude, les gars de Gauciel la ramenaient. Ou bien elle rentrait seule, deux jours plus tard, hirsute et morte de soif. Cette fois, ça faisait une semaine. Et on s'attendait à retrouver les restes de son cadavre quelque part, dans un fourré.

À Mathilde, donc, de veiller sur les chèvres. Qu'elles ne manquent ni d'eau ni de nourriture. Et à les traire, lorsque leurs pis semblent pleins – ce qui est rare en été. Le mois suivant, le conseil tirerait au sort de nouvelles corvées pour elle et ses enfants. Les écuries, les poules, l'étable aux ânes, la bergerie... À onze ans, ses gosses ne s'en étaient encore jamais plaints. C'est qu'ils n'avaient pas vraiment connu d'autre vie. Voilà pourquoi elle leur était confortable. Ce qui donnait à Mathilde la force de ne pas pleurer de fatigue ou d'ennui.

À deux pas de Mathilde, suivait Gomis – le dernier noir du village, respecté pour ses talents de pharmacien. Gomis chassait aussi, souvent seul, avec un lourd fusil à canons superposés sur lesquels on pouvait lire FAIR en lettres dorées. Il ne voyait de Mathilde que le sac de toile gonflée qu'elle portait, jeté derrière son épaule.

— Qui accompagne ton fils aux poules ?

— Personne, fit la jeune femme, ils y vont avec Cindy. Elle a dix-sept ans, elle a droit d'avoir un fusil.

— Ah bon ? siffla le chasseur. Je ne l'ai pas croisée au château à la dernière distribution de munitions. Il faudrait qu'on se parle.

L'enclos des chèvres occupait une parcelle au milieu de laquelle pourrissait une maison à la peinture lépreuse. On distinguait, autour des fenêtres, les traces noires d'un ancien incendie. Les chèvres étaient bien là, pour moitié endormies. Ça broutait les maigres brins jaunis par le soleil. Quelque part, dans le silence tiède de l'aube naissante, des oies cagnardèrent.

Gomis s'assit, le fusil entre les jambes, dans le paysage noir et blanc. Le soleil devait se lever quelque part. Mathilde lâcha son sac, laissant le fourrage au sol, et chercha le seau. L'abreuvoir était presque sec. Elle eut un regard pour son gardien, et partit en direction du tuyau de cuivre qui s'élevait du sol, un peu penché, comme un arbuste coiffé d'un robinet. Les rayons de lune disparaissaient dans la forêt voisine. Les ombres aiguës des charmes s'étendaient sur le sol dénudé. Il n'y avait pas le moindre courant d'air.

Et, pendant que l'eau coulait dans un fracas métallique, elle apparut. Un long corps, découpé dans la lueur argentée. Assise sur ses pattes arrière, elle observait l'instant, les oreilles dressées. Mathilde prit la anse du seau, se redressa, la vit, spectrale. Envahie par la peur, elle agrippa le seau avant de le lâcher. Aucun son ne sortait de sa bouche grand ouverte. Puis, un cri étouffé. Elle fixa son regard dans ses yeux jaunes malveillants, vit à peine ses dents et ses côtes saillantes. Elle cria encore. Son visage n'était plus qu'un masque blanc. Un oiseau s'envola. La bête se mit à gratter le sol avec une patte, redressa la tête, reniflant l'air, avide. On crut entendre un sifflement, là-bas. Tout à coup, elle poussa un grognement et fondit sur lui. Il courait déjà. Elle se déplaçait en saccades, dans un nuage de poussière. Enfin les coups de feu retentirent. Mathilde ne vit pas la bête aux oreilles pointues s'affaisser contre le sol dur, se relever et traîner en geignant. Elle courut à toutes jambes, se jetant dans l'obscurité, silhouette titubante, trébuchant contre des racines invisibles. Elle ne vit que l'éclair vaciller, puis les jambes écartées du chasseur se détacher dans la lumière. Gomis n'eut pas le temps de recharger, elle avait déjà fui, abandonnant derrière elle un sang noir. Gomis redressa le canon du Fair, et tira d'un doigt la corde du sifflet qui pendait à son cou, avant de déchirer le silence de l'aube.

19

Sacha sortit du lit, nue, et consulta sa montre. Six heures huit. Elle gagna la fenêtre, retira la moustiquaire et ouvrit les volets. Un silence tiède immobilisait les champs. Parfois, un chien jappait. Le jour se levait, là, dans une aurore verte et le bruissement discret des conifères immenses. La vue n'était pas riante.

Elle identifia l'origine des longs coups de sifflet et du battement sourd des tirs. Puis, elle prit conscience de sa nudité et referma le volet. En ramassant ses vêtements, elle se demanda combien de temps elle devrait encore attendre cette moto. Elle enfila ses chaussures avant de tourner, en silence, la poignée de la porte...

Discrétion bien utile, car la vieille était en bas, assise à la table ronde.

Sacha tendit le cou pour voir sans être vue. Du coin de l'œil, elle remarqua une boîte en fer, posée au centre de la table. À l'intérieur, on devinait une fiole. La rambarde cachait la moitié du corps assis. Mais, quand le bras droit revint se poser sur la table, Sacha vit distinctement la seringue. Un élastique qui claque. La seringue qui retourne dans sa boîte. Francine soupira d'aise, s'enfonçant dans le dossier de la chaise qui grinça légèrement. Sacha retint sa respiration, consciente qu'elle n'aurait jamais dû assister à cette scène. Non seulement, mamie tisane est héroïnomane, mais elle gardait son précieux stock pour elle. Probablement pour faire taire une douleur violente.

Le pouvoir poisseux de ces secrets volés chauffa dans sa poitrine. Ou bien était-ce l'apnée ? Sacha expira du nez, posa une main sur la poignée de la porte et fit mine de sortir bruyamment de la chambre.

Francine posa son verre d'eau sur la table. La boîte en fer avait disparu. Ne restaient qu'une tasse vide, un petit pain visiblement trop cuit, ainsi qu'un plateau en bois chargé de figues sèches, d'amandes et de noisettes.

Elle leva ses yeux verts.

— Bien dormi ? demanda-t-elle, maternelle, tout en allumant la longue bougie de cire au centre de la table.

Sacha arrêta une seconde sa descente de l'escalier.

— J'ai entendu un sifflet... Un coup de feu... Il doit y avoir...

— Reste ici. C'est dangereux dehors. Ne va pas te faire bouffer par cette bête enragée. Laisse-les la tuer.

Sacha n'écoutait pas, enfilait ses chaussures.

— Viens t'asseoir, ordonna la vieille.

Sacha cherchait sa besace. Elle regretta d'avoir

laissé son vélo au château.

— J'ai dit ASSISE !

La voix métallique de Francine la stoppa net dans son élan. Sacha lui adressa un regard interdit. La vieille sourit, la croyant obéissante, et ajouta, retrouvant son ton maternel :

— Je sais que tu veux une moto. Cette moto est à moi. Enfin, en quelque sorte.

Au loin, le sifflet s'était tu. Un coq chanta. Dans ce monde nouveau, il n'y avait plus d'alarmes.

— Je sais aussi que tu as fait la connaissance d'Imelda.

— Elle m'a invitée au ciné-club.

— À voir danser les femmes-abeilles ?, s'amusa Francine.

Sacha s'assit, puis fit une pause.

— Je vous ai reconnue, dans le film…

— Ah ? Ma pauvre… Cela fait bien longtemps que je ne danse plus. Par contre, j'ai croisé deux ombres qui fumaient, dans un bois, en rentrant chez moi.

— Vous veillez tard à votre âge, Francine.

— L'été, je dors tout l'après-midi. Je vis le matin et la nuit. Comme les chouettes.

Sacha marquait chaque seconde d'un coup d'ongle sur la table. La vieille fendit sa face d'un sourire taciturne.

— Fais attention aux aromatiques d'Imelda. Ils faussent le jugement, affaiblissent la volonté.

— C'était effectivement assez fort comme truc.

— Tu as dû faire d'étranges rêves.

Sacha sourit, but son verre d'eau en cherchant, d'une oreille, à entendre ce qui se passait au-dehors. Francine lui versa une tisane au goût terreux. Puis, elles rompirent le pain.

— Quand pourrais-je avoir ma moto ?

— Quand nous aurons vu Luis. Il doit être dans le bois, avec les autres chasseurs. Tu ne feras que les gêner s'ils traquent la bête. Restons ici en attendant que le soleil se lève. Ensuite, nous irons à la fontaine. Ils y seront sûrement.

Sacha prit une inspiration, consentit à faire confiance à son hôtesse, et plaça un large bout de pain dans sa bouche.

— Et, puisque tu t'interroges sur les femmes-abeilles, je vais te raconter notre histoire, en attendant.

Sacha reprit une gorgée de cette tisane infecte, fit la moue, et planta ses incisives dans la croûte du pain.

— Pendant le black-out, des miliciens s'étaient introduits dans le village. À l'époque, nous étions sans armes. Et, du côté de Gauciel, c'était le chaos. Les gens fuyaient, pillaient l'armurerie... Nous étions livrés à nous même. Isolés. On se connaissait mal. Mis à part la soirée du comité des fêtes le 14 juillet et le loto annuel, les gens du village ne se croisaient pas vraiment. Quand il y eut le black-out, tout le monde s'est terré chez soi, avec son groupe électrogène et ses provisions. Alors, les miliciens en ont profité. Ils sont entrés dans les maisons où l'on savait qu'aucune arme n'était déclarée. Ils avaient prévu leur coup. Et le black-out était l'occasion parfaite. Ils sont allés là où ils ne trouveraient pas de résistance. Ils sont entrés de force dans les maisons. Et ils ont tué les hommes et violé les femmes à tour de rôle. Les maris, les jeunes mâles, s'ils n'avaient pas été tués en tentant de se battre, avaient été forcés de regarder, puis emmenés pour servir comme esclaves. Le lendemain, le village s'est réveillé comme si de rien n'était. Certains, qui avaient un ami ou de la famille, ont découvert l'horreur. Ce jour-là, nous nous sommes unis. Contre eux. Et toutes les femmes encore vivantes, se sont unies. Pour que, plus jamais, ils ne reviennent. Nous avons scellé un pacte. Et nous sommes devenues les femmes-abeilles.

Francine la regarda, et ses traits s'adoucirent. Sacha prit une inspiration.

— Je suis vraiment navrée. Je suppose qu'Imelda est arrivée après.

— Non. La maison d'Imelda n'a tout simplement pas été visitée. Son mari a des fusils déclarés.

La vieille secoua la tête et souffla la bougie, devenue inutile : le jour se levait.

— Aide-moi à mettre mes sabots, ordonna-t-elle. Allons au puits.

20

Au Nord du village, face aux champs de maïs, se trouvait la place au puits. Un modeste puits de briques, flanqué d'une belle pompe à bras. Il semblait venir d'une époque lointaine, mais n'avait que six ans. Construit par une poignée de voisins, quelques semaines avant les ordonnances Mornay organisant le rationnement de l'eau. On tirait de ces pompes une eau pure en toute saison. Longtemps, Miserey n'avait craint ni la sécheresse ni le gel. Et, du matin au soir, le bras s'activait. Son bec en forme de poisson crachait l'or bleu dans les jerricans, les seaux et les bouteilles. Les porteuses et porteurs d'eau de la semaine – tirés au sort lors par le conseil communal – attendaient, accoudé à leur âne, ou une fesse sur la scelle de leur vélo cargo.

Les jours de paix, profitant de la fraîcheur matinale, on s'échangeait des nouvelles, se prêtait des outils, prenait rendez-vous pour jouer aux dames ou scier un tronc au bois de Passy.

Mais, ce matin, on trouvait là dix chasseurs. Peut-être davantage. Sales et épuisés par la peur. Certains se baignaient le visage au mince filet d'eau pissé d'un fut en plastique blanc.

La place était encerclée de commerces. Mais l'atelier de réparation de verres et de céramiques restait clos. Dans son cabanon, le rémouleur aiguisait des haches. Et le brasseur distribuait du café froid de lupin.

Quand Sacha arriva, la Francine à son bras, il y eut comme un murmure. Un homme vint à sa rencontre.

— C'est Mathilde, elle a été attaquée, mais elle n'a rien. Gomis a tiré sur la bête. Elle est blessée. Nous l'avons traquée jusqu'à la limite du camp nomade. On a pas...

Francine lui fit signe de se taire, leva un œil et demanda une tasse de café, puis, se tournant vers les gens, elle écarta les bras comme pour les embrasser tous. Sacha chercha Luis, en vain. Le silence se fit.

— Mes amis, on m'apprend que la nuit n'a pas fait de victime. Et quel que soit le résultat de votre chasse, n'oublions pas, s'il vous plaît, les bonnes habitudes qui...

La note d'une trompette de chasse leur parvint d'on ne sait où. Il y eut une rumeur dans l'assemblée. Les pigeons qui traînaient là, en quête de miettes de nourriture, s'envolèrent. On entendit, dans l'air, une pulsation grésillante et répétitive. Sacha leva la tête pour apercevoir un haut-parleur et crut reconnaître le désagréable bruit des premiers rayons vides d'un disque vinyle grattés par le diamant. Le brasseur tira une guitare de derrière son comptoir. Tous se concertèrent d'un regard, inspirèrent, fermant les yeux. Surprise, Sacha voulut interroger Francine, qui entrait déjà en prière. Soudain, la musique. Elle ne reconnut pas les premières mesures de la gigue en ré de Pachelbel. Sol, ré, sol, la... Sacha écouta, subjuguée par ce spectacle : vingt femmes et hommes méditaient, debout, yeux clos, accueillant cette musique comme s'il s'agissait d'UV. Ils étaient là, yeux clos, le visage religieusement tourné vers le néant.

Il lui parut entendre des mélodies semblables venant du château, dont on distinguait la flèche du toit derrière les arbres. Elle se résigna, croisa les bras et prit son mal en patience. Les quatre minutes lui parurent aussi interminables qu'étranges. Et quand tout fut fini, Francine, dans sa fine robe de lin blanc, tendit les mains pour empoigner celles de ses voisines, en un geste d'une douce élégance.

— Mes amis, souvenez-vous du 13 novembre. Quels que soient les malheurs qui nous atteignent, ces rituels, ces gestes, ces attentions que nous gardons les unes et les uns envers les autres, nous donnent la force d'affronter le pire et d'accueillir le meilleur. Ce ne sont pas des femmes ou des hommes que veut tuer la bête. C'est l'espoir et l'unité. Soyons ensemble. Je vous remercie.

On retourna à ses besognes sans applaudir.

— Luis n'est pas là, pressa Sacha, passablement inquiète.

— Il est donc chez lui. Astrid va nous conduire.

Francine héla une immense blonde aux cheveux courts, qui tirait un âne alourdi de quatre jerricans d'eau. La géante se pencha vers la vieille, attentive à ses ordres, puis, l'empoignant par la taille, la fit monter sur le dos du mulet. Sacha remarqua le large couteau de chasse à son ceinturon et se convainc qu'elle n'aurait pas la force de répliquer avant d'être assommée par ses immenses mains.

— Suivez-nous ! commanda la vieille.

Sacha sentait monter une boule dans son estomac. Il lui restait une heure, tout au plus, pour partir. Elle prit une profonde inspiration. Pourquoi devait-elle se coltiner cette vieille, pourquoi avait-elle abandonné son vélo... ?

— Ça t'a plu ? demanda Astrid.

De profil, elle semblait plus grasse que forte, un peu sale, avec un physique de galet. Mais dans son œil luisait une certitude aiguisée.

— C'était joli, fit Sacha, platement.

— C'était le canon de Pachelbel. Nous le jouons tous les matins pour permettre aux circuits enzymatiques de réguler le métabolisme de la biosynthèse.

Sacha voulut pouffer, puis se ravisa avant que l'autre ne s'en rende compte. Astrid n'avait rien vu et caressait l'oreille de l'âne, un pas au devant d'elle.

— Lors d'une chute vibratoire, ça nous ramène à notre essence divine et crée un bien-être total avec une dose d'amour incroyable pour la planète...

Elle débitait ces mots machinalement, peut-être sans les comprendre, comme une poésie d'école maternelle.

— C'est Francine qui t'a appris tout ça ?

— Oui. (Elle leva ses yeux vers la robe blanche qui trônait sur son âne.) Elle m'a aussi appris que, si les humains sont mauvais, c'est probablement parce qu'ils souffrent.

— Oui, ma fille, coupa Francine en tournant son visage vers Sacha. Mais, entre le moment où ils deviennent mauvais et celui où ils cessent de souffrir, le temps est souvent long. Ça leur laisse l'occasion de faire beaucoup de mal.

Brusquement, le sourire et l'espoir quittèrent le visage d'Astrid. Elle eut un regard pour les champs. Fixant cette chose durcie qu'on appelle la terre, et que l'on creuse pour y poser des arbres et puis des morts. Sa force semblait s'en être allée, quelque part, au bout d'un chemin caillouteux et pelé.

Sacha jeta un œil derrière son épaule. Elles avaient quitté l'asphalte et cheminaient sur la terre battue d'un chemin arboré. Elle reconnut les serres de Luis, et une peur électrique l'envahit.

21

Elles sortirent des arbres. Dans la lumière crue, la chaleur envahissait l'air matinal. Derrière les deux serres blanches, se détachait nettement la maison de briques rouges. Au-delà de son toit, on apercevait les hélices immobiles d'éoliennes de bois. Dans un coin, un ancien barbecue bétonné accueillait un four solaire en bois, de la taille d'une niche pour chien, vitré et cerné de trois panneaux réfléchissants. L'ensemble brillait dans la basse lumière du jour.

— Ohé Luis !

Sacha ne l'avait pas remarqué. Accroupi dans l'une des serres, sous une combinaison blanche, on apercevait l'apiculteur, avec son un chapeau conique d'où pendait un long voile noir de protection. Astrid cria encore et l'homme se leva pour ouvrir la porte de la serre. Sa main droite tenait un vaporisateur. De l'autre, il referma avec précaution la porte, et libéra son visage du voile, tout en continuant à vaporiser du liquide autour de lui.

— Alors, demanda Francine sans saluer, notre visiteur avait dit vrai ? C'est vraiment aussi efficace que l'enfumoir ?

— Ça en a tout l'air, répondit l'apiculteur en souriant à Sacha.

Astrid stoppa l'âne, en descendit la vieille qui vint biser Luis sur les deux joues, avant de lui glisser :

— Alors, comment va notre colonie d'abeilles.

Sacha n'osa pas faire un pas en avant. Luis se redressa.

— Acclimatées ! lança-t-il, satisfait.

Et, comme les trois femmes restaient interdites, il ajouta : Tout va bien !

Francine applaudit, tendit son bras à Luis qui y passa le sien, et tout le monde descendit à petits pas vers la maison de brique.

— Elles ont commencé à construire, poursuivit l'homme. Les autres ne les ont pas attaquées. Et j'ai découvert leur secret : elles sont hermaphrodites ! Ah ah ! Plus besoin de mâles. C'est malin, hein ? Et ça ne devrait pas te déplaire !

— Ne crois pas ça, Luis. Si les mâles sont utiles quelque part, c'est bien là !

— Tu as raison. Je les garde dans la serre, en attendant de voir si elles attaquent des œufs non fécondés que j'ai installés dans leur ruche. Dans le tas, il devrait y avoir une larve mâle pour deux femelles. On verra bien ! Mais je suis heureux.

Puis, se tournant vers Sacha, il ajouta, avec un clin d'œil : Merci !

Sacha suivait en silence, dans l'ombre d'Astrid et son âne. Onze heures à peine et Miserey suffoquait déjà. Rassurée, elle demanda :

— Je peux avoir ma moto maintenant ? Je voudrais pouvoir partir avant que ça cogne.

— Oui, acquiesça Francine sans la regarder. Astrid va te conduire. Mais je veux te remercier pour ton geste. Et j'espère que tu nous feras l'honneur d'assister à l'assemblée de notre agora. Nous allons convoquer le plus de monde possible pour annoncer la belle nouvelle. Dans moins d'une heure tu seras partie.

— Je suis désolée, entama Sacha, mais ça ne va...

Francine se figea, faisant stopper le cortège, se retourna d'un coup pour lui attraper le bras. Son regard s'était posé sur elle, dur comme du quartz.

— J'insiste ! Tu ne vas pas partir ainsi, comme une voleuse. C'est important de savoir célébrer les victoires. Tu ne sais pas ce qui t'attend là-bas. Des épreuves, des souffrances... Ce que l'agora va t'offrir aujourd'hui sera une force dans ta quête. Cela est aussi précieux que de l'eau.

Ses yeux lançaient des éclairs verts comme des émeraudes. Astrid tira sur le licol de l'âne. Luis se racla la gorge.

— Vous ne me laissez pas vraiment le choix.

— La communauté a besoin de voir que le bien peut aussi venir du dehors. Sans quoi elle se refermera et disparaîtra. Aujourd'hui, c'est toi qui incarne l'espoir. La communauté a besoin de toi. Et la communauté passe avant tout.

— Même avant la vie de ma fille ?

— Une heure perdue pour toi, c'est un an d'espoir pour nous.

— Justement…

— J'INSISTE.

Astrid tira plus fermement sur le licol. Luiz eut un mouvement de recul et plongea ses yeux dans ceux de Sacha. Ils la priaient de capituler. Les stridulations de grillons matinaux rompirent le silence gêné.

— Bien, finissons-en, souffla-t-elle.

L'été, impitoyable, brûlait déjà.

22

Luis avait déjà quitté sa combinaison blanche. Il tira le talkie-walkie fixé à la ceinture de son bermuda gris.

— Ici Luis, tu m'entends ?

Un grésillement puis « Oui, 5 sur 5 ».

— Francine convoque une agora. Peux-tu avertir le Conseil ?

— Ils sont déjà en réunion d'urgence, répondit la voix. On a retrouvé le corps du loup blessé. Ils veulent tous le voir. Faudrait que tu passes aussi.

— J'ai Sacha, en face de moi, ça pourrait être utile...

Elle tenta d'un geste de refuser cette responsabilité supplémentaire, mais il était trop tard. De toute façon, elle se considérait désormais davantage comme leur prisonnière qu'une invitée de marque.

— Oui, c'est parfait, Ben m'avait justement demandé d'aller la chercher.

— Bien reçu, je te l'envoie.

— On vous attend. Terminé.

— Terminé.

Il rengaina l'appareil et, dans un sourire à peine

dessiné, regarda les deux femmes s'éloigner, avant de lever ses yeux vers Francine. Du haut de son âne, elle lui rendit sa grimace.

*

C'était comme si le temps se mesurait en degrés. Il n'était plus huit heures, mais 18°C. Elles marchèrent d'abord en silence. Un silence si profond qu'il sentait la mort. Celle des oiseaux, des insectes, des feuillages jaunis. Dans sa caboche, Sacha planifiait un plan de fuite à pied, calculait ses chances de réussite, le risque d'être prise en chasse, la présence des chasseurs dans les bois et de miradors le long des barricades. C'eût été une autre qu'Astrid, elle aurait couru dans le champ de sarrasin qu'aucune barrière ne semblait clore. Mais elle se contenta d'avaler sa salive et jeta un œil à sa montre.

— Francine est donc votre mère ? dit-elle.

— Adoptive.

— Ah. Pas commode, hein ?

— Elle porte notre communauté à bout de bras.

Sacha sourit.

— Je pensais que je trouverais mieux ici. Je ne sais pas pourquoi. Mais non. Vous ressemblez à toutes les communautés que j'ai traversées et qui se disent libres. Des dictatures douces, accros à la morale, à la peur. Sans oublier la pensée magique ! Travail, famille, kombucha...

Un paix fragile à l'odeur de crottin gagnait le paysage.

— Tu ne sais pas de quoi tu parles, lâcha Astrid.

Elles croisèrent un groupe de villageois portant des grelinettes et des houes. Plusieurs marchaient pieds nus. D'autres avec des semelles de cuir attachées à leurs chevilles par de simples lacets.

Sacha gloussa.

— Tu vas dire que j'ai une âme de capitaliste, c'est ça ? J'ai déjà entendu ça...

— Je me demande plutôt si tu as vraiment une fille. Et une âme. Peut-être tu en avais une et tu l'as perdue.

— C'est vrai. Tu ne sais rien de moi.

Astrid lui lança un regard concupiscent.

— Ne crois pas ça. Je vois ton corps, tes mains, tes bras, et j'en sais assez. Tu ne sais pas c'que c'est de renoncer à tout. De passer l'hiver entassée sur les autres, à deux mètres du poêle, une assiette de châtaignes sur les genoux, à boire des litres de tisane de sauge contre le froid.

Sacha étouffa une toux, avant de répliquer :

— Dommage pour vous ! Ne vous vexez pas, mais vous n'en avez pas marre de jouer les victimes ?

Elles ne s'adressèrent plus la parole. Astrid la laissant marcher deux pas devant, comme une prisonnière que l'on tient en respect. Au détour d'un mur de cyprès rouge, Sacha eut soudain l'impression d'être observée et vit les yeux. Elle n'eut pas le temps de se retourner pour fuir que l'animal fondit sur elle. L'odeur putride la submergea. Elle parvint à s'écarter d'un bond. Ses doigts cherchèrent une arme. Du coin de l'œil, elle vit Astrid reculer. L'ombre, prête à bondir, révéla ses crocs. Recroquevillée, elle prit sa tête entre ses mains, les doigts blanchis, serrés sur son visage. Le grognement était là, tout près. Un fusil claqua. Deux fois. Entre ses phalanges, elle vit le reflet de l'acier. Il y eut un bruit d'éclaboussure. L'animal s'affaissa sur le flanc. Du sang jaillissait, palpitant, de son cou tranché.

Ben approcha, l'arme pointée vers le sol. En sentant une main lui saisir le bras, Sacha se redressa d'un bond, lançant un coup de poing qu'Astrid esquiva.

— Je voulais juste te relever ! fit-elle.

Le souffle court, Sacha la visa d'un regard accusateur et lança un cri primal, rauque et puissant. Un cri de haine. Libérateur.

Ben l'entoura de son bras. L'air était épais, presque gluant. Elle, restait plantée là, à fixer le fusil. Soûle d'adrénaline. Submergée par la confusion et la nausée. Puis, elle prit une profonde inspiration et tourna les yeux vers la bête dont le sang formait des rigoles brillantes.

— Je vois que tu n'es pas blessée… dit Ben, soulagé.

— Merci.

— Tu peux remercier le hasard. Tu peux marcher ?

— Je pense oui. Je voudrais appeler ma fille.

— Bien sûr.

Elle tira le BlackBerry de son short - il avait résisté à sa chute – et fit mine de se détacher de Ben.

— J'ai besoin... D'être un peu seule.

— Je comprends. Tu tiens debout ?

Elle fit oui de la tête et s'éloigna de quelques pas pendant qu'il rejoignait Astrid. La femme, renfrognée, regarda Sacha porter le téléphone à son oreille, prononcer quelques mots qu'elle tenta de lire sur ses lèvres tremblantes et raccrocher, les yeux dans le vague. Ben la regarda aussi, puis tourna les yeux vers la fourrure grise et brune aux longues pattes tachées de boue. La gueule entrouverte aux crocs souillés. L'œil vitrifié. Déjà, on accourait au loin.

— Que penses-tu de cette merde ? osa-t-il lui demander.

Elle aurait voulu détourner la tête. Mais la puanteur n'aurait pas disparu.

— Ce truc est génétiquement modifié, lâcha-t-elle.

— Comment ça ? C'est pas un loup ?

— Pas un loup naturel, non. Ils ont croisé les gènes de plusieurs espèces pour obtenir l'arme qu'ils voulaient. Mortelle, mais aussi très docile. Elle ne répond qu'à des stimuli bien précis qu'eux seuls maîtrisent, un son, un ordre. Il est tout près.

— Qui ça, *il* ?

— Son maître.

Ben se tendit.

— D'où tu sais ça ?

— Parce que c'était mon métier. (Elle commença à s'éloigner du cadavre.) Moi je bossais sur les insectes volants. Mais d'autres branches du service biomimétique et génétique de Medired bossent tous les jours pour créer des chiens détecteurs de cancers, des vaches à très haut rendement, des lucioles de synthèse pour éclairer les rues, des singes dont le sang est compatible avec le sang humain, etc.

Un groupe de chasseurs curieux les croisa. Ben leur fit signe de poursuivre leur route. Sacha et lui continuèrent à marcher, suivis d'Astrid, dont la mâchoire restait tendue.

— Donc, cette saloperie est une arme de la milice, fit Ben. On a buté tous leurs drones, alors ils les ont envoyés pour nous foutre la trouille et nous tuer un par un.

— Peut-être, fit Sacha dans une moue.

Elle avait soif, cracha sur le sol, consulta sa montre, puis, se tournant vers Astrid, ajouta :

— Je voudrais partir maintenant.

— Pas avant que l'Agora ne t'ait remerciée pour l'aide que tu nous as apportée. La moto est prête. On l'a nettoyée, huilée, fait le plein de notre meilleur éthanol.

Elle eut un sourire et leva les yeux vers Ben. Elle n'avait même plus la force de fuir.

— Si vous voulez vraiment me faire plaisir, grouillez-vous !

23

On fit venir une jument, une belle bête à la robe fauve sur laquelle on assit Sacha. On noua une corde au pommeau de la selle, afin que le cheval tire le loup, ensaché dans un grand drap de lin. Ben et Astrid ouvraient la marche. Le soleil était déjà haut et les villageois avaient quitté les champs pour s'abriter derrière leurs volets clos.

Pourtant, comme chaque vendredi matin, des femmes, des gosses et des vieillards se pressaient autour du four solaire d'Esther. Contrairement aux autres, ils n'étaient pas partis travailler aux aurores et n'avaient pas besoin de sieste. La grosse Esther aux cheveux roux et à la face gélatineuse, finissait de nettoyer, au chiffon sec, les 220 petits miroirs du four, disposés en parabole, et dirigés vers le foyer d'acier et de verre. De la taille d'une boîte à chaussure, il pouvait monter jusqu'à 300°C. La cohorte se pressait autour du petit barnum de toile de la boulangère solaire, sous lequel on pétrissait des pains de farine de châtaigne, d'orge ou de blé noir, à même le bois brut d'une planche posée sur des tréteaux.

Un homme élégamment hirsute et probablement nu sous l'étole qui lui servait de pagne, jouait un air d'harmonica. Très vite, une rumeur parcourut ce petit peuple du pétrin. « Le loup est mort ». Mais personne ne riait.

L'âne et les autres parvinrent au château par sa façade nord. Sacha, affairée à taper discrètement sur le clavier de son BlackBerry, n'en remarqua pas l'architecture ronde et subtile. Ils contournèrent le champ de chanvre dont les tiges, courtes, et les fleurs fanées annonçaient de mauvaises récoltes.

Paul vint à leur rencontre en trottinant. Sacha lui lança un regard oblique, puis, rassurée, le salua d'un sourire. Ben et lui échangèrent quelques mots inaudibles. Et, lorsqu'ils passèrent sous le porche du château, Paul annonça aux dizaines de villageois et d'errants plantés-là, que « la bête est morte ». On entendit quelques bravos.

Paul ajouta, en tendant une main vers elle, que la vétérinaire à qui la communauté offre l'asile va rencontrer le conseil et qu'il serait annoncé une grande nouvelle. « Nous partageons l'espoir de bâtir, ensemble, un avenir nouveau pour ceux qui restent. »

Mais Ben aidait déjà Sacha à descendre au sous-sol, par un escalier discret et sombre. Elle laissa courir ses mains sur la fraîcheur humide des pierres calcaires. Les marches débouchaient sur les anciennes cuisines du château. Une vaste salle semi-enterrée aux voûtes romanes, à l'angle de laquelle s'ouvrait une immense cheminée aux murs noircis. Le contre-jour constellé de poussière l'aveugla un instant. La lumière, tombée des lucarnes, éclairait un cercle de femmes et d'hommes, dont elle ne distinguait que les contours. Beaucoup s'appuyaient sur une canne.

Sacha approcha, sentant leurs regards sur elle, pendant qu'ils s'écartaient. Elle n'avait plus besoin du soutien de Ben et salua d'un signe de tête. Elle jeta un bref coup d'œil au talkie-walkie de Paul, puis à sa montre. Chacun de ses muscles était douloureux. Elle alla s'adosser au mur, près de la cheminée, quelques pas à l'écart. Là, elle put voir des visages, et reconnaître Francine. Un calme tendu s'installa. La vieille femme prit enfin la parole.

— Nous avons longuement parlé de la sécheresse, qui justifie nos plus grandes inquiétudes. L'eau des puits se raréfie. Les potagers communaux souffrent. Les céréales sont compromises. Mais Mère Nature nourrit toujours ses enfants. Georges m'a promis de la pluie avant la nuit. Et le loup, qui a tué trois (l'émotion brisa sa voix) trois de nos filles, a été abattu. Nous allons enfin pouvoir organiser les élections qui décideront de l'avenir des femmes-abeilles. (Elle prononça ses mots avec un sourire pour Astrid.) Mais, avant de céder la place, j'ai une ultime bataille à livrer.

*

De l'autre côté du village, Imelda terminait son tour des pièges à grillons. Ils grouillaient, par dizaines, dans son filet d'osier tressé. Du coin de l'œil, elle aperçut Luis se précipiter le long du mur extérieur, vociférant. Des cris couverts par la distance, entrecoupés de silences. Haletants.

— Elles sont mortes !

Imelda prit peur. Pensa au loup, aux femmes qu'elle aimait.

— Qui est morte ?

— Les abeilles.

Il prit deux grandes inspirations et cracha.

— Les abeilles de Sacha ? souffla-t-elle.

Il secoua la tête.

— Toutes je te dis ! TOUTES !

— Mais enfin, c'est pas possible !

— Toutes les ruches sont crevées !

— Tu, tu...

— Ce sont ses abeilles. Une ou deux devaient s'échapper à chaque fois que j'ouvrais la porte de la serre. Elles ont dû contaminer les autres. Toutes les ruches sont mortes. Décimées.

— Il faut prévenir Ben et Paul !

— Ils ne me répondent pas ! Le talkie ne doit plus avoir assez de batterie. Ou bien (il eut une prise de conscience.), ils ont démarré le conseil ! Les murs bloquent le signal !

— Putain, donne-moi ça, abruti ! Prends la jument, va au château, pendant que je vais chercher le cor de chasse. Je les préviens. Ils vont la laisser partir !

*

— Qu'elle parte ! Comme les autres ! cria la vieille.

— Mais vous jouez à quoi, là ? répliqua Sacha qui sentait monter en elle une colère hargneuse.

— Francine ! intervint Paul. Tu n'es pas cheffe de ce conseil.

— Ce conseil n'a pas de chef !

— Justement !

— Bordel ! coupa Sacha. Mais voilà ! Voilà la réalité de ce que vous êtes devenus ! Surtout, vous engueulez pas pour moi ! Tout ce que je veux, c'est partir. Avec ou sans la moto, je m'en fous !

Elle sentait battre son cœur à grands coups inégaux, et le sang fourmillait dans ses mains.

— Qui t'a promis notre moto ? demanda Francine. C'est lui, n'est-ce pas ? (Elle se tourna vers Paul.) Cette décision revenait à ce Conseil !

— Cette moto m'appartient !

— C'est faux ! Ici, tout ce qui roule aux énergies fossiles doit être partagé ! Y compris ta moto.

— Cette moto était au rebut ! Elle était inutile ! Je l'ai rendue utile !

— Tu n'avais PAS à lui donner !, vagit Astrid.

— Moi je dis que cette femme ment, poursuivit Francine. Cette femme est entrée ici comme un cheval de Troie. Quand on doit sauver sa fille, on n'échafaude pas des plans pour échanger des abeilles contre une moto. On la vole ou on part comme on est, à pied, à cheval, à vélo au péril de sa vie ! Je dis que cette femme ment !

— Alors c'est ça, votre plan ? Me voler ? Me tuer, peut-être ?

Elle eut un regard pour Ben et d'autres hommes armés. Son cerveau tentait de résoudre une équation à dix inconnues. Soudain, profitant du silence glacé pour lâcher « Allez, je me casse », elle s'engouffra dans l'escalier. Des pas dans son dos. Elle courut jusqu'au seuil. La lumière, grasse, gifla son visage, comme une lame brûlante. Elle plaça une main en visière sur son front et courut vers le ciel vide. La porte du bureau de Paul était close. Elle reprit donc sa course au hasard, s'attendant à ce qu'Astrid la poursuive ou qu'on la tire au gros sel, comme une biche. Sans un regard en arrière, elle engagea un sprint slalomé. L'air brûlait sa gorge, encrassait ses poumons. Un cheval hennit à sa droite. Luis, au galop, filait vers elle sur un canasson blanc. Sans cesser de courir, elle se pencha pour saisir un silex gros comme son poing, fit un demi-tour, visa une seconde et jeta la pierre comme un javelot. Le silex atteignit l'œil droit de Luis qui glissa du cheval, assommé. Une chute lourde, dont on ne se relève pas. L'animal fit quelques pas et agita sa tête de haut en bas. Sacha en profita pour saisir le licol et engager son pied dans l'étrier. Affolé, le canasson s'élança au galop. Elle agrippa la crinière d'une main ferme, et entendit un sifflement la doubler sur la gauche. Le cheval changea instinctivement de trajectoire. Dans un hurlement, elle parvint à se hisser sur sa croupe, et saisit fermement les rênes. Une seconde flèche frôla sa tête. La vitesse rafraîchissait sa sueur. Mais son dos brûlait, comme hérissé d'épines, à la peur de recevoir un projectile. Elle remarqua l'entrée d'une forêt calcinée, moitié morte, et pensa y trouver refuge. Elle jeta un œil derrière son épaule. Une moto l'avait prise en chasse. Sa moto. Sacha regretta sa machette. Son seul avantage sur la bécane était le saut de palissade. Elle vira vers les barrières de bois coiffées de barbelés qui bordaient cette partie du village. Certaines sections ne lui semblaient pas dépasser plus d'un mètre. Elle serra les reines, visa une butte donnant sur la forêt, comprit qu'un fossé précédait les barrières, retint sa respiration, cogna violemment les flancs de sa monture et la força au saut. La peur lui monta au visage. Deux secondes d'apesanteur, puis le cheval tomba sur l'asphalte défoncé. Elle eut le réflexe de retirer ses pieds des étriers et remonter les genoux jusqu'au menton pour éviter de passer sous l'animal qui s'effondrait. Elle cognait le sol avec son épaule, glissant jusque dans les herbes folles. Abandonnant le cheval à son sort, elle oublia la douleur dans son bras et courut. La moto, dont le moteur criait encore, la suivait, de l'autre côté de la barrière. Elle bifurqua, sans un regard pour Astrid, que les bosses obligeaient à tenir le guidon des deux mains. La géante freina vivement pour poser pied-a-terre et viser Sacha avec son flingue, les deux yeux ouverts. Son fusil à canon scié ne pourrait bientôt plus l'atteindre. Tout était dans la respiration. Elle tira le chien, en apnée, ajusta. Mais, dans le verger labyrinthique, sa cible avait disparu.

24

La nuée de plombs n'avait qu'effleuré son cuir chevelu et griffé le cartilage d'une oreille. Elle avait senti la morsure du métal, et commis l'erreur de vouloir faire la morte. S'il restait encore une cartouche à Astrid, elle devait déjà l'avoir mise en joue. Mal cachée par les pommiers nus et les herbes folles, elle tenta de ramper. Mais des branchages bougeaient avec elle.

— Je te vois, pute ! cria Astrid en sautant le fossé, fronde au poing, après avoir abandonné le fusil vide et imprécis.

Sacha se mordit la lèvre, chercha d'une main aveugle une pierre, un bout de bois, une arme. Elle ne sentit qu'une terre asséchée sous ses doigts. Cherchant à reprendre le contrôle de son cœur, elle comprit qu'il ne lui restait plus que les mots pour se battre.

— Francine n'est pas ta mère, tu le sais ça ?

— Bien sûr, petite conne ! C'est pas ma mère. C'est notre mère, à toutes.

Sacha grimaça pendant que les ongles de sa main pénétraient la terre. Une nuée de corbeaux s'envola.

— Tu sais qu'elle est en train de crever ? Et que je peux lui offrir encore quelques années à vivre ?

Ces mots piquèrent Astrid. Elle avança, prenant le temps de viser entre les branchages.

— Ah, la belle propagande signée Medired ! (La fronde tournoyait déjà.) Il n'y a que vous pour ne pas supporter de mourir. (Elle n'était plus qu'à quelques pas de Sacha.) Francine va mourir. Demain, dans un an ou dix. Ensuite, on la recouvrira de terre et on sèmera sur sa tombe. Ça nous suffit. Et si on parlait de ta fille ? T'as compris que tu la reverrais jamais ? Elle va crever, toute seule. Elle est même sûrement déjà morte !

— J'ai fait mon deuil, salope !

Astrid sauta dans l'allée de fruitiers, à découvert. Sacha, redressée sur ses coudes, la regardait d'en bas, serrant, dans son poing, une motte de terre. La géante amorça un mouvement des épaules. L'autre lui lança la motte au visage, tout en roulant sur le côté. Le galet vint percer le sol. Un cri. Puis, un objet dur et chaud percuta son épaule. Astrid lui avait jeté sa fronde et marchait sur elle. À plat ventre, Sacha se retourna, lançant un pied vers l'avant, au hasard. Astrid cachait le soleil, les bras tendus. Il lui restait un pas à faire quand sa tête explosa. Projeté en arrière, son grand corps vint heurter le sol dans un nuage gris. Sans un cri, Sacha se courba en direction du tir, mais les herbes lui bouchaient la vue. Une horde venait, là-bas. Elle tendit le bras, se saisit du lance-pierre puis s'accroupit, lentement, reconnaissant les uniformes gris de la milice.

Dans son dos, des chevaux galopaient. Elle cru vouloir vomir, mais la sensation se dissipa rapidement. Se voyant entre deux feux, gagnée par l'adrénaline, elle laissa ses jambes prendre la direction des arbres brûlés. Les coups de fusil claquaient comme un feu d'artifice. Elle ne se retourna pas, courant, les yeux mi-clos, les dents serrées, jusqu'à chuter sur l'humus charbonneux, les poumons incendiés, le cœur dans les tempes. Ça tirait encore, loin derrière. La forêt se rapprochait, l'enserrait, la cachait. Elle inspecta les lieux. Repéra des arbres verts, épargnés par les flammes et dont la canopée pourrait être un abri. Elle reprit sa course, plus lente, presque boiteuse.

*

Prévenu par radio d'une attaque de miliciens, le peloton de Gauciel-Ouest quitta sa palissade en direction des bois de Huest. Arbalètes en bandoulière, à deux sur les percherons blancs, les gars descendirent le chemin de terre battue. Dès le deuxième virage, ils eurent les motos miliciennes en ligne de mire. Deux chasseurs suivirent la femme qui courait vers le bois. Tandis que le duo armé de fusils vira en direction des miliciens.

Sacha repéra les motards, vira pour s'en éloigner,

accélérant malgré la douleur. L'explosion lui vrilla les tympans. Un cheval brun, qu'elle n'avait pas vu venir, avait sauté sur une mine. Sacha prit conscience qu'un autre était à ses trousses. Le cavalier stoppa, épaulant sa carabine. Sacha reconnut Ben, et courut en zigzag, évitant de peu un carreau d'arbalète venu d'ailleurs. Prise en étau, elle ne dû son salut qu'au tir nourri de miliciens, auquel Ben répliqua avant de fuir.

Il ne lui restait plus que dix enjambées. Elle vit partir une flèche aux ailettes orangées qu'elle évita sans peine. Soudain, l'un des deux cavaliers fut propulsé par un poing invisible. Il bascula d'avant en arrière, retenu par les étriers, et s'affaissa sur la crinière de sa monture. Sacha n'en vit rien. Elle atteignait le bois, enfin. Accroupie contre un sapin dont l'écorce lui écorcha l'épaule, elle ramassa une pigne oblongue et fit tournoyer la fronde. Dès que l'autre percheron fut à portée de jet, elle laissa partir son bras. Le projectile dû atteindre le flanc de l'animal, car il refusa d'obéir à son maître et rua. La bidasse, désarçonnée, chuta sur une hanche. Sacha en profita pour bondir à découvert et lui asséner un coup de pied en pleine face. Mauvais calcul. La mâchoire du type lui endolorit le pied. Elle saisit l'arbalète à répétition sans comprendre qu'elle ne contenait plus qu'une flèche et rejoint, en boitant, le bosquet. Le cheval galopait encore vers Miserey. Les combats s'étaient tus. On voyait des cadavres allongés dans la plaine. Elle prit une seconde, retira sa chaussure, examina son pied, puis, rassurée, poursuivit sa route vers la forêt et l'ombre. Le soleil, carnassier, restait un ennemi.

25

Sacha repéra un chêne au tronc large et noueux, et s'y adossa, après avoir examiné le sol en quête d'un nid de guêpes. Puis, la tête en l'air, elle chercha dans les branches des arbres un de ces gros ballons gris, caractéristiques des nids de frelons asiatiques.

Les yeux fermés, récupérant sa respiration, elle put juger de la superficialité de ses blessures. Des hématomes, une paire d'estafilades, un bout d'oreille en moins et une insupportable soif.

La chaleur implacable, le reflux de l'adrénaline, la douleur sourde... Elle se sentit partir et se gifla pour ne pas s'endormir. Des larmes coulèrent sur ses joues sales. Et, malgré tout, les ténèbres l'avalèrent.

Elle sentit une vibration dans son crâne, un voile rouge sur ses yeux. Le tonnerre fracassa le silence. Sacha plissa le front et toussa légèrement. Ses paupières tressautèrent et elle ouvrit les yeux, arrachée d'un cauchemar qui tambourinait encore. Sa bouche était sèche. Elle regarda vers la cime des arbres. Le soleil impitoyable s'en était presque allé. Et, dans ce qui devait être le soir, tout devenait orange et rouge. La nuit semblait tomber plus tôt que la veille.

Des craquements indistincts l'entouraient. C'était la pluie, enfin. Tiède et légère. Elle bascula douloureusement à quatre pattes pour sortir de la canopée et recevoir l'eau sur son visage. L'averse était violente. Les gouttes tombaient comme des pommes. Sacha retira son T-shirt, la tordit pour en chasser le sel et l'étendit à bout de bras pour recueillir l'eau douce. Elle but ainsi, au coin du vêtement ruisselant. De longues secondes libératrices. Lapant parfois, instinctivement.

Un nouvel éclair, plus menaçant, illumina de blanc les silhouettes des arbres. Puis le noir revint, immense. Craignant les éclairs et un feu, elle chercha un abri, un cabanon de chasse, une roulotte abandonnée... Hagarde, toujours assoiffée, elle trotta mollement sur quelques dizaines de mètres, puis eut soudain l'impression d'être observée. Elle aperçut alors une rangée de dents blanches comme la porcelaine. Ça la regardait depuis un trou béant. Des dents humaines. Du fond d'un puits en pierre, on lui souriait. C'était comme un rictus sinistre et malaisant.

— Tu n'es pas maman ?

La voix était molle, douce, immature. Sacha vit enfin les yeux qui la dévisageaient. Ce n'était qu'une fille. La pluie n'en finissait plus de pisser en gouttes larges et tièdes. Sacha fit deux pas vers la gosse, mais hésita en la voyant froncer les sourcils.

— Où est chien ?

Une branche se détacha d'un chêne et s'abattit près d'elles. Sacha en profita pour la rejoindre sur le parapet. La fille ne la craint pas, souriant avec ses yeux. Sacha s'efforça de discerner dans l'ombre l'être qui le fixait. Elle ne distingua qu'une vague silhouette et lui rendit son sourire. Les éclairs, éloignés, révélèrent les guêtres de l'enfant, la lampe de poche qui tournait dans ses mains et la cicatrice, sous les paquets blonds de ses cheveux.

— Tu me la prêtes ? demanda Sacha.

— Il est où chien ?

— Je ne sais pas. Qui est *chien* ?

— Chien, c'est chien et moi je m'occupe de tigre et chien. Elle chanta : Tigre et chien, venez me voir, il n'y a plus rien ici, plus rien, que le soir...

La petite était blottie dans l'entrée d'un caveau. Un tunnel fermé par une porte en bois.

— Et où sont tigre et chien d'habitude ?

— Dehors et puis dedans.

— Tu me prêtes ton jouet ?

— C'est pas un jouet, c'est une maguelaïte.

L'orage s'était tu. Vite, l'enfant leva les mains au ciel et prononça une prière.

— La pluie tombe et engrosse la terre. Pour que la terre mette au monde les fruits et les arbres qui nourriront et logeront les vivants.

Il y eut un silence sonore, comme après la musique.

— Maintenant j'ai froid. J'aime pas le froid. Je

rentre attendre chien. Tu viens ?

Sacha hésita face à ce tunnel piégeux. Mais peut-être y avait-il à boire ou des armes ? Et puis, la gosse ne semblait pas trop sauvage. Elle la suivit sans conviction, dans le faisceau de la lampe torche.

Immédiatement, la puanteur saisit sa gorge. Une odeur âcre de lichen, avec des notes de pourriture et de braises mouillées.

— On est où ici ? demanda-t-elle d'un ton inquiet.

— Chez tigre, chez chien, chez fleur.

— Fleur ?

La petite rit aux éclats, dans la pénombre moite et puante.

— Fleur, c'est moua ! Et là, c'est Tigre.

Sacha eut un mouvement de recul et porta la main à sa bouche pour étouffer un cri qui ne vint pas. Un loup boiteux venait d'entrer dans la lumière, à dix pas d'elle. Le jumeau docile de son agresseur. Sacha ne s'enfuit pas. Elle trempa son regard dans les yeux d'un bleu givre, troués en leur centre d'une bille noirâtre. Des yeux doux. La bête tenait plus du vieux Doberman que d'une arme sanguinaire. Dans le va-et-vient de ses oreilles, on lisait la curiosité pour une odeur méconnue. Une de ses pâtes semblait ensanglantée.

La véto en avait vu d'autres, des bêtes blessées. Aucun n'était aussi calme en face d'un étranger. Elle comprit qu'en-dehors d'un ordre d'attaque, ce monstre se faisait aussi doux qu'un labrador.

Sacha examina la caverne pour s'apaiser. Un dôme souterrain éclairé par un puits de lumière d'où tombaient encore des gouttes de pluie. Elle se faufila dans un coin, éloignée de la bête, collant son corps trempé aux murs moisis du boyau.

— J'ai soif, Fleur. Tu as de l'eau ?

L'enfant lui tendit une gourde. Elle en but avidement la moitié, puis pensa qu'elle devrait peut-être attendre ici longtemps. Son cerveau s'était habitué à l'odeur pestilentielle. Elle tira le BlackBerry de sa poche. Elle n'avait pas reçu de message et aucun réseau n'était disponible à cette heure. Elle décida d'attendre la nuit pour tenter sa chance dehors. La gamine semblait bien nourrie. Elle devait avoir un stock d'eau et de vivres quelque part. Il suffisait de s'en faire une amie.

— Tu dois t'ennuyer Fleur, à rester toute seule.

— Je ne suis pas toute seule, j'ai Tigre et Chien pour jouer. Et puis maman vient parfois.

Son visage entra dans le cercle éclairé par le puits de lumière. Elle avait des yeux bleus tirant sur le violet.

— Maman ? Tu veux dire ta maman ? demanda-t-elle en cachant son inquiétude.

— Oui, maman. (Elle prit un instant, pensive.) C'est pas ma vraie maman. Ma vraie, je la connais pas. Elle, c'est ma maman du village.

Fleur se mit à lire un épais volume à la couverture cartonnée, dont le titre était caché par la boue. Elle se mit à murmurer les mots, tout en faisant de brefs va-et-vient avec son buste. Elle avait l'air de réciter une prière.

— Alors, tu viens de Miserey ?

La fille cessa de marmonner et répondit :

— Voilà, du village. Au village, c'est pas un bon endroit pour une fille comme moi. J'ai peur du feu, je sais pas faire du vélo, j'oublie quand il faut aller traire les chèvres. Alors, maman m'a trouvé un travail que je peux faire.

— Garder Tigre et Chien.

— Voui. Et moi ça me plaît. En plus, j'ai pas à me laver. J'aime pas me laver. Maintenant, chut. Je lis *Harry Potter*.

Tigre s'était allongé dans un râle, la tête sur les pâtes, et démarra une sieste. Ce n'est qu'à cet instant que Sacha remarqua l'épaisse lanière de cuir qui attachait l'animal à un crochet scellé dans les pierres. Fleur continuait ses murmures. Sacha soupira. Sans vraiment savoir pourquoi, elle était presque rassurée de voir que cette histoire de chien tueur n'était pas l'œuvre de la milice. Elle comprit aussi être à la merci de cette gosse, qui, d'un ordre, pouvait peut-être la faire bouffer par ce molosse. Il fallait poser les bonnes questions. Elle aurait voulu lui demander si « maman » s'appelait Francine, ou même Astrid. À quoi bon ? Elle se dit que personne ne prendrait le risque de lui enseigner les mots ou les sons qui ordonnent à la bête. Du moins ceux qui blessent ou qui tuent. Ces mots étaient morts avec Astrid ou mourraient avec la vieille. Que Tigre tue encore ne la concernait plus. L'important n'était plus de savoir qui ou comment. Mais de connaître l'emplacement des armes.

— Où tu as eu ce livre ? Je voudrais lire aussi.

— J'ai qu'un livre.

Le loup se mit à ronfler. Sacha pensa que la gosse ne lui prêterait pas sa lampe torche. Le soir tombait déjà. Fallait se rendre à l'évidence : la seule issue était l'entrée. Fleur n'était qu'une sorte d'esclave, tout juste bonne à donner leur pâté aux bêtes. Elle ne trouverait rien d'autre ici, si ce n'est des emmerdes. Mieux valait partir. Elle rampa vers la porte en bois, la laissant à ses murmures.

— Je vais pisser dehors, se contenta-t-elle de dire, sans être entendue.

Sacha prit un instant pour inspirer l'air sain de la forêt humide, même si l'obscurité tombante appelait la vigilance. Ses pas s'enfonçaient dans l'humus. Elle chercha l'ouest où le soleil mourait. Sans eau, sans bouffe ni arme, elle n'irait pas bien loin. Elle se demanda si son BlackBerry ne révélait pas sa position à qui cherchait le bon signal.

Un coup violent s'abattit soudain sur ses omoplates. Un instant, tout disparut. Fondu au blanc. Puis, des doigts osseux lui pressèrent la gorge comme si l'on voulait en tirer du jus. Malgré la surprise, elle eut le réflexe d'envoyer un coup de coude. Raté : l'agresseur était sur son côté droit. Elle suffoquait déjà quand l'autre approcha sa bouche de son oreille.

— On aurait pu être heureuses ensemble. Il restait plus qu'Astrid à tuer et j'aurais succédé à la veille.

Imelda.

Sacha envoya un coup de tête en arrière. Plus d'hésitation. Avec une détermination froide, elle lança ses poings à la volée. Le gauche atteint son but. Enfin libérée, elle prit une grande inspiration par la bouche pour retrouver un peu d'oxygène. Ses mains tremblaient. Elle se redressa sur un coude.

Son regard croisa celui d'Imelda. Un regard fou.

Elles s'élancèrent l'une sur l'autre, rugissantes. Un coup claqua contre son oreille, dans un flash. Sa respiration se bloqua. Dans sa chute, elle remarqua le pendentif qui venait de sauter du corsage de l'autre.

Un court tube d'acier brillait au bout. Un sifflet.

Sacha se releva gauchement, profitant d'une hésitation de l'Andine, elle tendit sa main, agrippa l'objet, tirant de toutes ses forces sur le collier de cuir. Il ne lâcherait pas. Elle contourna donc la femme pour l'étrangler par-derrière. Aux trois quarts de son geste, Sacha lança une jambe dans le dos d'Imelda pour l'éloigner encore et lui couper la respiration. Elle saisit le lacet de cuir dans son poing et l'enroula autour de ses doigts.

Le sifflet était à dix centimètres de sa bouche.

Elle s'approcha encore, sans cesser de tirer, plaça l'objet entre ses lèvres et souffla de toutes ses forces. À quelques pas, derrière la porte en bois qui fermait la tanière, il y eut un grand cri et de sourds grognements.

« Fleur !? » hurla la mère.

Sacha réprima un cri, comprenant que le coup de sifflet à ultrasons avait déchaîné la bête sur la gamine. Cette seconde de relâchement lui coûta son emprise sur Imelda, qui pivota pour lui faire face. Sacha vit jaillir la lame de sa propre machette, et souffla de nouveau. La porte en bois céda. Tigre, devenu répugnant, retroussa ses babines, avec sa gueule rouge et blanche. La bête prit un instant pour choisir son maître. Imelda, figée, ouvrit grand la bouche. Sacha siffla encore, une dernière fois, cracha l'objet et se jeta en arrière. L'autre avait tiré la machette de son fourreau, mais Tigre avait fondu sur elle par le côté, et ses crocs entamaient déjà les chairs de son ventre. Sacha détourna les yeux, rampant à quelques mètres. Elle attendit ainsi, effarée, hagarde, que Tigre en eut fini. La machette avait été lâchée à quelques pas sur la droite. Elle la récupéra, faisant bien attention de ne pas regarder l'animal qui la fixait pourtant de son regard glacé.

Elle boita jusqu'à la lisière du bois, dans le ciel vert-de-gris. L'autre la suivait à deux enjambées. Le vent tomba et l'air se remplit d'odeur de terre brûlée. Non loin, un rapace cria. Chacun pouvait partir de son côté dans l'obscurité. Ce ne fut pas leur choix. Laissant derrière elles les décombres sanglants, bête et femme prirent le même chemin baigné de lune, sans écouter l'humeur du vent dans les feuillages.

Le Tremblay-Omonville,
le 18 février 2024

EDITION DANDELION
8 RUE DE LA MAIRIE, 09300 MASSAT

IMPRIMÉ PAR CORLET
Z.I rue Maximilien Vox,
14110 CONDÉ-EN-NORMANDIE

TIRAGE ACHEVÉ EN MAI 2024

ISBN : 9782491364274

Dépôt légal MAI 2024